Lernaufgabe

In einigen Kapiteln des Buches sind sogenannte **Lernaufgaben** enthalten. Sie fordern euch dazu auf, entweder erworbenes Wissen anzuwenden oder euch bestimmte Themen ganz selbstständig zu erschließen. Ob ihr dieses allein, zu zweit oder in der Gruppe, in der Schule oder zu Hause machen sollt und wie ihr eure Ergebnisse präsentieren könnt, erfahrt ihr dort, wo die Lernaufgaben stehen. In vielen Fällen könnt ihr auch hier entsprechend euren Interessen und Fähigkeiten auswählen.

Immer wenn ihr dieses Zeichen seht, geht es vor allem um das Thema „Medien". Im Zentrum stehen dabei die sogenannten „neuen Medien". Hier werdet ihr aufgefordert, diese neuen Medien wie z. B. das Internet mit seinen vielfältigen Möglichkeiten zu nutzen, aber auch einen kritischen Blick darauf zu werfen.

 WES-127419-000
 WES-127419-000
 WES-127419-000

An vielen Stellen könnt ihr euch mithilfe von **Webcodes** Texte anhören, Materialien herunterladen, die den Lernprozess unterstützen sollen, oder auch Zusatzmaterial anschauen. Zu einigen Übungen findet ihr zudem Lösungsansätze bzw. auch die vollständigen Lösungen, die ihr mit euren eigenen Ergebnissen vergleichen könnt.

Webcodes könnt ihr folgendermaßen aufrufen: Ihr geht ins Internet, ruft die Webadresse **www.westermann.de/webcode** auf und gebt die Ziffern des jeweiligen Webcodes in das Suchfeld ein, das auf der Internetseite erscheint.

Zum Abschluss noch ein wichtiger Tipp: Die meisten von euch haben das Buch nur ausgeliehen und dürfen nicht hineinschreiben. Besorgt euch deshalb eine Schreibfolie und schneidet sie so zurecht, dass sie in das Buch passt und ihr sie auf die Seiten legen könnt. Wenn ihr nun mit wasserlöslichen Folienstiften arbeitet, könnt ihr eure Folie das ganze Jahr über verwenden. Vielleicht steht euch das Buch ja auch über eine BiBox digital zur Verfügung, dann könnt ihr unmittelbar am PC arbeiten.

Viel Spaß beim Lernen, Lesen, Arbeiten und Üben!

westermann

P.A.U.L. D.

Persönliches Arbeits- und Lesebuch *Deutsch*

Herausgegeben von:
Johannes Diekhans und Michael Fuchs

Erarbeitet von:
Thomas Bartoldus, Johannes Diekhans,
Michael Fuchs, Dietrich Herrmann,
Daniela Janke, Frank Radke,
Siegfried G. Rojahn, Luzia Schünemann,
Achim Sigge, Alexandra Wölke,
Martin Zurwehme
u. a.

westermann GRUPPE

© 2022 Westermann Bildungsmedien Verlag GmbH, Georg-Westermann-Allee 66, 38104 Braunschweig
www.westermann.de

Das Werk und seine Teile sind urheberrechtlich geschützt. Jede Nutzung in anderen als den gesetzlich zugelassenen bzw. vertraglich zugestandenen Fällen bedarf der vorherigen schriftlichen Einwilligung des Verlages. Nähere Informationen zur vertraglich gestatteten Anzahl von Kopien finden Sie auf www.schulbuchkopie.de.

Für Verweise (Links) auf Internet-Adressen gilt folgender Haftungshinweis: Trotz sorgfältiger inhaltlicher Kontrolle wird die Haftung für die Inhalte der externen Seiten ausgeschlossen. Für den Inhalt dieser externen Seiten sind ausschließlich deren Betreiber verantwortlich. Sollten Sie daher auf kostenpflichtige, illegale oder anstößige Inhalte treffen, so bedauern wir dies ausdrücklich und bitten Sie, uns umgehend per E-Mail davon in Kenntnis zu setzen, damit beim Nachdruck der Verweis gelöscht wird.

Druck A[1] / Jahr 2022
Alle Drucke der Serie A sind im Unterricht parallel verwendbar.

Illustrationen: Reinhild Kassing, Kassel
Umschlaggestaltung: LIO Design GmbH, Braunschweig; Fotos: iStockphoto.com, Calgary/Skripnichenko, Evgeniy; iStockphoto.com, Calgary/ImageGap; iStockphoto.com, Calgary/mangpor_2004
Druck und Bindung: Westermann Druck GmbH, Georg-Westermann-Allee 66, 38104 Braunschweig

ISBN 978-3-14-**127419**-6

Inhaltsverzeichnis

Im Meer der Stadt 18
■ Gedichte beschreiben und deuten

1. Städte erleben – Ich in der Stadt
Herbert Grönemeyer: Bochum (Lied) 20

Sprachliche Bilder untersuchen/einen Liedtext mit einem Sachtext vergleichen

Madison Band: Paderborn-Lied 21

Zwei Liedtexte miteinander vergleichen/einen Liedtext schreiben/einen argumentativen Text schreiben/einen appellativen Text schreiben

2. „Ein Blick ins Auge, und vorüber schon" – Der Einzelne und die Menge 23
Emil Nicolai: Straßenbild (Gedicht) 23

Den Inhalt, Aufbau und die sprachliche Gestaltung eines Gedichts untersuchen

Erhard Rumpf: Industrialisierung und soziale Frage – Lebensverhältnisse und Arbeitsbedingungen ändern sich (Sachtext) 24

Einen Sachtext und eine Abbildung mit einem Gedicht vergleichen

Detlev von Liliencron: In einer großen Stadt (Gedicht) 26

Ein Gedicht vertonen/das Metrum bestimmen

Franz Werfel: Der rechte Weg (Traum) (Gedicht) 27

Sprachliche Bilder untersuchen/zwei Gedichte miteinander vergleichen

Alfred Wolfenstein: Städter (Gedicht) 30

Die Stimmung eines Gedichtes beschreiben/das Thema eines Gedichtes bestimmen/sprachliche Bilder deuten

Peter Schneider: Auf der Straße (Gedicht) 32

Ein Gedicht vortragen/die Wahrnehmung des lyrischen Ichs beschreiben/ein Gedicht mit einem Gemälde vergleichen/ein Gegengedicht verfassen/einen Videoclip erstellen

3. „Die Zeit fährt Auto" – Industrie und Technik, Kommerz und Konsum 33
Erich Kästner: Die Zeit fährt Auto (Gedicht) 33

Sprachliche Gestaltungsmittel bestimmen

Wolfdietrich Schnurre: Angriff (Gedicht) 35

Randbemerkungen zu einem Gedicht anfertigen/eine schriftliche Analyse vorbereiten

Uwe Greßmann: Moderne Landschaft (Gedicht) 36

Ein Gedicht beschreiben und deuten

Olaf n. Schwanke: Fußgängerzone (Gedicht) 38

Die Atmosphäre beschreiben/eine Collage zu einem Gedicht erstellen

4. „Die Stadt beginnt ihr Lied" – Von der Schönheit der großen Städte 39
   Stefan Zweig: Sonnenaufgang in Venedig (Gedicht) 39
       Ein Gedicht vortragen/zu einem Gedicht einen Reisetagebucheintrag verfassen

   Wolf Graf von Kalckreuth: Amsterdam (Gedicht) 40
       Die Stimmung eines Gedichts beschreiben/zwei Gedichte miteinander vergleichen

   Siggi Weidemann: Entdecken Sie Amsterdam (Sachtext) 40
       Einen Sachtext mit einem Gedicht vergleichen

   Heinz Zucker: Abend (Gedicht) 42
       Eine schriftliche Analyse eines Gedichts verfassen, beurteilen und überarbeiten

   Cassandra Steen featuring Adel Tawil: Stadt (Song) 44
       Ein Musikvideo zu einem Song untersuchen

5. Das habe ich gelernt, das kann ich 46
       Wiederholen, üben und überprüfen

Nicht ganz alltägliche Geschichten 48
■ Kurzgeschichten beschreiben und deuten

1. Erwachsen werden 50
   Walter Helmut Fritz: Augenblicke (Kurzgeschichte) 50
       Eine Kurzgeschichte untersuchen/eine Textanalyse überarbeiten/**eine lineare Textanalyse verfassen**

   Julia Franck: Streuselschnecke (Kurzgeschichte) 58
       Eine Kurzgeschichte untersuchen und eine lineare Textanalyse verfassen

2. Unterschiedliche Sichtweisen 60
   Ilse Aichinger: Fenstertheater (Kurzgeschichte) 60
       Eine aspektorientierte Textanalyse verfassen

   Shirley Michaela Seul: Allmorgendlich (Kurzgeschichte) 65
       Eine aspektorientierte Textanalyse verfassen

3. Unerfüllte Sehnsucht 67
   Sibylle Berg: Hauptsache weit (Kurzgeschichte) 67
       Eine Kurzgeschichte unter ausgesuchten Aspekten untersuchen/eine aspektorientierte Textanalyse verfassen

   Lernaufgabe 69
   Peter Bichsel: San Salvador (Kurzgeschichte) 71
       Eine Kurzgeschichte selbstständig untersuchen/eine lineare bzw. aspektorientierte Textanalyse verfassen

4. Das habe ich gelernt, das kann ich 72
       Wiederholen, üben und überprüfen

Annette von Droste-Hülshoff (1797 – 1848) 74
■ Eine Autorin und ihre Zeit verstehen

1. **Warum Annette von Droste-Hülshoff? – Annäherungen an eine ungewöhnliche Schriftstellerin** 76

    Peter Braun: Das Leben der Annette von Droste-Hülshoff (Sachtext) 76

    Bernd Haunfelder: Blüten im Verborgenen. Der Lyrikerin erster Gedichtband erschien 1838 im Verlag Aschendorff (Sachtext) 77

    Wegbegleiter der Annette von Droste-Hülshoff – Kurzbiografien 79

    Sachtexte auswerten und vergleichen/**Kurzreferate planen und halten**

    Annette von Droste-Hülshoff: Am Turme (Gedicht) 82

    Eine Selbstdarstellung in einem Gedicht untersuchen/den Aufbau eines Gedichts untersuchen/**ein Gedicht grafisch erschließen**

    Sarah Kirsch: Der Droste würde ich gern Wasser reichen (Gedicht) 84

    Das im Gedicht dargestellte Bild einer Schriftstellerin untersuchen/die sprachliche Gestaltung eines Gedichts untersuchen

2. **Mensch, Aberglaube und Natur – Themen der Annette von Droste-Hülshoff** 85

    Annette von Droste-Hülshoff: Die Judenbuche (Beginn der Erzählung) 85

    Die Darstellung der Umgebung und der Bewohner des Dorfes beschreiben/ein zentrales Motiv untersuchen/die Erzähltechnik untersuchen

    Annette von Droste-Hülshoff: Westfälische Schilderungen aus einer westfälischen Feder (Sachtextauszug) 87

    Einen Sachtext auswerten und mit einem Erzähltext vergleichen

    Annette von Droste-Hülshoff: Der Knabe im Moor (Ballade) 88

    Eine Ballade mit einem Sachtext vergleichen/den gesellschaftlichen Hintergrund einer Ballade untersuchen/eine Ballade vertonen

    Annette von Droste-Hülshoff: Der Weiher (Gedicht) 90

    Die Stimmung eines Gedichts beschreiben und die sprachlichen Mittel untersuchen/eine schriftliche Analyse verfassen

    Annette von Droste-Hülshoff: Die Judenbuche (Auszug) 91

    Die Atmosphäre einer Erzählung beschreiben und die sprachlichen Mittel untersuchen/ein zentrales Motiv untersuchen/Vermutungen über den Fortgang der Geschichte anstellen

    Projektideen rund um Annette von Droste-Hülshoff und ihre Zeit 93

    Eine Ausstellung zu einer Schriftstellerin gestalten/ein Novellenprojekt durchführen

Streitfälle – Argumentieren und Erörtern 94
■ Lineare und dialektische Erörterungen verfassen

1. Zur Strafe ein Buch lesen? – Die lineare Erörterung 96

Sich dem Thema nähern 96
Alexandra Wölke: Das Jugendstrafrecht – Hintergründe (Sachtext) 97

Vorwissen, Haltungen und Interessen eines heterogenen Adressatenkreises einschätzen und eigene Schreibprodukte darauf abstimmen

Den Sachverhalt klären 97
Ariane Lindenbach: Fesselnde Lektüre – Resozialisierung durch Lesen (Bericht) 98

Sachtexte im Hinblick auf Form, Inhalt und Funktion miteinander vergleichen und bewerten

Alexandra Wölke: Welches Ziel verfolgen Strafen? (Sachtext) 99
Über das Lesen (Zitate) 100
Matías Matínez: Wozu Literatur? (Sachtext) 101
Für eine Leseweisung vorgeschlagene Bücher und deren Inhalt (Buchvorstellungen) 101
Wie wird im Zusammenhang mit der „Leseweisung" mit den Büchern gearbeitet? 104

Informationen aus Sachtexten aufeinander beziehen und miteinander vergleichen

Was spricht dafür, was spricht dagegen? Pro- und Kontra-Argumente sammeln 105

Sachtexte zur Erweiterung der eigenen Wissensbestände und zur Problemlösung auswerten/**eine Stoffsammlung anlegen**

Aussagen von betroffenen Jugendlichen (Zitate) 106

Zur Organisation von komplexen Lernprozessen und zur Dokumentation von Arbeitsergebnissen geeignete analoge und digitale Medien sowie Werkzeuge verwenden

Kommentare in einem Internetforum über juristische Fragen (Blogbeiträge) 106
Gespräch auf der Straße – Meinungen Unbeteiligter (Zitate) 107

Sich eine Meinung bilden – Argumente ausbauen und seinen Standpunkt darlegen 108

Ein Schreibziel benennen und mittels geeigneter Hilfen zur Planung und Formulierung **eigene Texte planen, verfassen und überarbeiten**

Übungen und Hilfen zum Verfassen einer linearen Erörterung 108

Beim Verfassen eines eigenen Textes verschiedene Textfunktionen unterscheiden und situationsangemessen einsetzen

2. Dürfen wir Tiere essen? – Die dialektische Erörterung/antithetische Argumentation 114

Im Streit um Meinungen – Argumentative Beiträge in einem Internetforum untersuchen 115

Diskontinuierliche und kontinuierliche Sachtexte weitgehend selbstständig unter Berücksichtigung von Form, Inhalt und Funktion analysieren

Eine dialektische Erörterung/antithetische Argumentation aufbauen 119

Der Hauptteil einer dialektischen Erörterung – Möglichkeiten des Aufbaus 120

Eine Einleitung verfassen – Interesse wecken und die Streitfrage aufwerfen 121

Argumente verbinden und gewichten – Den Hauptteil überarbeiten 122

3. **Mündlich argumentieren** 126
   Aufwärmübungen – Stegreifreden 126

   Stammtischparolen und Vorurteilen begegnen 127

   Der Wettbewerb „Jugend debattiert" 128

4. **Das habe ich gelernt, das kann ich** 130

Selbstständig unterschiedliche mediale Quellen für eigene Recherchen einsetzen und Informationen quellenkritisch auswählen

Dem Leseziel und dem Medium angepasste Lesestrategien insbesondere des selektiven und des vergleichenden Lesens einsetzen und Leseergebnisse synoptisch darstellen

Eigene Positionen situations- und adressatengerecht in Auseinandersetzung mit anderen Positionen begründen

Themenrelevante Informationen und Daten aus Medienangeboten filtern, strukturieren, umwandeln und aufbereiten/die Qualität verschiedener Quellen an Kriterien prüfen und eine Bewertung schlüssig begründen/eigene Schreibziele benennen, Texte selbstständig in Bezug auf Inhalt und sprachliche Gestaltung (u. a. Mittel der Leserführung) planen und verfassen

In Gesprächen und Diskussionen aktiv zuhören und zugleich eigene Gesprächsbeiträge planen

Gesprächsverläufe beschreiben und Gesprächsstrategien identifizieren/sich an unterschiedlichen Gesprächsformen ergebnisorientiert beteiligen/Inhalte aus Medien beschreiben und hinsichtlich ihrer Funktionen untersuchen/dem Diskussionsstand angemessene eigene Redebeiträge formulieren

Eigene Positionen situations- und adressatengerecht in Auseinandersetzung mit anderen Positionen begründen/die Rollenanforderungen in Gesprächsformen (u. a. Debatte, kooperative Arbeitsformen, Gruppendiskussion) untersuchen und verschiedene Rollen (teilnehmend, beobachtend, moderierend) übernehmen

Wiederholen, üben und überprüfen

Jung und Alt 132

■ Texte miteinander vergleichen

1. **Eigene Wege gehen** 134

    Reiner Kunze: Fünfzehn (Erzählung) 134

    Die Haltung des Erzählers in einem Erzähltext untersuchen und beurteilen/einen Gegentext verfassen

    Tschick – Inhaltsangabe 136

    Aus einer Handlungsübersicht mögliche Konfliktsituationen erkennen

    Wolfgang Herrndorf: Tschick (Romanauszug) 136

    Eine Konfliktsituation zwischen literarischen Figuren analysieren/**Erzähltexte miteinander vergleichen**

    Jan Weiler: Im Pubertier-Biotop (Kolumne) 140

    Die Einstellung des Vaters zu seiner Tochter erarbeiten/den Aufbau des Textes ermitteln/die Zeitformen erläutern/Bedeutung und Funktion der Überschrift erläutern/die Textart nachweisen/über Gründe des kommerziellen Erfolgs spekulieren

2. **Vom Lob der Disziplin** 142

    Christiane Collange: Ich, Deine Mutter (Sachtext) 142

    Einen argumentativen Sachtext untersuchen/einen argumentativen Sachtext schriftlich zusammenfassen/einen argumentativen Sachtext verfassen

    Bernhard Bueb: Lob der Disziplin (Sachtext) 146

    Die Bedeutung eines Begriffs erläutern/aus der Überschrift Erwartungen an den Text formulieren/die Hauptaussage des Textes formulieren/den Aufbau des Textes erläutern/sprachliche Mittel erläutern/kritisch Stellung nehmen/einen argumentativen Sachtext schriftlich zusammenfassen

    Wenn Eltern Hindernisse niedermähen (Zeitungsbericht) 148

    Die Hauptaussage des Textes ermitteln/sprachliche Besonderheiten ermitteln/die Intention des Textes erläutern/**einen Sachverhalt klären und darüber informieren**

3. **Das habe ich gelernt, das kann ich** 150

    Wiederholen, üben und überprüfen

 **Social Media** 152
■ Unterschiedliche Materialien zum Thema „Soziale Medien" untersuchen

1. **Die Bedeutung Sozialer Medien** 154

    Frank Rapp: Was ist denn eigentlich Social Media? (Interview) 154

    Sich zu einem Sachtext einen Überblick verschaffen/einen Sachtext gliedern und die Abschnitte mit Überschriften versehen/Unterschiede zwischen den klassischen Medien und den Sozialen Medien erarbeiten und in eine Tabelle eintragen/**einen Sachtext untersuchen, zusammenfassen und bewerten**

2. **Fake News in den Sozialen Medien** 157

    „Mieterhöhung in Baden-Württemberg" (Internetmeldung) 157

    Internet-Meldungen als Fake News erkennen

    Stephan Ruß-Mohl/Niklas Molter: Medienforscher über Fake News (Interview) 158

    Einem Interview Sachinformationen entnehmen/Ursachen für Fake News benennen

    „Asylbewerber bekommen den Führerschein zum Nulltarif" (Schlagzeile einer Fake-News-Meldung) 159

    Den Wahrheitsgehalt einer Meldung überprüfen/die Absicht von Fake News erkennen und beschreiben/die Folgen von Fake News für die Gesellschaft diskutieren

    Vier Arten von Fake News 160

    Verschiedene Arten von Fake News unterscheiden

3. **Hatespeech – Hass im Netz** 161

    Planungshilfe für einen Artikel in der Schülerzeitung erstellen/Aspekte eines Themas mithilfe eines Ideensterns sammeln

    Internetrecherche: Hatespeech 162

    Informationen aus dem Internet hinsichtlich ihrer Glaubwürdigkeit beurteilen

    Jasna Strick/Julia Schramm: Wie lebt es sich mit einem Shitstorm? (Interview) 163

    Einem Interview wichtige Informationen entnehmen/ein Interview nach Themen gliedern/einen Aspekt eines Interviews schriftlich zusammenfassen

    Verbreiten von falschen Informationen und Beleidigungen (Statistik/Diagramm) 164

    Zentrale Informationen aus einer Statistik herauslesen und als Planungshilfe schriftlich zusammenfassen

    Verschiedene Formen von Hatespeech (Stoffsammlung/Begriffsstern) 165

    Mithilfe eines Begriffssterns unterschiedliche Formen von Hatespeech darstellen

    Einleitung, Hauptteil und Schluss – einen informierenden Text planen, schreiben und überarbeiten 166

    Eine Definition des Begriffes „Hatespeech" formulieren/eine Einleitung für einen informierenden Text schreiben/einen Schreibplan erstellen/Gliederungspunkte des Hauptteils ausformulieren/zwei Versionen eines Schlusses miteinander vergleichen und beurteilen/**einen materialgestützten, informierenden Text verfassen**

4. **Social-Media-Sucht** 168
    Nutzungsdauer soziale Medien (Diagramm) 168

    Einer Studie wichtige Aussagen entnehmen und schriftlich formulieren

    Definition von Sucht (Weltgesundheitsorganisation, WHO) 169

    Eine Definition von Sucht untersuchen und für den Bereich Sozialer Medien erweitern/unterschiedliche Strategien erarbeiten, die einer Sucht vorbeugen können

5. **Die Welt der Influencer** 170
    Erik Scholz (Screenshot) 170

    Den Internet-Eintrag eines Modebloggers untersuchen

    Alex/Nina Berati: Viel Geld für wenig Arbeit? (Interview) 171

    Einem Interview Informationen entnehmen/die Zielgruppe eines Interview-Textes bestimmen

    Thomas Müller (Screenshot) 173

    Den Internet-Post eines Prominenten untersuchen/das Ziel des Posts bestimmen/Werbung in traditionellen Medien mit der in Sozialen Medien vergleichen und in einer Tabelle festhalten

6. **Werbung durch die Hintertür – Wenn Influencer Produkte empfehlen** 174
    Schleichwerbung (Definition) 174

    Zwei Posts genauer untersuchen und mithilfe einer Definition beurteilen, ob es sich um Schleichwerbung handelt/über ein gerichtliches Urteil zur Schleichwerbung diskutieren

7. **Kinder als Influencer** 176
    Jugendarbeitsschutzgesetz (Auszug) 177

    Den Tagesablauf einer jungen Influencerin im Internet recherchieren und in einem Sachtext zusammenfassen/einen Auszug aus dem Jugendarbeitsschutzgesetz untersuchen und wichtige Sachinformationen schriftlich zusammenfassen/eine Pro-und-Kontra-Diskussion vorbereiten und in der Klasse durchführen

8. **Das habe ich gelernt, das kann ich** 178

    Wiederholen, üben und überprüfen

Miteinander sprechen – Gelingende und misslingende Kommunikation 180

■ Kommunikation analysieren und beurteilen

1. **Gespräche im Alltag – Das Gesagte, das Gemeinte und das Gehörte sind nicht immer dasselbe** 182
   Loriot: Feierabend (Dialog) 182

   Aus einem fiktiven Gespräch das Verhalten der Personen und ihre Beziehung zueinander erkennen/die Bedeutung von Tonfall, Mimik und Körperhaltung für die Kommunikation erkennen

   Missverständnisse im Alltag (Dialoge) 184

   Mögliche Ursachen für misslingende Kommunikation erkennen/die Bedeutung der Selbstoffenbarung in Kommunikationssituationen erkennen

   Eine Äußerung – viele Botschaften. Ein Modell der Kommunikation von Friedemann Schulz von Thun (Sachtext) 185
   Dialog vor der Schule (Dialog) 187

   Wesentliche Textinformationen in eine Grafik umsetzen/ein Kommunikationsmodell auf Alltagssituationen anwenden

2. **Der Körper meldet sich zu Wort – Körpersprache** 188
   Zur Bedeutung der Körpersprache (Sachtext) 190

   Die Bedeutung der Körpersprache als Teil der Kommunikation erkennen

3. **Wer führt das Gespräch? – Beziehungen** 192
   Erich Rauschenbach: Was hältst du davon ... (Karikatur) 192
   Wolfdietrich Schnurre: Du bist un-mög-lich (Dialog) 192

   Fiktive Gespräche hinsichtlich der Rollenbeziehungen, der Gesprächsführung und der Gesprächsziele untersuchen

4. **Das habe ich gelernt, das kann ich**

   Wiederholen, üben und überprüfen

So ein Theater! 196

■ Ein Theaterstück verstehen lernen

1. **Vorhang auf für Molières Komödie „Der Geizige"! – Wie die Handlung beginnt** 198
   1. Szene 198

   Die erste Szene einer Komödie untersuchen und spielen/die Bedeutung der Körpersprache als Kommunikationsmittel erkennen

2. **Der Geizige & Co. – Die Figuren in der Komödie** 202
   3. Szene 203

   Das Figurenverzeichnis einer Komödie untersuchen/das Gesprächsverhalten und die Führung in einem Gespräch untersuchen

   Alexandra Rieso: Komik und Komödie – Ein ernstes Geschäft (Sachtext) 205
   Molière: *Der Geizige* – Darum geht es (Inhaltszusammenfassung) 206

   Einem Sachtext Informationen entnehmen und diese in einer Mindmap darstellen

3. **Was für ein Drama! – Die Zuspitzung des Konflikts** 208
   4. Szene 208

   Eine Dramenszene mit verteilten Rollen lesen/die Stimme und den Körper für das Lesen aufwärmen/einen Dialog untersuchen/**eine Dramenszene anschaulich vortragen**

4. **Ende gut, alles gut! – Vom Konflikt zum „Happy End"** 210
   12. Szene 210
   Und so geht es weiter 211
   14. Szene (Auszug) 212

   Den Schluss einer Komödie untersuchen/die Konfliktlösung reflektieren/ein „Mini-Drama" vorbereiten und aufführen

   Lernaufgabe 215

5. **Das habe ich gelernt, das kann ich** 216

   Wiederholen, üben und überprüfen

„'s ist Krieg! 's ist Krieg!" 218
■ Texte und Bilder zum Thema „Krieg und Frieden" untersuchen und deuten

1. **Was Menschen im Krieg erleiden** 220
   Matthias Claudius: Kriegslied (Gedicht) 220

   Den Aufbau eines Gedichts ermitteln/den Inhalt deuten/sprachliche Mittel untersuchen/die Einstellung des lyrischen Ichs erarbeiten/den Titel deuten

   Hans Jakob Christoffel von Grimmelshausen: Der abenteuerliche Simplicissimus Teutsch (Romanauszug) 221

   Den Inhalt eines Romanauszugs zusammenfassen/die Erzählsituation erläutern/das Titelblatt erklären und deuten/Parallelen zwischen Bild und Textauszug herausstellen

   Andreas Gryphius: Tränen des Vaterlandes/anno 1636 (Gedicht) 223

   Den Zusammenhang zwischen Form und Inhalt eines Gedichts untersuchen

2. **„Auf den Flügeln der Hoffnung"** 225
   Frieden auf 50 dreckigen Quadratmetern. Eine syrische Familie flieht in die deutsche Provinz (Reportage) 225

   Eine Reportage untersuchen

   Ellen Henke: Soziale Arbeit mit traumatisierten Kinderflüchtlingen aus Kriegsgebieten (Sachtext) 227

   Einen Sachtext erschließen und mit einer Reportage vergleichen

   Myron Levoy: Der gelbe Vogel (Romanauszug) 229

   Einen Romanausschnitt untersuchen und mit einem Sachtext vergleichen

   Wolfgang Borchert: Die Küchenuhr (Kurzgeschichte) 234

   Mit Standbildern arbeiten/die Symbolik in der Kurzgeschichte untersuchen/das Ende einer Kurzgeschichte deuten

   Dietrich Herrmann: Guernica (Sachtext)/Pablo Picasso: Guernica (Gemälde) 237

   Einem Sachtext Informationen entnehmen/ein Bild entschlüsseln

3. **„Wann ist denn endlich Frieden?"** 239
   Wolf Biermann: Wann ist denn endlich Frieden (Lied) 239

   Den Zusammenhang von sprachlicher Gestaltung und Wirkung eines Gedichts untersuchen/den Appellcharakter eines Gedichts erschließen

   Wolfgang Borchert: DANN GIBT ES NUR EINS! (Gedicht) 240

   Die Appellstruktur eines Textes untersuchen/einen Text weiterschreiben

   Käthe Kollwitz: Nie wieder Krieg (Veranstaltungsplakat) 241

   Ein Gedicht mit einem Plakat vergleichen/ein Plakat zum Thema Frieden gestalten

13

In zwei Sprachen denken, schreiben, leben? 242

■ Über Sprache nachdenken

1. **Ein-, zwei-, mehrsprachig?** 244
   Hatice Akyün: Sie sprechen aber gut Deutsch (Romanauszug) 244

   Einen literarischen Text aspektorientiert untersuchen

   Rafik Schami: Wie ich Frau Sprache verführte (Rede) 245

   Eine Rede aspektorientiert untersuchen/**Texte kritieriengeleitet vergleichen**

   Adel Karasholi: Umarmung der Meridiane (Gedicht) 248

   Einen Lesevortrag des Gedichts vorbereiten/die sprachliche Gestaltung des Gedichts untersuchen

   Maja Haderlap: als mir die sprache abhanden kam (Gedicht) 249

   Den Titel des Gedichts deuten/die sprachliche Gestaltung des Gedichts untersuchen

2. **Mehrsprachig aufwachsen?** 250
   Erfahrungsberichte (Sachtext) 250
   Mehrsprachigkeit aus Sicht der EU (Sachtext) 251

   Sachtexte auswerten

   Deutschpflicht auf dem Schulhof? Selbstverständlich! (argumentativer Sachtext) 252

   Einen argumentativen Sachtext auswerten/einen Leserbrief schreiben/eine Diskussion führen

„Das Wunder von Bern" 254

■ Einen Spielfilm untersuchen

1. „Das Wunder von Bern" – Ein typischer Fußballfilm? 256	Ein Kinoplakat untersuchen und mit einem DVD-Cover vergleichen
2. Deutschland nach 1945 – Eine Trümmerlandschaft? 258 Martin Pohl: Deutschland 1945 – 1960: Zwischen „Stunde null" und „Wirtschaftswunder" (Sachtext) 259	**Ein Filmstandbild analysieren** Einem Sachtext Informationen entnehmen und diese in einer Mindmap darstellen/einen Sachtext mit einem Film vergleichen
3. Der Kriegsheimkehrer Richard Lubanski – Vertreter einer verlorenen Generation? 261 Rüdiger Overmans: Soldaten hinter Stacheldraht (Sachtext) 263	Erzählverhalten im Film erkennen/**den Ton als filmsprachliches Mittel erkennen** Einem Sachtext Informationen über eine historische Situation entnehmen und mit ihrer Darstellung im Film vergleichen
4. Mehr als nur Fußball? – Die Bedeutung des Sports im Spielfilm 265 Anne Haeming, Barbara Lich, Bastian Obermayer: Liebeserklärungen an den Fußball (Interviews) 265 Matthias und Helmut Rahn – Ein Drehbuchauszug 267 Die Bedeutung des Fußballs für die Beziehung zwischen Vater und Sohn – Montage (Filmbilder) 268	Argumente erkennen und einschätzen Den Auszug eines Drehbuchs untersuchen und mit der filmischen Umsetzung vergleichen Eine Filmmontage untersuchen
5. „Wir sind wieder wer"?! – Die Bedeutung der Weltmeisterschaft für Deutschland im Spielfilm 271 Pressemeldungen zum Ausgang der Weltmeisterschaft 1954 271	Pressemeldungen auswerten und mit der Darstellung des Ereignisses im Film vergleichen
6. „Wortmann, ab zum Sondertraining?!" – Die Bewertung des Spielfilms 273 Im Strafraum der Geschichte („Das Wunder von Bern") (Rezension) 273	Eine Filmrezension untersuchen/**eine Rezension zu einem Film verfassen**
7. Das habe ich gelernt, das kann ich 276	**Wiederholen, üben und überprüfen**

Einen Beruf finden 278

■ Sachtexte auswerten/eine Bewerbung schreiben

1. **Sich über Berufe informieren** 280
2. **Sich bewerben** 285

Sachtexte auswerten/eine Internetseite untersuchen

Ein Bewerbungsschreiben verfassen/einen Lebensverlauf verfassen/ein Vorstellungsgespräch führen/konzeptionelle Mündlichkeit und Schriftlichkeit unterscheiden und anwenden

Üben, wiederholen und mehr ... 292

■ Erworbene Fähigkeiten trainieren

1. **Den Inhalt eines literarischen Textes wiedergeben** 294
   Stefanie Dominguez: Ein ganz gewöhnlicher Sonntag (Kurzgeschichte) 294

   Inhaltsangaben zu literarischen Texten verfassen

2. **Einen Erzähltext analysieren** 299
   Margret Steenfatt: Im Spiegel (Kurzgeschichte) 300

   Erzähltexte analysieren

3. **Texte sprachlich überarbeiten** 303

   Strategien zur Textüberarbeitung anwenden

4. **Einen Sachtext zusammenfassen** 305
   Erwachsene sehen Jugendliche eher skeptisch (Zeitungsartikel) 305

   Einen Sachtext zusammenfassen/ein Diagramm mithilfe eines Textverarbeitungsprogramms erstellen

5. **Wortarten** 309
   Wortarten im Überblick – Wiederholung 309
   Die Pronomen 311
   Unter die Lupe genommen – Das Indefinitpronomen 312
   Das Verb 314
   Die Handlungsart (das Genus Verbi, die Genera Verbi) des Verbs 316
   Der Modus in der indirekten Rede 318

   Wortarten unterscheiden und ihre Funktion erkennen

6. **Satzglieder** 323
   Die Satzglieder im Überblick 323
   Das Attribut 325

   Satzglieder unterscheiden und ihre Funktion erkennen

7. **Gliedsätze/Nebensätze** 326
   Das Satzbaumuster der Gliedsätze/Nebensätze 326
   Gliedsätze/Nebensätze bestimmen 327
   Einfache Satzgefüge – komplexe Satzgefüge – Satzreihen 331
   Der indirekte Fragesatz 334
   Unter die Lupe genommen – Satzwertige Konstruktionen 335

   Gliedsätze/Nebensätze unterscheiden und ihre Funktion erkennen

8. Richtig zu schreiben kann man lernen 337
    Fehlerschwerpunkte selbst erkennen   337
    Rechtschreibprobleme durch einfache Verfahren lösen   338
    Auf die Bedeutung achten   340
    Auf die Wortart achten   341
    Fremdwörter   345
    Mit dem Wörterbuch arbeiten   348
    Zusammen- und Getrenntschreibung   350
    Die Kommasetzung   356

Rechtschreibstrategien zur Fehlervermeidung und -korrektur erkennen und anwenden

9. Zitieren 368

Regelungen der Zitierweise erkennen und anwenden

Anhang 370

Das habe ich gelernt, das kann ich – Lösungen   370
 Mit (neuen) Medien umgehen   378
Verzeichnis der Textarten   379
Stichwortverzeichnis   383
Textquellenverzeichnis   389
Bildquellenverzeichnis   394
„Das brauchst du immer wieder."/„Das musst du lernen und wissen."/„Info-Kästen" – Überblicke (siehe hinteren Buchdeckel)

Im Meer der Stadt

■ In den letzten zwei Jahrhunderten sind immer mehr Menschen in große Städte gezogen, wo sie ganz unterschiedliche Erfahrungen gemacht haben. Ihre Eindrücke haben sie dann häufig in Bildern, Liedern oder Texten verarbeitet.

■ In diesem Kapitel beschäftigt ihr euch mit Gedichten zum Thema „Stadt", indem ihr sie mit verschiedenen Methoden näher untersucht und deutet oder euch auf kreative Weise mit ihnen auseinandersetzt.

Ludwig Meidner:
Ich und die Stadt (1913)

Domenico Quaglio:
Braunschweig,
Altstadtmarkt von
Osten (1834)

Gedichte beschreiben und deuten

Frankfurt am Main

1. Stellt euch vor, ihr wäret in einer der hier dargestellten Städte. Begebt euch in eines der Bilder hinein. Was könnt ihr sehen, hören und riechen? Welche Gefühle habt ihr, in welcher Stimmung seid ihr? Verfasst einen Text in der Ich-Form, in dem ihr eure Eindrücke festhaltet.

2. Welche Themen und Aspekte des Stadtlebens werden auf den Bildern jeweils angesprochen?

3. Welches der Stadtbilder gefällt euch besonders gut und welches überhaupt nicht? Begründet eure Ansichten.

4. Erzählt von den Erfahrungen, die ihr selbst schon einmal in einer Großstadt gemacht habt, warum ihr dort wart, welche Erlebnisse ihr hattet und wie die Stadt auf euch gewirkt hat.

James Rizzi: Make Friends with Life and People (1996)

19

1. Städte erleben – Ich in der Stadt

Herbert Grönemeyer (geb. 1956)
Bochum

tief im westen
wo die sonne verstaubt
ist es besser
viel besser, als man glaubt
5 tief im westen,
tief im westen

du bist keine schönheit
vor arbeit ganz grau
du liebst dich ohne schminke
10 bist 'ne ehrliche haut
leider total verbaut
aber grade das macht dich aus

du hast 'n pulsschlag aus stahl
man hört ihn laut in der nacht
15 du bist einfach zu bescheiden
dein grubengold¹
hat uns wieder hochgeholt
du blume im revier

bochum
20 ich komm aus dir
bochum
ich häng an dir
glück auf², bochum

du bist keine weltstadt
25 auf deiner königsallee
finden keine modenschaun statt
hier, wo das herz noch zählt
nicht das große geld
wer wohnt schon in düsseldorf

30 bochum
ich komm aus dir
bochum
ich häng an dir
glück auf, bochum

35 du bist das himmelbett für tauben
und ständig auf koks³
hast im schrebergarten deine laube
machst mit 'nem doppelpass
jeden gegner nass
40 du und dein vfl

bochum
[…]

(1984)

Bochum, Text: Grönemeyer, Herbert,
Copyright: 1984 Grönland Musikverlag, Berlin

1 Hört euch den Song an und tauscht euch über eure ersten Eindrücke aus.

---

¹ **Grubengold:** Anspielung auf die Kohlegruben Bochums
² **Glück auf:** Gruß der (Kohle-)Bergleute
³ **Koks:** aus Kohle gewonnener Brennstoff, auch umgangssprachlich für Kokain

2 Wie beschreibt Herbert Grönemeyer seine Heimatstadt Bochum? Welche Eigenschaften hebt er an ihr besonders hervor? Achtet in diesem Zusammenhang auch auf die sprachlichen Bilder und deren Wirkung.

3 Erklärt mithilfe des Songtextes, wie Grönemeyer seine Heimatstadt beurteilt und welches Verhältnis er zu ihr hat. Überlegt dabei auch, warum er sie personifiziert und direkt anspricht.

4 Vergleicht den Songtext mit dem folgenden Ausschnitt aus einem Reiseführer. Welche Gemeinsamkeiten lassen sich feststellen, welche Unterschiede fallen euch auf? Versucht, eure Beobachtungen jeweils zu erklären.

> Die Stadt Bochum, im Herzen des Ruhrgebiets zwischen Emscher und Ruhr gelegen, verdankte ihren Aufschwung einst der Kohle und dem Stahl. Heute gibt es keine Zechen mehr. Stattdessen haben sich andere Industriezweige, wie z. B. der Automobilbau, in Bochum angesiedelt. Die Ruhr-Universität,
> 5 das Schauspielhaus und die Musicalbühne „Starlight Express" setzen die kulturellen Akzente in der Stadt, die nicht gerade eine Schönheit ist, aber ihre Vergangenheit als Bergbaustadt wachhält.

WES-127419-002

Madison Band
Paderborn-Lied

In dieser Stadt bin ich geboren.
Und sie lässt mich nicht mehr los.
Hab mein Herz an dich verloren.
Paderborn, du bist grandios.

5 Hast drei Hasen mit drei Ohren[1].
Und das Herz am rechten Fleck.
Ist man auch nicht hier geboren.
Wer dich kennt, will nie mehr weg.

Paderborn, Paderborn – meine Stadt, ich liebe dich.
10 Manchmal stur, doch immer herzlich.
Paderborn, du bist wie ich.
Paderborn, Paderborn – meine Stadt, ich liebe dich.
Manchmal stur, doch immer herzlich.
Paderborn, du bist wie ich.

15 Ganz egal, was auch passiert.
Paderborn, du bleibst dir treu.
Dabei offen, nicht blasiert[2].
Zeigst vor Fremden keine Scheu.

---
[1] Anspielung auf das „Dreihasenfenster" im Kreuzgang des Domes, eine Sehenswürdigkeit Paderborns
[2] **blasiert:** eingebildet, überheblich

Hast die Pader[1], Dom und Neptun[2].
20 Hast das Bier, das jeder kennt.
Einmal Freunde, dann für immer.
Das ist unser Element.

Paderborn, Paderborn – meine Stadt, ich liebe dich.
Manchmal stur, doch immer herzlich.
25 Paderborn, du bist wie ich.
Paderborn, Paderborn – meine Stadt, ich liebe dich.
Manchmal stur, doch immer herzlich.
Paderborn, du bist wie ich.

Du hast alles, was ich brauche – krieg von dir niemals genug.
30 Du bist meine große Liebe – keine andere ist wie du.

Paderborn, Paderborn – meine Stadt, ich liebe dich.
Manchmal stur, doch immer herzlich.
Paderborn, du bist wie ich.
Paderborn, Paderborn – meine Stadt, ich liebe dich.
35 Manchmal stur, doch immer herzlich.
Paderborn, du bist wie ich.

(1999)

Das Paderborn-Lied, Text: Ehritt, Stephan, Copyright: Rechte beim Urheber

[1] **Pader:** kurzer Fluss, der in Paderborn aus vielen Quellen entspringt
[2] **Neptun:** Gemeint ist der Neptunbrunnen, eine Sehenswürdigkeit Paderborns.

1. Hört euch den Song an. Wie wirkt er auf euch?

2. Wie wird die Stadt Paderborn in diesem Song beurteilt? Was wird dabei besonders hervorgehoben?

3. Vergleicht die Songtexte über Bochum und Paderborn miteinander. Welche Gemeinsamkeiten könnt ihr feststellen?

4. Welcher Text gefällt euch besser? Begründet dabei jeweils eure Ansichten.

5. Was könnte jemanden wohl veranlassen, ein Lied über seine Heimatstadt zu schreiben? Sammelt mögliche Motive.

6. Schreibt selbst zu einer bekannten Melodie einen Text über eure Heimatstadt oder eine andere Stadt, die ihr gut kennt. Um Einfälle für den Text zu sammeln, könnt ihr euch zunächst Antworten auf die folgenden Fragen überlegen: Was verbindet euch mit eurer Heimatstadt oder eurem Heimatort? Was gefällt euch, was mögt ihr weniger? Welche besonderen Erinnerungen verbindet ihr mit eurer Stadt? Wie sieht sie aus? Wie hört sie sich an? Wie riecht sie?

7. Schreibt einen argumentativen Text, in dem ihr begründet, warum eure Heimatstadt an dem Wettbewerb „Deutschlands schönste Orte" teilnehmen sollte. Ihr könnt auch einen Leserbrief an eure Regionalzeitung verfassen, in dem ihr vorschlagt, was an eurem Wohnort verändert werden müsste, damit er an dem Wettbewerb teilnehmen kann.

2. „Ein Blick ins Auge, und vorüber schon" – Der Einzelne und die Menge

Nicht immer haben Dichter ihre Stadt positiv beurteilt. Seit dem Anwachsen der Städte im 19. Jahrhundert gab es auch immer wieder Beispiele für kritische Stadtgedichte.

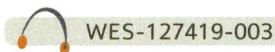

Emil Nicolai (geb. 1862)
Straßenbild

Ein Menschenhauf – ein Schutzmann – und ein Karren
Und auf dem Karren ein betrunk'nes Weib.
Notdürft'ge Kleidung deckt den magern Leib –
Die Nase spitz, wie eines Giebels Sparren[1].

5 Die Menge gafft – und tut der Dinge harren,
die sich entwickeln ihr zum Zeitvertreib. –
Und mancher Schimpf trifft das betrunk'ne Weib,
des Augen glasig in die Leere starren.

Sie griff zur Flasche in des Lebens Not,
10 als ihr das Herz umkrallt der Ohnmacht Gram;
die Kinder weinten: „Mutter! – Hunger! – Brot!"

Nun deckt die blassen Wangen brennend Rot
Wie in des Unglücks unbewusster Scham –
Der Karren rollt. Ein Opfer – lebend tot.

(1910)

---

[1] **Sparren:** schräger Dachbalken

1 Hört euch die gesprochene Version des Gedichts an oder lest es und tauscht euch über eure ersten Eindrücke aus.

2 Worum geht es in diesem Gedicht? Findet für die einzelnen Strophen passende Überschriften. Vergleicht anschließend die Ergebnisse miteinander und begründet dabei eure Entscheidungen.

3 Was erfährt man über die Frau auf dem Karren? Stellt zusammen, was im Gedicht über ihr Aussehen, ihr Verhalten und über die Gründe für ihr Verhalten gesagt wird. Versucht, in diesem Zusammenhang auch zu klären, was mit den Worten „Ein Opfer – lebend tot" am Ende des Gedichts gemeint sein könnte.

4 Wie reagiert die Menschenmenge auf den Anblick der Frau? Sucht im Text auch nach Hinweisen darauf, wie das Verhalten der Menschen beurteilt wird.

5 Untersucht die sprachliche Gestaltung des Gedichts. Dabei könnt ihr z. B. auf den Satzbau, die Wortwahl und die sprachlichen Bilder achten. Hilfen findet ihr in dem Werkzeugkasten auf S. 29. Versucht, jeweils zu erklären, in welcher Weise die sprachlichen Gestaltungsmittel zur Verdeutlichung des Inhalts beitragen.

Weitere Hilfen findet ihr unter folgendem Webcode:

 WES-127419-004

6 Wählt nun eine der Strophen aus und verfasst dazu einen Text, in dem ihr den Inhalt der Strophe benennt und die sprachliche Gestaltung und ihre Wirkung erklärt.

7 Welche Bedeutung hat die Stadt in dem Gedicht? Berücksichtigt in diesem Zusammenhang auch den Titel.

8 Diskutiert darüber, ob die in diesem Gedicht angesprochenen Themen heute noch aktuell sind. Was wäre wahrscheinlich anders, wenn sich eine ähnliche Szene heute in einer Stadt abspielte?

WES-127419-005

Erhard Rumpf
Industrialisierung und soziale Frage – Lebensverhältnisse und Arbeitsbedingungen ändern sich

Jahr für Jahr brachten im Deutschland des 19. Jahrhunderts mehr Frauen Kinder zur Welt. 1816 lebten in Deutschland 24,8 Millionen Menschen, 1849 waren es 35,1 Millionen und bis 1910 wuchs die Bevölkerung auf 64,9 Millionen an. Nach 1850 zog es immer mehr Menschen vom Land in die Städte. Besonders viele kamen aus den landwirtschaftlichen Gebieten im Osten Deutschlands in die entstehende Industrie des Ruhrgebietes. Das waren Kleinbauern, deren Höfe nicht genug zum Leben hergaben; das waren Töchter und Söhne von Knechten und Mägden, das waren Tagelöhner und das waren Heimarbeiter, die mit den billigen Waren aus den Fabriken nicht

Adolph von Menzel: Das Eisenwalzwerk, 1875

Arbeiterquartier in Hamburg um 1880

mehr konkurrieren konnten. Auf den Dörfern fanden sie keine Arbeit mehr, denn die Landwirte konnten die Erträge durch die Modernisierungen steigern, ohne mehr Arbeitskräfte zu benötigen. Sie alle hofften auf bessere Arbeits- und Lebensmöglichkeiten in der Stadt. Aber nicht jeder fand Arbeit, besonders in der Zeit, als es nur wenige Fabriken gab. Die Not war auch in den Städten groß, deswegen wanderten viele aus Deutschland aus. Die meisten Menschen in den Städten hatten nur eine Möglichkeit, ihren Lebensunterhalt zu verdienen: Sie verkauften ihre Arbeitskraft an die Unternehmer. Fabrikanten und Arbeiter schlossen einen Arbeitsvertrag ab, der als freiwillige Abmachung zwischen zwei Bürgern galt. Den Arbeitern und Arbeiterinnen blieb dabei nichts anderes übrig, als die Bedingungen der Unternehmer zu akzeptieren. Sie mussten sich einer Arbeitsorganisation unterwerfen, die genau nach der Uhr ablief, denn die Maschinen durften nicht stillstehen. Wer nicht 14 oder 16 Stunden am Tag arbeiten wollte oder konnte, sollte es bleiben lassen, es gab ja genügend andere Arbeitskräfte. Wenn z. B. eine Arbeiterin, die ein Kind erwartete oder stillte, der Arbeit fernblieb, brach sie den Arbeitsvertrag und der Fabrikant konnte sie entlassen. Dagegen waren die Arbeiter fast wehrlos, denn Zusammenschlüsse wie Gewerkschaften galten lange Zeit als ungesetzlich. Fabrikarbeiter konnten von ihrem Lohn eine Familie meist nicht satt machen. Die Arbeitslöhne waren vor allem zu Beginn der Industrialisierung für unsere Begriffe unvorstellbar niedrig, auch wenn sie meist höher lagen als für Land- oder Heimarbeit. Folglich mussten die Frauen und sogar Kinder mitarbeiten. Das hatten sie früher in der Landwirtschaft, am heimischen Webstuhl oder im Handwerksbetrieb auch getan. Aber nun wurden sie auf dem Arbeitsmarkt Konkurrenten für die Männer. Männer behaupteten daher verstärkt, dass sie zuallererst Anspruch auf einen Arbeitsplatz hätten, weil sie verpflichtet wären, die Familie zu ernähren. Mit der gleichen Begründung stellten die Unternehmer Frauen – und auch Kinder – für besonders schlecht bezahlte Arbeiten ein. Sie sollten froh sein, wenn sie ein paar Groschen dazuverdienen konnten. Dabei war ihre Arbeit nicht leichter oder angenehmer als die der Männer. Die Löhne waren auch von der Ausbildung abhängig: So verdiente z. B. ein geschickter Handwerker oder Techniker wesentlich mehr als ein ungelernter Arbeiter.

(1996)

1. Stellt einen Zusammenhang her zwischen dem Sachtext von Erhard Rumpf und den beiden Abbildungen auf dieser Doppelseite.

2. Gliedert den Text in Sinnabschnitte und gebt diesen jeweils eine passende Überschrift (z. B. „Bevölkerungswachstum"). Alternativ könnt ihr auch eine Mindmap mit Oberbegriffen anlegen und diesen die Detailinformationen zuordnen.

3. Erklärt anhand des Textes mit eigenen Worten, warum gerade in den Städten Armut und soziales Elend besonders groß waren.

4. Nennt Gründe dafür, dass insbesondere viele Frauen unter der schlimmen sozialen Lage zu leiden hatten.

5 Vergleicht diesen Sachtext mit dem Gedicht „Straßenbild" von Emil Nicolai (S. 23). Überlegt, nach welchen Kriterien ihr die beiden Texte miteinander vergleichen könnt (z. B. inhaltliche Schwerpunkte, sprachliche Gestaltung, Wirkung usw.), und legt dann eine Tabelle an.

 Tipps, wie ihr Texte kriteriengeleitet miteinander vergleichen könnt, findet ihr im Werkzeugkasten auf S. 247.

6 Welche der von euch herausgearbeiteten Besonderheiten des Gedichts könnten typisch für die Gattung Lyrik sein?

Detlev von Liliencron (1844 – 1909)
In einer großen Stadt

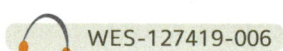

Es treibt vorüber mir im Meer der Stadt
Bald der, bald jener, einer nach dem andern.
Ein Blick ins Auge, und vorüber schon.
    Der Orgeldreher dreht sein Lied.

5 Es tropft vorüber mir ins Meer des Nichts
Bald der, bald jener, einer nach dem andern.
Ein Blick auf seinen Sarg, vorüber schon.
    Der Orgeldreher dreht sein Lied.

Es schwimmt ein Leichenzug im Meer der Stadt,
10 Querweg die Menschen, einer nach dem andern.
Ein Blick auf meinen Sarg, vorüber schon.
    Der Orgeldreher dreht sein Lied.   (1883)

1 Entwerft eine „Vertonung" dieses Gedichts. Dafür könnt ihr den gesamten Text beim Vortragen mit Musik unterlegen oder vor und nach den einzelnen Strophen jeweils „Zwischenmusik" einblenden. Überlegt, wie der Text im Zusammenhang mit der Vertonung jeweils vorgetragen werden sollte. Besprecht dann in der Klasse, welche unterschiedlichen Wirkungen durch die verschiedenen Vortragsweisen und Vertonungen hervorgerufen werden. Begründet, warum ihr euch für die betreffende Musik entschieden habt.

2 Hört euch die gesprochene Version des Gedichts an und tauscht euch über die Wirkung, die sie auf euch hat, aus.

3 Wie wird die Stadt in dem Gedicht Liliencrons dargestellt, wie werden die Menschen dargestellt? Sprecht auch darüber, welches Verhältnis der lyrische Sprecher zu den anderen Menschen der „großen Stadt" hat.

4 Versucht gemeinsam, die Bedeutung der sprachlichen Bilder „Meer der Stadt" (V. 1, V. 9) und „Meer des Nichts" (V. 5) zu klären.

5 Diskutiert darüber, welche Bedeutung der mehrfach erwähnte Drehorgelspieler für die Aussage des Gedichts haben könnte.

6 Stellt Wörter und Wortgruppen zusammen, die in diesem Gedicht mehr als einmal vorkommen. Warum hat der Dichter wohl so viele Wiederholungen verwendet? Haltet eure Überlegungen in einem kurzen Text fest.

7 Untersucht das Versmaß des Gedichts. Hilfen findet ihr in der folgenden Zusammenfassung. Versucht auch, einen Bezug zwischen dem Versmaß und dem Inhalt des Textes aufzuzeigen.

Versmaß (Metrum)

Das musst du lernen und wissen.

Wenn man Gedichte besonders betont vorliest, merkt man, dass die einzelnen Verse oft ein bestimmtes Betonungsmuster haben. Dies liegt daran, dass innerhalb der einzelnen Verse **Hebungen** (betonte Silben) und **Senkungen** (unbetonte Silben) in einer festen Abfolge angeordnet sind. Diese regelmäßige Folge von Hebungen und Senkungen nennt man **Versmaß** oder **Metrum**.

Eine Einheit von zwei oder drei Silben, von denen eine betont ist, nennt man Takt oder **Versfuß**. Dabei unterscheidet man folgende Versfüße:

Jambus (xx́): z. B. Gedícht   **Trochäus** (x́x): z. B. Díchter
Daktylus (x́xx): z. B. Dáktylus   **Anapäst** (xxx́): z. B. Anapä́st, Paradíes

Wenn ein Vers auf einer betonten Silbe endet, nennt man dies **männliche** bzw. **stumpfe Kadenz**, eine unbetonte Silbe am Schluss wird als **weibliche** bzw. **klingende Kadenz** bezeichnet.

Beispiel für die Bestimmung von Versen:
Nun déckt die blássen Wángen brénnend Rót
fünfhebiger Jambus mit männlicher/stumpfer Kadenz (xx́ xx́ xx́ xx́ xx́)

Häufig kann das Versmaß für die Deutung des Gedichts genutzt werden, z. B. wenn es besonders regelmäßig oder auffallend unregelmäßig ist oder plötzlich wechselt. Außerdem entsteht aus der metrischen Gestaltung, aus Betonung, Pausen und Tempo eine bestimmte „Bewegung" im Gedicht, die man **Rhythmus** nennt.
In moderner Lyrik finden sich allerdings viele Gedichte, die kein einheitliches Metrum und kein festes Reimschema haben.

WES-127419-007

Franz Werfel (1890 – 1945)
Der rechte Weg (Traum)

Ich bin in eine große Stadt gekommen.
Vom Riesenbahnhof trat den Weg ich an,
Besah Museen und Plätze, habe dann
Behaglich eine Rundfahrt unternommen.

5 Den Straßenstrom bin ich herabgeschwommen
Und badete im Tag, der reizend rann.
Da! Schon so spät!? Ich fahre aus dem Bann.
Herrgott, mein Zug! Die Stadt ist grell erglommen.

Verwandelt alles! Tausend Autos jagen,
10 Und keines hält. Zweideutige Auskunft nur
Im Ohr durchkeuch ich das Verkehrs-Gewirre.

Der Bahnhof?! Wo?! Gespenstisch stummt mein Fragen.
Die Straßen blitzen endlos, Schnur um Schnur,
Und alle führen, alle, in die Irre.

(1911)

1 Hört euch die gesprochene Version des Gedichts an und sprecht über eure ersten Eindrücke.

2 „Verwandelt alles!" (V. 9) Vergleicht, wie das lyrische Ich des Gedichts die Stadt vor dieser Verwandlung wahrnimmt und wie es dies hinterher tut. Erarbeitet dafür eine schriftliche Gegenüberstellung in Tabellenform.

3 Versucht, die Bedeutung der sprachlichen Bilder zu klären. Hilfen findet ihr im Werkzeugkasten auf S. 29. Ihr könnt auch Deutungsvorschläge und Assoziationen gemeinsam an der Tafel sammeln.

Ein Arbeitsblatt, das euch die Bearbeitung der Aufgaben 3 und 4 erleichtert, findet ihr hier:

WES-127419-008

Sprachliches Bild	Deutung
„Straßenstrom" (V. 5)	viele Menschen/Autos lassen Straße wie einen Fluss wirken, sind nicht einzeln zu erkennen
„herabgeschwommen" (V. 5)	lyrisches Ich lässt sich von der Menschenmenge in den Straßen mitreißen
„badete im Tag" (V. 6)	?
„der reizend rann" (V. 6)	?
„Autos jagen" (V. 9)	?
„Straßen blitzen" (V. 13)	?
„Schnur um Schnur" (V. 13)	?

4 Untersucht andere sprachliche Gestaltungsmittel (z. B. die Wortwahl und den Satzbau) und ihre Wirkung im Zusammenhang mit dem Inhalt des Gedichts. Sprecht dabei über mögliche Bedeutungen von Textstellen, die beim ersten Lesen zunächst schwer verständlich scheinen, z. B.: „Die Stadt ist grell erglommen" (V. 8) oder „Gespenstisch stummt mein Fragen" (V. 12).

5 Vergleicht Werfels Gedicht „Der rechte Weg" mit Liliencrons „In einer großen Stadt". Ihr könnt dabei die Darstellung der Stadt, die Darstellung der Menschen, die Atmosphäre und die verwendeten Bilder aus dem gleichen Bereich gegenüberstellen.

6 „Sarg" – „Der rechte Weg" – „Bahnhof" ... – Beschreibt, welche Gedanken euch durch den Kopf gehen, wenn ihr diese Wörter lest. Versucht, jeweils mithilfe der Begriffe „Denotation" und „Konnotation" (s. S. 29) die unterschiedliche Sicht auf das Wort zu erläutern.

Das musst du lernen und wissen.

Denotation und Konnotation

Die meisten Wörter haben eine Grundbedeutung, mit der sie etwas bezeichnen. Das Wort „Sonne" bezeichnet zum Beispiel den leuchtenden Stern in der Mitte unseres Sonnensystems. Diese Grundbedeutung bezeichnet man als **Denotation**.

Oft schwingen bei einem Wort aber auch noch andere Bedeutungen und Empfindungen mit. So verbinden wir mit „Sonne" zum Beispiel Wärme oder Sommer, mit „Nacht" zum Beispiel Ruhe, Angst oder Gefahr. Diese sogenannten **Konnotationen** lösen bei uns unbewusst Emotionen aus. Da diese wertende Nebenbedeutung sowohl positive als auch negative Assoziationen hervorrufen kann, wird zwischen positiv und negativ konnotierten Wörtern unterschieden. Das Verb „starren" wird zum Beispiel von vielen Menschen mit einem unangenehmen Gefühl verbunden, somit handelt es sich dabei um ein negativ konnotiertes Verb, wohingegen das Verb „blicken" neutral wahrgenommen wird und nicht konnotiert ist.

Das brauchst du immer wieder. **So gehst du vor.**

Sprachliche Bilder untersuchen

Die Sprache eines Gedichts löst beim Leser bestimmte Vorstellungen, Gefühle und Stimmungen aus. Dies geschieht vor allem durch eine anschauliche Wortwahl und sprachliche Bilder, bei denen sozusagen mit Sprache „gemalt" wird. Solche sprachlichen Bilder sind:

- **Vergleiche**, die mit bestimmten Vergleichswörtern (*wie, so wie, als wenn, als ob*) eingeleitet werden (z. B. „Die Nase spitz, wie eines Giebels Sparren").

- **Metaphern**, durch die ein Ausdruck dadurch eine neue Bedeutung erhält, dass man ihn aus seinem ursprünglichen Bereich in einen neuen überträgt. Eine neue Bedeutung kann auch durch die Verknüpfung mit einem Bereich entstehen, mit dem der Ausdruck gewöhnlich nicht verbunden ist. Oft wird die Metapher auch als verkürzter Vergleich bezeichnet, weil ein Vergleichswort (z. B. *wie*) fehlt (z. B. „im Meer der Stadt").

- **Personifikationen**, in denen Dinge, Tiere oder allgemeine Begriffe als menschliche Wesen dargestellt werden (z. B. „Autos jagen").

- **Symbole**, bei denen ein konkreter Gegenstand neben seiner offensichtlichen eigentlichen Bedeutung noch eine weitere, übertragene Bedeutung hat (z. B. die Drehorgel als Symbol des Stadtlebens, das immer unverändert und ziellos weiterläuft).

Wichtig ist, dass du die einzelnen sprachlichen Bilder nicht nur benennst, sondern möglichst auch ihre Wirkung und Bedeutung im Zusammenhang des Gedichts erklärst.

 WES-127419-009

Alfred Wolfenstein (1883 – 1945)
Städter

Dicht wie Löcher eines Siebes stehn
Fenster beieinander, drängend fassen
Häuser sich so dicht an, dass die Straßen
Grau geschwollen wie Gewürgte sehn.

5 Ineinander dicht hineingehakt
Sitzen in den Trams[1] die zwei Fassaden
Leute, ihre nahen Blicke baden
Ineinander, ohne Scheu befragt.

Unsre Wände sind so dünn wie Haut,
10 Dass ein jeder teilnimmt, wenn ich weine.
Unser Flüstern, Denken … wird Gegröhle …

– Und wie still in dick verschlossner Höhle
Ganz unangerührt und ungeschaut
Steht ein jeder fern und fühlt: alleine.

(1914)

[1] **Trams:** Straßenbahnen

Jakob Steinhardt: Die Stadt (1913)

1 Hört euch die gesprochene Version des Gedichts an oder lest es und tauscht euch darüber aus.

2 Beschreibt die im Gedicht vermittelte Stimmung. Dafür schreibt jeder einige Adjektive auf, die die Atmosphäre des Textes möglichst treffend wiedergeben. Vergleicht eure Ergebnisse und begründet eure Entscheidungen.

3 Welches Thema hat eurer Meinung nach das Gedicht: Großstadtleben, Straßenlärm, Wohnverhältnisse, Anonymität, Verkehrssituation, Straßenbahnfahren …? Entscheidet euch für ein möglichst kurz formuliertes Thema und begründet eure Auswahl mithilfe des Gedichttextes.

4 Wie werden im Gedicht „Städter" die Menschen beschrieben, die in der Großstadt leben? Geht auf ihr Aussehen, ihr Verhalten, ihre Gefühle und ihr Verhältnis zu den Mitmenschen ein. Haltet eure Ergebnisse in einem Text fest.

Formulierungshilfen findet ihr hier:

 WES-127419-010

5 Sprecht darüber, welche Bedeutung die äußere Situation (z. B. Häuser, Wohnungen, Straßen, Straßenbahn) für das Leben der „Städter" hat.

6 Versucht, die im Gedicht verwendeten sprachlichen Bilder zu deuten und ihre Wirkung im Zusammenhang des Textes zu erklären. Ihr könnt dafür wieder eure Beobachtungen und Einfälle in einer Tabelle sammeln:

Sprachliches Bild	Deutung
„wie Löcher eines Siebes" (V. 1)	unzählige Fenster, dicht beieinander, wirken leer/unbelebt ...
„drängend fassen/Häuser sich so dicht an" (V. 2 f.)	viele Häuser stehen so eng nebeneinander, dass sie sich (wie Menschen) gegenseitig zu bedrängen/bedrohen scheinen
„wie Gewürgte" (V. 4)	?
?	?

7 Oft finden sich in Gedichten Enjambements. Das sind „Zeilensprünge" (vom französischen *enjamber: überspringen*), in denen Satz- oder Sinneinheiten das Ende eines Verses überschreiten und in den nächsten Vers übergreifen. Sucht auf der Grundlage dieser Definition Enjambements im Gedicht „Städter" und diskutiert, welche Wirkung sie auf den Leser/die Leserin haben.

8 Überlegt euch, wie ihr das Gedicht gestalterisch umsetzen könnt. Ihr könnt z. B. einen Kurzfilm mit Momentaufnahmen aus einer Großstadt drehen, den ihr mit dem Text des Gedichts (und ggf. mit Musik oder Geräuschen) unterlegt, oder eine Fotomontage mit Stadtbildern erstellen, in die ihr das Gedicht einbeziehet.

9 Bei den Gedichten von Emil Nicolai, Franz Werfel und Alfred Wolfenstein handelt es sich um Sonette. Lest auf Seite 224 die Informationen zu dieser Gedichtform und überprüft, inwieweit die Aussagen auf diese drei Texte übertragbar sind.

Auch in der heutigen Zeit wird das Leben in der Stadt in Texten immer wieder als belastend dargestellt. Im folgenden Webcode findet ihr Anregungen zu einer Auseinandersetzung mit dem Song „Lass uns gehen" von der Gruppe „Revolverheld", der einige Parallelen zu Wolfensteins Gedicht aufweist.

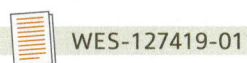 WES-127419-011

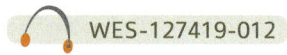
WES-127419-012

Peter Schneider (geb. 1940)
Auf der Straße

Wenn ich auf die Straße hinaustrete,
sehe ich keinen Verkehr zwischen den Leuten,
keine Gruppen, die sich über die Zeitung unterhalten,
es liegt kein Gespräch in der Luft.
5 Ich sehe Leute, die so aussehen, als lebten sie
unter der Erde und als wären sie das letzte Mal
bei irgendeinem dritten oder vierten
Kindergeburtstag froh gewesen. Sie bewegen sich,
als wären sie von einem System elektrischer Drähte
10 umgeben, das ihnen Schläge austeilt, falls sie
einmal einen Arm ausstrecken oder mit dem Fuß
hin und her schlenkern.
Sie gehen aneinander vorbei und beobachten sich,
als wäre jeder der Feind des anderen.
15 Das ganze Leben hier macht den Eindruck,
als würde irgendwo ein großer Krieg geführt
und alle würden auf ein Zeichen warten,
dass die Gefahr vorüber ist und man sich
wieder bewegen kann.   (1969)

George Grosz: Untitled (1920)

1 Lest den Text zunächst still und tragt ihn euch anschließend in Partnerarbeit gegenseitig vor oder hört euch die gesprochene Version an. Inwiefern unterscheidet er sich von den zuvor gelesenen Gedichten?

2 Beschreibt, wie das lyrische Ich des Gedichts „Auf der Straße" die Menschen, ihr Verhalten und ihr Verhältnis zueinander wahrnimmt. Versucht in diesem Zusammenhang auch, die Bedeutung der sprachlichen Bilder zu erklären.

3 Überlegt gemeinsam, welche Ursachen das in diesem Text dargestellte Verhalten vieler Menschen haben könnte.

4 Habt ihr selbst ähnliche Beobachtungen gemacht? Erzählt, was euch in eurem Ort an den Leuten auf der Straße auffällt.

5 Wie wirkt George Grosz' Bild „Untitled" auf euch? Welche Atmosphäre strahlt es aus? Überlegt, wodurch diese Atmosphäre hervorgerufen wird. Sucht einen passenden Titel und begründet eure Auswahl.

6 Vergleicht Grosz' Bild mit dem Gedicht von Peter Schneider. Ihr könnt dabei z. B. auf die Atmosphäre, die Darstellung der Menschen oder die Darstellung der Stadt achten.

7 So könnt ihr weiterarbeiten. Wählt aus:

a Entwerft ein Gegengedicht, das ebenfalls mit den Worten „Wenn ich auf die Straße hinaustrete, sehe ich …" beginnt. Überlegt euch auch einen passenden Titel.

b Erstellt einen Videoclip, der eine alltägliche Situation des Lebens in der Stadt darstellt. Überlegt dabei zunächst, welche Botschaft ihr in eurem Clip vermitteln wollt. Plant den Clip anschließend und nehmt ihn dann z. B. mit der Kamera eures Smartphones auf. Aus rechtlichen Gründen braucht ihr für Aufnahmen, auf denen die Gesichter anderer Schülerinnen und Schüler zu erkennen sind, eine Einverständniserklärung der Eltern.

Hilfen findet ihr hier: WES-127419-013

3. „Die Zeit fährt Auto" – Industrie und Technik, Kommerz und Konsum

 WES-127419-014

Erich Kästner (1899 – 1974)
Die Zeit fährt Auto

Die Städte wachsen. Und die Kurse steigen.
Wenn jemand Geld hat, hat er auch Kredit.
Die Konten reden. Die Bilanzen[1] schweigen.
Die Menschen sperren aus[2]. Die Menschen streiken.
5 Der Globus dreht sich. Und wir drehn uns mit.

Die Zeit fährt Auto. Doch kein Mensch kann lenken.
Das Leben fliegt wie ein Gehöft vorbei.
Minister sprechen oft vom Steuersenken.
Wer weiß, ob sie im Ernste daran denken?
10 Der Globus dreht sich und geht nicht entzwei.

Die Käufer kaufen. Und die Händler werben.
Das Geld kursiert, als sei das seine Pflicht.
Fabriken wachsen und Fabriken sterben.
Was gestern war, geht heute schon in Scherben.
15 Der Globus dreht sich. Doch man sieht es nicht.

(1928)

---

[1] **Bilanz:** in der Wirtschaft Überblick über Vermögenswerte und finanzielle Verpflichtungen
[2] **Aussperrung:** Ausschließung von Arbeitnehmern von der Arbeit ohne Fortzahlung des Lohns; Kampfmaßnahme der Arbeitgeber im Arbeitskampf

1 Lest das Gedicht oder hört es euch an. Stellt anschließend zusammen, welche einzelnen Themen in dem Gedicht Kästners angesprochen werden, z. B. Wachstum der Städte, Aktienkurse …

2 Wie werden diese einzelnen Aspekte des Stadtlebens im Text beurteilt? Erklärt in diesem Zusammenhang auch den Titel des Gedichts „Die Zeit fährt Auto".

3 Untersucht die sprachliche Gestaltung des Gedichts: Welche Stilmittel werden verwendet? Welche Wirkung wird durch sie erreicht? Hilfen findet ihr in der Übersicht auf S. 34.

Das brauchst du immer wieder. ◆ **So gehst du vor.**

Sprachliche Gestaltungsmittel bestimmen

Sprachliches Mittel	Erklärung	Beispiel
Alliteration	Mehrere Wörter beginnen mit dem gleichen Anfangsbuchstaben bzw. mit dem gleichen Laut.	„Und alle Dächer sind Glorie und Glast./Und nun erst halten die ruhlosen Glocken [...]" (Stefan Zweig)
Anapher	Mehrere Sätze oder Satzteile beginnen mit dem gleichen Wort/den gleichen Wörtern.	„Bald der, bald jener" (Detlev von Liliencron)
Ellipse	Auslassung von Satzgliedern, die man gedanklich leicht ergänzen kann	„Verwandelt alles!" (Franz Werfel)
Gegensatz (Antithese)	inhaltliche Gegenüberstellung von Gedanken und Begriffen	„Die Konten reden. Die Bilanzen schweigen." (Erich Kästner)
Metapher	sprachliches Bild, das durch die Übertragung eines Begriffs in einen anderen Bereich entsteht, verkürzter Vergleich	„Den Straßenstrom bin ich herabgeschwommen" (Franz Werfel)
Oxymoron	Zwei Begriffe, die nicht zueinander passen, werden miteinander verbunden.	„lebend tot" (Emil Nicolai)
Parallelismus	Mehrere Sätze oder Satzteile haben einen parallelen Satzbau.	„Es treibt vorüber mir im Meer der Stadt [...]. Es tropft vorüber mir ins Meer des Nichts" (Detlev von Liliencron)
Personifikation	Sprachliches Bild; Dinge, Tiere oder allgemeine Begriffe werden vermenschlicht.	„[D]rängend fassen Häuser sich so dicht an [...]" (Alfred Wolfenstein)
Rhetorische Frage	Frage, auf die eigentlich keine Antwort erwartet wird; Aussage in Frageform	„Wer weiß, ob sie im Ernste daran denken?" (Erich Kästner)
Satzbau	hypotaktischer (verschachtelter) Satzbau/Satzgefüge	„Sie bewegen sich, als wären sie [...] umgeben, das ihnen Schläge austeilt, falls [...]" (Peter Schneider)
	parataktischer (reihender) Satzbau/ einfache Satzreihen	„Die Städte wachsen. Und die Kurse steigen." (Erich Kästner)
Symbol	ein konkreter Gegenstand (oder eine Handlung), der (die) neben der offensichtlichen eigentlichen Bedeutung noch eine übertragene, abstraktere Bedeutung hat	die Drehorgel als Symbol des Stadtlebens, das immer unverändert und ziellos weiterläuft
Vergleich	sprachliches Bild; Verbindung zweier Gegenstände oder Handlungen, die gemeinsame Eigenschaften haben, durch Vergleichswörter (*wie, so wie, als wenn*)	„Unsre Wände sind so dünn wie Haut" (Alfred Wolfenstein)

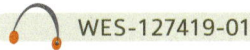 WES-127419-015

Wolfdietrich Schnurre (1920–1989)

Angriff

Wer greift wen an?		
pumpen: heftig atmen	Mit pumpenden Flanken	*Personifikation:*
Flanke: Seite eines Tieres	duckt sich die Stadt,	*Stadt als scheues, ängstliches Tier*
	ihre Schlot-Ohre zittern;	*Metapher:*
	sie lauscht	*Schornsteine als „Ohren" der Stadt*
	₅ dem lautlosen Schritt	*Personifikation:*
Disteln/	der Distelbrigaden,	*(s. o.)*
Hederich: Unkraut	der Hederichheere.	
	Löwenzahn sprang	*Personifikation:*
„Fallschirme" der Pusteblume	mit Fallschirmen ab,	*Unkraut als militärische Einheit*
City → Großstadt	₁₀ schon ist die City besetzt.	*Personifikation:*
	Nachtschatten kommt,	*Pflanzen greifen Stadt an und besetzen sie*
schwärmen = ausschwärmen?	Schachtelhalm schwärmt,	*Parallelismus →*
Villen → reiche Bewohner	die Villen im Vorort	*gemeinsames Vorgehen*
Vorort → Großstadt	meuchelt Kamille.	*Personifikation:*
Kamille: Heilpflanze		*Kamille „ermordet" Häuser*

Thema: Kampf der Pflanzen gegen die Stadt?
Zentrale Aussage: …?

---

1 Hört euch das Gedicht an oder lest es. Welches Verhältnis zwischen der Natur und der Stadt wird in diesem Gedicht deutlich? Belegt eure Aussagen mithilfe des Gedichttextes und der Anmerkungen neben dem Text.

2 Ein Schüler hat den Text des Gedichts bearbeitet (s. o.), um eine schriftliche Analyse vorzubereiten. Beschreibt, wie er dabei vorgegangen ist.

3 Sprecht darüber, wie ihr weiter vorgehen würdet, um die Randbemerkungen zu einer schriftlichen Gedichtanalyse auszuarbeiten.

4 Ihr wisst bestimmt noch aus dem letzten Schuljahr, dass eine schriftliche Beschreibung und Deutung (Analyse) aus einer Einleitung, einem Hauptteil und einem Schluss bestehen sollte. Tragt zusammen, was eurer Meinung nach alles in diese einzelnen Teile gehört.

5 Verfasst eine schriftliche Analyse des Gedichts „Angriff". Hilfen findet ihr im Werkzeugkasten auf S. 37. Stellt die von euch geschriebenen Texte in der Klasse vor und beurteilt anschließend, was gut war und was noch verbessert werden könnte.

Uwe Greßmann (1933 – 1969)
Moderne Landschaft

Stahlbäume wachsen auf den Bürgersteigen;
Und es zweigen die Drähte
Von Baum zu Baum.
Darunter brüllen
5 Die elektrischen Tiere
Mit Menschen im Herzen vorüber.
Und so mancher gehet vorbei dort
Und findet nichts weiter dabei;
Denn die steinerne Landschaft
10 ist ja auch seine Mutter.

(1982)

Otto Dix: Großstadt (um 1923)

1 Übertragt das Gedicht in die Mitte eines Blattes. Schreibt dann eure Fragen, Beobachtungen, Erklärungen und Deutungen stichwortartig um den Text herum. Ihr könnt dabei eure Randbemerkungen auch bereits gliedern, wie ihr es bei Schnurres Gedicht „Angriff" gesehen habt.

2 Vergleicht eure Randbemerkungen in Arbeitsgruppen. Ergänzt dabei auf eurem Blatt weitere Beobachtungen oder Deutungen, die euch allein nicht eingefallen sind.

3 Sprecht in der Gruppe auch darüber, worin eurer Meinung nach die zentrale Aussage des Gedichts besteht. Berücksichtigt besonders die letzten beiden Verse des Gedichts.

4 Verfasst eine schriftliche Analyse des Gedichts „Moderne Landschaft". Hilfen findet ihr im Werkzeugkasten auf S. 37. Stellt die von euch geschriebenen Texte in der Klasse vor und beurteilt anschließend, was gut war und was noch verbessert werden könnte.

Das brauchst du immer wieder. ◆ So gehst du vor.

Ein Gedicht beschreiben und deuten

Bei der **Analyse (Beschreibung und Deutung) eines Gedichts** geht es darum, herauszufinden, wie Inhalt, Aussage und Wirkung eines Gedichts durch seine sprachliche Gestaltung verdeutlicht werden. Die Ergebnisse deiner Untersuchung können in einer **schriftlichen Textanalyse** zusammengefasst werden.

So kannst du die Beschreibung und Deutung eines Gedichts aufbauen:

- In der **Einleitung** nennst du die wichtigsten **Textdaten** (Textart, Titel, Autor, Erscheinungsjahr) und bestimmst kurz das **Thema** des Gedichts (worum es geht oder was dargestellt wird).

- Im **Hauptteil** beschreibst du zunächst die **äußere Form** des Gedichts (Strophenzahl, Verseinteilung, Reimschema, Metrum) und erklärst deren Bedeutung. Moderne Gedichte haben häufig kein festes Metrum und Reimschema. Auch diese formale Auffälligkeit sollte benannt werden. Danach gehst du auf den **Inhalt** ein (z. B. Situation des lyrischen Ichs, Atmosphäre, Darstellung des Themas in den einzelnen Strophen, inhaltliche Entwicklung). Dabei kannst du strophenweise vorgehen; manchmal lassen sich auch mehrere Strophen zusammenfassen. In diesem Zusammenhang solltest du unbedingt die **sprachlichen Gestaltungsmittel** (z. B. sprachliche Bilder, Wortwahl, Satzbau) nicht nur benennen, sondern auch ihre Wirkung und ihre Bedeutung für Inhalt und Aussage des Gedichts erläutern.

- Zum **Schluss** kannst du zunächst eine kurze **Zusammenfassung** der wichtigsten Ergebnisse deiner Untersuchung formulieren. Danach versuchst du, auf dieser Grundlage eine mögliche **Intention** (Aussageabsicht) des Gedichts zu bestimmen. Abschließend kannst du auch eine persönliche Bewertung vornehmen, die du dann auch begründen solltest.

Arbeitsschritte: So kannst du vorgehen:

- Lies das Gedicht mehrmals aufmerksam.
- Bringe dabei Unterstreichungen und Randbemerkungen an und lege so einen „Materialsteinbruch" an.
- Gliedere deine Untersuchungsergebnisse und streiche weniger Wichtiges.
- Formuliere deine schriftliche Beschreibung und Deutung aus.
- Lies deinen Text noch ein- oder zweimal. Kontrolliere dabei Inhalt, Aufbau und sprachliche Form (Ausdrucksweise, Rechtschreibung, Zeichensetzung) und überarbeite ggf. deinen Text.

Weitere Begriffe: Anstelle des allgemeinen Auftrags **„Analysiere das Gedicht"** findest du in einigen Büchern auch die Formulierung **„Analysiere und interpretiere das Gedicht"**. In diesem Fall ist mit dem Begriff „Analyse" nur die Beschreibung und genaue Untersuchung (Daten zum Text, Inhalt, Aufbau, sprachliche Besonderheiten …) gemeint. „Interpretation" meint dann die Deutung der sprachlichen Gestaltung und des Textes insgesamt.

Olaf n. Schwanke (geb. 1969)
Fußgängerzone

Gleich Geschäftsschluss! Eben
darum müssen manche Menschen laufen,
um noch schnell was Wichtiges zu kaufen;
parfümier'n ihr Leben.

5 Frost will sich verbreiten.
Und beizeiten blaue Dämm'rungslichter
fallen in verzerrte Fast-Gesichter,
woll'n durch Kleidung gleiten.

Alles schließt und endet einsam.
10 Du empfindest es als heilsam,
doch du würd'st was geben …

Das Geschäft für Schmuck und Glitter
lässt herab die Eisengitter.
Gleich Geschäftsschluss? Eben!

(1998)

1 Hört euch das Gedicht an oder lest es und beschreibt die Atmosphäre in der Fußgängerzone mit möglichst passenden Adjektiven. Begründet eure Auswahl mithilfe des Gedichttextes.

2 Versucht gemeinsam, die Bedeutung schwer verständlicher Textstellen zu klären: Was könnte mit der Metapher „parfümier'n ihr Leben" (V. 4) gemeint sein? Was stellt ihr euch unter „Fast-Gesichter[n]" (V. 7) vor?

3 In dem Vers „doch du würd'st was geben …" (V. 11) bleibt dem Leser bzw. der Leserin unklar, wofür der lyrische Sprecher (oder die angeredete Person) etwas geben würde. Versucht, diese „Leerstelle" auszufüllen, indem ihr den abgebrochenen Satz fortführt.

4 Erstellt eine Collage mit dem Titel „Fußgängerzone", in der ihr die Eindrücke verarbeitet, die das Gedicht bei euch hinterlassen hat. Zusätzlich könnt ihr auch eine „Klang-Collage" mit verschiedenen Geräuschen aus einer Fußgängerzone zusammenstellen.

Das lyrische Ich bzw. der lyrische Sprecher

Bei Gedichten wird stets zwischen dem **Autor** des Gedichts und dem **Sprecher des Gedichts**, der sich im Gedicht äußert, unterschieden. Wenn der **Sprecher** eines Gedichts in **der Ich-Form** in Erscheinung tritt (z. B. in Form von Personalpronomina), nennt man ihn **lyrisches Ich**. Ist dies nicht der Fall, wird er als **lyrischer Sprecher** bezeichnet.

4. „Die Stadt beginnt ihr Lied" – Von der Schönheit der großen Städte

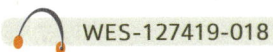

Stefan Zweig (1881–1942)
Sonnenaufgang in Venedig

Erwachende Glocken. – In allen Kanälen
Flackt erst ein Schimmer, noch zitternd und matt,
Und aus dem träumenden Dunkel schälen
Sich schleiernd die Linien der ewigen Stadt.

5 Sanft füllt sich der Himmel mit Farben und Klängen,
Fernsilbern sind die Lagunen erhellt. –
Die Glöckner läuten mit brennenden Strängen,
Als rissen sie selbst den Tag in die Welt.

Und nun das erste flutende Dämmern!
10 Wie Flaum von schwebenden Wolken rollt,
Spannt sich von Turm zu Türmen das Hämmern
Der Glocken, ein Netz von bebendem Gold.

Und schneller und heller. Ganz ungeheuer
Bläht sich das Dämmern. – Da bauscht es und birst,
15 Und Sonne stürzt wie fressendes Feuer
Gierig sich weiter von First zu First.

Der Morgen taut nieder in goldenen Flocken,
Und alle Dächer sind Glorie und Glast[1].
Und nun erst halten die ruhlosen Glocken
20 Auf ihren strahlenden Türmen Rast.

---
[1] **Glast:** dichterisch: Glanz

1 Hört euch das Gedicht an oder lest es und beschreibt die Atmosphäre, die darin vermittelt wird.

2 Tragt das Gedicht euren Mitschülern und Mitschülerinnen so vor, dass die Atmosphäre möglichst gut vermittelt wird. Überlegt euch vorher, welche Wörter bzw. Silben ihr besonders betonen wollt, wo ihr Pausen macht, wie schnell und laut ihr lest usw. Besprecht die verschiedenen Vortragsweisen anschließend in der Klasse.

3 Stellt euch vor, ihr würdet als Besucher Venedigs den im Gedicht dargestellten Sonnenaufgang miterleben. Schreibt einen Eintrag in euer Reisetagebuch, in dem ihr eure Eindrücke festhaltet. Dabei könnt ihr schreiben, mit welchen Sinnen ihr die Stadt wahrnehmt, welche Farbeindrücke vorherrschen, welche Gefühle dieses Erlebnis bei euch hervorruft usw.

4 Vergleicht eure Tagebucheinträge mit der dichterischen Gestaltung Stefan Zweigs: Welche Gemeinsamkeiten gibt es, welche Unterschiede lassen sich feststellen? Sprecht auch darüber, ob diese Unterschiede typisch für die Gattung Lyrik, also für Gedichte sind.

Wolf Graf von Kalckreuth (1887–1906)
Amsterdam

Gleich stillen Farben auf erschlossnem Fächer
Eint sich der schmalen Häuser Grau und Rot,
Und über grünem Kahn und weißem Boot
Der Schmuck der Giebel und der tausend Dächer.

5 Das Brausen der bewegten Kais wird schwächer
In diesen Straßen, wo der Lärm verloht[1].
Und in der Ferne bleichen Mast und Schlot,
Die Fischerewer[2] und die Wellenbrecher.

Unzähl'ge helle Fensterreihen schaun
10 Auf die Kanäle, wo die Nachen[3] stocken,
Wo vor den Brücken sich die Schuten[4] staun.

Die Sonne taut durchs Laub in großen Flocken,
Und in der Luft perlmutterfarbnes[5] Blaun
Entfließt und singt das lichte Spiel der Glocken.
(1906)

---

[1] **lohen:** lodernd brennen, hoch aufflammen
[2] **Ewer:** anderthalbmastiges Küstensegelboot mit flachem Boden
[3] **Nachen:** dichterisch: Kahn, Boot
[4] **Schute:** flacher, breiter Schleppkahn
[5] **Perlmutt:** von manchen Muscheln und Schnecken abgesonderter weiß glänzender Stoff, aus dem die Innenschicht der Schale und die Perle gebildet werden

1 War jemand von euch schon einmal in Amsterdam? Erzählt von euren Eindrücken und Erlebnissen.

2 Beschreibt die Stimmung des Gedichts mit möglichst treffenden Adjektiven. Begründet eure Auswahl mithilfe des Textes.

3 Listet auf, welche Einzelheiten bei der Darstellung der Stadt Amsterdam genannt werden, und erklärt, welche Eindrücke in dem Gedicht besonders hervorgehoben werden.

4 Vergleicht das Gedicht von Kalckreuths mit Stefan Zweigs Gedicht „Sonnenaufgang in Venedig". Untersucht dabei Gemeinsamkeiten und Unterschiede, z. B. hinsichtlich des Inhalts, der einzelnen Sinneseindrücke, der Stimmung und der sprachlichen und formalen Gestaltung.

 Tipps dazu findet ihr im Werkzeugkasten auf S. 247.

Siggi Weidemann
Entdecken Sie Amsterdam

Nur wenige Städte in Europa wecken so unterschiedliche und zwiespältige Gefühle bei ihren Betrachtern. Doch in einem sind sich alle einig: Amsterdam ist die schönste aller holländischen Städte. Das Zentrum ist – wie das kaum einer anderen Stadt – vollgepackt mit Altertümern. Rund 6850 denkmalgeschützte Bauwerke verleihen dem „kosmopolitischen[1] Dorf", wie sich die niederländische Hauptstadt mitunter selbst nennt, seine besondere Atmosphäre. […] Amsterdam bietet Totaltheater, und wer sich langweilt, hat selber Schuld. In diesem Zoo für Vögel aus aller Welt wird vieles toleriert. […] Die Hauptstadt der Niederlande überwältigt jeden, macht aus Bürgern Voyeure[2], aus Touristen Gaffer und macht süchtig: Eine Umfrage ergab, wer einmal hier war, will gerne wiederkommen. […] Amsterdams Häuser stehen auf Abertausenden von Fichtenstämmen. Ein kompliziertes Schleusensystem sorgt dafür, dass die Pfähle nicht aus dem Wasser ragen, damit sie nicht faulen und die ganze Stadt, die etwa drei Meter unter dem Meeresspiegel liegt, nicht schließlich versinkt. […] Der Italiener Lodovico Guicciardini benutzte

---

[1] **Kosmopolit:** „Weltbürger", jemand, der sich auf der ganzen Welt zu Hause fühlt
[2] **Voyeur:** heimlicher Zuschauer

1567 als Erster den zum Slogan gewordenen Vergleich von Amsterdam als dem „Venedig des Nordens". Und in der Tat gibt es eine Reihe von Parallelen zwischen beiden Städten: Beide haben Kanäle (Grachten) und sind auf Pfählen erbaut. Beide Städte haben die Inseln, aus denen sie bestehen, mit Brücken untereinander verbunden, beide zeichnen sich seit jeher durch besondere Toleranz aus, hatten einflussreiche und große jüdische Gemeinden, waren reiche Handelszentren und Hochburgen der Malerei und Architektur. [...] Lärmender Mittelpunkt Amsterdams ist einmal der Dam mit dem Königlichen Palais und dann vor allem der Leidseplein. Hier schlagen Schwarzafrikaner die Trommeln, hier gehen peruanische Klänge ins Blut und in die Beine, hier bevölkern schottische Dudelsackbläser, irische Sänger und Bettler und Drogenhändler das Pflaster, und die Polizei beschränkt sich darauf, das Leben so ungefähr in geregelte Bahnen zu lenken. Weniger betriebsame Geschäftigkeit als gepflegten Müßiggang bieten die Grachten mit jener verblüffend harmonischen Mischung aus Stein, Holz und Wasser. In den Kanälen spiegeln sich die Häuser aus rotem Ziegel und gelbem Sandstein und die grünen Ulmen und Linden am Ufer. Hast oder gar Hetze lässt die strenge Grachtengeometrie dieses städtebaulichen Kunstwerkes nicht zu. [...] Sehr eindrucksvoll erschließt sich die Stadt mit ihren 6850 denkmalgeschützten Bauwerken dem Besucher vom Wasser aus. 120 Wassertretboote, Rundfahrtboote, dazu Wassertaxis, eine Wassertram und die Museumsboote sorgen für Betrieb auf den Grachten. Am Anfang Ihres Besuches sollte eine Fahrt mit dem Museumsboot stehen: Man kann an den Museen aussteigen, die Bildergalerien besichtigen, wieder einsteigen und zum nächsten Museum weitertuckern. So erlebt man geruhsam und ohne die Hektik der Straße die Stadt. Mittelpunkt des Straßenlebens ist nach wie vor der Leidseplein. Hier steht die Stadsschouwburg[1]. Der Trambahnknotenpunkt und Platz der Nachtschwärmer ist der Treffpunkt für die Gaukler und Spaßmacher der Welt. Auf den Caféterrassen kann man stundenlang sitzen und wird prächtig unterhalten. [...] So sind es die Widersprüche dieser Stadt, die auf Touristen aus aller Welt einen so großen Reiz ausüben und Amsterdam zu einer der attraktivsten europäischen Metropolen[2] machen.

(1997)

---

[1] **Stadsschouwburg:** Stadttheater
[2] **Metropole:** Hauptstadt

1 In diesem Sachtext aus einem Reiseführer über Amsterdam fehlen die Absätze, sodass er unübersichtlich wirkt. Gliedert den Text in einzelne Abschnitte und gebt diesen passende Überschriften (z. B. Z. 1 – 17: Einleitung: Besonderheiten der Stadt Amsterdam).

2 Vergleicht die Darstellung der Stadt Amsterdam in diesem Sachtext mit derjenigen im Gedicht von Kalckreuths. Achtet dabei z. B. auf den Inhalt, etwa einzelne Sehenswürdigkeiten, auf die Stimmung, die Perspektive, die Zielgruppe der Texte und die sprachliche Gestaltung. Überlegt auch, welche Besonderheiten des Gedichts typisch für die Gattung Lyrik sind.

Heinz Zucker (1910 – nach 1944)
Abend

Du schönes Schreiten, abendwindumhüllt!
Die Straßen flammen bunt, der Tag ist aus.
Die Stadt beginnt ihr Lied: Autos rufen.
Omnibusse rasseln. Straßenbahnen läuten.

5 Von überall ertönt Musik, Rhythmus des Seins,
Zieht alles in den wilden Takt, Mond und die Sterne tanzen.

Die Häuser wiegen sich mit heller Stirn danach.
Ich habe keine Sehnsucht mehr nach schönen Dingen.

(1927)

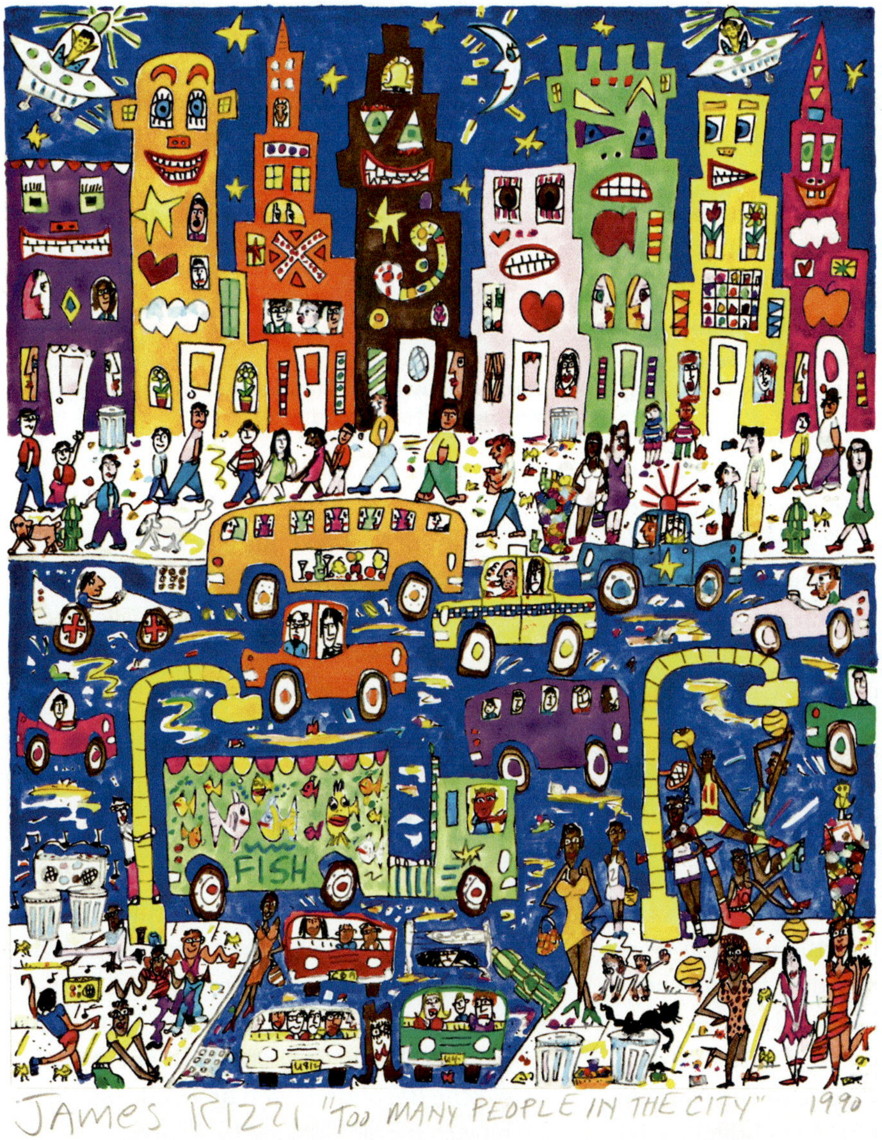

James Rizzi: Too Many People in the City (1989)

1. Hört euch das Gedicht an oder lest es und versucht, die Atmosphäre, die darin zum Ausdruck kommt, mit passenden Adjektiven zu beschreiben.

2. Vergleicht James Rizzis Bild „Too Many People in the City" mit Zuckers Gedicht „Abend". Welche Gemeinsamkeiten könnt ihr feststellen?

3. Schreibt das Gedicht ab und verseht es mit Randbemerkungen (wie bei den Gedichten „Angriff" von Wolfdietrich Schnurre (S. 35) und „Moderne Landschaft" von Uwe Greßmann (S. 36)).

4. Entwerft in Gruppenarbeit eine „Checkliste" für Gedichtanalysen. Ihr könnt dafür den folgenden Fragenkatalog übernehmen und fortführen:

   - Ist die Beschreibung und Deutung klar gegliedert?
   - Enthält die Einleitung die Textdaten und das Thema des Gedichts?
   - Wird im Hauptteil der Inhalt des Gedichts kurz, verständlich und mit eigenen Worten wiedergegeben?
   - Werden die sprachlichen Mittel richtig benannt?
   - Wird auch die Wirkung der sprachlichen Mittel und ihre Bedeutung für den Inhalt erklärt?
   - Ist die Untersuchung am Text belegt?

5. Verfasst eine schriftliche Analyse des Gedichts. Berücksichtigt dabei die Hinweise im Werkzeugkasten auf S. 37.

6. Stellt eure Texte der Klasse vor. Die anderen Schülerinnen und Schüler hören gut zu und machen sich Notizen, um eine gezielte Rückmeldung zu den einzelnen Analysen geben zu können. Ihr könnt auch in Gruppenarbeit eure Texte austauschen und zu jeder Analyse eine „Textlupe" erstellen. Dafür schreibt ihr, wenn ihr die Analyse eurer Mitschülerin/eures Mitschülers lest, eure Beobachtungen auf ein beigelegtes Blatt unter die Überschriften „Das hat mir gut gefallen", „Das hat mir weniger gut gefallen" und „Verbesserungsvorschläge/Ergänzungen".

7. Überarbeitet eure Texte nach den Verbesserungsvorschlägen eurer Mitschülerinnen und Mitschüler. Wenn ihr eure Analyse mit einem Textverarbeitungsprogramm geschrieben und im Computer gespeichert habt, lassen sich leicht Verbesserungen vornehmen und Ergänzungen anbringen.

**Cassandra Steen (geb. 1980)
featuring Adel Tawil (geb. 1978)
Stadt**

Es ist so viel so viel zu viel
Überall Reklame
Zu viel Brot und zu viel Spiel
Das Glück hat keinen Namen

5 Alle Straßen sind befahren
In den Herzen kalte Bilder
Keiner kann Gedanken lesen
Das Klima wird milder

Ich bau' 'ne Stadt für dich
10 Aus Glas und Gold wird Stein
Und jede Straße, die hinausführt,
Führt auch wieder rein
Ich bau eine Stadt für dich – und für mich

Keiner weiß mehr, wie er aussieht – oder wie er heißt
15 Alle sind hier auf der Flucht – die Tränen sind aus Eis
Es muss doch auch anders gehen – so geht das nicht weiter
Wo find' ich Halt, wo find' ich Schutz – der Himmel ist aus Blei hier
Ich geb' keine Antwort mehr – auf die falschen Fragen
Die Zeit ist rasend schnell verspielt – und das Glück muss man jagen

20 Ich bau' 'ne Stadt für dich
Aus Glas und Gold wird Stein
Und jede Straße, die hinausführt,
Führt auch wieder rein
Ich bau' eine Stadt für dich – und für mich

25 Eine Stadt, in der es keine Angst gibt, nur Vertrauen
Wo wir die Mauern aus Gier und Verächtlichkeit abbauen
Wo das Licht nicht erlischt
Das Wasser hellt
Und jedes Morgengrauen
30 Und der Traum sich lohnt
Und wo jeder Blick durch Zeit und Raum in unsere Herzen fließt

Ich bau' 'ne Stadt für dich
Aus Glas und Gold wird Stein
Und jede Straße, die hinausführt,
35 Führt auch wieder rein
Ich bau' eine Stadt für dich – und für mich

(2009)

Stadt, Text: Kospach, Heike, Copyright: Aquarium Songs/ Edition Felony Business bei EMI Music Publishing Germany GmbH & Co. KG, Hamburg; Universal Music Publishing GmbH, Berlin; Numarek Songs Marek Pompetzki bei BMG Rights Management GmbH, Berlin; It Sounds Edition bei Arabella Musikverlag GmbH, Berlin

1 Wie wird in dem Song das Leben in der Stadt dargestellt? Erklärt, welche Eigenschaften und Verhaltensweisen offenbar typisch für die Menschen in der Stadt sind. Berücksichtigt dabei vor allem die verwendeten sprachlichen Bilder.

2 Untersucht anschließend, welches Gegenbild zum aktuellen Stadtleben für die Zukunft entworfen wird. Welche Art Stadt soll erbaut werden? Ihr könnt auch eine Gegenüberstellung in Tabellenform erarbeiten.

3 Seht euch das offizielle Musikvideo an. Durch welche Bilder werden die negativen und die positiven Seiten des Stadtlebens dargestellt? Welche Themen werden jeweils angesprochen? Untersucht auch, durch welche filmtechnischen Mittel (z. B. Kameraführung, Schnitte, Beleuchtung, Farbgebung) diese Themen verdeutlicht werden.

4 So könnt ihr weiterarbeiten. Wählt aus:

a Stellt in der Klasse weitere Songs zum Thema Großstadt vor und erklärt, welche Stimmung in diesen vermittelt wird.

b Sucht weitere Gedichte zum Thema Stadt. Wählt diejenigen aus, die euch am besten gefallen, und stellt sie in einem eigenen Gedichtband zusammen. Schreibt ein Vorwort zu eurer Gedichtsammlung, in dem ihr u. a. eure Textauswahl begründet.

c Sammelt in einer Mappe Stadtgedichte, die von euch selbst geschrieben wurden, und versehrt die Gedichte mit Illustrationen (Bildern, Zeichnungen, Fotos …).

5. Das habe ich gelernt, das kann ich

1 Schreibe die Betonungsfolge für folgende Metren (Versmaße) auf:
Jambus, Trochäus, Daktylus, Anapäst.

Alfred Wolfenstein (1883 – 1945)
Städter

Dicht wie Löcher eines Siebes stehn
Fenster beieinander, drängend fassen
Häuser sich so dicht an, dass die Straßen
Grau geschwollen wie Gewürgte sehn.

5 Ineinander dicht hineingehakt
Sitzen in den Trams[1] die zwei Fassaden
Leute, ihre nahen Blicke baden
Ineinander, ohne Scheu befragt.

Unsre Wände sind so dünn wie Haut,
Dass ein jeder teilnimmt, wenn ich weine. 10
Unser Flüstern, Denken … wird Gegröhle …

– Und wie still in dick verschlossner Höhle
Ganz unangerührt und ungeschaut
Steht ein jeder fern und fühlt: alleine.

(1914)

[1] **Trams:** Straßenbahnen

2 Bestimme zu der ersten Strophe das Metrum. Übertrage sie dazu in dein Heft und schreibe daneben für jede Silbe ein x und markiere die betonten Silben mit einem Akzent (x́).

3 Bestimme die Abfolge der Kadenzen in dieser Strophe.

4 Welches Reimschema liegt in dem Gedicht vor?

   a) abba / abba / abc / abc
   b) abba / cbbc / efg / gef
   c) abba / cddc / efg / gef

5 Wie bezeichnet man fachsprachlich korrekt die folgenden rhetorischen Figuren?

   a) „Dicht wie Löcher eines Siebes"
   b) „drängend fassen / Häuser sich so dicht an"
   c) „Grau geschwollen wie Gewürgte" (zwei rhetorische Figuren!)

6 Welche der folgenden Formulierungen beschreibt deiner Ansicht nach das Thema des Gedichts angemessen?

Es geht um …
a) das Leben in einer Großstadt.
b) die Beziehung zwischen Menschen in einer Großstadt.
c) die Einsamkeit von Menschen in einer Großstadt, die trotz der dichten Besiedelung besteht.

7 Nutze die folgenden Stichpunkte, um eine vollständige Einleitung für eine Gedichtanalyse zu verfassen:

- Autor: Alfred Wolfenstein
- Titel: Städter
- Textart: Gedicht/Sonett
- Entstehungsjahr: 1914
- Thema: Einsamkeit des Einzelnen in der Menge trotz der Enge in der Stadt

8 Schreibe den folgenden Deutungsvorschlag zu der ersten Strophe ab und entscheide dabei, welche der angebotenen Formulierungen passend sind.

In der ersten Strophe werden zunächst die dichte Bebauung und die daraus resultierende **Weite/Enge/Ordnung** der Stadt sehr bildhaft dargestellt. Der Vergleich „[d]icht wie Löcher eines Siebes" (V. 1) bezieht sich auf die **Fenster/Autos/Gärten**. Gemeint ist, dass die Häuser offensichtlich keinen **Fluchtpunkt/Aufenthaltsort/Rückzugsraum** für das In-
5 dividuum bieten, sondern wie durch Löcher in sie hineingesehen werden kann. Dass ein unmittelbarer **Vergleich/Zusammenhang/Hinterhalt** besteht zwischen den Häusern und den darin lebenden Menschen, wird durch die Personifikation „drängend fassen/Häuser sich so dicht an" (V. 2f.) deutlich. Die daraus resultierende **Tatsache/Haltung/Folge**, dass die „Straßen/Grau geschwollen wie Gewürgte sehn" (V. 3f.), verstärkt diesen Ein-
10 druck, dass es unmittelbar auch um Menschen geht. Hervorgehoben wird dieses durch die Alliteration „Grau geschwollen … Gewürgte" und den Vergleich „wie Gewürgte". Insgesamt entsteht durch den Inhalt und die sprachliche Gestaltung eine **sehr ruhige/bedrückende/ernste** Atmosphäre, die das Leben in einer Großstadt zu Beginn des 20. Jahrhunderts als menschenfeindlich und unüberschaubar erscheinen lässt, was schließlich auch
15 durch die Zeilensprünge verstärkt wird.

Nicht ganz alltägliche Geschichten

> ■ Menschen erleben oft Situationen, die einerseits ganz alltäglich wirken, aber doch sehr außergewöhnlich sind. Solche Situationen sind immer wieder von Schriftstellerinnen und Schriftstellern zum Thema von Kurzgeschichten gemacht worden.
>
> ■ In diesem Kapitel lest ihr verschiedene Kurzgeschichten. Ihr lernt, diese zu untersuchen und die Ergebnisse eurer Textuntersuchungen schriftlich darzulegen. Dabei werdet ihr zwei verschiedene Möglichkeiten, die lineare und die aspektorientierte Analyse, kennenlernen.

1. Auch im letzten Schuljahr habt ihr euch mit Kurzgeschichten befasst. Tauscht euch darüber aus, was ihr noch darüber wisst, welche Merkmale typisch für Kurzgeschichten sind. Vielleicht erinnert ihr euch ja auch noch an einzelne Geschichten.

2. Erläutert, inwiefern die euch bekannten Kurzgeschichten von „alltäglichen, aber außergewöhnlichen Ereignissen" erzählen.

3. Die Abbildungen beziehen sich auf die Kurzgeschichten, die ihr in diesem Kapitel kennenlernt.
    - Beschreibt, was auf den Bildern zu sehen ist.
    - Stellt auf der Grundlage der Bilder Vermutungen an, worum es in den Kurzgeschichten gehen könnte.

Kurzgeschichten beschreiben und deuten

1. Erwachsen werden

Walter Helmut Fritz (1929 – 2010)
Augenblicke

Kaum stand sie vor dem Spiegel im Badezimmer, um sich herzurichten, als ihre Mutter aus dem Zimmer nebenan zu ihr hereinkam, unter dem Vorwand, sie wolle sich nur die Hände waschen.
5 Also doch! Wie immer, wie *fast* immer.
Elsas Mund krampfte sich zusammen. Ihre Finger spannten sich. Ihre Augen wurden schmal. Ruhig bleiben!
Sie hatte darauf gewartet, dass ihre Mutter auch
10 dieses Mal hereinkommen würde, voller Behutsamkeit, mit jener scheinbaren Zurückhaltung, die durch ihre Aufdringlichkeit die Nerven freilegt. Sie hatte – behext, entsetzt, gepeinigt – darauf gewartet, weil sie sich davor fürchtete.

„Komm, ich mach dir Platz", sagte sie zu ihrer 15 Mutter und lächelte ihr zu. „Nein, bleib nur hier, ich bin gleich so weit", antwortete die Mutter und lächelte.
„Aber es ist doch so eng", sagte Elsa und ging rasch hinaus, über den Flur, in ihr Zimmer. Sie 20 behielt einige Augenblicke länger als nötig die Klinke in der Hand, wie um die Tür mit Gewalt zuzuhalten. Sie ging auf und ab, von der Tür zum Fenster, vom Fenster zur Tür. Vorsichtig öffnete ihre Mutter. „Ich bin schon fertig", sagte sie. Elsa 25 tat, als ob ihr inzwischen etwas anderes eingefallen wäre, und machte sich an ihrem Tisch zu schaffen.
„Du kannst weitermachen", sagte die Mutter.
„Ja, gleich." 30
Die Mutter nahm die Verzweiflung ihrer Tochter nicht einmal als Ungeduld wahr.
Wenig später allerdings verließ Elsa das Haus, ohne ihrer Mutter Adieu zu sagen.
Mit der Tram[1] fuhr sie in die Stadt, in die Gegend 35 der Post. Dort sollte es eine Wohnungsvermittlung geben, hatte sie einmal gehört. Sie hätte zu Hause im Telefonbuch eine Adresse nachsehen können. Sie hatte nicht daran gedacht, als sie die Treppen hinuntergeeilt war. 40
In einem Geschäft für Haushaltungsgegenstände fragte sie, ob es in der Nähe nicht eine Wohnungsvermittlung gäbe. Man bedauerte. Sie fragte in der Apotheke, bekam eine ungenaue Auskunft. Vielleicht im nächsten Haus. Dort läutete 45 sie. Schilder einer Abendzeitung, einer Reisegesellschaft, einer Kohlenfirma. Sie läutete umsonst.

---
[1] **Tram:** Staßenbahn

Es war später Nachmittag, Samstag, zweiundzwanzigster Dezember.

Sie sah in eine Bar hinein. Sie sah den Menschen nach, die vorbeigingen. Sie trieb mit. Sie betrachtete Kinoreklamen.

Sie ging Stunden umher. Sie würde erst spät zurückkehren. Ihre Mutter würde zu Bett gegangen sein. Sie würde ihr nicht mehr Gute Nacht zu sagen brauchen.

Sie würde sich, gleich nach Weihnachten, eine Wohnung nehmen. Sie war zwanzig Jahre alt und verdiente. Kein einziges Mal würde sie sich mehr beherrschen können, wenn ihre Mutter zu ihr ins Bad kommen würde, wenn sie sich schminkte. Kein einziges Mal.

Ihre Mutter lebte seit dem Tod ihres Mannes allein. Oft empfand sie Langeweile. Sie wollte mit ihrer Tochter sprechen. Weil sich die Gelegenheit selten ergab (Elsa schützte Arbeit vor), suchte sie sie auf dem Flur zu erreichen oder wenn sie im Bad zu tun hatte. Sie liebte Elsa. Sie verwöhnte sie. Aber sie, Elsa, würde kein einziges Mal mehr ruhig bleiben können, wenn sie wieder zu ihr ins Bad käme. Elsa floh.

Über der Straße künstliche, blau, rot, gelb erleuchtete Sterne. Sie spürte Zuneigung zu den vielen Leuten, zwischen denen sie ging.

Als sie kurz vor Mitternacht zurückkehrte, war es still in der Wohnung. Sie ging in ihr Zimmer und es blieb still. Sie dachte daran, dass ihre Mutter alt und oft krank war. Sie kauerte sich in ihren Sessel und sie hätte unartikuliert schreien mögen, in die Nacht mit ihrer entsetzlichen Gelassenheit.

(1964)

1 Hört euch den Text an oder lest ihn. Nehmt dann Stellung zu den beiden folgenden Schüleräußerungen: „Elsa ist total gemein zu ihrer Mutter." (Cem) „Ich kann Elsa gut verstehen." (Luiza)

2 Untersucht zunächst den Anfang der Kurzgeschichte (Z. 1 – 32). Geht dabei so vor:

- Gebt die äußere Handlung des Geschehens in der Wohnung wieder.
- Beschreibt, wie Elsa und ihre Mutter sich verhalten und was der Leser bzw. die Leserin über die Gedanken und Gefühle von Elsa erfährt.
- Fasst zusammen, was in dem ersten Abschnitt über die Tochter-Mutter-Beziehung und insbesondere über Elsas Haltung gegenüber ihrer Mutter ausgesagt wird. Belegt dies an Textstellen.

Haltet eure Ergebnisse fest, indem ihr die folgende Übersicht übernehmt und vervollständigt.

Textabschnitt	Ort/Zeit	äußere Handlung/ Inhalt	Elsas Situation (Gedanken u. Gefühle)/Beziehung zu ihrer Mutter
Z. 1 – 32	Badezimmer in der Wohnung/ morgens oder mittags	– Elsa will sich im Badezimmer zurechtmachen. – Ihre Mutter ...	– Ablehnung der Mutter – Wunsch ...

3 Verschafft euch einen Überblick über die weitere Handlung und darüber, was im Verlauf der Kurzgeschichte über Elsas Situation und ihre Beziehung zu ihrer Mutter deutlich wird. Setzt dazu eure Übersicht von Aufgabe 2 fort.

Unter dem folgenden Webcode findet ihr ein Arbeitsblatt mit der Übersicht, der vollständigen Gliederung und weiteren Hinweisen. Hier könnt ihr eure Ergebnisse übersichtlich eintragen.

WES-127419-021

4 Untersucht die Erzähltechnik der Kurzgeschichte und ihre Wirkung. Arbeitet dabei mit dem Werkzeugkasten auf S. 63:

- Bestimmt und erläutert an Beispielen die Erzählform und das Erzählverhalten.
- Erläutert die Besonderheiten der Erzählperspektive in Z. 31 – 32 und Z. 64 – 72. Erklärt, was der Leser bzw. die Leserin hier darüber erfährt, was in Elsa vorgeht. Welche Wirkung haben diese Erzählerkommentare? Erläutert auch dies.

5 Erläutert die Bedeutung der Orte (Wohnung/Stadt) und der Zeit (Samstagnachmittag/22. Dezember), an denen die Handlung der Kurzgeschichte spielt.

6 Analysiert die Sprache und ihre Wirkung:

- Wo wird z. B. mithilfe von Adjektiven eine bestimmte Atmosphäre erzeugt?
- An welchen Stellen findet ihr Interjektionen (Ausrufe), Ellipsen (verkürzte Sätze), Parataxen (Reihung von Aussagesätzen) oder Wiederholungen?
- Klärt bei eurer Untersuchung den Zusammenhang zwischen der sprachlichen Gestaltung und dem Inhalt des Textes.

7 Deutet das Ende der Geschichte (Z. 76 – 81). Beschreibt dabei Elsas Situation hier. Erklärt auch die Bedeutung des letzten Satzes mit der Personifikation der Nacht: „[…] sie hätte unartikuliert schreien können, in die Nacht mit ihrer entsetzlichen Gelassenheit." (Z. 80 – 81)

8 Erläutert den Titel der Kurzgeschichte „Augenblicke".

9 „Ich kann Elsa gut verstehen." (Cem) „Sie reagiert total überzogen." (Luiza) – Erläutert aufgrund der Ergebnisse eurer Textuntersuchung, wem ihr eher zustimmt.

10 Überprüft mithilfe des Infokastens auf S. 53, welche Merkmale einer Kurzgeschichte der Text von Walter Helmut Fritz besitzt.

Das musst du lernen und wissen.

Merkmale einer Kurzgeschichte

Alltäglichkeit des erzählten Geschehens
- Die Inhalte sind auf den ersten Blick alltäglich. Oft geht es aber um schwierige Situationen von Menschen, die sich in einer persönlichen Krise oder in problematischen Beziehungen befinden.
- In der Regel sind die Hauptfiguren einfache Menschen, manchmal auch Außenseiter bzw. Außenseiterinnnen.
- Das erzählte Geschehen beinhaltet oft einen kurzen, in sich abgeschlossenen Ausschnitt aus dem Leben der Figuren.

Offenheit/Höhepunkt
- Die Kurzgeschichten besitzen meistens einen unvermittelten Anfang und ein offenes Ende.
- Manchmal gibt es einen besonderen Wende- oder Höhepunkt.

Provokation des Nachdenkens des Lesers bzw. der Leserin
- Das Ziel ist es in vielen Fällen, den Leser bzw. die Leserin zu provozieren oder zum Weiter- bzw. Nachdenken anzuregen (manchmal durch eine Pointe am Schluss).
- Oft werden gesellschaftliche Werte infrage gestellt oder menschliches Verhalten wird kritisiert.

Konzentration auf eine Haupthandlung
- Es wird in der Regel konzentriert und linear erzählt (keine Nebenhandlungen, sondern Einsträngigkeit der Handlung; wenige Figuren).

Alltäglichkeit der Sprache
- Die Sprache wirkt zunächst alltäglich. Eine Besonderheit vieler Kurzgeschichten ist jedoch, dass alltägliche Dinge und Vorgänge eine symbolische Bedeutung erhalten.

---

11 **So könnt ihr weiterarbeiten. Wählt aus:**

a Elsa schildert einer Freundin oder einem Freund ihre persönliche Situation. Schreibt einen möglichen Brief Elsas.

b Elsa möchte die Situation mit ihrer Mutter klären. Entwickelt einen entsprechenden Dialog der beiden. Ihr könnt diesen auch mit verteilten Rollen vorlesen oder als kleine Szene einüben und vorspielen.

c Schreibt den ersten Teil der Kurzgeschichte (Z. 1 – 20) aus der Perspektive der Mutter um. Ihr könnt dabei die Ich-Form benutzten. Wenn ihr Lust habt, setzt dann diesen Text fort und verfasst so eine eigene Kurzgeschichte.

In der Kurzgeschichte geht es um … – eine Textanalyse überarbeiten und fortsetzen

Die Schülerinnen und Schüler der Klasse 9a haben ihre Beschreibung und Deutung der Kurzgeschichte in Form einer schriftlichen Textanalyse dargelegt. Zoe und Marius haben die folgenden Einleitungen formuliert:

> In dem Text von Helmut Walter Fritz geht es thematisch darum, dass die Mutter mit dem Erwachsenwerden der Tochter nicht zurechtkommt. Es geht also um ein typisches Eltern-Kind-Problem.

> Die Kurzgeschichte mit dem Titel „Augenblicke" von Helmut Walter Fritz aus dem Jahr 1964 handelt von der zwanzigjährigen Elsa und ihrer Mutter. Sie beginnt damit, dass die Mutter das Badezimmer betritt, als Elsa sich schminkt. Die Tochter fühlt sich bedrängt, flüchtet aus der gemeinsamen Wohnung vor ihrer Mutter in die Stadt. Elsa nimmt sich fest vor auszuziehen. Deshalb sucht sie eine Wohnungsvermittlung auf, die aber geschlossen hat. Danach geht sie ziellos durch die Stadt und kehrt gegen Mitternacht zurück. In ihrem Zimmer setzt sie sich in einen Sessel und denkt über ihre Situation nach. Dabei erkennt sie, dass sie ihre Mutter wohl nicht verlassen kann, da diese nach dem Tod ihres Mannes und aufgrund ihres Alters und ihrer Krankheit auf Elsa angewiesen ist.

1 Benennt, welche Angaben die beiden zu der Kurzgeschichte geben und welche Inhalte die Einleitungen besitzen. Beurteilt, welche der beiden Einleitungen besser gelungen ist bzw. was in beiden Einleitungen verbessert werden muss.

2 Man unterscheidet zwischen dem Thema und dem Inhalt einer Kurzgeschichte. Erklärt mithilfe der beiden Einleitungen diese Unterscheidung. Wenn ihr unsicher seid, könnt ihr auch in dem Infokasten nachsehen.

> **Info Thema und Inhalt unterscheiden**
>
> Wenn man darstellt, **wovon ein Erzähltext handelt**, gibt man seinen **Inhalt** wieder. Der Inhalt eines Textes ist das dargestellte Geschehen. Dazu gehört insbesondere die äußere Handlung des erzählten Geschehens (z. B: *Die Kurzgeschichte handelt davon, dass eine Familie zusammen einen Urlaub am Meer verbringt …*).
>
> Das **Thema** eines Erzähltextes gibt an, **worum es in dem Text geht**. Mit dem Thema ist die grundlegende Erfahrung, Frage- oder Problemstellung gemeint, die durch das erzählte Geschehen deutlich wird (z. B.: *In der Kurzgeschichte geht es um die Schwierigkeit des Erwachsenwerdens*).

3 Verfasst eine eigene Einleitung zu einer Textanalyse der Kurzgeschichte. Seht euch vorher die Hinweise im ersten Abschnitt in dem Werkzeugkasten auf S. 64 an.

Eine Schülerin der 9a hat den Hauptteil ihrer Textanalyse so angefangen:

Die Kurzgeschichte lässt sich in vier Sinnabschnitte gliedern. Im ersten Abschnitt (Z. 1–32) wird einer der vielen Alltagskonflikte zwischen Elsa und ihrer Mutter erzählt. Anschließend verlässt Elsa die Wohnung und will sich eine eigene über eine Wohnungsvermittlung suchen. Dies gelingt ihr aber nicht. Dies wird im zweiten Abschnitt (Z. 33–48) erzählt. Im dritten Abschnitt (Z. 49–75) erfährt der Leser bzw. die Leserin, wie Elsa ziellos durch die Stadt zieht, bevor sie dann spät nachts nach Hause kommt. Die Kurzgeschichte endet mit dem vierten Abschnitt (Z. 76–81). Elsa kehrt nach Mitternacht in die Wohnung zurück, kauert sich in einen Sessel in ihrem Zimmer und ist verzweifelt über ihre Situation.

Im ersten Abschnitt der Kurzgeschichte (Z. 1–32) wird eine typische Alltagssituation zwischen Elsa und ihrer Mutter geschildert. Elsa macht sich morgens in dem gemeinsamen Badezimmer fertig und die Mutter kommt dazu. Die Mutter begründet dies damit, dass sie „sich nur die Hände waschen" (Z. 4) wolle. Elsa hält dies aber nur für einen „Vorwand" (Z. 4). Sie denkt, dass die Mutter das Badezimmer nur betritt, um sich der Tochter aufzudrängen, ein Gespräch mit ihr zu beginnen und ihre Nähe zu suchen. Das Verhalten der Mutter zeigt, wie sie sich bemüht ist, mit Elsa in Kontakt zu kommen. Dahingegen kann der Leser bzw. die Leserin insbesondere an der Körpersprache Elsas erkennen, wie sehr diese unter den Annäherungsversuchen der Mutter leidet und diese ablehnt. Elsas Mund „krampfte" (Z. 6) sich zusammen und ihre Augen werden „schmal" (Z. 7). Der Leser bzw. die Leserin erfährt so gleich zu Beginn der Kurzgeschichte, wie sehr die zwanzigjährige Elsa das Zusammenleben mit der Mutter als unerträglich empfindet. Dieser Eindruck wird dadurch bestätigt, dass der Erzähler den Leser und die Leserin an den Gedanken und Gefühlen Elsas teilhaben lässt. Die Erzählperspektive und das Erzählverhalten wechseln in Z. 31–32. Aus der Perspektive Elsas setzt der Erzähler den Leser und die Leserin ins Bild, dass Elsa darüber verzweifelt ist, dass die Mutter nicht wahrnimmt, wie sehr sich Elsa von ihr bedrängt fühlt. Zusammenfassend kann festgestellt werden, dass dem Leser/der Leserin im ersten Abschnitt anhand einer konkreten Situation die schwierige Situation zwischen Elsa und ihrer Mutter vor Augen geführt wird. Im zweiten Abschnitt (Z. 33–48) wird noch deutlicher, dass Elsa die häusliche Situation nicht mehr aushalten kann. Die Tochter verlässt die Wohnung und fährt in die Stadt …

4 Beschreibt, wie die Schülerin bei dem Hauptteil ihrer Analyse vorgegangen ist. Erläutert dabei, ob sie eine lineare oder aspektorientierte Textanalyse vorgenommen hat. Lest dazu auch den Werkzeugkasten auf S. 56.

Das brauchst du immer wieder. ◆ **So gehst du vor.**

Zwei Arten, eine Textanalyse zu verfassen

Bei einer Textanalyse geht es darum, einen Text genau zu beschreiben und zu deuten. Dabei kann man seine Untersuchungsergebnisse auf zwei verschiedene Arten darlegen.

a) Die lineare Textanalyse

Bei der linearen Analyse geht man von einer **Gliederung des Textes** aus. Dabei werden die einzelnen Textabschnitte nacheinander beschrieben und gedeutet. Hier geht es um die Beantwortung folgender Fragen:

- Worum geht es inhaltlich in dem Abschnitt? *(Im ersten Textabschnitt (Z. xxx – xxx) erfährt der Leser/geht es um …)*

- Welche Deutungen ergeben sich hinsichtlich der Figuren, ihrer Beziehungen zueinander, des Handlungsortes, einzelner Gegenstände und Motive usw.? *(Auffällig ist in diesem Abschnitt das Verhalten von … – Deutlich wird hier, wie die beiden Hauptfiguren zueinander stehen …)*

- Was fällt an der sprachlichen Gestaltung auf? Welche Wirkung geht davon aus? In welcher Weise unterstützt diese die Deutungsaussagen? *(Die mehrmalige Wiederholung des Adverbs „dann" (Z. xxx, xxx, xxx) unterstützt die Deutung, dass … – Auffällig sind in diesem Abschnitt die vielen kurzen Sätze, die verdeutlichen, wie …)*

b) Die aspektorientierte Textanalyse

Bei einer aspektorientierten Analyse legt man vorab fest, welche **Schwerpunkte die Textbearbeitung** haben soll (z. B. das Verhalten einer Figur bzw. deren Charakter, die Beziehung einzelner Figuren zueinander, der Handlungsort, die Bedeutung einzelner Gegenstände oder Motive, die Erzähltechnik, die Bedeutung der Überschrift usw.).
Häufig ist es so, dass in der Aufgabenstellung bereits die zu bearbeitenden Aspekte genannt werden. *(Analysiere den Text, indem du …)*
Wichtig ist, dass Beschreibung und Deutung in der Analyse immer sinnvoll miteinander verknüpft werden.

5 Seht euch an, wie die Schülerin mithilfe von Zitaten und Textverweisen ihre Aussagen belegt. Welche Regeln zum Zitieren lassen sich daraus ableiten?

 Näheres zum Zitieren erfahrt ihr auf S. 368 ff.

6 Setzt den Hauptteil der Textanalyse fort. Bezieht dabei eure Ergebnisse zu den Aufgaben 2 bis 5 ein. Ihr könnt dazu auch arbeitsteilig vorgehen.

Einige Schülerinnen und Schüler der 9a haben ihre Textanalyse unterschiedlich abgeschlossen:

> Diese Kurzgeschichte verdeutlicht, wie schwierig es für Kinder sein kann, wenn ein Elternteil stirbt. Die Mutter oder der Vater hat dann niemanden mehr und konzentriert alle Fürsorge und Liebe auf das Kind. Dieses denkt dann möglicherweise wie Elsa, dass es für den alleinstehenden Elternteil verantwortlich bzw. es ihm schuldig ist, bei ihm zu leben. Meiner Meinung nach machen Elsa und ihre Mutter beide Fehler. Elsa hat Schuldgefühle bei dem Gedanken auszuziehen. Dabei hat sie aber ein Recht auf ein eigenes Leben. Die Mutter kümmert sich zu viel um Elsa und nicht um sich selbst. Sie als die Erwachsene müsste für sich selbst Verantwortung übernehmen und versuchen, Elsa ihren Weg gehen zu lassen. Sie überträgt ihre Verantwortung für ihr Leben einfach auf Elsa. (Zoe)

> Insgesamt steht die Beziehung zwischen Elsa und ihrer Mutter für alle Situationen, in denen die Kinder sich gegenüber den Eltern verpflichtet fühlen, dass sie so leben, wie sie es eigentlich nicht wollen. Sie fühlen sich z.B. aufgrund von Einsamkeit und Krankheit ihrer Eltern diesen gegenüber verpflichtet, nicht von zu Hause auszuziehen. Elsa sollte aber ausziehen und keine Schuldgefühle dabei haben. Sie muss ihr eigenes Leben leben. Dies schließt doch nicht aus, dass sie sich weiter um ihre Mutter kümmert, indem sie sie regelmäßig besucht oder Feste wie Weihnachten und Geburtstage mit ihr zusammen feiert. (Marius)

> Ich denke, dass es dem Autor gelungen ist, die Problematik zwischen Mutter und Tochter deutlich zu machen. Außerdem denke ich, dass die Kurzgeschichte durchaus realistisch ist. (Enisa)

7 Seht euch die Beispiele von Zoe, Marius und Enisa an. Tragt zusammen, wie ein Schlussteil inhaltlich gestaltet werden kann.

8 Beurteilt, was an den jeweiligen Schlussteilen gelungen ist und was verbessert bzw. ergänzt werden muss.

9 Verfasst selbst einen Schlussteil.

Julia Franck (geb. 1970)
Streuselschnecke

Der Anruf kam, als ich vierzehn war. Ich wohnte seit einem Jahr nicht mehr bei meiner Mutter und meinen Schwestern, sondern bei Freunden in Berlin. Eine fremde Stimme meldete sich, der Mann nannte seinen Namen, sagte mir, er lebe in Berlin, und fragte, ob ich ihn kennen lernen wolle. Ich zögerte, ich war mir nicht sicher. Zwar hatte ich schon viel über solche Treffen gehört und mir oft vorgestellt, wie so etwas wäre, aber als es so weit war, empfand ich eher Unbehagen. Wir verabredeten uns. Er trug Jeans, Jacke und Hose. Ich hatte mich geschminkt. Er führte mich ins Café Richter am Hindemithplatz und wir gingen ins Kino, ein Film von Rohmer[1]. Unsympathisch war er nicht, eher schüchtern. Er nahm mich mit ins Restaurant und stellte mich seinen Freunden vor. Ein feines, ironisches Lächeln zog er zwischen sich und die anderen Menschen. Ich ahnte, was das Lächeln verriet. Einige Male durfte ich ihn bei seiner Arbeit besuchen. Er schrieb Drehbücher und führte Regie bei Filmen. Ich fragte mich, ob er mir Geld geben würde, wenn wir uns treffen, aber er gab mir keins, und ich traute mich nicht, danach zu fragen. Schlimm war das nicht, schließlich kannte ich ihn kaum, was sollte ich da schon verlangen? Außerdem konnte ich für mich selbst sorgen, ich ging zur Schule und putzen und arbeitete als Kindermädchen. Bald würde ich alt genug sein, um als Kellnerin zu arbeiten, und vielleicht würde ja auch noch eines Tages etwas Richtiges aus mir. Zwei Jahre später, der Mann und ich waren uns noch immer etwas fremd, sagte er mir, er sei krank. Er starb ein Jahr lang, ich besuchte ihn im Krankenhaus und fragte, was er sich wünsche. Er sagte mir, er habe Angst vor dem Tod und wolle es so schnell wie möglich hinter sich bringen. Er fragte mich, ob ich ihm Morphium besorgen könne. Ich dachte nach, ich hatte einige Freunde, die Drogen nahmen, aber keinen, der sich mit Morphium auskannte. Auch war ich mir nicht sicher, ob die im Krankenhaus herausfinden wollten und würden, woher es kam. Ich vergaß seine Bitte. Manchmal brachte ich ihm Blumen. Er fragte nach dem Morphium und ich fragte ihn, ob er sich Kuchen wünsche, schließlich wusste ich, wie gern er Torte aß. Er sagte, die einfachen Dinge seien ihm jetzt die liebsten – er wolle nur Streuselschnecken, nichts sonst. Ich ging nach Hause und buk Streuselschnecken, zwei Bleche voll. Sie waren noch warm, als ich sie ins Krankenhaus brachte. Er sagte, er hätte gerne mit mir gelebt, es zumindest gerne versucht, er habe immer gedacht, dafür sei noch Zeit, eines Tages – aber jetzt sei es zu spät. Kurz nach meinem siebzehnten Geburtstag war er tot. Meine kleine Schwester kam nach Berlin, wir gingen gemeinsam zur Beerdigung. Meine Mutter kam nicht. Ich nehme an, sie war mit anderem beschäftigt, außerdem hatte sie meinen Vater zu wenig gekannt und nicht geliebt.

(2000)

---

[1] **Rohmer:** Éric Rohmer (1920 – 2010), französischer Filmregisseur

---

1 Lest den Text oder lasst ihn euch vorlesen. Tauscht euch darüber aus, welchen Eindruck ihr von der Beziehung der Ich-Erzählerin zu ihrem Vater habt.

2 Stellt Textsignale zusammen, die die Leserin/den Leser zunächst auf eine (Liebes-)Beziehung zwischen der Ich-Erzählerin und dem Mann schließen lassen.

3 Stellt zusammen, was die Leserin/der Leser über das Leben der Ich-Erzählerin erfährt. Fasst zusammen, um was für eine Persönlichkeit es sich handelt.

4 Ermittelt, wie sich die Beziehung zwischen Tochter und Vater entwickelt. Untersucht dazu

- den Aufbau der Geschichte und
- wie die Tochter ihren Vater wahrnimmt.

5 Die Ich-Erzählerin erzählt von ihrer ersten Begegnung mit ihrem Vater und seinem Tod. Wie lässt sich eurer Meinung nach der Sprachstil der Ich-Erzählerin charakterisieren: sachlich-nüchtern oder euphorisch/traurig angesichts der Begegnung? Begründet eure Meinung mit Textbeispielen und erläutert, warum die Ich-Erzählerin so schreibt.

6 Erklärt die symbolische Bedeutung der Überschrift. Geht dabei auf den Gegensatz von „Torte" (Z. 57) und „Streuselschnecke" (Z. 60) ein und auf das Bild der Schnecke.

7 Überprüft, welche Merkmale einer Kurzgeschichte (siehe S. 53) auf den Text von Julia Franck zutreffen.

8 Verfasst nun auf der Grundlage eurer Vorarbeiten eine lineare Beschreibung und Deutung der Kurzgeschichte. Beachtet dazu die Hinweise in dem Leuchtturmkasten auf S. 53.

9 So könnt ihr weiterarbeiten. Wählt aus:

a Versetzt euch in die Situation des Vaters, bevor er zum Telefonhörer greift und die Ich-Erzählerin anruft. Schreibt einen inneren Monolog mit den Gedanken des Vaters.

b Stellt euch vor, die Ich-Erzählerin trifft nach der Beerdigung ihre Mutter und erzählt ihr von ihrer Begegnung mit ihrem Vater. Schreibt auf, was sie der Mutter erzählen könnte.

2. Unterschiedliche Sichtweisen

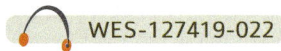

Ilse Aichinger (1921–2016)
Das Fenstertheater

Die Frau lehnte am Fenster und sah hinüber. Der Wind trieb in leichten Stößen vom Fluss herauf und brachte nichts Neues. Die Frau hatte den starren Blick neugieriger Leute, die unersättlich sind. Es hatte ihr noch niemand den Gefallen getan, vor ihrem Haus niedergefahren zu werden. Außerdem wohnte sie im vorletzten Stock, die Straße lag zu tief unten. Der Lärm rauschte nur mehr leicht herauf. Alles lag zu tief unten. Als sie sich eben vom Fenster abwenden wollte, bemerkte sie, dass der Alte gegenüber Licht angedreht hatte. Da es noch ganz hell war, blieb dieses Licht für sich und machte den merkwürdigen Eindruck, den aufflammende Straßenlaternen unter der Sonne machen. Als hätte einer an seinen Fenstern die Kerzen angesteckt, noch ehe die Prozession die Kirche verlassen hat. Die Frau blieb am Fenster.

Der Alte öffnete und nickte herüber. Meint er mich?, dachte die Frau. Die Wohnung über ihr stand leer, und unterhalb lag eine Werkstatt, die um diese Zeit schon geschlossen war. Sie bewegte leicht den Kopf. Der Alte nickte wieder. Er griff sich an die Stirne, entdeckte, dass er keinen Hut aufhatte, und verschwand im Innern des Zimmers. Gleich darauf kam er in Hut und Mantel wieder. Er zog den Hut und lächelte. Dann nahm er ein weißes Tuch aus der Tasche und begann zu winken. Erst leicht und dann immer eifriger. Er hing über die Brüstung, dass man Angst bekam, er würde vornüberfallen. Die Frau trat einen Schritt zurück, aber das schien ihn nur zu bestärken. Er ließ das Tuch fallen, löste seinen Schal vom Hals – einen großen bunten Schal – und ließ ihn aus dem Fenster wehen. Dazu lächelte er. Und als sie noch einen weiteren Schritt zurück

trat, warf er den Hut mit einer heftigen Bewegung ab und wand den Schal wie einen Turban um seinen Kopf. Dann kreuzte er die Arme über der Brust und verneigte sich. Sooft er aufsah, kniff er das linke Auge zu, als herrsche zwischen ihnen ein geheimes Einverständnis. Das bereitete ihr so lange Vergnügen, bis sie plötzlich nur mehr seine Beine in dünnen, geflickten Samthosen in die Luft ragen sah. Er stand auf dem Kopf. Als sein Gesicht gerötet, erhitzt und freundlich wieder auftauchte, hatte sie schon die Polizei verständigt.

Und während er, in ein Leintuch gehüllt, abwechselnd an beiden Fenstern erschien, unterschied sie schon drei Gassen weiter über dem Geklingel der Straßenbahnen und dem gedämpften Lärm der Stadt das Hupen des Überfallautos. Denn ihre Erklärung hatte nicht sehr klar und ihre Stimme erregt geklungen. Der alte Mann lachte jetzt, sodass sich sein Gesicht in tiefe Falten legte, streifte dann mit einer vagen Gebärde darüber, wurde ernst, schien das Lachen eine Sekunde lang in der hohlen Hand zu halten und warf es dann hinüber.

Erst als der Wagen schon um die Ecke bog, gelang es der Frau, sich von seinem Anblick loszureißen. Sie kam atemlos unten an. Eine Menschenmenge hatte sich um den Polizeiwagen gesammelt. Die Polizisten waren abgesprungen, und die Menge kam hinter ihnen und der Frau her. Sobald man die Leute zu verscheuchen suchte, erklärten sie einstimmig, in diesem Hause zu wohnen. Einige davon kamen bis zum letzten Stock mit. Von den Stufen beobachteten sie, wie die Männer, nachdem ihr Klopfen vergeblich blieb und die Glocke allem Anschein nach nicht funktionierte, die Tür aufbrachen. Sie arbeiteten schnell und mit einer Sicherheit, von der jeder Einbrecher lernen konnte. Auch in dem Vorraum, dessen Fenster auf den Hof sahen, zögerten sie nicht eine Sekunde. Zwei von ihnen zogen die Stiefel aus und schlichen um die Ecke. Es war inzwischen finster geworden. Sie stießen an einen Kleiderständer, gewahrten den Lichtschein am Ende des schmalen Ganges und gingen ihm nach. Die Frau schlich hinter ihnen her. Als die Tür auflog, stand der alte Mann, mit dem Rücken zu ihnen gewandt, noch immer am Fenster. Er hielt ein großes weißes Kissen auf dem Kopf, das er immer wieder abnahm, als bedeutete er jemandem, dass er schlafen solle. Den Teppich, den er vom Boden genommen hatte, trug er um die Schultern. Da er schwerhörig war, wandte er sich auch nicht um, als die Männer schon knapp hinter ihm standen und die Frau über ihn hinweg in ihr eigenes finsteres Fenster sah.

Die Werkstatt unterhalb war, wie sie angenommen hatte, geschlossen. Aber in die Wohnung oberhalb musste eine neue Partei eingezogen sein. An eines der erleuchteten Fenster war ein Gitterbett geschoben, in dem aufrecht ein kleiner Knabe stand. Auch er trug sein Kissen auf dem Kopf und die Bettdecke um die Schultern. Er sprang und winkte herüber und krähte vor Jubel. Er lachte, strich mit der Hand über das Gesicht, wurde ernst und schien das Lachen eine Sekunde lang in der hohlen Hand zu halten. Dann warf er es mit aller Kraft den Wachleuten ins Gesicht.

(1954)

1 Hört euch die Kurzgeschichte an oder lasst sie euch vorlesen. Tauscht euch darüber aus, welchen Eindruck ihr von der Frau und dem Mann habt.

2 Fertigt eine Skizze der örtlichen Verhältnisse an. Skizziert die Lage der Häuser, der Straße und der Wohnungen. Kennzeichnet in eurer Skizze die Standorte des Mannes und des Kindes sowie den Weg der Frau. Erklärt mithilfe eurer Skizze das Missverständnis der Frau.

3 Stellt zusammen, was ihr in der Kurzgeschichte zu dem Verhalten und den Eigenschaften der Frau und des Mannes erfahrt.
Ihr könnt eure Ergebnisse in Form einer Tabelle oder Übersicht festhalten.

Unter dem folgenden Webcode findet ihr einen Vorschlag für eine solche Übersicht, die ihr benutzen und ergänzen könnt.

WES-127419-023

4 Das Licht und das Lächeln bzw. Lachen spielen in der Kurzgeschichte eine besondere Rolle. Stellt Textstellen zusammen, in denen davon erzählt wird, und deutet sie. Achtet besonders auf die Bedeutung des Schlusses. Erläutert abschließend zusammenfassend die Bedeutung und Wirkung des Lichts und des Lachens in der Kurzgeschichte. Haltet eure Ergebnisse dieser Textuntersuchung in folgender Übersicht fest:

Bedeutung des Lichts	
Textstelle	Deutung der Textstelle
?	?
Fazit	
?	

Wenn euch die Aufgabe Schwierigkeiten bereitet, findet ihr unter diesem Webcode die Tabelle, in der schon eine Eintragung vorgenommen worden ist:

WES-127419-024

Legt eine entsprechende Übersicht auch für die Bedeutung des Lächelns/Lachens an.

5 Untersucht mithilfe des Werkzeugkastens auf S. 63 die Erzähltechnik der Kurzgeschichte. Bestimmt insbesondere das Erzählverhalten. Zeigt an Beispielen, wie der Erzähler die Einstellung der Leserin/des Lesers zu den Figuren der Frau, des Mannes und des Jungen lenkt.

6 Haltet fest, was für euch das zentrale Thema der Kurzgeschichte ist.

7 Überprüft, welche Merkmale einer Kurzgeschichte der Text „Fenstertheater" besitzt. Arbeitet dabei mit dem Leuchtturmkasten auf S. 53.

8 So könnt ihr weiterarbeiten. Wählt aus:

a Verfasst ein Interview mit der Frau. Überlegt euch passende Fragen, die ein Reporter der Frau stellen könnte (z. B., warum sie die Polizei geholt hat), und lasst die Frau diese Fragen beantworten. Schreibt das Interview auf. Ihr könnt es auch mit einer Lernpartnerin oder einem Lernpartner als kleine Szene einüben und präsentieren.

b Schreibt ein Protokoll eines Polizisten über den Einsatz. Vergleicht anschließend die Wirkung des Protokolls auf den Leser/die Leserin mit der Wirkung der Kurzgeschichte.

c Überlegt, wie man die Kurzgeschichte verfilmen könnte. Geht den Text dazu abschnittweise durch und entwickelt Ideen, mit welchen Szenenbildern sich die Handlung darstellen lässt und was auf ihnen jeweils zu sehen ist.
Zeichnet dann skizzenhaft eine Bilderfolge zu der Kurzgeschichte. Eine solche Bilderfolge zur Vorbereitung eines Filmes wird beim Film Storyboard genannt.

Weitere Hinweise und Hilfen zum Erstellen eines solchen Storyboards findet ihr unter folgendem Webcode:

 WES-127419-025

Das brauchst du immer wieder. **So gehst du vor.**

Die Erzähltechnik untersuchen

Bei Erzähltexten wie Kurzgeschichten wird das Geschehen dem Leser bzw. der Leserin von einem **Erzähler oder einer Erzählerin** dargeboten. Dieser Erzähler ist nicht der Autor oder die Autorin eines Textes (z. B. kann ein älterer männlicher Autor ein junges Mädchen in seinem Text erzählen lassen.)

Der Erzähler oder die Erzählerin kann unterschiedliche Erzähltechniken verwenden:
- Der Erzähler kann **zwei Erzählformen** nutzen. Bei der **Er-/Sie-Form** erzählt er von anderen und ist nicht selbst als Figur an dem erzählten Geschehen beteiligt. In der **Ich-Form** erzählt der Erzähler von sich und ist eine Figur des Erzähltextes.
- Auch kann der Erzähler unterschiedliche **Erzählperspektiven** (Sichtweisen) wählen bzw. unterschiedliche Standorte einnehmen. Verwendet er die **Außensicht**, legt er nur dar, was von einem Betrachter/einer Betrachterin wahrgenommen oder einer Kamera aufgenommen werden kann. Der Erzähler/Die Erzählerin kann auch aus der **Innensicht** von Figuren erzählen. Dann legt er/sie dem Leser/der Leserin offen, was in den Figuren vorgeht (z. B. ihre Gedanken und Gefühle).
- Besonders wichtig ist das **Erzählverhalten**, das ein Erzähler oder eine Erzählerin zeigt.
  - Bei einem **personalen Erzählverhalten** erzählt der Erzähler aus der Sicht einer Figur. Dabei beschränkt er sich auf das Wissen und die Erfahrungen dieser Figur.
  - Ein **auktoriales Erzählverhalten** liegt vor, wenn der Erzähler nicht nur aus der Sicht der Figuren erzählt, sondern auch über sie. Er kennt dann ihre Gedanken, Gefühle und Absichten und weiß über ihre Vergangenheit und Zukunft Bescheid. Auch kann der Erzähler mit **Kommentaren** das Geschehen und die Figuren bewerten. So lenkt der Erzähler oft die Sympathien sowie die Haltung des Lesers/der Leserin gegenüber den Figuren.
  - Wenn der Erzähler oder die Erzählerin wie ein objektiver Beobachter in der Außensicht das Geschehen darlegt, spricht man von einem **neutralen Erzählverhalten**.

Die **Erzählperspektiven und das Erzählverhalten können** innerhalb eines Erzähltextes **wechseln**. Oft stellen solche Wechsel wichtige Hinweise dar, die zur Deutung genutzt werden können.

Eine aspektorientierte Textanalyse verfassen

Das brauchst du immer wieder. ◆ **So gehst du vor.**

Der Aufbau einer aspektorientierten Textanalyse

1. Die Einleitung einer Textanalyse
In der Einleitung informiert man den Leser oder die Leserin zunächst über den Titel, den Verfasser/die Verfasserin, die Textsorte und – falls bekannt – über das Erscheinungsjahr und formuliert wie bei einer Inhaltsangabe einen kurzen Handlungsüberblick. Anschließend wird das Thema bzw. die allgemeine Problematik, auf die der Text verweist, dargelegt. Wenn die Aufgabenstellung es verlangt, kann vor der eigentlichen Analyse der Inhalt des zugrunde liegenden Textes zusammengefasst werden.

2. Der Hauptteil
Bei einer **aspektorientierten Analyse** nennt man zunächst die ausgewählten oder in der Aufgabe vorgegebenen Aspekte, die anschließend nacheinander bearbeitet werden. Hier geht es um die Beantwortung folgender Fragen:

- In welchen inhaltlichen Zusammenhängen steht der Untersuchungsaspekt im Text? *(Das Motiv des Lachens kommt in der Kurzgeschichte mehrmals vor. Der Mann lächelt, als ... Weiter lacht er auch, als ... – Die Eigenschaften der Frau werden in besonderer Weise deutlich, als sie ...)*
- Welche Deutungen ergeben sich hinsichtlich des genannten Untersuchungsaspekts? *(Das Lächeln des Mannes zeigt seine freundliche Grundhaltung und sein Bedürfnis, dem Kind eine Freude zu bereiten. – Die Frau erweist sich als äußerst neugierig und sensationslüstern.)*
- Was fällt hinsichtlich des Untersuchungsaspekts an der sprachlichen Gestaltung auf? Welche Wirkung geht davon aus? In welcher Weise unterstützt diese die Deutungsaussagen? *(Der Autor verdeutlicht die freundliche Grundhaltung des Mannes auf folgende Weise: „..." (Z. xxx) – Diese Eigenschaft der Frau macht der Autor vor allem durch die Metapher „..." (Z. xxx) deutlich.)*

3. Textbelege
Damit Aussagen zur Deutung von anderen nachvollzogen werden können, müssen sie mit dem Wortmaterial des Textes belegt werden. Dies kann mithilfe von Zitaten oder durch den Verweis auf sprachliche Besonderheiten geschehen. Hier kommt es darauf an, die richtigen Fachausdrücke zu verwenden (Alliteration, Metapher, Symbol ...).

 Hinweise zu möglichen sprachlichen Besonderheiten und zum richtigen Zitieren erhältst du auf den S. 34 und 368 ff.

4. Der Schluss
Im Schlussteil werden wichtige Ergebnisse im Sinne einer Gesamtdeutung zusammengefasst und es kann noch einmal auf die im Einleitungsteil genannte Problematik verwiesen werden. *(Insgesamt verdeutlicht die Kurzgeschichte anhand des Verhaltens der Frau, dass Menschen immer wieder ...)* Möglich ist es auch, mit einer persönlichen Stellungnahme zu schließen und eventuell einen Vergleich mit bereits erarbeiteten Texten vorzunehmen.

1 Fasst noch einmal mit euren eigenen Worten zusammen, worin der Unterschied zwischen einer linearen und einer aspektorientierten Analyse besteht (s. S. 56).

2 Nennt mögliche Vor- und Nachteile der beiden Methoden.

3 Stellt aus den Aufgaben auf S. 61–62 zwei bis fünf Aspekte für eine aspektorientierte Analyse der Kurzgeschichte „Das Fenstertheater" zusammen und bringt sie in eine für die Leserin/den Leser nachvollziehbare Reihenfolge.

4 Verfasst nun eine aspektorientierte Analyse der Kurzgeschichte „Das Fenstertheater". Orientiert euch bei der Vorgehensweise an dem Werkzeugkasten auf S. 64.

Wenn ihr Schwierigkeiten habt, den Übergang von einem zum nächsten Aspekt zu formulieren, findet ihr unter dem folgenden Webcode eine Hilfestellung:

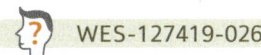

5 Tauscht eure Textanalysen aus und überarbeitet sie.

 Hilfen zur Überarbeitung eines Textes findet ihr in dem Werkzeugkasten „Texte überarbeiten" auf S. 125.

Shirley Michaela Seul (geb. 1962)
Allmorgendlich

Jeden Morgen sah ich sie. Ich glaube, sie fiel mir gleich bei der ersten Fahrt auf. Ich hatte meinen Arbeitsplatz gewechselt und fuhr vom Ersten des Monats an mit dem Bus um 8:11 Uhr. Es war
5 Winter. Jeden Morgen trug sie den kirschroten Mantel, weiße, pelzbesetzte Stiefel, weiße Handschuhe, und ihr langes, dunkelbraunes, glattes Haar zu einem ungewöhnlichen, aber langweiligen Knoten aufgesteckt. Jeden Morgen stieg sie
10 um 8:15 Uhr zu und ging mit hocherhobenem Kopf auf ihren Stammplatz, vorletzte Reihe rechts, zu.
Das Wort mürrisch passte gut zu ihr. Sie war mir sofort unsympathisch. So geht es mir oft: Ich se-
15 he fremde Menschen, wechsle kein Wort mit ihnen und fühle Ablehnung und Ärger bei ihrem bloßen Anblick. Ich wusste nicht, was mich an ihr so störte, denn ich fand sie nicht schön; es war also kein Neid. Sie stieg zu, setzte sich auf ihren seltsamerweise immer freien Platz, holte 20 die Zeitung aus ihrer schwarzen Tasche und begann zu lesen. Jeden Morgen ab Seite drei. Nach der dritten Station griff sie erneut in die Tasche und holte – ohne den Blick von der Zeitung zu wenden – zwei Brote hervor. Einmal mit Salami 25 und einmal mit Mettwurst. Lesend aß sie. Sie schmatzte nicht und trotzdem erfüllte mich ihr essender Anblick mit Ekel. Die Brote waren in einem Klarsichtbeutel aufbewahrt und ich fragte mich oft, ob sie einen neuen Beutel benutzte oder 30 denselben mehrmals verwendete.
Ich beobachtete sie ungefähr zwei Wochen, als

sie mir gegenüber ihre mürrische Gleichgültigkeit aufgab. Sie musterte mich prüfend. Ich wich
35 ihr nicht aus. Unsere Feindschaft war besiegelt. Am nächsten Morgen setzte ich mich auf ihren Stammplatz. Sie ließ sich nichts anmerken, begann wie immer zu lesen. Die Stullen packte sie allerdings erst nach der sechsten Station aus.
40 Jeden Morgen vergrämte sie mir den Tag. Gierig starrte ich zu ihr hinüber, saugte jede ihrer mich persönlich beleidigenden, sich Tag für Tag wiederholenden Hantierungen auf, ärgerte mich, weil ich vor ihr aussteigen musste und sie in den
45 Vorteil der Kenntnis meines Arbeitsplatzes brachte.
Erst als sie einige Tage nicht im Bus saß und mich dies beunruhigte, erkannte ich die Notwendigkeit des allmorgendlichen Übels. Ich war erleich-
50 tert, als sie wieder erschien, ärgerte mich doppelt über sie, den Haarknoten, der ungewöhnlich und trotzdem langweilig war, den kirschroten Mantel, das griesgrämige Gesicht, die Salami, die Mettwurst und die Zeitung. Es kam so weit, dass sie
55 mir nicht nur während der Busfahrten gegenwärtig war, ich nahm sie mit nach Hause, erzählte meinen Bekannten von ihrem unmäßigen Schmatzen, dem Körpergeruch, der großporigen Haut, dem abstoßenden Gesicht. Herrlich war es
60 mir, mich in meine Wut hineinzusteigern; ich fand immer neue Gründe, warum ihre bloße Gegenwart mich belästigte. Wurde ich belächelt, beschrieb ich ihre knarzende Stimme, die ich nie gehört hatte, ärgerte mich, weil sie die primitivste Boulevardzeitung las, und so fort. 65
Man riet mir, einen Bus früher, also um 8:01 Uhr zu fahren, doch das hätte zehn Minuten weniger Schlaf bedeutet. Sie würde mich nicht um meinen wohlverdienten Schlaf bringen!
Vorgestern übernachtete meine Freundin Beate 70 bei mir. Zusammen gingen wir zum Bus. SIE stieg wie immer um 8:15 Uhr zu und setzte sich auf ihren Platz. Beate, der ich nie von IHR erzählt hatte, lachte plötzlich, zupfte mich am Ärmel und flüsterte: „Schau mal, die mit dem roten Mantel, 75 die jetzt das Brot isst, also ich kann mir nicht helfen, aber die erinnert mich unheimlich an dich. Wie sie isst und sitzt und wie sie schaut."

(1987)

1 Lest die Kurzgeschichte oder lasst sie euch vorlesen. Tauscht euch darüber aus, worin die überraschende Wendung innerhalb des Geschehens besteht.

2 Untersucht die Kurzgeschichte. Arbeitet dazu zu folgenden Aspekten und haltet eure Ergebnisse in geeigneter Form fest:

- die Beziehung der Erzählerin zu der unbekannten Frau im Bus
- die Bedeutung des Schlusses für die Leserinnen und Leser
- die Erzähltechnik
- die sprachliche Gestaltung insbesondere der Zeilen 22 – 37; achtet dabei auf Wortwahl, Satzbau und rhetorische Figuren
- Merkmale einer Kurzgeschichte

Verfasst anschließend eine aspektorientierte Textanalyse. Orientiert euch dabei an dem Werkzeugkasten auf S. 64.

3. Unerfüllte Sehnsucht

Sibylle Berg (geb. 1962)
Hauptsache weit

Und weg, hatte er gedacht. Die Schule war zu Ende, das Leben noch nicht, hatte noch nicht begonnen, das Leben. Er hatte nicht viel Angst davor, weil er noch keine Enttäuschungen kannte. Er war ein schöner Junge mit langen dunklen Haaren, er spielte Gitarre, komponierte am Computer und dachte, irgendwie werde ich wohl später nach London gehen, was Kreatives machen. Aber das war später.
Und nun?
Warum kommt der Spaß nicht? Der Junge hockt in einem Zimmer, das Zimmer ist grün, wegen der Neonleuchte, es hat kein Fenster und der Ventilator ist sehr laut. Schatten huschen über den Betonboden, das Glück ist das nicht, eine Wolldecke auf dem Bett, auf der schon einige Kriege ausgetragen wurden. Magen gegen Tom Yan, Darm gegen Curry. Immer verloren, die Eingeweide.
Der Junge ist 18, und jetzt aber Asien hatte er sich gedacht. Mit 1000 Dollar durch Thailand, Indien, Kambodscha, drei Monate unterwegs und dann wieder heim, nach Deutschland. Das ist so eng, so langweilig, jetzt was erleben und vielleicht nie zurück. Hast du keine Angst, hatten die blassen Freunde zu Hause gefragt, so ganz alleine? Nein, hatte er geantwortet, man lernt ja so viele Leute kennen unterwegs. Bis jetzt hatte er hauptsächlich Mädchen kennen gelernt, nett waren die schon, wenn man Leute mag, die einen bei jedem Satz anfassen. Mädchen, die aussahen wie dreißig und doch so alt waren wie er, seit Monaten unterwegs, die Mädchen, da werden sie komisch. Übermorgen würde er in Laos sein, da mag er jetzt gar nicht dran denken, in seinem hässlichen Pensionszimmer, muss Obacht geben, dass er sich nicht aufs Bett wirft und weint, auf die Decke, wo schon die anderen Dinge drauf sind. In dem kleinen Fernseher kommen nur Leute vor, die ihm völlig fremd sind, das ist das Zeichen, dass man einsam ist, wenn man die Fernsehstars eines Landes nicht kennt und die eigenen keine Bedeutung haben. Der Junge sehnt sich nach Stefan Raab, nach Harald Schmidt[1] und Echt[2]. Er merkt weiter, dass er gar nicht existiert, wenn es nichts hat, was er kennt. Wenn er keine Zeitung in seiner Sprache kaufen kann, keine Klatschgeschichten über einheimische Promi-

---

[1] **Stefan Raab, Harald Schmidt:** zur Entstehungszeit der Kurzgeschichte (2001) bekannte Fernsehentertainer
[2] **Echt:** deutsche Popgruppe

nente lesen, wenn keiner anruft und fragt, wie es ihm geht. Dann gibt es ihn nicht. Denkt er. Und ist unterdessen aus seinem heißen Zimmer in die heiße Nacht gegangen, hat fremdes Essen vor sich, von einer fremdsprachigen Serviererin gebracht, die sich nicht für ihn interessiert, wie niemand hier. Das ist wie tot sein, denkt der Junge. Weit weg von zu Hause, um anderen beim Leben zuzusehen, könnte man umfallen und sterben in der tropischen Nacht und niemand würde weinen darum. Jetzt weint er doch, denkt an die lange Zeit, die er noch rumbekommen muss, alleine in heißen Ländern mit seinem Rucksack, und das stimmt so gar nicht mit den Bildern überein, die er zu Hause von sich hatte. Wie er entspannt mit Wasserbüffeln spielen wollte, in Straßencafes sitzen und cool sein. Was ist, ist einer mit Sonnenbrand und Heimweh nach den Stars zu Hause, die sind wie ein Geländer zum Festhalten.

Er geht durch die Nacht, selbst die Tiere reden ausländisch, und dann sieht er etwas, sein Herz schlägt schneller. Ein Computer, ein Internet-Cafe. Und er setzt sich, schaltet den Computer an, liest seine E-Mails. Kleine Sätze von seinen Freunden, und denen antwortet er, dass es ihm gut gehe und alles großartig ist, und er schreibt und schreibt und es ist auf einmal völlig egal, dass zu seinen Füßen ausländische Insekten so groß wie Meerkatzen herumlaufen, dass das fremde Essen im Magen drückt. Er schreibt seinen Freunden über die kleinen Katastrophen und taucht in den Bildschirm ein, der ist wie ein weiches Bett, er denkt an Bill Gates und Fred Apple, er schickt eine Mail an Sat1, und für ein paar Stunden ist er wieder am Leben, in der heißen Nacht weit weg von zu Hause.

(2001)

1 Lest die Geschichte oder lasst sie euch vorlesen. Sprecht darüber, wie ihr den Titel der Kurzgeschichte „Hauptsache weit" versteht.

2 Stellt euch vor, ihr bekommt z. B. in einer Klassenarbeit die folgende Aufgabe gestellt:

> Beschreibe und deute die Kurzgeschichte „Hauptsache weit" von Sibylle Berg unter folgenden Aspekten:
>
> – Vergleiche die Situation des Jungen und seine Erwartungen an die Reise mit der Realität.
>
> – Beschreibe und deute das Verhalten des Jungen, als er den Computer entdeckt und er seinen Freunden schreibt.
>
> – Untersuche die Erzähltechnik der Kurzgeschichte und erläutere ihre Wirkung.
>
> – Gehe auf sprachliche Mittel der Kurzgeschichte und ihre Wirkung sowie auf den Titel und seine Bedeutung ein.
>
> Lege abschließend dein Verständnis der Kurzgeschichte dar.

Erklärt die Aufgabenstellung, indem ihr darlegt, warum hier keine lineare Analyse des Textes erwartet wird.

3 Verfasst Einleitung, Hauptteil und Schluss zu einer aspektorientierten Analyse der Kurzgeschichte.

Wenn ihr Probleme habt, dann bekommt ihr unter diesem Webcode Hinweise zu den einzelnen Aspekten:

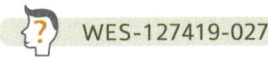

Hier hat ein Schüler begonnen, den ersten Aspekt zu verschriftlichen.

Als Erstes untersuche ich, welche Erwartungen der Junge an die Reise gehabt hat, und vergleiche sie mit den Erfahrungen, die er auf seiner Reise dann tatsächlich gemacht hat. Der Junge ist 18 Jahre und hat die Schule abgeschlossen. Er hat in seinem Leben noch keine bedeutenden Erfahrungen gemacht, denn
5 für ihn hat das Leben noch nicht angefangen (vgl. Z. 1 ff.). […]
Die Erfahrungen, die der Junge dann auf seiner Reise macht, entsprechen gar nicht den Träumen, die er sich vorher darüber gemacht hat. „Glück ist das nicht" (Z. 15) erfährt der Leser gleich zu Anfang über die Reise und die Situation des Jungen in Asien. […]

4 Erläutert, woran man erkennen kann, dass es sich um eine aspektorientierte Textanalyse handelt und wie der Schüler bei der Darstellung des ersten Aspektes vorgegangen ist.

5 Tauscht eure Textanalysen untereinander aus und gebt euch Tipps, was ihr noch verbessern könnt.

Lernaufgabe

Ihr habt in dieser Einheit gelernt, wie man einen Erzähltext beschreibt und deutet und die Ergebnisse der Textuntersuchung entweder als lineare oder aspektorientierte Textanalyse verschriftlicht.

Im Folgenden lernt ihr eine weitere Kurzgeschichte kennen, die thematisch zu der vorangegangenen Kurzgeschichte passt.
Verfasst zu dieser Kurzgeschichte entweder eine lineare oder eine aspektorientierte Textanalyse.

Der Werkzeugkasten auf S. 70 gibt euch noch einmal Anhaltspunkte dafür, welche Aspekte für die Untersuchung eines Erzähltextes besonders wichtig sind.

Das brauchst du immer wieder. ◆ **So gehst du vor.**

Erzähltexte untersuchen

Um das eigene Textverständnis zu vertiefen und einen Erzähltext genau zu untersuchen, solltest du ihn nach dem ersten Lesen noch ein- oder zweimal gründlich lesen. Danach kannst du mithilfe der folgenden allgemeinen Texterschließungsfragen am Text arbeiten. Unterstreiche zu den einzelnen Fragen Textstellen, mache dir Stichwörter am Rand und halte deine Ergebnisse auf einem Stichwortzettel oder im Heft fest. Zu folgenden Punkten und Leitfragen kannst du arbeiten:

- **Thema:** Um welches Thema, Problem oder welchen Konflikt geht es? Was löst die Handlung aus? Oft gibt der Titel dem Leser bzw. der Leserin hier wichtige Hinweise.
- **Aufbau der Handlung:** In welche Abschnitte lässt sich der Text gliedern? Welche sind die entscheidenden Handlungen oder Ereignisse? Haben Anfang und Ende eine besondere Wirkung bzw. Bedeutung?
- **Figuren:** Welche Figuren kommen vor? Lassen sich Haupt- und Nebenfiguren unterscheiden? Welche Eigenschaften haben sie? Wie verhalten sie sich? Warum verhalten sie sich so (Beweggründe/Motive, Ziele)? Verändern sie sich im Verlauf der Handlung (Entwicklung)?
- **Ort/Zeit:** An welchen Orten spielt die Geschichte? Wie ist die Atmosphäre? Besitzen die Handlungsorte eine symbolische Bedeutung? Wann ereignet sich das Erzählte? Über welchen Zeitraum erstreckt sich das Geschehen?
- **Sprache:** Lassen sich Auffälligkeiten in der Wortwahl feststellen, z. B. beim Einsatz von Verben und Adjektiven? Welche Wirkung ist damit verbunden? Verwendet der Autor bzw. die Autorin bildhafte Sprache (Metaphern, Personifikationen, Vergleiche)? Welche Bedeutung haben diese Sprachbilder? Enthält der Text Schlüsselwörter/-sätze oder besitzt er Auffälligkeiten beim Satzbau bzw. Wiederholungen, die zur Deutung hilfreich sind? Wird durch den Satzbau eine besondere Wirkung erzielt, z. B. durch Ellipsen (= verkürzte Sätze), Parataxen (= Satzreihen) oder Hypotaxen (= Satzgefüge)?

 Weitere Informationen und Hilfen erhältst du auf S. 34.

- **Symbole:** Kommen in dem Text z. B. auffällige Gegenstände oder Farben vor, die symbolisch verstanden werden müssen und die zur Deutung der Erzählung wichtig sind? Was bedeuten sie?
- **Erzähltechnik:** Handelt es sich um eine Ich- oder Er-/Sie-Erzählung? Ist der Erzählerstandort die Außen- oder Innenperspektive? Ist das Erzählverhalten auktorial, neutral oder personal? Welche Wirkung ist damit verbunden? Gibt es Nebenhandlungen oder wird einsträngig (= linear) erzählt? Arbeitet der Autor bzw. die Autorin mit Rückblenden oder Vorausdeutungen?
- **Textart:** Welche besonderen Merkmale weist der Text auf (z. B. Merkmale einer Kurzgeschichte)?
- **Titel:** Wie lässt sich der Titel deuten? Welche Zusammenhänge bestehen zwischen der Überschrift und der eigentlichen Geschichte?

Wichtig ist, dass ihr eure Textanalysen untereinander austauscht und euch gegenseitig Rückmeldung gebt, was bereits gut gelungen ist und was noch verbessert werden kann.

Ebenso wichtig ist es, dass ihr euch bewusst macht, wo ihr Schwierigkeiten bei der Textuntersuchung und beim Verfassen der Analyse hattet und wie ihr die Schwierigkeiten behoben habt.

Unter dem folgenden Webcode findet ihr einige Erschließungsfragen, die euch helfen, den Text zu beschreiben und zu deuten:

 WES-127419-028

Peter Bichsel (geb. 1935)
San Salvador

Er hatte sich eine Füllfeder gekauft.

Nachdem er mehrmals seine Unterschrift, dann seine Initialen, seine Adresse, einige Wellenlinien, dann die Adresse seiner Eltern auf ein Blatt gezeichnet hatte, nahm er einen neuen Bogen, faltete ihn sorgfältig und schrieb: „Mir ist es hier zu kalt", dann „ich gehe nach Südamerika", dann hielt er inne, schraubte die Kappe auf die Feder, betrachtete den Bogen und sah, wie die Tinte eintrocknete und dunkel wurde (in der Papeterie[1] garantierte man, dass sie schwarz werde), dann nahm er seine Feder erneut zur Hand und setzte noch großzügig seinen Namen Paul darunter.

Dann saß er da.

Später räumte er die Zeitungen vom Tisch, überflog dabei die Kinoinserate, dachte an irgend etwas, schob den Aschenbecher beiseite, zerriss den Zettel mit den Wellenlinien, entleerte seine Feder und füllte sie wieder. Für die Kinovorstellung war es jetzt zu spät.

Die Probe des Kirchenchores dauert bis neun Uhr, um halb zehn würde Hildegard zurück sein. Er wartete auf Hildegard. Zu all dem Musik aus dem Radio. Jetzt drehte er das Radio ab.

Auf dem Tisch, mitten auf dem Tisch, lag nun der gefaltete Bogen, darauf stand in blauschwarzer Schrift sein Name Paul.

„Mir ist es hier zu kalt", stand auch darauf.

Nun würde also Hildegard heimkommen, um halb zehn. Es war jetzt neun Uhr. Sie läse seine Mitteilung, erschräke dabei, glaubte wohl das mit Südamerika nicht, würde dennoch die Hemden im Kasten zählen, etwas müsste ja geschehen sein.

Sie würde in den „Löwen" telefonieren.

Der „Löwen" ist mittwochs geschlossen.

Sie würde lächeln und verzweifeln und sich damit abfinden, vielleicht.

Sie würde sich mehrmals die Haare aus dem Gesicht streichen, mit dem Ringfinger der linken Hand beidseitig der Schläfe entlangfahren, dann langsam den Mantel aufknöpfen.

Dann saß er da, überlegte, wem er einen Brief schreiben könnte, las die Gebrauchsanweisung für den Füller noch einmal – leicht nach rechts drehen – las auch den französischen Text, verglich den englischen mit dem deutschen, sah wieder seinen Zettel, dachte an Palmen, dachte an Hildegard.

Saß da.

Und um halb zehn kam Hildegard und fragte: „Schlafen die Kinder?" Sie strich sich die Haare aus dem Gesicht.

(1964)

---
[1] **Papeterie:** Schreibwarengeschäft (schweizerisch)

4. Das habe ich gelernt, das kann ich

Einleitungen beurteilen ➡ S. 54

1 Entscheide, welche der beiden Einleitungen einer Textanalyse zu Ilse Aichingers Kurzgeschichte „Das Fenstertheater" besser ist. Begründe deine Entscheidung.

A In der Kurzgeschichte „Das Fenstertheater" geht es um eine Frau, die von einem Mann getäuscht wird und deshalb die Polizei ruft, die den Irrtum schließlich aufklärt.

B In der Kurzgeschichte „Das Fenstertheater" von Ilse Aichinger aus dem Jahr 1954 geht es um eine Frau, die das Verhalten eines älteren Mannes im Fenster des gegenüberliegenden Hauses falsch deutet und deshalb die Polizei holt, die das Missverständnis aufklärt. Im Zentrum der Kurzgeschichte steht das Problem der Vereinsamung und Beziehungslosigkeit von Menschen.

Erzähltechnik kennen und untersuchen ➡ S. 63

2 Erkläre, was man unter Erzählform und Erzählperspektive versteht, und benenne die drei Arten des Erzählverhaltens.

3 Übernimm den folgenden Auszug aus einer Kurzgeschichte in dein Heft und unterstreiche die Formulierungen, die besonders deutlich machen, dass das Erzählverhalten hier personal ist.

Elsas Mund krampfte sich zusammen. Ihre Finger spannten sich. Ihre Augen wurden schmal. Ruhig bleiben! Sie hatte darauf gewartet, dass ihre Mutter auch dieses Mal hereinkommen würde, voller Behutsamkeit, mit jener scheinbaren Zurückhaltung, die durch ihre Aufdringlichkeit die Nerven freilegt. Sie hatte – behext, entsetzt, gepeinigt
5 – darauf gewartet, weil sie sich davor fürchtete.

Kurzgeschichten untersuchen

Wolfdietrich Schnurre (1920–1989)
Beste Geschichte meines Lebens

Beste Geschichte meines Lebens. Anderthalb Maschinenseiten vielleicht. Autor vergessen; in der Zeitung gelesen. Zwei Schwerkranke im selben Zimmer. Einer an der Türe liegend, einer am Fenster. Nur der am Fenster kann hinaussehen. Der andere keinen größeren Wunsch, als das Fensterbett zu erhalten. Der am Fenster leidet darunter. Um
5 den anderen zu entschädigen, erzählt er ihm täglich stundenlang, was draußen zu sehen

ist, was draußen passiert. Eines Nachts bekommt er einen Erstickungsanfall. Der an der Tür könnte die Schwester rufen. Unterlässt es; denkt an das Bett. Am Morgen ist der andere tot; erstickt. Sein Fensterbett wird geräumt; der bisher an der Tür lag, erhält es. Sein Wunsch ist in Erfüllung gegangen. Gierig, erwartungsvoll wendet er das Gesicht
10 zum Fenster. Nichts; nur eine Mauer. (1978)

4 Skizziere die äußere Handlung in einer Bilderfolge.

5 Untersuche die Kurzgeschichte und halte deine Ergebnisse in Stichworten fest:
- Beschreibe das Verhalten der beiden Männer. Erkläre, warum sie sich jeweils so verhalten.
- Beschreibe den Satzbau und bestimme die Tempusform. Welche Wirkung haben sie? Beziehe dabei auch den Anfang der Kurzgeschichte mit ein.
- Bestimme das Erzählverhalten und erläutere seine Wirkung auf den Leser/die Leserin.
- Erläutere die Bedeutung des Fensters in der Kurzgeschichte.
- Lege dar, wie du die Überschrift verstehst.
- Entwickle abschließend mögliche Aussage- und Wirkungsabsichten der Kurzgeschichte im Sinne einer Gesamtdeutung.

Kurzgeschichtenmerkmale kennen und nachweisen ➡ S. 53 ff.

6 Nenne die zentralen Merkmale einer Kurzgeschichte, die du in diesem Kapitel kennengelernt hast. Überprüfe deine Antwort mithilfe der Zusammenfassung auf S. 53.

7 Überprüfe, inwieweit der Text „Beste Geschichte meines Lebens" die Merkmale einer Kurzgeschichte besitzt.

Textanalysen linear und aspektorientiert anlegen ➡ S. 56 ff.

8 Erkläre in einem kurzen Sachtext den Unterschied zwischen einer linearen und einer aspektorientierten Textanalyse.

9 Verfasse auf der Grundlage deiner Ergebnisse von Aufgabe 5 eine lineare oder aspektorientierte Textanalyse zu der Kurzgeschichte „Beste Geschichte meines Lebens". Arbeite dabei mit den Werkzeugkästen auf S. 56 und 64.

Annette von Droste-Hülshoff (1797 – 1848)

■ Annette von Droste-Hülshoff (1797 – 1848) ist die wohl bedeutendste deutsche Dichterin des 19. Jahrhunderts. Auf viele moderne Schriftstellerinnen und Schriftsteller hat sie großen Einfluss gehabt. Und auch in der Schule wird ihr Werk in Teilen gelesen und besprochen. Ihr selbst habt vielleicht schon die Ballade „Der Knabe im Moor" kennengelernt oder von der Erzählung „Die Judenbuche" gehört. Beide Texte gehören zu den bekanntesten der deutschen Literatur.

■ In diesem Kapitel erfahrt ihr nicht nur Wissenswertes über die Schriftstellerin und ihr Werk, sondern auch über ihr Leben vor dem Hintergrund der damaligen Zeit. Dabei werdet ihr sowohl Methoden der Textanalyse üben als auch Einblicke in die Lebensweise der Menschen damals und insbesondere in die Rolle der Frau im 19. Jahrhundert gewinnen können.

Das Rüschhaus bei Münster in Westfalen – hier hat Annette von Droste-Hülshoff viele Jahre ihres Lebens verbracht.

1 Tauscht euch darüber aus, welche Erwartungen ihr an eine Beschäftigung mit Annette von Droste-Hülshoff habt. Vergleicht dann eure Vermutungen mit den Äußerungen auf der rechten Seite.

2 Die beiden Porträts zeigen Annette von Droste-Hülshoff im letzten Jahrzehnt ihres Lebens. Vergleicht das Ölbildnis mit der Daguerreotypie (frühe Form der Fotografie). Welche Gemeinsamkeiten und Unterschiede in der Darstellung gibt es? Versucht, aus euren Beobachtungen Schlüsse auf die Person der Schriftstellerin und darauf, wie andere sie gesehen haben, zu ziehen.

3 Überlegt gemeinsam, was am Leben und Werk einer Autorin des 19. Jahrhunderts euch besonders interessiert. Notiert eure Fragen und Anliegen.

Eine Autorin und ihre Zeit verstehen

Daguerreotypie (1845)

*Meine Lieder werden leben,
Wenn ich längst entschwand:
Mancher wird vor ihnen beben,
Der gleich mir empfand.
Ob ein andrer sie gegeben
Oder meine Hand:
Sieh, die Lieder durften leben,
Aber ich entschwand!*
(Annette von Droste-Hülshoff, 1820)

Ölbildnis von Johann Joseph Sprick (1838)

Auf den Porträts sieht Droste-Hülshoff irgendwie traurig aus. War sie ein trauriger Mensch?
(Jana, Schülerin)

Früher habe ich noch an Gespenster geglaubt. Ich finde es spannend, wie Droste-Hülshoff mit diesem Thema umgeht, zumal ja viele Menschen heute immer noch abergläubisch sind.
(Luca, Schüler)

Natürlich, es ist schwierig, diese alten Texte überhaupt zu verstehen, aber irgendwie macht es auch Spaß, wenn man den Sinn der Wörter herausbekommen hat.
(Philipp, Schüler)

Mich faszinieren die Naturbilder in diesen Gedichten. Ich kann mir das sehr gut vorstellen. Vor allem Moorlandschaften haben ja so etwas Geheimnisvolles.
(Juliane, Schülerin)

1. Warum Annette von Droste-Hülshoff? – Annäherungen an eine ungewöhnliche Schriftstellerin

Annette von Droste-Hülshoff wird in der Öffentlichkeit vielfach nur als Autorin von Gedichten aus einer vergangenen Zeit wahrgenommen. Dabei sind ihre Persönlichkeit und ihr Werk um einiges vielschichtiger und aktueller, als es den Anschein hat.

Peter Braun (geb. 1960)
Das Leben der Annette von Droste-Hülshoff

Stichworte zum Leben der Annette von Droste-Hülshoff. Am Anfang das Ende. Zeit: Frühjahr 1848. Ort: Berlin. Schüsse fallen, Barrikaden werden gebaut. Das Volk kämpft gegen den Adel und zwingt den preußischen König, sich vor den Gefallenen zu verneigen. In den deutschen Ländern sind Tausende auf den Straßen. Für Versammlungsfreiheit, für Pressefreiheit, für die lang erstrebte Verfassung.

Szenenwechsel. Selbe Zeit. Ort: Meersburg, Bodensee. Vor der Burg: Eine aufgebrachte Menschenmenge, die Waffen fordert. In der Burg: Annette von Droste-Hülshoff, die erschrocken die Aufständischen sieht. Den Sieg der bürgerlichen Revolutionäre erlebt sie nicht mehr. Eine Woche nach Einberufung der verfassunggebenden Versammlung in der Frankfurter Paulskirche am 18. Mai 1848 ist Annette von Droste-Hülshoff tot.

Noch einmal Szenenwechsel. Rückblende auf die 20 Jahre zuvor. Der Ort diesmal: das Rüschhaus bei Münster, halb Bauernhof, halb Herrenhaus, in dem die Droste ihr bescheidenes, fast ärmliches Leben fristete. Wochen zu früh geboren, war sie zeitlebens kränkelnd. Klein und zierlich, litt sie an Kopfschmerzen, der Magen machte ihr zu schaffen. Sie lebte von Pellkartoffeln, mittags Suppe, abends warmes Bier, Butterbrot, Käse. Sie schlief unruhig, sah schlecht. Schreiben konnte sie nur dicht übers Blatt gebeugt. Von früh an wurde ihr deshalb alles untersagt, was sie hätte aufregen können. Noch mit fünfzehn wurde ihr streng verboten, Schiller zu lesen. Und doch: Annette von Droste-Hülshoff war ein aufgewecktes Mädchen. Zu aufgeweckt. Sie galt als überspannt, denn sie las viel, dichtete, schrieb Musik, aber das gehörte sich nicht für ein Fräulein von Adel. Ein Lied am Klavier gesungen für Gäste – gut, ein Gedicht am Kamin artig vorgetragen – auch gut, aber selber schreiben, das rief argwöhnischen Spott hervor, der sie verschlossen machte, bissig und scharfzüngig. Die Droste war unbeliebt. Heiraten, eine eigene Familie, ein eigener Haushalt wären ein Ausweg gewesen, doch das wurde hintertrieben. […]

Ihre Not, ihre Ohnmacht, Trostlosigkeit und Trauer klingen in *Geistliche Lieder* an, die erst nach ihrem Tod erschienen und für die sie zur einfältigen Glaubensdichterin abgestempelt wurde. Annette von Droste-Hülshoff war alles andere als das. Sie lebte zurückgezogen in ihren winzigen Kammern, die ihr im Rüschhaus zugewiesen waren, die alten Gebrechen quälten sie, die Bewirtschaftung des Guts, das zum Rüschhaus ge-

Haus Rüschhaus, „Schneckenhäuschen", Wohnraum der Dichterin

hörte, forderte sie. Das Land aber, das sie umgab, regte sie zum Schreiben an. Die gespenstischen Eichen im dämmrigen Licht vor ihren Fenstern, der Nebel, der über die Heide zog, das alles verschluckende Moor, über das sie ihr berühmtestes Gedicht schrieb, *Der Knabe im Moor*. Zeile für Zeile rang sie sich mühselig in ihrer nicht enden wollenden Einsamkeit ab. Nur wenige Reisen brachten Abwechslung und den schreibensnotwendigen Schwung, denn die holpernden Kutschen auf den schlechten Wegen strengten die Droste an, Dampfeisenbahnen waren erst im Bau und die noch ungewohnten Schaufelraddampfer auf den Flüssen waren teuer. Sie lebte von einer dürftigen Rente, die ihr aus ihrem Erbe angewiesen wurde, ein Versuch, an ihren Gedichten zu verdienen, scheiterte. [...]

Jahre reimte sie erfolglos in Abgeschiedenheit und Krankheit, und lange wurde in Annette von Droste-Hülshoff eine kreuzbrave Heimatdichterin gesehen, die über Moor, Heide und Maria mit dem Jesulein schrieb, doch wie schon bei Mörike[1] gilt auch bei ihr, dass sie nichts Argloses hinkritzelte. Ihre Erzählung *Die Judenbuche*, die sie 1841 beendete, wenige Jahre vor ihrem Tod, zeigt das überdeutlich. [...] Nachdem sie die Erzählung abgeschlossen hatte, schleppte sie sich erschöpft zu Verwandten auf die Meersburg[2].

Heidelandschaft bei Münster

Einmal noch kehrte sie ins Rüschhaus zurück, in dem sie einsam litt, dann quälte sie sich wiederum an den Bodensee, in der vergeblichen Hoffnung, sich zu erholen. 24. Mai 1848: Bluthusten, Erbrechen, das Herz hörte auf zu schlagen. Das einundfünfzigjährige Leben der Annette von Droste-Hülshoff war vorbei. „Ich mag und will jetzt nicht berühmt werden, aber nach hundert Jahren möchte ich gelesen werden", hatte sie vor dem nahenden Ende noch geschrieben. Ihr Wunsch hat sich erfüllt. (2006)

---

[1] **Eduard Mörike** (1804 – 1875), Pfarrer und Dichter
[2] **Meersburg:** Burg in der gleichnamigen Stadt am Bodensee

Bernd Haunfelder (geb. 1951)
Blüten im Verborgenen. Der Lyrikerin erster Gedichtband erschien 1838 im Verlag Aschendorff

■ Die Geschichte der ersten Buchveröffentlichung (1838) der Annette von Droste-Hülshoff offenbart die Schwierigkeiten, mit denen die Autorin als Adlige und Frau ihrer Zeit zu kämpfen hatte. An dieser Geschichte kann man zugleich die Stellung der Frau in der Gesellschaft des 19. Jahrhunderts und speziell im Literaturbetrieb ablesen. ■

Was in den Kreisen ihrer männlichen Kollegen selbstverständlich war, blieb der bedeutendsten Frau unter Deutschlands Literaten lange Zeit vorenthalten, nämlich die Herausgabe eigener Werke. Bis zu ihrem 41. Geburtstag hat Annette von Droste-Hülshoff warten müssen, ehe ihr Erstlingswerk der Öffentlichkeit zugänglich wurde. Bis dahin lebte sie in einer literarischen Isolation. Die Eltern und später der Bruder hatten für ihre schriftstellerische Tätigkeit wenig Verständnis und wollten ein Bekanntwerden ihrer Werke verhindern. Dabei hatte die Familie wohl am meisten Angst vor einer Blamage und einer damit einhergehenden Schädigung ihres guten Rufes innerhalb des westfälischen Adels. Dass ein Fräulein von Stand literarischen Neigungen nachging, war für den Familienkreis, aber nicht für die Öffentlichkeit bestimmt.

Annette von Droste-Hülshoff war schon vor der

Herausgabe ihres ersten Bandes im Jahr 1838 in der Aschendorff'schen Verlagsbuchhandlung darum bemüht gewesen, einen Verleger zu finden. [...]

Als ein hoffnungsvoller Beginn kann ihre Erstveröffentlichung in dem heimischen Verlag jedoch nicht angesehen werden. Wären ihre Gedichte in Köln oder Leipzig erschienen, hätte sie es leichter gehabt.

So aber musste sie sich ihren literarischen Namen von Münster aus verschaffen, fraglos ein schwieriges Unterfangen, zählte doch die westfälische Hauptstadt nicht gerade zu den Verlagszentren in Deutschland. Auch einige Vertraute der Dichterin rieten von einem münsterischen Verlag ab [...].

Nachdem schließlich die Mutter der Dichterin ihre Zustimmung zur Drucklegung gegeben hatte, stand der Veröffentlichung nichts mehr im Wege. Gleichwohl nahm Annette auf ihre Familie Rücksicht, erschien doch ihr Familienname nur mit den Initialen des Nachnamens, also Annette Elisabeth v. D... H... Das war freilich allzu durchsichtig, denn in ihren Kreisen wusste man sofort, wer sich dahinter verbarg. [...]

Von den 500 Exemplaren gingen aber nur ganze 74 über die Ladentheke. Über den Verkauf ihres ersten Buches scheint die Dichterin aber nicht informiert gewesen zu sein, denn als sie 1844 auf Vermittlung Levin Schückings[1] einen Vertrag über einen weiteren Gedichtband mit Cotta[2] in Stuttgart einging, hielt sie ihr Erstlingswerk für verkauft. Diese Ansicht hat sie auch bewogen, dem Stuttgarter Verlag Gedichte aus ihrem Erstlingswerk bei Aschendorff anzubieten.

Dass von ihrem ersten Gedichtband so wenige Exemplare verkauft wurden, hat zu allerlei Missdeutungen Anlass gegeben und bedarf näherer Erläuterung. Hätten nämlich tatsächlich alle 500 gedruckten Bände einen Abnehmer gefunden, so wäre das nach den damaligen Vorstellungen durchaus ein Erfolg gewesen. Von Eduard Mörikes erster Gedichtausgabe waren in zehn Jahren auch nur 600 Exemplare abgesetzt worden.

Die Resonanz innerhalb der Familie auf das Erstlingswerk war alles andere als erfreulich. Ein erwartungsgemäß positives Echo schlug ihr dagegen aus ihrem Freundeskreis entgegen. Auf geteilte Meinung stieß das Werk bei der Kritik, Wohlwollendes und Negatives hielten sich die Waage. (1997)

(Westfälische Nachrichten, 11./12. Januar 1997, Verlagsbeilage zum 200. Geburtstag der Dichterin aus dem Münsterland, S. 4, orthografisch modernisiert)

---

[1] **Levin Schücking** (1814–1883): Schriftsteller und Journalist, war ein enger Freund von Droste-Hülshoff
[2] **Cotta:** Cotta'sche Verlagsbuchhandlung, ein unter dem Verleger Johann Friedrich Cotta (1764–1832) sehr erfolgreicher Verlag, in dem fast alle führenden Autoren seiner Zeit (u. a. Goethe und Schiller) ihre Werke veröffentlichten

---

1 Bereitet mithilfe der voranstehenden Texte, der folgenden biografischen Skizzen und des Werkzeugkastens auf S. 80 f. Kurzreferate zu einem Thema eurer Wahl vor und präsentiert eure Ergebnisse der Klasse in geeigneter Form. Diese Themen sind denkbar:

- Wichtige Stationen im Leben der Annette von Droste-Hülshoff
- Annette von Droste-Hülshoff und die Situation schreibender Frauen im 19. Jahrhundert
- Die Buchveröffentlichungen der Dichterin und wie sie in der Öffentlichkeit aufgenommen wurden
- Wichtige Werke der Autorin – Textarten und Themen
- Die Bedeutung von Familie und Freunden für das Werk der Annette von Droste-Hülshoff

Für eure Kurzreferate findet ihr hier weitere Internetmaterialien:

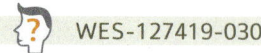
WES-127419-030

2 Notiert euch während der Vorträge wesentliche Informationen der Referate und sprecht anschließend über die Eindrücke, die ihr nun von der Autorin erhalten habt. Vergleicht diese mit euren Erwartungen zu Beginn dieses Kapitels (vgl. S. 74, Aufgabe 1).

Wegbegleiter der Annette von Droste-Hülshoff – Kurzbiografien

Therese von Droste-Hülshoff, geb. von Haxthausen (1772 – 1853): Die Mutter der Autorin heiratet 1793 Clemens-August II. von Droste-Hülshoff. Annette ist ihr zweites Kind. Sie ist die erste Lehrerin ihrer vier Kinder (neben Annette: Jenny, geb. 1795, Werner-Constantin, geb. 1798, und Ferdinand, geb. 1802) und übt einen großen Einfluss auf die Dichterin aus. Mit starkem Willen dominiert sie ihre Tochter, die sich zeit ihres Lebens zu Gehorsam verpflichtet fühlt. Nach dem Tod ihres Mannes zieht Therese 1826 mit den Töchtern in das Rüschhaus bei Münster. Der schriftstellerischen Tätigkeit Annettes steht sie skeptisch gegenüber.

Jenny von Laßberg, geb. von Droste-Hülshoff (1795 – 1859): Die Schwester Annettes heiratet spät (1834) den Sammler und Mittelalterforscher Joseph von Laßberg (1770 – 1855). Mit ihm bezieht sie 1838 das Alte Schloss in Meersburg am Bodensee, wo Droste-Hülshoff sie dreimal für längere Zeit besucht. Während dieser Aufenthalte – weit entfernt von der Enge ihrer Heimat – entstehen viele bedeutende Gedichte. Kurz vor ihrem Tod will sich die Dichterin sogar für immer in Meersburg niederlassen. Jenny steht ihrer Schwester Annette sehr nahe und ist ihre Vertraute, auch weil sie ihre dichterische Leistung anerkennt.

Anton Matthias Sprickmann (1749 – 1833): Der Dichter und Gelehrte ist der erste literarische Förderer von Droste-Hülshoff. 1778 wird er Professor für Deutsche Reichsgeschichte in Münster. Er lernt die junge Annette 1811 kennen. Für die junge Frau ist er ein väterlicher Freund, der durch seine vielfältigen Verbindungen zur deutschen Literatur zum Vorbild wird. Bis 1819 stehen beide in engem brieflichen Kontakt, ihm legt die Dichterin ihre ersten literarischen Werke zur Begutachtung vor.

Sibylle Mertens-Schaaffhausen, geb. Schaaffhausen (1797 – 1857): Sie ist eine enge Freundin Adele Schopenhauers, lebt in Bonn und hat gute Kontakte zu bedeutenden Wissenschaftlern der dortigen Universität. Während einer ihrer Rheinreisen wird sie mit Annette von Droste-Hülshoff bekannt (seit 1825). Ab 1835 macht sie mehrere Italienreisen. Droste-Hülshoff findet in der lebenslustigen und gebildeten Frau eine Freundin, mit der sie viele Interessen verbinden und von der viele Impulse für ihr Werk ausgehen.

Adele Schopenhauer (1797 – 1849): Sie ist die Schwester des Philosophen Arthur Schopenhauer (1788 – 1860). Sie wächst in Weimar in der Umgebung Goethes auf und siedelt 1829 nach Bonn um. Seit 1830 verbindet sie mit Droste-Hülshoff eine Freundschaft. Sie veröffentlicht später selbst eigene schriftstellerische Arbeiten. Aufgrund ihres Kontakts zu bedeutenden Autoren ihrer Zeit vermittelt Adele ihrer Freundin viele Anregungen.

Christoph Bernhard Schlüter (1801 – 1884): Der seit früher Kindheit fast erblindete Philosoph ist seit 1826 Professor in Münster. Mit Droste-Hülshoff ist er seit 1834 befreundet und fördert ihre dichterische Arbeit seither intensiv. Er steht ihr vor allem in ihren Glaubenszweifeln bei und ist insbesondere von ihren religiösen Gedichten begeistert. Die erste Buchveröffentlichung verdankt die Dichterin u. a. seiner Vermittlung.

Elise Rüdiger, geb. von Hohenhausen (1812 – 1899): Die Schriftstellerin und Literaturkritikerin wohnt seit 1820 in Berlin, wo sie vielen Dichtern der Zeit begegnet. 1833 zieht sie mit ihrem Mann nach Münster und gründet dort die „Hecken-Schriftsteller-Gesellschaft", wo sie 1837 mit Droste-Hülshoff bekannt wird. In diesem Kreis von Gleichgesinnten im provinziellen Münster findet die Dichterin ein Publikum, das ihren Werken aufgeschlossen gegenübersteht.

Levin Schücking (1814 – 1883): Der freie Schriftsteller und Journalist ist Sohn der Droste-Freundin Catharina Schücking. Seit 1839 ist er eng mit Droste-Hülshoff befreundet, die ihn als Vertraute fördert. Den Winter 1841/42 verbringen sie gemeinsam auf dem Alten Schloss der Laßbergs in Meersburg. Allein 54 Gedichte entstehen in dieser Zeit. Schücking wirkt wie ein Jungbrunnen auf die ältere Freundin und treibt sie regelrecht zur schriftstellerischen Arbeit an. Als er 1843 heiratet, kühlt das Verhältnis merklich ab. 1846 kommt es dann zum offenen Bruch zwischen den beiden. Schücking ist der erste Biograf der Dichterin.

Das brauchst du immer wieder. So gehst du vor.

Referate vorbereiten, erstellen und halten

Für ein erfolgreiches Referat sind genaue Planung, gründliche Vorbereitung und ein lebendiger Vortrag mit Unterstützung anschaulicher Medien unverzichtbar.

1. Das Referat vorbereiten und planen
Grundlage ist ein **Zeitplan**, in dem du die einzelnen Arbeitsschritte bis zum Tag der Ergebnispräsentation einträgst. Entweder ist dir das **Thema** vorgegeben oder du musst es auf Basis eigener Recherche selbst eingrenzen. Es ist hilfreich, sich bereits jetzt darüber Gedanken zu machen, wie man das Thema **gliedern** könnte.
Als **Material** stehen dir Texte und Medien aus diesem Buch oder selbst in Bibliothek oder Internet recherchierte Quellen (Texte, Schaubilder, Fotos, Filme u. a.) zur Verfügung. Bei **digitalen Medien** musst du besonders darauf achten, woher sie stammen und wie vertrauenswürdig sie sind (ob sie z. B. aus wissenschaftlicher Feder stammen, kommerziellen Zwecken dienen oder ungeprüft in sozialen Medien veröffentlicht wurden).

2. Das Referat erstellen

Um einen ersten **Überblick** über die Materialien zu gewinnen, ist es ratsam, diese zunächst in einem Schnelldurchgang zu sichten. So kannst du die wichtigsten Informationen erfassen und deren Wert für das gewählte Thema besser einschätzen. Dabei kannst du dich bei Texten – in gedruckter oder digitaler Form – an Überschriften, ggf. grafisch hervorgehobenen Schlüsselwörtern oder Anfängen von Absätzen orientieren. Audiovisuelle Medien aus dem Internet (z. B. Erklärvideos von Videoportalen, Grafiken und Schaubilder auf wissenschaftlichen Webseiten) kannst du ebenfalls **stichprobenartig** auf ihre Brauchbarkeit hin überprüfen.

Medien, die für das gewählte Thema besonders aussagekräftig sind, musst du **eingehend** lesen bzw. betrachten. Bei Texten bedeutet das das genaue und vollständige Lesen, manchmal auch mehrfach. Wende dabei **Lesestrategien** wie das Unterstreichen sowie das farbige Markieren oder Einkreisen von Schlüsselwörtern an. Am Rand kannst du eigene Bemerkungen oder inhaltliche Zusammenfassungen in eigenen Worten hinzufügen.

Die auf diese Weise gewonnenen Informationen stellt man anschließend nach thematischen Schwerpunkten zusammen und entwirft auf dieser Grundlage eine nachvollziehbare Gliederung des Referatvortrags.

3. Das Referat halten

Für das weitere Vorgehen musst du dich entscheiden, auf welche Weise du deine Ergebnisse **präsentieren** willst. Neben analogen **Formen** wie Plakat mit (ausgedruckten) Bildern oder schriftliche Zusammenfassung (sog. „Handout") sind auch digitale wie Präsentationsprogramm, Blogeintrag, Webseite, Podcast oder Video denkbar. Bei den meisten dieser Präsentationsarten ist es wichtig, auf ein übersichtliches und ansprechendes Verhältnis von Text- und Bildmaterial zu achten. Es sollten weder zu viele Texte noch zu viele Bilder verwendet werden, damit die Zuhörerinnen und Zuhörer aufmerksam bleiben.

Für den **freien Vortrag** kannst du etwa auf Karteikarten deinen Text in Stichpunkten vorbereiten. Keinesfalls solltest du einen ausformulierten Text vorlesen oder die einzelnen Folien einer Computerpräsentation Wort für Wort ablesen. Wende dich deinem Publikum zu. Achte auf **Redeweise** und **Sprache**, sprich also laut und deutlich. Vermeide Umgangssprache oder unbekannte Fremdwörter. Gezielt eingesetzte **Gestik** und **Mimik** tragen zum Erfolg deines Referats bei.

Wenn du keine Zusammenfassung deines Referats zur Verfügung stellst, solltest du die Zuhörerinnen und Zuhörer bitten, sich Notizen zu deinem Vortrag anzufertigen. Dazu ist es notwendig, dass eine konzentrierte Atmosphäre herrscht und alle **genau zuhören**, um die wichtigsten Informationen erfassen zu können.

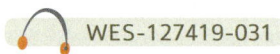

Annette von Droste-Hülshoff
Am Turme

Ich steh auf hohem Balkone am Turm,
Umstrichen vom schreienden Stare[1],
Und lass gleich einer Mänade[2] den Sturm
Mir wühlen im flatternden Haare;
5 O wilder Geselle, o toller Fant[3],
Ich möchte dich kräftig umschlingen,
Und, Sehne an Sehne, zwei Schritte vom Rand
Auf Tod und Leben dann ringen!

Und drunten seh ich am Strand, so frisch
10 Wie spielende Doggen, die Wellen
Sich tummeln rings mit Geklaff und Gezisch,
Und glänzende Flocken schnellen.
O, springen möcht ich hinein alsbald,
Recht in die tobende Meute,
15 Und jagen durch den korallenen Wald
Das Walross, die lustige Beute!

Und drüben seh ich ein Wimpel wehn
So keck wie eine Standarte[4].
Seh auf und nieder den Kiel sich drehn
20 Von meiner luftigen Warte[5].
O, sitzen möcht ich im kämpfenden Schiff,
Das Steuerruder ergreifen
Und zischend über das brandende Riff
Wie eine Seemöwe streifen.

25 Wär' ich ein Jäger auf freier Flur,
Ein Stück nur von einem Soldaten,
Wär' ich ein Mann doch mindestens nur,
So würde der Himmel mir raten[6]!
Nun muss ich sitzen so fein und klar,
30 Gleich einem artigen Kinde,
Und darf nur heimlich lösen mein Haar,
Und lassen es flattern im Winde!

(1842)

---

[1] **Star:** ein Vogel
[2] **Mänade:** berauschte Dienerin des Weingottes Dionysos
[3] **Fant:** junger, unreifer Mann
[4] **Standarte:** kleine Fahne, zumeist Hoheitszeichen
[5] **Warte:** Beobachtungsort, hier: der Turmbalkon
[6] So wäre der Himmel mein Beistand.

Die Burg Meersburg am Bodensee. Hier schrieb Droste-Hülshoff das Gedicht „Am Turme".

1 Notiert euren ersten Eindruck vom lyrischen Ich und von der Art und Weise, wie es sich selbst in der ersten Strophe darstellt.

2 Was wünscht sich das lyrische Ich? Stellt die einzelnen Wünsche zusammen und erklärt ihre Anordnung im Gedicht. Besprecht anschließend, warum das lyrische Ich wünscht, anders zu sein.

3 Untersucht den Aufbau des Gedichts. Berücksichtigt dabei vor allem sprachliche Signale wie die Verwendung von Konjunktivformen oder von Interjektionen (Ausrufen).
Arbeitet dabei mit Markierungen und anderen grafischen Elementen. Tipps dazu gibt euch der folgende Werkzeugkasten. Bestimmt anschließend die Funktion der ersten und der letzten Strophe.

Wenn ihr für diese Aufgabe Hilfe benötigt, könnt ihr den folgenden Webcode benutzen:

 WES-127419-032

Das brauchst du immer wieder. ◆ So gehst du vor.

Ein Gedicht grafisch erschließen

Um **Inhalt**, **Aufbau** und **sprachliche Gestaltung** eines Gedichts besser zu verstehen, kannst du mit farblichen **Markierungen** und grafischen Elementen wie **Pfeilen** o. Ä. arbeiten, die du auf einer analogen oder digitalen Kopie des Gedichts anbringst. Unterschiedlich **farbliche Markierungen** eignen sich u. a. für die Hervorhebung

- der Reime,
- sich häufig wiederholender Wörter,
- inhaltlich vergleichbarer Aussagen,
- oft verwendeter Wortarten oder
- wiederkehrender grammatischer Phänomene wie z. B. die Verwendung des Konjunktivs.

Mithilfe von Pfeifen oder **Linien** kannst du sich wiederholende Strukturen über die Strophen hinweg verdeutlichen. Wenn du einzelne Strophen ausschneidest, kannst du darüber hinaus die Struktur eines Gedichts besser veranschaulichen.

Beispiel:

Ich steh auf hohem Balkone am Turm,
Umstrichen vom schreienden Stare,
Und lass gleich einer Mänade den Sturm
Mir wühlen im flatternden Haare;
O wilder Geselle, o toller Fant,
Ich möchte dich kräftig umschlingen,
Und, Sehne an Sehne, zwei Schritte vom Rand
Auf Tod und Leben dann ringen!

Wär' ich ein Jäger auf freier Flur,
Ein Stück nur von einem Soldaten,
Wär' ich ein Mann doch mindestens nur,
So würde der Himmel mir raten;
Nun muss ich sitzen so fein und klar,
Gleich einem artigen Kinde,
Und darf nur heimlich lösen mein Haar,
Und lassen es flattern im Winde!

---

4 **So könnt ihr weiterarbeiten. Wählt aus:**

a Bereitet einen Vortrag des Gedichts vor. Überlegt zuvor, wie ihr die Wünsche des lyrischen Ichs und die sprachliche Form des Gedichts besonders nachdrücklich vermitteln könnt.

b Vergleicht die Selbstdarstellung des lyrischen Ichs mit dem Ölbildnis der Autorin auf S. 75. Was könnten sich das lyrische Ich und die auf dem Bild dargestellte Frau zu sagen haben? Verfasst einen Dialog.

c „Am Beispiel einer mutigen und begabten Frau wie Annette von Droste-Hülshoff können sich heutige Frauen und heutige Leser wiedererkennen" (Cornelia Froboess, Schauspielerin, 1997). Überlegt auf Grundlage eurer Beschäftigung mit dem Gedicht „Am Turme", welche Bedeutung das Werk von Droste-Hülshoff auch für heutige Leserinnen und Leser haben kann. Verfasst anschließend einen möglichen Klappentext für ein Buch mit Werken der Autorin, der eure Überlegungen zusammenfasst.

Person und Werk der Annette von Droste-Hülshoff faszinieren auch heute noch viele Menschen, nicht zuletzt Schriftstellerinnen. Eine dieser Autorinnen war Sarah Kirsch, die zu den wichtigsten Vertretern der zeitgenössischen deutschen Lyrik gerechnet wird. In ihrem Gedicht „Der Droste würde ich gern Wasser reichen" (1973) verleiht sie ihrer besonderen Beziehung zur Dichterin aus dem westfälischen Münster Ausdruck.

Sarah Kirsch (1935 – 2013)
Der Droste würde ich gern Wasser reichen

Der Droste würde ich gern Wasser reichen
In alte Spiegel[1] mit ihr sehen, Vögel
Nennen, wir richten unsre Brillen
Auf Felder und Holunderbüsche, gehn
5 Glucksend übers Moor, der Kiebitz balzt[2]
Ach, würde ich sagen, Ihr Lewin[3] –
Schnaubt nicht schon sein Pferd?

Die Locke etwas leichter – und wir laufen
Den Kiesweg, ich die Spätgeborne
10 Hätte mit Skandalen aufgewartet – am Spinett[4]
Das kostbar in der Halle steht
Spielen wir vierhändig Reiterlieder oder
Das Verbotne von Villon[5]
Der Mond geht auf – wir sind allein

15 Der Gärtner zeigt uns Angelwerfen
Bis Lewin in seiner Kutsche ankommt
Schenkt uns Zeitungsfahnen[6], Schnäpse
Gießen wir in unsre Kehlen, lesen
Beide lieben wir den Kühnen, seine Augen
20 Sind wie grüne Schattenteiche, wir verstehen
Uns jetzt gründlich auf das Handwerk Fischen

(1973)

---

[1] **Spiegel:** ein wichtiges Motiv im Werk der Annette von Droste-Hülshoff (etwa in dem Gedicht „Das Spiegelbild" von 1844)
[2] **balzen:** werben (für die Paarung)
[3] **Lewin:** Gemeint ist Levin Schücking, der enge Freund der Droste-Hülshoff.
[4] **Spinett:** kleines Cembalo (Tasteninstrument)
[5] **François Villon** (1431 – nach 1463): französischer Schriftsteller, u. a. bekannt für seine erotischen Gedichte und Balladen
[6] **Zeitungsfahne:** hier Korrekturabzug einer Zeitungsausgabe (Levin Schücking war Journalist)

1 Das Gedicht beschreibt die fiktive Begegnung der beiden Dichterinnen. Besprecht, wie das lyrische Ich seine Beziehung zu Annette von Droste-Hülshoff zum Ausdruck bringt. Erklärt in diesem Zusammenhang auch die Bedeutung der Überschrift.

2 Sarah Kirsch benennt in ihrem Gedicht zentrale Themen des Werks der Schriftstellerin sowie wichtige persönliche Details ihres Lebens. Haltet diese Anspielungen mit Versangaben in Form einer Tabelle in eurem Heft fest. Versucht, auf Grundlage eurer Ergebnisse zu klären, welches Bild von Annette von Droste-Hülshoff in diesem Gedicht entworfen wird.

Der Webcode kann euch weiterhelfen:

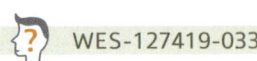

3 Macht eine Bestandsaufnahme eurer bisherigen Arbeit: Welches Bild habt ihr von der Autorin gewonnen? Wie verhält es sich zu euren Erwartungen, die ihr am Anfang der Beschäftigung mit der Dichterin formuliert habt?

2. Mensch, Aberglaube und Natur – Themen der Annette von Droste-Hülshoff

Im Folgenden könnt ihr wichtige Themen des literarischen Werks von Annette von Droste-Hülshoff – die Beschäftigung mit Land und Menschen sowie das Verhältnis von Ich und Natur – näher untersuchen.

Annette von Droste-Hülshoff
Die Judenbuche (Beginn der Erzählung)

WES-127419-034

■ Annette von Droste-Hülshoff erreichte mit ihren Texten anfangs kein großes Publikum. Außerdem sah sie sich massiver Kritik und Vorwürfen ausgesetzt. Mit der Erzählung „Die Judenbuche", die 1842 zunächst in einer Zeitung als Fortsetzungsgeschichte erschien, änderte sich dies. Das „Sittengemälde aus dem gebirgichten Westfalen" – so der Untertitel – machte den Namen der Droste auch über die Grenzen Münsters hinaus bekannt. Bis heute streiten sich die Wissenschaftler über inhaltliche Details des Werks und wie es zu deuten sei. Die Geschichte über das Schicksal des jungen Friedrich Mergel und die damit verknüpfte Kriminalhandlung lassen viele Fragen bewusst offen, obwohl sie nach einem historischen Ereignis bei Höxter in Westfalen gestaltet wurden. ■

Friedrich Mergel, geboren 1738, war der einzige Sohn eines sogenannten Halbmeiers[1] oder Grundeigentümers geringerer Klasse im Dorfe B., das, so schlecht gebaut und rauchig es sein
5 mag, doch das Auge jedes Reisenden fesselt durch die überaus malerische Schönheit seiner Lage in der grünen Waldschlucht eines bedeutenden und geschichtlich merkwürdigen Gebirges[2]. Das Ländchen, dem es angehörte, war damals einer
10 jener abgeschlossenen Erdwinkel ohne Fabriken und Handel, ohne Heerstraßen, wo noch ein fremdes Gesicht Aufsehen erregte und eine Reise von dreißig Meilen selbst den Vornehmeren zum Ulysses[3] seiner Gegend machte – kurz, ein Fleck,
15 wie es deren sonst so viele in Deutschland gab, mit all den Mängeln und Tugenden, all der Originalität und Beschränktheit, wie sie nur in solchen Zuständen gedeihen. Unter höchst einfachen und häufig unzulänglichen Gesetzen waren die Begriffe der Einwohner von Recht und Un- 20 recht einigermaßen in Verwirrung geraten, oder vielmehr es hatte sich neben dem gesetzlichen ein zweites Recht gebildet, ein Recht der öffentlichen Meinung, der Gewohnheit und der durch Vernachlässigung entstandenen Verjährung. Die 25 Gutsbesitzer, denen die niedere Gerichtsbarkeit[4] zustand, straften und belohnten nach ihrer in den meisten Fällen redlichen Einsicht; der Untergebene tat, was ihm ausführbar und mit einem etwas weiten Gewissen verträglich schien, und nur 30 dem Verlierenden fiel es zuweilen ein, in alten staubigten Urkunden nachzuschlagen. – Es ist

---
[1] **Halbmeier:** ein zur Abführung eines bestimmten Zinses an den Grundherrn verpflichteter Bauer
[2] Anspielung auf den Teutoburger Wald, wo die Varus-Schlacht (9. n. Chr.) stattgefunden haben soll
[3] **Ulysses:** Odysseus
[4] Gerichtsgewalt in kleineren Rechtsfällen

schwer, jene Zeit unparteiisch ins Auge zu fassen; sie ist seit ihrem Verschwinden entweder hochmütig getadelt oder albern gelobt worden, da den, der sie erlebte, zu viel teure Erinnerungen blenden und der Spätergeborene sie nicht begreift. So viel darf man indessen behaupten, dass die Form schwächer, der Kern fester, Vergehen häufiger, Gewissenlosigkeit seltener waren. Denn wer nach seiner Überzeugung handelt, und sei sie noch so mangelhaft, kann nie ganz zugrunde gehen, wogegen nichts seelentötender wirkt, als gegen das innere Rechtsgefühl das äußere Recht in Anspruch zu nehmen.

Ein Menschenschlag, unruhiger und unternehmender als alle seine Nachbarn, ließ in dem kleinen Staate, von dem wir reden, manches weit greller hervortreten als anderswo unter gleichen Umständen. Holz- und Jagdfrevel waren an der Tagesordnung, und bei den häufig vorfallenden Schlägereien hatte sich jeder selbst seines zerschlagenen Kopfes zu trösten. Da jedoch große und ergiebige Waldungen den Hauptreichtum des Landes ausmachten, ward allerdings scharf über die Forsten gewacht, aber weniger auf gesetzlichem Wege als in stets erneuten Versuchen, Gewalt und List mit gleichen Waffen zu überbieten. Das Dorf B. galt für die hochmütigste, schlauste und kühnste Gemeinde des ganzen Fürstentums. Seine Lage inmitten tiefer und stolzer Waldeinsamkeit mochte schon früh den angeborenen Starrsinn der Gemüter nähren; die Nähe eines Flusses, der in die See mündete und bedeckte Fahrzeuge trug, groß genug, um Schiffbauholz bequem und sicher außer Land zu führen, trug sehr dazu bei, die natürliche Kühnheit der Holzfrevler zu ermutigen, und der Umstand, dass alles umher von Förstern wimmelte, konnte hier nur aufregend wirken, da bei den häufig vorkommenden Scharmützeln der Vorteil meist aufseiten der Bauern blieb. Dreißig, vierzig Wagen zogen zugleich aus in den schönen Mondnächten, mit ungefähr doppelt so viel Mannschaft jedes Alters, vom halbwüchsigen Knaben bis zum siebzigjährigen Ortsvorsteher, der als erfahrener Leitbock den Zug mit gleich stolzem Bewusstsein anführte, als er seinen Sitz in der Gerichtsstube einnahm. Die Zurückgebliebenen horchten sorglos dem allmählichen Verhallen des Knarrens und Stoßens der Räder in den Hohlwegen und schliefen sacht weiter. Ein gelegentlicher Schuss, ein schwacher Schrei ließen wohl einmal eine junge Frau oder Braut auffahren; kein anderer achtete darauf. Beim ersten Morgengrau kehrte der Zug ebenso schweigend heim, die Gesichter glühend wie Erz, hier und dort einer mit verbundenem Kopf, was weiter nicht in Betracht kam, und nach ein paar Stunden war die Umgegend voll von dem Missgeschick eines oder mehrerer Forstbeamten, die aus dem Walde getragen wurden, zerschlagen, mit Schnupftabak geblendet und für einige Zeit unfähig, ihrem Berufe nachzukommen. In diesen Umgebungen ward Friedrich Mergel geboren, in einem Hause, das durch die stolze Zugabe eines Rauchfangs und minder kleiner[1] Glasscheiben die Ansprüche seines Erbauers sowie durch seine gegenwärtige Verkommenheit die kümmerlichen Umstände des jetzigen Besitzers bezeugte. [...]

(1842)

---

[1] **minder klein:** weniger klein, nicht ganz klein

1 Lest den Auszug aus der „Judenbuche". Besprecht, wie er auf euch wirkt.

2 In dem Text werden Umgebung und Bewohner des Dorfes B. beschrieben. Stellt in einer Tabelle gegenüber, was die Leserinnen und Leser im Einzelnen darüber erfahren. Fasst anschließend in einem Text zusammen, welches Bild des Ortes und seiner Menschen vermittelt wird.

Umgebung/Ort	Menschen
– baufälliges Dorf B. (vgl. Z. 3f.)	– vom Gutsherrn sozial abhängige Dorfbewohner (vgl. Z. 2f.)
– ?	– ?

3 Welche Bedeutung hat die Nennung des Sagenhelden Odysseus (Ulysses) in Z. 14? Tragt zusammen, was ihr über ihn wisst, und recherchiert gegebenenfalls im Internet. Überlegt dann, welche Funktion seine Erwähnung im Kontext der Erzählung haben könnte.

4 Untersucht, wie der Erzähler durch die Art der Darstellung die Leserinnen und Leser beeinflusst.

Annette von Droste-Hülshoff
Westfälische Schilderungen aus einer westfälischen Feder (Auszug)

■ 1845 veröffentlichte Annette von Droste-Hülshoff anonym den Aufsatz „Westfälische Schilderungen aus einer westfälischen Feder" in einer Zeitung. Darin schildert die Autorin die Menschen und Landschaften Westfalens, zum Beispiel die Münsterländer und ihren Aberglauben, den Droste-Hülshoff selbst eher belächelt. ■

Der Münsterländer ist überhaupt sehr abergläubisch, sein Aberglaube aber so harmlos wie er selber. Von Zauberkünsten weiß er nichts, von Hexen und bösen Geistern wenig, obwohl er sich
5 sehr vor dem Teufel fürchtet, jedoch meint, dass dieser wenig Veranlassung finde, im Münsterlande umzugehen. – Die häufigen Gespenster in Moor, Heide und Wald sind arme Seelen aus dem Fegfeuer, deren täglich in vielen Tausend Rosen-
10 kränzen¹ gedacht wird, und ohne Zweifel mit Nutzen, da man zu bemerken glaubt, dass die „Sonntagsspinnerin" ihre blutigen Arme immer seltener aus dem Gebüsche streckt, der „diebische" Torfgräber nicht halb so kläglich mehr im
15 Moore ächzt und vollends der „kopflose Geiger" seinen Sitz auf dem Waldstege gänzlich verlassen zu haben scheint. – Von den ebenfalls häufigen Hausgeistern in Schlössern und großen Bauernhöfen denkt man etwas unklar, aber auch nicht
20 schlimm, und glaubt, dass mit ihrem völligen Verschwinden die Familie des Besitzers aussterben oder verarmen werde. – Diese besitzen weder die häuslichen Geschicklichkeiten noch die Tücke anderer Kobolde, sondern sind einsamer,
25 träumerischer Natur, schreiten, wenn es dämmert, wie in tiefen Gedanken, langsam und schweigend, an irgendeiner verspäteten Milchmagd oder einem Kinde vorüber und sind ohne Zweifel Münsterländer, da man kein Beispiel hat, dass sie jemanden beschädigt oder absichtlich er- 30 schreckt hätten. [...]

(1845)

---

¹ **Rosenkranz(gebet):** traditionelle katholische Gebetsform, bei der mithilfe einer Zählkette in einer bestimmten Abfolge das Vaterunser und mehrfach das „Ave Maria" gebetet werden

1 Was ist „Aberglaube"? Erläutert den Begriff und seine Bedeutung.

2 Welche „Gespenster" kennt der Aberglaube der Münsterländer? Stellt die Beispiele aus dem Text zusammen und überlegt, wie und warum diese Gestalten Furcht einflößen könnten.

3 Woran erkennt man, dass die Autorin den Gespensterglauben distanziert betrachtet? Nennt Beispiele.

4 So könnt ihr weiterarbeiten. Wählt aus:

a Erfindet eine Gespenstergeschichte. Geht dabei von einer der im Text erwähnten Spukgestalten aus.

b Vergleicht den Auszug aus den „Westfälischen Schilderungen" mit dem Auszug aus der „Judenbuche". Wählt als Vergleichsaspekte den Inhalt und die Haltung des Erzählers/der Erzählerin zum Erzählten bzw. des Verfassers/der Verfasserin zum Geschilderten (z. B. kritisch, ironisch, verständnisvoll, milde). Fasst das Ergebnis des Vergleichs in einem Text zusammen.

Annette von Droste-Hülshoff
Der Knabe im Moor

■ Die Schauerballade „Der Knabe im Moor" habt ihr bereits in „P.A.U.L. D. 7" kennengelernt. Jetzt habt ihr Gelegenheit, diesen Text auf eine andere Weise neu zu verstehen. In ihrem wohl berühmtesten Gedicht knüpft die Autorin an die Beschreibung des Aberglaubens in den „Westfälischen Schilderungen" an und verbindet sie mit der Naturbeschreibung der unheimlichen Moorlandschaft, wie es sie damals im Münsterland noch reichlich gab. ■

O schaurig ist's, übers Moor zu gehn,
Wenn es wimmelt vom Heiderauche[1],
Sich wie Phantome[2] die Dünste drehn
Und die Ranke häkelt[3] am Strauche,
5 Unter jedem Tritte ein Quellchen springt,
Wenn aus der Spalte es zischt und singt,
O schaurig ist's, übers Moor zu gehn,
Wenn das Röhricht[4] knistert im Hauche!

Fest hält die Fibel[5] das zitternde Kind
10 Und rennt, als ob man es jage;
Hohl über der Fläche sauset der Wind –
Was raschelt drüben am Hage[6]?
Das ist der gespenstische Gräberknecht[7],
Der dem Meister die besten Torfe verzecht;
15 Hu, hu, es bricht wie ein irres Rind!
Hinducket das Knäblein zage.

---
[1] **Heiderauche:** Rauch, der beim Abbrennen der Heideflächen entstand
[2] **Phantome:** Trugbilder
[3] **häkelt:** hängt
[4] **Röhricht:** Schilfdickicht
[5] **Fibel:** Schulbuch
[6] **Hag:** Hecke, Gebüsch
[7] **Gräberknecht:** Arbeiter, der im Moor Torf absticht

Moorlandschaft mit trockenen Bäumen

Vom Ufer starret Gestumpf hervor,
Unheimlich nicket die Föhre[1],
Der Knabe rennt, gespannt das Ohr,
20 Durch Riesenhalme wie Speere;
Und wie es rieselt und knistert darin!
Das ist die unselige Spinnerin,
Das ist die gebannte[2] Spinnlenor',
Die den Haspel[3] dreht im Geröhre[4]!

25 Voran, voran! nur immer im Lauf,
Voran, als woll es ihn holen!
Vor seinem Fuße brodelt es auf,
Es pfeift ihm unter den Sohlen
Wie eine gespenstige Melodei;
30 Das ist der Geigenmann ungetreu,
Das ist der diebische Fiedler Knauf,
Der den Hochzeitheller[5] gestohlen!

Da birst das Moor, ein Seufzer geht
Hervor aus der klaffenden Höhle;
35 Weh, weh, da ruft die verdammte Margret:
„Ho, ho, meine arme Seele!"
Der Knabe springt wie ein wundes Reh;
Wär nicht Schutzengel in seiner Näh,
Seine bleichenden Knöchelchen fände spät
40 Ein Gräber im Moorgeschwele[6].

Da mählich gründet der Boden sich,
Und drüben, neben der Weide,
Die Lampe flimmert so heimatlich,
Der Knabe steht an der Scheide[7].
45 Tief atmet er auf, zum Moor zurück
Noch immer wirft er den scheuen Blick:
Ja, im Geröhre war's fürchterlich,
O schaurig war's in der Heide!

(1842)

---

[1] **Föhre:** Kiefer
[2] **gebannt:** aus der Gemeinschaft ausgeschlossen
[3] **Haspel:** Garnwinde, die für das Spinnrad benötigt wird
[4] **Geröhre:** Schilfrohr
[5] **Hochzeitheller:** Im 19. Jahrhundert wurden anlässlich einer Hochzeit als besonderes Geschenk Münzen mit dem Bild des Hochzeitspaares geprägt.
[6] **Moorgeschwele:** Dunst über dem Moor
[7] **Scheide:** Grenze zwischen Moor und festem Boden

---

1 Neue Einsichten über die Ballade erhaltet ihr, wenn ihr das Gedicht im Zusammenhang mit dem übrigen Werk der Dichterin betrachtet. Vergleicht dazu den Text mit dem Auszug aus den „Westfälischen Schilderungen" auf S. 87. Tragt zusammen, welche inhaltlichen Parallelen es gibt.

2 Untersucht die Beschreibung des Moores und klärt dabei, in welchem Zusammenhang das Erleben der Natur und die Angst des Knaben stehen.

Wenn euch die Aufgabe schwerfällt, findet ihr hier Hilfen:

 WES-127419-035

3 Untersucht, welche Moorgespenster erscheinen und wie sie beschrieben werden.

4 Erläutert, warum gerade diese gespenstischen Gestalten dem Knaben Angst einflößen. Berücksichtigt dabei, welchen gesellschaftlichen Gruppen diese Geister zu Lebzeiten angehörten.

5 Erarbeitet eine „Vertonung" der Ballade. Ihr könnt dazu den Vortrag des Gedichts mit Musik oder selbst produzierten Klängen unterlegen. Überlegt, wie ihr die schaurige Atmosphäre am besten umsetzen könnt.

„Der Knabe im Moor" beschließt den Gedichtzyklus (lyrische Reihe zu einem bestimmten Thema) „Heidebilder", in dessen einzelnen Texten auch die Natur selbst stärker in den Vordergrund rückt. Die Naturgedichte der Autorin bauen auf Entsprechungen zwischen Naturvorgängen und menschlichen Empfindungen auf.

Annette von Droste-Hülshoff
Der Weiher[1] (Auszug)

Er liegt so still im Morgenlicht,
So friedlich, wie ein fromm Gewissen;
Wenn Weste[2] seinen Spiegel küssen,
Des Ufers Blume fühlt es nicht;
5 Libellen zittern über ihn,
Blaugoldne Stäbchen und Karmin[3],
Und auf des Sonnenbildes Glanz
Die Wasserspinne führt den Tanz;
Schwertlilienkranz am Ufer steht
10 Und horcht des Schildes Schlummerliede;
Ein lindes Säuseln kommt und geht,
Als flüstre's: Friede! Friede! Friede! –

(1844)

---

[1] **Weiher:** Teich
[2] **Weste:** Westwinde
[3] **Blaugoldne Stäbchen, Karmin:** Libellenarten

1 Beschreibt die Stimmung des Gedichts. An welchen Wörtern könnt ihr sie besonders festmachen?

2 Sprecht über die Bilder, die der Text hervorruft. Betrachtet dabei insbesondere die Vergleiche und Personifikationen und überlegt, wie sie die Einbildungskraft der Leserinnen und Leser anregen.

3 Verfasst eine schriftliche Analyse des Gedichts.

 Berücksichtigt dabei die Hinweise im Werkzeugkasten auf S. 37.

4 Vergleicht die Darstellung der Natur in den Gedichten „Der Knabe im Moor" und „Der Weiher".

 Weitere Hinweise zum Textvergleich findet ihr auf S. 247.

Annette von Droste-Hülshoff
Die Judenbuche (Auszug)

■ Friedrich ist der Sohn von Margret und Hermann Mergel. Der Alkoholismus des Vaters führt zur Verwahrlosung der häuslichen Verhältnisse, die Ehe ist unglücklich. ■

Friedrich stand in seinem neunten Jahre. Es war um das Fest der Heiligen Drei Könige[1], eine harte, stürmische Winternacht. Hermann war zu einer Hochzeit gegangen und hatte sich schon beizei-
5 ten auf den Weg gemacht, da das Brauthaus Dreiviertelmeilen entfernt lag. Obgleich er versprochen hatte, abends wiederzukommen, rechnete Frau Mergel doch umso weniger darauf, da sich nach Sonnenuntergang dichtes Schneegestöber
10 eingestellt hatte. Gegen zehn Uhr schürte sie die Asche am Herde zusammen und machte sich zum Schlafengehen bereit. Friedrich stand neben ihr, schon halb entkleidet, und horchte auf das Geheul des Windes und das Klappen der Boden-
15 fenster.
„Mutter, kommt der Vater heute nicht?", fragte er. „Nein, Kind, morgen." – „Aber warum nicht, Mutter? Er hat's doch versprochen." – „Ach Gott, wenn der alles hielte, was er verspricht! Mach,
20 mach voran, dass du fertig wirst."
Sie hatten sich kaum niedergelegt, so erhob sich eine Windsbraut[2], als ob sie das Haus mitnehmen wollte. Die Bettstatt bebte und im Schornstein rasselte es wie ein Kobold. „Mutter – es pocht
25 draußen!" – „Still, Fritzchen, das ist das lockere Brett im Giebel, das der Wind jagt." – „Nein, Mutter, an der Tür!" – „Sie schließt nicht; die Klinke ist zerbrochen. Gott, schlaf doch! Bring mich nicht um das armselige bisschen Nachtruhe." –
30 „Aber wenn nun der Vater kommt?" – Die Mutter drehte sich heftig im Bett um. „Den hält der Teufel fest genug!" – „Wo ist der Teufel, Mutter?" –

Illustration von Max Unold zur Erzählung „Die Judenbuche", 1919

„Wart, du Unrast[3]! Er steht vor der Tür und will dich holen, wenn du nicht ruhig bist!"
Friedrich ward still; er horchte noch ein Weil- 35
chen und schlief dann ein. Nach einigen Stunden erwachte er. Der Wind hatte sich gewendet und zischte jetzt wie eine Schlange durch die Fensterritze an seinem Ohr. Seine Schulter war erstarrt; er kroch tief unters Deckbett und lag aus Furcht 40
ganz still. Nach einer Weile bemerkte er, dass die Mutter auch nicht schlief. Er hörte sie weinen und mitunter: „Gegrüßt seist du, Maria!" und: „Bitte für uns arme Sünder!" Die Kügelchen des Rosenkranzes glitten an seinem Gesicht hin. – 45
Ein unwillkürlicher Seufzer entfuhr ihm. – „Friedrich, bist du wach?" – „Ja, Mutter." – „Kind, bete ein wenig – du kannst ja schon das halbe Vaterunser – dass Gott uns bewahre vor Wasser- und Feuersnot." 50
Friedrich dachte an den Teufel, wie der wohl aussehen möge. Das mannigfache Geräusch und Getöse im Hause kam ihm wunderlich vor. Er meinte, es müsse etwas Lebendiges drinnen sein und draußen auch. „Hör, Mutter, gewiss, da sind Leu- 55

---

[1] Im Volksglauben galten die Nächte zwischen Weihnachten und dem Dreikönigsfest als sogenannte Raunächte, in denen angeblich Geister umherzogen. Die Nacht zum 6. Januar wurde als besonders bedrohlich angesehen.
[2] **Windsbraut:** Wirbelwind
[3] **Unrast:** hier: unruhiges Kind

te, die pochen." – „Ach nein, Kind; aber es ist kein altes Brett im Hause, das nicht klappert." – „Hör! Hörst du nicht? Es ruft! Hör doch!" Die Mutter richtete sich auf; das Toben des Sturms ließ einen Augenblick nach. Man hörte deutlich an den Fensterläden pochen und mehrere Stimmen: „Margret! Frau Margret, heda, aufgemacht!" – Margret stieß einen heftigen Laut aus: „Da bringen sie mir das Schwein wieder!" Der Rosenkranz flog klappernd auf den Brettstuhl, die Kleider wurden herbeigerissen. Sie fuhr zum Herde, und bald darauf hörte Friedrich sie mit trotzigen Schritten über die Tenne¹ gehen. Margret kam gar nicht wieder; aber in der Küche war viel Gemurmel und fremde Stimmen. Zweimal kam ein fremder Mann in die Kammer und schien ängstlich etwas zu suchen. Mit einem Male ward eine Lampe hereingebracht. Zwei Männer führten die Mutter. Sie war weiß wie Kreide und hatte die Augen geschlossen. Friedrich meinte, sie sei tot; er erhob ein fürchterliches Geschrei, worauf ihm jemand eine Ohrfeige gab, was ihn zur Ruhe brachte, und nun begriff er nach und nach aus den Reden der Umstehenden, dass der Vater von Ohm² Franz Semmler und dem Hülsmeyer tot im Holze gefunden sei und jetzt in der Küche liege.

(1842)

---

¹ **Tenne:** Diele; breiter, gepflasterter Mittelraum im Bauernhaus
² **Ohm:** Oheim, Onkel (Bruder der Mutter)

---

1 Was genau geschieht in der unheimlichen Winternacht? Rekonstruiert die Ereignisse aus den Hinweisen, die der Text gibt.

2 Untersucht die Atmosphäre der Erzählung und wie sie sprachlich erzeugt wird. Berücksichtigt dazu die Beschreibung der stürmischen Winternacht (Z. 1 – 15) und wie Friedrich und seine Mutter auf Geräusche reagieren (vgl. Z. 21 – 51).

3 Der zweite Teil des Auszugs wird aus Friedrichs Sicht erzählt (vgl. Z. 67 – Ende), der in der Schlafkammer bleibt, während sein toter Vater in das Haus getragen wird. Besprecht, welche Auswirkungen diese Art der Darstellung darauf hat, was die Leserinnen und Leser über die Ereignisse erfahren.

4 Bestimmt die Rolle, die der Aberglaube in dem erzählten Geschehen spielt, indem ihr Querverbindungen zu den bereits behandelten Texten zieht. Berücksichtigt dazu auch die Anmerkung zu Zeile 2 des Auszugs.

5 Überlegt, welche Wirkung die Sturmnacht, das Verhalten der Mutter und die sich anschließenden Ereignisse auf einen heranwachsenden Jungen haben könnten und wie er das Erlebte in einem Traum in der folgenden Nacht verarbeitet haben könnte. Schreibt diesen Traum auf.

6 Setzt euch in Gruppen zusammen und vergegenwärtigt euch das, was ihr bereits aus der „Judenbuche" gelesen habt. Skizziert in Stichworten, wie die Erzählung weitergehen und enden könnte. Besorgt euch, falls eure Klasse die „Judenbuche" nicht als Ganzes liest, eine Inhaltsangabe und vergleicht diese mit euren Vermutungen.

Projektideen
rund um Annette von Droste-Hülshoff und ihre Zeit

- **Ein Novellenprojekt durchführen**
  Das 19. Jahrhundert ist reich an kürzeren Erzählungen und Novellen, die neben die „Judenbuche" gestellt werden können. Lest allein oder zu zweit eine Novelle dieser Zeit, um sie der ganzen Klasse vorzustellen. Mögliche Titel sind:

  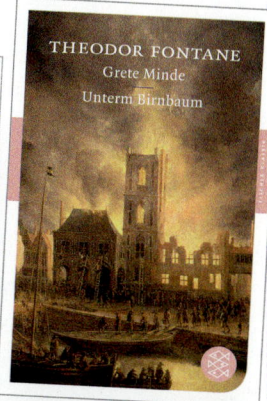

  – Marie von Ebner-Eschenbach: Krambambuli (1883)
  – Theodor Fontane: Grete Minde (1880)
  – Theodor Fontane: Unterm Birnbaum (1885)
  – Gottfried Keller: Romeo und Julia auf dem Dorfe (1856)
  – Gottfried Keller: Kleider machen Leute (1874)
  – Conrad Ferdinand Meyer: Die Hochzeit des Mönchs (1884)
  – Adalbert Stifter: Bergkristall (1853)
  – Theodor Storm: Pole Poppenspäler (1874)
  – Theodor Storm: Hans und Heinz Kirch (1882)
  – Theodor Storm: Der Schimmelreiter (1888)

  Diese Bücher sind in Bibliotheken oder als günstige Leseausgaben erhältlich. Stellt auf einem Wandplakat die wichtigsten Informationen zu dem von euch gelesenen Erzählwerk zusammen, u. a. die wichtigsten Daten zum Autor bzw. zur Autorin, Inhaltsangabe, Wirkung auf den heutigen Leser/die heutige Leserin, Leseprobe u. Ä. Vielleicht könnt ihr einzelne Beispiele, die ein ähnliches Thema oder eine ähnliche Form besitzen, zu Gruppen zusammenstellen.

- **Eine Ausstellung zu Leben und Werk der Droste gestalten**
  Sichtet eure Arbeitsergebnisse zu diesem Kapitel und entscheidet euch, welche ihr davon der Schulöffentlichkeit präsentieren wollt. Gestaltet dann arbeitsteilig Ausstellungsplakate, die ihr auch mit Bildmaterial und anderen anschaulichen Dingen (z. B. einem Büchertisch) ergänzen könnt. Vielleicht kann diese Ausstellung auch mit einem kleinen Vortragsabend mit Werken der Dichterin eröffnet werden.

Streitfälle – Argumentieren und Erörtern

■ Um am demokratischen Prozess innerhalb und außerhalb der Schule aktiv teilnehmen zu können, müsst ihr euch zu strittigen Themen eine Meinung bilden oder zu einem Problem argumentativ Stellung nehmen.

■ In diesem Kapitel lernt ihr zwei verschiedene Formen kennen, argumentative Texte zu verfassen: die lineare und die dialektische Erörterung, auch antithetische Erörterung genannt. Dazu werdet ihr angeleitet, Argumente zu einem strittigen Thema zu sammeln, zu gewichten und mit Beispielen und Belegen auszubauen. Diese Kenntnisse nutzt ihr dann, um einen argumentativen Text zu verfassen bzw. einen mündlichen Vortrag zu halten. Die Begriffe „erörtern" und „argumentieren" werden in dieser Einheit weitgehend gleichgesetzt.

Nur im Widerstreit gegensätzlicher Meinungen wird die Wahrheit entdeckt und an den Tag gebracht.
Claude Adrien Helvétius (1715–1771), frz. Philosoph

Eine Diskussion ist unmöglich mit jemandem, der vorgibt, die Wahrheit nicht zu suchen, sondern schon zu besitzen.
Romain Rolland (1866–1944), frz. Schriftsteller und Nobelpreisträger für Literatur

Demokratie lebt vom Streit, von der Diskussion um den richtigen Weg. Deshalb gehört zu ihr der Respekt vor der Meinung des anderen.
Richard von Weizsäcker (1920–2015), dt. Politiker (CDU), 1984–1994 Bundespräsident

1 Wählt eines der Zitate aus, das euch besonders gefällt. Erläutert es der Klasse und begründet eure Wahl.

Lineare und dialektische Erörterungen verfassen

Ist es sinnvoll, gesetzlich eine „Frauenquote" einzuführen, die es den Unternehmen auferlegt, die Chefetagen mit einer bestimmten Prozentzahl von Frauen zu besetzen?

Soll aktive Sterbehilfe erlaubt werden?

Sollen Haschisch und Marihuana dem Alkohol gesetzlich gleichgestellt werden?

Sollen Schönheitsoperationen für Minderjährige verboten werden?

Sollen Schulen mit Videokameras überwacht werden?

Sollen die Standards für die Nutztierhaltung verbessert werden, auch wenn damit die Fleischpreise steigen?

2 Bildet kleine Gruppen zu den Themen, die euch interessieren, und einigt euch auf einen Standpunkt zu dem jeweiligen Thema. Entwickelt einen kurzen Vortrag, in dem ihr euren Standpunkt darlegt und mit dem ihr die anderen von eurer Meinung überzeugen wollt.

3 Tauscht euch darüber aus, welche Vorträge besonders überzeugend wirkten. Begründet dabei eure Bewertungen.

1. Zur Strafe ein Buch lesen? – Die lineare Erörterung

Sich dem Thema nähern

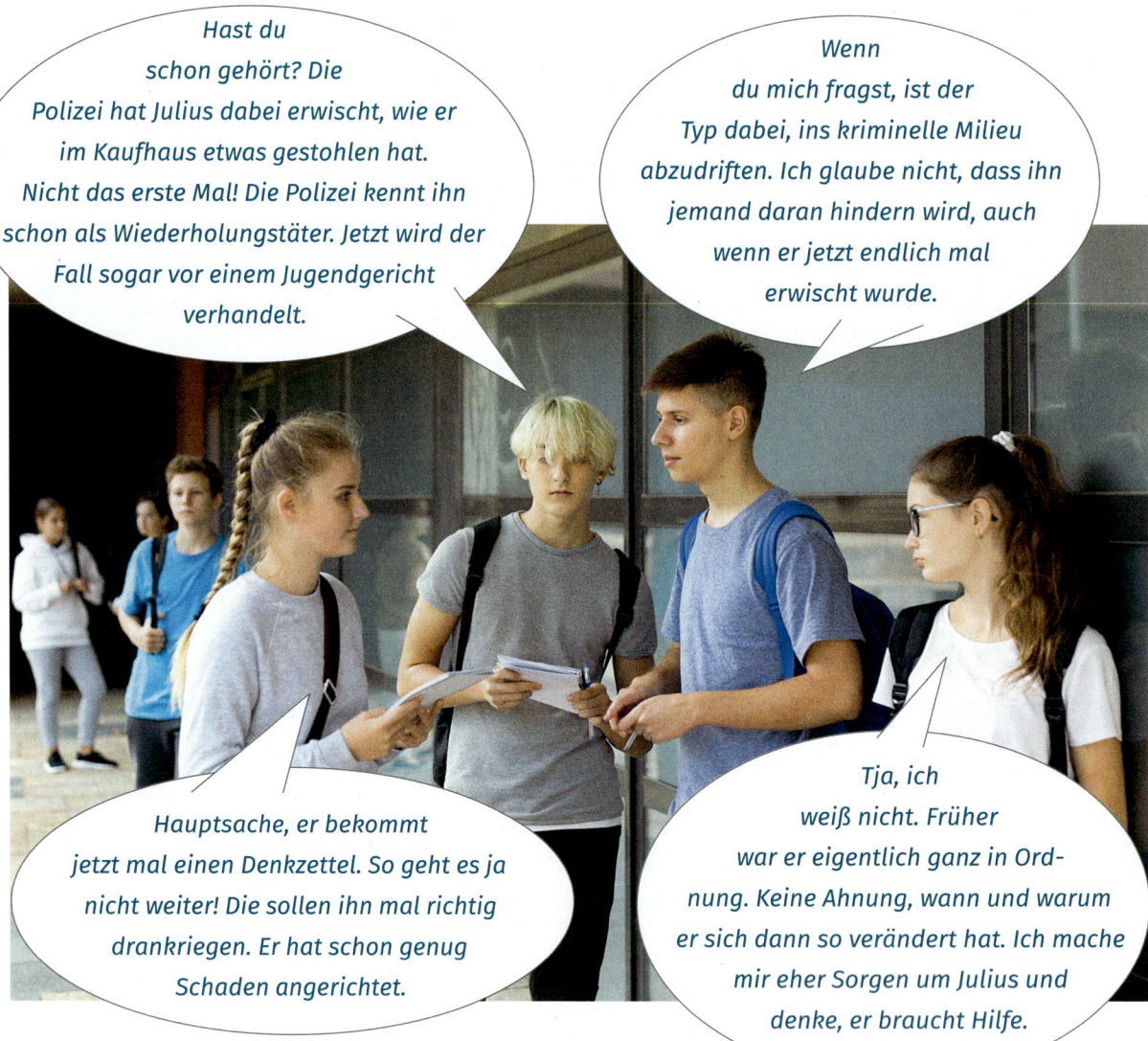

1 Welche unterschiedlichen Haltungen zu Julius' Tat werden hier deutlich?

2 Kennt ihr ähnliche Fälle? Sprecht darüber, welches Vorgehen ihr bei diesem oder ähnlichen Fällen angemessen findet. Zieht dazu die folgenden Informationen zum Jugendstrafrecht zurate.

Alexandra Wölke (geb. 1978)
Das Jugendstrafrecht – Hintergründe

Die Gesetzgebung sieht vor, dass es bei der Bemessung einer Strafe einen Unterschied zwischen Jugendlichen und Erwachsenen geben soll. Menschen im Jugendalter begehen statistisch gesehen häufiger weniger schwere (sogenannte niedrigschwellige) Straftaten während einer bestimmten Phase ihrer Entwicklung. Begründet werden die vergleichsweise „milden" Strafen im Jugendstrafrecht vor dem Hintergrund eines möglicherweise noch nicht voll entwickelten **Unrechtsbewusstseins** und der Annahme, dass Jugendliche größere Schwierigkeiten haben, gemäß ihrer Einsicht vorausschauend zu handeln. Auch soll vermieden werden, dass Strafen die weitere Entwicklung negativ beeinflussen. Deshalb gilt der Grundgedanke des Jugendstrafrechts §2 JGG: Jugendstrafrecht ist **Erziehungsrecht**. Im konkreten Prozess bedeutet dies unter anderem, dass junge Menschen eine **Sanktion** für ihre Taten erhalten, um deutlich zu machen, dass auch für sie die **Normen** der Gesellschaft verbindlich sind.

Richterinnen und Richter können deshalb zu Erziehungsmaßregeln greifen. Dazu gehören Verwarnungen oder Auflagen. Letztere umfassen eine Tätigkeit, die den Schaden, der durch die Straftat verursacht wurde, ausgleichen soll, z.B. durch eine Entschuldigung beim Verletzten, die Erbringung von Arbeitsleistungen oder die Zahlung eines Geldbetrages zugunsten einer gemeinnützigen Einrichtung. Auch kann eine sogenannte **„Weisung"** erteilt werden, die die Lebensführung des Jugendlichen betrifft. Hier kann z.B. veranlasst werden, dass straffällig gewordene Jugendliche sich einer Entziehungskur oder einem Anti-Aggressionstraining unterziehen.

Den Sachverhalt klären

Vor Gericht

Es ergeht folgendes Urteil: Der Angeklagte erhält eine Leseweisung. Bei fehlender Bereitschaft zur Teilnahme oder Nichteinhaltung der damit verbundenen Regeln wird die Strafe in einen Jugendarrest umgewandelt.

Mit den folgenden Materialien, die zur Klärung des Themas „Leseweisung" beitragen, könnt ihr auf zweierlei Weise umgehen. Die erste Möglichkeit besteht darin, dass ihr sie mithilfe der darunter stehenden Aufgabenstellungen in der Klasse nach und nach bearbeitet. Die zweite Möglichkeit sieht ein arbeitsteiliges Vorgehen in Gruppen vor. Die Materialien werden dazu komplett in den Gruppen bearbeitet und die Ergebnisse zu den einzelnen Aufgabenstellungen in Form einer Mindmap von der jeweiligen Gruppe zusammengeführt.

Ariane Lindenbach
Fesselnde Lektüre – Resozialisierung durch Lesen

Die Jugendgerichtshilfe beschreitet neue Wege. Statt einen Arrest abzusitzen, werden Straftäter zur Lektüre eines Buches verpflichtet.

Dass Lesen für manchen eine Strafe ist, ist nicht neu. Dass sich die Fachleute im Bereich des Jugendstrafrechts und der Sozialpädagogik dieser Abneigung nun bedienen und sie in etwas Positives umwandeln, hingegen schon. Das neue Projekt im Raum München heißt „Kontext" und wird seit 2011 in Jugendstrafanstalten umgesetzt, seit ein paar Monaten in einer Erprobungsphase auch für andere jugendliche Straftäter. Im Landkreis Fürstenfeldbruck wurde eine solche Weisung seit Mai bereits neun Mal verhängt.

„Kontext" geht auf ein ähnliches Projekt namens „Dresdner Bücherkanon" zurück, das dort seit 2007 mit überzeugenden Ergebnissen läuft. Die Idee dahinter ist es, die jugendlichen oder heranwachsenden Straftäter nicht einfach nur zu bestrafen, indem man ihnen Sozialstunden aufbrummt oder sie in Arrest steckt und so ihren Frust auf die Gesellschaft möglicherweise noch verstärkt; sondern man möchte durch das begleitete Lesen, bei dem über den Inhalt gesprochen und dieser reflektiert wird, bei den jungen Menschen einen inneren Prozess auslösen, sie zum Nach- und Umdenken bringen und dadurch letztlich auch eine Verhaltensänderung erreichen. Frei wählen können die zu Bestrafenden ihre Lektüre allerdings nicht: Es gibt eine Liste von mehr als 70 Büchern zu verschiedenen Themenbereichen wie Gewalt, Mobbing, Schule oder Gefühle, Freundschaft, Familie sowie Aggression, Konflikt, Gewalt, Kriminalität und Alkohol, Drogen, Prostitution und noch ein paar anderen mehr. [...]

Die Leseweisung kann von der Staatsanwaltschaft [...] oder einem Jugendrichter auferlegt werden. Wird sie anstelle von gemeinnütziger Arbeit verhängt, entsprechen zwei Lesestunden einer Sozialstunde. Bei einem Erstgespräch mit zwei entsprechend geschulten Studenten wird die Lesefähigkeit des Jugendlichen ebenso ermittelt wie dessen Lebenssituation und die Straftat. Gemeinsam legt man dann fest, welches Buch gelesen werden soll. Während der Lektüre finden drei bis sechs weitere Treffen innerhalb eines engen zeitlichen Rahmens statt, bei denen das Gelesene besprochen und auf das eigene Leben übertragen wird. Ist das Buch gelesen, entscheidet der Jugendliche mit seinem Mentor, ob er darüber ein schriftliches Resümee verfassen oder die Lektüre künstlerisch-kreativ verarbeiten möchte, etwa indem er einen Comic gestaltet oder einen Hip-Hop-Song schreibt. Hierfür gibt es entsprechende Angebote im Rahmen von „Kontext". Den Landkreis kostet das Projekt nichts, da es sich über Spenden finanziert. Die mitwirkenden Studenten verlangen ohnehin keinen Lohn, sie sind froh, dass sie auf diese Weise Praxiserfahrungen sammeln können.

(Süddeutsche Zeitung vom 18.08.2012)

1 Was bedeutet die sogenannte „Leseweisung"? Formuliert eine eigene kurze Definition, indem ihr auf die Informationen aus dem Text zurückgreift.

2 Stellt zusammen, wie die Maßnahme abläuft, indem ihr die dazugehörigen Schritte herausschreibt und zudem auch festhaltet, welche Ziele damit verbunden sein könnten.

Der Ablauf der „Leseweisung"	Mögliche Zielsetzungen
Erstgespräch: Ermittlung der Lesefähigkeit, der Lebenssituation und der Straftat	?
Festlegung der Lektüre	?
?	?

3 Was haltet ihr spontan von dieser relativ neuen Maßnahme für Julius und andere straffällig gewordene Jugendliche? Diskutiert in der Klasse oder in eurer Gruppe darüber.

An dem konkreten Fall von Julius zeigt sich, dass im Jugendstrafrecht neue Wege beschritten und neue Maßnahmen erprobt werden. Ob diese neue Strafmaßnahme sinnvoll ist und weiter etabliert werden sollte, muss dabei genau geprüft werden. Dazu sollte das Thema diskutiert und erörtert werden. Die folgende Streitfrage hilft, sich von dem konkreten Fall von Julius zu lösen, um das Thema zu verallgemeinern: „Sollten straffällig gewordene Jugendliche für niedrigschwellige Delikte vorrangig mit einer ‚Leseweisung' anstelle sonst üblicher Strafmaßnahmen für ihr Verhalten sanktioniert werden?"
Um diesem Thema gerecht zu werden, benötigt man Wissen über die Facetten und Hintergründe der Streitfrage. Dazu kann es helfen, die Frage in Teilaspekte zu zergliedern.

Alexandra Wölke (geb. 1978)
Welches Ziel verfolgen Strafen?

Im Strafgesetzbuch heißt es wörtlich: „Die Schuld des Täters ist Grundlage für die Zumessung der Strafe. Die Wirkungen, die von der Strafe für das künftige Leben des Täters in der Gesellschaft zu
5 erwarten sind, sind zu berücksichtigen" (§ 46).
Das bedeutet, dass mit einer juristisch verhängten Strafe bestimmte Zwecke verbunden sind. Vor allem sollen neben Personen auch elementare Werte des Gemeinschaftslebens geschützt
10 werden. Damit sind z. B. Werte wie Verantwortungsgefühl, Toleranz, Respekt sowie die Anerkennung rechtsstaatlicher Prinzipien gemeint. Die Auffassung, wonach es für eine Gemeinschaft unabdingbar ist, diese Werte zu erlernen und zu verinnerlichen, ist im Jugendstrafrecht, 15 das als Erziehungsrecht gilt und wirken soll, verankert.
Dies bedeutet auch, dass die Strafe in die Zukunft dahingehend wirken soll, dass weniger Menschen sich sozialschädlich verhalten. Konkret 20 soll der oder die straffällig gewordene Jugendliche veranlasst werden, sich mit der Tat auseinanderzusetzen und das begangene Unrecht auszugleichen. Hierbei geht man davon aus, dass eine Straftat einen Schaden für die Gemeinschaft ver- 25 ursacht, welcher am besten direkt – also zwischen Täter und Opfer – ausgeglichen wird. Ist dies aber nicht möglich, so werden auch Strafen,

die der Gemeinschaft zugutekommen, erwogen. Als Beispiele können hier etwa Sozialstunden oder auch die Beseitigung von Müll auf den Straßen etc. dienen.

Strafen sollen nicht zuletzt auch die Prävention zukünftiger Straftaten sowie die Resozialisierung des Täters oder der Täterin ermöglichen. Eine sehr schwierige Frage dabei ist, ob die Androhung und Verordnung vergleichsweise „harter" Strafen abschreckende Wirkungen ausüben und somit als Präventionsmaßnahme geeignet sind, um Menschen von der Begehung weiterer Straftaten abzuhalten. Mit „Resozialisierung" ist gemeint, dass die betroffenen Jugendlichen nicht „abgestempelt" werden und damit aus der Gemeinschaft herausfallen dürfen, sondern dass Maßnahmen ergriffen werden sollen, damit sie sich besser in diese einfügen und Teil von ihr werden.

Was kann das Lesen bewirken?

Über das Lesen

„Der wahre Zweck eines Buches ist es, den Geist hinterrücks zum eigenen Denken zu verleiten."
Christopher Morley, amerik. Schriftsteller (1890–1957)

„Ich glaube, man sollte überhaupt nur solche Bücher lesen, die einen beißen und stechen. Wenn das Buch, das wir lesen, uns nicht mit einem Faustschlag auf den Schädel weckt, wozu lesen wir dann das Buch? Damit es uns glücklich macht, wie Du schreibst? Mein Gott, glücklich wären wir eben auch, wenn wir keine Bücher hätten, und solche Bücher, die uns glücklich machen, könnten wir zur Not selber schreiben. Wir brauchen aber die Bücher, die auf uns wirken wie ein Unglück, das uns sehr schmerzt, wie der Tod eines, den wir lieber hatten als uns, wie wenn wir in Wälder vorstoßen würden, von allen Menschen weg, wie ein Selbstmord, ein Buch muss die Axt sein für das gefrorene Meer in uns."
Franz Kafka, deutschspr. Schriftsteller (1883–1924)

„Kindern erzählt man Geschichten zum Einschlafen – Erwachsenen, damit sie aufwachen!"
Jorge Bucay, argent. Schriftsteller (geb. 1949)

„Die Literatur gibt der Seele Nahrung, sie bessert und tröstet sie."
Voltaire, französischer Philosoph der Aufklärung, Historiker und Geschichts-Schriftsteller (1694–1778)

1 Welche Aussagen über „Strafe" und „Lesen" werden in den Texten deutlich? Fasst die zentralen Aussagen thesenartig zusammen.

Matías Matínez (geb. 1960)
Wozu Literatur?

[D]er Gesetzgeber verlangt vom Deutschunterricht, die Schülerinnen und Schüler nicht nur philologisch auszubilden, sondern sie zu guten Menschen und verantwortungsvollen Bürgern zu erziehen. Offenbar soll das vor allem durch die Beschäftigung mit Literatur als zentralem Gegenstand des Deutschunterrichts erreicht werden. So disparat und übermäßig ambitioniert diese Ziele des Kernlehrplans Deutsch anmuten mögen, liegen ihnen doch traditionelle und weitverbreitete Überzeugungen über den Wert von Literatur zugrunde. Dazu gehört etwa, die Literatur als kulturelles Gedächtnis oder auch als [...] Gedankenexperiment zu verstehen. Wenn allerdings von der „multiperspektivischen Auseinandersetzung mit dem kulturell Anderen", von „Wahrnehmung, Gestaltung und Reflexion der Vielgestaltigkeit von Kultur und Lebenswirklichkeit", von „Werteerziehung", „Solidarität" und „sozialer Verantwortung" die Rede ist, dann dürfte damit noch eine weitere Leistung der ästhetisch-literarischen Erfahrung gemeint sein, nämlich die Erweiterung der eigenen Erfahrung durch die [...] Teilnahme an den Erfahrungen literarischer Figuren. Dieser Auffassung zufolge fördert Literatur die Empathiefähigkeit der Leser mit erwünschten sozialen und moralischen Folgen. Der Glaube, dass der moralische Nutzen von Kunst und Literatur durch Empathie hervorgerufen werde, ist weit verbreitet. Belege dafür muss man nicht erst in Gotthold Ephraim Lessings „Hamburgischer Dramaturgie" (1767–69) oder Friedrich Schillers „Die Schaubühne als eine moralische Anstalt betrachtet" (1784) suchen. Für die US-amerikanische Philosophin Martha Nussbaum etwa liegt die politische Relevanz von (erzählender) Kunst in ihrem Potenzial, fremde Standpunkte erlebbar zu machen. [...]

Wer sich mit einer fiktiven Figur identifiziert, so die Annahme, erweitert seine eigene Erfahrung, betrachtet die Wirklichkeit aus einer kognitiv und emotional fremden Perspektive und lernt dadurch Respekt und Sympathie für andere. In fiktionalen Texten erhält der Leser durch Erzählverfahren der Innensicht wie Gedankenbericht, erlebte Rede oder Bewusstseinsstrom einen vermeintlich direkten Zugang zu fremdem Bewusstsein und damit Zugang zu einer anderen (wenngleich nur fiktiven) Wirklichkeitserfahrung. Das versetze ihn in die Lage, die Grenzen seiner individuellen Weltsicht, seiner Epoche, seiner sozialen Schicht, seiner ethnischen Identität, seiner sexuellen Orientierung usw. für die Dauer der Lektüre imaginär zu überschreiten. Das wiederum fördere Verständnis und Toleranz.

(2020)

---

1 Tauscht euch mit einem Lernpartner oder einer Lernpartnerin darüber aus, welche Bedeutung erzählende Literatur im Sinne des Autors für Schülerinnen und Schüler hat.

2 Bezieht eure Ergebnisse auf die Strafmaßnahme der „Leseweisung". Ergänzt eure Thesen zum Teilaspekt „Lesen" entsprechend.

3 Diskutiert darüber, ob ihr diesen Annahmen zustimmen könnt oder nicht.

Für eine „Leseweisung" vorgeschlagene Bücher und deren Inhalt

1 Folgende Buchtitel sind Beispiele dafür, welche Literatur im Zusammenhang mit der „Leseweisung" verwendet wird. Nehmt Stellung zu dieser Auswahl. Überlegt dabei auch, welche Gemeinsamkeiten diese Buchtitel aufweisen.

2 Überlegt, welches Werk euch für welche Straftat am ehesten geeignet erscheint.

Titel	Kurze Inhaltsangabe (Klappentext)
Julia Kauz und Sascha Werneke: Fler – Im Bus ganz hinten. Eine deutsche Geschichte	In diesem Buch erzählt Patrick Losensky – besser bekannt als Deutsch-Rapper Fler – seine Geschichte. Doch eigentlich handelt es von einer ganzen Generation. Besser gesagt von einer Gesellschaftsschicht, die nicht in München-Grünwald, Berlin-Mitte oder Hamburg-Eppendorf lebt. Diese Jugendlichen wohnen in Vierteln, die man sonst nur ungern betritt, denn dort herrschen Arbeitslosigkeit, Kriminalität und Armut. Sie haben viel zu erzählen, aber ihre Geschichten schreiben sie nicht auf. Sie sprechen normalerweise nicht einmal darüber, weil sie Angst haben, abgestempelt zu werden. Doch Fler tut es jetzt. Er scheut sich nicht, die Wahrheit zu sagen, und erzählt von seinem Leben zwischen Einsamkeit, Psychiatrie und dem ganz großen Ruhm. Der erfolgreiche Rapmusiker beweist mit seiner Story, dass man auch raus kann aus der Welt, in die man hineingeboren wurde. (Werbetext des Verlags)
Jan Guillou: Evil – das Böse	Erik ist 14, als ihn keine normale Schule mehr aufnehmen will. Selbst Sohn eines prügelnden Vaters, ist er bereits der rabiate Anführer einer berüchtigten Jugendbande. Seine letzte Chance, irgendwann doch einen Schulabschluss zu machen, ist das Internat Stjärnberg. Stjärnberg gilt als vornehm, als Eliteschule. Doch in Wahrheit wird es vom „Rat", einer Clique sadistischer Primaner, beherrscht, die das Quälen und Erniedrigen jüngerer Schüler zur Kunst erhoben haben. Ein brutales, ein faschistoides Regime – und die Lehrer schauen weg. Pierre, dem sanften, dicklichen Jungen, mit dem Erik sich anfreundet, bleibt nur die Flucht. Erik aber wird durchhalten. Und so absurd es klingen mag: Stjärnberg, der Hort des Bösen, wird ihm spät, aber nicht zu spät zur Schule der Friedfertigkeit. Als er das Internat verlässt, weiß er, dass Gewalt in seinem Leben nie wieder eine Rolle spielen soll. Als er das begreift, ist es wie eine Befreiung. (Werbetext des Verlags)

Titel	Kurze Inhaltsangabe (Klappentext)
Susanne Korbmacher: Ghettokids. Immer da sein, wo's weh tut	„Ich weiß nicht, ob sich jemand vorstellen kann, wie das ist. Man hat kein Geld, friert, stiehlt, schnorrt sich durch. Jeden verdammten Tag." Das sagt Andrej, ein Kind deutscher Aussiedler. Er lebt nicht irgendwo, er lebt in Deutschland, genauer gesagt auf der Straße im Hasenbergl-Nord, München. Wie Faton (14), Kosovo-Albaner, Autoknacker und brutaler Schläger. Wie Kostas (14) und Ilias (12), zwei griechische Brüder, Waffen- und Drogenkuriere und Stricher am Hauptbahnhof. Wie Marianna (13), die sich prügelnde Rebellin, wie Emir, wie Ramadan, wie tausende Kinder in deutschen Städten. Es gibt jemanden, der an sie glaubt. Susanne Korbmacher, viel mehr als eine Lehrerin, erzählt von den großen Verletzungen und Sehnsüchten dieser Kinder. (Werbetext des Verlags)[1]
Ursula Poznanski: Erebos	In einer Londoner Schule wird ein Computerspiel herumgereicht – Erebos. Wer es startet, kommt nicht mehr davon los. Dabei sind die Regeln äußerst streng: Jeder hat nur eine Chance. Er darf mit niemandem darüber reden und muss immer allein spielen. Und wer gegen die Regeln verstößt oder seine Aufgaben nicht erfüllt, fliegt raus und kann Erebos auch nicht mehr starten. Erebos lässt Fiktion und Wirklichkeit auf irritierende Weise verschwimmen: Die Aufgaben, die das Spiel stellt, müssen in der realen Welt ausgeführt werden. Auch Nick ist süchtig nach Erebos – bis es ihm befiehlt, einen Menschen umzubringen … (Werbetext des Verlags)
Güner Yasemin Balci: Arabboy	Rashid, Sohn einer libanesisch-palästinensischen Familie, ist weder Deutscher noch Libanese oder Palästinenser, er ist ein „Arabboy", so nennt er sich in den einschlägigen Chaträumen, die er und seine Kumpel mit selbst gemachten Gewalt-Clips versorgen. Sie gehorchen dem Gesetz der Straße, auf der sich jeder sein Recht nehmen muss. Wer das nicht kann, wird zum „Opfer" – er ist dem Lebenskampf nicht gewachsen. Mithilfe von Aabid, der es vom Flüchtlingsjungen zum „Mega-Checker" im Rotlichtmilieu gebracht hat, macht Rashid kriminelle Karriere, bis er durch seine Drogensucht die Kontrolle über sein Leben verliert. Ihn rettet seine Verhaftung. Im Gefängnis wartet er auf seine Abschiebung – und Deutschland, das so verhasste Land, wird für ihn zum Inbegriff aller Sehnsüchte. (Werbetext des Verlags)

---

[1] Weitere Infos zum Verein „ghettokids – Soziale Projekte e. V." findet ihr auf der folgenden Homepage: http://www.ghettokids.org/

Wie wird im Zusammenhang mit der „Leseweisung" mit den Büchern gearbeitet?

In der praktischen Umsetzung unterscheidet man zwischen einer Einzel- und einer Gruppenleseweisung. In der letztgenannten kommen maximal fünf Jugendliche zusammen, lesen dasselbe Werk und arbeiten – auch mithilfe kreativer Methoden – daran. Konkret geht es in der Auseinandersetzung um wesentliche Inhalte des Buches, darin aufgeworfene Fragen, moralische Bewertungen, gesellschaftliche Herausforderungen oder auch globale Krisen. Im besten Fall kann der Bogen zum eigenen Fehlverhalten gespannt und nach einer selbstkritischen Auseinandersetzung weiterdiskutiert werden. Zu lernen, die eigene Meinung zu formulieren und auszudrücken, ist ein besonders wichtiges Ziel. Durch das Lesen soll darüber hinaus auch Einblick in die Perspektive der Opfer einer Straftat ermöglicht werden.

Das Bild ist von einer Jugendlichen im Zuge der Leseweisung mit Bezug auf das Werk „Erebos" erstellt worden. Es stellt die Figur „Emily" dar, welche sich im Kontext des Computerspiels „Hemera" nennt. Die Jugendliche begründete ihre Wahl damit, dass sie sich mit der Ehrlichkeit und der inneren Stärke Emilys beim Lesen am besten identifizieren konnte.

1 Informiert euch mithilfe des Internets arbeitsteilig über den Inhalt der folgenden Titel. Überlegt, um welche Themenkomplexe es geht und welche wichtigen Fragen jeweils aufgeworfen werden. Haltet eure Ergebnisse in Form einer Tabelle fest.

Andreas Steinhöfel: **Mitte der Welt**
Malorie Blackmann: **Himmel und Hölle**
Jason Raynolds, Brendan Kiely: **Nichts ist okay! Zwei Seiten einer Geschichte**
Rodman Philbrick: **Freak**
Wolfgang Korn: **Die Weltreise einer Fleeceweste**

Clemens Meyer: **Als wir träumten**
Gregor Tessnow: **Knallhart**
Mirijam Günter: **Die Ameisensiedlung**
Cory Doctorow: **Little Brother**
Manfred Mai: **Das verkaufte Glück**

Titel	Themenkomplex	Fragen
Mitte der Welt	Geheimnisse in der Familie, Außenseiterdasein, Beziehungen, erste Liebe	Wie fühlt es sich an, als Außenseiter aufzuwachsen? Wie wichtig ist Vertrauen in einer Liebesbeziehung?
?	?	?

Das brauchst du immer wieder. ◆ **So gehst du vor.**

Umgang mit den Materialien – Eine Stoffsammlung anlegen

Um andere von eurer Meinung überzeugen zu können, müsst ihr euch zunächst so intensiv mit dem Thema beschäftigen, dass ihr zu Expertinnen und Experten werdet. Denn nur wer die Zusammenhänge eines Themas durchdrungen hat, kann auch erkennen, welche Aspekte für eine überzeugende Argumentation bzw. Erörterung wichtig sind, und sich dazu eine fundierte Meinung bilden. Eine umfängliche **sachliche Klärung des Themas** bildet darüber hinaus auch den Ansatzpunkt für das Finden eigener Argumente.

Die Ergebnisse einer Auseinandersetzung, die entweder mithilfe des Durcharbeitens vorgegebener Materialien oder auch durch eigene Recherche stattfindet, können dabei auf unterschiedliche Weise gesichert werden. Weil auf diese im weiteren Erarbeitungsprozess Bezug genommen wird, nennt man sie auch **„Stoffsammlung"**. Mögliche Darstellungsweisen dafür sind z. B. eine **Stichwortsammlung**, eine **Mindmap** oder eine **Tabelle**. Achtet bei eurer Stoffsammlung unbedingt darauf, dass besonders die Aspekte, die sich aus der Aufgabenstellung ergeben, vorkommen.

Was spricht dafür, was spricht dagegen? Pro- und Kontra-Argumente sammeln

Die „Leseweisung" als Strafe insbesondere für straffällig gewordene Jugendliche wird inzwischen immer häufiger erteilt. Um zu beurteilen, ob dies gerechtfertigt ist, muss eine kritische Diskussion darüber geführt werden, ob es Vorteile im Vergleich zu anderen Strafen gibt und worin genau diese bestehen. Genauso muss auch über mögliche Nachteile nachgedacht und gesprochen werden.

Dabei ist es wichtig, an verschiedene Gruppen zu denken, die an diesem Prozess beteiligt sind: Neben den betroffenen Jugendlichen selbst sind es auch Vertreterinnen und Vertreter aus der Justiz und der Sozialarbeit. In einem weiteren Sinne gibt es aber auch ein öffentliches Interesse, denn wie wir mit Menschen umgehen, die Regeln missachtet haben, geht letztlich alle an.

1 Informiert Personen aus eurem Umfeld über das Thema „Leseweisung" und befragt diese nach ihrer Meinung dazu. Achtet auch darauf, ob und wie die befragten Personen ihre Meinung begründen.

2 Tragt die Reaktionen zusammen und überprüft, ob sich eine bestimmte Meinungstendenz herauskristallisiert.

Die folgenden Aussagen spiegeln verschiedene Meinungen von Betroffenen (1), von juristisch Interessierten (2) und Unbeteiligten (3) wider:

Aussagen von betroffenen Jugendlichen (1)

- „An der Leseweisung hat mir gefallen, dass man ein bereicherndes Buch liest und nicht stumpf Müll aufsammelt, wie z. B. bei Sozialstunden. Man spricht mit anderen und bekommt somit eine Rückmeldung." (m, 17 J.)
- „… hatte schon ewig nichts mehr gelesen und habe sofort bemerkt, dass das Lesen viele Vorteile mit sich bringt, z. B. eine gedankliche Auslastung. Es war sehr positiv, nicht als notorischer Kiffer wahrgenommen zu werden, sondern als junger Mensch mit Problemen." (m, 19 J.)
- „Das soll in Zukunft die Sozialstunden ablösen, denn bei Sozialstunden wird man wie Dreck behandelt und hier fühlt man sich gut." (m, 16 J.)

Kommentare in einem Internetforum über juristische Fragen (2)

Chris Rudolf
Na ja, derartige Weisungen sehe ich eher mit gemischten Gefühlen. Einerseits ist es wohl grundsätzlich nicht verkehrt, einen jungen Menschen zu animieren, auch mal ein „gutes Buch" zu lesen, andererseits ist eine derartige Form von paternalistischer[1] Kulturerziehung m. E. nicht Aufgabe eines Jugendstrafgerichts und ich bezweifle auch stark, ob jemand, der per Strafe zum Lesen verdonnert wurde, sich dadurch dazu animieren lässt, dies zu einem regelmäßigen Bestandteil seiner Freizeitgestaltung zu machen. Was es mit der Kriminalprognose[2] allgemein oder konkret zu tun haben soll, inwiefern ihn also gerade das Lesen von der Begehung künftiger Straftaten abhalten soll, erschließt sich mir nicht.
Konsequenz Pisa
Ich verstehe: Buch gelesen, zum guten Menschen geworden. Ja, klar …
wurstkuchen
Mit welcher Maßnahme wird man deiner Meinung nach innerhalb von 8 – 20 Stunden zum guten Menschen? Und gibt es in deiner Welt wirklich nur GUT und BÖSE? Ich finde die Idee super und besser als die meisten anderen Strafen.
Tobias Claren
Wenn der Betroffene die freie Wahl hätte, OK. Aber wenn die dem vorgeben, was der Ideologisches[3] zu lesen hat, NICHT OK!
Chris
[…] Es kann sehr hilfreich sein, über ein Medium andere Perspektiven oder Sichtweisen nachzuvollziehen und diese auch für sich zu verarbeiten. Du wirst kein neuer Mensch dadurch, aber das wirst du durch keine Strafmaßnahme. Die Frage ist, wie viel du in der kurzen Zeit erreichst, und das Konzept wirkt schlüssig auf mich.

[1] **paternalistisch:** hier i. S. von „bevormundend" gemeint
[2] **Kriminalprognose:** Vorhersage darüber, ob jemand mit dem Gesetz zukünftig (erneut) in Konflikt treten wird
[3] **Ideologisches:** hier i. S. von „Weltanschauliches", „bestimmte Werte Betreffendes"

Konsequenz Pisa
[...] Was soll es bringen, jemanden, der damit nichts am Hut hat, zu zwingen, ein einziges Buch zu lesen? Irgendwie habe ich eher das Gefühl, der Richter sollte mal wieder die Zeitung aufschlagen oder den Fernseher anschalten ... Ich finde die Strafe reichlich realitätsfern.
Rudolph
Das ist auf jeden Fall besser, als wenn man ein paar Kröten absaugt, die in der Gerichtskasse verschwinden. Von einer Haftstrafe ganz abgesehen, die am Ende für alle nur Verlieren bedeutet. Die Gesellschaft zahlt die Haft, der Betroffene wird weiter in kriminellen Dingen von seinen Mithäftlingen „ausgebildet" und kommt als schlechterer Mensch wieder auf die Straße. Nein danke, dann lieber mit der Leseweisung den Versuch unternehmen, einen Straftäter im Kopf zu verändern und seinen Horizont zu erweitern.

Gespräch auf der Straße – Meinungen Unbeteiligter (3)

Ich finde das unglaublich: Diese „Leseweisung" ist doch keine Strafe, sondern wirkt eher wie eine Belohnung im Sinne einer Extraportion Aufmerksamkeit. Statt mal wirksam eine Grenze zu setzen und zu zeigen, dass es so nicht geht, werden die Betroffenen umsorgt und gehätschelt. Wer soll damit denn von weiteren Straftaten abgeschreckt werden? Die lachen sich doch kaputt! In meinen Augen eher ein stumpfes Schwert!

Das sehe ich anders. Ich glaube schon, dass es sehr unangenehm werden kann, wenn man durch das Lesen eines Buches anfängt, in sich selbst hineinzublicken, und dort vielleicht etwas findet, was man nicht unbedingt sehen wollte, womit man sich aber befassen muss, wenn man dem eigenen Leben eine andere Weichenstellung geben will. Innerlich konfrontiert zu werden kann viel schmerzhafter sein als äußerliche Zwangsmaßnahmen.

1 Legt eine Tabelle mit Pro- und Kontra-Argumenten zur Streitfrage an, indem ihr die Zitate und eure Umfrageergebnisse auswertet. Nehmt darüber hinaus auch weitere, eigene Argumente mit auf.

Pro	Kontra
Jugendliche fühlen sich eher ernst genommen als bei anderen Strafen.	Erfolg der Maßnahme ist zweifelhaft.
?	?

2 Welche der beiden Seiten überzeugt euch mehr? Entscheidet euch für eine Seite, die ihr später dann auch in eurer linearen Argumentation vertretet (s. S. 113).

3 Bewertet die aufgelisteten Aussagen. Welche eignen sich eurer Meinung nach für die Ausformulierung von Argumenten?

4 Bei einer Argumentation kommt es auch darauf an, Wichtiges von Unwichtigem zu unterscheiden. Diskutiert darüber, woran ihr ein besonders wichtiges Argument erkennen könnt. Wählt aus den folgenden Aussagen diejenigen aus, die für ein solches Argument gelten:

Das wichtigste Argument …
- überzeugt den Verfasser/die Verfasserin der Argumentation selbst am meisten.
- ist auf die These bezogen und unterstreicht deren Plausibilität in besonderer Weise.
- beruht auf der Meinung und Erfahrung eines ausgewiesenen Experten oder einer Expertin.
- beruht auf individuellen Erfahrungen.
- lässt sich verallgemeinern und hat eine umfassendere Bedeutung.
- zeigt einen Einzelfall auf.
- lässt sich durch ein Beispiel und/oder einen Beleg abstützen.
- lässt sich kurz und knapp darstellen.
- ist geeignet, um es gedanklich besonders ausführlich darzustellen.

Sich eine Meinung bilden – Argumente ausbauen und seinen Standpunkt darlegen

Im Folgenden findet ihr zwei Schülerbeispiele für die Ausformulierung eines Arguments:

> Ich halte die „Leseweisung" für besonders sinnvoll, weil sie für viele Jugendliche, die straffällig geworden sind, genau das richtige Mittel darstellt, um sich selbst auf eine annehmbare Weise zu hinterfragen. Statt einer direkten Konfrontation oder Schuldzuweisung entführt sie das Buch in eine andere Welt, die das eigene Problem spiegelt, ohne dabei allzu aufdringlich zu sein. Dass dies für junge Menschen eher annehmbar ist und ihnen auch mehr bringt als andere Strafmaßnahmen, davon zeugt auch das Feedback vieler Personen, die diesen Prozess bereits durchlaufen haben.
>
> (Emily)

> Die sogenannte „Leseweisung" ist eine sinnvolle Alternative zu anderen Strafen für straffällig gewordene Jugendliche, denn sie fördert die Allgemeinbildung und beeinflusst die Betroffenen somit positiv.
> (Johanna)

1 Vergleicht die beiden Argumentationen miteinander. Welche wirkt überzeugender? Begründet.

2 Untersucht mithilfe des folgenden Schaubildes Emilys Argumentation.

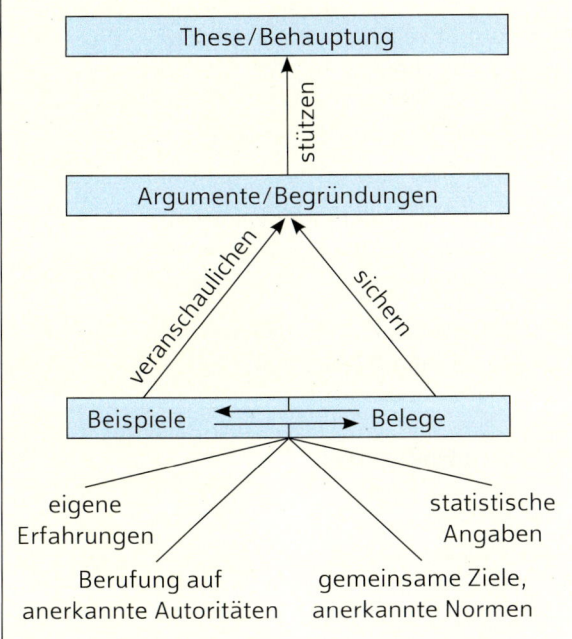

3 Hier findet ihr verschiedene Formulierungen, bei denen es sich entweder um These, Argument oder Beispiele bzw. Belege handelt. Ordnet sie jeweils zu.

- „Das Feedback vieler Jugendlicher, die mit der ‚Leseweisung' bestraft wurden, fällt überraschend positiv aus."
- „Strafen für Jugendliche müssen nämlich auf die Tatsache Rücksicht nehmen, dass es sich hier um Menschen in einer prägenden und wichtigen Entwicklungsphase handelt, in der sich noch vieles verändern kann."
- „Die ‚Leseweisung' stellt aus meiner Sicht eine sehr sinnvolle Alternative zu anderen Strafen für Jugendliche dar."
- „Die ‚Leseweisung' ist als Strafe nicht geeignet."
- „Denn die Annahme, dass das Lesen einen positiven Einfluss auf die Persönlichkeitsentwicklung auch dann hat, wenn es einem jungen Menschen vorgeschrieben wird und somit nicht dessen freiem Willen entspricht, lässt sich nicht belegen und muss somit hinterfragt werden."
- „Das Lesen von Büchern kann einen Menschen nachhaltig beeindrucken und ihm auch helfen, von einem einmal begonnenen Weg wieder abzukommen, weil in der Beschreibung schlimmer Erfahrungen anderer Menschen deutlich wird, wohin solche Wege schlimmstenfalls führen können."
- „Wenn Jugendliche in einem Buch, etwa in dem autobiografischen Roman des Deutschrappers ‚Fler' erfahren, dass dessen Leben in der Jugendzeit durch so viele Probleme belastet war, dass er überall angeeckt ist und sogar wegen Panikattacken in der Psychiatrie gelandet ist, schließlich aber doch noch seinen Weg zum Erfolg gemacht hat, kann ihnen das zeigen, dass man über eine verpfuschte Phase in seinem Leben hinwegkommen kann."

Das brauchst du immer wieder. ◆ **So gehst du vor.**

Argumente ausbauen und Formulierungshilfen nutzen

Deine Argumente wirken überzeugender, wenn du sie mit **Beispielen und Belegen** veranschaulichst und absicherst. Dies kannst du durch folgende Strategien erreichen:

- **eigene Erfahrungen und Erlebnisse**, z. B. mit hilfreichen oder weniger hilfreichen Strafen, als Basis nutzen *(Ein Bekannter von mir ist schon einmal straffällig geworden. Leider haben die Strafen, die er dafür bekommen hat, bislang nichts genützt.)*

- **Fallbeispiele**, z. B. aus den Medien, anführen *(In der Presse stand ein Bericht über einen Jugendlichen, der ...)*

- **nachweisbare Tatsachen**, z. B. statistische oder informative Angaben, anführen *(Befragungen der beteiligten Jugendlichen haben gezeigt, dass ...)*

- sich auf **allgemein anerkannte Werte und Normen** berufen *(Strafen sollen bestimmte Ziele verfolgen ...)*

- **Berufung auf anerkannte Autoritäten**, z. B. Juristinnen und Juristen, Sozialarbeiterinnen und Sozialarbeiter etc. *(Laut der Diplom-Pädagogin Caroline Steindorff-Classen, welche vielfältige Erfahrungen mit jungen Strafgefangenen gemacht hat und zu juristischen Fragestellungen auch wissenschaftlich forscht, können mithilfe des Lesens Reflexionsprozesse in Gang gebracht und Nachdenklichkeit erzeugt werden).*

Formulierungshilfen für die Ausgestaltung von argumentativen Texten:

da, weil, obwohl, damit, dadurch, während, um ... zu, ebenso, weiterhin, dazu kommt, wichtig ist..., zusätzlich, allerdings, entscheidend ist..., dafür/dagegen spricht..., dennoch..., ein weiterer Gesichtspunkt ist..., auffällig ist weiterhin..., daraus lässt sich schließen, dass..., des Weiteren muss darauf hingewiesen werden, dass ...

4 Überlegt euch, wie die folgenden Thesen aus ganz unterschiedlichen Themenbereichen jeweils argumentativ abgesichert und mit Beispielen bzw. weiteren Belegen veranschaulicht werden könnten.

- „Es ist sinnvoll, in Städten viel mehr Fahrradstraßen einzurichten, denn ..."

- „Die Digitalisierung an den Schulen wird die Qualität des Lernens (nicht) erheblich verbessern."

- „Schüler und Schülerinnen sollten an der Lektüreauswahl im Deutschunterricht beteiligt werden."

Das brauchst du immer wieder. ◆ So gehst du vor.

Eine lineare Erörterung verfassen

Bei der linearen Erörterung vertritt man seinen Standpunkt zu einem strittigen Thema und begründet ihn. Die **Pro- und Kontra-Argumente** werden **nicht gegenübergestellt**, sondern die **eigenen Argumente** werden möglichst **überzeugend ausgeführt**. Die Form der linearen Erörterung bietet sich z. B. an, wenn man bei der Diskussion um ein Thema seinen Standpunkt eindeutig einbringen will oder man zu einem Zeitungsartikel in Form eines Leserbriefs Stellung bezieht.

Der **Aufbau** einer linearen Erörterung kann folgendermaßen aussehen:

- In der **Einleitung** kann man, je nachdem, wie weit die Fragestellung dem Adressaten bekannt ist,
  a) die Aktualität und Bedeutsamkeit des Problems hervorheben oder
  b) kurz auf die Fragestellung und den Anlass der Stellungnahme eingehen.
     (Weitere Informationen zur Einleitung und Übungen dazu findet ihr auf S. 113 und 121 ff.)

- Der **Hauptteil** wird dann mit der **Formulierung des eigenen Standpunktes** zu der Fragestellung (= **These**) eingeleitet. Dann folgt die Argumentation für die eigene These. Die **Argumente werden – durch Beispiele und Belege gestützt – dargelegt**. Es empfiehlt sich, die Argumente steigernd anzuordnen, d. h. vom schwächsten zum stärksten Argument. Durch diese Steigerung hält man das Interesse des Adressaten wach und verleiht der Argumentation Nachdruck. Dabei sollten die einzelnen Argumente sprachlich, z. B. durch Konjunktionen, Ein- und Überleitungen und Adverbien, sinnvoll verknüpft werden. Im Werkzeugkasten auf S. 123 findet ihr Hilfen, wie ihr Argumente verbinden könnt.

- Der **Schluss** rundet die Argumentation durch eine zusammenfassende und abschließende Stellungnahme ab. Manchmal bietet es sich an, einen Ausblick oder einen Appell zu formulieren.

Oft ist es sinnvoll, zur Vorbereitung als **Schreibplan eine Gliederung** anzufertigen. Eine mögliche Gliederung wäre z. B.:
Überschrift: Thema
1 Einleitung
2 Hauptteil
2.1   These/Standpunkt
2.1.1   Argument 1
2.1.2   Argument 2
2.1.3   Argument 3
2.1.4   …
3 Schluss

Den Leser und die Leserin in ein Thema einführen – Eine Einleitung gestalten

Friedrich von Logau (1605–1655)
Gemäßigte Strafen
Strafe soll seyn wie Salat,
Der mehr Oel als Essig hat.
(1654)

Das kurze Gedicht aus der Epoche des Barock veranschaulicht auf bildhafte Weise einen wichtigen Grundsatz, den man beim Nachdenken über das Strafen bedenken sollte: das rechte „Maß", das sich auch in dem Ruf nach „Verhältnismäßigkeit" wiederfindet, aber auch in dem Appell der „Mäßigung". Und das führt uns zur Frage: Kann eine eher milde Strafe wie die sogenannte „Leseweisung" für straffällig gewordene Jugendliche das richtige Mittel sein und sollte sie vermehrt angewendet werden?

Immer öfter liest man in der Zeitung oder erfährt aus anderen Medien, dass Straftaten gerade unter jungen Menschen zunehmen. Das wirft Fragen auf: Sinkt hier möglicherweise eine Hemmschwelle und verroht die Jugend?
Während über diese Fragen in der Öffentlichkeit gerne und kontrovers diskutiert wird, erfährt die Frage nach einem angemessenen Umgang mit straffällig gewordenen Jugendlichen oft weniger Beachtung oder wird einseitig mit dem Ruf nach härteren Strafen beantwortet.
In diesem Zusammenhang mag die zunehmende Etablierung der sogenannten „Leseweisung" als alternatives Strafmaß eher unzeitgemäß erscheinen. Und doch stellt sich die Frage, ob es sinnvoll ist, sich ihrer noch häufiger gerade im Bereich der Jugendstrafen zu bedienen.

Im vergangenen Monat ist in unserer Nachbarschaft ein Spielplatz verwüstet worden: Neu gesetzte Obstbäume wurden gewaltsam umgeknickt, Scherben aus zerbrochenen Glasflaschen im Sand verteilt und Graffiti gesprayt. Die Anlage wird vermutlich die ganze Woche nicht benutzbar sein, und es entstand ein Schaden im vierstelligen Bereich. Eine Gruppe Jugendlicher, die von Anwohnern beobachtet wurde, musste sich für die Taten vor Gericht verantworten. Während einige straffrei davonkamen, erhielten zwei Beschuldigte die sogenannte „Leseweisung" als Strafmaß. Statt Sozialstunden zu leisten oder eine Geldstrafe abzuzahlen, müssen sie jetzt unter Begleitung eines Sozialarbeiters bzw. einer Sozialarbeiterin ein Buch lesen und sich damit auseinandersetzen. Die Frage, inwieweit dies sinnvoll und zielführend ist, wird im Folgenden erörtert.

---

1 Untersucht die Einleitungen. Auf folgende Punkte könnt ihr dabei achten:
- Was haltet ihr von den Einleitungen?
- Worüber informieren sie und wie sind sie aufgebaut?
- Wie versuchen sie, den Leser bzw. die Leserin für das Thema zu interessieren?

2 Schreibt selbst Einleitungen zu dem Thema „Sollten straffällig gewordene Jugendliche für niedrigschwellige Delikte vorrangig mit einer ‚Leseweisung' anstelle sonst üblicher Strafmaßnahmen für ihr Verhalten sanktioniert werden?"
Arbeitet dabei mit dem folgenden Werkzeugkasten.

Das brauchst du immer wieder. ◆ **So gehst du vor.**

Die Einleitung eines argumentativen Textes verfassen

Um in das Thema einzuleiten und die Leserinnen und Leser zum eigenen Gedankengang hinzuführen, ist es wichtig, das Interesse zu wecken. Dies gelingt durch verschiedene Strategien:

a) Einen **aktuellen Bezug** herstellen: Hierbei könnt ihr beispielsweise eine Pressemeldung oder eine eigene Beobachtung heranziehen, die auf die Relevanz und Aktualität des Themas hinweist und die Leserinnen und Leser gedanklich auf das Kommende vorbereitet.

b) Von einer eigenen **Erfahrung** ausgehen: Die zu erörternde Fragestellung wird von einem eigenen Erlebnis, einem Gespräch, einer Beobachtung etc. ausgehend entwickelt.

c) Eine **Forderung** aufstellen: Zu Beginn wird bereits direkt angesprochen, was sich ändern soll.

d) Eine **Entscheidungsfrage** stellen: Hierbei verratet ihr den Leserinnen und Lesern noch nicht, wo eure gedankliche Reise hingeht, sondern klärt zunächst einmal genauer die Streitfrage, um die es im Folgenden gehen soll.

e) Ein **Zitat** verwenden: Hier verwendet ihr einen prägnanten Satz, der zu einem Teilaspekt oder zum Gesamtthema passt.

3 Verfasst nun mithilfe eurer Vorarbeiten und Kenntnisse eine lineare Erörterung.

4 Wenn ihr euren Text geschrieben habt, überprüft diesen noch einmal mit folgender Checkliste:

> - Meine Einleitung führt zum Thema hin. Floskelhafte und unkonkrete Formulierungen wie z. B. „Die Frage nach einer angemessenen Bestrafung für Jugendliche, die straffällig geworden sind, ist ein großes Thema" habe ich vermieden.
> - Die von mir vertretene Meinung habe ich klar geäußert.
> - Die Argumente, die man gut voneinander unterscheiden kann, habe ich steigernd angeordnet.
> - Das wichtigste Argument habe ich besonders schlagkräftig und umfassend dargestellt.
> - Einzelne Textteile werden durch Überleitungen miteinander gedanklich verbunden.
> - Folgerungen und kausale Zusammenhänge werden auch sprachlich durch entsprechende Formulierungen deutlich.
> - Der Text bricht nicht einfach ab, sondern wird in einem klar erkennbaren Schlussteil gedanklich abgerundet.
> - Im Schlussteil wird kein neues Argument mehr aufgegriffen.

2. Dürfen wir Tiere essen? – Die dialektische Erörterung/ antithetische Argumentation

1 Betrachtet die Bilder und leitet Aussagen über unser Essverhalten und unseren Umgang mit Tieren ab.

2 Der Schriftsteller und Ordensbruder Anton Rotzetter hat 2012 das Buch „Streicheln, mästen, töten. Warum wir mit Tieren anders umgehen müssen" veröffentlicht. Der Buchtitel weist bereits auf Probleme bezüglich unseres Umgangs mit Tieren hin. Arbeitet die darin enthaltenen kritischen Aussagen heraus.

Nachdem Pauline, Schülerin der 9a, sich intensiv mit unserem Umgang mit Zuchttieren beschäftigt hat, beschließt sie, kein Fleisch mehr zu essen. Zu Hause entstehen deshalb einige Konflikte am Esstisch: Ihre Mutter ist beleidigt, weil ihre Tochter die mühsam zubereiteten und schmackhaften Gerichte mit Fleisch ablehnt, und ihr Vater hält das Thema für unwichtig. Er glaubt, es handele sich nur um eine kurzfristige „Verwirrung" oder „Spinnerei". Aber Pauline meint es ernst. Sie isst nicht nur selbst kein Fleisch mehr, sondern will auch ihre Mitschülerinnen und Mitschüler von ihrer neuen Lebensweise überzeugen. Rieke, Max und Aaron schließen sich ihr an.

> Wir müssen überlegen, wie wir unsere Mitschülerinnen und Mitschüler dazu bringen, über das Thema nachzudenken.

> Stimmt. Viele machen sich gar nicht klar, was unser Fleischkonsum für die Tiere und unsere Umwelt bedeutet.

> Viele glauben doch, dass Fleisch unbedingt zu einem Mittagessen gehört.

> Vielleicht sollten wir eine Aktion anregen, dass es in unserer Schulmensa eine Woche lang keine Gerichte mit Fleisch gibt.

3 Was haltet ihr von Paulines Vorhaben, ihre Mitschülerinnen und Mitschüler davon zu überzeugen, kein Fleisch mehr zu essen? Diskutiert in der Klasse.

Im Streit um Meinungen – Argumentative Beiträge in einem Internetforum untersuchen

Pauline und ihre Freunde überlegen, dass sie zunächst einmal genauer erkunden wollen, welche Meinung zum Thema Fleischkonsum ihre Mitschülerinnen und Mitschüler überhaupt vertreten. Sie eröffnen deshalb ein Diskussionsforum in einem sozialen Netzwerk zu dem Thema „Darf man Tiere essen?", zu dem Schülerinnen und Schüler aus der ganzen Schule eingeladen werden. Sie sind aufgefordert, ihre Meinungen darzulegen und sich auch über die Meinungen der anderen Teilnehmer auszutauschen.

1 Habt ihr selbst schon einmal eine Diskussion in einem Internetforum verfolgt? Berichtet von euren Erfahrungen.

Bald melden sich die ersten Diskussionsteilnehmer:

Schnitzeljäger
Tiere zu töten, um sie zu essen, ist grundsätzlich kein Unrecht und sollte daher weiterhin den Menschen ermöglicht werden. Anderenfalls müsste man ja auch den Löwen moralisch dafür verurteilen, dass er Antilopen reißt und sie frisst. Ebenso wie der Löwe aber
5 nicht anders kann, weil er sonst seine Existenz aufs Spiel setzt, hat auch der Mensch keine Wahl: Als Teil der Natur und als ein Wesen, das nun einmal Fleisch und pflanzliche Nahrung verträgt, ist er eingebunden in die natürliche Nahrungskette. Letztlich ist es auch nur seinem Verstand zu verdanken, dass er in dieser ganz oben steht und nur in Ausnahmefällen selbst zum Futter von tierischen Räubern, wie z. B. Wildkatzen oder Haien, wird.
10 Hätte die Natur uns als Vegetarier geschaffen, würden unsere Instinkte uns doch nur zu Obst und Gemüse hintreiben und wir hätten gar nicht das Verlangen nach Fleisch. Ich denke nicht, dass Millionen Fleischesser sich irren. Und jetzt gehe ich los und esse eine Bratwurst.

Tierfreund
@ Schnitzeljäger
So einfach, wie du dir die Sache machst, ist es sicher nicht. Wenn es so wäre, dann könnte man als Vegetarier oder Veganer ja wie auch der Löwe nicht ohne Fleisch überleben. Das
5 kann man aber, und es geht sogar sehr gut. Viele Vegetarier leben viel gesünder als Fleischesser, die ja immerhin heutzutage auch damit rechnen müssen, dass das Fleisch durch die Massentierhaltung und die Profitgier vieler Menschen verunreinigt ist.
Und jetzt mal ehrlich: Spürst du wirklich den Instinkt eines Jagdtieres, wenn du irgendwo ein Schwein herumlaufen siehst? Treibt dich deine „Natur" dazu, dem Tier hinterherzuren-
10 nen und es mit Händen und Zähnen zu reißen und roh aufzuessen? Wohl kaum, ansonsten möchte ich dir niemals persönlich begegnen. Die Tatsache, dass du im Gegenteil das rohe Fleisch gar nicht vertragen würdest und unter „natürlichen" Gegebenheiten viel eher zur Brombeere oder Nuss greifen würdest, spricht doch viel eher dafür, dass wir von Natur aus gar nicht unbedingt klassische Fleischfresser sind, sondern dass Fleischgenuss eigentlich
15 nur überflüssiger Luxus ist. Und selbst, wenn wir es doch wären: Warum sollten wir ausgerechnet dem Trieb nach Fleisch nachgeben, wo es uns doch aus vernünftigen Gründen möglich ist, hierauf zu verzichten? Du hast doch selbst gesagt, dass Menschen Vernunft haben: Warum sollten wir dann nicht vernünftig sein und aus Einsicht und Mitleid auf Fleisch verzichten können? Wir sind doch immerhin auch schon so weit zivilisiert, dass
20 wir uns nicht mehr gegenseitig in den Kochtopf stecken …

2 Klärt die Positionen der beiden Teilnehmer, indem ihr deren jeweilige These bzw. Antithese herausarbeitet. Beachtet dazu den folgenden Werkzeugkasten.

Das brauchst du immer wieder. ◆ So gehst du vor.

These und Antithese bestimmen

Zu einem strittigen Thema oder einer Problemfrage (z. B.: Sollte die Geschwindigkeit auf Autobahnen generell begrenzt werden?) kann man unterschiedliche Standpunkte einnehmen. Man spricht dabei von These und Antithese.

Die Behauptungen und Urteile, die den eigenen Standpunkt beschreiben, werden **Thesen** genannt (z. B.: Die Geschwindigkeit sollte begrenzt werden). **Antithesen** sind die Behauptungen, die die Gegenmeinung beschreiben (z. B.: Die Geschwindigkeit sollte nicht begrenzt werden).

Argumente nennt man alle Aussagen, die eine These oder Antithese stützen und überzeugend und einsichtig machen.
Die Argumente für die These sind die **Pro-Argumente**. Entsprechend heißen alle Argumente für die Antithese **Kontra-Argumente**.

3 Mit welchen Argumenten stützen die beiden Diskussionsteilnehmer auf S. 116 jeweils ihre Position? Schreibt sie in übersichtlicher Form (z. B. einer Tabelle) heraus.

4 In seinem Beitrag geht „Tierfreund" auf den vorangegangenen Beitrag ein. Stellt heraus, auf welche Weise er sich auf die Aussagen von „Schnitzeljäger" bezieht.

5 Prüft die Argumente auf ihre Stichhaltigkeit: Wo erscheint euch ein Argument besonders aussagekräftig? Welches ist schwach und vielleicht auch leicht widerlegbar?

6 Arbeitet heraus, wie die genannten Argumente von den Verfassern veranschaulicht werden. Orientiert euch dabei an dem Werkzeugkasten auf S. 123.

Schinkenspieker

Mich stört die Radikalität, mit der hier im Forum manchmal argumentiert wird. Wenn ihr Kritiker recht hättet und man Tiere weder nutzen noch essen dürfte, dann müsste man ja nicht nur vegetarisch, sondern gleich vegan leben. Und das ist wirklich kompliziert: kein
5 Käse, kein Joghurt, auch kein Kuchen wegen der darin enthaltenen Eier … ich will das gar nicht weiter ausführen. Das kann ich auch nicht. Fleisch schmeckt mir eben und gehört auch für mich zur Lebensqualität. Man ist immer wieder auch mal auf eine Feier eingeladen, auf der es z. B. nur Gulasch oder Schinkenpizza gibt. Und dann zu verlangen, dass alle auf einen Rücksicht nehmen und ein Alternativgericht anbieten müssen, finde ich auch ziemlich
10 ungesellig und auch schwierig.
Vielleicht muss man aber auch nicht jeden Tag und nicht jedes Fleisch essen, von dem man nicht wissen kann, wo es herkommt. Ist das nicht auch ein Weg: den Kompromiss machen, aus moralischen Gründen weniger Fleisch zu essen und wenn möglich zuzusehen, dass dieses Fleisch von einem Tier stammt, das vorher zumindest mal auf einer Wiese gestan-
15 den und die Sonne gesehen hat? Darauf könnte ich mich einlassen. Ich habe sogar mal von einem Bauern gehört, der Fleisch von den eigenen Tieren im Internet verkauft und dem Kunden dann zusichern kann, dass diesem neun Monate lang ein gutes Leben vergönnt war. Wenn man dann Fleisch isst, das aus so einer Tierhaltung stammt, finde ich das okay.

Penny
@Schinkenspieker
Du hast ja vielleicht Vorstellungen! Klar hört sich das erst einmal ganz toll an: Aber hast du dir mal die Preise angeguckt? Du willst mir doch nicht erzählen, dass du für einen Braten um die 40 € bezahlen würdest, oder? Wenn man nur noch „ethisch vertretbares" Fleisch essen würde, könnten sich viele Menschen überhaupt kein Fleisch leisten. Und dann war's das auch mit der Bratwurst oder dem Schinkenbrötchen auf der Kirmes für günstiges Geld.
Stell dir mal vor, was passieren würde: Fleisch als Privileg der Reichen. Das ist doch unfair!

Schinkenspieker
@Penny
Du hast sicherlich recht, dass dann, wenn das Fleisch so teuer werden würde, viele Leute weniger davon essen würden. Aber: Erstens ist das Fleisch so viel Geld wert. Die Forderung nach billigem Fleisch für alle ist doch eigentlich das Problem! Und zweitens: Wir brauchen gar nicht so viel Fleisch, wie wir essen! Es reicht völlig aus, wenn wir ab und zu mal ein Stückchen davon haben können. Vielleicht sollte das Prinzip nicht sein: Jeder isst, so viel er will, sondern: Jeder isst so viel, wie er braucht. Dann wären auch nicht so viele Leute wegen des Fleisches so ungesund und übergewichtig!

7 Untersucht die Diskussion zwischen Schinkenspieker und Penny daraufhin, welche Position (These/Antithese) jeweils vertreten wird, welche Argumente genannt werden und wie sie gestützt werden. Tragt die Ergebnisse in die passende Spalte eurer Übersicht (s. S. 117, Aufgabe 3) ein.

8 Beurteilt die Beiträge hinsichtlich ihrer Überzeugungskraft.

9 Beurteilt auch die sprachliche Gestaltung der Beiträge. Berücksichtigt, dass es sich um ein Internetforum handelt.

Weitere Materialien und Arbeitsanregungen für die Streitfrage „Darf man Tiere essen?" findet ihr hier:

 WES-127419-036

Rieke hat im Internet folgende Statistik gefunden:

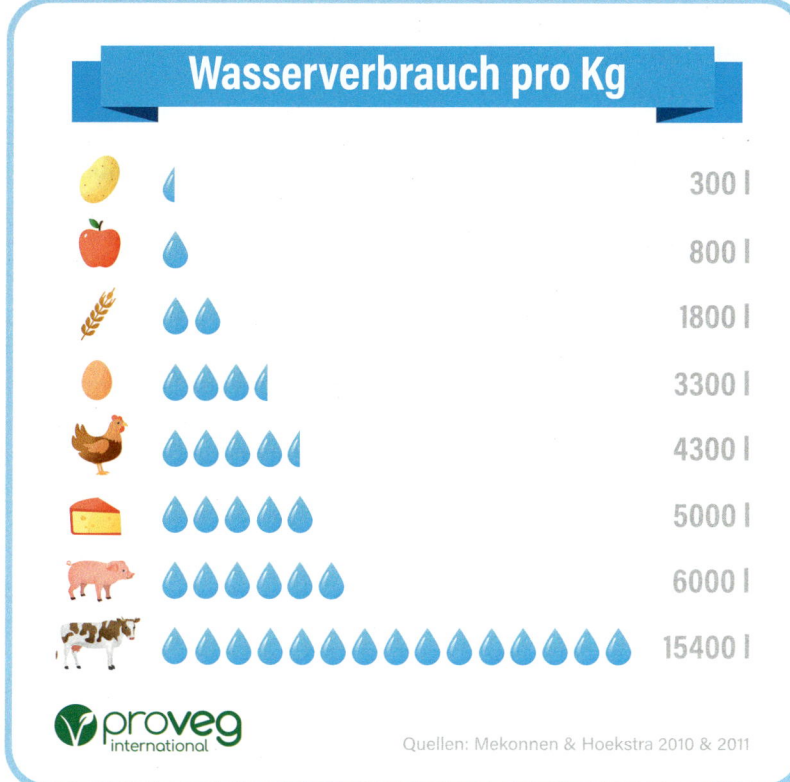

10 Schaut euch die nebenstehende Statistik an. In welcher Weise könnt ihr sie für die Fragestellung „Darf man Tiere essen?" verwenden?

Eine dialektische Erörterung/antithetische Argumentation aufbauen

In der Schülerzeitung der Schule gibt es eine Rubrik „Streitfälle – Ein Thema, viele Meinungen". Zu verschiedenen Themen können die Schülerinnen und Schüler Artikel einreichen. Rieke beschließt, einen Artikel zum Thema „Darf man Tiere essen?" für die Schülerzeitung zu verfassen.

1 Sammelt gemeinsam Ideen, wie ein Artikel für die Schülerzeitung gestaltet sein müsste:

- Begründet, warum es bei Riekes Thema sinnvoll ist, nicht linear, sondern antithetisch vorzugehen.
- Wie könnte der Aufbau des Artikels aussehen?
- Was sollte man sprachlich beachten?
- …

Rieke hat von ihrer Deutschlehrerin eine Übersicht bekommen, wie man eine dialektische Erörterung aufbauen kann:

Der Hauptteil einer dialektischen Erörterung – Möglichkeiten des Aufbaus

Möglichkeit 1:

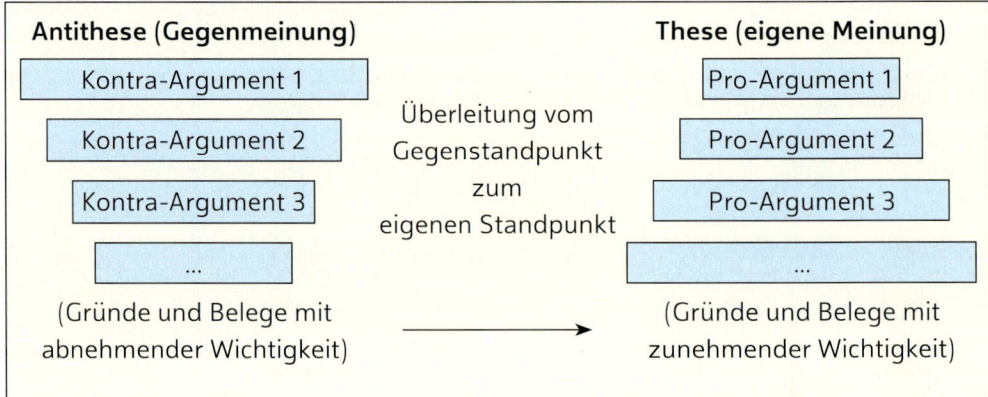

Möglichkeit 2:

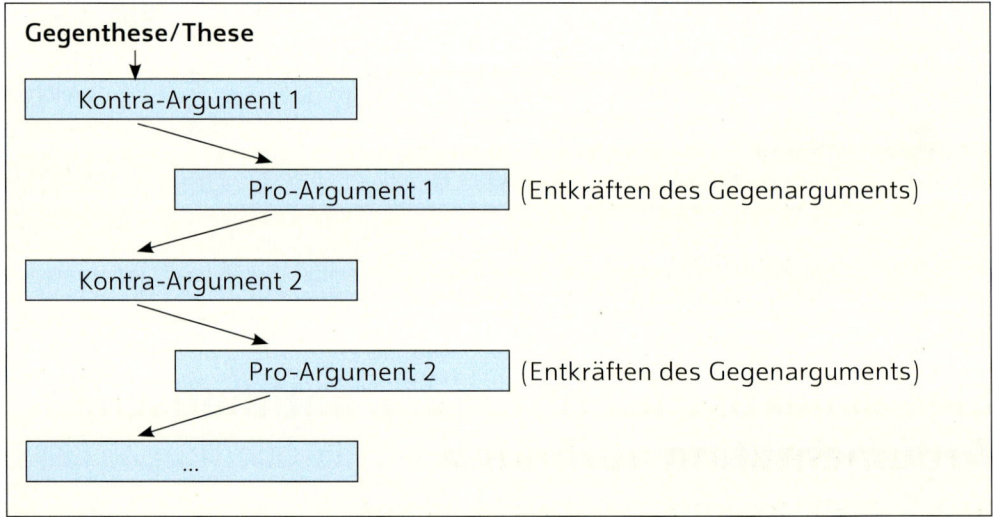

2 Untersucht die Aufbaumöglichkeiten einer dialektischen Erörterung. Geht dabei auf folgende Punkte ein:

- Beschreibt die beiden Möglichkeiten des Aufbaus einer dialektischen Erörterung.
- Nennt Gründe, warum die jeweils vorgeschlagene Anordnung der Argumente sinnvoll sein könnte. Welche Wirkung ist jeweils damit verbunden?
- Sprecht über die Vor- und Nachteile der beiden Möglichkeiten.
- Erklärt, warum man bei dieser Form der Erörterung auch von einer „antithetischen" Argumentation spricht.

3 Welche der beiden Möglichkeiten, den Hauptteil aufzubauen, würdet ihr für den Artikel in der Schülerzeitung wählen? Begründet eure Entscheidung.

Um das Verfassen ihres Artikels vorzubereiten, hat Rieke folgende vorläufige Übersicht erstellt:

Dürfen wir Tiere essen?

1	**Einleitung**
2	**Hauptteil**
2.1	Antithese: …
2.1.1	Kontra-Argument 1: Mensch als natürlicher Fleischfresser
2.1.2	Kontra-Argument 2: …
2.1.3	Kontra-Argument 3: …
…	
2.2	These: …
2.2.1	Argument 1: …
2.2.2	Argument 2: …
2.2.3	Argument 3: …
3	**Schluss**: Abwägung, eigene Entscheidung

4 Beschreibt, wie Rieke vorgegangen ist. Begründet, woran man erkennen kann, welcher Position sie sich anschließen wird.

5 Erstellt mithilfe eurer gesammelten Argumente und des Beispiels von Rieke eine eigene Gliederung.

Eine Einleitung verfassen – Interesse wecken und die Streitfrage aufwerfen

Rieke hat in einem ersten Entwurf folgende Einleitung verfasst:

Wer heutzutage die Medienbeiträge verfolgt, dem vergeht immer mehr die Lust auf Fleisch. Immer wieder sehen wir gequälte Tiere auf Tiertransporten oder solche, die in riesigen Hallen eng aneinandergepresst nur das baldige Ende im Schlachthaus erwarten. Angesichts des Leidens der Tiere und der Nachteile eines hohen Fleischkonsums auch für den Menschen und die Umwelt stellt sich die Frage, ob es gerechtfertigt ist, weiterhin Tiere in dieser Weise zu nutzen und sie zu essen.

1 Untersucht Riekes Entwurf. Wie geht sie in ihrer Einleitung vor? Schafft sie es, das Interesse der Leserinnen und Leser zu wecken? Begründet.

2 Formuliert selbst eine Einleitung zu dem Streitthema. Orientiert euch dabei an dem Werkzeugkasten auf S. 113.

Argumente verbinden und gewichten – Den Hauptteil überarbeiten

Rieke hat auch für den Hauptteil ihres Artikels einen Entwurf geschrieben, der hier in einem Auszug abgedruckt ist.

Tiere fressen sich auch gegenseitig auf. Niemand würde auf die Idee kommen, einen Löwen moralisch zu verurteilen, wenn er eine Gazelle jagt und anschließend auffrisst. Warum sollte es dann
5 für uns Menschen moralisch verwerflich sein, Tiere zu töten, um sie zu verzehren?
Für den Konsum von Tierfleisch spricht, dass die Natur vorgesehen hat, dass wir Fleisch essen können. So besitzen wir z. B. spitze Eckzähne, die
10 zwar nicht so ausgeprägt sind wie bei den Tieren, die es uns aber ermöglichen, Fleisch zu zerkleinern und dann zu verzehren.
Fleisch ist eine billige und schnell zuzubereitende Nahrung. Viele Menschen haben doch gar nicht
15 die Zeit, aufwendig zu kochen, weil sie beruflich so stark eingespannt sind. Und ein Schnitzel ist eben schnell zubereitet.
Auf Fleisch zu verzichten ist eine viel gesündere Nahrungsgrundlage. Das sagen Ernährungswis-
20 senschaftler und Ärzte immer wieder. Der Konsum von Fleisch nämlich gilt als Ursache unterschiedlicher Krankheiten, z. B. für Diabetes und Herzerkrankungen.
Die Natur hat uns keineswegs als reine Fleisch-
25 fresser ausgestattet. Unser Gebiss und unser Magen und Verdauungstrakt ist genauso gut darauf ausgelegt, rein pflanzliche Nahrung zu verarbeiten.
Wir Menschen können uns bewusst für oder ge-
30 gen den Fleischkonsum entscheiden. Tiere sind unsere natürlichen Mitgeschöpfe, die das gleiche Recht auf Leben haben wie wir.
Und deshalb dürfen wir sie nicht töten, nur um sie zu essen.

1 Untersucht Riekes Entwurf. Geht dabei auf folgende Punkte ein:

- Welche Pro- und Kontra-Argumente werden genannt und wie werden sie belegt?
- Für welchen Aufbau hat sich Rieke entschieden?
- Könnt ihr erkennen, welchen Standpunkt sie zu der Frage, ob man Tiere nutzen und essen darf, vertritt? Begründet eure Meinung.
- In welcher Form muss Rieke ihren Entwurf überarbeiten, damit daraus eine überzeugende Darstellung wird?

Auch Riekes Mitschüler Julian hat einen Artikel für die Schülerzeitung entworfen, von dem hier ein Auszug abgedruckt ist.

Viele Vegetarier berufen sich darauf, dass Tiere unsere Mitgeschöpfe seien, die ein unbedingtes Recht auf Leben hätten. Und wir Menschen seien nicht von Instinkten geleitet. Wir könnten frei entscheiden. Wir könnten uns gegen den Fleisch- 5
konsum entscheiden. Sicherlich stimmt es, dass wir Menschen uns frei entscheiden dürfen. Aber heißt das auch, dass wir unmoralisch handeln, wenn wir Tiere töten und sie dann essen? Wir sind auch Naturwesen. Und in der Natur nutzen 10
Tiere andere Tiere als Nahrung. Der Löwe jagt die Gazelle und frisst sie. Das ist nicht unmoralisch. Und es ist nicht unmoralisch, wenn wir Tiere essen.

2 Besprecht Julians Entwurf. Wie ist er bei der Ausgestaltung vorgegangen? Achtet auf folgende Gesichtspunkte:

- Beschreibt den Aufbau seiner Ausführungen.
- An welchen Stellen wird deutlich, welchen Standpunkt er vertritt?

- In welcher Weise bezieht er die Gegenposition mit ein?
- Was haltet ihr an dem Entwurf für gelungen und wo seht ihr Verbesserungsmöglichkeiten?

3 Überarbeitet den Entwurf. Orientiert euch an dem folgenden Werkzeugkasten.

Das brauchst du immer wieder. **So gehst du vor.**

Argumente verbinden und gewichten

Beim Schreiben des Hauptteils einer Erörterung ist es wichtig, dass du darauf achtest, die **Argumente** sinnvoll zu **verknüpfen** und den gedanklichen Zusammenhang der einzelnen Teile sprachlich zu verdeutlichen. Dabei helfen dir z. B. folgende Wörter und **Wendungen**, die

- **anreihend, evtl. auch steigernd wirken**: *außerdem, ferner, darüber hinaus, überdies, schließlich, nicht zuletzt, zum Ersten/Zweiten/Dritten, zunächst, erstens, ebenso, noch wichtiger ist, vor allem, schwerer wiegt, besonders wichtig ist, dann, auch, zunächst, des Weiteren …*
- **einen Gegensatz herstellen, unterschiedliche Meinungen hervorheben**: *aber, jedoch, indes, auf der anderen Seite, hingegen, dagegen, allerdings, zwar/aber, trotzdem, dessen ungeachtet, einerseits/andererseits, dennoch, nicht nur/ sondern auch, wenn also/dann …*
- **begründen**: *weil, da, denn, daher, deshalb, deswegen, darum, aus diesem Grund …*
- **Folgen angeben**: *also, folglich, demzufolge, demnach, infolgedessen …*
- **Bedingungen angeben**: *sonst, anderenfalls, wenn, falls, insofern, unter der Bedingung, dass …*

Mit **Formulierungen** wie *tatsächlich* oder *wirklich* oder *aber besonders, umso wichtiger ist, ausschlaggebend ist, noch überzeugender ist* kannst du deine **Argumente** bekräftigen und **gewichten**.

Besondere Aufmerksamkeit musst du der **Verknüpfung von Argumenten und Gegenargumenten** schenken. Häufig helfen dir, insbesondere bei der zweiten Möglichkeit des Aufbaus einer dialektischen Erörterung (s. S. 119 ff.), die oben genannten Formulierungen zur Herstellung eines Gegensatzes. Wenn du dich für die erste Möglichkeit des Aufbaus entscheidest, musst du den **Wendepunkt**, an dem du von den Argumenten für die Antithese zu denen für die These wechselst, gut ausgestalten. An folgenden **Formulierungen** kannst du dich dabei orientieren:

- *Die angeführten Argumente zeigen recht deutlich, dass … Trotzdem gibt es gute Gründe …*
- *Trotz dieser Gründe gegen … sind viele dennoch der Meinung, dass … Hierfür haben sie auch gute Gründe. Zum einen führen sie an, dass …*
- *Um zu einem ausgewogenen Urteil zu kommen, werde ich nun die Argumente der anderen Seite erläutern …*

4 Verfasst auf der Grundlage eurer Sammlung von Pro- und Kontra-Argumenten einen Entwurf für einen Artikel in der Schülerzeitung zu dem Thema „Dürfen wir Tiere essen?". Entscheidet euch dabei für eine der beiden Aufbaumöglichkeiten einer dialektischen Erörterung. Ihr solltet auch einen Schluss eurer Argumentation verfassen. Näheres zum Schluss einer Erörterung erfahrt ihr auf S. 111.
Überarbeitet eure Entwürfe in kleinen Gruppen. Nutzt dazu die Informationen in dem Werkzeugkasten auf S. 125.

Julian und Rieke haben bereits einen Schluss für ihren Artikel entworfen.

Schluss 1 (Julian):

> Die Gegenüberstellung und das Abwägen von Argumenten beider Positionen haben gezeigt, dass die Frage „Darf man Tiere essen?" sehr schwer eindeutig zu beantworten ist. Trotz schwerwiegender Argumente auf der Seite der überzeugten Vegetarier bzw. Veganer halte ich es aber insgesamt
> 5 für vertretbar, Tiere zu essen. Wäre Fleischverzehr wirklich ein Fehler bzw. ein Unrecht des Menschen, bliebe die Frage, warum uns die Natur nicht nur zum „Sammler", sondern eben auch zum „Jäger" bestimmt
> 10 hat, ungeklärt. Mit Blick auf die Natur des Menschen komme ich zu dem Urteil: Tiere zu töten und sie zu essen ist normal. Niemand darf dafür moralisch verurteilt
> 15 werden.

Schluss 2 (Rieke):

> Der Fleischkonsum hat weitreichende und negative Folgen – nicht nur für mich allein und meine Gesundheit, sondern auch für die Umwelt und für die Geschöpfe um mich herum. Nach genauerem Nachdenken finde
> 5 ich keine Rechtfertigung mehr dafür, die Tiere, die wie ich selbst Leid empfinden können und die auch viele bewundernswerte Eigenschaften haben, für meine Zwecke auszunutzen und sie zu essen. Würden noch mehr Menschen erkennen, dass unsere Ernährungsge-
> 10 wohnheiten ein großes Unrecht darstellen, und sich dafür entscheiden, nicht mehr länger mitzumachen, würde sich die Situation für alle Lebewesen auf unserem Planeten verbessern. Darum fordere ich euch alle dazu auf: Verzichtet auf den Burger!

5 Vergleicht und beurteilt die Schlüsse von Julian und Rieke miteinander. Achtet dabei auf folgende Punkte:
- Was ist jeweils gelungen und was könnte verbessert werden?
- Welche Möglichkeiten, den Schluss einer Erörterung zu gestalten, wählen sie jeweils?
- Mit welchen sprachlichen Mitteln verdeutlichen sie, dass es sich um den Schluss ihrer Erörterung handelt?

6 Sammelt anhand der beiden Beispiele Tipps dafür, was man beim Schluss einer Erörterung beachten muss.

7 Verfasst den Text für einen Werkzeugkasten mit der Überschrift „Den Schluss einer Erörterung verfassen".

8 Schreibt einen Schluss zu eurem Schülerzeitungsartikel zu dem Thema „Dürfen wir Tiere essen?" bzw. überarbeitet den von euch schon verfassten Schluss.

Das brauchst du immer wieder. ◆ **So gehst du vor.**

Texte überarbeiten

Um selbst geschriebene Texte zu **verbessern**, ist es sinnvoll, sie zusammen zu **besprechen** und zu **überarbeiten**. Dabei könnt ihr folgendermaßen vorgehen:

- Jeder liest seinen Entwurf vor. Die anderen machen Vorschläge, an welchen Stellen etwas ergänzt, gestrichen oder umformuliert werden sollte. Diese Vorschläge notiert derjenige, der vorgelesen hat, in seinem Text und arbeitet sie später ein.
- Eine andere Möglichkeit ist, dass ihr die Textentwürfe in den Gruppen im Kreis weiterreicht. Die Verbesserungsvorschläge werden dann von jedem Schüler/jeder Schülerin direkt in den Text geschrieben. Wenn ihr das eigene Heft zurückerhaltet, könnt ihr eure Entwürfe mithilfe der Notizen und Eintragungen der anderen überarbeiten.
- Es ist für die Gruppenarbeit hilfreich, wenn ihr beim Schreiben eurer Entwürfe von einer Doppelseite nur die linke Heftseite benutzt. So könnt ihr die Verbesserungsvorschläge übersichtlich auf der freien Seite notieren. Ihr könnt eure Entwürfe auch in den PC eingeben und den Seitenrand und Zeilenabstand des Dokuments entsprechend einrichten.
- Wenn ihr eure Entwürfe in den PC eingegeben habt, könnt ihr sie euch gegenseitig als Dokumente per E-Mail zuschicken. Die Entwürfe der anderen könnt ihr dann direkt im Text verbessern. Damit der Absender/die Absenderin weiß, was ihr an seinem/ihrem Entwurf ändern würdet, und er/sie eure Vorschläge nachvollziehen kann, müsst ihr das Dokument folgendermaßen einrichten: Im Menü findet ihr bei dem Textverarbeitungsprogramm unter *Überprüfen* den Punkt *Änderungen nachverfolgen*. Wenn ihr diesen anwählt, werden alle Änderungen des Dokuments am Bildschirm und beim Ausdruck rot hervorgehoben. Kommentare zum Text könnt ihr mithilfe der Funktion „Neuer Kommentar" einfügen.

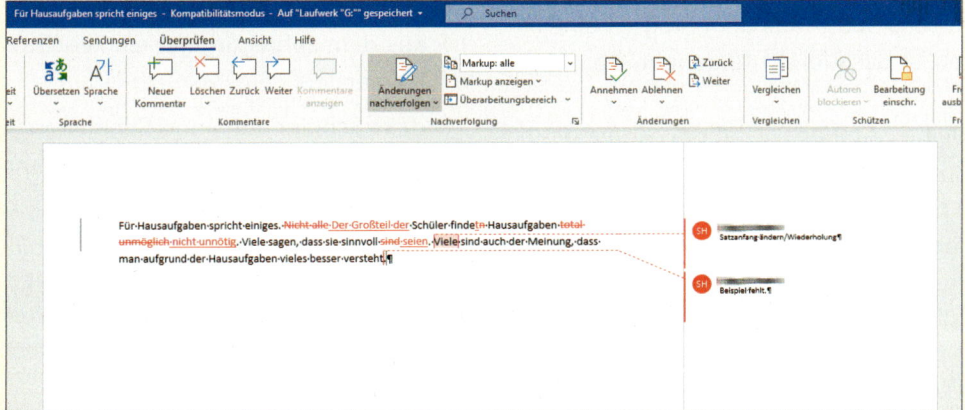

- Nachdem ihr eure Entwürfe überarbeitet habt, könnt ihr sie wieder in den Gruppen besprechen. Besonders gelungene Texte können der Klasse vorgestellt werden, wobei die Gruppe ihre Auswahl genau begründen sollte.

3. Mündlich argumentieren

„Eine gute Rede soll das Thema erschöpfen, nicht die Zuhörer."

Winston Churchill, brit. Staatsmann, 1874 – 1965

„Eine Sprache mit Geschick handhaben heißt, eine Art Beschwörungszauber treiben."

Charles Baudelaire, frz. Schriftsteller, 1821 – 1867

(Porträt von Émile Deroy, 1843/44)

Aufwärmübungen – Stegreifreden

1 Was ist eine gute Rede/ein guter Diskussionsbeitrag? Nutzt für eure Stellungnahmen ggf. die Zitate von Churchill und Baudelaire.

Überzeugungskraft hängt offenbar einerseits von der thematischen Entfaltung eines Sachgebiets ab, andererseits aber auch von der Lust und vom Geschick des Redners. Dieses zu erproben und „aus Spaß" aus dem Stegreif eine Rede zu halten ist das Ziel der folgenden Übung.

2 Bildet kleine Gruppen. Wählt ein „Nonsens-Thema" (natürlich sind auch eigene Vorschläge hier erwünscht!). Bereitet euch mittels eines knappen Stichwortzettels vor und haltet euch gegenseitig dann eure Reden, die 2 – 3 Minuten lang sein sollten.

3 Sprecht über eure Beiträge und kürt in der Kleingruppe die beste Rednerin/den besten Redner.

4 Präsentiert eine besonders lustige oder beeindruckende Rede in der Klasse und diskutiert darüber, welche rhetorischen Fähigkeiten hier zutage getreten sind.

Nonsens-Reden – Themenpool

Es ist dringend notwendig, …

- die Schule von außen pink zu streichen.
- aus dem Lehrerzimmer ein Feuchtbiotop zu machen.
- dass Schülerinnen und Schüler an ihrem Geburtstag die Schule nur mit Gummistiefeln betreten.
- die Bestellung im italienischen (chinesischen …) Restaurant auf Italienisch (Chinesisch …) aufzugeben.
- jederzeit ein Stofftier bei sich zu führen.
- zu lernen, wie man Fliegen dressiert.
- mindestens einmal am Tag Goethe zu zitieren.

…

Stammtischparolen und Vorurteilen begegnen

Sicher habt ihr schon Situationen erlebt, in denen ihr euch gegen Vorurteile oder Meinungen durchsetzen wolltet, die falsch, verletzend oder menschenverachtend sind und denen deshalb widersprochen werden muss. Manchmal hattet ihr vielleicht das Gefühl, dass es schwer ist, hierauf richtig und entschieden zu reagieren. Dabei ist es wichtig, in derartigen Situationen nicht zu verstummen, sondern Strategien zu entwickeln, die vielleicht zum Nach- und Überdenken einladen und dabei helfen, festgefügte Denkmuster aufzubrechen.

Die Jugend von heute ist dumm, gelangweilt und von ihrem Smartphone abhängig!

Einzelkinder sind verwöhnte Einzelkämpfer mit geringer sozialer Kompetenz.

Je mehr virtuelle Freunde und „Likes", umso einsamer ist der Nutzer in der realen Welt.

Die Forderungen von Frauen nach Gleichberechtigung sind vollkommen überzogen!

Die Gesetze in unserem Land sind viel zu weich. Gegen steigende Kriminalitätsraten hilft nur eines: schärfere Gesetze und härteres Durchgreifen!

1. Habt ihr diese oder ähnliche Vorurteile schon einmal gehört? Wie erging es euch dabei?

2. Sammelt weitere häufig geäußerte Vorurteile, denen ihr im Alltag begegnet, und erstellt eine Liste.

3. Erklärt den Slogan „Fakten statt Vorurteile" und bringt ihn in einen Zusammenhang mit dem Thema „Diskutieren und Erörtern".

4. Seht euch die Karikatur zum Thema „Vorurteil" an und deutet diese, indem ihr folgende Fragen beantwortet:
   - Auf welche Vorurteile wird angespielt?
   - Wie geht der Karikaturist mit ihnen um?
   - Welche Aussage soll dem Betrachter vermittelt werden?

5. Die Karikatur zeigt, dass man Stammtischparolen und Vorurteilen auch auf witzige Weise begegnen kann. Kennt ihr Sendungen, Videos, Comedians/Kabarettistinnen und Kabarettisten, Comics oder Texte, die auf diese Weise Kritik äußern? Beschreibt sie und versucht, die geäußerte Kritik in die Kategorien „Satire", „Parodie" oder „Ironie" einzuordnen.

Das musst du lernen und wissen.
Formen der Kritik

Um Kritik und Missbilligung direkt oder indirekt auszudrücken, gibt es verschiedene sprachliche und literarische Formen, die auch in anderen Medien (z. B. Film, Songs) vorkommen können. Häufig wird dabei etwas der Lächerlichkeit preisgegeben, zeigt also Merkmale des Komischen.

Die **Satire** ist eine Möglichkeit, etwas zu relativieren oder zu kritisieren. Ein satirischer Text verspottet z. B. Anschauungen, Ereignisse oder Institutionen, um Missbilligung auszudrücken. Sie bedient sich dabei unterschiedlicher Mittel wie der Über- oder Untertreibung, der bissigen Verspottung oder der Ironie (s. u.).

Eine **Parodie** ist eine verzerrende oder verspottende Nachahmung eines bereits bekannten Werkes. Häufig wird dabei die äußere Form beibehalten und diese mit einem anderen, nicht dazu passenden Inhalt versehen (z. B. Gedichtparodie).

Ironie ist eine Form der uneigentlichen Rede, die das Gesagte und Gemeinte verkehrt und dadurch Missbilligung oder Spott zu erkennen gibt. Die einfachste Form der Ironie ist, das Gegenteil von dem zu sagen, was man meint. Dass man das dann eben nicht ernst meint, kann man durch Ironiesignale verdeutlichen, z. B. durch Mimik, Gestik oder die Sprechweise.

Satire, Parodie und Ironie sind in ihren jeweiligen Erscheinungsformen manchmal nicht ganz klar voneinander zu unterscheiden.

Der Wettbewerb „Jugend debattiert"

Die am Kapitelanfang (S. 95) aufgeführten Streitthemen eignen sich auch für eine mündliche Debatte – etwa nach dem Vorbild des Wettbewerbs „Jugend debattiert".

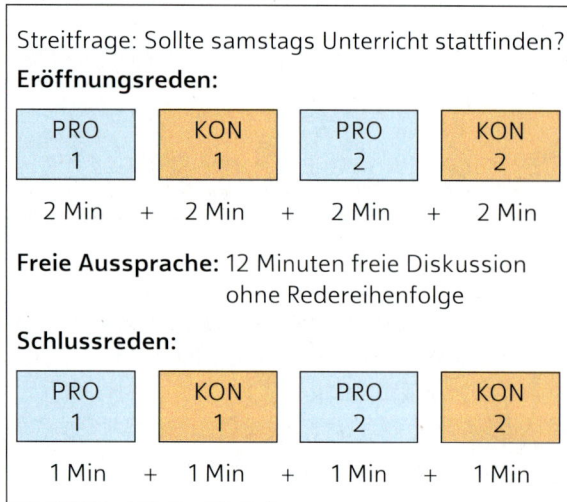

Eine Debatte wird zwischen vier Debattanten (zwei für die „Pro-", zwei für die „Kontra-Seite") ausgetragen und folgt festgelegten Regeln. Sie gliedert sich in drei Elemente, die jeweils durch ein Klingeln mit einer Glocke voneinander abgegrenzt werden.

In den **Eröffnungsreden** stellt jeder Debattant/jede Debattantin die Position zugespitzt vor. Die Reden dürfen jeweils eine festgeschriebene Zeit (in der Wettkampfdebatte zwei Minuten) nicht überschreiten. Wie auch in der Einleitung einer Erörterung können die Debattanten zwischen mehreren Möglichkeiten wählen, um ins Thema einzusteigen (vgl. dazu die Hinweise zur Einleitung für eine schriftliche Erörterung, S. 113). Die Rede endet damit, dass der eigene Standpunkt nochmals explizit genannt wird („… und deshalb spreche ich mich dafür/dagegen aus …").

Es beginnt die Seite, die die Entscheidungsfrage bejaht. Es folgt eine Eröffnungsrede eines Debattanten/einer Debattantin der Kontra-Seite. Die Redereihenfolge wird vorher festgelegt (Pro 1 – Kontra 1 – Pro 2 – Kontra 2).

In der sogenannten **freien Aussprache** (Dauer: 12 Minuten) dürfen die Kontrahenten nun auf das bisher Gesagte eingehen, neue Argumente in die Debatte einbringen und versuchen, die Gegner in ihrer Position zu entkräften. Hier kommt es darauf an, gut auf die Mitdebattanten einzugehen. Um zu überzeugen, braucht man inhaltlich gute Argumente, rhetorische und kommunikative Fähigkeiten und einen guten Überblick. Um die Debatte voranzubringen, ist es manchmal auch wichtig, den bisherigen Stand der Dinge zusammenzufassen und im Anschluss einen neuen Gedanken zu formulieren.

Die Debatte endet mit den **Schlussreden** (Dauer: je eine Minute). Die Redereihenfolge der Eröffnungsreden wird beibehalten. Die Redner beziehen erneut Position, nachdem sie nun ihre Standpunkte in der freien Aussprache entfaltet und geprüft haben. Dabei kann es vorkommen, dass die Redner den vorher festgelegten Standpunkt nun als falsch erkannt haben und ihn verändern. Jeder Redner fasst deshalb in der Schlussrunde Wichtiges aus der Debatte zusammen und begründet, warum er/sie nun genauso oder eben anders urteilt. Neue Argumente sollen nicht genannt werden, wohl aber können Appelle oder Folgerungen, die sich aus dem Urteil ergeben, ihren Platz in der Schlussrede haben.

1 Übt das Debattieren in der Klasse anhand der ganz zu Beginn aufgeführten Streitfragen (S. 95) und entlang des hier beschriebenen Ablaufs. Geht dabei folgende Schritte:

a) Klärt die Streitfrage, indem ihr sie in Teilfragen zerlegt und diese beantwortet.
b) Recherchiert selbstständig zum Thema und legt eine Pro-/Kontra-Tabelle mit Argumenten und Belegen/Beispielen an.
c) Klärt eure Position (achtet dabei darauf, dass die beiden Seiten in gleicher Zahl vertreten sind) und erstellt eine „Eröffnungsrede". Orientiert euch dabei an den Hinweisen für die Einleitung einer schriftlichen Erörterung auf S. 113. Übt den Vortrag und stoppt dabei auch die Zeit.
d) Wählt zwei Pro- und zwei Kontra-Vertreter aus und führt die Debatte durch.

2 Diskutiert über Vor- und Nachteile einer solchen festen Struktur für Streitgespräche.

3 So könnt ihr weiterarbeiten. Wählt aus:

a
- Sammelt verschiedene Streitthemen in der Klasse, die euch besonders interessieren. Notiert sie an der Tafel.

- Bildet kleine Gruppen und entscheidet euch in den Gruppen für ein Streitthema. Recherchiert dazu und notiert aus euren Ergebnissen heraus Pro- und Kontra-Argumente.

- Formuliert abschließend für die Schülerzeitung Beiträge zum Streitthema. Orientiert euch dabei an den erarbeiteten Inhalten und an den methodischen Hinweisen, die ihr im Laufe dieser Einheit erworben habt.

b Klärt die Voraussetzungen für einen „Debattierwettbewerb" in eurer gesamten Jahrgangsstufe. Sammelt dafür Streitfragen, fragt die Lehrkräfte in den anderen Klassen und legt dann gemeinsam Themen, Termine und Räumlichkeiten fest. Macht Werbung für euren Wettbewerb unter den Eltern und ladet sie dazu ein. Kürt eine Jury (evtl. aus Lehrern und Schülern), die die Leistungen der Debattanten bewertet und die Sieger ehrt. Führt dann euren eigenen Debattierwettbewerb durch.

4. Das habe ich gelernt, das kann ich

Lineare und dialektische Erörterung unterscheiden ➡ S. 111, 120

1 Wie muss es richtig heißen? Verbessere die folgenden beiden Aussagen und schreibe sie in der richtigen Fassung in dein Heft.

- Bei einer linearen Erörterung werden Pro- und Kontra-Argumente gegenübergestellt.
- Bei einer dialektischen Erörterung wird nur der eigene Standpunkt möglichst ausführlich dargelegt.

2 Welche der beiden folgenden Aussagen ist richtig? Schreibe sie in dein Heft.

- Bei einer linearen Erörterung empfiehlt es sich, die Argumente steigernd darzustellen, d. h. vom stärksten zum schwächsten Argument.
- Bei einer linearen Erörterung empfiehlt es sich, die Argumente steigernd darzustellen, d. h. vom schwächsten zum stärksten Argument.

3 Beschreibe, welche beiden Möglichkeiten es gibt, eine dialektische Erörterung aufzubauen.

Argumente verbinden und gewichten ➡ S. 123

4 Ordne entsprechend zu und übernimm dann die Tabelle in der richtigen Fassung in dein Heft.

Art der Verbindung/Gewichtung	Wörter und Wendungen
anreihend, evtl. auch steigernd	weil, da, denn, daher
einen Gegensatz herstellen, unterschiedliche Meinungen hervorheben	falls, unter der Bedingung, dass ..., wenn
begründen	außerdem, ferner, schwerer wiegt, besonders wichtig ist
Folgen angeben	aber, jedoch, allerdings, einerseits/andererseits
Bedingungen angeben	also, folglich, demzufolge

Unterschiedliche Arten, ein Argument zu belegen, erkennen ➡ S. 110

5 Zeigt, welche Belegart bei den folgenden Beispielen jeweils verwendet wurde. Schreibt dazu die entsprechenden Ziffern und Buchstaben in euer Heft.

A Aus eigener Erfahrung weiß ich, dass eine vegetarische Ernährungsweise nicht nur gesund, sondern heutzutage auch gut umsetzbar ist, da viele Supermärkte, aber auch Restaurants entsprechende Angebote bereithalten.

B Laut Daten des Statistischen Bundesamtes wird entgegen aller Einsichten über die negativen Folgen die Tierhaltung weltweit ausgeweitet. Als Gründe dafür werden die wachsende Weltbevölkerung, aber auch zunehmender Wohlstand in Schwellenländern und ein sich damit wandelndes Ernährungsverhalten hin zu mehr tierischen Produkten genannt. In Deutschland allerdings zeichnet sich ein gegenläufiger Trend ab: Hier ist der Fleischkonsum ab dem Jahr 2020 deutlich gesunken.

C Dass die Vielfalt der Lebensformen auf unserem Planeten besonders ist und daher auch ein schützenswertes Gut darstellt, kann kaum in Abrede gestellt werden. Die Frage ist jedoch, was wir bereit sind, dafür zu tun, dass das rasante Artensterben und der Klimawandel aufgehalten oder zumindest in ihren Folgen abgemildert werden können.

D Laut einem Bericht der UNO zur Landwirtschaft ist Fleischkonsum der größte Naturzerstörer weltweit. Dies liegt vor allem an den Begleitumständen der Tierhaltung. Laut einer Studie der University of Oxford könnten, wenn alle Menschen auf der Welt eine rein vegetarische Ernährung verfolgen würden, die klimaschädlichen Emissionen um 70 Prozent reduziert werden.

E Eine Fallstudie ergab, dass den meisten Fleischessern der Appetit vergeht, wenn sie sich vorstellen, der Teller mit Spaghetti Bolognese sei mit dem Fleisch eines Golden Retrievers zubereitet anstatt mit dem eines Schweins. Warum die Personen also offenbar mit zweierlei Maß messen, erklärten die Forscherinnen und Forscher mit einem kulturell festgelegten Bewusstsein über Fleisch. Bei traditionell essbaren Tieren fehle Fleischessern demnach die Empathie. Anders ist dies bei vielen Vegetariern, die hinsichtlich der Wahrnehmung von Tierarten keine Unterschiede machten und diesen gegenüber demnach stärker empathiefähig waren.

1 Berufung auf anerkannte Autoritäten
2 Anführen von nachweisbaren Tatsachen
3 Anführen von Fallbeispielen oder -studien
4 Berufung auf eigene Erfahrungen
5 Berufung auf anerkannte Normen und Werte

Jung und Alt

- Jugendliche haben ihre eigenen Vorstellungen vom Leben, die mit den Vorstellungen der Erzieher, seien es Eltern oder Lehrer, nicht immer übereinstimmen. Von diesem Konflikt handelt das Kapitel, in welchem ihr literarische Texte und Sachtexte zu diesem Problem findet.

- Ihr lernt, wie die Verfasser ihre Texte gestaltet haben, um die beabsichtigte Wirkung zu erreichen. Ihr lernt aber auch, Texte miteinander zu vergleichen. Nicht zuletzt setzt ihr euch dabei kritisch mit den Vorstellungen der Erwachsenen auseinander.

„Eltern erziehen gemeiniglich ihre Kinder nur so, dass sie in die gegenwärtige Welt, sei sie auch verderbt, passen. Sie sollten sie aber besser erziehen, damit ein zukünftiger besserer Zustand dadurch hervorgebracht werde."
Immanuel Kant, deutscher Philosoph (1724 – 1804)

„Die Kinder von heute sind Tyrannen. Sie widersprechen ihren Eltern, kleckern mit dem Essen und ärgern ihre Lehrer."
Sokrates, griechischer Philosoph (um 470 – 399 v. Chr.)

Texte vergleichen

„Denn wir können die Kinder nach unserem Sinn nicht formen: So wie Gott sie uns gab, so muss man sie haben und lieben, sie erziehen aufs Beste und jeglichen lassen gewähren."

Johann Wolfgang von Goethe, deutscher Dichter (1749 – 1832)

„Erziehung ist die organisierte Verteidigung der Erwachsenen gegen die Jugend."

Mark Twain, amerikanischer Schriftsteller (1835 – 1910)

1 Führt ein „Vier-Ecken-Gespräch" über die Aussagen der Philosophen und Schriftsteller. Schreibt dazu jede Aussage gut lesbar auf ein Blatt Papier und hängt die Aussagen jeweils in eine Ecke des Klassenzimmers. Teilt eure Klasse in vier Gruppen ein, die nacheinander darüber diskutieren, welche Auffassung von Erziehung jeweils deutlich wird.

2 Jeder entscheidet sich für eine Aussage, die ihm besonders zusagt, und begründet schriftlich seine Entscheidung.

1. Eigene Wege gehen

Reiner Kunze (geb. 1933)
Fünfzehn

■ Der Schriftsteller Reiner Kunze wurde in Oelsnitz im Erzgebirge (ehemalige DDR) geboren. Nach seinem Studium war er zunächst an der Universität in Leipzig angestellt, musste die Hochschule jedoch nach politischen Auseinandersetzungen verlassen und arbeitete als Hilfsschlosser im Schwermaschinenbau. Seit 1962 ist er freiberuflicher Schriftsteller, konnte seine Schriften jedoch nur unter großen Schwierigkeiten in der DDR veröffentlichen. 1977 siedelte Kunze in die Bundesrepublik über.
In seinem Buch „Die wunderbaren Jahre", das 1976 in der Bundesrepublik veröffentlicht wurde, schildert Kunze in Form von kurzen Prosatexten den konfliktbeladenen und keineswegs „wunderbaren" Alltag in der damaligen DDR. Die Texte basieren auf Gesprächserfahrungen mit Schülern, Lehrlingen, Arbeitern und Soldaten, vor allem aber auch mit seiner Tochter Marcela. Z. B. sind es deren Schwierigkeiten in der Schule, der erzwungene Anpassungsdruck und die Kritik der Lehrer und Lehrerinnen an ihren Auffassungen und ihrem Äußeren, die Kunze in seinen Texten literarisch verarbeitet hat. ■

Sie trägt einen Rock, den kann man nicht beschreiben, denn schon ein einziges Wort wäre zu lang. Ihr Schal dagegen ähnelt einer Doppelschleppe: Lässig um den Hals geworfen, fällt er in ganzer Breite über Schienbein und Wade. (Am liebsten hätte sie einen Schal, an dem mindestens drei Großmütter zweieinhalb Jahre gestrickt haben – eine Art Niagara-Fall aus Wolle. Ich glaube, von einem solchen Schal würde sie behaupten, daß er genau ihrem Lebensgefühl entspricht. Doch wer hat vor zweieinhalb Jahren wissen können, daß solche Schals heute Mode sein würden.) Zum Schal trägt sie Tennisschuhe, auf denen jeder ihrer Freunde und jede ihrer Freundinnen unterschrieben haben. Sie ist fünfzehn Jahre alt und gibt nichts auf die Meinung uralter Leute – das sind alle Leute über dreißig.
Könnte einer von ihnen sie verstehen, selbst wenn er sich bemühen würde? Ich bin über dreißig.

Wenn sie Musik hört, vibrieren noch im übernächsten Zimmer die Türfüllungen. Ich weiß, diese Lautstärke bedeutet für sie Lustgewinn. Teilbefriedigung ihres Bedürfnisses nach Protest. Überschallverdrängung unangenehmer logischer Schlüsse. Trance. Dennoch ertappe ich mich immer wieder bei einer Kurzschlußreaktion: Ich spüre plötzlich den Drang in mir, sie zu bitten, das Radio leiser zu stellen. Wie also könnte ich sie verstehen – bei diesem Nervensystem?
Noch hinderlicher ist die Neigung, allzu hochragende Gedanken erden zu wollen.
Auf den Möbeln ihres Zimmers flockt der Staub. Unter ihrem Bett wallt er. Dazwischen liegen Haarklemmen, ein Taschenspiegel, Knautschlacklederreste, Schnellhefter, Apfelstiele, ein Plastikbeutel mit der Aufschrift „Der Duft der großen weiten Welt", angelesene und übereinandergestülpte Bücher (Hesse, Karl May, Hölderlin), Jeans mit in sich gekehrten Hosenbeinen,

halb und dreiviertel gewendete Pullover, Strumpfhosen, Nylons und benutzte Taschentücher. (Die Ausläufer dieser Hügellandschaft erstrecken sich bis ins Bad und in die Küche.) Ich weiß: Sie will
45 sich nicht den Nichtigkeiten des Lebens ausliefern. Sie fürchtet die Einengung des Blicks, des Geistes. Sie fürchtet die Abstumpfung der Seele durch Wiederholung! Außerdem wägt sie die Tätigkeiten gegeneinander ab nach dem Maß an
50 Unlustgefühlen, das mit ihnen verbunden sein könnte, und betrachtet es als Ausdruck persönlicher Freiheit, die unlustintensiveren zu ignorieren. Doch nicht nur, daß ich ab und zu heimlich ihr Zimmer wische, um ihre Mutter vor Herz-
55 krämpfen zu bewahren –, ich muß mich auch der Versuchung erwehren, diese Nichtigkeiten ins Blickfeld zu rücken und auf die Ausbildung innerer Zwänge hinzuwirken.

Einmal bin ich dieser Versuchung erlegen.
60 Sie ekelt sich schrecklich vor Spinnen. Also sagte ich: „Unter deinem Bett waren zwei Spinnennester."
Ihre mit lila Augentusche nachgedunkelten Lider verschwanden hinter den hervortretenden Aug-
65 äpfeln und sie begann, „Iix! Ääx! Uh!" zu rufen, so daß ihre Englischlehrerin, wäre sie zugegen gewesen, von so viel Kehlkopfknacklauten – englisch „glottal stops" – ohnmächtig geworden wäre. „Und warum bauen die ihre Nester gerade bei
70 mir unterm Bett?"

„Dort werden sie nicht oft gestört." Direkter wollte ich nicht werden, und sie ist intelligent. Am Abend hatte sie ihr inneres Gleichgewicht wiedergewonnen. Im Bett liegend, machte sie einen
75 fast überlegenen Eindruck. Ihre Hausschuhe standen auf dem Klavier. „Die stelle ich jetzt immer dorthin", sagte sie. „Damit keine Spinnen hineinkriechen können."

(1976)

(Aus lizenzrechtlichen Gründen folgt dieser Text nicht der reformierten Rechtschreibung.)

1 Hört euch den Text an oder lasst ihn euch vorlesen. Sprecht darüber, welchen Eindruck ihr von dem Verhältnis des Erzählers zu seiner Tochter habt.

2 Stellt zusammen, was die Leserin/der Leser über die Tochter erfährt. Gestaltet dazu ein Schaubild, in dem ihr die Eigenschaften geordnet nach Oberbegriffen darstellt und ein Fazit zieht.

Wenn euch die Aufgabe Schwierigkeiten bereitet, findet ihr unter folgendem Webcode eine Hilfestellung:

 WES-127419-038

3 Untersucht genauer die Zeilen 21 – 30. Erläutert, was den Erzähler am Verhalten der Tochter stört und wie er darauf reagiert. Achtet besonders auf das Adverb „Dennoch" in Zeile 26.

4 Untersucht in gleicher Weise die Zeilen 31 – 78. Erläutert, welche Haltung der Erzähler zu dem Chaos einnimmt und warum er nicht erfolgreich ist.

5 Fasst in einem kurzen Text zusammen, zu was für einen Menschen der Erzähler seine Tochter erziehen will.

6 **So könnt ihr weiterarbeiten. Wählt aus:**

a Stellt euch vor, die Tochter spricht mit einer guten Freundin über ihren Vater. Schreibt das Gespräch auf. Überlegt, welche Fragen die Freundin stellen könnte. Spielt das Gespräch eurer Klasse vor.

b Schreibt einen Text, in dem der Vater aus der Sicht der Tochter charakterisiert wird. Vielleicht gelingt es euch, ähnlich wie in der Erzählung von Reiner Kunze, Achtung und Toleranz gegenüber der anderen Generation zum Ausdruck zu bringen. Sinnvoll ist es, wenn ihr zunächst gemeinsam stichwortartig einige Informationen zum Äußeren, zu Gewohnheiten usw. festhaltet. So könnte euer Text beginnen:

Achtundvierzig
Zugegeben, die Brille, die er trägt, war schon vor zehn Jahren nicht mehr modern …

Wolfgang Herrndorf

Tschick – Inhaltsangabe

Der Roman „Tschick" von Wolfgang Herrndorf handelt von der Entwicklung der Freundschaft zweier 14-jähriger Jungen.

Maik Klingenberg, der als Ich-Erzähler auftritt, stammt aus einem zerrütteten Elternhaus, seine Mutter ist Alkoholikerin, die schon mehrmals in einer Entzugsklinik war, sein Vater ist ein ehemals erfolgreicher Immobilienhändler, der jetzt allerdings vor dem finanziellen Ruin steht. Er hat eine Affäre mit seiner jungen Sekretärin, für die er später die Familie verlassen wird. Beide Eltern sind so sehr mit sich selbst beschäftigt, dass sie nur wenig Zeit mit ihrem Sohn verbringen.

In der Schule gilt Maik als Außenseiter, als „Langweiler", wie er genannt wird, weil er nur sehr wenig von sich selbst preisgibt. Er schließt Bekanntschaft mit einem neuen Klassenkameraden namens Andrej Tschichatschow, genannt Tschick.

Tschick ist ebenfalls Außenseiter in der Klasse, und zwar wegen seines sozialen Status. Er stammt nach eigenen Angaben aus einer „jüdischen Zigeunerfamilie", die, bevor sie nach Deutschland kam, in Russland gelebt hat. Er wohnt zusammen mit seinem Bruder und weiteren Verwandten auf engem Raum in großer Armut und hat schon einige Straftaten verübt. Trotz seiner schwierigen sozialen Lage hat er es geschafft, von einer Förderschule auf ein Gymnasium zu wechseln. Er fällt immer wieder durch sein unkonventionelles Handeln auf. In den Sommerferien, die Maik allein verbringen muss, weil seine Mutter wieder in eine Entzugsklinik gebracht wird und sein Vater mit seiner Geliebten „auf Geschäftsreise" geht, macht er sich mit Tschick mit einem von diesem gestohlenen Lada auf den Weg in die „Walachei", wo Tschick einen Onkel von sich besuchen will. Beide haben jedoch keine Vorstellung davon, wo sich die „Walachei" befindet.

Während dieser Fahrt erleben sie eine Reihe von abenteuerlichen Begegnungen, wodurch sich eine wirkliche Freundschaft zwischen ihnen entwickelt. Die Fahrt endet mit einem Unfall, bei dem sich beide verletzen und von der Polizei gefasst werden.

1 Sprecht darüber, welche Konfliktsituationen sich aus der hier beschriebenen Handlungsübersicht ergeben können. Fasst eure Ergebnisse stichwortartig zusammen.

 WES-127419-039

Wolfgang Herrndorf (1965 – 2013)
Tschick (Auszug)

Die Auseinandersetzung mit dem Vater

■ Der folgende Textauszug stammt aus dem Ende des Romans. Das Gespräch zwischen Maik und seinem Vater findet am Tag vor der Gerichtsverhandlung statt. ■

„Er begreift es nicht." Mein Vater drehte sich zu meiner Mutter um und sagte: „Er begreift es nicht, er ist zu dumm!"

Ich saß auf einem Stuhl, und er saß mir gegenüber auf einem Stuhl und beugte sich so weit vor, dass sein Gesicht direkt vor meinem Gesicht war und seine Knie von außen gegen meine drückten, und ich konnte bei jedem Wort, das er schrie, sein

Rasierwasser riechen. Aramis. Geschenk von meiner Mutter, zum hundertsiebzigsten Geburtstag.

„Du hast mächtig Scheiße gebaut, ist dir das klar!"

Ich antwortete nicht. Was sollte ich antworten? Klar war mir das klar. Und er sagte es ja auch nicht zum ersten, sondern zum ungefähr hundertsten Mal heute, und was er jetzt noch von mir hören wollte, wusste ich nicht.

Er sah meine Mutter an, und meine Mutter hustete.

„Ich glaube schon, dass er's begreift", sagte sie. Sie rührte mit dem Strohhalm im Amaretto rum. Mein Vater packte mich an den Schultern und schüttelte mich. „Weißt du, wovon ich rede? Sag gefälligst was!"

„Was soll ich denn sagen? Ich hab doch Ja gesagt, ja, es ist mir klar. Ich hab's verstanden."

„Gar nichts hast du verstanden! Gar nichts ist dir klar! Er denkt, es geht um Worte. Ein Idiot!"

„Ich bin kein Idiot, nur weil ich zum hundertsten Mal –"

Zack, scheuerte er mir eine.

„Josef, lass doch." Meine Mutter versuchte aufzustehen, verlor aber sofort das Gleichgewicht und ließ sich zurück in den Sessel neben der Amarettoflasche sinken.

Mein Vater beugte sich ganz dicht zu mir vor. Er zitterte vor Aufregung. Dann verschränkte er die Arme vor der Brust, und ich versuchte mit meinem Gesicht eine Art Zerknirschung auszudrücken, weil mein Vater das vermutlich erwartete und weil ich wusste, dass er die Arme nur verschränkte, weil er kurz davor war, mir noch eine zu scheuern. Bis dahin hatte ich einfach nur gesagt, was ich dachte. Ich wollte nicht lügen. Diese Zerknirschung war die erste Lüge, die ich mir an diesem Tag leistete, um die Sache abzukürzen.

„Ich weiß, dass wir Scheiße gebaut haben, und ich weiß –"

Mein Vater holte mit dem Arm aus, und ich zog den Kopf ein. Diesmal brüllte er aber nur: „Nein, nein, nein! *Ihr* habt überhaupt keine Scheiße gebaut, du Vollidiot! Dein asiger Russenfreund hat Scheiße gebaut! Und du bist so dämlich, dich da reinziehen zu lassen. Du bist doch allein zu blöd, um an unserem Auto den Rückspiegel zu verstellen!", rief mein Vater, und ich machte ein genervtes Gesicht, weil ich ihm schon ungefähr zehntausendmal erklärt hatte, wie es wirklich gewesen war, auch wenn er's nicht hören wollte.

„Glaubst du, du bist allein auf der Welt? Glaubst du, das fällt nicht auf uns zurück? Was meinst du, wie ich jetzt dasteh? Wie soll ich den Leuten Häuser verkaufen, wenn mein Sohn ihre Autos klaut?"

„Du verkaufst doch eh keine Häuser mehr. Deine Firma ist doch –"

Zack, krachte es in mein Gesicht, und ich fiel zu Boden. Alter Finne. Auf der Schule heißt es ja immer, Gewalt ist keine Lösung. Aber Lösung mein Arsch. Wenn man einmal so eine Handvoll in der Fresse hat, weiß man, dass das sehr wohl eine Lösung ist.

Meine Mutter schrie, ich rappelte mich auf, und mein Vater sah zu meiner Mutter und dann irgendwo in den Raum, und dann sagte er: „Klar. Ganz klar. Ist auch egal. Setz dich. Ich hab gesagt, setz dich, du Idiot. Und hör genau zu. Du hast nämlich gute Chancen, mit einem blauen Auge davonzukommen. Das weiß ich vom Schuback. Außer du stellst dich so dämlich an wie jetzt und erzählst dem Richter, wie toll du ein Auto kurzschließen kannst mit der Dreißig auf die Fünfzig und holla-holla. Das machen die gern beim Jugendgericht, dass sie das Verfahren gegen einen einstellen, damit er als Zeuge gegen den anderen aussagen muss. Und normal bist du derjenige, gegen den das Verfahren eingestellt wird, außer du bist zu scheißedämlich. Aber verlass dich drauf: Dein asiger Russe ist nicht so dämlich wie du. Der kennt das schon. Der hat schon eine richtige kriminelle Karriere hinter sich, Ladendiebstahl mit seinem Bruder, Schwarzfahren, Betrug und Hehlerei. Ja, da guckst du. Die ganze asige Sippschaft ist so. Hat er dir natürlich nicht erzählt. Und der hat auch kein solches Elternhaus vorzuweisen, der lebt in der Scheiße. In seiner Sieben-Quadratmeter-Scheiße, wo er auch hingehört. Der kann froh sein, wenn er in ein Heim kommt. Aber die können den auch abschieben, sagt der

Szenenfoto der Bühnenfassung (Schauspielhaus Salzburg)

Schuback. Und der wird morgen versuchen, um jeden Preis seine Haut zu retten – ist dir das klar? Der hat seine Aussage schon gemacht. Der gibt dir die ganze Schuld. Das ist immer so, da gibt jeder Idiot dem anderen die Schuld."

„Und das soll ich also auch machen?"

„Das sollst du nicht, das *wirst* du machen. Weil sie dir nämlich glauben. Verstehst du? Du kannst von Glück sagen, dass der Typ von der Jugendgerichtshilfe hier so begeistert war. Wie der das Haus gesehen hat. Wie der allein den Pool gesehen hat! Das hat er ja auch gleich gesagt, dass das hier ein Elternhaus ist mit den besten Möglichkeiten und allem Pipapo." Mein Vater drehte sich zu meiner Mutter um, und meine Mutter linste in ihr Glas. „Du bist da reingerissen worden von diesem russischen Asi. Und das erzählst du dem Richter, egal, was du der Polizei vorher erzählt hast, capisce? Capisce?"

„Ich erzähl dem Richter, was passiert ist", sagte ich. „Der ist doch nicht blöd."

Mein Vater starrte mich ungefähr vier Sekunden lang an. Das war das Ende. Ich sah noch das Blitzen in seinen Augen, dann sah ich erst mal nichts mehr. Die Schläge trafen mich überall, ich fiel vom Stuhl und rutschte auf dem Fußboden rum, die Unterarme vorm Gesicht. Ich hörte meine Mutter schreien und umfallen und „Josef!" rufen, und zuletzt lag ich so, dass ich zwischen meinen Armen heraus durchs Terrassenfenster sah. Ich spürte die Fußtritte immer noch, aber es wurden langsam weniger. Mein Rücken tat weh. Ich sah den blauen Himmel über dem Garten und schniefte. Ich sah den Sonnenschirm über der einsamen Liege im Wind. Daneben stand ein brauner Junge und fischte mit einem Kescher die Blätter aus dem Pool. Sie hatten den Inder wieder eingestellt.

„Ach Gott, ach Gott", sagte meine Mutter und hustete.

Den Rest des Tages verbrachte ich im Bett. Ich lag auf der Seite und zuppelte am Rollo rum, das über mir in der Nachmittagssonne schaukelte. Das Rollo war uralt. Ich hatte es schon gehabt, als ich drei Jahre war. Wir waren fünfmal damit umgezogen, und es war immer da gewesen. Das fiel mir jetzt zum ersten Mal auf, als ich daran rumzuppelte. Ich hörte aus dem Garten die Stimmen meiner Eltern. Der Inder kriegte auch noch was ab. Wahrscheinlich hatte er irgendein welkes Blatt im Pool übersehen. Es war der große Schreitag für meinen Vater. Später hörte ich die Vögel im Garten, dann setzte die Dämmerung ein, und es wurde ruhig.

Ich lag da, während es immer dunkler wurde, und betrachtete das Rollo und dachte darüber nach, wie lange alles noch so bleiben würde. Wie lange ich hier noch liegen könnte, wie lange wir noch in diesem Haus leben würden, wie lange meine Eltern noch verheiratet wären.

Und ich freute mich darauf, Tschick wiederzusehen. Das war das Einzige, worauf ich mich freute. Ich hatte ihn nicht mehr gesehen seit unserem Unfall auf der Autobahn, und das war jetzt schon vier Wochen her. Ich wusste, dass sie ihn in ein Heim gebracht hatten, aber es war ein Heim, wo man erst mal keinen Kontakt haben durfte, nicht mal Briefe bekam man da.

(2010)

1 Hört euch den Text an oder lasst ihn euch vorlesen. Erläutert, welche Konfliktsituation, die ihr vermutet habt (vgl. Seite 136, Aufgabe 1), in dem Textauszug dargestellt wird.

2 Erläutert, welches Ziel der Vater in der Auseinandersetzung mit Maik verfolgt und wie er dieses Ziel begründet. Geht dabei auch darauf ein, wie der Vater die Auseinandersetzung sprachlich führt.

3 Schreibt einen kurzen Text, in dem ihr darlegt, zu was für einen Menschen der Vater seinen Sohn erziehen möchte.

4 Wie verhält Maik sich in dieser Auseinandersetzung? Erklärt dazu seine folgenden beiden Aussagen:
„Diese Zerknirschung war die erste Lüge, die ich mir an diesem Tag leistete, um die Sache abzukürzen." (Z. 45 ff.)
„Ich erzähl dem Richter, was passiert ist […]. Der ist doch nicht blöd." (Z. 120 f.)

5 Vergleicht den Textauszug aus dem Roman „Tschick" mit der Erzählung „Fünfzehn" von Reiner Kunze. Arbeitet dazu Gemeinsamkeiten und Unterschiede heraus. Beachtet für den Vergleich die Hinweise in dem Werkzeugkasten.

Das brauchst du immer wieder. ◆ **So gehst du vor.**

Erzähltexte vergleichen

Die Besonderheiten der beiden Erzähltexte könnt ihr gut erschließen, wenn ihr sie miteinander vergleicht und dabei herausfindet, welche Gemeinsamkeiten sie haben und was sie voneinander unterscheidet.
Bei einem solchen Vergleich könnt ihr folgendermaßen vorgehen:

- Zuerst klärt ihr die Themen und Aspekte, anhand derer sich die beiden Texte vergleichen lassen (z. B. das Verhalten der Väter gegenüber ihren Kindern).

- Sucht dann aus beiden Texten zu diesen Themen und Aspekten entsprechende Textstellen heraus und stellt sie gegenüber.
Hilfreich ist es, wenn ihr dazu eine Tabelle anlegt, um eure Beobachtungen im Überblick festzuhalten. Eine solche Tabelle könnte folgendermaßen aussehen:

Vergleichsgesichtspunkte	„Fünfzehn" von R. Kunze	„Tschick" von W. Herrndorf
Verhalten der Väter	?	?
Erziehungsziele der Väter	?	?
Verhalten der Jugendlichen	?	?
Erzählform	?	?

---

6 So könnt ihr weiterarbeiten. Wählt aus:

a Jemand von euch könnte den Roman „Tschick" von Wolfgang Herrndorf lesen und der Klasse vorstellen. Dabei sollte deutlich werden, wie der Ich-Erzähler Maik sich im Verlauf der Handlung ändert und wodurch diese Veränderung ausgelöst wird.

b Wählt eine Passage aus dem Streit zwischen Vater und Sohn aus und verfilmt sie.

Hinweise zu filmtechnischen Möglichkeiten erhaltet ihr unter folgendem Webcode:

WES-127419-040

Jan Weiler (geb. 1967)
Im Pubertier-Biotop

■ Jan Weiler ist Journalist und ein sehr erfolgreicher Schriftsteller, der schon mehrere Bestseller verfasst hat, z. B. den Roman „Maria, ihm schmeckt's nicht!" (2003), der auch verfilmt wurde. Der folgende Text entstammt seinem Buch „Das Pubertier", das im Jahr 2014 erschienen ist und sofort auf die vorderen Plätze der Bestsellerlisten rückte. Jan Weiler thematisiert in den einzelnen Texten die Schwierigkeiten eines Vaters, mit seiner pubertierenden Tochter zurechtzukommen. Die ersten Texte zu diesem Thema veröffentlichte Weiler 2011 im Rahmen seiner Kolumne in der Zeitschrift „Stern". ■

Nur der im Tierreich fehlenden Schulpflicht ist es zu verdanken, dass der Koalabär als faulstes Lebewesen der Welt gilt. Er hängt täglich zwanzig Stunden rum. Das würde unsere Tochter locker
5 toppen, aber sie muss zwischendurch in die Schule.
Ihr aktuelles Idol heißt William Gaines. Das war der Herausgeber des Magazins „Mad"[1]. Von Gaines wird erzählt, er habe sich jahrelang in ei-
10 nem Rollstuhl herumschieben lassen, und zwar nicht, weil er gebrechlich gewesen sei, sondern aus reiner Faulheit. Das entspricht genau Carlas Vorstellung von einem perfekten irdischen Dasein. Unser Pubertier kann nicht aufräumen, weil
15 es keinen Bock auf den Stress hat. Sie kann nicht ans Telefon gehen, weil sie das Klingeln unter Leistungsdruck setzt. Sie hätte gerne Salz in der Soße, akzeptiert diese aber auch ungesalzen, wenn sie das Salz selbst holen muss. Sie ist fauler als ein
20 sardischer Esel im August um die Mittagszeit.
Heute Morgen steht sie abmarschbereit im Flur. Ich sage, dass es klug sei, eine Jacke anzuziehen. Antwort: „Meine Jacke ist oben, und bis ich die geholt habe, ist der Schultag vorbei." Wir wohnen

[1] **Mad:** bekanntes amerikanisches Satiremagazin, erscheint auch seit 1967 in einer deutschsprachigen Ausgabe

25 keineswegs im Parlamentspalast von Bukarest (umbaute Fläche: 365 000 Quadratmeter). Man kann eine Jacke holen und innerhalb einer halben Minute zurück sein. Dies allerdings nur, wenn man sich beim Gehen bewegt. Und Pubertiere be-
30 wegen sich nicht, jedenfalls nicht sichtbar.
Carla ist sehr gut im Chillen, Relaxen, Entspannen, Ausruhen, Runterkommen, Zeittotschlagen und Einfach-mal-nix-Machen. Es handelt sich dabei übrigens nicht um dieselbe Tätigkeit in sieben
35 Varianten, sondern laut Carla um unterschiedliche Verrichtungen, für die mein Verständnis jedoch allmählich schwindet. Carla ist aber der Meinung, dass nicht sie, sondern ich nicht ganz normal sei. Vielleicht hat sie recht. Ich werde mit
40 zunehmendem Alter immer tüchtiger. Eigentlich schrecklich, denn ich kann mich durchaus an Gespräche mit meinen eigenen Eltern erinnern, in denen diese mir „sinnlose Faulheit", „mangelndes Interesse" und „pflanzenartiges Herumlungern"
45 vorwarfen. Ich nahm dies 1980 müde zur Kenntnis und kochte mir einen Tee, um runterzukommen. Ich war mindestens so schlimm wie Carla. Aber das würde ich ihr gegenüber nie zugeben.
Natürlich weiß ich, dass das alles wieder mit den
50 Hormonen und diesem ganzen Entwicklungsterror zu tun hat. Aber es ist momentan kaum vorstellbar, dass sich aus unserer lethargischen Amphibie eines Tages eine engagierte und flinke Person pellen soll, die der Gesellschaft zum Nut-
55 zen und der eigenen Natur zum Trotz Dinge anfängt und zu Ende führt.
Neulich teilte sie mit, sie könne kein Ei kochen, da sie nicht wisse, wann man es ins Wasser gebe. Ich sagte ihr, man könne es sowohl ins kalte als auch
60 ins kochende Wasser legen. Nach einer Viertelstunde kam sie zurück und fragte, wann denn so 'n Wasser koche. Ich sah nach und stellte dann erst einmal den Herd an. Ich dachte eigentlich, wir wären schon mal weiter gewesen. Ein befreunde-
65 ter Arzt klärte mich dann darüber auf, dass es sich um ein Paradebeispiel nicht miteinander verknüpfter Synapsen handele. Alles völlig normal.
Gestern wollte ich gerade ins Bett, als mich ein schwaches Stimmchen aufhielt. Es rief mich. Flehentlich. Ich ging also ins Zimmer meiner Toch-
70

ter, die im Bett lag und mich mit einem Blick ansah, gegen den sich Bambis[1] Gesichtsausdruck wie der eines Taliban-Anführers[2] ausnahm. Ob ich ihr mal eben die Tasse von ihrem Schreibtisch reichen könne. Sie hatte tatsächlich darauf gewartet, bis jemand an ihrem Zimmer vorbeiging, nur um nicht selbst aufstehen zu müssen. Ich sagte, dass es wohl bei ihr piepe. Sie erwiderte, sie leide am Asperger-Syndrom[3] und sei nicht dazu in der Lage, einfachste Verrichtungen zu erledigen. Ich erklärte ihr, dass sie höchstens unter dem Gaines-Syndrom leide, und erzählte ihr die Sache mit dem Rollstuhl des „Mad"-Herausgebers. Sie antwortete: „Das ist ja sehr interessant. Aber wenn du schon in meinem Zimmer rumstehst, kannst du mir auch die Tasse vom Schreibtisch geben." Ich war so verdutzt, dass ich es tat. Darauf sie: „Na also. Geht doch."

Manchmal fühle ich mich meiner Tochter nicht gewachsen. (2011)

---

[1] **Bambi:** Filmfigur aus dem gleichnamigen Disneyfilm; gilt als besonders niedlich
[2] **Taliban:** bewaffnete radikale Islamisten in Afghanistan, die Gewalt ausüben, um ihr Ziel, den sogenannten Gottesstaat, durchzusetzen
[3] **Asberger-Syndrom:** Entwicklungsstörung, die sich vor allem in dem Bereich der zwischenmenschlichen Kommunikation und des sozialen Miteinanders zeigt

---

1 Lest den Text oder lasst ihn euch vorlesen. Der letzte Satz lautet: „Manchmal fühle ich mich meiner Tochter nicht gewachsen". Erläutert den Satz.

2 Untersucht den Text nun genauer und arbeitet heraus, wie der Vater seine Tochter beschreibt und welche Einstellung zu ihr deutlich wird. Achtet dabei auch auf die Sprache, in der der Text verfasst ist.

3 Ermittelt und erläutert den Aufbau des Textes. Kennzeichnet für jeden Abschnitt die vorherrschende Zeitform und erläutert sie. Vergleicht den Text anschließend mit dem von Reiner Kunze (S. 134 f.). Orientiert euch dabei an dem Werkzeugkasten auf S. 139.

4 Erklärt, was der Begriff „Pubertier" bedeuten könnte und welche Bedeutung die Überschrift hat.

5 Klärt die Frage, ob es sich bei dem Text um eine Kolumne handelt. Lest dazu den Infokasten.

Info: Die Kolumne

Die **Kolumne** gehört, ebenso wie der Kommentar, zu den **meinungsbildenden Texten** einer Zeitung oder Zeitschrift. Sie erscheint regelmäßig an der immer gleichen Stelle. Im Unterschied zum Kommentar muss sie jedoch nicht unbedingt ein tagesaktuelles Ereignis thematisieren, sondern bezieht sich oft auf persönliche Erlebnisse des Verfassers, von denen dieser annimmt, dass sie auf ein allgemeines Interesse stoßen. Weiterhin werden Kolumnen in der Regel nicht von Redaktionsmitgliedern der Zeitung/Zeitschrift verfasst, sondern von bekannten Gastautoren. Die Kolumnen sind vom Druckbild von anderen redaktionellen Texten abgesetzt, um deutlich zu machen, dass in ihnen nicht unbedingt die Meinung der Redaktion vertreten wird.

---

6 Das Buch von Jan Weiler ist ein Bestseller geworden. Führt mögliche Gründe an, die eurer Ansicht nach für den Erfolg des Buches ausschlaggebend sind.

7 So könnt ihr weiterarbeiten. Wählt aus:

a Stellt euch vor, die Väter aus „Fünfzehn", „Tschick" und „Im Pubertier-Biotop" begegneten sich und unterhielten sich über ihre Töchter. Schreibt ein solches Gespräch auf und spielt es vor der Klasse.

b Möglich wäre auch, dass die beiden Töchter und Tschick sich treffen. Schreibt auch hier ein mögliches Gespräch auf und spielt es vor der Klasse.

2. Vom Lob der Disziplin

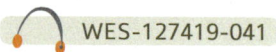

Christiane Collange (geb. 1930)
Ich, Deine Mutter

Die Schwierigkeit besteht darin, dass ihr, nachdem wir euch jahrelang mühsam die Verhaltensweisen beigebracht haben, die das Wohlergehen des einen garantieren, ohne das Glück des anderen zu stören, dennoch weiter wie die Vandalen in den gepflegten Beeten unseres Alltagslebens herumtrampelt. Genau in diesem Bereich, in den einfachsten Fragen des Verhaltens, werdet ihr sogar mit jedem Jahr kindischer, jedenfalls wirkt es so.

Zwischen eurer Geburt und eurem zehnten oder zwölften Lebensjahr konnten wir, abgesehen von besonders widerspenstigen Altersgenossen, im Allgemeinen Fortschritte verzeichnen. [...]
Die Lage hat sich verschlechtert seit den ersten Anzeichen der Pubertät und unter den höheren Anforderungen in der Mittelstufe des Gymnasiums. Mit der Entschuldigung, morgens früher zur Schule gehen und abends noch Hausaufgaben erledigen zu müssen, habt ihr alle brav eingeübte Ordnung und Höflichkeit über Bord geworfen.
Hunderte von Eltern haben meine eigene Erfahrung mit ihren Berichten bekräftigt: Was sich bei mir zu Hause abspielte, war nicht schlimmer als anderswo. Überall, wo Halbwüchsige leben, gibt's *Trouble*!
Als du zwischen zwölf und vierzehn Jahren alt warst, glich dein Zimmer einem Trödelladen, dann einem Schweinestall, heute kann man es nur noch als Müllkippe bezeichnen.
Ich weiß: Ich brauche nur die Tür geschlossen zu lassen und nicht nachzuschauen, was sich dahinter abspielt. Darauf habe ich mich übrigens ziemlich rasch eingestellt: deine Höhle so wenig wie möglich zu betreten. Ich habe akzeptiert, dass dies dein Bereich ist und dass ich mich nicht einzumischen habe, wenn du es aushältst, in diesem Loch zu hausen. Im Übrigen war die Politik der geschlossenen Tür für uns beide von Vorteil. Sie ersparte mir Ärger und erhielt dir die Rumpelkammer. Ich schreite nur ein- bis zweimal pro Jahr zu großen Aufräumaktionen, wenn du mit deinen *Kumpeln* in die Ferien fährst. [...]
So könnten wir durchaus einen Modus Vivendi[1] finden, wenn du in deiner Höhle bliebest. Du hältst dich jedoch nicht an dein Reich, du uferst aus, du verschmutzt meine Umwelt, *du respektierst meinen Lebensbereich nicht*. [...]
Allen Eltern ergeht es gleich: [...] Wir können eure selbstherrliche Achtlosigkeit gegenüber den einfachen Alltagsdingen nicht begreifen. [...]
Warum bringt ihr es nicht fertig, das Licht auszumachen oder die Tür zu schließen, wenn ihr einen Raum verlasst?
Warum stellt ihr ein Lexikon oder ein Adressbuch niemals an ihren Platz zurück, wenn ihr etwas nachgeschaut habt?
Warum verschwinden regelmäßig Bleistifte, Kugelschreiber, Notizblocks, die wir neben das Telefon oder in die Küche legen, um Anrufe festzuhalten oder die fälligen Einkäufe zu notieren?
Warum ersetzt ihr nie eine aufgebrauchte Toilettenpapierrolle und verschwendet keinen Gedanken an den nächsten Benutzer? Warum werft ihr eure Jacken oder Mäntel über die Möbel, anstatt sie an die Garderobe zu hängen?

15-Jähriger in seinem Zimmer

---

[1] **Modus Vivendi:** Übereinkunft

Warum lasst ihr abends beim Ausziehen eure Kleider einfach auf den Fußboden fallen und beklagt euch dann, wenn sie zerknittert und unansehnlich sind?

Warum verliert ihr UNSERE Skihandschuhe, UNSERE Sonnenbrillen, ohne es auch nur für nötig zu halten, uns das mitzuteilen, sodass wir erst merken, dass ein Gegenstand uns fehlt, wenn wir ihn benutzen wollen?

Warum verschwinden regelmäßig eure Personalausweise und Reisepässe und anschließend noch das Familienstammbuch, das man euch anvertraut, damit ihr euch neue Papiere ausstellen lasst? [...]

Wenn ich dir solche Vorhaltungen mache, schaust du mich mit einer Art hochmütig herausfordernder Verachtung an. So, als sei ich die nächstbeste grüne Witwe in ihrem Vororthäuschen, die nichts anderes im Sinn hat als blitzblanke Fliesen und akkurat gestapelte Wäsche in den Schränken. Diese Verachtung nehme ich dir übel, denn ich weiß doch, dass ich tausendmal mehr arbeite als du, dass ich mich mindestens so sehr wie du für die Welt, in der wir leben, interessiere, dass ich nachdenke, infrage stelle, mir genauso viel Sorgen mache um die großen Zukunftsprobleme unserer Gesellschaft und dass ich viel zu viel Zeit verliere für Alltagskram.

1 Hört euch den Text an oder lest ihn und sprecht darüber, aus welchem Anlass und mit welcher Absicht die Autorin ihren Text verfasst hat. Äußert Vermutungen, in welcher Gefühlslage sie sich beim Schreiben befunden haben könnte.

2 Fasst stichwortartig zusammen, welche Verhaltensweisen der Jugendlichen von Christiane Collange im Einzelnen kritisiert werden.

3 Erarbeitet, wie die Autorin vorgeht, um ihrem Text die gewünschte Wirkung zu verleihen. Hilfen zur Vorgehensweise erhaltet ihr in dem folgenden Werkzeugkasten.

Das brauchst du immer wieder.   So gehst du vor.

Einen argumentativen Sachtext untersuchen

Bei der Untersuchung eines **argumentativen Sachtextes** stehen zwei Aspekte im Mittelpunkt: Wie versucht der Verfasser/die Verfasserin, den Standpunkt argumentativ zu stützen? Mit welchen sprachlichen Mitteln werden die Argumente vorgetragen und welche Wirkung sollen sie auf den Leser und die Leserin ausüben? Hilfreich ist es, wenn ihr zunächst den Text gliedert und die einzelnen Abschnitte daraufhin untersucht, wie argumentiert wird und welche sprachlichen Besonderheiten auffallen. Folgende Formulierungen helfen euch, die Argumentationsweise näher zu kennzeichnen:

Der Verfasser (die Verfasserin) ...
- *stellt die Behauptung auf, dass*
- *führt als Beispiel an*
- *beruft sich auf Autoritäten*
- *verallgemeinert die Aussage*
- *blickt zurück auf*

- *konkretisiert die Aussage*
- *appelliert an*
- *äußert den Vorwurf*
- *fasst zusammen*
- *...*

 Eine Zusammenstellung von sprachlichen Mitteln findet ihr auf S. 34.

Den ersten Abschnitt des Textes haben einige Schülerinnen und Schüler schon bearbeitet:

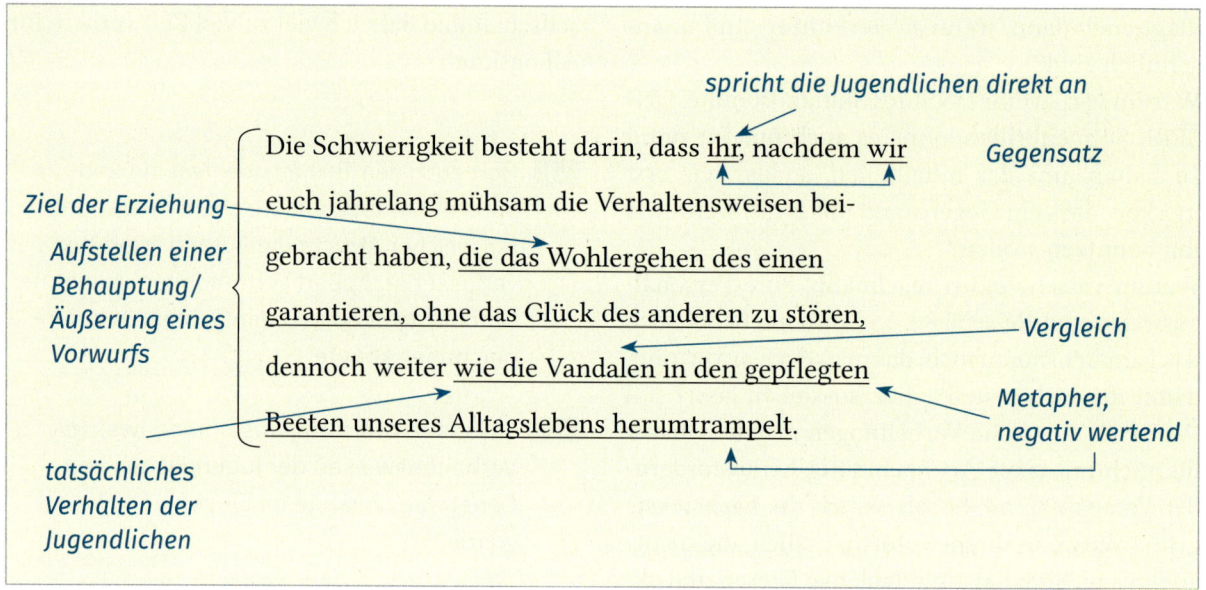

4. Erläutert, wie die Schülerinnen und Schüler bei der Bearbeitung des Abschnittes vorgegangen sind, und bearbeitet dann die weiteren Abschnitte auf ähnliche Weise. Ihr könnt dazu arbeitsteilig in Gruppen arbeiten und euch eure Ergebnisse gegenseitig vorstellen.

   Unter folgendem Webcode findet ihr den Text noch einmal so abgedruckt, dass ihr ihn gut bearbeiten könnt:

   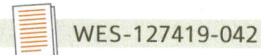 WES-127419-042

5. Fasst zusammen, wie die Verfasserin sich selbst darstellt und welche Grundhaltung sie Jugendlichen gegenüber einnimmt.

6. Der Text steht in etwas veränderter Form in einem Buch mit dem Titel „Ich, Deine Mutter. Was Eltern sich nicht zu sagen trauen – was Kinder nicht hören wollen". Erläutert diesen Titel und geht dabei der Frage nach, inwiefern Mut dazu gehört, wenn eine Mutter oder ein Vater öffentlich diese Gedanken äußert.

7. Fasst eure Ergebnisse zu den Arbeitsaufträgen in einer schriftlichen Analyse zusammen. Der Werkzeugkasten auf S. 145 hilft euch bei der Vorgehensweise.

Einen argumentativen Sachtext schriftlich analysieren

Das brauchst du immer wieder. ◆ **So gehst du vor.**

- In der **Einleitung** nennt ihr Verfasser/Verfasserin, Titel und Erscheinungsort des Textes und benennt das Thema.

- Im **Hauptteil** beschreibt ihr die einzelnen Abschnitte hinsichtlich ihrer Argumentationsweise und sprachlichen Mittel sowie deren Wirkung mit eigenen Worten. Wichtige Aussagen könnt ihr dabei als Zitate übernehmen.

- Im **Schlussteil** fasst ihr die Aussageabsicht des Textes zusammen. Ihr könnt dort auch eine eigene Stellungnahme zu den Textaussagen formulieren.

8 Schaut euch noch einmal die Zitate auf der Auftaktdoppelseite (S. 132 f.) an: Welcher der Philosophen bzw. Schriftsteller würde wohl Christiane Collange eher zustimmen, wer würde Einwände erheben? Begründet eure Meinung.

Den ersten Abschnitt des Textes hat ein Schüler folgendermaßen zusammengefasst:

Im ersten Abschnitt des Textes (Z. 1–10) äußert die Verfasserin den Vorwurf, dass das Verhalten der Jugendlichen mit Beginn der Pubertät immer „kindischer" (Z. 9) werde. Als ihr Erziehungsziel gibt sie dabei Verhaltensweisen an, die die Wünsche oder Vorstellungen der anderen respektieren (vgl. Z. 2 ff.).
5 Tatsächlich aber sei das Verhalten der Jugendlichen von Rücksichtslosigkeit und Egoismus geprägt (vgl. Z. 5 ff.). Den Gegensatz von Erziehungsziel und tatsächlichem Verhalten macht die Verfasserin durch die Metapher „in den gepflegten Beeten unseres Alltagslebens" (Z. 6) und den Vergleich „wie die Vandalen" (Z. 5) deutlich. Insbesondere das negativ konnotierte Verb „herum-
10 trampeln" (vgl. Z. 7) macht die Kritik an dem Verhalten der Jugendlichen deutlich.

9 Untersucht die Zusammenfassung des Schülers. Wo geht er auf die Argumentationsweise ein, wo erläutert er den Inhalt und welche sprachlichen Mittel führt er an? Sprecht auch über Verbesserungsmöglichkeiten und Ergänzungen.

10 Verfasst einen argumentierenden Text, in dem ihr euch mit den Vorwürfen auseinandersetzt. Wählt dazu die Form eines Briefes an die Autorin.

Bernhard Bueb (geb. 1938)
Lob der Disziplin

■ Der Autor des folgenden Textes, Bernhard Bueb, wurde 1938 in Moshi, Tanganjika geboren. Er ist ein deutscher Pädagoge und war von 1974–2005 Leiter des international bekannten Internats „Schule Schloss Salem". Sein 2006 veröffentlichtes Buch „Vom Lob der Disziplin" wurde ein Bestseller. Gleichwohl waren seine Thesen umstritten. ■

1 Erläutert euer Verständnis des Begriffs „Disziplin". Stellt dazu Aspekte zusammen, die für euch mit dem Begriff „Disziplin" verbunden sind. Bedenkt dabei unterschiedliche Situationen, in denen von Disziplin die Rede ist, z. B. Sport, Schule … Legt dazu einen Begriffsstern an:

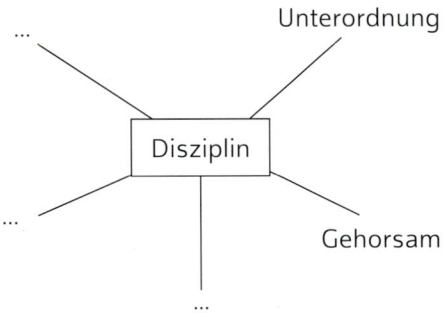

2 Sprecht darüber, ob der Begriff für euch eher positiv oder eher negativ besetzt ist.

3 Was erwartet ihr von einem Text, der die Überschrift: „Lob der Disziplin" trägt?

Kinder und Jugendliche werden heute nicht mehr aufgezogen, sondern wachsen einfach auf. Sie sind umgeben von ungewollt aggressiv präsenten Erziehern: vom Fernsehen, vom plakativen Wohl-
5 stand unseres Landes, von den Verführern der Konsumgesellschaft […]. Zukunftserwartungen, die Jugendliche zu Taten beflügeln könnten, sind Zukunftsdrohungen gewichen: die strukturell bedingte Arbeitslosigkeit, die Sinnentleerung
10 unseres Daseins, auch verursacht durch den Verlust der Religion, die Vergreisung der Gesellschaft, die Ausbeutung der Lebensgrundlagen der Menschen, die Herrschaft des Geldes als letzter sinngebender Instanz – die Aufzählung ließe sich fortsetzen. Wem die Zukunft verloren geht, 15 der wird nicht an sich arbeiten, sich nicht mehr anstrengen und keinen Idealen nachstreben. Den mangelnden Zukunftsaussichten treten wir nicht durch Erziehung entgegen. Die Kunst der Erziehung haben wir verlernt, gemeinsame Maßstäbe 20 sind verloren gegangen, der Glaube hat sich breitgemacht, das Aufwachsen der Kinder werde schon irgendwie gelingen. Alle meinen es gut […]. Wir fahren auf einem Schiff ohne Kompass. Der Trainer führte seine Schüler mit harter Hand 25 durch die hohe Schule des Handballs. Zügig flog der Ball von Mann zu Mann, ein atemberaubendes Tempo ließ auch den Zuschauern das Herz höher schlagen, präzise wie nach einem geheimen Plan bewegten sich die Spieler. Intellektuell 30 und körperlich verlangte der Trainer höchste Anstrengung. Handballtraining hieß bei ihm, eine Gruppe durchtrainierter junger Menschen zu strategischem Denken, taktisch wendigem Zusammenspiel und zu einer Haltung des Fair Play 35 zu führen. Was zunächst wie eine Folge schneidender Befehle klang, wurde von den Spielern als fortlaufende Liebeserklärung erlebt. Die Führung seiner Schüler mit Disziplin und Liebe bildete das Geheimnis seines Erfolges. Mit jedem 40 Handballtraining demonstrierte er, was Erziehung bedeuten kann. […]

Führen oder wachsen lassen – so charakterisieren wir traditionell die gegensätzlichen Pole der Erziehung. Sie lassen sich im Bild des Töpfers 45 oder des Gärtners anschaulich darstellen. Der Erzieher, der das Bild des Töpfers zu seiner Leitidee erkoren[1] hat, will den jungen Menschen formen,

---
[1] **erkoren:** ausgewählt

er greift ein, steuert, fordert heraus, diszipliniert, schafft Freiräume, um ihn auf die Selbstständigkeit vorzubereiten, ja, er wird ihn in die Selbstständigkeit und Freiheit zwingen. Wer sich am Bild des Gärtners orientiert, wird eher darauf achten, dass der junge Mensch gute Bedingungen des Aufwachsens vorfindet, er wird ihn mehr fördern als fordern, weniger eingreifen, aber darauf vertrauen, dass er sich selbst diszipliniert, also wenig Zwang und Autorität braucht.

Der Töpfer und der Gärtner repräsentieren zwei legitime Stile der Erziehung, die in Reinform selten vorkommen, meistens treffen wir eine Mischung mit einer Neigung zum einen oder anderen Pol an. Beide Stile bergen Gefahren in sich, der Stil des Töpfers kann in autoritäre Erziehung ausarten und der Stil des Gärtners in Nicht-Erziehung. [...]

Erziehung bedeutet immer Führung, diese Wahrheit wird durch den Begriff „Pädagoge" bestätigt. Er stammt aus dem Griechischen und heißt Knabenführer. Wer führt, erwartet Gefolgschaft. Da Kinder nicht gehorsam geboren werden, ignorieren sie Anweisungen, rebellieren gegen Erziehungsmaßnahmen, missachten Gebote und wenden alle Mittel an, um ihren Willen durchzusetzen. [...]

Mut zur Erziehung heißt vor allem Mut zur Disziplin. Disziplin ist das ungeliebte Kind der Pädagogik, sie ist aber das Fundament aller Erziehung. Disziplin verkörpert alles, was Menschen verabscheuen: Zwang, Unterordnung, verordneten Verzicht, Triebunterdrückung, Einschränkung des eigenen Willens. Disziplin setzt an die Stelle des Lustprinzips das Leistungsprinzip: Jede Einschränkung ist erlaubt oder sogar geboten, die dem Erreichen eines gesetzten Ziels dient. Disziplin beginnt immer fremdbestimmt und sollte selbstbestimmt enden, aus Disziplin soll immer Selbstdisziplin werden. Disziplin in der Erziehung legitimiert[1] sich nur durch Liebe zu Kindern und Jugendlichen.

(2006)

---

[1] **legitimieren:** rechtfertigen

4 Erarbeitet den Text von Bueb. Geht dabei auf folgende Aspekte ein:

- Fasst die Hauptforderung zusammen, die Bueb stellt.
- Gliedert den Text in Sinnabschnitte und haltet in Stichworten den Inhalt und die Funktion der einzelnen Abschnitte fest.
- Stellt sprachliche Mittel und ihre Wirkung zusammen, die Bueb nutzt, um seine Leser und Leserinnen zu überzeugen. Geht dabei insbesondere auf das Bild des Gärtners und des Töpfers ein.

Eine Hilfe zu dieser Aufgabe erhaltet ihr unter folgendem Webcode:

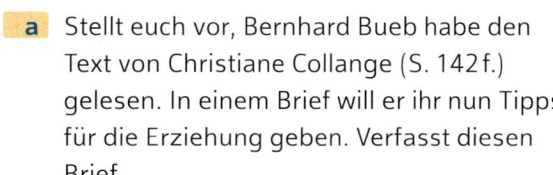

5 „Mehr Mut zur Disziplin in der Erziehung" – Stellt zusammen, was das bedeuten könnte. Nehmt selbst Stellung zu dieser Forderung.

6 Fasst den Text schriftlich zusammen. Orientiert euch dabei an dem Werkzeugkasten auf S. 145.

7 So könnt ihr weiterarbeiten. Wählt aus:

a Stellt euch vor, Bernhard Bueb habe den Text von Christiane Collange (S. 142 f.) gelesen. In einem Brief will er ihr nun Tipps für die Erziehung geben. Verfasst diesen Brief.

b Stellt euch vor, einer der drei Väter aus dem ersten Kapitel würde sich in einem Brief an Bueb wenden und sein Erziehungsproblem darstellen. Verfasst einen solchen Brief und auch einen möglichen Antwortbrief von Bueb.

Deutsche Allgemeine Krankenkasse (Hrsg.)
Wenn Eltern Hindernisse niedermähen

Man darf die Fantasie von Erziehungsexperten wirklich bewundern. Gerade noch schwebte der Begriff der Helikopter-Eltern[1] knatternd über den Köpfen der zerknirschten Erziehungsberechtigten, und schon nähert sich die nächste dröhnende Wortschöpfung: die Rasenmäher-Eltern. Was steckt hinter dem Begriff und wie wirkt sich die Erziehungsmethode auf die lieben Kleinen aus?

Was sind Rasenmäher-Eltern?
Betrachten wir zuallererst einmal die positive Seite: Ein Rasenmäher ist verglichen mit einem Helikopter geradezu dezent leise und verbraucht deutlich weniger Treibstoff. Na gut, so richtig beruhigend ist der Befund nicht. Schließlich kann auch ein Rasenmäher ziemlich nerven, vor allem dort, wo er eigentlich nichts verloren hat. Zum Beispiel auf dem Spielplatz, wo er wie wild allerlei Frust erzeugende Hindernisse einen Halm kürzer macht. Mindestens.

Die Rede ist von Eltern, die voller Sorge und Liebe all die Hindernisse niedermähen, die auf der Lebenswiese ihrer Sprösslinge liegen, auf dass dem Kinde kein Leid und kein Gefühl des Frustes widerfahre. Klingt doch ganz nett und harmlos, oder? Das Leben wird eh schwer genug. Weshalb sollen wir es dem Kindlein da nicht leichtmachen, indem wir den Streit um das Sandkuchenförmchen schlichten, bevor er beginnt und den Sandkuchen zur Sicherheit gleich selbst formen?

Darum müssen Kinder stolpern lernen
„Weil Kinder auch und gerade aus Misserfolgen und Konflikten lernen", weiß DAK-Psychologin Franziska Kath […] die Antwort. „Wenn wir sie vor diesen wichtigen Erfahrungen abschirmen, fehlt ihnen später die Fähigkeit, angemessen mit dem eigenen Scheitern umzugehen."
Sprich: Der leichteste Weg ist nicht der beste. Vor allem, wenn aus dem Kind einmal ein selbstbewusster Erwachsener werden soll, der bei Rückschlägen nicht gleich frustriert das Handtuch wirft.

Franziska Kath erklärt: „Wer als Kind nie stolpert, weil die Eltern alle potenziellen Hindernisse entfernen, der wird sich später als Erwachsener schwerer mit dem Aufstehen tun, wenn er hingefallen ist."

Landen die Kinder von Rasenmäher-Eltern als Erwachsene also alle beim Psychologen?
Diese These wäre sicher zu pauschal. Wahr ist allerdings, dass gesunde Bewältigungsmechanismen am besten im Kindesalter eingeübt werden. Wer dagegen als Kind permanent vor dem Scheitern bewahrt wurde, kann später anfälliger für ungesunde Bewältigungsmechanismen wie Sucht und Schuldzuweisungen sein. Auch die Fähigkeit, Probleme selbstständig zu lösen und eigenverantwortlich Entscheidungen zu treffen, kann zu kurz kommen, wenn die Eltern es mit der Fürsorge übertreiben.

Keine Angst vor dem Scheitern
Spätestens in der Schule, wo keine Eltern in Reichweite sind, kann das zur Belastungsprobe werden. Dort müssen Kinder fähig sein, ihre Impulse und Emotionen gerade in stressigen Situationen zu kontrollieren. Sonst stören sie mit höherer Wahrscheinlichkeit den Unterricht, finden schwieriger Freunde und entwickeln eine stark ausgeprägte Angst vor dem Scheitern. Zu diesem Ergebnis kamen universitäre Langzeitstudien über die Auswirkungen eines überfürsorglichen Erziehungsstils.

Doch wo endet eigentlich der natürliche Wunsch, sein Kind zu behüten, und wo beginnt Überfürsorglichkeit? (2021)

---

[1] **Helikopter-Eltern:** Bezeichnung für überängstliche Eltern, die glauben, ihre Kinder ständig unter Kontrolle haben zu müssen

1 Verständigt euch untereinander darüber, was „Rasenmäher-Eltern" sind, und schreibt eine kurze Definition auf. Findet über das in dem Text genannte Beispiel weitere Beispiele für das Verhalten von „Rasenmäher-Eltern".

2 Erläutert, welche Einstellung der Text gegenüber diesem Typ von Eltern einnimmt. Führt dazu Textbelege an.

3 Untersucht den ersten Abschnitt des Textes auf seine sprachlichen Besonderheiten und erläutert, welche Wirkung sich für die Leserin und den Leser durch diese sprachliche Gestaltung ergibt.

4 Der Text ist von einer Krankenkasse veröffentlicht worden. Stellt Vermutungen an, welche Interessen sie an einer solchen Veröffentlichung haben könnte.

5 Stellt euch vor, Bernhard Bueb (s. S. 146 f.) habe diesen Text gelesen. Wie könnte er über „Rasenmäher-Eltern" denken? Verfasst eine Stellungnahme aus seiner Sicht.

6 Schreibt einen eigenen Text, z. B. für eure Schülerzeitung, in dem ihr deutlich macht, welche Verhaltensweisen ihr euch von euren Eltern wünscht. Hilfen dazu findet ihr in dem folgenden Werkzeugkasten.

7 Im Folgenden findet ihr zwei Entwürfe einer Einleitung. Begründet, welchen ihr für geeignet haltet.

> In diesem Artikel will ich euch mal meine Meinung sagen, wie ich finde, dass sich Eltern verhalten sollen. Manchmal bin ich nämlich ganz schön sauer ...

> Kennt ihr das? Wieder einmal Trouble mit den Eltern wegen Nichtigkeiten wie einem unaufgeräumten Zimmer? Die ständigen Vorhaltungen: Tu dies nicht, tu das nicht!
> 5 Heute drehe ich einmal den Spieß um: In diesem Artikel stelle ich dar, welches Verhalten ich mir von meinen Eltern wünsche. Und es schadet nichts, wenn eure Eltern das hier auch lesen.

Das brauchst du immer wieder. ◆ **So gehst du vor.**

Einen Sachverhalt klären und darüber informieren

Sammelt zunächst möglichst viele Aspekte zu dem Thema (z. B.: Welche Verhaltensweisen von Menschen sind wünschenswert?) und notiert sie stichwortartig. Ordnet anschließend die Aspekte, indem ihr sie unter Oberbegriffen zusammenfasst. Stellt auch innerhalb der Oberbegriffe eine Ordnung her (z. B. vom weniger wichtigen zum wichtigsten Aspekt).

Versucht, **einleitend** in das Thema einzuführen: Ihr könnt von eigenen Erfahrungen berichten, auf die Aktualität des Themas hinweisen, die Bedeutung des Themas herausstellen u. a. m.

Im **Hauptteil** erläutert ihr nun die Sachaspekte mithilfe der zugehörigen Teilaspekte. Nennt Beispiele und eigene Erfahrungen, um den Text anschaulich zu gestalten.

Fasst in einem **Schlussteil** eure Ergebnisse zusammen; ihr könnt dabei kurz erläutern, welchen Aspekt ihr für besonders wichtig haltet. Möglich ist es auch, einen Appell zu formulieren.

3. Das habe ich gelernt, das kann ich

Sprachliche Mittel in Erzähltexten erkennen ➡ S. 135

1 Du findest im Folgenden einige Zitate aus der Erzählung „Fünfzehn" von Reiner Kunze (s. S. 134 f.). Ordne den unterstrichenen Formulierungen ein sprachliches Mittel zu, das unten aufgelistet ist. Die meisten Erklärungen für die Fachbegriffe findest du in der Tabelle auf S. 34.

a) „Am liebsten hätte sie einen Schal, an dem mindestens drei Großmütter zweieinhalb Jahre gestrickt haben […]" (Z. 5 ff.).
b) „Wie also könnte ich sie verstehen – bei diesem Nervensystem?" (Z. 29 f.)
c) „Ich weiß, diese Lautstärke bedeutet für sie Lustgewinn. Teilbefriedigung ihres Bedürfnisses nach Protest. Überschallverdrängung unangenehmer logischer Schlüsse. Trance." (Z. 22 ff.)
d) „Noch hinderlicher ist die Neigung, allzu hochragende Gedanken erden zu wollen." (Z. 31 f.)
e) „Die Ausläufer dieser Hügellandschaft erstrecken sich bis ins Bad und in die Küche." (Z. 42 ff.)
f) „Sie fürchtet die Einengung des Blicks, des Geistes. Sie fürchtet die Abstumpfung der Seele durch Wiederholung!" (Z. 46 ff.)

> Aufzählung (Akkumulation) • rhetorische Frage • Metapher (zweimal) • Anapher/Parallelismus • Übertreibung (Hyperbel)

Argumentationsweisen näher kennzeichnen ➡ S. 144 f.

2 Du findest im Folgenden einige Zitate aus dem Sachtext „Ich, Deine Mutter" von Christiane Collange (s. S. 142 f.). Kennzeichne die Argumentationsweise durch die Wahl einer entsprechenden Formulierung unten.

a) „Die Schwierigkeit besteht darin, dass ihr […] wie die Vandalen in den gepflegten Beeten unseres Alltagslebens herumtrampelt." (Z. 1 ff.)
b) „Hunderte von Eltern haben meine eigene Erfahrung mit ihren Berichten bekräftigt: […]" (Z. 22 f.).
c) „Ich weiß: Ich brauche nur die Tür geschlossen zu lassen […]" (Z. 31 f.)
d) „Allen Eltern ergeht es gleich: […]" (Z. 49).
e) „Diese Verachtung nehme ich dir übel, denn ich weiß doch, dass ich tausendmal mehr arbeite als du […]" (Z. 85 ff.).

> Verallgemeinerung der eigenen Erfahrung • Behauptung/Vorwurf • Rechtfertigung der eigenen Position • Zugeständnis • Berufung auf Autoritäten

Textaussagen verstehen ➡ S. 141

3 Im Folgenden findet ihr einige Ausschnitte aus dem Text von Jan Weiler, „Im Pubertier-Biotop" (S. 140 f.).
Entscheidet, welche der Aussagen zu den einzelnen Textpassagen richtig sind.

1 „Nur der im Tierreich fehlenden Schulpflicht ist es zu verdanken, dass der Koalabär als faulstes Lebewesen der Welt gilt. Er hängt täglich zwanzig Stunden rum. Das würde unsere Tochter locker toppen, aber sie muss zwischendurch in die Schule." (Z. 1 ff.)

a) Der Verfasser vertritt die Ansicht, seine Tochter sei nicht faul, denn sie gehe ja zur Schule.
b) Der Verfasser meint, seine Tochter sei noch fauler als der Koalabär.
c) Der Verfasser will dem Leser/der Leserin die Faulheit seiner Tochter verdeutlichen, die noch größer sei als die des Koalabärs, wenn sie nicht dadurch unterbrochen würde, dass die Tochter zur Schule müsse.

2 „Wir wohnen keineswegs im Parlamentspalast von Bukarest (umbaute Fläche: 365 000 Quadratmeter)." (Z. 24 ff.)

a) Der Verfasser beklagt sich, dass er in einer kleinen Wohnung lebt.
b) Der Verfasser ist froh, dass er nicht im Parlamentspalast von Bukarest wohnen muss, weil der so groß ist.
c) Der Verfasser will dem Leser/der Leserin verdeutlichen, dass es keine große Mühe macht, in das obere Stockwerk der Wohnung zu gehen, um eine Jacke zu holen.

3 „Carla ist sehr gut im Chillen, Relaxen, Entspannen, Ausruhen, Runterkommen, Zeittotschlagen und Einfach-mal-nix-Machen. Es handelt sich dabei übrigens nicht um dieselbe Tätigkeit in sieben Varianten, sondern laut Carla um unterschiedliche Verrichtungen, für die mein Verständnis jedoch allmählich schwindet." (Z. 31 ff.)

a) Der Verfasser bewundert, über wie viele Varianten des Nichtstuns seine Tochter verfügt.
b) Der Verfasser verdeutlicht das Ausmaß der Faulheit seiner Tochter, für das er das Verständnis verliert.
c) Der Verfasser ist sehr wütend auf seine Tochter, weil diese nichts tut.

Social Media

■ In diesem Kapitel beschäftigt ihr euch mit einem Phänomen, das aus der heutigen Welt nicht mehr wegzudenken ist: mit dem Phänomen Social Media bzw. Soziale Medien.

■ Im ersten Teil der Einheit erarbeitet ihr, welche Bedeutung die Sozialen Medien haben und wie sie sich von den klassischen Medien (z. B. Zeitungen und Fernsehen) unterscheiden. Neben den vielen Vorteilen, die sie besitzen, sollt ihr euch auch einige Nachteile bewusst machen. Dabei geht es vor allem um Fake News, also absichtliche Falschmeldungen, und um Hatespeech, Hassreden im Netz; aber auch um die Frage, wie Soziale Medien unser Leben verändern.

■ Im zweiten Teil der Einheit steht die Werbung in den Sozialen Medien im Vordergrund. Eine besondere Rolle spielen hier die sogenannten Influencerinnen und Influencer. Ihr erfahrt etwas über ihren Arbeitsalltag, ihre Verdienstmöglichkeiten und ihren Einfluss auf die Konsumentinnen und Konsumenten.

■ Ihr wiederholt in dieser Einheit, wie man einen Sachtext analysiert und zusammenfasst. Ferner übt ihr noch einmal, einer Grafik Informationen zu entnehmen und sie zu deuten und die Ergebnisse in einem Text zu versprachlichen. Außerdem lernt ihr, einen materialgestützten, informierenden Text zu verfassen. Schließlich sollt ihr zu einem bestimmten Thema eine Pro-und-Kontra-Diskussion führen.

Unterschiedliche Materialien zum Thema „Soziale Medien" untersuchen

1 Sprecht in der Klasse über eure Erfahrungen mit Sozialen Medien. Macht euch zunächst klar, was ihr unter dem Begriff „Soziale Medien" versteht.
Welche nutzt ihr besonders häufig und über welche Inhalte tauscht ihr euch dabei vorwiegend aus?
Berichtet auch über Probleme, die eurer Meinung nach mit der Nutzung Sozialer Medien verbunden sind.

2 Schaut euch die Bilder auf diesen Seiten genauer an. Stellt zusammen, welche verschiedenen Facetten der Sozialen Medien sie aufzeigen.

1. Die Bedeutung Sozialer Medien

Neben den bekannten Printmedien (vor allem Zeitungen und Zeitschriften) und dem Fernsehen gewinnen das Internet und die sogenannten Sozialen Medien eine immer größere Bedeutung. Auf sozialen Netzwerken sind Milliarden von Menschen aus aller Welt online miteinander vernetzt. Sie verschicken Textnachrichten, verabreden und organisieren sich und teilen Videos, Bilder und Links. Auch Politikerinnen und Politiker geben über Soziale Netzwerke ihre Meinung ab und führen mit ihrer Hilfe Wahlkampf. Damit beeinflussen die Sozialen Medien die öffentliche Meinungsbildung stark. Für immer mehr Menschen sind sie aus der täglichen Kommunikation nicht mehr wegzudenken.

Frank Rapp
Was ist denn eigentlich Social Media?

Frank Rapp ist als Marketingmanager, selbstständiger Berater und Dozent für Online- und Social Media-Marketing sowie als Blogger tätig.

[…]
Social Media oder soziale Medien sind i. d. R. leicht zu bedienende Internet-Anwendungen, die es Nutzern ermöglichen, Informationen auszutauschen, miteinander zu kommunizieren und sich untereinander zu vernetzen. Dabei stellen Anbieter von Social Media-Plattformen eine technische Infrastruktur zur Verfügung, die von Nutzern mit selbst erzeugten Inhalten, sogenanntem User Generated Content wie bspw. Videos, Bildern, Texten, Rezensionen oder Podcasts, gefüllt und mit anderen Nutzern geteilt werden. […]

Während bei klassischen Massenmedien wie Fernsehen oder Radio eine eindimensionale Kommunikation stattfindet (one-to-many-communication) und Nutzer somit lediglich Konsumenten der bereitgestellten Informationen sind, ermöglichen soziale Medien eine direkte Kommunikation (many-to-many-communication). Durch einen wechselseitigen Prozess, bei dem die Rollen zwischen Kommunikatoren und Rezipienten ständig wechseln, sind Nutzer sozialer Medien sowohl Produzenten als auch Konsumenten von Informationen. Deshalb werden Social Media-Nutzer in der Literatur auch oft als Prosumenten oder Produser bezeichnet.

Unterschiede zwischen klassischen Massenmedien und Social Media bestehen außerdem in der Möglichkeit und dem Interesse an der Veröffentlichung von eigenen Inhalten und Beiträgen, sogenanntem User Generated Content. Informationen werden in sozialen Medien i. d. R. ohne vorherige Filterung durch Gatekeeper wie Journalisten, Redakteure oder Verleger veröffentlicht. Ihre Reichweite wird jedoch durch Meinungsführer, den Grad der Nutzer-Vernetzung sowie die Sichtbarkeit innerhalb von Suchmaschinen beeinflusst. Auch im Social Web gilt: Was nicht gefunden wird, das existiert nicht. Hohe Informationsfilter sowie technologische und ökonomische Zugangsbarrieren in klassischen Massenmedien führen zu einer begrenzten Möglichkeit und dadurch zu einem geringen Interesse, eigene Inhalte zu erstellen. Soziale Medien hingegen machen das Erstellen eigener Inhalte leicht und fördern dadurch sowohl das Interesse als auch die Bereitschaft, eigene Inhalte zu erstellen. Aufgrund von Aktualität erzielen soziale Medien außerdem eine hohe Sichtbarkeit innerhalb von Suchmaschinen, was das Interesse an der Erstellung und Veröffentlichung von eigenen Inhalten zusätzlich fördert.

Hinzu kommt, dass Endgeräte zum Surfen im Internet in Deutschland weitverbreitet und günstig zu erwerben sind, was zu niedrigen technologischen und ökonomischen Zugangsbarrieren bei sozialen Medien führt. [...] Durch mobile Endgeräte sind soziale Medien orts- und zeitunabhängig verfügbar und werden – laut einer repräsentativen Studie von TNS Infratest – von mehr als der Hälfte der Befragten häufiger als bisher mit PCs genutzt.
[...] (2013)

1 Lest den Artikel von Frank Rapp und klärt zunächst die folgenden Begriffe: Kommunikatoren, Rezipienten, Prosumenten, Produser, Gatekeeper, Informationsfilter.

2 Der Autor hat den Text bereits in einzelne Abschnitte eingeteilt. Gebt den jeweiligen Abschnitten passende Überschriften, die den Inhalt zusammenfassen.

3 Frank Rapp stellt in seinem Text die klassischen Medien den neuen Sozialen Medien gegenüber. Fasst in einer Tabelle die wichtigsten vom Autor genannten Unterschiede zusammen.

Klassische Medien	Soziale Medien
– eindimensionale Kommunikation – ?	– direkte Kommunikation – Nutzer sowohl Produzenten als auch Konsumenten – ?

4 Handelt es sich eurer Meinung nach eher um einen informierenden oder einen wertenden Sachtext, bei dem der Verfasser auch Position bezieht? Achtet vor allem darauf, ob und wie er die Sozialen Medien bewertet.
Untersucht dazu den Text unter folgender Fragestellung genauer:

- Gibt es eine zentrale These, die der Autor vertritt?
- Wie bewertet er den Sachverhalt?
- Welche Argumente führt er für seinen Standpunkt an?
- Welches Ziel verfolgt er?
- Welche sprachlichen Mittel (Satzbau, Wortwahl, rhetorische Mittel) setzt der Autor ein, welche Zielgruppe will er damit erreichen?
- Welche Aspekte blendet der Text aus?

Fasst die Ergebnisse eurer Untersuchung schriftlich zusammen und beurteilt abschließend die Qualität des Textes.

Hilfen zur Vorgehensweise erhaltet ihr in dem Werkzeugkasten auf S. 156 und unter folgendem Webcode:

 WES-127419-044

Das brauchst du immer wieder. ◆ **So gehst du vor.**

Einen Sachtext untersuchen, zusammenfassen und bewerten

Vorarbeiten:
Bei der Untersuchung eines Sachtextes stehen die folgenden Aspekte im Vordergrund: **Welche zentralen Thesen vertritt der Verfasser/die Verfasserin, wie versucht er/sie, seinen/ihren Standpunkt zu stützen, und mit welchen sprachlichen Mitteln tut er/sie das?**
Um die Aussagen und die Gestaltung eines Sachtextes zusammenzufassen, ist es hilfreich, wenn du vor der Zusammenfassung

- den Text im Überblick liest und notierst, um welches Thema es geht. Dabei kann dir häufig die Überschrift helfen.
- den Artikel in Sinnabschnitte gliederst und Zwischenüberschriften bzw. einen kurzen Inhaltssatz formulierst.
- stichwortartig den Überschriften wichtige Einzelinformationen zuordnest.

Ausformulierung:
Hier geht es darum, die Stichworte zu einem ausformulierten Text zusammenzufassen:

1. **Einleitung:** Autor/Autorin, Textart (Zeitungsbericht, Reportage, Geschichtsquelle, Sachtext, Interview …), Datum, Erscheinungsort, Thema
2. **Hauptteil:** Zusammenfassung der Einzelabschnitte mit eigenen Worten
3. **Schlussteil:** kurze Zusammenfassung des gesamten Textes, Hinweis auf die Bedeutung des Themas, evtl. eigene Bewertung

Folgende Formulierungen können dir bei der Zusammenfassung helfen:

Die Verfasserin/der Verfasser
- stellt die Behauptung auf, dass
- führt als Beispiel an
- beruft sich auf Autoritäten
- blickt zurück auf
- bewertet den Sachverhalt mit folgenden Formulierungen
- konkretisiert die Aussage
- appelliert an
- äußert den Vorwurf
- fasst zusammen

2. Fake News in den Sozialen Medien

1. Seht euch die Meldung auf einem Internetportal an und äußert euch spontan dazu.
   Klingt die Meldung glaubhaft oder gibt es einzelne Details, die euch daran zweifeln lassen?

2. Tauscht euch über Möglichkeiten aus, wie man den Wahrheitsgehalt einer Meldung nachweisen kann.

3. Im Folgenden findet ihr eine Checkliste, mit deren Hilfe ihr überprüfen könnt, ob es sich bei einer Meldung möglicherweise um manipulierte oder falsche Nachrichten handelt, um sogenannte Fake News.
   Wendet möglichst viele Punkte an und formuliert dann ein Fazit für die obige Meldung.

Fake News erkennen – eine Checkliste

Gestaltung der Nachricht
- Der Titel ist reißerisch oder übertrieben.
- Es gibt übermäßig viele Ausrufe- und Fragezeichen.
- Die Sprache ist nicht sachlich, sondern emotional und wertend.
- Der Text fällt durch merkwürdige Formulierungen auf.

Gestaltung der Bilder
- Die Bilder zeigen nicht, was im Text behauptet wird.
- Die Herkunft der Bilder ist nicht zu ermitteln.
- Die Bilder sehen bearbeitet aus.

Die Quelle der Meldung
- Die Quelle für die Meldung bleibt unklar.
- Zu dem Thema existieren keine anderen Quellen.
- Ein Datum ist nicht aktuell oder wird gar nicht genannt.
- Es gibt kein Impressum. Informationen zu dem Autor bzw. der Autorin fehlen.

Glaubhaftigkeit der Informationen
- Die genannten Fakten scheinen wenig stichhaltig. Die Meldung klingt völlig unglaubhaft.
- Seriöse Wissenschaftlerinnen und Wissenschaftler werden nicht genannt.
- Es gibt keine anderen Seiten im Netz, die über Ähnliches berichten.

Stephan Ruß-Mohl (geb. 1950) im Interview mit dem Journalisten Niklas Molter
Medienforscher über Fake News

Stephan Ruß-Mohl ist emeritierter Professor für Journalismus und Medienmanagement.

Niklas Molter: [...] Was macht Fake News so attraktiv, dass sich so viele Menschen von ihnen täuschen lassen?
Stephan Ruß-Mohl: Ich denke, dieses Ge-
5 täuscht-Werden ist in sozialen Medien zum Tagesgeschäft geworden. Man bekommt die Falschnachricht von einem Freund, dem man vertraut, zugespielt und schon denkt man, sie stimmt. Das ist brandgefährlich, weil sich so Mei-
10 nungen verbreiten, die auf Falschnachrichten beruhen. [...]
Molter: Sie sagen also, der Durchschnittsleser interessiert sich mehr für einen Skandal als für eine gewöhnliche Meldung?
15 **Ruß-Mohl:** Der Durchschnittsleser möchte auch erstmal unterhalten werden – und da ist es vielleicht zunächst nicht so wichtig, ob etwas stimmt. Aber es setzt sich in den Köpfen dann eben doch fest. Da haben wir ein massives gesellschaftliches Problem, um das wir uns kümmern 20 müssen, auch wenn wir noch nicht wissen, wie.
Molter: Welche Verantwortung haben Facebook & Co. bei der Verbreitung von Fake News?
Ruß-Mohl: Aus meiner Sicht eine große – und da drücken sie sich. [...] Man muss realistisch se- 25 hen, dass Facebook selbst an der Verbreitung von Unsinn Geld verdient. Denn der wird auch an Werbung gekoppelt. [...]
Molter: Inwiefern rechnet es sich für bestimmte Gruppen, Fake News zu verbreiten? 30

Ruß-Mohl: […] (A)n bestimmten Stellen rechnet es sich auch für Firmen, Desinformation zu verbreiten. Energiekonzerne haben jahrzehntelang den Klimawandel geleugnet, die Tabakindustrie hat jahrzehntelang bestritten, dass Nikotin schädlich ist. Mithilfe der sozialen Netzwerke ist es leichter geworden, Desinformation zu verbreiten. Daneben gibt es noch einen zweiten Trend: Es gibt immer weniger Journalisten, immer mehr PR-Leute. Das läuft darauf hinaus, dass Firmen, Politiker und Regierungen Nachrichten verstärkt beeinflussen, weil ausgedünnte Redaktionen hinterherhecheln, anstatt selbst Themen zu setzen. Vor 30 Jahren hatten wir in den USA ein Verhältnis von 1:1. Heute kommen auf einen Journalisten fünf PR-Leute. Das ist eine Machtverschiebung. […]

Augsburger Allgemeine online, 24.01.2017 [Aufruf: 09.11.2021]

1. Ruß-Mohl nennt Gründe dafür, warum sich Menschen so leicht von Fake News täuschen lassen. Schreibt die Gründe stichwortartig auf und fügt weitere aus eurer eigenen Erfahrung hinzu.

2. Welche Verantwortung schreibt Ruß-Mohl den Sozialen Medien zu?

3. Beschreibt an einem von Ruß-Mohl genannten Beispiel, wer von Fake News profitiert, und fügt weitere Beispiele hinzu. Wer könnte Interesse an der Verbreitung von Fake News haben?

4. Ruß-Mohl spricht in Z. 38 von einem „zweiten Trend". Erläutert, was er damit meint und welchen Zusammenhang er zwischen diesem zweiten Trend und der Verbreitung von Fake News sieht.

5. Seht euch die folgende Schlagzeile an und äußert euch spontan dazu.

Asylbewerber bekommen den Führerschein zum Nulltarif

Die Schlagzeile wurde zuerst auf dem Portal „Votum 24" veröffentlicht und dann in sozialen Netzwerken viele Tausend Mal geteilt. Das Recherchezentrum Correctiv hat die Schlagzeile und die dazugehörige Meldung einem Faktencheck unterzogen und die Bundesagentur für Arbeit um eine Stellungnahme dazu gebeten. In einer E-Mail schreibt die Agentur:

Für alle Kunden und Kundinnen der Agenturen für Arbeit und der Jobcenter, also egal, ob geflüchtete Menschen oder nicht, können Leistungen aus dem sogenannten Vermittlungsbudget (vgl. § 44 SGB III sowie § 16 Abs 1 SGB II i. V. m. § 44 SGB III) gewährt werden. Damit kann grundsätzlich auch eine Förderung zum Erwerb des Führerscheins Klasse B erfolgen. Ein Führerschein muss jedoch im konkreten Einzelfall zur Anbahnung oder Aufnahme einer sozialversicherungspflichtigen Beschäftigung notwendig sein. Darüber hinaus müssen die Kosten angemessen sein. Den Dienststellen steht es frei, ihr Ermessen so auszuüben, dass es den regionalen Gegebenheiten gerecht wird.
Die Regelungen für Deutsche und Menschen mit Migrationshintergrund sind identisch.

(aus einer E-Mail der Bundesagentur für Arbeit an das Recherchezentrum CORRECTIV, Antwort auf die Presseanfrage)

6. Klärt zunächst Verständnisfragen. Vergleicht dann die E-Mail-Antwort der Bundesagentur für Arbeit mit der Schlagzeile in den Sozialen Netzwerken. Notiert Gemeinsamkeiten und Unterschiede. Worin liegt die Problematik der Schlagzeile? Was lässt sie unberücksichtigt?

Die Verbreitung von Fake News kann aus vielen verschiedenen Gründen erfolgen und sehr unterschiedlichen Formen annehmen. Im Folgenden sind vier Arten von Fake News aufgeführt, die besonders häufig vorkommen:

Fake News

a) Gezielte Desinformation: Falsche und irreführende Meldungen, die mit dem Ziel verbreitet werden, Personen, sozialen Gruppen, Organisationen oder einem ganzen Land zu schaden. Sie richten sich häufig an Menschen, die für diese Art von Informationen besonders empfänglich sind und Inhalte ohne Prüfung als glaubwürdig einstufen und in den sozialen Medien teilen. Diese Informationen wollen Nutzer stark beeinflussen und Hass und Angst schüren.

b) Falsche Überschriften: Überschriften, die frei Erfundenes als Tatsache darstellen, um Aufmerksamkeit zu erzeugen und die Leser und Leserinnen auf bestimmte Seiten zu locken. Oft stellt sich beim weiteren Lesen heraus, dass die Überschrift mit dem Rest des Artikels nur wenig zu tun hat. Man spricht auch von Clickbaiting („Klickköder"). Je mehr Nutzer die Seite anklicken, desto mehr Geld verdienen die Eigentümer der Webseite.

c) Satire: Die bewusste Zuspitzung von (politischen) Inhalten ist ein Stilmittel, um auf gesellschaftliche Missstände aufmerksam zu machen. Dabei handelt es sich nicht um Fake News im klassischen Sinne. Die Gefahr ist aber, dass der satirische Charakter nicht erkannt wird und die Meldung für wahr gehalten (und somit Fake News) wird.

Ein Beispiel für Satire findet ihr unter folgendem Webcode:

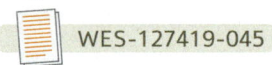 WES-127419-045

d) Social Bots: Social Bots („Bot" ist die Kurzform von Roboter) sind automatisierte Social-Media-Profile, die automatische Antworten und Informationen absenden und auf diese Weise eine menschliche Identität vortäuschen. Damit können sie den Eindruck vermitteln, dass eine bestimmte Meinung von vielen Menschen geteilt wird. Auf diese Weise werden auch Fake News verbreitet, die die öffentliche Meinung stark beeinflussen.

---

1 Zu welcher Art von Fake News gehört die Schlagzeile von S. 159? Begründet eure Entscheidung.

2 Formuliert in einer kurzen Stellungnahme, mit welcher Absicht die Schlagzeile verfasst wurde, und äußert Vermutungen, welche Zielgruppe damit erreicht werden soll.

3 Recherchiert im Internet nach weiteren Beispielen für Fake News und erläutert euch gegenseitig, woran man erkennen kann, dass es sich um gefälschte Nachrichten handelt. Ihr könnt aber auch selbst Fake News entsprechend der Beispiele auf den Seiten 157 und 159 gestalten und daran verdeutlichen, woran die Fälschungen zu erkennen sind.

4 Setzt euch in Lerngruppen zusammen und diskutiert darüber, welche Auswirkungen die Zunahme von Fake News auf unser Zusammenleben hat. Haltet eure Ergebnisse schriftlich fest und tauscht euch anschließend in der Klasse darüber aus.

3. Hatespeech – Hass im Netz

In den letzten Jahren ist verstärkt zu beobachten, dass – statt eines respektvollen Miteinanders im Netz – Hass, Hetze und Diskriminierung Verbreitung finden. Sexistische, volksverhetzende und beleidigende Kommentare werden in Sozialen Netzwerken, Foren und Kommentarspalten ungefiltert gepostet. Für dieses Phänomen der Hassrede hat sich im deutschen Sprachgebrauch der Begriff „Hatespeech" durchgesetzt. Im Zusammenhang damit lässt sich ein  gewisser Enthemmungseffekt beobachten. Meinungen, die sonst nur von wenigen Menschen vertreten werden, finden im Internet eine große Bühne und erwecken den Eindruck, eine Mehrheitsmeinung zu sein. Die Möglichkeit, anonym zu bleiben, scheint diesen Effekt noch zu verstärken.

1 Tauscht euch über das Phänomen Hatespeech in der Klasse aus. Welche Erfahrungen habt ihr persönlich mit sprachlicher Gewalt in den Sozialen Medien gemacht?

2 Frieda und Yasmina, zwei Schülerinnen der Klasse 9b, haben beschlossen, sich näher mit dem Thema Hatespeech zu befassen und für die Schülerzeitung ihrer Schule einen Artikel darüber zu verfassen.
Zunächst sammeln sie alle Aspekte, die ihnen spontan zu dem Thema einfallen, in Form eines Ideensterns.

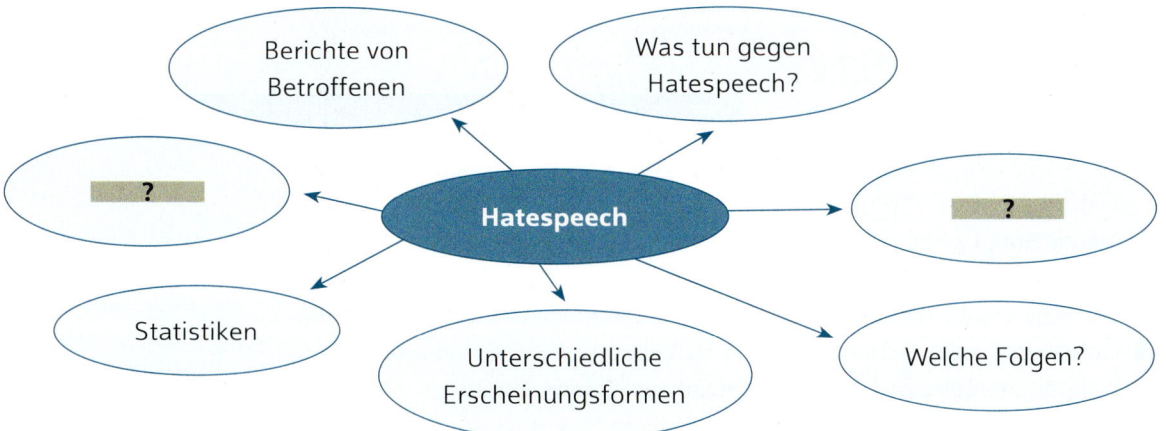

Seht euch den Ideenstern genauer an und ergänzt ihn gegebenenfalls um weitere Punkte, die euch wichtig erscheinen.

3 Bei einer ersten Internetrecherche stoßen die Schülerinnen auf folgende Einträge:

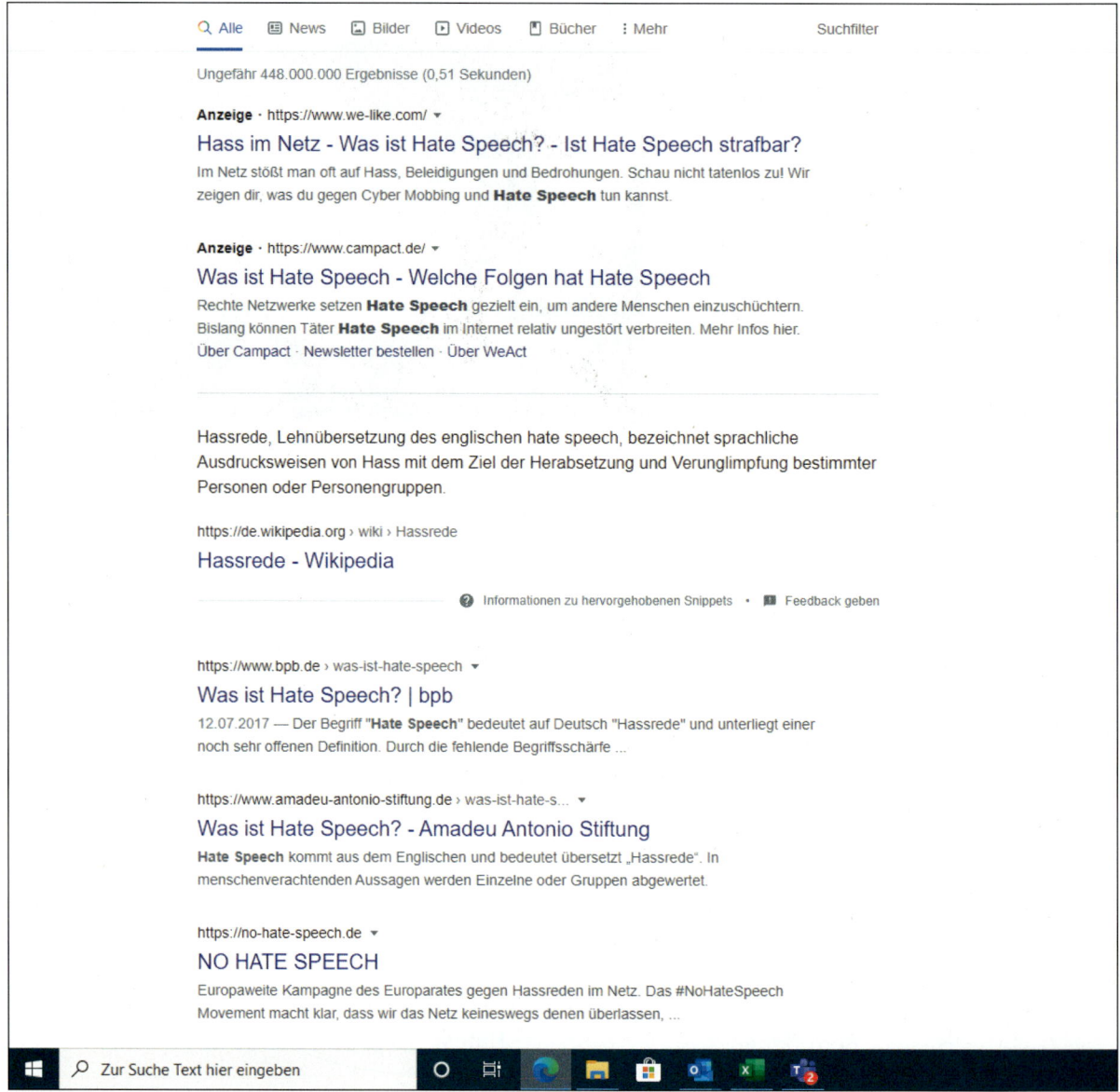

Untersucht die Einträge und recherchiert, wer die Betreiber der Internetseiten sind. Gebt eine Einschätzung ab, ob es sich hierbei um vertrauenswürdige Institutionen handelt.

4 Untersucht, bei welchen Einträgen sich schon erkennen lässt, welche Haltung die Betreiber gegenüber Hatespeech einnehmen.

Frieda und Yasmina stoßen auch auf ein Interview mit der Feministin und Bloggerin Jasna Strick, die eine der Initiatorinnen des Hashtags #aufschrei ist und Hatespeech am eigenen Leib erfahren musste:

Jasna Strick (geb. 1989)
Wie lebt es sich mit einem Shitstorm?

Wie bist du in einen Shitstorm geraten?
Ich habe im August 2013 einen Vortrag bei der Konferenz „Open Mind" in Kassel gehalten. Das Thema war Hatespeech gegen die Beteiligten und besonders die Initiatorinnen des Hashtags #aufschrei. Ich habe vor allem Screenshots mit Texten und Kommentaren gezeigt, die Drohungen gegen uns richteten. Daraufhin brach ein Shitstorm aus, weil es als Pranger gilt, ohnehin öffentliche Beiträge öffentlich zu zeigen. Seitdem gerate ich immer wieder in Shistorms, auch wenn ich nichts mache, aber mir Beteiligung unterstellt wird.

Was steckte in deinen Augen eigentlich dahinter?
Ich bin Feministin und ich äußere mich öffentlich feministisch und erreiche dabei etwas – der Hashtag #aufschrei bekam zum Beispiel den Grimme Online Award verliehen. Ich zeige auf, dass es Ungerechtigkeiten gibt, die auf Gender beruhen, und diejenigen, die das nicht wahrhaben wollen, starten dann einen Shitstorm. Sie schieben Gründe vor (ich würde Menschen anprangern, zur Gewalt aufrufen, sei des Teufels u. a.), aber im Grunde geht es um einen Machtverlust. Wenn Feministinnen ihre politischen Forderungen umsetzen könnten, gäbe es eine Machtverschiebung und weiße heterosexuelle cis-Männer [Anm. d. Red: cis bedeutet die Einheit von biologischem und sozialem Geschlecht und ist der begriffliche Gegensatz zu trans] müssten von ihren bisherigen Machtpositionen zur Seite rutschen. Das ist nicht gewünscht. Shitstorms gegen Feministinnen sind der Versuch, diese zum Schweigen zu bringen und damit zu verhindern, dass sie Politik machen können und gehört werden.

Wie bist du damit umgegangen?
Den großen Shitstorm nach der „Open Mind 2013" habe ich öffentlich einfach gar nicht kommentiert. Ich habe alle geblockt, die sich daran beteiligt haben, und von allem Screenshots gemacht. Das habe ich alleine getan und mir keine Hilfe dafür geholt – was vermutlich sinnvoll gewesen wäre. Ich habe fast alles gelesen, was geschrieben wurde. Ich habe öffentlich nicht Stellung bezogen und die Füße still gehalten. Über ein Jahr später habe ich meinen Fall etwas verkürzt und „anonymisiert" in meine Vorträge zum Thema aufgenommen. Überhaupt halte ich verstärkt Vorträge zu Hatespeech und analysiere so gut es geht, was ich oder andere erleben.

Wer hat dich unterstützt?
Meine Twitter-Timeline hat solidarische Tweets an mich geschickt und Diskussionen mit Hatern geführt, damit ich sie nicht führen muss. Eine Person hat bei einem der Hauptverantwortlichen angerufen und den zur Sau gemacht. Ein paar Leute haben zuvor diesen Hauptverantwortlichen „ermittelt" und mir somit geholfen, sich aber nie mit mir in Verbindung gesetzt und die „Ermittlungen" vermutlich eher aus persönlicher Neugier und Freude an der Arbeit gemacht, als um mir zu helfen. Ansonsten haben enge Freund*innen und vor allem andere Feminist*innen mir ihr Ohr und ihre offenen Arme geboten.

Was ist seitdem anders?
Ich twittere weniger persönlich. Ich litt und leide immer noch unter Albträumen. Fremde Männer, die zu meinen Vorträgen kommen, bereiten mir Angst. Ich gehe nicht mehr an unterdrückte Nummern, weil auch meine Handynummer im Netz veröffentlicht wurde. Ich habe kein Blog-Impressum mehr, damit meine Adresse nicht mehr auffindbar ist. Mein Instagram-Account ist privat geschaltet, damit wenigstens nur Fotos von Twitter verschandelt werden können. Ich vermeide größere Familienfeste, weil ich allgemein keine Menschen mehr vertrage, die meine Arbeit infrage stellen. Ich lüge meine Mutter an, wenn sie mich fragt, wie es mir geht, damit sie

sich keine Sorgen macht. Ich vermeide, dass auf Twitter ersichtlich wird, mit wem ich eine Partnerschaft führe, damit die Hater sich nicht auf die Person stürzen. Als ich noch Mitglied bei den Piraten war, vermied ich, auf Parteitagen zu viel allein rumzustehen oder allein von Fremden angesprochen zu werden, weil ich mich nicht sicher fühlte. Nicht zuletzt konnte ich meine Masterarbeit nicht so schnell beenden, wie ich wollte, und musste ein Semester dranhängen, was auch noch finanzielle Folgen hatte.

Das Interview führte Julia Schramm.

(2015)

1 Die beiden Schülerinnen lesen das Interview genau und klären zunächst alle Verständnisfragen. Anschließend notieren sie alle Themen, die im Interview angesprochen werden: Ursachen für den Shitstorm, Jasna Stricks Reaktion darauf, …
Vervollständigt die Notizen von Frieda und Yasmina.

2 Besonders wichtig finden die beiden Schülerinnen die Auswirkungen der Hassreden auf die Betroffene. Fasst diese Auswirkungen in Stichworten zusammen.

Frieda und Yasmina interessieren sich dafür, wie groß das Ausmaß der von Hatespeech Betroffenen ist und ob Jungen und Mädchen gleichermaßen betroffen sind. Dazu ziehen sie die folgende Statistik heran.

Verbreiten von falschen Informationen und Beleidigungen

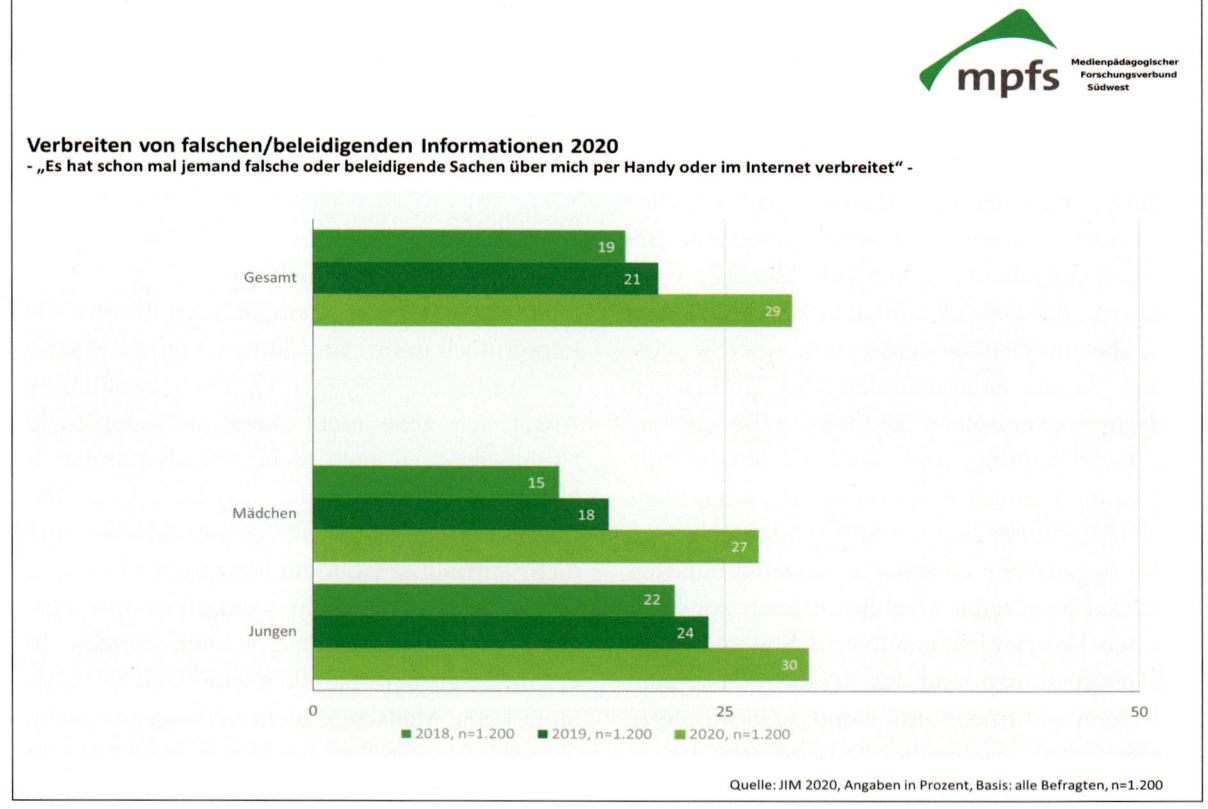

1 Fasst die Aussagen der Grafik in einem kurzen Text zusammen und deutet die Ergebnisse.

2 Untersucht, wer sich hinter der Studie verbirgt und ob man ihr vertrauen kann.

Bei ihrer Recherche haben Frieda und Yasmina festgestellt, dass sich Hatespeech in sehr unterschiedlichen Formen zeigt. Um das zu dokumentieren, haben sie zunächst Beispiele aus dem Netz gesammelt:

3 Mithilfe eines Begriffssterns wollen sie anschließend die gefundenen Beispiele übergeordneten Kategorien zuordnen.
Übernehmt den Begriffsstern in euer Heft und tragt die Beispiele entsprechend ein. Häufig lassen sie sich auch mehreren Kategorien zuordnen.

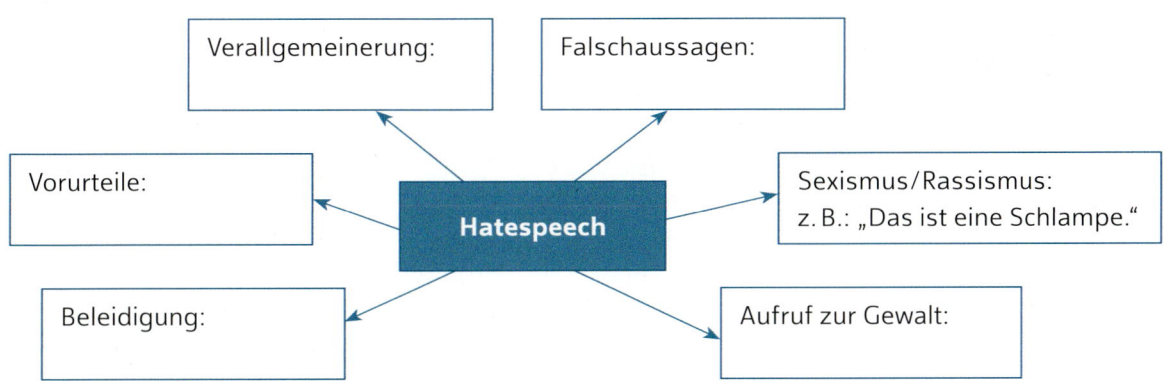

Hilfen findet ihr unter folgendem Webcode:

 WES-127419-046

4 Anschließend wollen die beiden Schülerinnen eine Definition des Begriffes Hatespeech formulieren. Versucht das ebenfalls. Berücksichtigt dabei auch, welche Personen oder Personengruppen von Hatespeech betroffen sein können. Lest eure Definitionen in der Klasse vor und vergleicht sie miteinander.

5 Sucht nach Erklärungen, warum vor allem im Internet Hassreden weit verbreitet sind. Eine Erklärung findet ihr z. B. in dem Artikel von Frank Rapp (S. 154 f.).

6 Frieda und Yasmina wollen in ihrem geplanten Artikel vor allem auch darüber schreiben, wie man sich gegen Hatespeech wehren kann. Dazu lesen sie noch einmal das Interview mit Jasna Strick (S. 163 f.), in dem die Bloggerin berichtet, mit welchen Mitteln sie sich gegen Hassreden im Netz zur Wehr gesetzt hat. Zusätzlich recherchieren sie im Internet zu diesem Aspekt. Stellt die von der Bloggerin Jasna Strick genannten Möglichkeiten anschaulich (z. B. in Form einer Mindmap) zusammen. Ergänzt eure Darstellung um weitere Möglichkeiten, auf Hassbotschaften zu reagieren. Recherchiert dazu ebenfalls im Internet.

Anschließend beginnen die beiden Schülerinnen mit der Arbeit für ihren Artikel.
Dazu verfassen sie zunächst eine Einleitung.

> **Hass im Netz nimmt zu**
> Diese Erfahrung dürfte euch nicht unbekannt sein: Ihr seid in den Sozialen Netzwerken unterwegs und sofort stoßt ihr auf
> 5 beleidigende Kommentare und Hassbotschaften. Der Ton im Netz scheint rauer zu werden. Wir haben uns gefragt, woran das liegt, und wollten der Sache auf den Grund gehen. Dazu haben wir intensiv recher-
> 10 chiert, uns Statistiken angesehen und ein Interview mit einer Bloggerin, die selbst viel Hass im Internet ertragen musste, ausgewertet. Besonders aber hat uns die Frage beschäftigt, wie wir alle uns besser gegen Be-
> 15 leidigungen und Hassbotschaften wehren können.

7 Beschreibt, wie Frieda und Yasmina bei ihrer Einleitung vorgegangen sind. Auf welche Weise versuchen sie, das Interesse ihrer Leserinnen und Leser zu wecken?

Bevor die beiden Schülerinnen den Hauptteil ihres Artikels verfassen, legen sie einen Schreibplan an, in dem sie wichtige Gesichtspunkte, die sie im Hauptteil ausformulieren wollen, auflisten:

> **1. Einleitung**
>
> **2. Hauptteil**
> – Was kann man gegen Hatespeech tun?
> – Welche Wirkung haben Hassbotschaften auf Betroffene?
> – Welche Ursachen führen verstärkt zu Hatespeech?
> – Welche Statistiken gibt es?
> – Wie wirkt sich der Hass im Netz auf unser Zusammenleben aus?
> – Welche unterschiedlichen Formen von Hatespeech gibt es?
>
> **3. Schluss**

8 Haltet ihr die Reihenfolge der Gesichtspunkte im Hauptteil für sinnvoll? Macht Änderungsvorschläge und begründet eure Entscheidung.

9 Frieda hat die Ausformulierung des Gliederungspunktes „Welche Wirkung haben Hassbotschaften auf Betroffene?" bereits angefangen. Führt Friedas Anfang weiter aus und sucht euch noch einen anderen Gliederungspunkt aus, den ihr in ähnlicher Weise ausformuliert.

> Bei unseren Recherchen stießen wir auch auf ein Interview mit der Bloggerin Jasna Strick, die im Internet vielen Hassbotschaften ausgesetzt war. Sie berichtet davon, dass
> 5 sie immer noch unter Albträumen leidet und dass ihr fremde Männer bei ihren Vorträgen Angst bereiten. Sie vermeide auch größere Familienfeste …

10 Nachdem die beiden Schülerinnen den Hauptteil fertiggestellt haben, formulieren sie noch einen Schluss.
Vergleicht die beiden Entwürfe von Frieda und Yasmina miteinander und begründet, welcher euch gelungener erscheint.

> Frieda:
> Wie ihr gesehen habt, nehmen Hass und Hetze im Internet immer mehr zu. Das sollten wir nicht weiter hinnehmen und endlich etwas dagegen tun.

> Yasmina:
> Studien und die Aussagen Betroffener zeigen, dass Hass und Hetze im Internet immer weiter zunehmen. Viele Jugendliche machen täglich schlimme Erfahrungen mit Hassbotschaften und beleidigenden Kommentaren. Dagegen sind wir aber nicht wehrlos. Sprecht über eure Erfahrungen und unternehmt gemeinsam etwas gegen Hatespeech.

11 Verfasst nun einen zusammenhängenden Text zum Thema „Hatespeech".
Der folgende Werkzeugkasten gibt euch dazu weitere Hilfen.

Das brauchst du immer wieder. **So gehst du vor.**

Einen materialgestützten, informierenden Text verfassen

- Überlege, für wen du deinen Text schreibst.
- Gib deinem Text eine Überschrift, die das Interesse deiner Leserinnen und Leser weckt.
- Verfasse eine Einleitung, in der du das Thema vorstellst und erläuterst, warum du dich gerade damit beschäftigst.
- Schau dir alle zur Verfügung stehenden Materialien genau an und vergewissere dich, dass du alles verstanden hast.
- Lege vor dem Verfassen des Hauptteils eine Stoffsammlung bzw. einen Schreibplan an, in dem du alle für das Thema wichtigen Gesichtspunkte auflistest und nach deren Wichtigkeit ordnest. Den Gesichtspunkt, den du für besonders bedeutsam hältst, solltest du an das Ende des Hauptteils setzen.
- Überlege, wie du in deinem Text die einzelnen Materialien sprachlich sinnvoll miteinander verknüpfen kannst.
- Am Schluss deines Textes kannst du noch einmal die zentralen Aussagen zusammenfassen, auf die Bedeutung des Themas hinweisen und evtl. einen Appell an die Leserinnen und Leser richten.

4. Social-Media-Sucht

Durch Soziale Medien haben wir die Möglichkeit, schnell und unkompliziert Inhalte mit der Welt zu teilen, uns zu vernetzen und miteinander zu interagieren. Wir können jederzeit mit Menschen in Kontakt bleiben und neue Kontakte knüpfen. Darüber hinaus bieten sie uns viele Informations- und Entertainmentangebote. Was im Grunde eine gute Sache ist, hat aber einen Haken: Viele Unternehmen sind daran interessiert, dass wir so lange wie möglich auf ihrer Website bleiben. Benachrichtigungstöne und bunte Gestaltungselemente entwickeln eine starke Sogwirkung, der wir uns oft nicht mehr entziehen können, man möchte immer weiterlesen und kann nicht aufhören.

1 Tauscht euch in der Klasse über euren eigenen Social-Media-Konsum aus. Wie viel Zeit verbringt ihr am Tag in den Sozialen Medien und welche Themen interessieren euch dabei besonders?

2 Seht euch das folgende Diagramm genauer an. Es stammt aus der Studie „Mediensucht 2020 – Gaming und Social Media in Zeiten von Corona" der DAK (Deutsche Angestellten-Krankenkasse). Befragt wurden Kinder und Jugendliche zwischen 12 und 18 Jahren und deren Eltern. Welches Interesse könnte eine Krankenkasse haben, eine solche Studie in Auftrag zu geben?

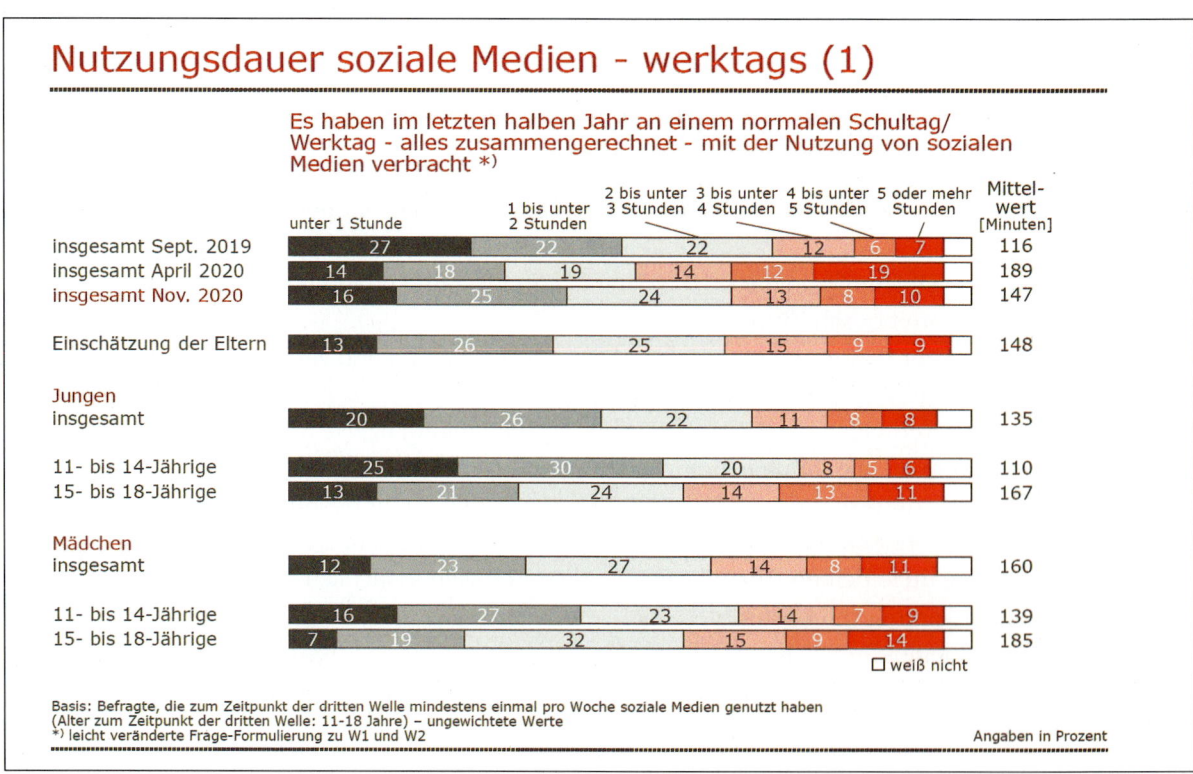

3 Stellt thesenartig Aussagen zusammen, die sich dieser Studie entnehmen lassen und die ihr für besonders interessant haltet.

4 Geht auf die Unterschiede zwischen Mädchen und Jungen ein und sucht nach Erklärungen dafür.

5 Im April 2020 weist das Diagramm einen hohen Anstieg der Nutzungsdauer auf. Äußert Vermutungen, wie es zu diesem Anstieg gekommen ist.

6 Welchen zeitlichen Rahmen bei der Nutzung Sozialer Medien haltet ihr für Jugendliche eures Alters noch für angemessen, ab wann findet ihr ihn bedenklich? Begründet eure Meinung.

7 Wann wird eurer Meinung nach die Nutzung der Sozialen Medien zur Sucht? Setzt euch in Kleingruppen zusammen und beschreibt Situationen, die klar auf ein Suchtverhalten hinweisen. Fasst eure Beobachtungen in einer Liste zusammen. So könnte sie beginnen:

- Freundschaften und Hobbys werden vernachlässigt
- starkes Bedürfnis, immer mehr Zeit im Internet zu verbringen
- …

Die Weltgesundheitsorganisation (WHO) hat Sucht folgendermaßen definiert:

„Sucht ist ein Zustand periodischer oder chronischer Vergiftung, hervorgerufen durch den wiederholten Gebrauch einer natürlichen oder synthetischen Droge und gekennzeichnet durch vier Kriterien:

- ein unbezwingbares Verlangen zur Einnahme und Beschaffung des Mittels,
- eine Tendenz zur Dosissteigerung (Toleranzerhöhung),
- die psychische und meist auch physische Abhängigkeit von der Wirkung der Droge,
- die Schädlichkeit für den Einzelnen und/oder die Gesellschaft."

8 Klärt zunächst unbekannte Wörter und Verständnisfragen.
Diskutiert über die Definition der WHO. Ist sie eurer Meinung nach hilfreich für die Beurteilung von Sucht im Bereich der Sozialen Medien?
Erweitert die Definition gegebenenfalls so, dass auch der Bereich der Sozialen Medien erfasst wird.

9 Setzt euch in Kleingruppen zusammen und erarbeitet Strategien, um einem Suchtverhalten im Bereich Sozialer Medien vorzubeugen. Berücksichtigt dabei auch die technischen Möglichkeiten von Smartphones.
Entwerft in der Gruppe ein Plakat, das vor den Gefahren der Social-Media-Sucht warnt.

5. Die Welt der Influencer

Post des Bloggers und Influencers Erik Scholz

1️⃣ Sprecht in der Klasse darüber, von welchen Menschen aus eurem direkten sozialen Umfeld ihr am meisten beeinflusst werdet.

2️⃣ Welche Menschen außerhalb eures sozialen Umfeldes beeinflussen euch?

3️⃣ Erklärt mit eigenen Worten, was eine Influencerin/ein Influencer ist. Stellt zusammen, welche Influencer ihr kennt und zu welchen Themen sie sich äußern. Sprecht auch darüber, ob sie euch beeinflussen und ob ihr ihnen vertraut.

4️⃣ Seht euch den obigen Screenshot des Modebloggers Erik Scholz an. Beschreibt zunächst den linken Bildteil. Macht deutlich, welche Atmosphäre hier vermittelt werden soll und mit welchen Mitteln das geschieht. Geht dann auch auf die Kommentare und Likes neben dem Bild genauer ein.

Viel Geld für wenig Arbeit? – Ein Interview mit einem Influencer

Alex, 23, studiert nebenbei und erzählt, für welche Dinge er trotz hohen Honorars nie Werbung machen würde.

Wie sieht dein Arbeitsalltag als Influencer aus?

Ich habe keine genauen Arbeitszeiten, oft drehe ich abends noch eine Story. Es gibt keine festen Zeiten oder Abläufe, an denen ich mich orientieren kann. Wenn ich Videos für YouTube drehe, wo ich am aktivsten bin, gehen dafür zwischen drei und acht Stunden drauf. Dazu gehört Planung, gegebenenfalls Materialien bestellen oder kaufen, Drehen und Bearbeitung. Sonst produziere ich jeden Tag Storys auf Instagram, kümmere mich um Organisatorisches, wie das Beantworten von Kooperationsanfragen, oder erstelle weiteren Content auf Tiktok. Im Schnitt gehen für meine reine Influencer-Tätigkeit pro Tag drei Stunden drauf.

Mittlerweile bin ich aber auch kein „reiner" Influencer mehr, da ich mit einem Kumpel eine Influencer-Agentur gegründet habe, durch die ich mein Wissen weitergebe und auch andere Influencer vertrete. Wir planen etwa Werbekampagnen und Kooperationen für Unternehmen und recherchieren, mit welchen Influencern man zusammenarbeiten kann. Dabei arbeiten wir weitestgehend von zu Hause aus. Ich bin dabei für die Strategie zuständig. Die Arbeit für die Agentur ist auch ein Full Time Job, wann immer etwas anfällt, setze ich mich daran. Nebenher studiere ich Medien- und Kommunikationsmanagement in Köln, damit bin ich aber so gut wie fertig.

Welche Zielgruppen wichtig sind

Meine Zielgruppe ist ziemlich breit. Von achtjährigen Kindern bis hin zu siebzigjährigen Rentnern. Die Älteren sind dann meistens die stillen Zuschauer, die sich für die neuen Medien interessieren. Meine Hauptarbeit findet auf YouTube statt. Auf meinem Hauptkanal besteht ein Großteil meines Contents aus Unboxing und unterhaltsamen Produkttests, meistens von Gadgets, die oft aus China kommen. Sonst sind auch viele

Influencer Alex

Experimente dabei, wie beispielsweise Cent-Auktionen. Dabei kann man mit wenig Geld für teure Geräte bieten und mit viel Glück ergattert man ein gutes Handy für fünf Euro. Auf meinem Zweitkanal habe ich mit Reactionvideos angefangen.

Auf Instagram bin ich nicht ganz so aktiv. Da poste ich meistens Storys aus meinem Alltag, damit der Algorithmus meinen Account weiterhin pusht, ab und zu schöne Bilder und Werbefotos für Kooperationen. Auf Tiktok poste ich Ausschnitte von YouTube-Videos, bin aber auch da nicht so aktiv. Dasselbe gilt für Snapchat, Twitter und Facebook.

Vorurteil oder Wahrheit? Influencer verdienen viel Geld für wenig Arbeit

Dieses Vorurteil trifft teilweise schon zu. Es gibt beispielsweise Jugendliche, die auf Tiktok und Instagram eine halbe oder sogar eine Million Follower haben. Dann hauen die ein Werbebild raus und verdienen mal eben 10 000 Euro damit. Ein gutes Bild braucht zwar auch mal drei bis vier Stunden Arbeit, aber dieses Geld sprengt natürlich vollkommen den Rahmen, gerade in diesem

Alter. Werbung hat einfach ihren Preis, im Endeffekt wird ja für die Reichweite bezahlt und nicht für die Arbeit, die man da reinsteckt. Diese Reichweite muss man sich aber auch erst mal aufbauen, da muss man hartnäckig dran bleiben. Das ist ein langer Weg und erfordert viel Kreativität. […]

Das Geld

Das variiert von Monat zu Monat. Hauptsächlich verdiene ich über YouTube Geld. Durch Werbeblocks in Videos verdient man da recht gut, in meinem Fall zwischen 4000 und 7000 Euro brutto monatlich, was aber gerade in den Monaten vor Weihnachten nochmal deutlich mehr werden kann. Meine zweite Einnahmequelle sind Kooperationen mit Unternehmen. Das variiert auch total, je nachdem, was produziert werden soll. Es macht einen Unterschied, ob ich ein ganzes YouTube-Video drehe oder im Video nur 60 Sekunden über die Marke oder das Produkt spreche, ein Instagram-Foto oder ein Tiktok erstelle. Wenn ich ein ganzes Werbevideo drehe und zusätzlich auf Instagram ein Posting und eine Story hochlade, reden wir da bei mir als Standardsatz über etwa 10 000 Euro. Das ist Verhandlungssache und von Influencer zu Influencer unterschiedlich. Im Schnitt komme ich durch die Werbekooperationen im Monat auf zusätzlich 7 000 Euro brutto. Damit komme ich auf ein monatliches Gesamteinkommen von etwa 12 000 Euro brutto, in den Monaten vor Weihnachten verdiene ich auch bis zu 30 000 Euro, wenn es extrem gut läuft. Das hört sich erst mal extrem viel an, ich habe aber auch einige Ausgaben. Zum Beispiel, wenn ich Technik zum Testen für meine YouTube-Videos kaufe. (2021)

(Protokoll von Nina Berati)

jetzt, Süddeutsche Zeitung, 25.01.2021 [Aufruf: 09.11.2021]

1 Lest das Interview und klärt in der Klasse Verständnisfragen und unbekannte Begriffe.

2 Stellt in Stichworten die verschiedenen Aktivitäten des Influencers Alex zusammen.
Beschreibt seinen Arbeitsalltag in einem kurzen Text.

3 Erklärt mit eigenen Worten, wovon der Verdienst einer Influencerin oder eines Influencers abhängt.
Listet dazu zunächst die verschiedenen Einnahmequellen von Alex auf.

4 Stellt Vermutungen darüber an, an wen sich der Text richtet und mit welchem Ziel er verfasst ist. Begründet eure Meinung.

5 Belegt an sprachlichen Formulierungen, wie Alex seine Arbeit als Influencer beurteilt.

In den Sozialen Netzwerken treten häufig Prominente als Influencer auf. Die Idee, mit bekannten Persönlichkeiten Werbung zu machen, ist eigentlich nicht neu. Schon früh begannen findige Firmen, bekannte Personen für ihr Produkt werben zu lassen. So nutzte z. B. eine Suppenfirma 1966 die Bekanntheit des Fußballers Franz Beckenbauer für Werbezwecke – eine frühe Form von Influencer-Marketing. Beckenbauer warb ganz offen für den Suppenhersteller sowohl im Fernsehen als auch in Zeitschriften.

1 Seht euch den folgenden Post des Fußballers Thomas Müller an. Beschreibt zunächst den Bildteil. Für welches Produkt wirbt der Fußballer und wie präsentiert er es?

2 Bezieht dann auch die Kommentare neben dem Foto mit ein. Beurteilt besonders Müllers ersten Satz: „Father's Day comes nearer". Welches Ziel wird hier verfolgt?

3 Macht mithilfe einer Tabelle deutlich, wie sich die Werbung im Fernsehen oder in Zeitschriften von der in sozialen Medien unterscheidet. Bezieht dabei auch die unterschiedlichen technischen Möglichkeiten mit ein.

Werbung in den traditionellen Medien (z. B. Fernsehen, Zeitschriften)	Werbung in den Sozialen Medien
– hohe Kosten – ?	– auch mit geringen Kosten möglich – Erreichen einer bestimmten Zielgruppe – ?

4 Tauscht euch in der Klasse darüber aus, welche Quellen ihr vorwiegend nutzt, um euch über Produkte zu informieren und um eine Kaufentscheidung zu treffen, und was ihr von Werbung durch Influencer haltet.

6. Werbung durch die Hintertür – Wenn Influencer Produkte empfehlen

Influencerinnen und Influencern wird immer wieder der Vorwurf gemacht, sie betrieben Schleichwerbung, weil sie nicht nur direkt, sondern auch auf versteckte Weise für Produkte werben würden.

1 Entscheidet spontan für die beiden Posts von Erik Scholz (S. 170) und Thomas Müller (S. 173), ob ihr diese für Schleichwerbung haltet.

2 Seht euch die folgende Definition für Schleichwerbung an und beurteilt dann die Posts erneut. Begründet eure Meinung.

> Als Schleichwerbung werden Produktplatzierungen bezeichnet, bei denen eine Verschleierung des werbenden Charakters erfolgt. In der Regel erfolgt für diese eine Geld- oder Sachzuwendung. Für den Verbraucher/die Verbraucherin ist es häufig nicht eindeutig erkennbar, dass es sich dabei um Werbung handelt und er/sie somit ggf. getäuscht wird.
> Grundsätzlich liegt Schleichwerbung in Filmen, Zeitschriften oder auch allen anderen Medien also immer dann vor, wenn folgende Bedingungen erfüllt sind:
> – Die Verbraucher wissen nicht, dass es sich um Werbung handelt.
> – Das Produkt oder die Marke wird gegen eine Sach- oder Geldleistung verwendet, gezeigt bzw. erwähnt.
> – Die Werbewirkung wird erst durch die Ausstrahlung/Veröffentlichung wirksam.

3 Nennt Schwierigkeiten, die sich ergeben, wenn man angemessen beurteilen will, ob es sich um Schleichwerbung handelt oder nicht. Beurteilt in diesem Zusammenhang noch einmal den Post von Erik Scholz (s. S. 170).

Mit der Thematik Schleichwerbung hat sich im September 2021 auch der Bundesgerichtshof beschäftigt. Er hatte darüber zu entscheiden, welche Regeln für Influencerinnen und Influencer gelten.

Davon betroffen war neben anderen auch die Influencerin Cathy Hummels. In ihrem Fall entschied das Gericht zu ihren Gunsten. In ihrer Begründung erklärten die Richter, wenn eine Influencerin ein Produkt auf einem Social-Media-Kanal zeige, sei das nicht automatisch Schleichwerbung. Eine geschäftliche Handlung liege nur vor, wenn die Influencerin dafür eine Gegenleistung erhalte – entweder Geld oder das kostenfrei überlassene Produkt oder sonst irgendeine Zuwendung. Influencerinnen und Influencer müssten im Wesentlichen also nur solche Posts als Werbung kennzeichnen, für deren Präsentation sie etwas bekommen würden.

Cathy Hummels im Juni 2020 bei einer Verhandlung zur Schleichwerbung am Oberlandesgericht München.

4 Diskutiert in der Klasse über die Begründung dieses Urteils.

5 So könnt ihr weiterarbeiten. Wählt aus:

a Sucht im Internet nach einem Bild, auf dem der ehemalige Fußballer Franz Beckenbauer 1966 Reklame für Suppen macht.
Vergleicht das Foto mit dem des Fußballers Thomas Müller (S. 173) in einem ausformulierten Text. Berücksichtigt dabei vor allem, was ihr über den Unterschied zwischen der Werbung in traditionellen Medien und der in den Sozialen Medien gelernt habt.

b Bildet in der Klasse Kleingruppen und erstellt auf dem Handy einen fiktiven Werbe-Post, wie er z. B. auf einem Social-Media-Kanal erscheinen könnte.
- Erarbeitet zunächst Kriterien, wie eurer Meinung nach ein guter Post aussehen soll.
- Entscheidet euch für ein (selbst erworbenes) Produkt, für das ihr werben wollt.
- Überlegt, ob ihr euch auf ein Bild beschränken wollt oder ob Hashtags und Text dazukommen sollen.
- Stellt das Ergebnis anschließend der Klasse vor.

c Erstellt auf dem Handy ein kurzes Video (maximal 60 Sekunden), in dem ihr ein Fantasieprodukt erklärt oder eine Beschreibung (z. B. für ein elektrisches Gerät) erstellt. Gleichzeitig soll für dieses Produkt geworben werden.
Stellt das Ergebnis anschließend in der Klasse vor und diskutiert darüber.
Hinweis:
Aus rechtlichen Gründen benötigt ihr für Aufnahmen, auf denen die Gesichter anderer Schülerinnen und Schüler zu erkennen sind, eine Einverständniserklärung der Eltern.

7. Kinder als Influencer

Es gibt zunehmend auch Kinder, die auf Social-Media-Plattformen Spielzeug testen, Schminktipps geben und Millionen Menschen Einblick in ihren Alltag gewähren. Immer mehr Kinder und Jugendliche werben als Influencerinnen und Influencer für Produkte. Bei jeder Gelegenheit ist die Kamera dabei: bei Reisen, Geburtstagsfeiern, Sportveranstaltungen. Ihre Videos und Fotos gehören zur Lebenswirklichkeit vieler Kinder und Jugendlicher, die sich in den Sozialen Medien bewegen.

1 Nennt Probleme, die sich vor allem für junge Influencerinnen und Influencer ergeben könnten.

2 Recherchiert im Internet Genaueres über den Tagesablauf einer jungen Influencerin oder eines jungen Influencers.
Tragt eure Ergebnisse zusammen und verfasst einen kurzen Sachtext, in dem ihr die Situation junger Influencerinnen und Influencer schildert und mögliche Gefahren beschreibt, die dabei entstehen könnten.

In Deutschland gibt es zum Schutz von Kindern und Jugendlichen das Jugendarbeitsschutzgesetz, das allerdings noch nicht den Bereich der Sozialen Medien erfasst. Kinderrechtsorganisationen sind deshalb in Sorge, dass es sich hier in vielen Fällen um eine neue Form der Kinderarbeit handeln könnte.

3 Schaut euch den folgenden Auszug aus dem Jugendarbeitsschutzgesetz genauer an. Stellt anschließend zusammen, woran ihr erkennen könnt, dass es sich um einen Gesetzestext handelt.

Gesetz zum Schutze der arbeitenden Jugend

§ 2 Kind, Jugendlicher
(1) Kind im Sinne dieses Gesetzes ist, wer noch nicht 15 Jahre alt ist.
(2) Jugendlicher im Sinne dieses Gesetzes ist, wer 15, aber noch nicht 18 Jahre alt ist.
(3) Auf Jugendliche, die der Vollzeitschulpflicht unterliegen, finden die für Kinder geltenden Vorschriften Anwendung.

§ 5 Verbot der Beschäftigung von Kindern
(1) Die Beschäftigung von Kindern (§ 2 Abs. 1) ist verboten.

§ 6 Behördliche Ausnahmen für Veranstaltungen
(1) Die Aufsichtsbehörde kann auf Antrag bewilligen, dass
1. bei Theatervorstellungen Kinder über sechs Jahre bis zu vier Stunden täglich in der Zeit von 10 bis 23 Uhr,
2. bei Musikaufführungen und anderen Aufführungen, bei Werbeveranstaltungen sowie bei Aufnahmen im Rundfunk (Hörfunk und Fernsehen), auf Ton- und Bildträger sowie bei Film- und Fotoaufnahmen
a) Kinder über drei bis sechs Jahre bis zu zwei Stunden täglich in der Zeit von 8 bis 17 Uhr,
b) Kinder über sechs Jahre bis zu drei Stunden täglich in der Zeit von 8 bis 22 Uhr gestaltend mitwirken und an den erforderlichen Proben teilnehmen. Eine Ausnahme darf nicht bewilligt werden für die Mitwirkung in Kabaretts, Tanzlokalen und ähnlichen Betrieben sowie auf Vergnügungsparks, Kirmessen, Jahrmärkten und bei ähnlichen Veranstaltungen, Schaustellungen oder Darbietungen.

(2) Die Aufsichtsbehörde darf nach Anhörung des zuständigen Jugendamts die Beschäftigung nur bewilligen, wenn
1. die Personensorgeberechtigten in die Beschäftigung schriftlich eingewilligt haben,
2. der Aufsichtsbehörde eine nicht länger als vor drei Monaten ausgestellte ärztliche Bescheinigung vorgelegt wird, nach der gesundheitliche Bedenken gegen die Beschäftigung nicht bestehen,
3. die erforderlichen Vorkehrungen und Maßnahmen zum Schutz des Kindes gegen Gefahren für Leben und Gesundheit sowie zur Vermeidung einer Beeinträchtigung der körperlichen oder seelisch-geistigen Entwicklung getroffen sind,
4. Betreuung und Beaufsichtigung des Kindes bei der Beschäftigung sichergestellt sind,
5. nach Beendigung der Beschäftigung eine ununterbrochene Freizeit von mindestens 14 Stunden eingehalten wird,
6. das Fortkommen in der Schule nicht beeinträchtigt wird.

(Jugendarbeitsschutzgesetz – JArbSchG) JArbSchG
Ausfertigungsdatum: 12.04.1976 (Auszug)
https://www.gesetze-im-internet.de/jarbschg/index.html
[07.01.2022]

1 Setzt euch in Kleingruppen zusammen und klärt zunächst Verständnisfragen. Das Verbot der Beschäftigung von Kindern lässt zahlreiche Ausnahmen zu. Fasst stichwortartig zusammen, welche Ausnahmen das sind und von welchen Bedingungen sie abhängen.

2 Führt in der Klasse eine Pro-und-Kontra-Diskussion zu dem Thema durch: Sollten Eltern zulassen, dass ihre Kinder als Influencer arbeiten? Sammelt dazu zunächst Pro- und Kontra-Argumente. Tauscht eure Argumente aus und führt dann die Diskussion durch.

 Hilfen dazu findet ihr im Kapitel „Streitfälle – Argumentieren und Erörtern" (S. 94 ff.) und im Werkzeugkasten auf S. 110.

8. Das habe ich gelernt, das kann ich

Die Hauptaussagen eines Diagramms zusammenfassen und bewerten ➡ S. 164f., S. 168f.

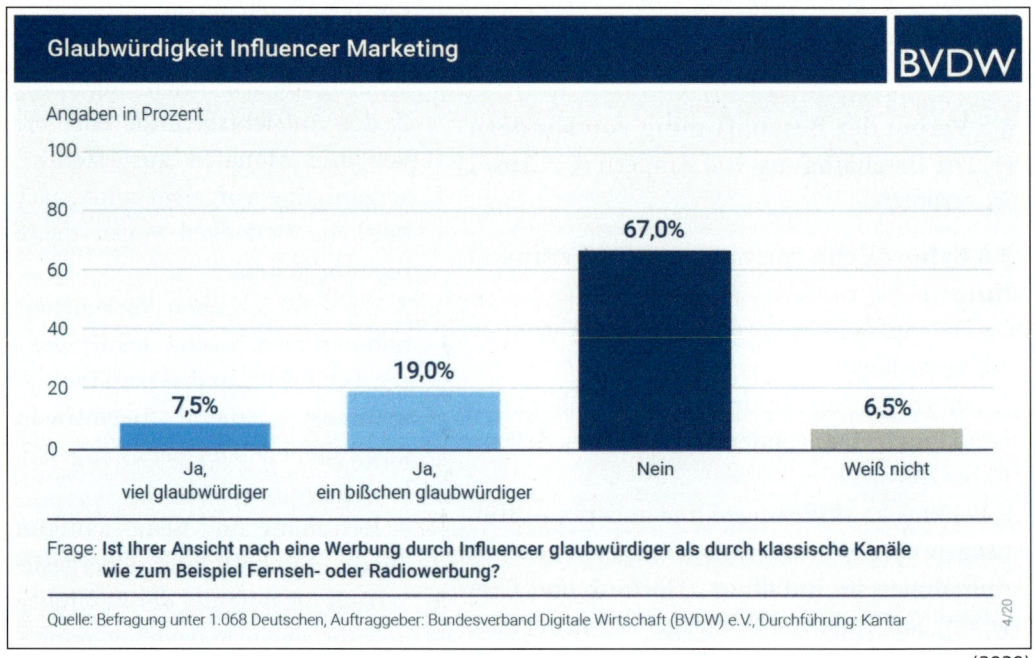

(2020)

1. Schau dir das abgebildete Diagramm genau an und fasse die Hauptaussagen in einem kurzen Text zusammen.

2. Bewerte die Ergebnisse, indem du deine persönliche Meinung dazu schriftlich formulierst.

Einen Sachtext/ein Interview auswerten ➡ S. 154ff., S. 158f., S. 163f., S. 171f.

Reden wir über: Influencer

Swen Wedig ist Geschäftsführer der Influenceragentur „Vollpension Medien" in Berlin. Scout ist ein Magazin für Medienerziehung.

scout: Mal ganz dumm gefragt: Was machen eigentlich diese Influencer?
Wedig: Wie das Wort schon sagt, sind sie Meinungsmacher. Unsere Agentur schaut sich auf Instagram, YouTube, Snapchat und anderen Plattformen um und sucht dort gezielt nach Accounts von Leuten, die innerhalb einer bestimmten Zielgruppe besonders beliebt sind. Die picken wir heraus, ‚infizieren' sie mit den abgestimmten Bot-

schaften der jeweiligen Marken. Diese Influencer erreichen die vom Kunden erwünschte Zielgruppe dann punktgenau auf ihren Lieblingsplattformen. Es ist also wie eine Injektion. Klassische Werbung, zum Beispiel mit Plakatanzeigen, funktioniert hingegen wie eine Gießkanne: Irgendwer wird schon nass werden ...

10 **scout: Woher kommen Influencer?**
Wedig: Man muss erst einmal schauen, wo sie nicht herkommen. Eben nicht automatisch dorther, wo früher die werbenden Stars herkamen: aus dem Fernsehen zum Beispiel oder aus dem Sport. Die Influencer entstammen, wie gesagt, ihrer eigenen Zielgruppe. Sie wirken deshalb viel authentischer als klassische Stars. Das macht den
15 größten Teil ihres Charmes aus. Und damit auch ihrer Wirksamkeit.
scout: Kritiker sagen, gerade diese Authentizität sei fast immer gelogen ...
Wedig: Ich glaube, dass Influencer, die es mit ihren Fans nicht ehrlich meinen, auf lange Sicht keine Chance haben. Das zeigt sich immer dann, wenn wir mit den Protagonisten von Kampagnen ins wahre Leben gehen, zum Beispiel zu einer Preisverleihung.
20 Wenn unsere Influencer da keine sozialen Kompetenzen vorweisen können, weil sie sich völlig in der virtuellen Realität eingeigelt haben, dann sind sie bald weg vom Fenster. Überhaupt, ganz klassische Werte wie Höflichkeit und Ehrlichkeit haben ja auch im Netz nicht ausgedient!
scout: Was ist mit der guten, alten Wahrheit? Stichwort: Schleichwerbung.
25 **Wedig:** Es muss ja gar nicht illegal sein, um irgendwie grenzwertig zu werden. Oft ist die Frequenz ja selbst schon problematisch: Wenn ich mit meinem Sohn eine halbe Stunde auf YouTube verbringe, haben wir hinterher gut und gerne zwanzig bis dreißig Werbespots übersprungen. Was Schleichwerbung betrifft: Das ist eigentlich kein so kompliziertes Thema, wie es immer dargestellt wird. Gerade beim Kinder- und
30 Jugend-Marketing dürfen wir und die Unternehmen keine Angriffsflächen bieten. Wir müssen deshalb alle ordentlich kennzeichnen, lieber einmal zu viel als einmal zu wenig.
scout: Sehen Sie Grenzen des Influencing? Ist das irgendwann wieder vorbei?
Wedig: Influencer wird es geben, solange Menschen anderen Menschen folgen. Sie ha-
35 ben die Marken-Kommunikation total verändert.

(2018)

3 Das Interview besteht aus fünf Fragen und den dazugehörenden Antworten. Fasse jede der fünf Antworten mit ein bis zwei Sätzen zusammen.

4 Erkläre mit eigenen Worten, was Wedig mit dem Bild von der Injektion und der Gießkanne ausdrücken will.

5 Fasse das Interview in einem ausformulierten Text zusammen.

Miteinander sprechen – Gelingende und misslingende Kommunikation

■ Sicherlich kennen viele von euch die Situation: Man sagt zu seinem Gesprächspartner oder seiner Gesprächspartnerin etwas und er oder sie reagiert völlig anders, als man es erwartet hat. Da möchte man nur einen Hinweis geben oder eine Information erhalten und der oder die andere versteht dies als Belehrung oder Beleidigung.

■ In der zwischenmenschlichen Kommunikation kommt es immer wieder zu Missverständnissen. Wie man erkennen kann, warum einzelne Gespräche scheitern, und worauf man achten sollte, um ein Gespräch wie gewünscht führen zu können, erfahrt ihr im ersten Teil des Kapitels.

■ Wie auch der Körper in der Kommunikation mitspricht, erfahrt und untersucht ihr im zweiten Teilkapitel.

■ Abschließend werden der Aspekt der Gesprächsführung und der sozialen Rolle innerhalb der Kommunikation in den Blick genommen.

1 Auf den Fotos werden verschiedene Gesprächssituationen gezeigt. Versucht, die Äußerungen der Gesprächspartner zu erklären.

2 Welche Probleme werden aus den Beispielen deutlich?

Kommunikation analysieren und beurteilen

1. Gespräche im Alltag – Das Gesagte, das Gemeinte, das Gehörte sind nicht immer dasselbe

Loriot (1923 – 2011)
Feierabend

Bürgerliches Wohnzimmer. Der Hausherr sitzt im Sessel, hat das Jackett ausgezogen, trägt Hausschuhe und döst vor sich hin. Hinter ihm ist die Tür zur Küche einen Spaltbreit geöffnet. Dort geht die Hausfrau emsiger Hausarbeit nach. Ihre Absätze verursachen ein lebhaftes Geräusch auf dem Fliesenboden.

SIE Hermann …
ER Ja …
SIE Was machst du da?
ER Nichts …
SIE Nichts? Wieso nichts?
ER Ich mache nichts …
SIE Gar nichts?
ER Nein …
   (Pause)
SIE Überhaupt nichts?
ER Nein … ich sitze hier …
SIE Du sitzt da?
ER Ja …
SIE Aber irgendwas *machst* du doch?
ER Nein …
   (Pause)
SIE Denkst du irgendwas?
ER Nichts Besonderes …
SIE Es könnte ja nicht schaden, wenn du mal etwas spazieren gingest …
ER Neinnein …
SIE Ich bringe dir deinen Mantel …
ER Nein danke …
SIE Aber es ist zu kalt ohne Mantel …
ER Ich gehe ja nicht spazieren …
SIE Aber eben wolltest du doch noch …
ER Nein, du wolltest, dass ich spazieren gehe …

Loriot (Vicco von Bülow)

SIE Ich? Mir ist es doch völlig egal, ob du spazieren gehst …
ER Gut …
SIE Ich meine nur, es könnte dir nicht schaden, wenn du mal spazieren gehen würdest …
ER Nein, schaden könnte es nicht …
SIE Also was willst du denn nun?
ER Ich möchte hier sitzen …
SIE Du kannst einen ja wahnsinnig machen!
ER Ach …
SIE Erst willst du spazieren gehen … dann wieder nicht … dann soll ich deinen Mantel holen … dann wieder nicht … was denn nun?
ER Ich möchte hier sitzen …
SIE Und jetzt möchtest du plötzlich da sitzen …

50	ER	Gar nicht plötzlich ... ich wollte immer nur hier sitzen ... und mich entspannen ...	SIE	Ich renne den ganzen Tag hin und her ... Du könntest doch wohl einmal aufstehen und dir die Illustrierten holen ...
	SIE	Wenn du dich wirklich entspannen wolltest, würdest du nicht dauernd auf mich einreden ...	ER	Ich möchte jetzt nicht lesen ...
			SIE	Mal möchtest du, mal nicht ...
55	ER	Ich sag ja nichts mehr ... *(Pause)*	ER	Ich möchte einfach hier sitzen.
			SIE	Du kannst doch tun, was dir Spaß macht!
	SIE	Jetzt hättest du doch mal Zeit, irgendwas zu tun, was dir Spaß macht ...	ER	Das tue ich ja ...
			SIE	Dann quengle doch nicht so rum ...
	ER	Ja ...	ER	(schweigt)
60	SIE	Liest du was?	SIE	Hermann!
	ER	Im Moment nicht ...	ER	(schweigt)
	SIE	Dann lies doch mal was ...	SIE	Bist du taub?
	ER	Nachher, nachher vielleicht ...	ER	Neinnein ...
	SIE	Hol dir doch die Illustrierten ...	SIE	Du tust eben nicht, was dir Spaß macht ... stattdessen sitzt du da!
65	ER	Ich möchte erst noch etwas hier sitzen ...	ER	Ich sitze hier, weil es mir Spaß macht ...
	SIE	Soll *ich* sie dir holen?	SIE	Sei doch nicht gleich so aggressiv ...
	ER	Neinnein, vielen Dank ...	ER	Ich bin doch nicht aggressiv ...
	SIE	Will der Herr sich auch noch bedienen lassen, was?	SIE	Warum schreist du mich dann so an?
70	ER	Nein, wirklich nicht ...	ER	(schreit) ... Ich schreie dich nicht an!!

Zeilen: 75, 80, 85, 90

1 Beschreibt die Beziehung zwischen Hermann und seiner Frau.

2 Sucht aus dem Gespräch drei Stellen heraus und ergänzt die Gedanken von Hermann und seiner Frau in Form von inneren Monologen. Was kann auf diesem Weg verdeutlicht werden?

3 Warum schreit Hermann seine Frau am Ende des Gesprächs an? Inwiefern trägt das Verhalten der Frau zu dem Wutausbruch bei?

4 Loriot skizziert in seinen Sketchen immer wieder bestimmte Menschentypen und deren Verhalten. Welche Typen verbergen sich eurer Meinung nach hinter den Gesprächspartnern in diesem Sketch?

5 Überlegt, in welchem Tonfall Mann und Frau miteinander sprechen könnten, welchen Gesichtsausdruck beide einnehmen könnten und durch welche Körpersignale ihre Haltung noch unterstrichen werden könnte. Spielt die Szene in eurer Klasse.

Schwierigkeiten und Missverständnisse in Gesprächen, wenn auch nicht immer so wie bei Loriot, gehören zu unserem Alltag. Diese werdet ihr im Folgenden genauer kennenlernen und untersuchen.

1. Verfasst einen inneren Monolog des Mädchens und des Jungen, aus dem jeweils deutlich wird, was sie möglicherweise über den anderen denken.

2. Wie könnte es zu der Reaktion des Jungen gekommen sein?

3. Wie beurteilt ihr die Reaktion?

4. Sprecht die Äußerung des Mädchens mit verschiedenen Betonungen und variierenden Gesten. Welche Reaktionen des Jungen liegen dann jeweils nahe?

5. Welche Fortsetzung könnte das Gespräch nehmen? Schreibt einen kurzen Dialog und vergleicht eure Ideen miteinander.

6. Kennt ihr solche Situationen? Nennt Beispiele und beschreibt, wie ihr solche Situationen empfindet.

7. Schreibt auf, wie die Tochter reagieren und wie das Gespräch sich weiterentwickeln könnte.

8. Vergleicht eure Dialoge miteinander und untersucht,
   - worum es inhaltlich geht,
   - wie die Beziehung zwischen Mutter und Tochter einzuschätzen ist,
   - was die Gesprächspartner jeweils erreichen möchten.

In einem Gespräch gibt man immer auch etwas von sich preis, man zeigt z. B. Angst, Besorgnis oder Wut, auch wenn man dies nicht offen ausspricht. Wenn man etwas über sich selbst aussagt, nennt man das **Selbstoffenbarung**.

9 Was sagt die Mutter in dem oben angeführten Beispiel über sich aus?
Welche Selbstoffenbarung könnte die Aussage des Jungen im Bild links in sich bergen?

Auch im Folgenden können die Äußerungen unterschiedlich gemeint sein und aufgefasst werden.

Mutter: Du, Kathi, weißt du, wie spät es ist?
Katharina, weißt du eigentlich, wie spät es ist?
Mensch, Kathi, da bist du ja endlich. Weißt du, wie spät es ist?

10 Bettet die Äußerungen jeweils in ein Gespräch ein: Schreibt unterschiedliche kurze Situationen auf, in denen die Äußerungen gesprochen werden könnten, und präsentiert die Dialoge.

11 Beschreibt, welche unterschiedlichen Selbstoffenbarungen die Äußerungen der Mutter in euren Dialogen enthalten könnten.

12 Durch welche Körperhaltung und Mimik könnte die Selbstoffenbarung unterstrichen werden? Probiert aus.

Eine Äußerung – viele Botschaften. Ein Modell der Kommunikation von Friedemann Schulz von Thun

■ Friedemann Schulz von Thun (geb. 1944) ist ein deutscher Psychologe und Kommunikationswissenschaftler. Seine Arbeiten zur zwischenmenschlichen Kommunikation, die vom Bestreben geprägt sind, eine Brücke zwischen wissenschaftlicher Forschung und Lebenswirklichkeit zu schlagen, gehören zum Grundlagenwissen in der Kommunikationspsychologie.
Als Professor für Psychologie lehrte Schulz von Thun bis zu seiner Emeritierung im Jahr 2009 an der Universität in Hamburg.
Zurzeit leitet er das „Schulz von Thun Institut für Kommunikation".
Schulz von Thun entwickelte ein Kommunikationsmodell, das unter den Bezeichnungen „Vier-Ohren-Modell" bzw. „Vier-Schnäbel-Modell" oder „Nachrichtenquadrat" bekannt geworden ist. Die folgenden Ausführungen sind inhaltlich seinem Werk „Miteinander reden 1, Störungen und Klärungen. Allgemeine Psychologie der Kommunikation" (Reinbek/Hamburg 1981) entlehnt. ■

Der Vater sagt zu seiner Tochter: „Sei heute Abend bitte vorsichtig, wenn du von der Party mit dem Rad nach Hause fährst, hörst du?" Das Mädchen antwortet: „Nun behandle mich nicht immer wie ein Kleinkind!"
Wenn Menschen sich unterhalten, kommt es immer wieder zu Missverständnissen. Will jemand nur einen guten Rat geben, versteht der andere dies möglicherweise als Belehrung und reagiert wütend.
Will eine Person einer anderen ein Kompliment machen, versteht die angesprochene Person dies vielleicht ironisch und fühlt sich angegriffen. Das obige Beispiel zeigt schon, dass das Gesagte und das Gehörte nicht immer dasselbe sind. Grundsätzlich sprechen wir auf vier Ebenen miteinander:

- Die sprechende Person übermittelt eine **Sachinformation**: Wenn ein Lehrer in seine Klasse kommt und sagt: „Es ist kalt hier", gibt er die Information, dass es im Raum kalt ist. Gleichzeitig sagt er

- etwas über sich selbst aus (**Selbstoffenbarung**); vielleicht friert er oder er macht sich Sorgen um die Gesundheit seiner Schüler. Zudem kann er mit dieser Aussage
- eine Aufforderung, einen **Appell**, an seine Schüler verbinden, das Fenster zu schließen. Er möchte also eine Reaktion bei ihnen auslösen. Schließlich gibt er mit seinem Satz vielleicht an, dass er
- die **Beziehung** zwischen sich und den Schülern so einschätzt, dass er ihnen diesen Auftrag, das Fenster zu schließen, geben kann (sie sind groß genug, um an das Fenster heranzukommen; sie sind ihm als Klasse untergeordnet).

Auch der Zuhörer nimmt auf diesen vier Ebenen wahr: Der Schüler hört
- die **Sachinformation**, dass es im Raum kalt ist; er nimmt vielleicht auch eine vom Lehrer ausgehende
- **Selbstoffenbarung** wahr, dass es ihm zu kalt ist, er also friert. Wahrscheinlich nimmt die Klasse auch
- den **Appell** wahr, der mit der Äußerung verbunden sein kann, und schließt das Fenster, vorausgesetzt, die Klasse schätzt
- die **Beziehung** zwischen sich und dem Lehrer so ein wie der Lehrer.

Meist überwiegt eine der Ebenen im Gespräch. In dem Anfangsbeispiel dieses Textes fühlt sich die Person durch den Rat bevormundet und reagiert auf der Beziehungsebene – sie hat also gehört, dass der andere sich in einer Erzieherrolle äußert, empfindet dies als ungerechtfertigt und wehrt sich aufgebracht gegen die vermeintlich unterlegene Position. Zu Problemen kommt es immer dann, wenn „Schnabel und Ohr" nicht zusammenpassen, d.h., wenn eine Äußerung nicht so aufgenommen wird, wie sie beabsichtigt ist.

1 Übernehmt die Zeichnung mit den vier Schnäbeln und den vier Ohren in euer Heft und beschriftet sie.

2 Erklärt mithilfe des Textes die Zeichnung.

3 Seht euch noch einmal das Beispiel von der Auftaktseite (S. 180) an (ein Paar im Supermarkt) und setzt es in Beziehung zur Zeichnung:
- Welchen Schnabel verwendet möglicherweise der Mann, mit welchem Ohr hört die Frau die Frage des Mannes?
- Warum kommt es zum Streit? Worin besteht das Missverständnis?

4 Erläutert die Reaktionen des Sohnes: Auf welchem Ohr hat er jeweils die Frage des Vaters verstanden?

5 Untersucht auch den folgenden Beispieldialog zwischen einem Jungen und einem Mädchen mithilfe des Modells von Schulz von Thun.

Dialog vor der Schule

Junge: „Hast du die Mathe-Hausaufgaben verstanden?"
Mädchen: „Du bekommst sie nicht von mir."

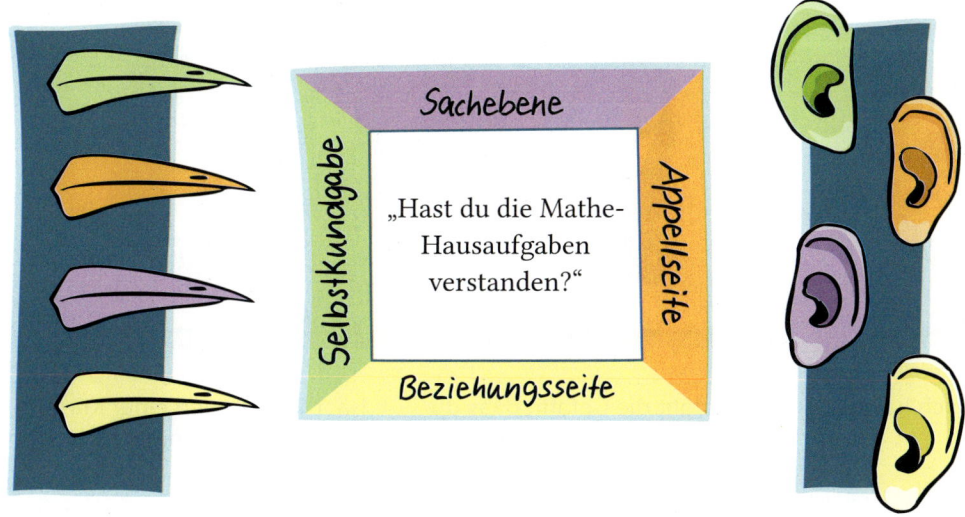

6 Welche anderen Reaktionen des Mädchens sind denkbar, je nachdem, mit welchem Ohr es die Frage des Jungen wahrnimmt? Schreibt unterschiedliche Möglichkeiten auf und erklärt sie.

7 Wenn der Schnabel der sprechenden Person und das Ohr des Empfängers oder der Empfängerin nicht zusammenpassen, kommt es schnell zu Missverständnissen. Wie könnten das Mädchen und der Junge nach anfänglichem Missverständnis das Gespräch dennoch gelingend weiterführen? Besprecht in eurer Klasse verschiedene Möglichkeiten.

2. Der Körper meldet sich zu Wort – Körpersprache

1 Seht euch die Fotos auf den vorangegangenen Seiten an: Was bedeuten die Gesten der Personen und Figuren, welche Gefühlslage lässt sich aus ihnen ablesen?

2 Wie deutet ihr jeweils den Gesichtsausdruck der Personen?

Im Folgenden findet ihr eine Reihe von Fotos. Die Schülerin wurde interviewt und erhielt die Aufgabe, nur mithilfe ihres Körpers auf die gestellten Fragen zu antworten.

- Was tust du, wenn du ein Referat verfasst hast, das du am nächsten Tag halten sollst, und dir soeben ein Glas Limonade darübergelaufen ist?

- Was machst du, wenn du am 20. des Monats kein Taschengeld mehr hast, mit Freunden aber gerne ins Kino gehen möchtest?

- Was hieltest du davon, wenn ihr mit eurer Klasse regelmäßig (einmal im Monat) eine Party feiertet?

- Welchen Berufswunsch hast du?

- Es besteht die Gefahr, dass du das Klassenziel nicht schaffst. Was machst du?

- Hast du während einer Klassenarbeit schon einmal einen Mogelzettel benutzt?

3 Welche Antworten gibt die Schülerin auf die Fragen? Tauscht euch über die Antworten aus, die ihr aus den Bildern ablest, und begründet mithilfe der Fotos, warum ihr die jeweilige Antwort vermutet.

4 Welche körpersprachlichen Signale auf den Fotos helfen euch, die vermittelte Botschaft zu verstehen?

5 Nennt weitere Körpersignale, die etwas über die Einstellung von Gesprächspartnern verraten.

6 Ihr könnt ein „stummes Interview" auch in eurer Klasse ausprobieren: Stellt eurem Nachbarn oder eurer Nachbarin Fragen, die nur mithilfe des Körpers beantwortet werden dürfen. Formuliert dann in Worten die von euch verstandene Antwort.

Auch auf den folgenden Fotos geht es um das Sprechen mit dem Körper.

7 Worum könnte es auf den Fotos gehen? Begründet eure Vermutung, indem ihr die dargestellten Körpersignale deutet.

8 Seht euch die einzelnen Personen auf den Bildern genau an und deutet ihre Körpersignale, indem ihr ihnen passende Aussagen oder Gedanken zuweist.

9 Entwickelt aus den drei Fotos jeweils eine Handlungsszene. Schreibt die Dialoge auf, sprecht und spielt sie und vergleicht sie anschließend in der Klasse.

Luzia Schünemann
Zur Bedeutung der Körpersprache[1]

Für uns Menschen gibt es grundsätzlich zwei Möglichkeiten, mit anderen zu kommunizieren: Die eine erfolgt über das Wort (verbale Kommunikation), die andere über die Sprache unseres Körpers (nonverbale Kommunikation). Auch wenn wir nichts zum anderen sagen, treten wir über unseren Gesichtsausdruck (Mimik) und über unsere sonstige Körperhaltung (Gestik) mit dem anderen in eine Kommunikation ein, ob wir wollen oder nicht. Oft geben wir unsere Gefühle nicht mit Worten preis, sondern der andere erfährt durch unsere Körpersprache, wie wir empfinden. Deshalb ist es wichtig, dass man sowohl die verbale als auch die nonverbale Seite der Kommunikation berücksichtigt. Auch sollte man sich klarmachen, dass man selbst immer mit seinem Körper Botschaften an den anderen übermittelt. In dessen Reaktion zeigt sich vielleicht, wie er sie aufgenommen hat. Wenn man in einem Gespräch das Gefühl hat, das Gegenüber verhält sich distanziert, kann es auch daran liegen, dass man selbst eine Haltung der Distanz verkörpert, indem man beispielsweise die Arme verschränkt hält oder einen deutlichen Abstand zwischen sich und seinem Gegenüber wählt. Der andere versteht diese Signale und reagiert darauf.

Nicht immer sind die Körpersprache und das gesprochene Wort im Einklang. Dann kommt es zu widersprüchlichen Botschaften, die irritierend sind. Beispiel: Eine Frau sitzt mit verschränkten Armen, abwehrender Gesichtshaltung und leicht hochgezogenen Schultern einer anderen Frau gegenüber und sagt: „Ich find's immer richtig schön, wenn wir uns treffen!" Kann man dieser Frau wirklich glauben? Ihre Körpersprache signalisiert Distanz und Anspannung, also eher, dass sie sich nicht wohlfühlt, die Worte behaupten das Gegenteil. Dann besteht die Schwierigkeit, diese Widersprüche aufzulösen. Oftmals verrät der Körper mehr über die innere Haltung als das Wort. Denn wir haben gelernt, unsere Gefühle sprachlich zu kontrollieren; die Körperkontrolle ist zumeist nicht so perfekt.

---

[1] Die Ausführungen von Luzia Schünemann folgen den Überlegungen von Samy Molcho. In: Ders.: Körpersprache. Goldmann, 25. Aufl., München 1998, S. 17 f. / © 1983 Mosaik Verlag

Samy Molcho

1 Was erfahrt ihr im Text über die Bedeutung der Körpersprache? Erschließt euch den Text, indem ihr sechs Fragen notiert, auf die der Text eine Antwort gibt. Überprüft eure Textkenntnis, indem ihr eurem Sitznachbarn oder eurer Sitznachbarin die Fragen stellt, die er oder sie beantwortet.

2 Seht euch noch einmal die Fotos auf S. 189 an und untersucht, welche Gefühle durch die Körpersprache der Personen ausgedrückt werden.

3 Seht euch die Bilder an: Welche der Begegnungen wirkt harmonischer? Worin liegt das Irritierende in der anderen Begegnung?

4 Findet weitere Situationen, in denen die Körpersprache nicht zum Gesagten passt. Entwerft in Kleingruppen Szenen, die einen Widerspruch zwischen verbaler und nonverbaler Botschaft enthalten. Spielt anschließend die Szenen und besprecht,

- inwiefern körpersprachliche Botschaften wichtig sind,
- welches Gefühl widersprüchliche Botschaften beim Gegenüber auslösen können.

3. Wer führt das Gespräch? – Beziehungen

Erich Rauschenbach (geb. 1944)

1 Erläutert, worin der Witz der Karikatur liegt.

Wolfdietrich Schnurre (1920 – 1989)
Du bist un-mög-lich

„Mama, wer war'n der Mann, der dich da eben gegrüßt hat?"
„Welcher Mann?"
„Der mit dem Pickel auf der Backe."
5 „Egon hat nie einen Pickel auf der Backe gehabt, merk dir das."
„Ich merk mir lieber, dass er Egon heißt. Außerdem hat er doch 'n Pickel auf der Backe gehabt."
„Werd nicht frech."
10 „Wieso werd ich frech, wenn Egon 'n Pickel auf der Backe hat?"
„Für dich ist Egon immer noch Herr Prenzl."
„Wieso ist Egon für mich Herr Prenzl und für dich Egon?"
„Weil du ihn nicht kennst. Wen man nicht kennt, den redet man auch nicht mit dem Vornamen an."
„Du redest ihn aber mit 'm Vornamen an, stimmt's?"
„Ich rede Herrn Prenzl überhaupt nicht an, dass du's genau weißt."
„Aber er hat dich angeredet."
„Wann?"

„Eben."
„Er hat mich gegrüßt. Na und?"
25 „Und gezwinkert."
„Gewas?"
„Gezwinkert. Mit 'm Auge. So."
„Hör auf, solche Fratzen zu schneiden!"
„Das is' nich' meine Fratze, das is' Herrn Egon
30 Prenzl seine."
„Wie kannst du so was sagen!"
„Das kann ich, weil ich's gesehn hab."
„Überhaupt nichts hast du gesehn!"
„Wieso kann ich überhaupt nichts sehn, wenn ich
35 seinen Pickel und seine Fratze gesehn hab?"
„Du bist un-mög-lich."
[...] (1973)

1 Beschreibt die Gesprächssituation:
- Wer ist am Gespräch beteiligt?
- Wo findet es möglicherweise statt?
- Worüber wird gesprochen?
- Welche Ziele verfolgen die Gesprächspartner und wie versuchen sie, sie umzusetzen?

2 Spielt die Szene. Achtet dabei auf Betonungen und auf die verwendeten Satzarten. Die übrigen Schülerinnen und Schüler beobachten die Szene:
- Wie verhalten sich die Mutter und das Kind in dem Gespräch?
- Wer führt das Gespräch?

3 Der Text ist schon fast 50 Jahre alt. Bewertet ihr das Verhalten des Kindes als „unmöglich" (Z. 36)? Begründet eure Meinung und bezieht auch die nebenstehende Information zur sozialen Rolle ein.

4 Wie könnte ein solches Gespräch heute ablaufen? Schreibt und spielt ein derartiges Gespräch und erläutert, warum es heute möglicherweise anders ablaufen würde.

5 Untersucht nun Rauschenbachs Karikatur (S. 192) auf dieselbe Weise wie den Text „Du bist un-mög-lich". Beziehst dabei den Aspekt der sozialen Rolle in die Untersuchung ein.

Info: Die Führung im Gespräch – soziale Rollen

Wie Menschen miteinander sprechen, hängt auch davon ab, in welchem **Verhältnis** die Gesprächspartner zueinander stehen. So wird ein Angestellter mit seinem Chef in der Regel anders sprechen als mit seinem Kollegen, ein Kind spricht mit seiner Mutter üblicherweise anders als mit seinen Klassenkameraden. Auch ein Arzt und sein Patient haben eine bestimmte Form der Kommunikation, die an die **soziale Rolle** gebunden ist. Würde eine Patientin zum Arzt gehen und diesen mit den Worten: „Guten Tag, Herr Doktor, wie geht es Ihnen heute?" nach seinem gesundheitlichen Befinden fragen, so wäre dies zumindest irritierend, die Patientin hätte ihre Rolle verlassen.
Es gibt aber auch Situationen, in denen die gesellschaftlichen Positionen bewusst verlassen werden oder eine untergeordnete Rolle spielen. Wenn z. B. ein Lehrer mit seinem Schüler nach dem Unterricht über ein Fußballspiel spricht, das beide gesehen haben, ist die soziale Beziehung nicht mehr von so großer Bedeutung. Wenn zwei Menschen in einem Gespräch auf einer Ebene stehen, spricht man von einer Gleichrangigkeit, einer **symmetrischen** Kommunikation; gibt es aber eine übergeordnete und eine untergeordnete Position, nennt man das Gefüge **asymmetrisch** oder **komplementär**.

4. Das habe ich gelernt, das kann ich

Das Gesagte, das Gemeinte und das Gehörte sind nicht immer dasselbe ➡ S. 182 ff.

1 Untersuche folgenden kurzen Wortwechsel zwischen Mutter und Tochter:

Tochter: „Was ist das Grüne in der Suppe?"
Mutter: „Du kannst dir gern selbst etwas kochen, wenn es dir bei mir nicht schmeckt!"

- Warum reagiert die Mutter wie angegeben? Worin liegt gegebenenfalls das Missverständnis?
- Formuliere die Frage der Tochter so um, dass deutlich wird, dass sie
    - informiert werden möchte, was sich in der Suppe befindet,
    - darum bittet, das Grün beim nächsten Mal wegzulassen,
    - unsicher ist, ob sie das Grüne in der Suppe mag,
    - ihrer Mutter zutraut, die Frage beantworten zu können.
- Formuliert die Antwort der Mutter so um, dass deutlich wird, dass sie
    - die Frage der Tochter als Infragestellung ihrer Kochkünste versteht,
    - die Frage der Tochter als Aufforderung hört, das nächste Mal das Suppengrün wegzulassen,
    - die Frage auf dem Sachohr hört,
    - die Frage der Tochter als Ausdruck ihrer Abneigung gegenüber dem Grün in der Suppe begreift.

Der Körper meldet sich zu Wort ➡ S. 188 ff.

2 Sieh dir die Wörter aus dem Wortspeicher an und notiere, welche Botschaft der Körper jeweils dem Gegenüber mitteilt. Du kannst mit einer kleinen Tabelle arbeiten, die du in dein Heft überträgst:

Körpersprachliches Signal	Botschaft
Schultern hängen lassen	Traurigkeit, Enttäuschung …
?	?

Schultern hängen lassen • durch den Raum schlurfen • Augenzwinkern • ausgestreckte Arme • offener Mund • Hände in die Hüften stemmen • mit der Faust auf den Tisch schlagen • Augen weit aufreißen • lächeln • Arme vor dem Körper verschränken

Wer führt das Gespräch? Beziehungen ➡ S. 192 ff.

Gespräch zwischen Schulleiter und Fachlehrer:

„Hey, Chef, na, wie war Ihr Wochenende? Sie sehen ja noch mächtig müde aus, war es so anstrengend auf der Feier am Samstag? Ach ja, die Korrekturen der Klassenarbeiten hab ich noch nicht geschafft, sorry!"
„Guten Morgen, Herr Wand! Vielen Dank für Ihr Interesse, es freut mich, dass Sie sich
5 jetzt kurz Zeit nehmen für ein Gespräch. Wissen Sie, wenn ich hier in meinem Büro bin, ist es manchmal schwierig, mit dem Kollegium ins Gespräch zu kommen. Manchmal bin ich wirklich frustriert, dass ich an Ihren sicherlich oft fröhlichen Gesprächen nicht teilnehmen kann, weil ich nicht zur Gruppe gehöre. Das ist wirklich zu schade. Und dass Sie die Korrekturen noch nicht geschafft haben, kann ich natürlich verstehen. Es tut mir
10 auch leid, dass ich sie überhaupt einfordern muss."
„Ja, Chef, das ist ein bisschen doof, darüber sollten Sie noch einmal nachdenken. Und zu Ihrer Traurigkeit: Kopf hoch! Das ist doch alles nicht so tragisch, wir mögen Sie doch. Und: Wenn Sie sich mal ein bisschen lockerer geben, ist auch ganz fix ein Gespräch angefangen. Echt."
15 „Lieber Herr Wand, ich danke Ihnen vielmals für Ihre aufbauenden Worte."
„Kein Problem, Chef. Und wenn was ist: Sie können sich gern an mich wenden, ich habe immer ein offenes Ohr für Sie. Jetzt muss ich aber los, sonst tanzt meine Klasse auf den Tischen."
„Natürlich, natürlich. Haben Sie vielen Dank. Auf Wiedersehen."
20 „Ciao, bis dann."

3 Wer führt in diesem Dialog das Gespräch? Woran kannst du das erkennen?

4 Nenne Textstellen, aus denen deutlich wird, dass die Gesprächsteilnehmer ihren sozialen Rollen nicht gerecht werden.

So ein Theater!

- In diesem Kapitel werdet ihr ein Theaterstück, seine Figuren und seine Komik kennenlernen und damit auf spielerische und analytische Weise umgehen.

- Dazu werdet ihr Textauszüge vortragen, die Figuren und ihr Verhalten untersuchen und in ihre Rollen schlüpfen. Hilfen dabei erhaltet ihr durch Informationen, die euch auch wichtige Fachbegriffe eines Textes für das Theater nahebringen, und Übungen zur zwischenmenschlichen Kommunikation.

- Am Ende könnt ihr ein kleines „Mini-Drama" vorspielen.

Geiz und Glück werden einander nie kennenlernen.
(Benjamin Franklin)

Geizhälse: die Plage ihrer Zeitgenossen, aber das Entzücken ihrer Erben.
(Theodor Fontane)

Geiz treibt die Liebe aus dem Hause.
(Andreas Capellanus)

Geiz ist die größte Armut.
(Deutsches Sprichwort)

Der Geiz wächst mit dem Gelde.
(Deutsches Sprichwort)

Vom Geizhals und vom Schwein hat man erst nach ihrem Tode Nutzen.
(Französisches Sprichwort)

---

1 Erklärt euch gegenseitig die Bedeutung der einzelnen Sprichwörter zum Thema *Geiz*. Sprecht auch darüber, welche Erfahrungen ihr selbst mit dem Thema gemacht habt. Überlegt euch kleine Szenen, zu denen ein Sprichwort als Überschrift passen könnte, und spielt sie vor.

2 Wer ist für euch geizig und warum? Erläutert in einem kurzen Text, was ihr unter *Geiz* versteht. Bezieht dabei auch die Begriffe *Sparsamkeit*, *Freigebigkeit* und *Verschwendung* mit ein.

Ein Theaterstück verstehen lernen

3. Beschreibt das Theaterplakat und formuliert eure Erwartungshaltung an ein Bühnenstück mit dem Titel „Der Geizige".

4. Die Zitate auf dem Plakat stammen von unterschiedlichen Figuren der Komödie. Was kommt in den einzelnen Textstellen bereits über die euch noch unbekannten Figuren bzw. die Handlung zum Ausdruck? Sammelt eure Ergebnisse und überprüft eure Vermutungen am Ende der Arbeit mit diesem Kapitel.

5. Informiert euch über den französischen Dichter Molière und tragt eure Ergebnisse zusammen.

1. Vorhang auf für Molières Komödie „Der Geizige"! – Wie die Handlung beginnt

1. Szene

Harpagons Haus. Gartenseite. Elise putzt Schuhe
Valère, als alter bärtiger Mann verkleidet.

Valère: Elise! Was ist denn los? Erst verlobst du dich mit mir, und jetzt machst du so ein Gesicht! Ich freue mich wie verrückt und du – tut's dir jetzt leid?

Elise: Natürlich nicht! Ich bin nun mal so. Ich bin zu schwach, ich habe immer Angst. Du machst mich ganz wehrlos.

Valère: Angst? Wovor denn?

Elise: Ach, vor allem! Mein Vater! Die Familie! Das Gerede der Leute! Aber vor allem habe ich Angst vor dir, Valère.

Valère: Vor mir?

Elise: Eines Tages liebst du mich vielleicht nicht mehr.

Valère: Süße!

Elise: Alle Männer sind so. Einer wie der andere. Das weiß ich doch. Wenn man euch liebt, nutzt ihr es gleich aus.

Valère: Was heißt: alle Männer! Jetzt bin ich beleidigt. Ich bin doch nicht „alle Männer"! Ich habe meine Prinzipien. – Dich nicht mehr lieben – unvorstellbar!

Elise: Das wird sich erst zeigen.

Valère: Jetzt hör endlich auf, du gehst mir auf die Nerven! Immer siehst du bloß schwarz!

Elise: Ja – ich will dir ja glauben! Alles glaube ich dir! Dass du mich ehrlich liebst! Dass du mir treu bleibst! Alles! Nur, eben, die Leute …

Valère: Die Leute! Die Leute!

Elise: Die sehn dich ja nicht so wie ich. Die verstehn ja nicht, warum ich so leichtsinnig … aber ja! Ich habe ja Grund, dir dankbar zu sein, Valère, – für mich hast du ja einfach alles aufgegeben, Familie und Renommee[1], und läufst hier bei meinem Vater als Diener herum, nur um in meiner Nähe zu sein! Das ist bestimmt Grund genug, dass man dich liebt und dir alles verspricht. Nur – ob die Leute das verstehn …?

Valère: Wer deinen Vater kennt, wie geizig der ist, wie engstirnig, der versteht noch ganz was anderes! Entschuldige, ich rede respektlos von deinem alten Herrn. Aber du weißt ja selbst! Lass mich erst meine Eltern wiederfinden, dann merkt er plötzlich, wen er vor sich hat, dann ist er mit allem einverstanden, garantiert! Wenn ich nicht bald von meinen Eltern höre, zieh ich selbst los und suche sie.

Elise: Nein, Valère! Bleib da! Bitte! Sieh lieber, wie du mit meinem Vater zurechtkommst! Ich hab Angst.

Valère: Das tu ich ja! Und wie! Den ganzen Tag streich ich ihm Honig um den Bart, sage zu allem Ja, richtig, sehr wohl, ganz meine Meinung, ausgezeichnet, – ich fürchte schon immer, jetzt ist es zu dick, aber was denn! Es kann gar nicht dick genug sein! Er schluckt alles. Ehrlichkeit! Was heißt da ehrlich! Man passt sich an – so ist es doch! Will man was von den Leuten, muss man auf sie eingehen. Kann ich dafür, dass sie so sind?

Elise (*geht mit den Schuhen ins Haus*): Ich finde, du müsstest mit meinem Bruder reden.

Valère: Mach du das doch! Ihr könnt's doch gut miteinander!

---

[1] **Renommee:** gesellschaftliches Ansehen

1 Seht im Figurenverzeichnis auf S. 202 nach, um festzustellen, welche Figuren in der Eröffnungsszene (**Exposition**) der Komödie vorgestellt werden. Fasst zusammen, was ihr über sie erfahrt. Stellt zusammen, welche Probleme sich aus der vorgestellten Situation ergeben könnten.

2 Seht euch die beiden Fotos an. Überlegt, zu welchen Aussagen Elises sie passen könnten. Begründet eure Überlegungen, indem ihr die Körpersprache des Schülers und der Schülerin beschreibt und deutet.

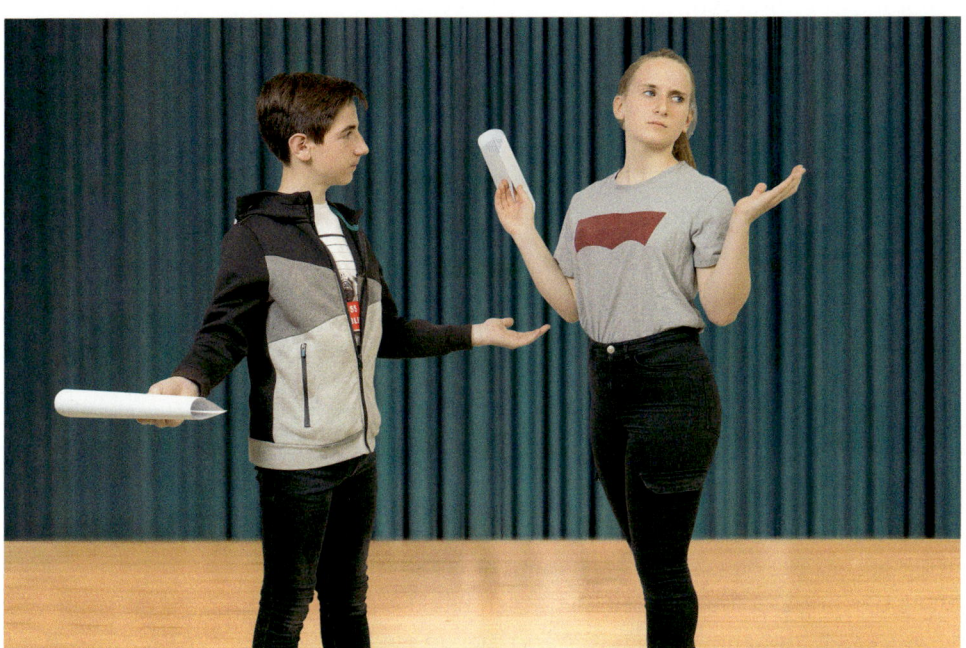

3 Ihr habt nun einen ersten Eindruck von Elise und Valère erhalten. Stellt zusammen, welche Charaktermerkmale hier deutlich werden. Begründet eure Aussagen anhand von Textbeispielen.

4 Bereitet ein Spiel der Szene vor, indem ihr den Text am Rand mit Regieanweisungen verseht. Ihr könnt dazu entweder den Text kopieren oder eine Folie benutzen. Macht euch dabei klar, wie man die Aussagen der Figuren durch die Betonung (**Intonation**) verstärken kann. Achtet auch auf die Körpersprache (**Gestik**, **Mimik**). Lest dazu die folgende Information über die Bedeutung der Körpersprache.

Info: Zur Bedeutung der Körpersprache[1]

Für uns Menschen gibt es grundsätzlich zwei Möglichkeiten, mit anderen zu kommunizieren: Die eine erfolgt über das Wort (**verbale Kommunikation**), die andere über die Sprache unseres Körpers (**nonverbale Kommunikation**). Auch wenn wir nichts zum anderen sagen, treten wir über unseren Gesichtsausdruck (Mimik) und über unsere sonstige Körpersprache (Gestik, Körperhaltung) mit dem anderen in eine Kommunikation ein, ob wir wollen oder nicht.

Oft geben wir unsere Gefühle nicht mit Worten preis, sondern der andere erfährt durch unsere Körpersprache, wie wir empfinden. Deshalb ist es wichtig, dass man sowohl die verbale als auch die nonverbale Seite der Kommunikation berücksichtigt.

Man sollte sich auch klarmachen, dass man selbst immer mit seinem Körper Botschaften an den anderen übermittelt. In dessen Reaktion zeigt sich vielleicht, wie er sie aufgenommen hat. Wenn man in einem Gespräch das Gefühl hat, das Gegenüber verhält sich distanziert, kann es auch daran liegen, dass man selbst eine Haltung der Distanz verkörpert, indem man beispielsweise die Arme verschränkt hält oder einen deutlichen Abstand zwischen sich und dem Gegenüber wählt. Der andere versteht diese Signale und reagiert darauf.

Oftmals verrät der Körper mehr über die innere Haltung als das Wort. Denn wir haben gelernt, unsere Gefühle sprachlich zu kontrollieren, die Körperkontrolle funktioniert aber zumeist nicht so perfekt.

 Weitere Informationen zum Thema Kommunikation erhaltet ihr in der Einheit „Miteinander sprechen – Gelingende und misslingende Kommunikation", S. 180–195.

---

[1] Die Ausführungen folgen den Überlegungen von Samy Molcho. In: Ders.: Körpersprache, Goldmann, 25. Aufl., München 1998, S. 17 f. / © 1983 Mosaik Verlag GmbH

5 Eine berühmte Aussage des österreich-amerikanischen Psychotherapeuten und Kommunikationswissenschaftlers Paul Watzlawick (1921 – 2007) lautet:

„Man kann nicht *nicht* kommunizieren."

Erläutert, wie ihr diesen Satz versteht, bezieht dabei auch die Körpersprache mit ein.

6 Schaut euch die mittlere Figur auf Seite 202 an. Auch wenn man nichts über diese Figur weiß, verrät die „Körpersprache" einiges über sie. Beschreibt genau diese Körperhaltung. Ihr könnt dazu auch ausprobieren, sie nachzubilden.
Listet auf, was ihr durch die Körpersprache erfahrt.

7 Ihr habt zwar bislang nur wenige Informationen über die Figur Harpagon erhalten, doch könnt ihr aus dem Dialog von Elise und Valère bereits wesentliche Charakterzüge Harpagons herauslesen. Stellt sie zusammen.

8 Stellt Informationen über die anderen Figuren und die Handlung zusammen. Welche Erwartungen habt ihr? Begründet eure Aussagen mithilfe der ersten Szene (S. 198).

Info: Die Exposition
Unter einer Exposition versteht man ganz allgemein den **ersten Teil** eines literarischen Werkes oder auch eines Films, in dem der Leser/die Leserin oder der Zuschauer/die Zuschauerin **Zeit**, **Ort** und **Figuren** vorgestellt bekommt und in die **zentrale Thematik** eingeführt wird.

2. Der Geizige & Co. – Die Figuren in der Komödie

Figurenverzeichnis

Harpagon	ein reicher Witwer
Elise	seine Tochter
Cléanthe	sein Sohn
Anselme	ein wohlhabender Witwer, dem Elise versprochen ist; seine Kinder halten ihn für verschollen
Valère	sein Sohn, als Diener im Hause Harpagons und heimlich mit Elise verlobt
Mariane	seine Tochter und Geliebte von Cléanthe
Frosine	Heiratsvermittlerin
Maître Simon	Geldvermittler
Maitre Jacques	Koch und Kutscher Harpagons
La Flèche	Diener Cléanthes
Ein Polizeikommissar	

Ort der Handlung ist Harpagons Haus in Paris.

1 Betrachtet die Figuren genau und beschreibt sie. Gibt es Auffälligkeiten bezüglich ihres Gesichtsausdrucks oder ihrer Körperhaltung?

2 Seht euch nun das Figurenverzeichnis an. Welche Figuren könnt ihr zuordnen? Begründet eure Vermutungen.

3 Worum könnte es in dem Theaterstück gehen? Entwerft in Stichworten, ausgehend von den bekannten Informationen, einen möglichen Handlungsverlauf.

Nach dem Gespräch mit ihrem Geliebten erzählt Elise ihrem Bruder Cléanthe von ihrer geheimen Liebe zu Valère. Dieser nutzt den passenden Moment, um Elise von seiner – ebenfalls bislang geheimen – Liebe zu der armen Mariane in den höchsten Tönen vorzuschwärmen. Im Laufe des Gesprächs kommt Cléanthe, der Mariane finanziell unterstützen möchte, auf seinen Vater zu sprechen:

CLÉANTHE: Aber der Alte ist ja so kniepig. Keinen Sou rückt er raus. [...] Es macht mich ganz krank! Auch diese ekelhafte Knauserei! Man kommt sich vor wie ein Sträfling! Geld! Was haben wir denn von dem Geld! *Jetzt* brauchen wir's, solang wir noch jung sind! *Jetzt* hätten wir was davon! Ich muss vom Pump leben, bloß damit ich überhaupt vegetieren kann. [...] Ich erzähl jetzt dem Alten, dass ich Mariane heirate, dann werden wir ja sehn. Macht er Schwierigkeiten, dann geh ich, Schluss! [...]

4 Harpagon, der Geizige, wird bereits indirekt in die Komödie eingeführt, bevor er überhaupt auftritt. Welcher Charakterzug Harpagons wird von Cléanthe besonders herausgestellt? Vergleicht auch mit der ersten Szene (S. 198).

5 Lest nun die folgende Szene, in der Harpagon zum ersten Mal auftritt, mit verteilten Rollen.

3. Szene

HARPAGONS Kontor[1]. HARPAGON, LA FLÈCHE

HARPAGON: Raus mit dir! Auf der Stelle! Keine Widerrede! Raus! Lass dich nicht mehr erwischen hier! Du Schnüffler! Du Dieb!

LA FLÈCHE (*beiseite*): Der ist total meschugge, der Alte!

HARPAGON: Was war das?

LA FLÈCHE: Warum schmeißen Sie mich eigentlich raus?

HARPAGON: Du Lump du, du fragst auch noch, warum? Mach, dass du rauskommst! Sonst schlag ich dich tot!

LA FLÈCHE: Was hab ich Ihnen denn getan?

HARPAGON: Verschwinden sollst du, das hast du mir getan!

LA FLÈCHE: Ihr Sohn hat mir gesagt, ich soll hier auf ihn warten.

HARPAGON: Mein Sohn? Dann von mir aus auf der Straße, aber nicht hier. Das mache ich nicht länger mit! Dauernd schleichst du hier im Haus herum! Spionierst mir nach! In jeder Ecke! Schnüffelst herum! Dieb!

LA FLÈCHE: Dieb? Wo Sie alles zehnmal einschließen? Machen Sie keine Witze! Sie traun sich ja nicht mal zu schlafen, nachts, vor lauter Angst.

HARPAGON: Jetzt hast du dich verraten! Du Spitzel! (*für sich*): Weiß er was? Das Geld? (*laut*): Du bist imstand und behauptest öffentlich, ich habe Geld im Haus.

LA FLÈCHE: Sie haben Geld im Haus?

HARPAGON: Schwachkopf! Das hab ich nicht gesagt! (*beiseite*): Ich werde verrückt! (*laut*): Du bist imstand und posaunst überall aus, ich habe Geld im Haus versteckt! Aus purer Bosheit!

LA FLÈCHE: Ob Sie welches haben oder nicht – wir haben ja doch nichts davon.

HARPAGON: So, auch noch frech werden! Dir bring ich's bei! (*er will ihn ohrfeigen*): Zum letzten Mal: verschwinde!

---

[1] **Kontor:** Büro eines Kaufmanns

LA FLÈCHE: Bin ja schon weg.
HARPAGON: Halt! Was hast du da mitgenommen?
LA FLÈCHE: Mitnehmen? Bei Ihnen? Sehr komisch!
HARPAGON: Komm her! Lass mal sehn! Zeig deine Hände!
LA FLÈCHE: Bitte.
HARPAGON: Die andere.
LA FLÈCHE: Die andere?
HARPAGON: Ja!
LA FLÈCHE: Bitte!
HARPAGON (*zeigt auf La Flèches Hosen*): Ist da nichts drin?
LA FLÈCHE: Schaun Sie doch nach!
HARPAGON (*tastet die Hosen ab*): Die reinsten Räuberhöhlen, diese Hosen! – Aufhängen müsste man euch alle!
LA FLÈCHE (*beiseite*): Und dir die Bude ausräumen.
HARPAGON: Wie?
LA FLÈCHE: Was?
HARPAGON: Was sagst du da von ausräumen?
LA FLÈCHE: Ich sagte, räumen Sie nur aus!
HARPAGON (*wühlt in den Taschen*): Das tu ich.
LA FLÈCHE (*beiseite*): Der Geizhals! Krepieren soll er an seinem Geiz!
HARPAGON: Wie? Was sagst du?
LA FLÈCHE: Hab ich was gesagt?
HARPAGON: Was hast du da gesagt von Geiz und Geizhals?
LA FLÈCHE: Ach ja! Ich hab gesagt, die sollen dran krepieren, am Geiz.
HARPAGON: Wer?
LA FLÈCHE: Na, die Geizhälse eben!
HARPAGON: Und wer sind die?
LA FLÈCHE: Das kann Ihnen doch egal sein!
HARPAGON: Was egal ist, ist mir nicht egal!
LA FLÈCHE: Ach, Sie meinen, ich meine Sie?
HARPAGON: Ich meine, was ich meine. Zu wem hast du das eben gesagt, will ich wissen?
LA FLÈCHE: Ich? Zu meiner Mütze.
HARPAGON (*schlägt sie ihm aus der Hand*): Ich geb dir Mütze!
LA FLÈCHE: Haben Sie was dagegen, dass die krepieren?
HARPAGON: Wer?
LA FLÈCHE: Die Geizhälse.
HARPAGON: Nein. Aber gegen deine Frechheit hab ich was!
LA FLÈCHE: Ich nenne ja keine Namen.
HARPAGON: Noch ein Wort!
LA FLÈCHE: Wem's juckt, der kratze sich!
HARPAGON: Halt den Mund!
LA FLÈCHE: Wenn's sein muss.
HARPAGON: Wanze!
LA FLÈCHE (*deutet auf seine Tasche im Rock*): Ach, hier ist ja noch eine Tasche!
HARPAGON: Los! Los! Keine lange Sucherei! Her damit!
LA FLÈCHE: Was denn?
HARPAGON: Was du mir gestohlen hast!
LA FLÈCHE (*arglos*): Hab ich doch gar nicht!
HARPAGON: Bestimmt nicht?
LA FLÈCHE: Bestimmt nicht!
HARPAGON: Dann raus!
LA FLÈCHE: Empfehle mich bestens.
HARPAGON: Krepier an deinen Lügen!
(*La Flèche ab*)
HARPAGON (*kommt nach vorn*): Ich kann den Kerl nicht ausstehen! – So viel Geld im Haus, wissen Sie, das ist eine üble Sache! 10 000 Francs! Sie haben nicht so viel? Seien Sie froh! Seien Sie froh, dass Sie nicht mehr haben, als Sie gerade brauchen! Wo soll man's denn verstecken? Können Sie mir das sagen? Im Geldschrank? Ich bitte Sie! Die knackt man doch bekanntlich! Gerade die! Die ziehn das Gesindel ja direkt an! Die 10 000 Francs – gestern habe ich sie bekommen, und sofort im Garten vergraben! In einer Kassette. (*Dreht sich um*): O Gott, jetzt haben die mich gehört!

1 Ihr habt von Valère, Elise und Cléanthe schon einiges über Harpagon erfahren. Weist am Text dieser Szene nach, ob und inwiefern Harpagon dem Bild entspricht, das die drei von ihm vermittelt haben.

2 Neben Harpagon tritt auch La Flèche in die Handlung ein. Seht im Figurenverzeichnis auf S. 202 nach, welche Funktion er in Harpagons Haus hat. Beschreibt und erklärt sein Verhalten gegenüber Harpagon. Überprüft insbesondere, ob er sich seiner sozialen Rolle entsprechend verhält.

3 Wie wirkt das Gespräch von Harpagon und La Flèche auf den Leser/die Leserin bzw. den Zuschauer/die Zuschauerin? Begründet eure Meinung.

Alexandra Rieso (geb. 1973)
Komik und Komödie – Ein ernstes Geschäft

Die Komödie gehört neben der Tragödie zu den Grundformen der dramatischen Dichtung. Die Tragödie ist ein Bühnenstück mit konfliktgeladener Handlung, die tragisch endet. Die Komödie dagegen zeichnet sich durch eine komisch-humorvolle Handlung mit einem glücklichen Ausgang für die Hauptfiguren aus.

Wir lachen über etwas, das wir nicht erwartet haben und das uns deshalb zum Lachen reizt. Grundsätzlich können drei Arten von Komik unterschieden werden:

Situationskomik entsteht, wenn das Verhalten von Figuren, die nicht unbedingt komisch angelegt sind, den Erwartungen des Publikums nicht entspricht, weil sie z. B. durch einen Zufall oder ein Missgeschick in eine lächerliche oder lustige Situation gebracht werden.

Von **Charakter- oder Figurenkomik** spricht man, wenn die Figuren von einem Autor oder einer Autorin so gestaltet werden, dass sie der Lächerlichkeit preisgegeben werden. In der Komödie werden hierfür häufig menschliche Schwächen genutzt, die übertrieben dargestellt werden und daher lachhaft wirken.

Sprachkomik zeichnet sich dadurch aus, dass ein Thema sprachlich so übertrieben oder durch Wortspiele so geschickt dargestellt wird, dass der Zuschauer lachen muss.

Allerdings ist auch festzustellen, dass diese Formen der Komik nicht immer ganz eindeutig voneinander zu trennen sind.

Auch wenn es ein Ziel der Komödie ist, dass die Zuschauer über die Komik der Handlung oder der Personen lachen sollen, handelt es sich nicht um bloßen Klamauk. Meist werden nämlich in einer Komödie menschliche Unzulänglichkeiten und Charakterschwächen bloßgestellt, indem komische Situationen und Verwicklungen (Situationskomödie), übertrieben typische Charaktere (Charakter- oder Typenkomödie) oder scheinbar unauflösliche Verwirrungen und Intrigen (Intrigenkomödie) dargestellt werden. Zur Komik trägt häufig bei, dass die „Fallhöhe" der Figuren hoch ist, also eigentlich angesehene Mitglieder einer Gesellschaft sich so entgegen deren Erwartungen verhalten, dass sie im Ansehen der Zuschauer fallen.

So will die Komödie dazu beitragen, dass sich die Zuschauer der menschlichen Schwächen bewusst werden und sie ein ähnliches Verhalten wie die bloßgestellten Figuren auf der Bühne in ihrer Lebenswirklichkeit vermeiden.

1 Lest den Sachtext über Komik und Komödie aufmerksam durch. Fertigt anschließend eine Mindmap an mit den zentralen Begriffen des Textes. Vergleicht anschließend eure Mindmap mit der eures Sitznachbarn oder eurer Sitznachbarin. Ihr könnt auch mithilfe der Mindmap, also bei geschlossenem Buch, euren Sitznachbarn oder eure Sitznachbarin über Komik und Komödie informieren.

2 Untersucht die dritte Szene auf die unterschiedlichen Arten der Komik hin: Wo findet ihr Sprachkomik? Wo gibt es Möglichkeiten, Situationskomik oder Charakterkomik umzusetzen?
Berücksichtigt dabei auch, dass die Komik manchmal erst durch das Spielen einer Szene zum Tragen kommt.
Eure Ergebnisse könnt ihr in einer Tabelle festhalten:

Szene 3: Harpagons Gespräch mit dem Diener seines Sohnes	
Sprachkomik	Situationskomik/Charakterkomik[1]
?	?

[1] Da Situationskomik und Charakterkomik in diesem Fall nicht immer leicht zu unterscheiden sind, werden sie in einer Spalte zusammengefasst.

Wenn euch die Bearbeitung Schwierigkeiten bereitet, findet ihr unter dem folgenden Webcode eine Hilfestellung:

 WES-127419-048

3 Begründet, warum eine menschliche Schwäche als Titel für eine Komödie gewählt wird.

4 So könnt ihr weiterarbeiten. Wählt aus:

a Arbeitet in Kleingruppen und findet Beispiele für diese Formen der Komik aus eurem Alltag. Wählt ein Beispiel aus und führt es den anderen Gruppen vor. Diese können erraten, um welche Form der Komik es sich handelt. Ihr könnt auch einen Witz spielen.

b Welche weiteren menschlichen Schwächen könnten in einer Komödie auf lustige Art und Weise kritisiert werden? Erfindet „Komödientitel" (die ihr nicht verratet) und einen knappen Handlungsstrang und lasst eure Mitschüler und Mitschülerinnen erraten, um welches „Stück" es sich handelt.

Molière: *Der Geizige* – Darum geht es

Harpagon, „der Geizige", will seine Kinder Elise und Cléanthe reich verheiraten und plant für seine Tochter und seinen Sohn Ehen mit dem wesentlich älteren Witwer Anselme bzw. einer reichen Witwe. Die Kinder haben allerdings eigene Pläne: Elise liebt den elternlosen Valère, der sich ihretwegen als Diener im Haus ihres Vaters aufhält und dem ihr Vater dummerweise zu vertrauen beginnt. Cléanthe umwirbt dagegen die hübsche, aber mittellose Mariane und versucht deswegen, seine Finanzen aufzubessern. Doch sein Vater wird ihm dabei zum Hindernis: Er möchte die junge Frau ebenfalls heiraten und leiht seinem Sohn Cléanthe unwissentlich über einen Mittelsmann namens Simon Geld zu Wucherzinsen, sodass Cléanthe wegen seiner Schulden keine Heirat finanzieren kann. Als Harpagon dies erfährt, beschimpft er seinen Sohn, und Cléanthe muss andere Wege gehen, um seine Mariane schließlich heiraten zu können. Die von Harpagon engagierte Heiratsvermittlerin Frosine wechselt, von ihm unbemerkt, die Seiten, da sie sich finanzielle Anerkennung erhofft hat, „der Geizige" sie ihr aber nicht gewähren will. Harpagon hat zudem ganz andere Sorgen: In ständiger Angst, betrogen und bestohlen zu werden, hat er seine Geldkassette im Garten vergraben. Als diese gestohlen wird, sind die anderen Ärgernisse vergessen, und er setzt alles daran, sein Geld zu finden. Das ist ein großes Glück für Cléanthe, dessen Diener La Flèche die Geldkassette gestohlen hat, sodass Cléanthe nun ein sehr effektives Druckmittel gegen seinen Vater in der Hand hat. Aber auch Anselme wird schließlich nicht das tun, was Harpagon von ihm erwartet …

1 Lest die dritte Szene (S. 203 f.) erneut aufmerksam durch und untersucht die Figur Harpagon. Die Ergebnisse könnt ihr in einer Mindmap festhalten, die ihr um neue Erkenntnisse ergänzen könnt. Diese Mindmap kann später für eine schriftliche Charakterisierung genutzt werden. Die Übersicht zur Figur Harpagon könnte in den Grundzügen so aussehen:

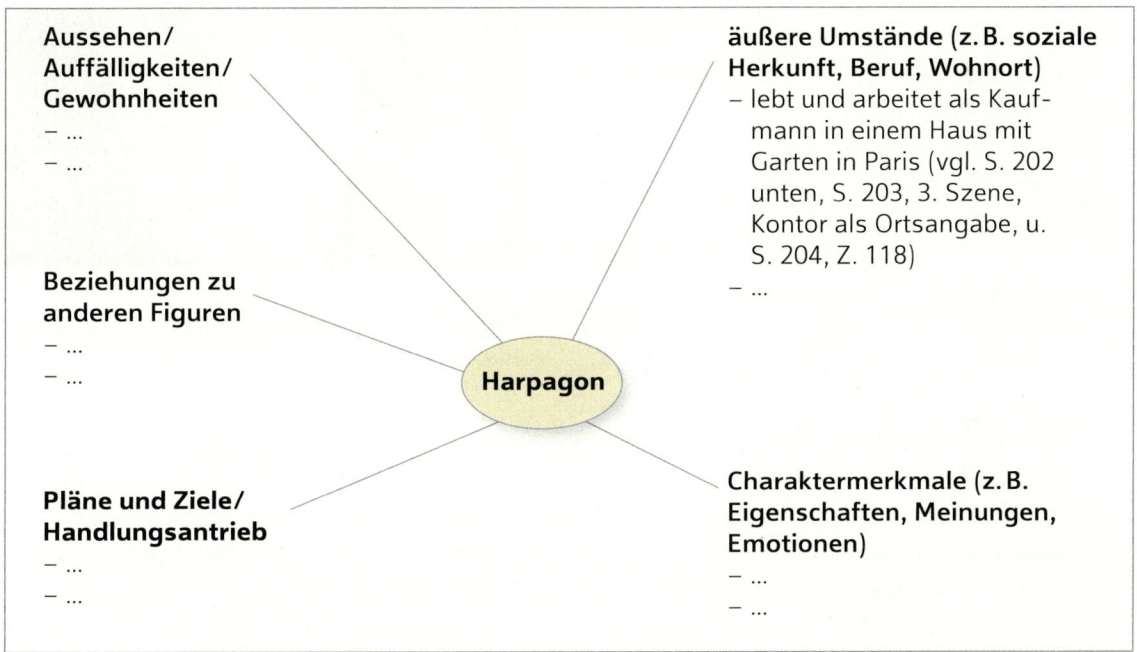

2 Erstellt in Partnerarbeit eine vorläufige Figurenkonstellation auf Plakaten. Neben den bereits bekannten Textauszügen kann euch der Text „Molière: *Der Geizige* – Darum geht es" (S. 206 f.) helfen. Arbeitet mit Symbolen und Verbindungslinien, die die Beziehungen zwischen den Figuren verdeutlichen. Eure Ergebnisse könnt ihr in Gruppen oder im Unterrichtsgespräch in Bezug auf Vollständigkeit und Übersichtlichkeit auswerten.

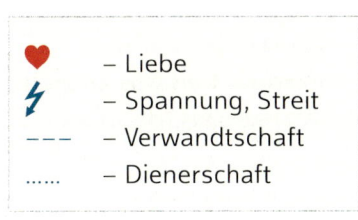

3 Um eure Ergebnisse kreativ umzusetzen, könnt ihr auch eine Rollenbiografie für Harpagon erstellen. Bei einer Rollenbiografie stellt sich eine Figur in der Ich-Form vor.

Weitere Informationen dazu findet ihr hier: 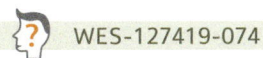 WES-127419-074

3. Was für ein Drama! – Die Zuspitzung des Konflikts

Elise und Cléanthe haben sich dazu entschlossen, sich ihrem Vater anzuvertrauen.

4. Szene

[…]

ELISE: Er meint, ich soll anfangen. Wir wollen dir beide etwas mitteilen, Vater.
HARPAGON: So? Ich habe euch auch etwas mitzuteilen.
CLÉANTHE: Vater – es dreht sich ums Heiraten.
HARPAGON: Ja, darum dreht sich's. Ums Heiraten.
ELISE (*erschrocken*): Ah, Vater!
HARPAGON: Was ist denn los?
CLÉANTHE: Wir wissen ja nicht, ob du unsere Wahl akzeptierst.
HARPAGON: Langsam, langsam. Keine Aufregung. Ich weiß schon, was ihr braucht. Ihr sollt keinen Grund haben, euch zu beschweren. Du nicht – und du auch nicht. Reden wir nicht lange herum (*zu Cléanthe*): Sag mal, kennst du ein junges Mädchen, Mariane heißt sie, sie wohnt hier in der Nähe?
CLÉANTHE: Ja, Vater!
HARPAGON (*zu Elise*): Und du?
ELISE: Dem Namen nach.
HARPAGON: Wie gefällt sie dir, mein Sohn?
CLÉANTHE: Bezaubernd!
HARPAGON: Ihr Aussehen?
CLÉANTHE: Hinreißend!
HARPAGON: Und wie sie auftritt?
CLÉANTHE: Das hat Stil!
HARPAGON: Du meinst also auch, man könnte sich mit ihr sehen lassen?
CLÉANTHE: Ja! Natürlich, Vater.
HARPAGON: Dass sie infrage käme …
CLÉANTHE: Sehr! Sehr!
HARPAGON: Dass sie eine gute Ehefrau wäre?
CLÉANTHE: Eine sehr gute!
HARPAGON: Dass ein Mann mit ihr zufrieden sein könnte?

Harpagon teilt seinen Kindern seine Heiratspläne mit – Inszenierung des Landestheaters Dinkelsbühl, 2011

CLÉANTHE: Sehr zufrieden!
HARPAGON: Die Sache hat nur einen kleinen Haken: Viel Geld bringt sie nicht mit.
CLÉANTHE: Ach, Vater! Geld! Bei so einem Mädchen!
HARPAGON: Langsam, langsam. Ich wollte nur sagen: Wenn sie es nicht mitbringt, muss sie eben in der Ehe einsparen.
CLÉANTHE: Kann sie!
HARPAGON: Freut mich, dass wir uns einig sind. Ihre Bescheidenheit hat mir sehr gefallen. Wenn sie nur ein bisschen was mitbekommt, heirate ich sie.
CLÉANTHE: Wen?
HARPAGON: Was?
CLÉANTHE: Du –
HARPAGON: Ich, Mariane, ja.
CLÉANTHE: Wer?
HARPAGON: Ja, ich, ich, ich!
CLÉANTHE: Mir wird schlecht. (*Er steht auf.*)

1 Fasst den Textauszug mit eigenen Worten zusammen und erklärt die letzte Äußerung Cléanthes.

2 Bereitet den Vortrag des Dialogs zwischen Harpagon und Cléanthe vor. Überlegt gemeinsam, welche Gefühlswandlungen Cléanthe im Laufe des Gesprächs durchmacht und wie diese bei eurem Vortrag mit verteilten Rollen zum Ausdruck gebracht werden können. Berücksichtigt bei der Vorbereitung eures Vortrags auch die Hinweise im Werkzeugkasten unten.

3 Erarbeitet die Komik der Szene. Orientiert euch dabei an der Aufgabe 2, S. 206.

4 **So könnt ihr weiterarbeiten. Wählt aus:**

a Gestaltet in Partnerarbeit nun Marianes mögliche Reaktion auf den Heiratsantrag des Vaters oder des Sohnes. Schreibt diese Szene in Dialogform und mit Regieanweisungen auf, probt sie und spielt sie euren Mitschülern und Mitschülerinnen vor.

b Kurz nachdem Cléanthe von den Plänen seines Vaters erfahren hat, befindet er sich in der Küche des Hauses. Schreibt einen Monolog Cléanthes, der auf den vorangegangenen Dialog Bezug nimmt. Berücksichtigt dabei die folgenden Fragen:

- Was empfindet Cléanthe in dieser Situation und wie könnte er diese Empfindungen sprachlich zum Ausdruck bringen?
- Was mag er wohl in diesem Moment über den Vater denken?
- Was könnte er tun wollen?

Tragt einige Monologe vor und vergleicht die Ergebnisse miteinander. Achtet dabei auf den inhaltlichen Rückbezug, die Stimmung des Sprechers/der Sprecherin und die Sprache, die der Textvorlage möglichst nahe kommen sollte.

Das brauchst du immer wieder. ◆ **So gehst du vor.**

Übungen für den anschaulichen Vortrag einer Dramenszene

Theaterstücke sind für die Aufführung auf einer Bühne geschrieben. Die Schauspielerinnen und Schauspieler tragen ihren Text also laut für das Publikum vor. Eine wichtige Rolle spielt dabei die Art und Weise, wie ein Text vorgetragen wird (die Intonation) und mit welcher Gestik und Mimik das Gesprochene unterstützt wird. Hierzu kann man Übungen durchführen, bevor eine Szene mit verteilten Rollen vorgetragen wird.

1. Eine Person wählt ein beliebiges Nomen/Substantiv aus (z. B. „Hochzeit", „Geld", „Harpagon"), das von anderen auf unterschiedliche Arten ausgesprochen wird (z. B. lustig, traurig, beleidigt usw.). Die anderen erraten die dargestellte Vortragsweise.
2. Adjektive wie „traurig", „müde", „fröhlich" „eingebildet" usw. werden so ausgesprochen, dass die entsprechende Stimmung zum Ausdruck kommt.

Beide Übungsformen sollten auch mit entsprechender Gestik und Mimik begleitet werden.

4. Ende gut, alles gut! – Vom Konflikt zum „Happy End"

Harpagon verfolgt weiterhin sein Ziel, Mariane zu heiraten. Für den Abend soll ein Fest – natürlich seiner Sparsamkeit angemessen – zu Ehren der Ankunft seiner Braut gefeiert werden, Harpagon bespricht dies mit seinem Koch und Kutscher Jacques. Dieser entgeht nur knapp den Schlägen seines Herrn, als er ihm erzählt, was andere über Harpagon sagen.
Die Heiratsvermittlerin Frosine vermittelt Mariane an Harpagon, wird dafür aber nicht von ihm bezahlt. Auch die Braut ist unzufrieden mit dem zukünftigen Ehemann und überrascht, dass Cléanthe dessen Sohn ist. Selbst bei der Begegnung Harpagons mit seiner zukünftigen Braut siegt sein Geiz über die Höflichkeit: Harpagon verlässt eilig den Raum, weil er wichtige Geldangelegenheiten klären möchte, stolpert und stürzt zu Boden. In der Zwischenzeit beraten sich die folgenden Personen:

12. Szene

Schlafzimmer. Cléanthe, Mariane, Elise und Frosine, alle auf dem Bett.

ELISE: Mein Bruder hat mir heute Morgen erzählt, dass er Sie liebt. Und ich weiß, was das bedeutet.
MARIANE: Ach, das tut mir so gut! Zu wissen, dass man nicht alleinsteht! Lassen Sie uns doch Freunde sein. Das wird mir helfen, über manches Schwere hinwegzukommen.
FROSINE: Ach, ihr seid mir zwei! Warum seid ihr nicht gleich zu mir gekommen? Ich hätte das schon hingekriegt.
CLÉANTHE: Ich habe eben immer Pech! Hat alles keinen Sinn! Mariane, was sagst du?
MARIANE: Was soll ich sagen? Ich kann nur noch hoffen.
CLÉANTHE: Hoffen? Ist das alles? Gar kein Mitleid? Und gar keine Hilfe? Und keine Liebe?
MARIANE: Was kann ich denn schon helfen? Versetze dich doch in meine Lage. Ich verlasse mich ganz auf dich. Ich will ja alles tun, was du für richtig hältst, – wenn es nicht zu weit geht, natürlich.
CLÉANTHE: Zu weit geht! Mein Gott, sei doch nicht so konventionell! Ich möchte mal endlich tun, was ich will!
MARIANE: Ein Mann kann das sagen. Aber es gibt gewisse Grenzen, die man als Mädchen nicht überschreiten kann. Ich muss auch auf meine Mutter Rücksicht nehmen. Sie hat mich mit viel Liebe und unter großen Opfern erzogen – ich kann sie nicht enttäuschen. Rede du doch mit ihr. Vielleicht kannst du etwas bei ihr erreichen.
CLÉANTHE: Frosine, kannst du uns denn nicht helfen?
FROSINE: Also, die gute Frosine soll's wieder mal machen! Die kann ja nicht Nein sagen. Die ist ja so ein dummes Luder. Immer zieh ich die andern aus dem Dreck! Na ja, wenn ich so eine junge Liebe sehe …
CLÉANTHE: Dir fällt schon was ein!
MARIANE: Bitte, bitte!
ELISE: Du hast doch auch einiges gutzumachen!
FROSINE: Mit der Mutter könnte man ja reden. (zu Cléanthe): Das Dumme ist nur: Ihr Vater bleibt Ihr Vater.
CLÉANTHE: Stimmt.
FROSINE: Das schluckt der nie, dass man ihn stehn lässt. Schon darum kriegt ihr nie seinen Segen. Ausgeschlossen. Man müsste die Sache so drehen, dass er Sie selber nicht mehr will.
CLÉANTHE: Ach ja!

FROSINE: Ach ja, natürlich auch ja! Aber wie kriegen wir das hin? Moment mal. Man müsste eine Frau auftreiben, so in meinem Alter, ein bisschen gerissen, die so tun muss, als ob sie Wunder was wäre, ein richtiges Krokodil, die macht dann auf Marquise oder Gräfin – aus der Bretagne, Landadel – und dann muss ich ihm bloß noch flüstern, sie ist steinreich, Immobilien, Häuser besitzt sie, und noch so circa 1 000 000 in Silber extra. Ganz hemmungslos verliebt in den Alten, hat nichts anderes im Kopf, als Madame Harpagon zu werden, dafür überschreibt sie ihm ihren ganzen Besitz. Notariell. Wenn er da nicht anbeißt, habe ich meinen Beruf verfehlt. Er liebt Sie zwar, Mademoiselle, aber treu ist er nur seinem Geld. Später kann's uns ja egal sein, wenn der Schwindel auffliegt.

CLÉANTHE: Fabelhaft!

FROSINE: Da fällt mir eine Freundin ein! Genau der Typ! Die macht das blendend.

CLÉANTHE: Verlass dich drauf, Frosine, wenn das klappt, tu ich auch was für dich. – Aber wir beide, Mariane, wollen jetzt gleich zu deiner Mutter. Es ist schon viel gewonnen, wenn wir die Heirat mit meinem Vater verhindern. Ich bitte dich, tu, was du kannst!

MARIANE: Ja, ich will mir Mühe geben.

HARPAGON (*kommt, beiseite und unbemerkt*): Aha! Mein Sohn küsst seiner Stiefmutter die Hand! Und die Stiefmutter hat offenbar auch nichts dagegen. Was soll das …

 1 Lest den Szenenausschnitt mit verteilten Rollen. Achtet auf die passende Intonation (Betonung) beim Lesen.

 2 Erläutert nun, welche Motive die jeweiligen Figuren für ihr Handeln haben könnten. Beachtet dabei auch den Beruf Frosines.

 3 Harpagon kommt unbemerkt zu den drei „Verschwörern".

- Baut ein Standbild, das diese Szene zeigt. Beachtet dabei, dass bei dieser Momentaufnahme Gestik und Mimik besonders wichtig sind, um die Situation und die Gefühle der Beteiligten deutlich werden zu lassen.

Hinweise zum Bauen eines Standbilds erhaltet ihr auf S. 236.

- Lasst Harpagon nun seine Gedanken laut weiterspinnen. Welchen Plan könnte er verfolgen?

Und so geht es weiter

In der ganzen Aufregung bemerkt Harpagon plötzlich, dass seine Geldkassette gestohlen worden ist, vergisst alle Heiratspläne und ruft die Polizei, die nun in seinem Haus ermittelt. Der Koch und Kutscher lenkt den Verdacht Harpagons und des Kommissars auf Valère. Harpagon will Valère zur Rede stellen, dabei entsteht ein Missverständnis, denn Harpagon redet über den Diebstahl der Geldkassette, Valère allerdings will ihm die Liebe zu Elise und das damit verbundene Versteckspiel beichten. Als Harpagon schließlich begreift, dass seine Tochter und Valère miteinander verlobt sind, ist er in höchstem Maße wütend und verwirrt. Doch auf ihn warten noch mehr Überraschungen, denn nicht Valère hat das Geld gestohlen, sondern Cléanthes Diener La Flèche, sodass Cléanthe seinen Vater an dessen wunder Stelle treffen kann.

14. Szene (Auszug)

VALÈRE: Brindavoine weiß alles, Sie können ihn fragen.
HARPAGON: Was? Der war auch dabei?
VALÈRE: Ja – bei der Verlobung.
HARPAGON: Verlobung? *(beiseite)*: Jetzt ist er verrückt geworden, aus Angst!
VALÈRE: Elise wollte erst nicht, aber dann habe ich sie überzeugen können, dass seine Absichten ehrlich sind. Da hat sie Ja gesagt.
HARPAGON: Wer hat Ja gesagt? Zu was?
VALÈRE: Zu dieser Heirat.
HARPAGON: Heirat? Lieber Gott, noch ein Unglück!
JACQUES *(zum Kommissar)*: Schreiben Sie's auf, Monsieur! Schreiben Sie's auf!
HARPAGON: Noch ein Unglück! Tun Sie Ihre Pflicht, Herr Kommissar, verhaften Sie diesen Dieb und Verführer! Hängen Sie ihn auf!
VALÈRE: Das stimmt nicht! Das ist ein Irrtum! Sie wissen ja noch gar nicht, wer ich bin! Ich heiße ja gar nicht Valère! Hören Sie doch!
(Elise, Mariane und Frosine kommen.)
HARPAGON: Du Hure! Meine Tochter willst du sein! Geh weg! Da habe ich dich erzogen, und das ist also das Resultat! Alles umsonst! Hängst dich an einen Dieb! An einen gemeinen Verbrecher! Sich hinter meinem Rücken zusammentun! Da habt ihr euch verrechnet, ihr zwei! Du kommst ins Kloster! Und du wirst gehenkt!
VALÈRE: Hören Sie mich doch erst an!
HARPAGON: Gehenkt – was sag ich! Rädern wird man dich!
ELISE: Vater, ich flehe dich an! Zeig doch einen Funken Menschlichkeit! Überlege doch, was du tust, lass dich doch nicht hinreißen, in deinem Zorn! Du kennst ihn doch gar nicht! Wenn du ihn erst mal kennst, dann wirst du auch verstehen, warum ich ihn liebe. Ohne ihn wäre ich schon gar nicht mehr auf der Welt. Vor dem Ertrinken hat er mich gerettet! Ohne ihn hättest du keine Tochter mehr.
HARPAGON: Hätte er dich doch ersaufen lassen! Dann hätte er mir das erspart!
ELISE: Vater, ich flehe dich an …
HARPAGON: Nein, nein und nein! Ich will nichts mehr hören! Er soll hängen!
JACQUES *(beiseite)*: Das hat er davon!
FROSINE *(beiseite)*: Da komm ich nicht mehr mit.
(Großer Auftritt des Monsieur Anselme)
ANSELME: Was gibt's denn, Monsieur Harpagon? Was ist geschehn? Ich bin bestürzt, Sie derart außer sich zu sehn!
HARPAGON: Lieber Monsieur Anselme, ich bin der unglücklichste Mensch von der Welt. Sie kommen wegen der Heirat und geraten in ein Verbrechernest! Man hat mir mein Vermögen und meine Ehre geraubt. Da steht er! Der hinterlistige Mensch! Der Verbrecher! Er hat sich als Diener in mein Haus geschlichen! Und so etwas habe ich zu meinem Verwalter gemacht! Er hat mein Geld gestohlen und meine Tochter verführt!
VALÈRE: Was soll denn der Unsinn mit dem Geld? Um Ihr Geld geht es doch gar nicht!
HARPAGON: Er hat Ihre Braut verführt, Monsieur Anselme! Das geht *Sie* an! Machen *Sie* ihm den Prozess!
ANSELME: Elise hat gewählt! Sie hat ihr Herz vergeben! Dann will ich keinen Anspruch mehr auf ihre Hand erheben! Jedoch: Ihr Geld? Ich bin empört! Man stahl Ihr Geld? Solch eine Tat rührt an die Ordnung unserer Welt!
HARPAGON: Der Herr Kommissar sagt Ihnen alles *(zum Kommissar)*: Belasten Sie ihn! Machen Sie es so schlimm wie möglich!
VALÈRE: Ich versteh nicht: Immer heißt es: Verbrechen! Ein Heiratsversprechen ist doch kein Verbrechen! Und wenn Sie mich erst sagen lassen, wer ich in Wahrheit bin …
HARPAGON: Ein Dieb bist du! Weiter gar nichts!
VALÈRE: Wissen Sie, wer Don Thomas d'Alburcy ist?
HARPAGON: Was geht mich dein Thomas an! Kenne ich nicht!
ANSELME: Wer? Thomas d'Alburcy? Ja! Ich bekenne, dass ich den Namen häufig – und mit Kummer – nenne.
VALÈRE: Er war mein Vater.

ANSELME: Ihr Vater Thomas d'Alburcy? Sie fabulieren! Und herzlich schlecht, Monsieur! Ich kann Sie überführen!

VALÈRE: Ich kann es beweisen!

KOMMISSAR: Erzähl keine Märchen! Kommen Sie mit!

(*Polizei fasst Valère.*)

ANSELME: So lassen Sie sich sagen, dass vor sechzehn Jahren, als in der Stadt Neapel die Revolten waren, Don Thomas d'Alburcy auf einem Schiff entkam mit Frau und mit zwei Kindern, die er mit sich nahm. Was Pöbels Wut entging, entging doch nicht den Wellen: Ein Sturm kam auf. Man sah das Schiff zerschellen.

VALÈRE: Richtig! Aber sein damals siebenjähriger Sohn wurde gerettet. Er steht vor Ihnen. (*Man will Valère fortführen.*)

ANSELME: Nein! Wartet noch! (*zu Valère*): Sind Sie tatsächlich aus dem Haus der d'Alburcys, dann rasch: Wie sieht Ihr Wappen aus?

VALÈRE (*zeigt seinen Siegelring*): So!

MARIANE (*sieht den Ring und zeigt ihren eigenen*): So? Der gleiche Ring!

VALÈRE: Was! Dann bist du meine Schwester!

MARIANE: Und du mein Bruder! Meine Mutter hielt dich für tot! Nach dem Schiffbruch. Ich flehe Sie an, Herr Kommissar, lassen Sie ihn frei! Lassen Sie ihn zu seiner Mutter!

ANSELME: Hier ist der dritte Siegelring! An meiner Hand!

VALÈRE: Heißt das, Sie sind …

MARIANE: O –

ANSELME: Ja! Thomas d'Alburcy!

HARPAGON: Und der da ist Ihr Sohn?

ANSELME: Ich habe ihn erkannt!

HARPAGON: Dann zahlen Sie mir die 10 000 Franc, die er mir gestohlen hat!

ANSELME (*empört*): Monsieur! Ich bitte Sie! Wie können Sie es wagen, einen d'Alburcy gemeinen Diebstahls anzuklagen!

HARPAGON: Er hat mich aber bestohlen!

VALÈRE: Wer behauptet das?

HARPAGON: Der Koch und der Kutscher.

VALÈRE: Das hast du gesagt?

JACQUES: Ich sag doch gar nichts, das hören Sie doch!

VALÈRE: So etwas traun Sie mir zu?

HARPAGON: Traun oder nicht – ich will mein Geld wieder!

CLÉANTHE (*kommt*): Keine Sorge, Vater, du kriegst es wieder! Ich habe es gefunden. Aber du musst mir Mariane geben.

HARPAGON: Wo?

CLÉANTHE: Du kannst wählen, überleg es dir! Entweder du gibst mir Mariane oder du siehst deine Kassette nie wieder!

HARPAGON: Ist noch alles drin? Nichts rausgenommen?

CLÉANTHE: Kein Sou. Gibst du sie mir? Die Zustimmung ihrer Mutter habe ich schon.

MARIANE: Lieber Cléanthe, das genügt nicht. Hier hat sich alles geändert. Hier ist mein Bruder und dort mein Vater. Den musst du fragen.

ANSELME: Ein jeder Mensch erhält den Lohn, der ihm gebührt. So will der Himmel, der uns hier zusammenführt, gewiss nicht, dass ich euren Wünschen widerstehe. Es ist mein Glück, wenn ich euch, Kinder, glücklich sehe. (*zu Harpagon*): Sie will des Sohnes lieber als des Vaters Gattin sein. Um unserer Kinder willen: Sagen Sie nicht Nein.

HARPAGON: Erst meine Kassette! Dann reden wir weiter!

CLÉANTHE: Keine Angst, die kriegst du gleich.

HARPAGON: Aber eine Mitgift kann ich nicht geben!

ANSELME: Das Paar wird über hunderttausend Francs verfügen.

HARPAGON: Und wer bezahlt die Hochzeit?
ANSELME: Die zahl ich, Monsieur Harpagon – und mit Vergnügen!
HARPAGON: Ja, aber dann brauche ich auch noch einen neuen Anzug!
ANSELME: Den Anzug auch – ich schicke morgen meinen Schneider. – Und auch das Fräulein Braut braucht, scheint mir, schönere Kleider.
(will ab mit den anderen)
KOMMISSAR: Halt, meine Herrn! Immer langsam! Wer zahlt das Protokoll?
HARPAGON: Protokoll? Was geht uns das an?
KOMMISSAR: Die Gebühren sind auf jeden Fall zu zahlen.
HARPAGON: Nehmen Sie meinen Koch dafür – hängen Sie ihn auf.
JACQUES: Sag ich die Wahrheit, werde ich verprügelt, lüge ich, hängt man mich auf.
ANSELME: Monsieur, wir wollen diesem armen Schelm verzeihen.
HARPAGON: Zahlen Sie dann den Kommissar?
ANSELME: Auch den! Zu eurer Mutter jetzt! Sie soll sich mit uns freuen!
HARPAGON: Ich bleibe bei meiner Kassette!
(Während die andern weggehen, setzt sich Harpagon, öffnet die Kassette, zählt die Münzen, steckt ein Geldstück in den Mund, ein zweites; beginnt zu kauen.)

1 Ist das Ende ein „Happy End"? Begründet eure Meinung.

2 Einige Konflikte werden gelöst. Erscheinen euch diese Lösungen überzeugend? Stellt eure Meinungen in einer Diskussion begründet dar. Bedenkt dabei alternative Konfliktlösungen.

3 Betrachtet und bewertet abschließend „den Geizigen". Ist Harpagon eurer Meinung nach eine witzige, lächerliche, bemitleidenswerte oder sogar erschütternde Figur?

Das musst du lernen und wissen.

Die Komödie als Form des Dramas

Das **Drama** (Theaterstück) ist neben erzählender Literatur und Lyrik eine weitere **Großform** (Gattung) **der Literatur**. Dramen sind in **Dialogform** und in der Regel **für die Bühne** geschrieben. Dabei kann man zudem die grobe Unterteilung in **Tragödie** und **Komödie** vornehmen. Im Laufe der Zeit haben sich verschiedene Formen des Dramas herausgebildet.
Dramen sind oft aufgeteilt in größere Handlungseinheiten (**Akte**), die wieder in kleinere Handlungseinheiten (**Szenen**) untergliedert sind.
Ihr habt eine Variante der klassischen Form des Dramas kennengelernt, die Komödie. Die Handlung kreist um einen **scheinbaren Konflikt**, der nicht zuletzt durch die **negativen Eigenschaften der Figuren** zustande kommt und am Ende positiv aufgelöst wird. Die **Handlung und die Figuren** reizen das Publikum zum **Lachen**, und nicht selten wird die Komik auch durch die Sprache oder eine bestimmte Situation erzeugt.
In der Komödie werden drei Grundformen der Komik unterschieden: **Charakter-** oder **Figurenkomik**, **Situationskomik** und **Sprachkomik**.
Die Figuren in der Komödie dienen einerseits zur **Identifikation**, wenn sie sich durch Verstandeskraft oder moralische Kraft auszeichnen, andererseits zur **Abschreckung**, wenn sie durch deutliche Schwächen, z. B. moralischer Art, gekennzeichnet sind.

Lernaufgabe

Ihr habt euch nun intensiv mit Molières Komödie „Der Geizige" auseinandergesetzt. Im Folgenden erhaltet ihr drei Vorschläge für eine selbstständige Auseinandersetzung mit der Komödie und ihrem Verfasser.

Vorschlag 1
Ein Drei-Minuten-Drama verfassen und aufführen

Stellt die euch bekannte Handlung und die notwendigen Figuren dar. Geht dabei folgendermaßen vor:

1. Schreibt in Stichworten auf, welche Handlungsschritte wesentlich sind, um den Gang des Geschehens nachvollziehen zu können.

2. Erfindet Dialoge oder auch Monologe für die Figuren. Denkt euch einen eigenen Text aus, ihr könnt an geeigneten Stellen auch Zitate aus dem Original einfließen lassen.

3. Erstellt ein Regiebuch, in dem ihr eure Dialogfassung mit genauen Regieanweisungen zu folgenden Bereichen versehtt:
   - Position der Figuren auf der Bühne
   - Körpersprache, also auch Gestik und Mimik der Figuren
   - die Sprechweise der Figuren

   Denkt daran, dass für die Aufführung nur drei Minuten zur Verfügung stehen.

4. Stellt zusammen, welche Requisiten ihr braucht, und besorgt sie.

5. Probt eure Version der Komödie und führt sie auf.

Vorschlag 2
Ein Abc der Theaterbegriffe erstellen

In diesem Kapitel wurden viele Fachbegriffe aus dem Bereich des Theaters verwendet: Konflikt, Szene, Akt, Körpersprache, Drama, Komödie, Figurenverzeichnis, Figurenkonstellation, Monolog, Dialog, Regieanweisung.
Zusätzlich recherchieren könnt ihr noch die Begriffe Wendepunkt und Katastrophe.
Verfasst zu jedem Begriff eine kurze Erklärung, die ihr auch mit Bildern zur Veranschaulichung versehen könnt. Ordnet die Begriffe nach dem Alphabet, und ihr erhaltet ein kleines Theaterlexikon.
Wenn ihr mit einem Textverarbeitungsprogramm arbeitet, könnt ihr weitere Begriffe, die ihr in den kommenden Schuljahren noch kennenlernen werdet, einfügen.

Eine Hilfestellung zum Verfassen eines Lexikoneintrags erhaltet ihr hier:

 WES-127419-049

Vorschlag 3
Einen Informationstext verfassen

Sammelt Informationen zur Persönlichkeit Molières und zur Bedeutung der Komödie im Zeitalter der Aufklärung. Erinnert euch daran, was ihr im Geschichtsunterricht vielleicht bereits über die Aufklärung gelernt habt. Verfasst einen Informationstext, wie er z. B. in einem Jugendsachbuch stehen könnte.

 Hinweise zum Verfassen von Informationstexten erhaltet ihr auf S. 167.

5. Das habe ich gelernt, das kann ich

Eine Dramenfigur beschreiben und bewerten ➡ S. 204, 207, 209, 211

Molière
Der Geizige

6. Szene (Auszug)

MAÎTRE SIMON[1]: Ja, Monsieur Harpagon, ein junger Mann, der Geld braucht, und zwar dringend, das heißt also, er wird auf jede Bedingung eingehen.

HARPAGON: Aber sind Sie sicher, Maître Simon, dass das ohne Risiko ist? Kennen Sie den jungen Mann? Haben Sie Auskunft eingeholt über die Familie? Wie sind die Vermögensverhältnisse?

MAÎTRE SIMON: Darüber weiß ich noch nichts Genaues. Ich bin mehr durch einen Zufall an ihn geraten. Aber das wird er Ihnen alles persönlich sagen. Sein Mittelsmann hat mir garantiert, Sie werden zufrieden sein. Lernen Sie ihn nur erst kennen! Ich weiß nur, dass er aus einer reichen Familie stammt, seine Mutter lebt nicht mehr und auf Wunsch gibt er schriftlich, dass auch sein Vater in den nächsten acht Monaten stirbt.

HARPAGON: Das hört sich ganz gut an. Die christliche Nächstenliebe, Maître Simon, verpflichtet uns, unseren Mitmenschen zu helfen, wo wir nur können.

---

[1] Maître Simon ist ein Geldvermittler. Er will Cléanthe einen Kredit zu extrem hohen Zinsen vermitteln. Kreditgeber ist niemand anderes als Harpagon, Cléanthes Vater.

1 Harpagon gibt an, dem jungen Mann, von dem er noch nicht weiß, dass es sich um seinen Sohn handelt, aus „Nächstenliebe" (Z. 11) zu helfen. Schreibe auf, inwiefern man an seinen Äußerungen erkennen kann, dass es ihm vielmehr darum geht, ein gutes Geschäft mit dem Geldverleih zu machen.

Molière
Der Geizige

6. Szene (Auszug)
MAÎTRE SIMON (*deutet auf Cléanthe*): Das ist der sympathische junge Mann, der sich von Ihnen die 15 000 leihen will.
HARPAGON: Was? Du Missgeburt! Auf so was lässt du dich ein?
CLÉANTHE: Was? Vater? Solche Geschäfte machst du? [...]

2 Welche der folgenden Aussagen trifft auf Harpagons Ausruf „Auf so was lässt du dich ein?" (Z. 3) zu? Mehrere Aussagen sind zutreffend.

a) Harpagon tut es leid, dass er von seinem Sohn so hohe Zinsen für den Kredit verlangt.
b) Harpagon entlarvt sich selbst als unseriöser Geschäftsmann.
c) Harpagon wirft Cléanthe vor, kein guter Geschäftsmann zu sein.
d) Harpagon lobt Cléanthe, weil er ein guter Geschäftsmann ist.

3 Fasse schriftlich zusammen, inwiefern das Verhalten Harpagons in den beiden kurzen Szenenausschnitten kritisch zu sehen ist.

4 Du siehst hier ein Bild von Harpagon, wie er in einer Aufführung aus dem Jahr 2012 ausgestattet ist.
Beschreibe den Gesichtsausdruck Harpagons. Gehe dabei besonders darauf ein, wie die Schminke den Gesichtsausdruck unterstützt. Fasse dann zusammen, welche Charaktermerkmale Harpagons hier betont werden.

Die Hauptfigur Harpagon

„'s ist Krieg! 's ist Krieg!"

■ Leider trifft dieser Vers des Gedichtes „Kriegslied" von Matthias Claudius, mit dem die Einheit beginnt, auf alle Jahrhunderte zu, besonders aber auf die Geschichte des 20. Jahrhunderts mit zwei Weltkriegen, dem Korea- und Vietnamkrieg, den Konflikten auf dem Balkan, dem für die Bevölkerung katastrophalen Bürgerkrieg in Syrien und vielen anderen bewaffneten Auseinandersetzungen, etwa in Afrika. Die vergangenen und gegenwärtigen Kriege beeinflussen unser Denken, Fühlen, unsere Ängste und damit auch unsere politischen Überzeugungen. Sie sind immer präsent in Bildern und Filmen, in Mahnmalen, aber auch in vielen Texten, wie Gedichten, Romanen, Kurzgeschichten, Briefen, Reportagen in den Medien und auch in den Erzählungen innerhalb der Familien.

■ Zuerst werden in den folgenden Bildern und Texten die Leiden der Menschen in den Kriegen und mit ihren Folgen dargestellt. Die besonderen Erfahrungen der von den Kriegen betroffenen Kinder und ihre Traumatisierungen durch die Kriegshandlungen spielen dabei eine besondere Rolle.

■ Das letzte Kapitel enthält Texte und bildliche Darstellungen, in denen der Appell für den Frieden zum Ausdruck kommt. Ihr bekommt hier Anregungen und Hilfen, wie ihr eigene Texte zum Thema „Frieden" verfassen könnt.

Ostpreußen 1944

1 Der Krieg hat viele Gesichter. Welche Aspekte werden mit den Bildern auf der Doppelseite dargestellt? Beschreibt ihre Wirkung auf euch. Stellt in einer kurzen Liste zusammen, welche Seiten des Krieges in der Bildfolge zusätzlich berücksichtigt werden könnten.

Texte und Bilder zum Thema „Krieg und Frieden" untersuchen und deuten

Juni 2007: Clowns demonstrieren in Rostock für den globalen Frieden und gegen die Armut.

Auschwitz 1945

Sarajevo 1993

219

1. Was Menschen im Krieg erleiden

Matthias Claudius (1740–1815)
Kriegslied

's ist Krieg! 's ist Krieg! O Gottes Engel wehre,
Und rede Du darein!
's ist leider Krieg – und ich begehre
Nicht schuld daran zu sein!

5 Was sollt ich machen, wenn im Schlaf mit Grämen[1]
Und blutig, bleich und blass,
Die Geister der Erschlagenen zu mir kämen,
Und vor mir weinten, was?

Wenn wackre Männer, die sich Ehre suchten,
10 Verstümmelt und halb tot
Im Staub sich vor mir wälzten und mir fluchten
In ihrer Todesnot?

Wenn tausend, tausend Väter, Mütter, Bräute,
So glücklich vor dem Krieg,
15 Nun alle elend, alle arme Leute,
Wehklagten über mich?

Wenn Hunger, böse Seuch' und ihre Nöten
Freund, Freund und Feind ins Grab
Versammelten und mir zu Ehren krähten
20 Von einer Leich herab?

Was hülf' mir Kron' und Land und Gold und Ehre?
Die könnten mich nicht freun!
's ist leider Krieg – und ich begehre
Nicht schuld daran zu sein!

25 Doch Frieden schaffen, Fried' im Land' und Meere:
Das wäre Freude nun!
Ihr Fürsten, ach! Wenn's irgend möglich wäre!!
Was könnt ihr Größers tun?

(1779)

---

[1] **Gram:** tiefe Betrübnis, nagender Kummer

Matthias Claudius (Gemälde von Friederike Leisching, um 1785)

1 Hört euch das Gedicht an oder lasst es euch vorlesen. Sprecht darüber, wie ihr den Titel „Kriegslied" versteht.

2 Beschreibt den inhaltlichen Aufbau der Strophen eins bis sechs des Gedichts. Benutzt dazu die Begriffe „Rahmenstrophen" und „Binnenstrophen". Erläutert die Funktion, die eurer Meinung nach die siebte Strophe erfüllt.

3 In der zweiten bis fünften Strophe beschreibt das lyrische Ich einen Traum. Um was für einen Traum handelt es sich?

4 Stellt zusammen, mit welchen sprachlichen Mitteln das lyrische Ich seine traumatischen Ängste verdeutlicht.

Wenn euch die Aufgabe Schwierigkeiten bereitet, findet ihr hier eine Hilfe:

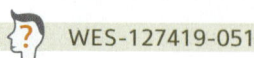

5 Erläutert zusammenfassend, welche Einstellung des lyrischen Ichs zum Krieg in dem Gedicht deutlich wird.

Hans Jakob Christoffel von Grimmelshausen (um 1620–1676)
Der abenteuerliche Simplicissimus Teutsch

■ Hans Jakob Christoffel von Grimmelshausen stammte aus Gelnhausen in Hessen und geriet schon als Junge unter die Soldaten im Dreißigjährigen Krieg (1618–1648). Nach einem abenteuerlichen und bewegten Leben wurde er Bürgermeister von Renden im Schwarzwald. Seinen großen Roman, der in der Zeit des Dreißigjährigen Krieges spielt, schrieb er zwischen 1665 und 1673. Eine kürzere Fassung wurde vom Drucker auf das Jahr 1669 datiert. Der Ich-Erzähler wächst auf einem Bauernhof im Spessart ohne jede Erziehung und sonstige Unterweisung auf. Nicht einmal einen richtigen Namen hat er, denn man nennt ihn nur „Bub". Er hütet die Schafe und verkürzt sich die Zeit mit dem Singen von Liedern und dem Spielen seiner „Sackpfeife" – einer kleineren Ausführung des Dudelsacks. Sonst weiß er nichts von der Welt und auch nichts von dem langen Krieg, der in Deutschland seit 1618 tobt. Darum wird er später im Roman Simplicius, der „Einfältige", genannt. Als Simplicius gerade zehn Jahre alt ist, kommt es zu der folgenden Episode, die sein Leben völlig verändern soll. Der Hof, auf dem er bisher aufgewachsen ist, wird von einem Reitertrupp, den ausgerechnet er mit seinem Spiel auf der Sackpfeife angelockt hat, überfallen. ■

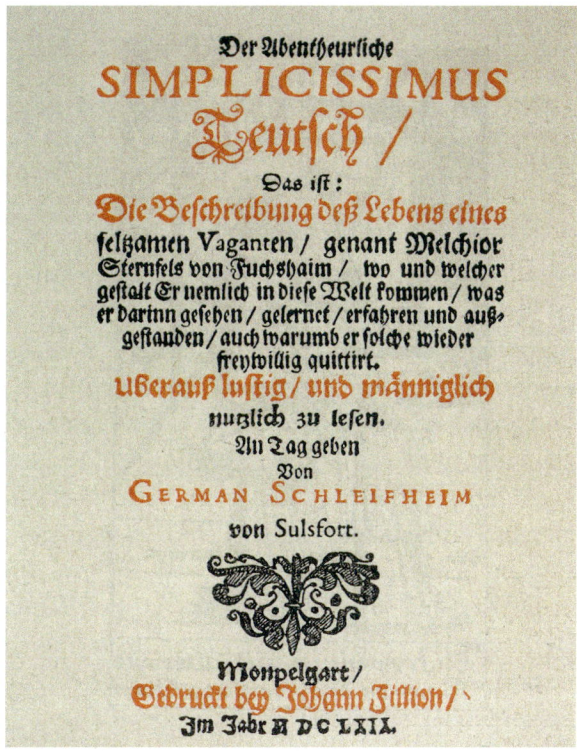

Vagant: Abenteurer
quittieren: hier: sich von der Welt der Abenteuer und des Lebensgenusses wieder abwenden

Das Erste, das diese Reuter täten, war, dass sie ihre Pferd einstellten, hernach hatte jeglicher seine sonderbare Arbeit zu verrichten, deren jeder lauter Untergang und Verderben anzeigte; denn obzwar etliche anfingen zu metzgen, zu sieden und zu braten, dass es sahe, als sollte ein lustiges Pankett gehalten werden, so waren hingegen andere, die durchstürmten das Haus unden und oben, ja das heimlich Gemach war nicht sicher, gleichsam ob wäre das gülden Fell von Kolchis[1] darinnen verborgen; andere machten von Tuch, Kleidungen und allerlei Hausrat große Päck zusammen, als ob sie irgends ein Krempelmarkt anrichten wollten, was sie aber nicht mitzunehmen gedachten, wurde zerschlagen; etliche durchstachen Heu und Stroh mit ihren Degen, als ob sie nicht Schaf und Schwein genug zu stechen gehabt hätten, etliche schütteten die Federn aus den Betten und füllten hingegen Speck, andere dürr Fleisch und sonst Gerät hinein, als ob alsdann besser darauf zu schlafen gewesen wäre; andere schlugen Ofen und Fenster ein, gleichsam als hätten sie ein ewigen Sommer zu verkünden, Kupfer und Zinnengeschirr schlugen sie zusammen und packten die gebogene und verderbte Stuck ein, Bettladen, Tisch, Stuhl und Bänk verbrannten sie, da doch viel Klafter dürr Holz im Hof lag, Häfen[2] und Schüsseln musste endlich alles entzwei, entweder weil sie lieber Gebraten aßen, oder weil sie bedacht waren, nur eine einzige Mahlzeit allda zu halten; unser

---

[1] **Kolchis** ist ein Land am Schwarzen Meer. Dort spielt die Sage von einem Widder mit einem kostbaren goldenen Fell.
[2] **Häfen:** Töpfe

Plünderung eines Dorfes im Dreißigjährigen Krieg (Radierung von Jacques Callot)

Magd ward im Stall dermaßen traktiert[1], dass sie nicht mehr daraus gehen konnte, welches zwar eine Schand ist zu melden! Den Knecht legten sie gebunden auf die Erd, steckten ihm ein Sperrholz ins Maul und schütteten ihm einen Melkkübel voll garstig Mistlachenwasser in Leib: das nenneten sie ein Schwedischen Trunk, wodurch sie ihn zwangen, eine Partei[2] anderwärts zu führen, allda sie Menschen und Viehe hinwegnahmen und in unsern Hof brachten, unter welchen mein Knan[3], mein Meuder, und unser Ursele auch waren.

Da fieng man erst an, die Stein[4] von den Pistolen und hingegen an deren Statt der Bauren Daumen aufzuschrauben, und die arme Schelm so zu foltern, als wann man hätt Hexen brennen wollen, maßen[5] sie auch einen von den gefangenen Bauren bereits in Bachofen steckten und mit Feuer hinder ihm her waren, ohnangesehen er noch nichts bekennt hatte; einem andern machten sie ein Seil um den Kopf und raitelten[6] es mit einem Bengel[7] zusammen, dass ihm das Blut zu Mund, Nas und Ohren heraussprang. In Summa[8], es hatte jeder seine eigene Invention[9], die Bauren zu peinigen, und also auch jeder Bauer seine sonderbare Marter:

Allein mein Knan war meinem damaligen Bedunken nach der Glückseligste, weil er mit lachendem Mund bekennete, was andere mit Schmerzen und jämmerlicher Wehklag sagen mussten, und solche Ehre widerfuhr ihm ohne Zweifel darum, weil er der Hausvater war, denn sie setzten ihn zu einem Feuer, banden ihn, dass er weder Händ noch Fuß regen konnte, und rieben seine Fußsohlen mit angefeuchtem Salz, welches ihm unser alte Geiß[10] wieder ablecken und dadurch also kützeln musste, dass er vor Lachen hätte zerbersten mögen; das kam so artlich[11], dass ich Gesellschaft halber, oder weil ich es nicht besser verstunde, von Herzen mitlachen musste: In solchem Gelächter bekannte er seine Schuldigkeit und öffnet den verborgenen Schatz, welcher von Gold, Perlen und Kleinodien viel reicher war, als man hinder Bauren hätte suchen mögen. Von den gefangenen Weibern, Mägden und Töchtern weiß ich sonderlich nichts zu sagen, weil mich die Krieger nicht zusehen ließen, wie sie mit ihnen umgiengen: Das weiß ich noch wohl, dass man teils hin und wieder in den Winkeln schreien hörte, schätze wohl, es sei meiner Meuder und unserm Ursele nit besser gangen als den andern. Mitten in diesem Elend wendet ich Braten und half Mittag die Pferd tränken, durch welches Mittel ich zu unserer Magd in den Stall kam, welche wunderwerklich zerstrobelt[12] aussahe; ich kennete sie nicht, sie aber sprach zu mir mit kränklicher Stimm: „O Bub, lauf weg, sonst werden dich die Reuter mitnehmen, guck, dass du davonkommst, du siehest wohl, wie es so übel": mehrers konnte sie nicht sagen. (1665–1673)

---

[1] **traktiert:** hier: misshandelt
[2] **Partei:** eine Abteilung der Reiter
[3] **Knan:** Vater
[4] **Stein:** Feuerstein an alten Pistolen jener Zeit
[5] **maßen:** weshalb
[6] **raitelten:** drehten
[7] **Bengel:** Knüppel
[8] **in Summa:** alles in allem
[9] **Invention:** Erfindung
[10] **Geiß:** Ziege
[11] **artlich:** hübsch, nett
[12] **wunderwerklich zerstrobelt:** merkwürdig zerzaust

1 Der Roman „Der abenteuerliche Simplicissimus Teutsch" ist vor über dreihundert Jahren geschrieben worden und deshalb nicht einfach zu verstehen. Lest daher zuerst den Vorspann (S. 221) und schaut euch die Worterklärungen unter dem Text an. Lasst euch dann den Text vorlesen oder lest ihn selbst und fasst den Inhalt zusammen.

2 Was deutet in der Erzählung darauf hin, dass hier aus der Sicht eines zehnjährigen Kindes geschildert wird? Belegt eure Auffassung mit Angaben aus dem Text.

Wenn es euch schwerfällt, Textbelege zu finden, erhaltet ihr hier ein Beispiel:

 WES-127419-052

3 Sprecht über die Wirkung auf die Leserin/den Leser, die von dieser besonderen Erzählsituation ausgeht.

4 Stellt zusammen, welche Absichten beim Erzählen Grimmelshausen auf dem Titelblatt des Romans (S. 221) darlegt.

5 Der Zeichner Jacques Callot (1592 – 1635) hat den Dreißigjährigen Krieg in einer Serie von Bildern dargestellt, der er die Überschrift „Die Schrecken des Krieges" gab. Stellt Parallelen zwischen dem Bild (S. 222) und dem Textauszug heraus.

 WES-127419-053

Andreas Gryphius (1616 – 1664)
Tränen des Vaterlandes/anno 1636

■ Andreas Gryphius wurde als Sohn protestantischer Eltern in Glogau (Schlesien) geboren. Als junger Mensch erlebte er die Gräuel des Dreißigjährigen Krieges. Auf seinen Reisen lernte er Frankreich, Holland und Italien kennen. Nach dem Krieg widmete sich der Universitätslehrer und schon zu seiner Zeit berühmte Dichter dem Wiederaufbau seiner zerstörten Heimat. ■

Wir sind doch nunmehr ganz, ja mehr den ganz verheeret[1]!
Der frechen[2] Völker Schar, die rasende Posaun,
Das vom Blut fette Schwert, die donnernde Kartaun[3]
Hat aller Schweiß und Fleiß und Vorrat aufgezehret.

5 Die Türme[4] stehn in Glut, die Kirch ist umgekehrt,
Das Rathaus liegt im Graus[5], die Starken[6] sind zerhaun,
Die Jungfrau sind geschändt, und wo wir hin nur schaun,
Ist Feuer, Pest und Tod, der Herz und Geist durchfähret.

---

[1] **verheeret:** Darin steckt unser Wort *Heer*. Bei Gryphius hat das Wort noch die Bedeutung, dass überall im Reich Heere kämpfen; heute: zerstört, vernichtet.
[2] **frech:** dreist, unverschämt
[3] **Kartaun:** schweres Geschütz
[4] **Türme:** Wehrtürme an den Stadtmauern
[5] **Graus:** Staub, Schutt
[6] **die Starken:** die wehrtüchtigen Männer

Andreas Gryphius (Porträt von Philipp Kilian)

Hier durch die Schanz¹ und Stadt rinnt allzeit frisches Blut.
10 Dreimal sind schon sechs Jahr, als unser Ströme Flut
Von Leichen fast verstopft sich langsam fortgedrungen.

Doch schweig ich noch von dem, was ärger als der Tod,
Was grimmer² denn die Pest und Glut und Hungersnot:
Dass auch der Seelenschatz so vielen abgezwungen.   (1636)

¹ **Schanz:** Verteidigungswall der Stadt
² **grimmer:** schlimmer

1 Hört euch den Text an oder lasst ihn euch vorlesen. Sprecht über die Wirkung, die der im Dreißigjährigen Krieg geschriebene Text auf euch hat.

2 Stellt die Bilder zusammen, die das lyrische Ich von den Schrecken des Kriegs sprachlich zeichnet, und erläutert die Aussagen der sprachlichen Bilder.

Wenn ihr bei der Lösung der Aufgabe Schwierigkeiten habt, findet ihr hier Hilfen:

 WES-127419-054

3 In der letzten Strophe ist von der schlimmsten Auswirkung des Krieges die Rede. Erläutert, wie ihr den Begriff „Seelenschatz" versteht.

4 Das Chaos des Krieges überwältigt die Menschen nicht nur in ihren äußeren Zuständen. Und doch zeichnet der Dichter die Zeit mit der strengen Gedichtform des Sonetts. Ist das nicht ein Widerspruch? Erläutert den Zusammenhang von Inhalt und Form des Gedichts von Gryphius. Benutzt dabei die folgenden Informationen zum Sonett.

Das musst du lernen und wissen.

Das Sonett im Zeitalter des Barock

Das Sonett (von dem italienischen Wort *sonetto*, „kleiner Ton", abgeleitet) ist eine aus Italien kommende Gedichtform mit einem strengen Aufbau. Es besteht aus 14 Versen. Auf zwei vierzeilige Strophen – **Quartette** –, meist mit dem Reimschema abba/abba, folgen zwei dreizeilige Strophen – **Terzette**. Die beiden Terzette werden durch das **Reimschema** miteinander verbunden. Dabei benutzen die Dichter verschiedene Varianten: ccd/eed oder cde/cde oder ccd/dee usw.
Quartette und Terzette unterscheiden sich nicht nur nach ihrem Aufbau, sondern in der Regel auch nach ihrem Inhalt: In den Quartetten wird ein Zustand oder eine Situation dargestellt, in den Terzetten erfolgt eine gedankliche Zusammenfassung oder Pointe. Das **Metrum** besteht oft aus sechshebigen Jamben (Alexandriner) mit einem Einschnitt (Zäsur) in der Mitte des Verses.
Das Sonett war die bevorzugte Gedichtform bei den Dichtern des **Barock**. In der Literaturgeschichte versteht man darunter die europäische Literatur etwa des 17. Jahrhunderts. In Deutschland entsteht in dieser Zeit eine Dichtung, die immer wieder die Spannung zwischen der Lebensfreude auf der einen Seite und dem Bewusstsein des Todes auf der anderen Seite ins Zentrum rückt. Der Hintergrund des Dreißigjährigen Krieges (1618 – 1648), bei dem weite Teile des Reichs zerstört wurden und dem mehr als die Hälfte der Bevölkerung zum Opfer fiel, spielt bei diesem Lebensgefühl eine wichtige Rolle. Es regt sich aber auch bei den Menschen der große Wunsch nach einer festen Ordnung und einem Leben, das mehr Sicherheit gewährt.

2. „Auf den Flügeln der Hoffnung"

Frieden auf 50 dreckigen Quadratmetern
Eine syrische Familie flieht in die deutsche Provinz

Sie kamen in der Nacht und schlugen mit Fäusten an die Tür. „Bomben, Bomben", riefen die Nachbarn. Maria sprang aus dem Bett, ihre Eltern waren schon auf dem Weg in den Keller, einer nahm noch die kleine Schwester auf den Arm. Die Flugzeuge kreisten über ihrem Haus wie Geier. Im Keller hörte Maria, wie es pfiff, krachte und brannte, doch auch dieses Mal blieb ihr Heim wieder verschont. Sie hatten Glück gehabt. Wie lange noch?

Sie wollten weg. Raus aus Damaskus, das immer häufiger von der syrischen Armee angegriffen wurde oder von den gegnerischen Rebellen, niemand wusste noch genau, auf welcher Seite er stand. Der erste Fluchtpunkt war Jordanien, bis die Visa für Deutschland kamen. Sie packten ein halbes Dutzend Koffer, das meiste ließen sie zurück. Nach dreieinhalb Stunden landeten sie in Frankfurt, wo andere Familienmitglieder sie erwarteten. Endlich wieder zusammen, endlich wieder Frieden.

Auf der Fahrt in ihre neue Heimat schaute Maria aus dem Autofenster. Hier war alles so grün, dachte sie, überall standen Bäume, sogar rechts und links der Autobahn. Die Orte, durch die sie kamen, wurden immer kleiner, die Gassen immer enger. Dann ein Ortsschild, der Name war für Maria unaussprechbar. Fachwerkhäuschen, Backstein. Das hier war nicht Damaskus, das hier war baden-württembergische Provinz. Bad Wimpfen. Maria stieg aus dem Auto. Alles so ruhig, so anders. Woran erinnert sie sich heute, ein halbes Jahr später, wenn sie an die Ankunft in Deutschland denkt? An den Geruch von Schnee in der Luft.

Sechs Monate später ist Maria angekommen. Der Name Bad Wimpfen geht ihr leicht über die Lippen genau wir die Nachbarorte Neckarsulm und Bad Rappenau, da wird das 14 Jahre alte Mädchen mit seiner Schulklasse bald zelten. Darauf freut sie sich. Sie will Abitur machen und einmal Apothekerin oder Dolmetscherin werden. Sie schläft wieder durch, keine Bomben bedrohen mehr ihr Haus. Maria weiß, wie gut es ihr geht. Trotzdem denkt sie noch oft an Damaskus, an die Gerüche, an die Sonne über der Stadt. Wo ist ihre Heimat? „Irgendwo in der Mitte."

In Damaskus hatte Maria ein eigenes Zimmer, jetzt muss sie sich ein paar Quadratmeter unter Dachschrägen mit ihren Eltern und der kleinen Schwester teilen. Es geht nicht anders. In den beiden unteren Etagen wohnen noch einmal neun ihrer Verwandten, auch sie haben kaum Platz. Matratzen ohne Lattenrost und Bettgestell quetschen sich zwischen Wäscheständern und Kochtöpfen. Nicht überall ist es sauber, wie sollte es auch. Aber keiner beschwert sich. Lieber Frieden auf 50 dreckigen Quadratmetern als Krieg auf sauberen 110. Längerfristig aber soll eine andere Unterkunft her [...]. In Damaskus lebt nun niemand mehr von der Familie. Und Bad Wimpfen hat 26 Einwohner mehr. In einem Ort mit 6 700 Einwohnern fällt das auf. Vor allen Dingen in einer Stadt wie Bad Wimpfen, die ihr mittelalterliches Format behalten hat, über deren Altstadt mit Kopfsteinpflaster die alte Stauferpfalz[1] ragt, wo alles eng, klein, eben typisch deutsch erscheinen mag [...].

Und trotzdem ist es keine Idylle, denn es gab vorher Bedenken. Wenn die Bad Wimpfener erst sähen, welche Unterstützung die Flüchtlinge von ihrer Familie erhalten, wo doch auch
75 manch Alteingesessener bedürftig ist, würden manche womöglich neidisch, so die Befürchtung. Doch so kam es nicht. Wurde Maria auf der Straße jemals ein blöder Spruch hinterhergerufen? Nein, ganz im Gegenteil.
80 Die Hilfe kam schneller, als sie ihre Koffer auspacken konnte. Der Klassenlehrer in der Schule suchte für jedes Fach zwei Schüler, die Maria bei Stoff und Sprache helfen sollten. Nachbarn stan-
85 den vor der Tür, gaben Mäntel, Hosen, Spielzeug und Stühle. Die Stadt stellte zu günstigen Konditionen zwei alte Häuser zur Verfügung, in denen die verwandten Familien bis heute wohnen.
90 Die evangelische Kirche richtete ein Spendenkonto ein. Der ganze Ort half und tut es bis heute. Vielleicht auch deswegen, so vermuten viele Helfer, weil die Syrer Christen sind. „Man merkt schon, dass sie aus unserem Kulturkreis kom- 95 men", heißt es allenthalben.

(Frankfurter Allgemeine Zeitung, 14.7.2014, S. 3, gekürzt, Mona Jäger, © Alle Rechte vorbehalten. Frankfurter Allgemeine Zeitung GmbH, Frankfurt. Zur Verfügung gestellt vom Frankfurter Allgemeine Archiv)

---

[1] **Stauferpfalz:** Burg des mittelalterlichen Geschlechts der Staufer

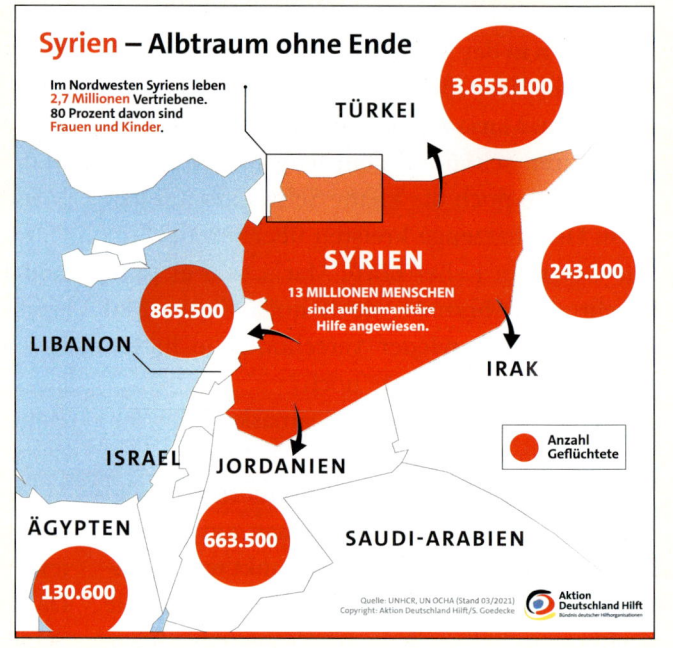

1 Lest die Zeitungsreportage und begründet, inwiefern der Text zu dem Titel des Kapitels „Auf den Hügeln der Hoffnung" passt.

2 Stellt die Bedingungen, unter denen Maria mit ihrer Familie in Damaskus leben musste, den Lebensverhältnissen in ihrer neuen Heimat gegenüber.

3 Beurteilt die Aufnahme der syrischen Familie durch die Einwohner von Bad Wimpfen. Kennt ihr auch andere Beispiele? Berichtet davon.

4 Ihr habt im letzten Schuljahr die Textart „Reportage" kennengelernt. Weist nach, dass es sich bei dem Text um eine Reportage handelt. Erläutert dabei, inwiefern die Grafik die Aussage der Reportage unterstützt. Nutzt dazu auch den folgenden Informationskasten.

> **Info: Die Reportage**
>
> In einer **Reportage** schildert der Reporter oder die Reporterin ein selbst miterlebtes Ereignis. Der Leser/Die Leserin oder der Hörer/die Hörerin wird an den Ort des Geschehens geführt und verfolgt es mit den Augen und Ohren der Reporterin oder des Reporters, die oder der dabei sowohl die wesentlichen Fakten (Beantwortung der W-Fragen) anführt als auch die persönlichen Gefühle und Eindrücke schildert. Die Reportage führt direkt durch die Schilderung der Wahrnehmung der Reporterin/des Reporters in die Situation ein und weckt dadurch die Neugier des Lesers/der Leserin. Die Reportage bemüht sich um eine besonders anschauliche Sprache. Das Tempus der Reportage ist in der Regel das Präsens; es unterstützt den Eindruck, dass der Leser/die Leserin oder der Hörer/die Hörerin live bei dem Ereignis dabei ist. Reportagen sind vor allem im Fernsehen und Hörfunk eine häufige Darstellungsform.

Ellen Henke
Soziale Arbeit mit traumatisierten Kinderflüchtlingen aus Kriegsgebieten

Minderjährige Flüchtling haben eine andere Ausgangslage als Erwachsene, zudem bestehen deutliche Unterschiede in der Lebenssituation von begleiteten und unbegleiteten Flüchtlingskindern. Aufgrund ihrer Herkunft wie Syrien und Afghanistan unter anderem haben die meisten von ihnen erhebliche zwischenmenschliche Gewalt erlebt. Das geschah sowohl am eigenen Leib als auch durch Beobachtung oder gar selbst verübte Angriffe, etwa bei den Kindersoldaten. Als Folge davon zeigen viele der Minderjährigen psychische Auffälligkeiten, jedoch in unterschiedlicher Ausprägung. Je nach individuellen Bewältigungsmöglichkeiten und Schutzfaktoren können die Kinder und Jugendlichen ihre belastenden Erfahrungen kompensieren. Bei einigen klingen die Belastungssymptome nach kurzer Zeit wieder ab, bei anderen brechen sie erst nach einer gewissen Zeit aus und bleiben über einen längeren Zeitraum bestehen. Im Extremfall stellt sich dann eine posttraumatische Belastungsstörung ein.

Da gerade diese Fluchtphase von besonderer Bedeutung für die weitere Entwicklung der Minderjährigen ist, kommt der sozialen Arbeit hier eine

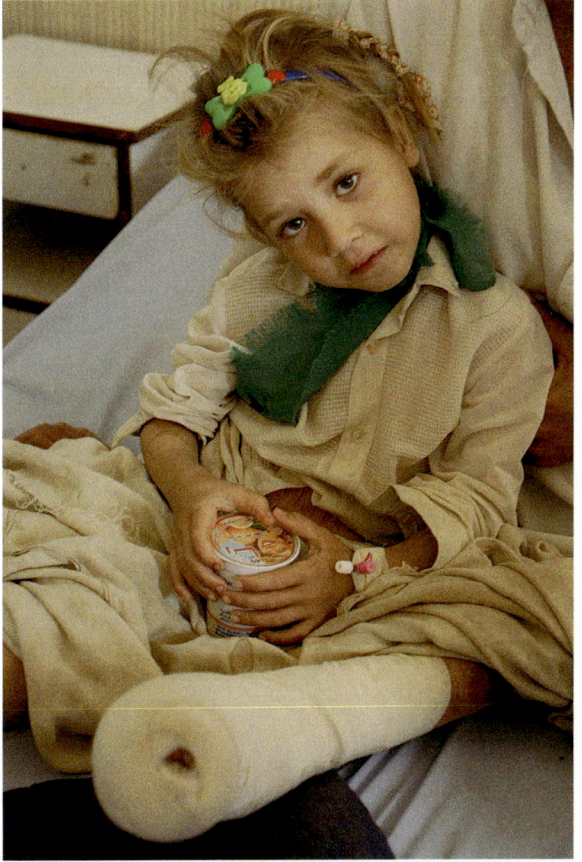

Sprechende Augen: Zeinab Hassan (9) wurde durch eine Tretmine schwer verletzt und liegt nur notdürftig versorgt im Hospital.

wichtige Funktion zu. Sie soll die Lebenssituation der Jugendlichen stabilisieren. […] Wenn die Minderjährigen sich nicht selbst an die Sozialpädagogen wenden, bieten sich vier Möglichkeiten zur primären Kontaktaufnahme: Erstens wenn die Eltern in der Beratung sind und die Kinder mitbringen; zweitens durch Freizeit- bzw. Gruppenangebote der Beratungseinrichtung oder anderer Netzpartner (Kirchen, Migrantenselbstorganisation, Schulvereine etc.) und Ehrenamtlicher und drittens durch eine aufsuchende Arbeit (Koch-, Spiel-, Hausaufgabenangebote) in der Gemeinschaftsunterbringung selbst. Die vierte Option ist die Begegnung in einer Kinder- und jugendpsychiatrischen Klinik. […]

In jedem Fall steht eine Vertrauensgewinnung der jungen Flüchtlinge im Mittelpunkt. Traumatisierung geht mit einem erlebten Vertrauensverlust in Umwelt und Mitmenschen einher, der zu einem starken Gefühl der Isolation führt. Von anderen Menschen absichtliche und unter Gewaltanwendung herbeigeführte Taten führen zu einer nachhaltigen Erschütterung des Vertrauens in zwischenmenschliche Beziehungen.

Im Krieg und auf der Flucht wurden die Kinder ausgenutzt, sie waren Beobachter und Opfer von grausamen Handlungen durch Erwachsene. Die erlebte Einsamkeit und Verlassenheit kann nur ganz bedeutsam durch Verbundenheit ersetzt werden. Das heißt: Bindungen mit Menschen wieder möglich machen, sie wieder neu aufbauen, neue tragfähige Beziehungen knüpfen, und zwar mit verlässlichen Personen, wie z. B. den Sozialpädagogen.

Die grundlegende Arbeitshaltung mit den traumatisierten Flüchtlingen sollte daher offen, geduldig, vertrauensvoll und respektvoll sein. Zudem muss sich der Sozialpädagoge bewusst sein, dass gerade am Anfang eine „Asymmetrie der Macht" vorliegt. Er verfügt über mehr Wissen und Handlungskompetenz als der Minderjährige und hat Zugang zu anderen und mehr Informationsquellen sowie Netzwerkpartnern. Diesen Machtunterschied nicht auszuspielen, sondern die jungen Flüchtlinge als kompetente Gegenüber zu sehen, stellt eine wichtige Form der Wertschätzung und Professionalität dar. Dazu kann es auch gehören, unterschiedliche Ansichten stehen zu lassen und dem Minderjährigen ein eigenes Deutungsrecht einzuräumen. (2017)

1 Lest den Text und bearbeitet ihn dann, indem ihr ihn gliedert und den Inhalt von jedem Abschnitt in Stichworten festhaltet.

2 Erläutert anhand des Texts, wie es zu Traumatisierungen bei Kinderflüchtlingen kommen kann.

3 Stellt die aufgeführten Methoden und Maßnahmen zusammen, mit denen man traumatisierten Flüchtlingskindern zu helfen versucht, und erläutert ihre mögliche Wirkung.

4 Auf der Fotografie (S. 227) ist ein Mädchen abgebildet, das den Krieg erleben musste. Beschreibt und deutet den Ausdruck ihres Gesichts.

5 Erklärt mit euren eigenen Worten das Wesen des Traumas und seine Auswirkungen auf den betroffenen Menschen.

Ein Schaubild, das euch beim Verständnis des Traumas helfen kann, findet ihr unter folgendem Webcode:

 WES-127419-055

6 Vergleicht diesen Text mit dem vorangegangenen. Übernehmt dazu die folgende Tabelle mit den Vergleichskriterien in euer Heft und füllt sie aus.

Text	Thema	Intention	Sprachliche Gestaltung
Frieden auf dreckigen 50 Quadratmetern	?	?	?
Soziale Arbeit mit traumatisierten Kinderflüchtlingen aus Kriegsgebieten	?	?	?

Wenn euch die Aufgabe Schwierigkeiten bereitet, erhaltet ihr unter dem folgenden Webcode eine Hilfe:

 WES-127419-056

Myron Levoy (geb. 1930)
Der gelbe Vogel

■ Myron Levoy lässt den Roman „Der gelbe Vogel" in seiner Heimatstadt New York in der Zeit des Zweiten Weltkriegs spielen. Dabei geht es um einen wichtigen Auftrag, den der zwölfjährige Alan Silverman von seinen Eltern erhält und den er nur äußerst widerwillig annimmt. Ausgerechnet er, der doch viel lieber mit anderen Jungen Schlagball spielt, soll fast täglich ein gleichaltriges, traumatisiertes Mädchen besuchen, um mit ihm zu sprechen und zu spielen und es so wieder zu einem normalen Leben zu führen. Naomi kommt wie Alan aus einer jüdischen Familie. Sie hat in dem von den Nationalsozialisten besetzten Frankreich mit ihrer Familie so Schreckliches erlebt, dass sie nach der Flucht nach New York nur noch still in ihrem Zimmer sitzt und immerzu Papier in kleine Fetzen zerreißt. Alan gelingt es nach vielen vergeblichen Versuchen, Naomi wieder zum Sprechen zu bewegen, und endlich scheint sie auch so weit zu sein, um mit ihm auf einem verlassenen Flugplatz ein selbst gebasteltes Flugzeug steigen zu lassen. ■

Szenenbild der Aufführung eines Deutschkurses an der Ecole d'Humanité (Schweiz)

1 Beschreibt die Abbildung und setzt sie in Beziehung zu den vorangestellten Informationen über den Roman.

2 Welche Wirkung geht von dem Szenenbild aus?

Sie kamen zum Vorplatz und Naomi blieb vor der großen Glastür stehen. Was ist denn nur los. Wartete sie etwa, dass er ihr die Tür aufhielt? Mach sie ruhig selber auf!

Aber sie rührte sich nicht. Alan setzte sein Flugzeug ab und öffnete die Tür, aber sie blieb stehen. Verängstigt sah sie auf die Straße, als wäre da ein Fluss, in den sie von hoch oben springen müsste.

„Komm nur, Naomi. Ich bin bei dir. Es ist nur ein blöder Gehsteig."

Naomi machte ein paar Schritte auf die Straße, hielt inne und schaute zu ihm zurück. Sie war wie ein kleines Kind, das auf seine Eltern wartete, und er benahm sich wie ein Schwein. Er sagte so freundlich wie möglich: „Also, Naomi, jetzt geht's zu meinem Lieblingsplatz, zum Holmes-Flugfeld. Es ist zwar kein Flugfeld mehr. Aber immer noch mein Lieblingsplatz."

Er merkte, dass sie beim Gehen immer einen halben Schritt hinter ihm blieb. Wenn er am Straßenrand anhielt, hielt sie auch an. Wenn er die Straße schnell überquerte, lief sie mit. Wie ein kleines Kind.

Ein paar Straßenzüge von den „Eichenterrassen"[1] entfernt ging Alan etwas langsamer. Unwahrscheinlich, dass einer der Jungen aus seinem Häuserblock sie hier sehen würde. Naomi richtete sich wieder nach seinem Tempo, immer etwas hinter ihm. Dann kamen sie zu dem Spielwarengeschäft, in dem Alan fast alle seine Modelle kaufte. Obwohl es Sonntag war, lief eine Spielzeugeisenbahn unermüdlich im Schaufenster ringsherum, verschwand unter einem Berg und tauchte vor einem Dorf wieder auf.

„Sieh mal!", rief Alan aus.

„Oh, *c'est joli*. Es ist ein ganz kleines Dorf", sagte Naomi und lehnte sich gegen das Fenster.

„Eines Tages werde ich auch so eine Eisenbahn haben", sagte Alan. „Aber sie ist sehr teuer."

„Ich habe einen Jungen gekannt, er hatte auch einen Zug, so wie –", sie unterbrach sich. „Ich habe keinen Jungen gekannt ... Nein, niemals, niemals ..." Sie trat vom Fenster zurück und drehte sich dann zu Alan um, als bitte sie ihn inständig mitzukommen.

Alan trat neben sie. „Was ist los?", fragte er. „Hat dich etwas erschreckt ...?"

„Es ist nichts. Bitte nicht fragen. Bitte." Sie ging einfach weiter.

Alan dachte sich, es könnte vielleicht mit Europa zusammenhängen. Solange sie zusammen gewesen waren, hatte sie nie über Europa gesprochen. Während sie so spazierten, schien Naomi tief in Gedanken, und Alan pfiff leise vor sich hin und nach einer Weile pfiff Naomi mit.

Es dauerte über eine Stunde, bis sie das Flugfeld erreichten, und dann noch einmal zehn Minuten, bis Alan einen Laden mit Telefon gefunden hatte. Er rief die Liebmans an und berichtete, dass alles in Ordnung sei. Naomi war offenbar überhaupt nicht mehr verängstigt. Er erwähnte auch nicht mehr die Eisenbahn, bei der sie so verschreckt gewirkt hatte. Wozu auch? Naomi schien jetzt völlig normal.

Dann lief Alan mit Naomi auf das weite, offene Feld hinaus. „Alan. Es ist *magnifique*. So weit. So viel Himmel über uns."

„Wettlauf, Naomi!", rief Alan. „Komm, bis zur Mitte vom Feld."

„Ich komme. Warte! Du bist zu schnell!"

„Wir sind da!", schrie Alan, als er schließlich anhielt. „Holmes-Flugfeld."

Naomi drehte sich und schaute in alle Richtungen, in einer Hand die Papiertasche, die andere Hand schützend über die Augen gehalten. Der Wind aus dem Westen wehte durch das hohe Gras.

„Es ist großartig ... Aber das Flugfeld? Ich sehe es nicht", sagte Naomi verwirrt.

„Hier. Hier ist es. Du stehst drauf. Holmes-Flugfeld."

„Aber das ist nur großes, weites, leeres Feld. Wo sind die Flugzeuge?"

„Alle weg. Aber das war einmal der größte Flugplatz der Stadt", sagte er. „Sieh mal da drüben. Der lange Streifen, wo stellenweise kurzes Gras wächst. Das war die Landebahn. Und da lassen wir unsere Piper Cub fliegen. Komm."

---

[1] **Eichenterrassen:** Straße, in der Alan und Naomi wohnen

Sie gingen zur Mitte der Landebahn. Alan setzte seinen Werkzeugkasten auf dem Kies ab und Naomi stellte ihre Papiertasche daneben.

„Was ist da drin?", fragte Alan.

„Überraschung", sagte Naomi.

„Kann ich mal reingucken?"

„*Non*. Später. Etwas zu essen."

„Wirklich? Was denn?"

Sein Magen verkrampfte sich richtig vor Hunger, andererseits wollte er jetzt das Flugzeug in die Luft bringen, denn der Wind war, wie er sein sollte.

„Also", sagte er, „jetzt sieh zu. Ich drehe den Propeller auf. Siehst du's?"

Sie schaute zu, als er den Propeller mit dem Finger immer weiter herumdrehte. Er zählte die Drehungen laut mit: „... 301, 302, 303, 304 ..."

Bei 700 hörte er auf, prüfte den Wind und hob das Flugzeug über den Kopf, noch mit einer Hand auf dem Propeller, um ihn festzuhalten.

„Jetzt", sagte er. „Es ist so weit. Start!"

Die Piper flog in weitem Bogen hoch, genau in die Sonne.

Naomi folgte ihr und lief die Landebahn entlang.

Sie rief hinauf: „Ho, gelber Vogel! Warte auf mich! Ho, *oiseau jaune*!"

Alan schaute dem Flugzeug nach, das nach der großen Aufstiegskurve jetzt nach Norden flog.

„Ich bin schneller, Alan ... Sieh her, Alan!"

Sie rannte über das Feld, rufend und springend, fast tanzte sie unter dem kreisenden Flugzeug. Einen Augenblick lang dachte Alan an die Naomi, die auf dem Bett Papier zerriss [...]. Sein Vater hatte recht – sie war nicht lebendig gewesen.

Er wünschte, sein Vater könnte sie jetzt sehen. Und Mrs. Liebman und Mrs. Kirschenbaum.[1] Und jeder Mensch auf der Welt.

„Du machst mir Schwindel, verrücktes Flugzeug. Ho, komm zurück!", rief Naomi.

Als das Flugzeug zur Landung ansetzte, winkte sie aufgeregt mit den Armen und schrie: „Ho, *oiseau jaune. Je suis ici*. Ich bin hier."

---

[1] Bei Mrs. Liebman wohnen Naomi und ihre Mutter, Mrs. Kirschenbaum.

Das Flugzeug setzte im Gras auf. Naomi raste dorthin und war noch vor Alan dort. Aber sie zögerte, es anzufassen. Alan kam hinzu und kniete sich neben das Flugzeug.

„Ist etwas kaputt?", fragte Naomi ängstlich.

„Mal sehen ... Nein. Ein kleiner Riss im Flügel, das ist alles. Das werden wir gleich haben. Komm, ich brauch den Kasten."

Alan klebte etwas Seidenpapier über die Rissstelle und nach einigen Minuten war das Flugzeug wieder betriebsbereit.

„So, Naomi. Jetzt kommst du dran."

„Ich?"

„Klar. Hier, halt's fest." Er zeigte ihr, wie man den Propeller mit schnellen, gleichmäßigen Drehungen eines Fingers aufzieht, wie man sich hinstellt und das Flugzeug startet.

„Jetzt. Lass los!"

„Jetzt?"

„Jetzt!"

„*Bon voyage*." Sie entließ das Flugzeug, das schnell in einem großen Bogen aufstieg. Abermals rannte sie hinterher, hüpfend, wenn es zu geschwind zu sinken begann, und laut rufend, wenn es auf einer neuen Luftströmung höherkletterte. Diesmal machte es eine Bilderbuchlandung drei Meter vor Naomi, und sie sah, wie die Räder Staubwölkchen aufwirbelten, genau wie ein richtiges Flugzeug.

„Schau nur. *C'est épatant*. Schau, Alan, wie schön." Immer wieder ließen sie das Flugzeug fliegen, bis Naomi vor lauter Rufen heiser und Alan vom Hinterherrennen ganz erschöpft war. Woher hatte sie nur die Energie?

Sie setzte sich und bewunderte das Flugzeug, das alle Flüge so gut wie heil überstanden hatte.

„Du musst ihm einen Namen geben", sagte Naomi.

„Zum Beispiel?"

„*Oiseau jaune*."

„Was heißt'n das?"

„Gelber Vogel. Nenn ihn *oiseau jaune*."

„Also gut. So heißt er jetzt. *L'oiseau jaune*. Shaun wird denken – na ja, der braucht das gar nicht zu wissen."

„Wer ist Shaun?"

„Och … ein Freund von mir."
„Er wohnt im ersten Stock?"
„Genau. Woher weißt du das?"
„Ich sehe ihn, mit dir. Er hat auch ein Flugzeug, ja? Du weißt, unten in der Halle. Er nannte mich ‚Irre Ida'. Er sagte: ‚Irre Ida im Anmarsch.'"
Alan verschlug es die Sprache. Sie hatte es gehört. Es war gefährlich, im Vorplatz zu flüstern, es hallte von allen Wänden wider. Was konnte er jetzt sagen?
„Es ist mir egal", sagte Naomi. „Alan, es ist egal. Es macht nichts."
„Ach, weißt du, der sagt so Sachen … der erfindet Namen, sogar für mich. Aber er meint es nicht böse."
„Es gibt auch eine Comicserie ‚Irre Ida', *oui*?"
„Ich glaub schon."
„Es ist mir egal. Ich bin irre, weißt du."
Irre? Sie? Nein. Aber wie kann sie so etwas sagen?
Als ob das bedeutungslos wäre. So wie Halsweh … Sie war nicht verrückt. Unmöglich. Verrückte wissen nicht, dass sie verrückt sind, das weiß doch jeder. Sie hatte viel zu viel Grips, zu viel Witz, zu viel alles Mögliche, um verrückt zu sein.
„Du bist in Ordnung. Bei dir stimmt alles … Also, sag mal, was ist in der Tasche da?"
„Ukay. Augen zu!"
Er hörte, wie die Papiertasche aufgemacht wurde. Naomi bereitete anscheinend etwas vor.
„Ukay. Augen auf!"
Auf einem großen roten Tuch war ein kleines Festmahl ausgebreitet. Da lag ein Dutzend kleiner Dreifach-Sandwiches, da stand ein Pappbecher mit Tomatenstückchen und Oliven. Darum herum: kleine Zitronen-, Erdbeer- und Schokoladenschnittchen mit Zuckerguss. Und dann war da noch eine kleine Milchflasche mit weiteren Pappbechern.
„Herrlich", sagte Alan. „Donnerwetter, deine Mutter weiß aber, was zu einem anständigen Picknick gehört."
„Nicht *ma mère*. Das habe ich gemacht."
[…]
„[…] Ich habe oft Picknick gemacht, mit Freunden. Vor langer, langer Zeit. Wir spielten Picknick im Hof, mit Geschirr für Puppen … Meine Freunde sie sind alle tot jetzt, ja?"
„Nein", sagte Alan, „ich meine: vielleicht nicht."
Alan dachte an die Wochenschau und die Fotos: brennende Häuser in London, Nazitruppen auf dem Marsch, Menschen, die in Lastwagen verfrachtet werden, Paris gefallen, Frankreich gefallen. Naomi war dort gewesen. Was hatte sie wirklich gesehen?
[…]
Naomi legte die Arme um ihre Knie und starrte in Gedanken versunken auf den Boden. Der Wind blies ihr eine Haarsträhne über die Wange. Mit ihren schwarzen Augen und dem schmalen, dunkel getönten Gesicht sieht sie richtig schön aus, dachte Alan. Wo hatte er dieses Gesicht nur gesehen? Er konnte sich nicht daran erinnern.
„Ja, sie sind tot", sagte Naomi nach einer langen Pause. „Ich glaube es."
„Vielleicht siehst du sie wieder, weißt du, wenn der Krieg vorbei ist", sagte Alan schnell.
„Der Krieg ist vorbei."
„Nein … Ich meine, jetzt dauert's nicht mehr lange. Unsere Truppen stehen schon auf deutschem Boden."
„*Ah oui.*" Sie sagte es völlig ausdruckslos.
„Sollen wir vielleicht über etwas anderes reden?", fragte Alan.
„Ich habe meinen Vater getötet, weißt du." Die Wörter kamen auf ihn zu und umklammerten ihn wie eine giftige Schlange. Er hatte Angst, etwas zu sagen. In so einem Augenblick ist jedes Wort verkehrt.
„Ich … ich …" Sein Denken setzte aus. Es war ihm klar, dass er stotterte. Sie war also doch verrückt.
„Ich … hab gedacht, es waren die Nazis?"
„*Ah oui.*"
„Stimmt's nicht?"
„Aber ich habe geholfen."
„Na … Naomi, das ist doch nicht wahr."
„Ich lüge? Wie weißt du? Sag mir. Du warst dabei? Du warst dabei?"
„Nein … nein …"
„Alle die Pläne. Ich habe ihn getötet, mit den Plänen. Verstehst du? Alle die Pläne. Die Pläne." Mit aufgerissenen Augen saß sie da. Ihre Fäuste

schlossen sich und öffneten sich, während sie sprach.
[...]

„Mein Vater. Er sagte: ‚Zerreißt alle Pläne!' Von der Kanalisation. Sie gingen durch die Kanäle. Die Soldaten der *Résistance*[1], vom Widerstand. Mein Vater machte die Pläne. Von den Kanälen in Paris. Er sagt: ‚Ihr müsst die Pläne zerreißen!' Ich ... ich ... Dann in der Nacht. Die Soldaten vom Widerstand. Sie greifen die Gestapo[2] an in der Nacht. Aber die Nazis, sie entdecken es. Mein Vater macht die Pläne. Sie entdecken es. Und sie kommen. Sie kommen. Sieh nur. Zwei Lastwagen in der Straße. Mein Vater sagt: ‚Zerreißt die Pläne. Naomi, zerreiße die Pläne. In die Toilette und ziehen! Zerreißt die Pläne!' Wir reißen. Wir reißen. Unsere Fingernägel, sie brechen. Unsere Hände – voll Blut. Ich reiße, ich kaue, ich esse Pläne. Es geht nicht mehr. ICH KANN NICHT. ICH KANN NICHT MEHR. Aber die Nazis, sie sind vor der Tür. ‚*Vite! Vite!* Reißt! Reißt! Reißt! Schneller! Schneller!' Er stößt mich unter das Bett. Dann, sie schlagen an die Tür. Sie brechen durch die Tür ... Sieh nur. Sie schlagen ihn mit Knüppel. Sie schlagen ihn auf den Boden. Sein Kopf ist voll Blut. Überall Blut. Blut unter dem Bett. Überall. Überall. Blut ... Ich reiße. Ich reiße die Pläne. Ich reiße nicht genug. Nein. Nicht genug. Ich konnte nicht ... Sie gehen. Sie sind weg. Die Nazis sind weg. Hör nur ... So still. Pst. So still. Vielleicht, alles ist gut? Vielleicht, er schläft nur, mein Vater? ... Dann sagt er, ganz schwach: Naomi! Er sagt: Naomi. Naomi. Naomi. Und er schläft ein. Ich versuche, ihn zu wecken. Er ist tot. ER IST TOT. ICH REISSE, ICH REISSE, ICH REISSE. NICHT GENUG! NICHT GENUG! –"

„Naomi, hör auf! Du konntest doch nichts machen. Hör auf. Es waren die Nazis. Die Nazis. Naomi! Du kannst doch nichts dafür!"

„Sieh nur. Meine Hände sind rein. Mein Kleid ist rein. Er ist tot, das ist alles. So viel Blut ..."

„O Naomi. Naomi ..."

Alan legte seine Hand auf ihre Schulter, dann auf ihren Kopf, sanft wie sein Rabbi[3], als der ihm den Segen erteilte. Die alten Worte kamen ihm in den Sinn: Der Herr segne dich und beschütze dich. Er lasse sein Angesicht leuchten über dir und gebe dir seinen Frieden. Für sie, dachte Alan. Für sie.

(1977)

---

[1] **Résistance:** französische Widerstandsbewegung gegen die deutsche Besatzungsmacht
[2] **Gestapo:** Kurzbezeichnung für „Geheime Staatspolizei" des nationalsozialistischen Regimes in Deutschland
[3] **Rabbi:** Religionslehrer, Prediger und Seelsorger in jüdischen Gemeinden

---

3 Lest den Text und stellt einen Zusammenhang zwischen dem Romanauszug und dem Bild auf S. 229 her.

4 Gliedert den Text und gebt anhand der von euch festgestellten Abschnitte die Entwicklung der Beziehung zwischen den beiden Figuren Alan und Naomi wieder.

5 Erklärt Naomis Verhalten auf dem Holmes-Flugfeld.

6 Erläutert Naomis Reaktion, als sie von Alans Freund als „Irre Ida" bezeichnet wird.

7 So könnt ihr weiterarbeiten. Wählt aus:

a Fasst stichwortartig die Parallelen zwischen diesem und einem von euch selbst gewählten Text aus diesem Kapitel zusammen.

b Erstellt – ähnlich wie auf dem Bild S. 229 – Fotos, die Szenen aus diesem Romanauszug zeigen. Hängt die Fotos in eurem Klassenraum aus und lasst eure Mitschülerinnen und Mitschüler erläutern, auf welche Textauszüge sich die Fotos beziehen.

c Lest den gesamten Roman und stellt ihn der Klasse vor.

Wolfgang Borchert (1921–1947)
Die Küchenuhr

■ Wolfgang Borchert nimmt als Soldat am Zweiten Weltkrieg teil, erkrankt an der Front schwer an einer Gelbsucht und wird daher aus der Armee zunächst entlassen. Er arbeitet dann in Hamburg als Kabarettist und wird, als er Nazigrößen parodiert, zur Strafe an die Ostfront kommandiert, um sich „vor dem Feind zu bewähren". Nach dem Krieg arbeitet er als schwer kranker Mann am Hamburger Schauspielhaus und schreibt bis zu seinem frühen Tode Gedichte, Kurzgeschichten und ein Drama mit dem Titel „Draußen vor der Tür". Die Geschichte „Die Küchenuhr" entstand im Jahr 1946. ■

Sie sahen ihn schon von Weitem auf sich zukommen, denn er fiel auf. Er hatte ein ganz altes Gesicht, aber wie er ging, daran sah man, dass er erst zwanzig war. Er setzte sich mit seinem alten
5 Gesicht zu ihnen auf die Bank. Und dann zeigte er ihnen, was er in der Hand trug.
Das war unsere Küchenuhr, sagte er und sah sie alle der Reihe nach an, die auf der Bank in der Sonne saßen. Ja, ich habe sie noch gefunden. Sie
10 ist übrig geblieben.
Er hielt eine runde tellerweiße Küchenuhr vor sich und tupfte mit dem Finger die blau gemalten Zahlen ab.
Sie hat weiter keinen Wert, meinte er entschuldi-
15 gend, das weiß ich auch. Und sie ist auch nicht so besonders schön. Sie ist nur wie ein Teller, so mit weißem Lack. Aber die blauen Zahlen sehen doch ganz hübsch aus, finde ich. Die Zeiger sind natürlich aus Blech. Und nun gehen sie auch
20 nicht mehr.
Nein. Innerlich ist sie kaputt, das steht fest. Aber sie sieht noch aus wie immer. Auch wenn sie jetzt nicht mehr geht.
Er machte mit der Fingerspitze einen vorsichti-
25 gen Kreis auf dem Rand der Telleruhr entlang.
Und sagte leise: Und sie ist übrig geblieben.
Die auf der Bank in der Sonne saßen, sahen ihn

nicht an. Einer sah auf seine Schuhe, und die Frau sah in ihren Kinderwagen. Dann sagte jemand: Sie haben wohl alles verloren? 30
Ja, ja, sagte er freudig, denken Sie, aber auch alles! Nur sie hier, sie ist übrig. Und er hob die Uhr wieder hoch, als ob die anderen sie noch nicht kannten.
Aber sie geht doch nicht mehr, sagte die Frau. 35
Nein, nein, das nicht. Kaputt ist sie, das weiß ich wohl. Aber sonst ist sie doch noch ganz wie immer: weiß und blau. Und wieder zeigte er ihnen seine Uhr. Und was das Schönste ist, fuhr er aufgeregt fort, das habe ich Ihnen ja überhaupt noch 40
nicht erzählt. Das Schönste kommt nämlich noch: Denken Sie mal, sie ist um halb drei stehen geblieben. Ausgerechnet um halb drei, denken Sie mal. Dann wurde Ihr Haus sicher um halb drei getroffen, sagte der Mann und schob wichtig die Unter- 45
lippe vor. Das habe ich schon oft gehört. Wenn die Bombe runtergeht, bleiben die Uhren stehen. Das kommt von dem Druck.
Er sah seine Uhr an und schüttelte überlegen den Kopf. Nein, lieber Herr, nein, da irren Sie sich. 50
Das hat mit den Bomben nichts zu tun. Sie müssen nicht immer von den Bomben reden. Nein. Um halb drei war etwas ganz anderes, das wissen Sie nur nicht. Das ist nämlich der Witz, dass sie

gerade um halb drei stehen geblieben ist. Und nicht um Viertel nach vier oder um sieben. Um halb drei kam ich nämlich immer nach Hause. Nachts, meine ich. Fast immer um halb drei. Das ist ja gerade der Witz.

Er sah die anderen an, aber sie hatten ihre Augen von ihm weggenommen. Er fand sie nicht. Da nickte er seiner Uhr zu: Dann hatte ich natürlich Hunger, nicht wahr? Und ich ging immer gleich in die Küche. Da war es dann fast immer halb drei. Und dann, dann kam nämlich meine Mutter. Ich konnte noch so leise die Tür aufmachen, sie hat mich immer gehört. Und wenn ich in der dunklen Küche etwas zu essen suchte, ging plötzlich das Licht an. Dann stand sie da in ihrer Wolljacke und mit einem roten Schal um. Und barfuß. Immer barfuß. Und dabei war unsere Küche gekachelt. Und sie machte ihre Augen ganz klein, weil ihr das Licht so hell war. Denn sie hatte ja schon geschlafen. Es war ja Nacht.

So spät wieder, sagte sie dann. Mehr sagte sie nie. Nur: So spät wieder. Und dann machte sie mir das Abendbrot warm und sah zu, wie ich aß. Dabei scheuerte sie immer die Füße aneinander, weil die Kacheln so kalt waren. Schuhe zog sie nachts nie an. Und sie saß so lange bei mir, bis ich satt war. Und dann hörte ich sie noch die Teller wegsetzen, wenn ich in meinem Zimmer schon das Licht ausgemacht hatte. Jede Nacht war es so. Und meistens immer um halb drei. Das war ganz selbstverständlich, fand ich, dass sie mir nachts um halb drei in der Küche das Essen machte. Ich fand das ganz selbstverständlich. Sie tat das ja immer. Und sie hat nie mehr gesagt als: So spät wieder. Aber das sagte sie jedes Mal. Und ich dachte, das könnte nie aufhören. Es war mir so selbstverständlich. Das alles. Es war doch immer so gewesen. Einen Atemzug lang war es ganz still auf der Bank. Dann sagte er leise: Und jetzt? Er sah die anderen an. Aber er fand sie nicht. Da sagte er der Uhr leise ins weiß-blaue runde Gesicht: Jetzt, jetzt weiß ich, dass es das Paradies war. Das richtige Paradies. Auf der Bank war es ganz still. Dann fragte die Frau: Und Ihre Familie?

Er lächelte sie verlegen an: Ach, Sie meinen meine Eltern? Ja, die sind auch mit weg. Alles ist weg. Alles, stellen Sie sich vor. Alles weg.

Er lächelte verlegen von einem zum anderen. Aber sie sahen ihn nicht an.

Da hob er wieder die Uhr hoch und lachte. Er lachte: Nur sie hier. Sie ist übrig. Und das Schönste ist ja, dass sie ausgerechnet um halb drei stehen geblieben ist. Ausgerechnet um halb drei.

Dann sagte er nichts mehr. Aber er hatte ein ganz altes Gesicht. Und der Mann, der neben ihm saß, sah auf seine Schuhe. Aber er sah seine Schuhe nicht. Er dachte immerzu an das Wort Paradies.

(1946)

---

1 Hört euch den Text an, lest ihn selbst oder lasst ihn euch vorlesen. Stellt die Situation des Gesprächs auf der Parkbank in einem Standbild nach. Vergleicht die von euch erstellten Standbilder.
Informationen zur Erstellung von Standbildern findet ihr in dem Werkzeugkasten S. 236.

2 Die Kurzgeschichte trägt den Titel „Die Küchenuhr". Erläutert, welche symbolische Bedeutung eurer Meinung nach die Küchenuhr hat. Achtet dabei auf die psychische Verfassung des jungen Mannes, den Zustand der Küchenuhr, die Geschichte der Küchenuhr und den Zeitpunkt „halb drei".

3 Erklärt, warum das letzte Wort der Kurzgeschichte „Paradies" lautet. Bezieht dazu die Aussage des jungen Mannes in den Zeilen 95–97 mit ein.

Das brauchst du immer wieder. ◆ **So gehst du vor.**

Mit Standbildern arbeiten

Die Beziehungen zwischen den Handlungsträgern in einem Text kann man sich oft durch Standbilder verdeutlichen. Darunter versteht man **„eingefrorene Personengruppen"**. Das Standbild stellt demnach Figuren einer Szene nach Standort, Gesichtsausdruck und Gestik so dar, wie es sich ein **Regisseur/eine Regisseurin** auf der Grundlage des jeweiligen Textes vorstellt. Beim „Bauen" eines Standbilds gibt es mehrere Möglichkeiten:

1. Das stumme Standbild

- Um einen **Regisseur/eine Regisseurin** herum bildet sich eine Arbeitsgruppe von mehreren Schülern und Schülerinnen. Sie klären gemeinsam, nach intensiver Auseinandersetzung mit der Textvorlage, die **Rollenverteilung** für ihr **Standbild**.
- Der Regisseur/die Regisseurin baut das Standbild. Er/sie „modelliert" wie mit Puppen die **Stellung der Figuren** auf der Bühne, ihre **Beziehungen zueinander**, ihren **Gesichtsausdruck** und ihre Gestik durch genaue Anweisungen. Die Figuren verhalten sich dabei passiv.
- Auf ein Kommando des Regisseurs/der Regisseurin „erstarren" die Figuren für etwa 30 Sekunden in der ihnen angewiesenen Position. Am besten hält man das so „eingefrorene" Standbild mit einem Foto fest.
- Die übrigen Schülerinnen und Schüler **beobachten, beschreiben** und **beurteilen** das Standbild auf der Basis der Textvorlage.
- Anschließend geben der Regisseur/die Regisseurin und die Gruppenmitglieder eine Stellungnahme ab.

2. Das sprechende Standbild

Man verfährt in fast allen Schritten wie beim stummen Standbild; aber dieses Mal erhält jeder Darsteller/jede Darstellerin den Auftrag, einen besonders bedeutsamen Satz aus dem Text zu sprechen.

3. Das angesprochene Standbild

Die Darsteller werden von den übrigen Schülerinnen und Schülern auf ihre Befindlichkeit und ihre Haltung zu den anderen Personen angesprochen und geben über das, was in ihnen gerade vorgeht (Gedanken, Empfindungen), Auskunft.

4. Das mobile Standbild

Die Darsteller bauen zuerst ein stummes Standbild. Anschließend bewegen sie sich ein oder mehrere Schritte von ihrem Ort fort und begründen ihre Bewegung.

5. Standbilder als Spiegel eines Prozesses

Mehrere Standbilder, jeweils dargestellt von wenigen Personen, verdeutlichen den Prozess/die Entwicklung in der Beziehung zwischen den Handlungsträgern.

4 So könnt ihr weiterarbeiten. Wählt aus:

a Stellt euch vor, einer der Gesprächspartner auf der Bank erzählt einer Freundin/einem Freund von der Begegnung mit dem jungen Mann. Schreibt seine Erzählung auf. Ihr könnt die Szene aber auch als Gespräch gestalten mit Nachfragen der Freundin/des Freundes und dann das Gespräch der Klasse vorspielen.

b In der Erzählung des jungen Mannes gibt es Beschreibungen seiner Gefühle, die nicht zu seiner traurigen Situation zu passen scheinen. Verfasst einen kurzen Text, in dem ihr den Zusammenhang versucht zu erklären.

c Ihr findet im Folgenden zwei Texte von Schülerinnen, in denen sie die Kurzgeschichte von Borchert zu Gedichten umgeformt haben. Erarbeitet in Gruppen, wie sie dabei vorgegangen sind, und versucht dann, anhand der Erzählung „Die Küchenuhr", der Reportagen (S. 225–228) oder des Romanauszugs von Myron Levoy (S. 230–233) ähnliche Gedichte zu verfassen. Ihr könnt dabei auf den Reim und auf ein bestimmtes Metrum verzichten. Bei der grafischen Anordnung der Verse habt ihr viele Möglichkeiten, indem ihr sie etwa wie eine geometrische Figur – z. B. als Kreis oder Dreieck – oder wie einen Baum formt. Auch durch das Variieren des Schrifttyps könnt ihr eindrucksvolle Effekte bewirken.

Die Küchenuhr

Alles ist weg,
nur du bist noch hier.
Teil meines Paradieses.
Erinnerung an diese Zeit.

5 Du bist geblieben
Unbedeutend, wie du bist.

Nein, bedeutend.
Wichtig.
Kannst mir mein kleines Paradies
10 noch einmal zeigen,
für einen Moment zurückholen.
Nur du
Weiß-blaue Küchenuhr.
(Verena)

Die Küchenuhr

Sie ist *ERINNERUNG*
   an das Leben vorher
Sie ist *ERINNERUNG*
   an die Ordnung vorher
5 Sie ist *ERINNERUNG*
   an das Paradies
Doch sie ist stehen geblieben
Und hält sie fest
   – die *ERINNERUNG*
(Annika)

Dietrich Herrmann (geb. 1939)
Guernica

In den Jahren 1936 bis 1939 tobte in Spanien ein blutiger Bürgerkrieg. Das Militär unter General Franco versuchte, die Republik zu beseitigen. Deutsche und italienische Einheiten unterstützten den Kampf Francos, und es gelang so dem General, in Spanien eine Diktatur zu errichten.

Am 26. April 1937, ein Jahr nach Beginn des Krieges, wurde Guernica, die älteste Stadt des Baskenlandes, durch einen Luftangriff deutscher und italienischer Flugzeuge völlig zerstört. Der Luftwaffenoberst Wolfram von Richthofen, der die Luftwaffe in Spanien kommandierte, schrieb in sein Tagebuch: „Guernica, Stadt von 5000 Einwohnern, buchstäblich dem Erdboden gleichgemacht. Bombenlöcher noch auf den Straßen zu sehen, einfach toll." Die Entrüstung über diesen ersten Luftterror gegen Zivilisten war in der Welt groß. Schon am 1. Mai desselben Jahres begann Pablo Picasso (geb. 1881 in Málaga/Spanien – gest. 1973 in Mougins/Frankreich), sein großes Bild über die Vernichtung Guernicas zu malen, und stellte es im Sommer im spanischen Pavillon anlässlich der Weltausstellung in Paris aus. Dort löste das fast acht Meter lange, nur in den Tönen schwarz, dunkelbraun, bläulich, grau und weiß gestaltete Bild auf die Betrachter aus aller Welt eine schockierende Wirkung aus. Nach der Weltausstellung ging das Bild nach New York, weil Picasso verfügt hatte, dass es nur dann in einem spanischen Museum untergebracht werden dürfe, wenn sein Heimatland wieder eine Demokratie geworden sei. So gelangte das berühmte Bild erst im Jahre 1981, d.h. acht Jahre nach Picassos Tod, nach Spanien und hängt seit dieser Zeit im Museo Reina Sofía in Madrid. Picasso hat sich nicht selbst zu seinem Bild geäußert, sondern nur gesagt: „Ich bin für das Leben, gegen den Tod; ich bin für den Frieden, gegen den Krieg." Damit drückt er den zentralen Appell seines Bildes „Guernica" aus. Um bei der Deutung der Elemente des Bildes Genaueres zu erfahren, zieht die Forschung andere Werke heran, die der Künstler ungefähr zur selben Zeit wie „Guernica" gemalt hat. Dabei fällt auf, dass Picasso sein Heimatland Spanien manchmal als Pferd zeichenhaft darstellt und der Stier als ein Zeichen für brutale Macht und Gewalt steht. Am besten geht man daher bei der Beschreibung des Bildes vom Bildzentrum aus. Was erkennt man alles um das Pferd herum? Warum streckt die Frau, die von rechts kommt, eine Dochtlampe in das Zentrum? Dann: Was wird am linken Bildrand um den Stier herum vorgestellt? Und zuletzt: Was erkennt man vom Krieg am rechten Bildrand?

1 Sprecht in der Klasse über die Wirkung, die das Bild von Picasso bei euch auslöst.

2 Wählt einzelne Elemente des Bildes aus und versucht, ihre Bedeutung zu erklären.

Pablo Picasso (1881 – 1973)
Guernica

3. „Wann ist denn endlich Frieden?"

 WES-127419-058

Wolf Biermann (geb. 1936)
Wann ist denn endlich Frieden

Wann ist denn endlich Frieden
In dieser irren Zeit?
Das große Waffenschmieden
Bringt nichts als großes Leid.
5 ES blutet die Erde
ES weinen die Völker
ES hungern die Kinder
ES droht großer Tod
ES sind nicht die Ketten
10 ES sind nicht die Bomben
ES
    ist ja der Mensch
        der den Menschen bedroht

Die Welt ist so zerrissen
15 Und ist im Grunde so klein
Wir werden sterben müssen
Dann kann wohl Friede sein.

ES blutet die Erde
ES weinen die Völker
20 ES hungern die Kinder
ES droht großer Tod
ES sind nicht die Ketten
ES sind nicht die Bomben
ES
25   ist ja der Mensch
        der den Menschen bedroht
              (1968)

1 Hört auch den Text an oder lest ihn. Stellt heraus, welche Antwort der Text auf die Frage in der Überschrift bzw. im ersten Vers gibt.

2 In Vers 2 spricht der Sprecher des Gedichts von „dieser irren Zeit". Stellt zusammen, wodurch diese Zeit gekennzeichnet ist, und erläutert, was an ihr „irre" ist.

3 Erläutert die sprachlichen Mittel, mit denen das „große Leid" veranschaulicht wird.

4 Schreibt einen argumentativen Text zu der Antwort, die der Text auf die Frage „Wann ist denn endlich Frieden?" gibt.

Hilfen zur Abfassung eines solchen argumentativen Textes erhaltet ihr unter dem folgenden Webcode:

 WES-127419-059

Wolfgang Borchert (1921–1947)
DANN GIBT ES NUR EINS!

Du. Mann an der Maschine und Mann in der Werkstatt.
Wenn sie dir morgen befehlen,
du sollst keine Wasserrohre und keine Kochtöpfe mehr machen – sondern Stahlhelme und Maschinengewehre,
5 dann gibt es nur eins:
Sag NEIN.

Du. Mädchen hinterm Ladentisch und Mädchen im Büro.
Wenn sie dir morgen befehlen,
du sollst Granaten füllen und Zielfernrohre für Scharfschützengewehre montieren,
10 dann gibt es nur eins:
Sag NEIN!

[…]

Du. Forscher im Laboratorium.
Wenn sie dir morgen befehlen,
15 du sollst einen neuen Tod erfinden gegen das alte Leben,
dann gibt es nur eins:
Sag NEIN!

Du. Dichter in deiner Stube.
Wenn sie dir morgen befehlen,
20 du sollst keine Liebeslieder, du sollst Hasslieder singen,
dann gibt es nur eins:
Sag NEIN!

[…]

Du. Mann auf dem Dorf und Mann in der Stadt.
25 Wenn sie morgen kommen und dir den Gestellungsbefehl bringen,
dann gibt es nur eins:
Sag NEIN!

Du. Mutter in der Normandie und Mutter in der Ukraine,
du, Mutter in Frisco[1] und London,
30 du, am Hoangho[2] und am Mississippi,
du, Mutter in Neapel und Hamburg und Kairo und Oslo – Mütter in allen Erdteilen, Mütter in der Welt,
wenn sie morgen befehlen, ihr sollt Kinder gebären,
Krankenschwestern für Kriegslazarette und neue Soldaten für neue Schlachten,
Mütter in der Welt,
35 Dann gibt es nur eins:
Sagt NEIN! Mütter, sagt NEIN!

[…]

(1947)

Inschrift in Hamburg mit dem letzten Vers des Gedichts

[1] **Frisco:** Kurzform für San Francisco/USA
[2] **Hoangho:** Gelber Fluss, zweitgrößter Strom Chinas

1 Hört euch den Text an oder lasst ihn euch vorlesen und erklärt, an wen sich der lyrische Sprecher mit dem Appell „Sag NEIN!" richtet.

2 Erläutert den Appell der letzten Strophe und beurteilt ihn.

3 Verfasst nach dem Muster von Borcherts Gedicht weitere Strophen (z. B. Pilot, Besitzer einer Fabrik …).

4 Stellt Gemeinsamkeiten und Unterschiede der Gedichte von Wolf Biermann und Wolfgang Borchert zusammen.

 Hinweise findet ihr auch im Werkzeugkasten auf S. 247.

Veranstaltungsplakat von Käthe Kollwitz zum mitteldeutschen Jugendtag, 2. – 4. August 1924 in Leipzig

5 **So könnt ihr weiterarbeiten. Wählt aus:**

a Beschreibt das Plakat von Käthe Kollwitz und vergleicht es mit dem Gedicht von Wolfgang Borchert. Wählt dazu Vergleichskriterien, die euch besonders aussagekräftig erscheinen.

b Entwerft ein Plakat zum Thema „Frieden" und benutzt dabei Elemente aus dieser Einheit.

In zwei Sprachen denken, schreiben, leben?

■ Es gibt immer wieder Situationen, in denen Menschen sich in einer Umwelt zurechtfinden müssen, in der nicht ihre Muttersprache gesprochen wird. Zu der Auseinandersetzung mit diesen Situationen gehört es in der Regel auch, sich mit einer neuen Sprache zu beschäftigen und diese zu erlernen. Dazu haben Menschen unterschiedliche Einstellungen und sie machen unterschiedliche Erfahrungen, z. B. wenn sie bemerken, dass sich die Bedeutung ihrer Muttersprache für sie verändert.

■ Vom Umgang mit diesen Situationen handeln die Texte in diesem Kapitel. Ihr lernt unterschiedliche Autorinnen und Autoren und Textarten kennen, die sich mit den verschiedenen Erfahrungen und Einstellungen der Menschen in diesem Zusammenhang beschäftigen. Ihr lernt zudem, diese Texte einzeln zu bearbeiten und anschließend zu vergleichen. Dabei geht es u. a. darum, sprachliche Bilder, die verwendet werden, zu erkennen und zu erklären.

■ Ihr beschäftigt euch in diesem Kapitel sowohl mit literarischen als auch mit Sachtexten zum Thema Mehrsprachigkeit. Dabei werdet ihr insbesondere im Zusammenhang mit den Sachtexten aufgefordert, selbst Stellung zu einer bestimmten Ansicht zu nehmen.

Hanefi Yeter: Wohin gehöre ich?, 1989

Nach einer Lesung in der Nähe von Leipzig stand einmal ein junger Lehrer auf und sagte fast wörtlich: „Als mein Freund mich hierher mitschleppte, war ich sehr skeptisch. Nachdem ich nun Ihre
5 Gedichte hörte, muss ich sagen: Hut ab. Ich hätte nie gedacht, dass ein Ausländer, zumal ein Araber, solche Gedichte in deutscher Sprache schreiben könnte." Ich habe mich für diese Beleidigung natürlich herzlich bedankt und erwidert, dies lie-
10 ge vielleicht nur daran, dass ich bestimmt länger als er in Deutschland gelebt habe.

(Adel Karasholi)

Über Sprache nachdenken

> Du redest, denkst und träumst in zwei Sprachen, aber in keiner bist du zu Hause. Zwei Stiefmuttersprachen also, im Kopf-an-Kopf-Rennen, zwei Rabenmütter, verflucht noch mal. Reden ist vielleicht immer schon nicht meine Stärke gewesen. „Reden ist Silber, Schweigen ist Gold." Und dieses Schweigen beinhaltet vieles, z. B. Denken, Träumen und – Schreiben.
>
> (Alev Tekinay)

> 1971 siedelte ich in die Bundesrepublik über. Mit fünfundzwanzig Jahren, einem Koffer und vier deutschen Wörtern kam ich in Frankfurt an.
>
> (Rafik Schami)

1. Beschreibt und erklärt die Situationen und Erfahrungen, die in den Materialien auf dieser Doppelseite dargestellt werden.

2. Vergleicht, welche Erfahrungen und Gefühle die Bilder und Texte zum Ausdruck bringen.

3. Fasst zusammen, wie die Materialien auf dieser Doppelseite die Situation des Ankommens bzw. Lebens in einem anderen Land und in einer anderen Sprache darstellen.

4. Welches der Materialien macht aus eurer Sicht das dargestellte Problem am besten deutlich?

Zeichnung von Vangelis Pavlidis, 1982

1. Ein-, zwei-, mehrsprachig?

Hatice Akyün (geb. 1969)
Sie sprechen aber gut Deutsch

■ Die Journalistin und Schriftstellerin Hatice Akyün wurde 1969 in einem kleinen Dorf in der Türkei geboren und zog 1972 mit ihren Eltern nach Deutschland. Nach mittlerer Reife und Ausbildung holte sie das Abitur nach, begann ein Studium und arbeitete bereits zu dieser Zeit als freie Journalistin. 2005 veröffentlichte sie ihren autobiografischen Roman „Einmal Hans mit scharfer Soße", der 2013 verfilmt wurde und aus dem der folgende Textauszug stammt. ■

Während meiner Studentenzeit hatte ich immer die besten Nebenjobs, denn für Personalchefs war ich ein Phänomen – eine perfekt Deutsch sprechende Türkin, die enge Röcke mit hohen Schuhen kombinierte. Ich habe nie verstanden, was daran so phänomenal war, aber ich habe auch nie gefragt. Es lebte sich schließlich finanziell sehr gut als Phänomen.
Schon damals hörte ich oft den Satz: „Sie sprechen aber gut Deutsch." Nach dem ersten Mal bedankte ich mich noch für das Kompliment, aber nachdem es sich häufte, ging mir der Satz allmählich auf die Nerven. Was ist schließlich so bemerkenswert daran, dass eine junge Frau, die seit über dreißig Jahren in Deutschland lebt, Dativ und Genitiv korrekt anwenden kann und auch noch den richtigen Artikel vor ein Substantiv stellt? „Danke, Sie aber auch!", war einer meiner bevorzugten Abwehrmechanismen. Oder wenn ich schlechte Laune hatte, sagte ich zynisch: „Wahnsinn, was das deutsche Bildungssystem doch alles hervorbringt."
Andererseits leben meine Eltern ebenso lange wie ich in Deutschland, sprechen aber kaum Deutsch. Wenn ich meine Mutter frage, warum sie kein Deutsch gelernt hat, legt sie die Stirn in Falten und sagt unwillig: „Sechs Kinder habe ich großgezogen. Seid ihr verhungert oder verdurstet, habt ihr gefroren oder gelitten?" Darauf kann ich ihr nichts entgegnen. Oder sie schimpft lautstark: „Dein Vater hat über dreißig Jahre Steuern bezahlt, ohne ein Wort Deutsch zu sprechen, und nun zahlen sogar meine Kinder schon Steuern."
Mit meinen Geschwistern spreche ich einen Mix aus beiden Sprachen. Wir können in Sekundenschnelle nicht nur von der einen Sprache in die andere wechseln, sondern mengen deutsche Wörter unter unsere muttersprachlichen Sätze, die wir der Grammatik und dem Satzbau des Türkischen anpassen, und erfinden so unsere eigene Sprache: „Ich muss noch akşam yemeği kochen", sagt Ablam vor dem Abendessen, oder ich frage: „Arabanın Schlüssellini geben yaparmısın" (kannst du mir bitte den Autoschlüssel geben)? Derlei Sprachkreationen lehnt wiederum meine Mutter strikt ab. Sie besteht darauf, dass in ihrem Haus nur Türkisch gesprochen wird. Wenn ich versuche, ihr zu erklären, dass es für meine Zunge nicht einfach sei, ganz auf Deutsch zu verzichten, faucht sie mich an: „Die Zunge hat keinen Knochen. Sie beherrscht die Muttersprache immer!"

(2005)

1 Erläutert, welche Einstellungen und Gefühle in dem letzten Satz der Mutter der Ich-Erzählerin deutlich werden.

2 Vergleicht die Bedeutung der Muttersprache und des Deutschen für die verschiedenen Familienmitglieder.

3 Stellt zusammen, mit welchen Klischees und Vorurteilen sich die Ich-Erzählerin auseinandersetzen muss.

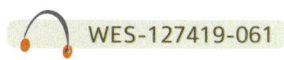

Rafik Schami (geb. 1946)
Wie ich Frau Sprache verführte

■ Der Schriftsteller Rafik Schami wurde 1946 in Syrien geboren und lebt seit 1971 in Deutschland. In seiner Heimat wurde er von der damals dort herrschenden Regierung verfolgt, weshalb er Syrien verließ. Er schreibt Romane und andere literarische Texte in deutscher Sprache. Seine Bücher handeln oft von seinen Erinnerungen an das Leben in Syrien und von den Erfahrungen, die orientalische Einwanderer mit der westlichen Kultur machen. Der folgende Text ist ein Auszug aus einer Rede, die der Autor 1990 aus Anlass der Verleihung des Rattenfänger-Literaturpreises der Stadt Hameln hielt. ■

Was erlebt ein Fremder beim Erlernen einer neuen Sprache?

Die Sprache ist eine wundersame Frau. Sie wohnt in einem Haus. Das Haus der Sprache kann alt und verfallen, ein Neubau der Sachlichkeit oder verspielt in Farbe und Form sein. Doch das Wundersame ist, so klein auch das Haus der Sprache sein mag, es kann die ganze Menschheit aufnehmen. Jeder, der Frau Sprache kennenlernen will, muss in das Haus hinein. Frau Sprache ist sehr eigenwillig, sie lässt die Kinder zu sich, bevor sie noch krabbeln können, doch nähert sich ein erwachsener Fremder ihrem Domizil, verschließt sie die Haustür mit sieben Siegeln. Hier resignieren viele, doch wer hineingeht, der wird reichlich belohnt. Er muss Geduld und List haben, bis sich die Siegel der Haustür aufbrechen lassen.

Geht er hinein, so lernt er die Menschen, die darin wohnen, und ihre Kulturen kennen. Er lernt aber auch, die Dinge neu zu benennen und vor allem neue, ihm bis dahin unbekannte Klänge zu hören und danach auszusprechen, denn nur über das Ohr wird die Zunge klug. Er geht durch enge, manchmal dunkle Gänge. Oft stolpert er. Im Haus der deutschen Sprache etwa hängt ein Schild mit der Aufschrift „Vorsilbengang" über einem Korridor: kommen, bekommen, verkommen, einkommen, auskommen, hin-, her-, an-, ab-, auf-, unterkommen, und der Fremde kann nicht entkommen. Viele dieser Gänge muss er bestehen. Für einen Araber beispielsweise ist der unangenehmste Gang der der Artikel: „der, die und das". Im Arabischen gibt es nur „Al" als Artikel, und wir kennen kein Neutrum. Nicht selten muss der Fremde im neuen Haus der Sprache Dinge maskulin verstehen, die er von Kind auf im Haus seiner Muttersprache als feminin gelernt und verstanden hat: Baum, Segen und Fuß sind im Arabischen weiblich. Und für einen Araber wird es wohl nie verständlich sein, warum er eine junge Frau *das* Mädchen nennen soll. Vom Gang der Wortverschmelzung brauche ich Ihnen nicht zu berichten. Für das Wort „Aufenthaltserlaubnisformular" braucht ein Araber einen Satz. Um seinen Eltern in einem Brief von seiner Freundin, der Tochter des Oberweserdampfschifffahrtsgesellschaftsvorsitzenden, zu berichten, braucht er mehrere Zeilen.

Nicht minder übel ist der Korridor „P und B in einem Wort". Das Arabische kennt kein P, und „Pablo probiert einen knusprig gebackenen Pumpernickel" gleicht einer Folter. Aber auch wenn sich Ü und U in einem Wort treffen, brechen sie einem Araber die Zunge. Die arabische Sprache kennt kein Ü. Zuruck ist falsch, genauso wie züruck und zürück. Schafft der Fremde all diese Gänge, so hat er die wundersame Frau Sprache zu einer weiteren Annäherung verführt, denn ein Fremder darf nie die Illusion haben, die Sprache beherrschen zu wollen. So, wie die meisten Frauen, mag Frau Sprache nicht beherrscht werden. Man muss sie listig und mit der Gabe der Geduld verführen, dass sie freiwillig bei einem bleibt.

Erst dann nimmt sie einen an der Hand zum nächsten Stockwerk. Eine Treppe führt steil hinauf, und nicht selten kapituliert der Fremde und kehrt ins Erdgeschoss zu den Kindern zurück oder flüchtet in das vertraute Haus der Muttersprache.

Gelangt der Fremde mit Geduld und List zu einer

höheren Etage dieses Hauses, so kann er manch ein Fenster aufstoßen und eine zauberhafte Landschaft überblicken, die ihm im immer noch nahen Hause seiner Muttersprache nie sichtbar war. Er kann sich an die Fensterbank lehnen und amüsiert die Gärten der beiden Häuser vergleichen, ja in seiner Fantasie gar sonderbar exotische Blüten kreuzen. [...]

Doch zurück zum Haus der Sprache. Auf einem höheren Stockwerk sind die Gänge etwas heller, und ihr Boden ist mit einem weichen, dicken Teppich belegt, sodass der Fremde manchmal nicht einmal ahnt, dass er hingefallen ist, wenn nicht Freunde ihn aufklären. [...]

Vernarrt in seine Geliebte, fängt der Fremde gar an, im Traum mit ihrer Zunge zu reden. In meinen Träumen sprechen meine Nachbarn in Damaskus inzwischen Deutsch. Nur wenn meine Mutter Deutsch spricht, wache ich auf. Es wird mir im Traum klar, dass ich träume.

Abenteuerlich ist das Erlebnis des Fremden im Haus seiner neuen Sprache. Abenteuer kann auch sehr schmerzhaft sein, zu Zweifeln führen und doch unbekannte Ufer näher rücken. Doch je höher er im Haus der neuen Sprache steigt, umso ferner rückt das Haus seiner Muttersprache. Diese Entfernung geschieht auf leisen Sohlen, und irgendwann wundert sich der Fremde, wie weit weg das Haus seiner Muttersprache inzwischen ist. Er gerät in Konflikt mit seiner Erinnerung, also mit seiner Identität. Doch diese Identität wird nicht gespalten oder geht gar verloren, sondern sie wird komplizierter und bunter.

Nach mehreren Stockwerken verwandelt sich die anfängliche Verliebtheit des Fremden in die wundersame Frau in eine lebendige Liebe. Der Ausdruck seiner Liebe ist seine Neugier auf sie, die keine Grenzen mehr kennt, und Frau Sprache gibt ihm mit vollen Händen zurück und macht ihn noch neugieriger.

Der Fremde wird aber – das ist zumindest meine Einschätzung – nie zum Dachgeschoss des Hauses gelangen, wo einige Schätze ihm wahrscheinlich für immer verborgen bleiben.

(1990)

1 Berichtet von den Erfahrungen, die ihr selbst beim Erlernen einer Fremdsprache gemacht habt. Vielleicht können einige von euch davon berichten, wie es ihnen oder ihren Eltern ergangen ist, als sie nach Deutschland gekommen sind.

2 Als zentrales Bild verwendet Rafik Schami in seiner Rede die „Frau Sprache", die in einem Haus wohnt. Sucht Textstellen heraus, die über dieses Haus etwas aussagen, und zeichnet dieses daraufhin entsprechend den Angaben. Beschriftet die einzelnen Teile.

3 Der Autor beschreibt bestimmte Stationen der Annäherung an die „Frau Sprache" als Geliebte. Listet diese Stationen auf.

4 Versucht nun in einem nächsten Schritt, die sprachlichen Bilder aufzulösen. Welche Erfahrungen mit dem Erlernen der neuen Sprache werden dadurch deutlich? Achtet dabei auf die Besonderheiten der deutschen Sprache im Vergleich zum Arabischen.

5 Der Autor sagt, dass die eigene Identität durch das Erlernen einer neuen Sprache „komplizierter und bunter" (Z. 103) werde. Ist das nicht ein Widerspruch?

6 Diskutiert über die Aussage Rafik Schamis, dass man als Fremder beim Erlernen einer neuen Sprache „nie zum Dachgeschoss des Hauses gelangen" (Z. 112 f.) könne. Habt ihr das Gefühl, im Dachgeschoss eurer Muttersprache angekommen zu sein?

7 Vergleicht die Darstellung des Autors mit euren eigenen Erfahrungen beim Erlernen einer Fremdsprache.

8 Vergleicht die Texte von Hatice Akyün und Rafik Schami miteinander. Nutzt hierfür den folgenden Werkzeugkasten:

Das brauchst du immer wieder. ◆ **So gehst du vor.**

Texte kriteriengeleitet vergleichen

Zu einem Thema findest du in der Regel mehrere Texte, die oft unterschiedliche Informationen und Sichtweisen enthalten. Es ist deshalb wichtig, sich diese Unterschiede zwischen den Texten klarzumachen, aber auch die Gemeinsamkeiten. Hierbei hilft ein Textvergleich, der sich an bestimmten Kriterien bzw. Vergleichsaspekten orientiert, z. B.:

- Verfasser/Verfasserin und Entstehungszeit/-situation des Textes,
- Textart,
- Informationsgehalt,
- Einstellung und Wertungen des Verfassers,
- Sprache, sprachliche Besonderheiten,
- Adressat und
- Intention des Textes.

Es sind jedoch noch weitere Gesichtspunkte denkbar. Die Festlegung der konkret zu untersuchenden Vergleichsaspekte hängt von den Texten ab und davon, ob du eine bestimmte übergeordnete Fragestellung verfolgst.

Bei umfangreichen Vergleichen kann es sinnvoll sein, die Ergebnisse des Vergleichs zunächst stichwortartig in einer Tabelle festzuhalten. Eine solche Tabelle könnte wie folgt aussehen:

Vergleichsaspekt	Text 1: Hatice Akyün	Text 2: Rafik Schami
Textart	?	Rede
Entstehungssituation	autobiografisch	?
Sprache, sprachliche Besonderheiten des Textes	?	Bildhaftigkeit: … ?
Verlauf und Ergebnis des Erlernens einer neuen Sprache	Ich-Erzählerin spricht grammatisch fehlerfrei	?
Besonderheiten des Deutschen, die genannt werden	Fälle (Dativ, Genitiv) ?	?
Schwierigkeiten und Grenzen beim Erwerb der neuen Sprache	?	?
unterschiedliche Sichtweisen auf Zweisprachigkeit	?	?
?	?	?

Wenn du die Ergebnisse deines Textvergleichs ausformulierst, solltest du mit einer Einleitung beginnen, in der du wichtige textspezifische Angaben machst (Autoren/Autorinnen, Titel, Erscheinungsdaten/-jahre, Publikationsorte, Textarten) und das übergeordnete Thema sowie die Kriterien, an denen sich dein Textvergleich orientiert, nennst.

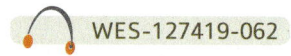

Adel Karasholi (geb. 1936)
Umarmung der Meridiane[1]

■ Der Schriftsteller Adel Karasholi musste 1959 seine Heimat Syrien verlassen und kam über mehrere Stationen 1961 nach Leipzig. Er arbeitete dort an der Universität und lebt heute als freier Schriftsteller. Das Gedicht „Umarmung der Meridiane" entstammt dem gleichnamigen Gedichtband, der 1978 erschien. ■

Hin und her
Her und hin

Wo bin ich zu Haus
In zwei Sprachen bildet sich der Satz
5 In zwei Welten greifen die Hände
Im Traum spricht in Deutsch mit mir die Mutter
In Arabisch mein sächsisch Weib
Von Meridian zu Meridian
Leichtfüßig springen meine Träume
10 Weiten sich aus meines Baumes Zweige
Und jede Blüte trägt die Tätowierung
Altvertrauter Sonnenkarawanen
Die durchpulsen meines Baumes Adern

Ach
15 Meridiane ihr
Zweige von Eichen und
Von Olivenbäumen[2]
Umarmt euch fester
Und fester
20 In mir

(1978)

---

[1] **Meridian:** Längengrad
[2] **Eichen und Olivenbäume:** typische Bäume für Deutschland einerseits und Syrien andererseits

1 Bereitet einen Lesevortrag des Gedichts vor oder hört es euch an.

2 Findet heraus, welche Bilder das lyrische Ich im Gedicht benutzt, und erläutert sie.

3 Das lyrische Ich weicht in diesem Gedicht oft vom üblichen Satzbau ab, z. B. in V. 9: „Leichtfüßig springen meine Träume" (zu erwarten wäre: „Meine Träume springen leichtfüßig"). Diese Abweichung von der normalen Wortfolge nennt man Inversion. Findet weitere Beispiele hierfür in diesem Gedicht und erläutert, welche Wirkung damit erreicht wird.

4 Erklärt, welche Bedeutung die Überschrift hat und wie sie im Gedicht umgesetzt wird.

5 Welcher Wunsch steckt in der letzten Strophe des Gedichts?

6 Fasst die Erfahrungen zusammen, die das lyrische Ich mit der Zweisprachigkeit gemacht hat, und vergleicht diese mit der Darstellung in den Texten von Hatice Akyün und Rafik Schami.

Maja Haderlap (geb. 1961)
als mir die sprache abhanden kam

■ Die Autorin Maja Haderlap wuchs im österreichischen Bundesland Kärnten als Angehörige der slowenischen Minderheit auf. Deutsch lernte sie erst während ihrer Schulzeit. Zu Beginn ihrer schriftstellerischen Tätigkeit schrieb sie auf Slowenisch. Außerdem übersetzte sie vom Slowenischen ins Deutsche. Ihren Gedichtband „langer transit" verfasste und veröffentlichte sie 2014 auf Deutsch. In diesem beschäftigt sie sich in mehreren Gedichten mit ihrem Hinüberwechseln vom Slowenischen ins Deutsche. ■

vielleicht trank ich gerade kaffee
oder schlug eine zeitung auf.
vielleicht zog ich die vorhänge zu
oder sah auf die straße, als sie
5 mich verließ. ich dachte noch,
was für ein röcheln
aus der tiefe der wand,
was für ein klirren in diesem raum.
kein fensterglas sprang,
10 kein sessel fiel um in der küche.
an den straßenschildern erloschen
namen zu buchstabenasche.
über den häusern fuhr ein
worttanker davon, massig, lautlos.
15 meine zunge zuckte geschwollen
im trockenen mund.
ich floh aus der stadt,
zog mich hinter die grenze zurück.
kein brief kam an und antworten
20 blieben aus. wo ich war,
klafft eine lücke.
wo ich bin, treibt
mein schatten ins kraut.

(2014)

1 Wie versteht ihr den Titel des Gedichts? Kann eine Sprache abhandenkommen?

2 Erläutert, wie dieser Vorgang im Gedicht beschrieben wird und wie das lyrische Ich ihn erlebt.

3 Nennt und erklärt die Folgen des Sprachverlustes für das lyrische Ich. Geht dabei auch auf die Verse „wo ich war,/klafft eine lücke./wo ich bin, treibt/mein schatten ins kraut" (V. 20–23) ein.

4 Beschreibt die auffällige sprachliche Gestaltung des Gedichts. Berücksichtigt auch Metaphern, Anaphern und Alliterationen. Versucht, die sprachliche Gestaltung zu deuten.

5 Welche Bedeutung könnte es für die Autorin haben, ausgerechnet Gedichte zu schreiben?

6 Vergleicht die Erfahrungen, die in den Gedichten von Adel Karasholi und Maja Haderlap zum Ausdruck kommen.

7 So könnt ihr weiterarbeiten. Wählt aus:

a Vergleicht die unterschiedlichen Erfahrungen mit dem Wechsel in eine neue Sprache, die in den Texten dieses Kapitels ausgedrückt werden.

b Informiert euch im Internet über die Autorin Maja Haderlap und stellt andere ihrer Gedichte im Unterricht vor.

2. Mehrsprachig aufwachsen?

Nehmen wir zwei Kinder, Anna und Benjamin, die in die Schule kommen und eines gemeinsam haben: Sie wachsen in Familien auf, in denen eine andere Sprache als Deutsch gesprochen wird. Die Reaktionen, die Anna erhält, lauten durchweg folgendermaßen: „Das ist ja wirklich toll, wenn man das schon von klein auf lernt. Kinder sind wie kleine Schwämme, die saugen alles auf, denen fällt es noch so leicht. Anna wird später einen riesigen Vorteil mit zwei Sprachen haben! Ich wünsche nur, ich hätte das als Kind auch gehabt!" Benjamin hingegen hört: „Ist das denn nicht zu viel für ein Kind in dem Alter? Wäre es vielleicht nicht doch besser, wenn er zuerst mal in Deutsch richtig sattelfest wird? Kann er denn überhaupt gescheit Deutsch?"

1 Fasst mit euren Worten zusammen, welche beiden unterschiedlichen Ansichten zum mehrsprachigen Aufwachsen hier aufeinandertreffen.

2 Diskutiert in der Klasse, welche der beiden Ansichten ihr überzeugender findet.

Simon Hanna, 19 Jahre, Student in Karlsruhe: „Ich bin binational"[1]

„Ich bin binational: Ich habe eine deutsche Mutter und einen ägyptischen Vater. In Ägypten, wo ich geboren und aufgewachsen bin, hat meine Mutter mit mir Deutsch geredet, mein Vater mit mir Arabisch. Untereinander haben sie Englisch gesprochen. Deshalb bin ich praktisch mit drei Sprachen aufgewachsen. Deutsch und Arabisch spreche ich heute sehr gut, im Englischen bin ich fast so gut wie ein Native Speaker[2]. Zurzeit fällt mir Deutsch ein wenig leichter, weil ich schon lange nicht mehr in Ägypten war. Da ist mein Arabisch etwas langsam geworden.

Im Sommer lebe ich seit knapp zwei Jahren in Deutschland. Die Chancen für ein Studium sind viel besser, und ich mag auch die deutsche Kultur mehr als die ägyptische. Ich bin vom Gefühl her eher Deutscher als Ägypter. Von meiner Denkweise her, von dem, was ich machen will, bin ich sehr westlich und nicht so östlich geprägt. Im Augenblick mache ich die fachgebundene Hochschulreife an der Uni in Karlsruhe nach, weil der ägyptische Schulabschluss hier so nicht anerkannt ist.

In der Schule habe ich früher natürlich immer arabisch gesprochen, zu Hause eher deutsch und englisch. Aber träumen tue ich zum Beispiel immer auf Deutsch. Und wenn ich denke, denke ich auch deutsch. Nur bei manchen Sachen – ich könnte gar nicht genau sagen, bei welchen – da denke ich dann kurz arabisch. Aufregen tue ich mich eher auf Deutsch, aber wenn ich Musik mache, dann passiert das auf Englisch.

Hin und wieder habe ich schon Aussetzer. Dann fange ich einen Satz an und komme zu einem Wort, das ich gerade nur auf Englisch und nicht auf Deutsch weiß. Das ist eben ein Problem, wenn die einzelnen Sprachen nicht so ausgeprägt sind. Mit deutschen Fachbegriffen bin ich zum Beispiel nicht so gut. Da merkt man dann schon einen Unterschied. Ich habe auch versucht, Französisch zu lernen. Aber dadurch, dass ich die anderen drei Sprachen so nebenbei gelernt habe, keine Karteikarten mit Vokabeln auswendig lernen musste, fiel mir das schon schwer. […]

Bei uns zu Hause gibt es einen Sprachenmix. Ge-

---

[1] **binational:** zwei Nationen betreffend
[2] **Native Speaker:** Muttersprachler

rade wenn wir alle zusammen an einem Tisch sitzen, fängt jeder an, in irgendeiner anderen Sprache zu reden. Meine Eltern verstehen jeweils die andere Sprachen, sprechen sie aber nicht so gut. Meine Geschwister sind auch dreisprachig aufgewachsen – wir haben sprachlich und von der Denkweise jeder einen eigenen Schwerpunkt. Meine Schwester spricht zum Beispiel mehr Englisch, weil sie hauptsächlich amerikanische Freunde hat. Mein Bruder ist eher arabisch und ich bin eben am ehesten deutsch.

Wir sind auch in politischen Punkten anderer Meinung – wenn es zum Beispiel um die Revolution in Ägypten geht. Meine Heimat ist Deutschland, in Ägypten ist es im Sommer viel zu heiß, das wird eher ein Urlaubsland für mich bleiben. Insgesamt finde ich es auf jeden Fall positiv, dreisprachig aufgewachsen zu sein: Man versteht viel mehr und vor allem bei der Jobsuche kann man mit mehr Sprachen punkten. Wenn ich eines Tages Kinder habe, würde ich sie auf jeden Fall auch mehrsprachig erziehen. Deutsch, wenn man in Deutschland lebt, und Englisch sollte man auf jeden Fall immer können. Ob es dann noch eine dritte Sprache geben muss, das weiß ich nicht. Aber zweisprachig sollte man auf jeden Fall sein.

(2015)

3 Stellt zusammen, welche Erfahrungen Simon Hanna damit gemacht hat, mehrsprachig aufgewachsen zu sein. Berücksichtigt dazu folgende Aspekte:

- Verwendung der Sprache im Alltag,
- emotionale Bewertung der Sprachen,
- Sprache und Zugehörigkeit zu einer Kultur,
- bestimmte Bereiche und Zwecke, für die eine Sprache verwendet wird.

4 Erläutert die Gründe, warum der Verfasser die Zweisprachigkeit befürwortet (vgl. Z. 63 ff.).

5 Beschreibt und deutet die nebenstehende Grafik im Zusammenhang mit den Erfahrungen von Simon Hanna.

Grafik von Kateryna Kovarzh

Mehrsprachigkeit aus Sicht der EU

Der folgende Textauszug ist eine offizielle Verlautbarung der Europäischen Union:

Neben den 24 EU-Amtssprachen werden in Europa viele Regional- und Minderheitensprachen gesprochen. Die EU setzt sich für den Erhalt dieser sprachlichen Vielfalt ein und fördert den Fremdsprachenerwerb. [...]
Fremdsprachenerwerb im frühen Kindesalter hat große Vorteile.
Die EU-Mehrsprachigkeitspolitik verfolgt u. a. das Ziel, dass alle EU-Bürgerinnen und -Bürger zusätzlich zu ihrer Muttersprache zwei Fremdsprachen sprechen. Dies könnte am wirksamsten erreicht werden, indem Kinder bereits von klein auf an zwei Fremdsprachen herangeführt werden. Nach wissenschaftlichen Erkenntnissen wird dadurch der Spracherwerb beschleunigt und die muttersprachliche Kompetenz verbessert.
Die EU fördert das Sprachenlernen aus folgenden Gründen:

20 • Durch die Verbesserung der Sprachkenntnisse von Kindern, Jugendlichen und Erwachsenen wird es einer größeren Zahl von Menschen möglich, ein Studium oder eine Berufstätigkeit in anderen EU-Ländern aufzunehmen,
25 was ihre Beschäftigungsaussichten allgemein steigert.
• Fremdsprachenkenntnisse fördern das Verständnis zwischen Kulturen, das für das Zusammenleben in einem mehrsprachigen und
30 multikulturellen Europa unerlässlich ist.
• Unternehmen brauchen mehrsprachige Mitarbeiter, um in Europa erfolgreich Handel betreiben zu können.
• Die Sprachindustrie – Übersetzen und Domet-
35 schen, Sprachkurse, Sprachtechnologien usw. – ist eine der sich am schnellsten entwickelnden Wachstumsbranchen.

Die jüngste Eurobarometer-Erhebung über die Europäerinnen und Europäer und ihre Sprachen
40 (2012) belegt deren ausgesprochen positive Einstellung zur Mehrsprachigkeit. 98 % betrachten die Beherrschung von Fremdsprachen als nützlich für die Zukunft ihrer Kinder, 88 % empfinden Fremdsprachenkenntnisse als persönlich berei-
45 chernd, 72 % unterstützen die von der EU angestrebte Vermittlung von mindestens zwei Fremdsprachen und 77 % finden, dass die Verbesserung der Sprachkenntnisse eine politische Priorität sein sollte.

1 Erstellt eine Mindmap mit den zentralen Aussagen der Verlautbarung der Europäischen Union.

2 Erläutert die in den vier Spiegelpunkten dargestellten Gründe für das Sprachenlernen genauer.

3 Entwickelt in Kleingruppen Ideen, wie diese Forderungen verwirklicht werden könnten. Stellt eure Ideen der Klasse vor. Vergleicht sie miteinander und diskutiert sie.

4 Die Herbert-Hoover-Realschule in Berlin-Wedding, einem Stadtteil mit einem hohen Anteil an Menschen mit Migrationshintergrund, hat 2006 beschlossen, dass die Schülerinnen und Schüler auch in den Pausen nur deutsch sprechen dürfen. Stellt Gründe zusammen, die die Schule bewogen haben könnte, diesen Beschluss zu fassen.

5 Sprecht darüber, wie sich dieser Beschluss zu der EU-Verlautbarung zur Mehrsprachigkeit (S. 251 f.) verhält.

Andrea Seibel (geb. 1958)
Deutsch-Pflicht auf dem Schulhof? Selbstverständlich!

Was ist Integration? Darüber muss ein Land diskutieren und das tut Deutschland mit Akribie. […]
Alles schön und gut. Aber am Anfang aller Teilhabe in einer neuen Gesellschaft steht doch die 5 Sprache. Sie ist der Türöffner für alles. Man muss das Deutsche beherrschen, um mit seinen Mitmenschen zu kommunizieren, um in der Schule weiterzukommen und auf einen Beruf oder ein Studium vorbereitet zu sein. 10

Schule macht Deutsch auf dem Pausenhof verpflichtend
Um ein Gleicher zu sein, um erst ein „Wir" entstehen zu lassen, spricht man deutsch. Weil es aber so viele Migrantenkinder gibt, deren Deutsch- 15 kenntnisse zu wünschen übrig lassen, entschloss sich vor zehn Jahren eine Realschule in Berlin, dass unter den 90 Prozent Nichtmuttersprachlern Deutsch auch auf dem Pausenhof gesprochen werden sollte. 20
Die Einigung fand großen Anklang unter den Schülern. Es handelte sich mitnichten um einen Ukas[1] oder ein Verbot. Sondern es war ein Gebot, also der Versuch, mit einer Regel mehr Ehrlichkeit und Offenheit unter den Schülern zu schaffen. 25 Jeder soll verstehen, was der andere sagt, auch über ihn sagt. Ist das Diskriminierung? Doch

---
[1] **Ukas:** Anordnung, Erlass

wohl eher der Höflichkeit geschuldet. Genauso, wie man bei Rot an der Ampel stehen bleibt und bei Grün geht.

Schule ist ein öffentlicher Raum
Die Schule ist kein Privatvergnügen, sondern ein öffentlicher Raum. Deutsch ist die Sprache unserer Gesellschaft [...]
Wie die Jungs und Mädchen zu Hause oder nach der Schule miteinander reden, ist ihre Privatsache, obwohl es auch da begrüßenswert wäre, wenn in der Öffentlichkeit mehr Deutsch aus türkischen oder arabischen Teenagergruppen schallte. Aber dass sie sich in der Schule bemühen, das Miteinander, das etwas anderes ist als das ihrer Familie zu Hause, auch jenseits der Unterrichtsstunden zu üben und zu respektieren, das sollte eine Gesellschaft doch durchaus verlangen dürfen.

Freiwillige Selbstverpflichtungen sind erfolgreich
Zwang ist das noch lange nicht und schon gar nicht eine Einschränkung der persönlichen Freiheit, wenn es sich um eine freiwillige Selbstverpflichtung handelt, die mittlerweile an einigen Berliner Schulen praktiziert wird – mit Erfolg. Man könnte die Wände hochgehen, wenn man Selbstverständlichkeiten wie Deutsch zu beherrschen nach all den Jahren der Einwanderungsdebatte immer wieder erörtern muss. Kommen wir denn nie weiter?

Welt online, 19.10.2016

1 Schaut euch die Überschrift des Textes genau an. Wie ist sie sprachlich gestaltet und welche Wirkung soll damit erzielt werden?

2 Stellt die Argumente zusammen, die die Verfasserin zur Begründung ihrer Meinung anführt.

3 Erinnert euch noch einmal daran, wie das Thema „Mehrsprachigkeit" in den Texten und Abbildungen zuvor dargestellt wurde, und bewertet die einzelnen Argumente vor dem Hintergrund eurer Erkenntnisse.

4 Die Sprachwissenschaftlerin Heike Wiese bewertet im Jahr 2020 in einem Interview den Vorschlag, auf dem Schulhof nur deutsch zu sprechen, so: „Deutschpflicht auf dem Schulhof ist Unsinn." Welche Gründe könnte es geben, dass sie zu einem solchen Urteil gelangt?

Das vollständige Interview könnt ihr unter dem folgenden Webcode aufrufen:

 WES-127419-073

5 Lest den Text und stellt die Argumente zusammen, die die Sprachwissenschaftlerin zur Begründung ihrer Meinung anführt. Wie bewertet ihr deren Argumente?

6 Verfasst einen Leserbrief zu dem Kommentar von Andrea Seibel oder zu dem Interview mit Heike Wiese, in dem ihr der jeweiligen Verfasserin eure Gründe mitteilt, warum ihr deren Meinung teilt bzw. nicht teilt.

7 So könnt ihr weiterarbeiten. Wählt aus:

a Vielleicht gibt es in eurer Klasse auch Schülerinnen und Schüler, in deren Familien zwei Sprachen gesprochen werden. Erstellt einen Fragebogen zu deren Erfahrungen und lasst ihn von diesen Schülerinnen und Schülern ausfüllen. Fasst in einem Text diese Erfahrungen zusammen.

b Entwerft ein Plakat, auf dem ihr im Sinne der EU-Verlautbarung (S. 251 f.) für das Erlernen von Fremdsprachen werbt.

c Führt ein Interview mit Menschen aus eurem Bekanntenkreis, die mehrere Fremdsprachen beherrschen. Thema soll sein, welche Erfahrungen sie mit dem Spracherwerb gemacht haben und wie sie die Bedeutung ihrer Sprachfähigkeit einschätzen. Wertet das Interview in einem kurzen Text aus und stellt diesen der Klasse vor.

„Das Wunder von Bern"

- Der Film „Das Wunder von Bern" von Sönke Wortmann aus dem Jahr 2004 ist ein Fußballfilm, aber kein gewöhnlicher, der nur Sportfans begeistert. Er gilt heute als Klassiker seiner Art. Der Film thematisiert den legendären Gewinn der Fußballweltmeisterschaft der deutschen Nationalmannschaft 1954, führt euch aber auch anhand der Geschichte der Familie Lubanski in die Probleme und Nöte der Nachkriegsgesellschaft in den Fünfzigerjahren ein. Ihr geht dabei der Frage nach, welche Bedeutung die Fußballweltmeisterschaft für die deutsche Bevölkerung damals hatte und warum man noch heute von einem Fußballspiel spricht, das mehr als ein halbes Jahrhundert zurückliegt.

- Darüber hinaus untersucht ihr in den folgenden Kapiteln, welche Rolle die Filmmusik bzw. der Ton sowie die Montage für die Wirkung einzelner Szenen spielen, wie man einzelne Bilder eines Films untersucht und wie man Filmkritiken schreibt. Ebenso lernt ihr, wie man Filmfiguren charakterisiert, das Verhältnis zwischen einzelnen Charakteren darstellt und Sachtexten wichtige Informationen entnimmt. Ausgehend von euren neu erworbenen Kenntnissen könnt ihr dann den Film in einer selbst verfassten Kritik abschließend bewerten.

Einen Spielfilm untersuchen

1. Beschreibt die Abbildungen auf der linken Seite und versucht, vor diesem Hintergrund die Situation in Deutschland zu Beginn der Fünfzigerjahre zu kennzeichnen.

2. Seht euch die Abbildungen auf dieser Seite an und beschreibt, welche Informationen sie enthalten. Wer von euch kennt sich mit der Fußball-WM von 1954 genauer aus? Tragt euer Vorwissen zusammen.

3. Stellt erste Vermutungen an, warum der Gewinn der Fußballweltmeisterschaft für die deutsche Bevölkerung gerade in den Fünfzigerjahren von so großer Bedeutung war.

1. „Das Wunder von Bern" – Ein typischer Fußballfilm?

Der Regisseur Sönke Wortmann drehte im Jahr 2004 einen Kinofilm über den Gewinn der Fußballweltmeisterschaft 1954. „Das Wunder von Bern" gilt heute als einer der erfolgreichsten Filme der deutschen Nachkriegsgeschichte und wurde mit zahlreichen nationalen und internationalen Preisen ausgezeichnet.

1 Beschreibt das Kinoplakat zu dem Film „Das Wunder von Bern" von Sönke Wortmann. Hättet ihr euch ein Werbeplakat für einen Film zum Thema „Fußball" so vorgestellt?

2 Welche Erwartungen habt ihr an den Film?

Die Abbildung unten zeigt die Rückseite der DVD des Spielfilms „Das Wunder von Bern".

1 Stellt einen Zusammenhang zwischen dem Text auf dem Cover der DVD und dem Filmplakat (S. 256) her.

2 Woran erkennt man, dass es sich bei dem Text auf dem Cover der DVD um einen Werbetext für den Spielfilm handelt? Achtet dabei besonders auf die sprachliche Gestaltung.

3 Auf welche Personengruppen zielt das Cover der DVD eurer Meinung nach ab?

2. Deutschland nach 1945 – Eine Trümmerlandschaft?

1 Seht euch die ersten Szenen des Films „Das Wunder von Bern" (Sequenz 1, 0:00:00 – Sequenz 3, 0:11:52) gemeinsam an. Was erfahrt ihr über den Alltag, die Wohn- und Lebensverhältnisse der Familie Lubanski in einer deutschen Stadt 1954? Welche Atmosphäre wird zu Beginn des Films vermittelt?

2 Worin unterscheiden sich die im Film dargestellten Lebensverhältnisse von eurem persönlichen Alltag?

3 Wie versucht der Regisseur, die Lebenssituation der Familie Lubanski bzw. der deutschen Bevölkerung durch die Gestaltung des Bildes zum Ausdruck zu bringen? Beschreibt hierfür das Standbild mithilfe des Werkzeugkastens und diskutiert, welche Absicht hinter den einzelnen Entscheidungen des Regisseurs stecken könnte.

Das brauchst du immer wieder. ◆ **So gehst du vor.**

Ein Standbild analysieren

Der Regisseur oder die Regisseurin eines Films ordnet die Bildelemente einer Einstellung (Figuren, Gegenstände usw.) wie auf einer Theaterbühne an, bevor er anfängt zu drehen. Er dirigiert ganz bewusst, wohin unser Blick fallen soll, und versucht, etwa durch die Einstellungsgröße, die Perspektive, den bewussten Einsatz von Licht und Schatten sowie die Farbgebung, eine zu der Aussage der Szene passende Atmosphäre zu schaffen.

Im Zuge der Analyse eines Standbilds kann man folgende Bereiche beschreiben und deren Wirkung diskutieren:

- **Blickfang:** Was fällt einem zuerst ins Auge? Warum?
- **Einstellungsgröße:** Weit, Totale, Nah, Groß, Detail
- **Perspektive:** Froschperspektive, Vogelperspektive, Normalsicht
- **Licht und Schatten:** Ist die Szenenausleuchtung hell, dunkel oder eine Kombination aus beidem? Gibt es größere Schattenflächen?
- **Farbe:** Welche Farbe überwiegt? Besitzen die Farben eine bestimmte Bedeutung?
- **Anordnung von Figuren und Objekten:** Welchen Teil des Bildes beanspruchen einzelne Figuren und Objekte? Warum? Wie weit sind die Figuren voneinander entfernt? Haben einzelne Raumelemente vielleicht eine symbolische Bedeutung?

4 Anhand eines weiteren Standbilds könnt ihr nun noch einmal selbstständig die Standbildanalyse üben. Übertragt dazu die folgende Tabelle in euer Heft und vervollständigt sie zunächst stichwortartig.

Hilfen findet ihr hier:

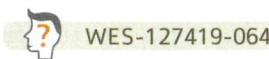
WES-127419-064

	Beschreibung	Wirkung
Blickfang	?	?
Einstellungsgröße	?	?
Kameraperspektive	?	?
Licht und Schatten	?	?
Farbe	?	?
Anordnung der Figuren	?	?
Gestaltung des Raums	?	?

5 Verfasst im Anschluss daran mithilfe eurer Notizen in der Tabelle eine Analyse in Form eines vollständigen Textes. So könnt ihr beginnen:

Das vorliegende Standbild aus dem Spielfilm „Das Wunder von Bern" von Sönke Wortmann aus dem Jahr 2004 zeigt die Hauptfigur Matthias Lubanski auf seinem Weg durch ein Wohngebiet in Essen im Jahre 1954. Auf dem Bild fällt zunächst … auf …

Martin Pohl (geb. 1971)
Deutschland 1945–1960: Zwischen „Stunde null" und „Wirtschaftswunder"

Der Zweite Weltkrieg, den die Nationalsozialisten unter der Führung Hitlers begonnen hatten, war mit der bedingungslosen Kapitulation des Deutschen Reichs am 8. Mai 1945 zu Ende gegangen. Das verbliebene Reichsgebiet wurde durch die Armeen der deutschen Kriegsgegner Frankreich, Sowjetunion, Großbritannien und USA vollständig besetzt. Das „Tausendjährige Reich", woran viele Deutsche geglaubt hatten, war untergegangen, nachdem jahrelang durch die NS-Propaganda ein Sieg verheißen worden war. Die Vergangenheit erschien mit einem Schlag in einem neuen Licht, die Gegenwart war durch enorme Verluste geprägt und die Zukunft schien gänzlich ungewiss. Die Niederlage im Zweiten Weltkrieg bedeutete für die deutsche Bevölkerung jedoch auch die Befreiung von der nationalsozialistischen Terrorherrschaft, was vielen angesichts der Zerstörung erst später bewusst wurde. Denn zusammengebrochen war nicht nur die Staatsordnung, größtenteils zusammengebrochen waren infolge des Krieges auch die lebensnotwendigen Einrichtungen: Verkehrs- und Transporteinrichtungen waren zerstört, Eisenbahn und Post lahmgelegt, fast alle Behörden und Dienststellen hatten sich aufgelöst. Die großen Städte, aber auch viele mittlere und kleine, lagen in Trümmern, rund 5 Millionen Wohnungen waren total oder erheblich zerstört. Die Menschen in den Städten hausten in Kellern unter Trümmern, in Barackenlagern oder notdürftig hergerichteten Behelfswohnungen. In zahlreichen Städten war die Versorgung mit Elektrizität, Gas und Wasser äußerst unzureichend. Die zunächst eingesetzten Militärverwaltungen hatten vorrangig die wichtigsten Transportprobleme zu lösen und die Bevölkerung mit dem Notwendigsten an Lebensmitteln, Brennstoffen und Bekleidung zu versorgen. Außerordentlich verschärft wurde die katastrophale Versorgungslage in den ersten Monaten und Jahren durch den anhaltenden Zustrom von deutschen Flüchtlingen und Vertriebe-

nen aus den Ostgebieten Deutschlands, die laut den Verhandlungen der Siegermächte nach Beendigung des Zweiten Weltkriegs nicht mehr zum deutschen Staatsgebiet gehören sollten.

Man hat die damalige Situation der Deutschen als „Stunde null", d.h. als Zeitpunkt eines völligen Neuanfangs charakterisiert: Fast alles war zerstört, die materiellen und die immateriellen Werte. Die Hauptsorge der meisten Menschen galt dem Überleben, doch zugleich schien die Situation Deutschlands auch im positiven Sinne völlig offen zu sein. Man hoffte, die Vergangenheit völlig hinter sich lassen und mit der Gestaltung der Zukunft bei null anfangen zu können.

Mit der in den Fünfzigerjahren in Westdeutschland eingeführten neuen Währung sowie einer neuen Wirtschaftsordnung, der „sozialen Marktwirtschaft", die sehr schnell erstaunliche Erfolge zeigte, schöpften immer größere Teile der Bevölkerung neuen Mut und erlangten wieder finanziellen Wohlstand und soziale Sicherheit. Das Schlagwort vom „Wirtschaftswunder" steht für die Motivation der deutschen Bevölkerung, die – scheinbar – einen „Aufstieg aus dem Nichts" erlebte.

Gleichwohl wirkte sich das sogenannte „Wirtschaftswunder" für viele erst spät aus. In den Fünfzigerjahren herrschten hinter der glänzenden Fassade noch viel Armut und Ungleichheit. Auch die Arbeitslosigkeit, die 1950 mit etwa 2 Millionen Menschen ihren höchsten Stand erreichte, konnte nur langsam abgebaut werden.

In allen Untersuchungen zur Freizeit in den Fünfzigerjahren werden als auffälligste Grundzüge die ausgeprägte Häuslichkeit und das Beisammensein innerhalb der Familie betont. Arbeit in Haus und Garten, die Lektüre der Tageszeitung und das Radiohören bildeten das Zentrum der Freizeit. Für den besonders ausgeprägten Hang zum Familiären und Privaten gab es verschiedene Gründe. Vor allem ist der sehr lange Arbeitstag von bis zu 14 Stunden anzuführen. Wer zwischen sechs und sieben Uhr morgens aufstand und zwischen 18 und 19 Uhr abends nach Hause zurückkehrte, der suchte zunächst einmal Ruhe. Außerdem lag die Trennung vieler Familien durch die Abwesenheit des Vaters als Soldat und in der Gefangenschaft, der Söhne und Töchter durch die Evakuierung¹ im Krieg, durch Ausbombung und Wohnungsnot noch nicht lange zurück.

Das Anwachsen des Wohlstands und der zur Verfügung stehenden Freizeit änderte zunächst wenig an der vorherrschenden Häuslichkeit, die durch steigenden Komfort immer attraktiver wurde, nicht zuletzt durch die Ausstattung mit elektronischen Massenmedien. Die wichtigste außerhäusliche Unternehmung bildete insbesondere für Kinder und Jugendliche unter 18 Jahren der Sport.

(2008)

---

¹ **Evakuierung:** Gebietsräumung, Aussiedlung von Bewohnern

1 Beschreibt das 1950 in Essen aufgenommene Foto oben und stellt einen Zusammenhang mit dem Sachtext her.

2 Der vorliegende Text informiert euch über die Situation in Deutschland nach 1945. Sucht nach passenden Oberbegriffen (z. B. „Verwaltung", „Wirtschaft" o. Ä.) und fasst die wesentlichen Aussagen in Form einer Mindmap zusammen.

Weitere Hilfen findet ihr hier:

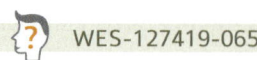 WES-127419-065

3 Welche der Informationen findet ihr in dem Teil des Films, den ihr bisher gesehen habt, wieder?

3. Der Kriegsheimkehrer Richard Lubanski – Vertreter einer verlorenen Generation?

1 Nach neunjähriger Kriegsgefangenschaft in Russland kehrt Richard Lubanski zu seiner Familie zurück. Wie stellt ihr euch das Wiedersehen der Familie vor?

2 Seht euch nun die Ankunft des Vaters gemeinsam an (Sequenz 3, 0:11:52 – 0:13:53) und achtet auf folgende Aspekte:

- Wie wirkt die Szene auf euch?
- Wo liegen Unterschiede zu euren vorher angestellten Vermutungen?
- Beschreibt die Aktivitäten auf dem Bahnhof bei der Einfahrt des Zuges sowie die wartenden Angehörigen. Welcher Eindruck wird vermittelt?
- Vergleicht eure Eindrücke von der wartenden Familie mit dem Erscheinungsbild und Verhalten des Vaters. Wie wirkt Richard Lubanski auf euch?

3 Am Ende der Szene sehen sich Richard und Christa Lubanski in die Augen. Stellt die Gedanken des Vaters sowie der Mutter in Form eines inneren Monologs dar. Berücksichtigt dabei Gestik und Mimik der beiden auf dem Standfoto.

4 Die Kamera übernimmt im Film die Funktion eines Erzählers. Seht euch die Sequenz noch einmal an und achtet darauf, aus welchen Sichtweisen bzw. Blickwinkeln die Kamera dem Zuschauer das Geschehen am Bahnhof vor Augen führt. Welche Wirkung wird mit den unterschiedlichen Sichtweisen erreicht?

5 Ihr habt bereits im Zusammenhang mit der erzählenden Literatur das personale Erzählverhalten (s. S. 63) kennengelernt. Habt ihr eine Idee, in welcher Weise sich der Begriff auch auf den Film übertragen lässt?

6 Mit welchen zusätzlichen filmsprachlichen Mitteln versucht der Regisseur, die Gefühle des Vaters und der Familie noch hervorzuheben?

Das Erzählverhalten im Film

Das musst du lernen und wissen.

Im Film übernimmt die **Kamera** die **Funktion des Erzählers**. Sie bestimmt die Haltung zum gezeigten Geschehen und zu den Filmfiguren. Das literarische Erzählverhalten (neutrales, personales, auktoriales Erzählen) lässt sich auch auf das Medium Film übertragen. Im Film ist ein ständiger, zumeist unbemerkter Wechsel der Haltungen und Sichtweisen möglich. Dem Zuschauer (bzw. der Zuschauerin) kann durch die Veränderung des Kamerablicks und der Kamerabewegungen innerhalb einer Szene sowohl ein Überblick über die Situation vermittelt als auch eine Identifikation mit den Filmfiguren ermöglicht werden.

Neutrale bzw. objektive Kamera: Die Kamera vermittelt dem Zuschauer (bzw. der Zuschauerin) einen Überblick über das Geschehen bzw. kann ihn (oder sie) zu allen Positionen führen und am Geschehen teilhaben lassen.

Subjektive Kamera: Der Zuschauer bzw. die Zuschauerin hat das Gefühl, unmittelbar dabei zu sein, wenn sich die Sichtweise oder Bewegung der Kamera mit dem Blick der Figuren bzw. dem des Zuschauers oder der Zuschauerin deckt. Die Perspektive der Kamera kann dabei der eines Menschen in Bewegung entsprechen: Die Kamera wird oft mit der Hand bewegt, sie wackelt, erzeugt unpräzise Ausschnitte und ahmt so die Wahrnehmung eines am Geschehen Beteiligten nach.

1 Seht euch nun die folgenden Szenen an (Sequenz 3, 0:13:53 – Sequenz 5, 0:24:18) und beurteilt das Verhalten des Vaters.

2 Konzentriert euch im Zusammenhang mit der folgenden Szene (Sequenz 6, 0:24:19 – 0:25:43) mit geschlossenen Augen oder abgedecktem Bildschirm allein auf den Ton. Notiert anschließend alles, was ihr hören konntet, und tragt eure Beobachtungen in der Klasse zusammen. Nehmt dazu den Werkzeugkasten auf S. 263 zu Hilfe.

3 Welche Wirkung wird mit dem Ton erzeugt? Woran erinnern euch die Geräusche? Versucht, allein vor dem Hintergrund des Gehörten zu beschreiben, was in der Szene zu sehen ist.

4 Schaut euch jetzt die Szene mit abgedrehtem Ton an und stellt Vermutungen an, an welcher Stelle welche der zuvor gesammelten Töne zu hören sind. Begründet eure Meinung.

Den Ton als filmsprachliches Mittel analysieren

Der **Ton** kann in einem Film zum einen die Filmhandlung, die jeweiligen Gefühle der Hauptfiguren sowie die Atmosphäre unterstützen, zum anderen aber auch eine eigenständige Bedeutung haben.
Um den Ton möglichst exakt zu beschreiben, kann man auf folgende Bereiche achten: Filmmusik (Instrumentierung, Tonlage, Tempo, Lautstärke …), Geräusche/tontechnische Effekte (Art der Geräusche, Lautstärke …), gesprochener Text. Darüber hinaus kann man untersuchen, ob die jeweilige Tonquelle im Bild gleichzeitig sichtbar (**On-Ton**) oder nicht sichtbar (**Off-Ton**) ist. Dabei solltet ihr immer überlegen, mit welcher Absicht der Ton vom Regisseur oder von der Regisseurin eingesetzt bzw. welche Wirkung mit ihm verfolgt wird.

5 Spielt die Szene nun mit Ton ab. Warum hat der Regisseur eurer Meinung nach den Ton bewusst so gestaltet?

6 Erläutert, durch welche filmsprachlichen Mittel die Gefühlslage des Vaters darüber hinaus verdeutlicht wird.

Rüdiger Overmans (geb. 1954)
Soldaten hinter Stacheldraht

Obwohl sich die Zahl der Kriegsgefangenen im Verhältnis zur Gesamtzahl ab Ende 1949 nur noch gering ausnahm, besaß dieses Thema in der westdeutschen Öffentlichkeit noch immer einen
5 hohen Aufmerksamkeitswert. […] In seiner ersten Bundestagsrede ging der neu gewählte Bundeskanzler Konrad Adenauer ausführlich darauf ein, dass noch immer Tausende Kriegsgefangene nicht heimgekehrt waren. In den Fünfzigerjahren fanden regelmäßig Kriegsgefangenengedenktage 10 statt, auf Plakaten erinnerte man immer wieder an das Schicksal der Kriegsgefangenen.
In den Folgejahren wurden zwar immer wieder Kriegsverurteilte nach Hause geschickt, doch erst im Jahr 1953 kam es überraschend zu einer 15 Entlassungswelle, im Zuge derer etwa 12 000 Kriegsgefangene heimkehren durften. […]
Entscheidend wirkte sich aber die berühmte Moskau-Reise Konrad Adenauers im September 1955 aus, bei der im Gegenzug zur Wiederauf- 20 nahme der diplomatischen Kontakte die Freilassung der noch verbliebenen 10 000 Kriegsverurteilten vereinbart wurde. Bis auch die letzten Anfang 1956 in der Bundesrepublik eintrafen, waren siebzehn Jahre seit Beginn des Zweiten 25

Zug deutscher Soldaten in russische Gefangenschaft, 1943

Weltkrieges und elf Jahre seit seinem Ende vergangen. [...]

Wie in allen Krieg führenden Staaten bedeutete die Abwesenheit so vieler Männer eine enorme Belastung für die Gesellschaft. In den Familien fehlten die Väter und älteren Söhne. Zu Hause blieben die Frauen, alte Männer, Jugendliche und Kinder. [...]

Gegen Kriegsende und in der unmittelbaren Nachkriegszeit gab es kaum eine vollständige Familie. Die Frauen übernahmen nicht nur im Berufsleben, sondern auch in den Familien Aufgaben, die nach bisherigen gesellschaftlichen Vorstellungen als Männersache galten. Die älteren Jungen wuchsen in die Rolle des „Ersatzmannes" hinein. Die Mütter waren vielfach überfordert, mussten sie doch ihre Familie ernähren in einer Zeit, in der es nicht ausreichend zu essen gab; oftmals hatten sie nicht einmal mehr eine eigene Wohnung, im Winter kein Heizmaterial.

Die Männer waren bei ihrer Heimkehr – vor allem nach den entbehrungsreichen Jahren in sowjetischen Lagern – oft physisch sehr verändert. Schwere Gesundheitsschäden [...] waren häufig. Die Frauen hatten auf Männer gewartet, die ihre angestammten Rollen wieder übernehmen sollten, heim kamen aber oft menschliche Wracks, die erst gesund gepflegt und wiederaufgerichtet werden mussten. Darüber hinaus hatten sich viele Heimkehrer auch psychisch verändert. Über ihre Erfahrungen konnten sie nur schwer mit Menschen reden, die nicht dasselbe erlebt hatten. [...]

Die Rückkehr der Väter machte oft den Kindern Probleme. In der Not waren die Kinder mit ihren Müttern zu einer verschworenen Gemeinschaft zusammengewachsen. Während die meisten Ehefrauen aus den angezeigten Gründen eher bereit waren, dem Ehemann wieder einen Platz in der Familie einzuräumen, wollten die Kinder nicht ohne Weiteres ihre Erwachsenenrolle aufgeben. So mancher Heimkehrer ist in seiner Familie bis zu einem gewissen Grad immer ein Fremder geblieben.

(2000)

1 Stellt die historische Situation der Kriegsheimkehrer und ihrer Familien in Form einer Tabelle gegenüber. Welche Folgen ergeben sich für das zukünftige Zusammenleben der beiden Personengruppen? Erstellt ein Schaubild mit euren Ergebnissen und findet eine aussagekräftige Überschrift.

2 Seht euch die folgenden Szenen an (Sequenz 6, 0:25:43 – Sequenz 12, 1:07:33) und achtet dabei auf diese Aspekte:

- Wo seht ihr Gemeinsamkeiten und eventuelle Unterschiede zwischen der historischen Situation der Kriegsheimkehrer und der Darstellung der Familie Lubanski im Film?
- Mit welchen Problemen hat Richard Lubanski als sogenannter „Spätheimkehrer" zu kämpfen?
- Welche Fehler begeht Richard und wie reagieren die Familienmitglieder?
- Wie erklärt Mutter Ursula ihrem Sohn Matthias das Verhalten des Vaters?

3 Charakterisiert abschließend Richard Lubanski, wie ihr ihn bis jetzt kennengelernt habt, in einem zusammenhängenden Text.

4. Mehr als nur Fußball? – Die Bedeutung des Sports im Spielfilm

Der Film „Das Wunder von Bern" gilt mit über 3,7 Millionen Besuchern als eine der erfolgreichsten deutschen Kinoproduktionen. Besondere Anziehung übte der Film dabei auf Fußballfans aus.

1 Warum ist der Fußballsport eurer Meinung nach so beliebt? Welche Bedeutung hat Fußball für euch? Sammelt und diskutiert unterschiedliche Auffassungen in eurer Klasse.

Liebeserklärungen – Die sozialen und gesellschaftlichen Funktionen des Sports

Anne Haeming, Barbara Lich, Bastian Obermayer
Liebeserklärungen an den Fußball

Caroline Boßmann, 15,
Nachwuchsschiedsrichterin beim FV Knittlingen, Bretten

Es fing an mit einer Wette. Ich habe früher immer in Jungsmannschaften gespielt. Ein Teamkollege sagte damals: Die Schiedsrichterprüfung schaffst du nie. Jetzt pfeife ich seit anderthalb Jahren,
5 Mädchen wie Jungs. Die Mädels sind unkomplizierter. Die Jungs fangen bei jeder Entscheidung an zu debattieren. Übel beschimpft wurde ich übrigens von den Nachwuchsspielern von Chelsea London. Da fielen heftige Ausdrücke – zum
10 Glück auf Englisch, da habe ich nicht alles verstanden. Ob ich lieber spiele oder pfeife? Das hängt von der Tagesform ab. Sicher ist: Für mich ist Fußball der absolute Ausgleich zum Alltagsstress. Ich glaube nicht, dass ich bei einer ande-
15 ren Sportart, Handball zum Beispiel, so ein Zufriedenheitsgefühl entwickeln könnte. Als meine Familie im vergangenen Sommer umziehen musste, habe ich – noch bevor wir eine neue

Wohnung gefunden hatten – sofort nach Vereinen in der Umgebung gesucht. Wenn ich mal 20 zwei, drei Wochen nicht auf dem Platz stehe, werde ich total zickig.

David Mamunz, 18,
Schüler, Nürnberg

Fußball bedeutet mir alles. Mehr als die Schule, mehr als meine Freundin. Ich trainiere jeden Tag dafür, dass mein großer Traum in Erfüllung geht: eine Karriere als Profifußballer. Dann könnte ich mit Fußball Geld verdienen wie andere im Büro und ich könnte ganz sicher in Deutschland bleiben. Ich kam ungefähr mit 14 Jahren hierher, meine Eltern wurden im Krieg zwischen Armenien und Aserbaidschan erschlagen. Ich wurde am 29. Dezember 1990 auf der Straße gefunden und auf drei Jahre geschätzt, das ist also jetzt mein offizielles Geburtsdatum. Wie alt ich wirklich bin, weiß ich nicht. Aber ich weiß: Andere in etwa meinem Alter spielen schon in der Bundesliga! Ich will später nicht sagen müssen, dass ich mich mehr hätte anstrengen können. Deswegen trainiere ich am Wochenende und in den Ferien sogar zweimal, ich merke ja, dass ich immer noch viel lernen muss. Mein Trainer muss mich manchmal bremsen, wenn ich es übertreibe mit dem Training. Es muss ja gar nicht der FC Bayern sein, die Zweite Bundesliga wäre auch toll.

Gerhard Stoll
blinder Fan von Bayer 04 Leverkusen, Köln

Wenn ich im Stadion bin, läuft bei mir ein innerer Film ab. Sicher, es ist ein Film der Siebziger- und Achtzigerjahre. Ein Film aus der Zeit also, als ich noch gesehen habe, vor dem Unfall mit 13 Jahren. Im Stadion sind wir Blinden stark auf Emotionen angewiesen, auf die Ohs und Ahs der Fans, auf die Gesänge, die Stimmung. Schon wenn ich von meiner Wohnung zum Stadion fahre, steigt das Adrenalin. Seit 1999 gehe ich regelmäßig zu Bayer 04 Leverkusen.
Hier reportieren Jugendtrainer für blinde Fans das Spiel über Kopfhörer. Wenn ein Spieler aufs Tor zurennt und alle brüllen oder pfeifen, dann hören wir das ja. Den Rest berichten uns unsere Reporter. Mit Radiohören ist das nicht zu vergleichen, da ist man nun mal nicht mittendrin. Fußball bedeutet für mich, Teil einer riesengroßen Gemeinschaft zu sein. Deshalb bin ich auch gern

Gerhard Stoll im Fußballstadion

bei Auswärtsspielen dabei, selbst wenn es dort den Blindenservice nicht immer gibt. Manchmal muss ich einfach in die Kurve. Fußball ist für mich mein Ventil, im Stadion kann ich so richtig aus mir rausgehen: Beim Spiel Leverkusen gegen Manchester United bin ich vor Freude mal so hoch gesprungen, dass mir der Kopfhörer um die Ohren geflogen ist.

(2006)

1 Welche Bedeutungen hat der Fußball für die Fans? Stellt die in den Texten genannten Funktionen des Sports thesenartig zusammen.

2 Vergleicht die Meinungen mit euren eigenen Einschätzungen. Diskutiert die Thesen.

3 Inwiefern spielt der Fußball im Film „Das Wunder von Bern" eine über die bloße Unterhaltung hinausgehende Rolle? Stellt erste Vermutungen an.

4 Verfasst einen eigenen kritischen Text oder eine persönliche kurze „Liebeserklärung" an das Fußballspiel.

Die Bedeutung des Fußballs für Matthias

Matthias und Helmut Rahn – Ein Drehbuchauszug

■ In der folgenden Szene geht es darum, dass Matthias den Fußballer Helmut Rahn zum Training abholen will. Als trotz Klingelns an der Haustür keiner öffnet, beginnt Matthias, Steinchen an ein Fenster der Wohnung zu werfen. Ein Stein fliegt durch das halb geöffnete Fenster und trifft den offensichtlich noch schlafenden Helmut am Kopf. Wütend erscheint er am Fenster. ■

HELMUT RAHN: Sag mal, willst du mich umbringen, Furzknoten?
MATTHIAS: Entschuldigung, aber wir sind schon ganz spät dran!
5 HELMUT RAHN: Spät dran? Für wat denn?
MATTHIAS: Für Training!
HELMUT RAHN: Wat hamm wir denn für nen Tag heute?
MATTHIAS: Dienstag.
10 HELMUT RAHN: Wie viel Uhr?
MATTHIAS: Halb fünf.
HELMUT RAHN: O.k., Viertelstunde.
– Einige Zeit später auf der Straße. Matthias und Helmut Rahn sind auf dem Weg zum Training –
15 MATTHIAS: Mensch Boss, du siehst furchtbar aus!
HELMUT RAHN: Ja, es … es ist gestern Abend etwas später geworden. Wir hatten … wir hatten ne Besprechung.
20 MATTHIAS: Ne Besprechung? Worüber?
HELMUT RAHN: Hab ich vergessen.
MATTHIAS: Wir müssen uns wirklich beeilen!
HELMUT RAHN: Mensch Mattes, du bist echt ne Landplage, erst werd ich beinahe gesteinigt
25 und dann noch gehetzt. Kannst du nicht Sturm klingeln wie jeder normale Mensch? Dein Vorgänger, der Michael, der war doch auf Zack! Ich weiß noch: Jedes Mal, nach jedem großen Spiel, stand er nachher mit zwei großen Fla-
30 schen Bier da … und zwar eiskalt! … He, Kleiner, du bist doch jetzt nicht beleidigt, oder was?
MATTHIAS: Ne … aber wenn ich's nicht gut genug mache, nimmst du vielleicht nen anderen
35 Taschenträger.

HELMUT RAHN: Mattes, jetzt red doch nicht so nen Blödsinn. Du bist doch mein Maskottchen. Schließlich gewinn ich nur, wenn du dabei bist. Haben wir ja in Aachen wieder gesehen. Glaubst du wohl nicht, was? Das stimmt aber 40 wirklich! Immer wenn du dabei bist, kann ich die ganz engen Spiele noch umbiegen. Jedes Mal! O.k.? … Komm! Ja, komm bald! Sonst muss ich noch fünfzig Pfennig in die Mannschaftskasse blechen! 45
MATTHIAS: Sag ich doch!

1 Lest den Drehbuchauszug mit verteilten Rollen. Erklärt, warum gerade diese Szene wichtig für den Film ist.

2 Charakterisiert das Verhältnis zwischen Helmut Rahn und Matthias. Achtet dabei auf folgende Aspekte:

- Wie bezeichnen sich Helmut Rahn und Matthias gegenseitig in dem Dialog? Stellt die Ausdrücke gegenüber. Was sagen die Bezeichnungen über die Beziehung der beiden aus?
- Sucht vertiefend weitere Textstellen, die indirekt Rückschlüsse auf das Verhältnis der beiden zulassen, und deutet sie.
- Wie versucht der Regisseur, die Beziehung zwischen Matthias und Helmut Rahn durch filmsprachliche Mittel zu unterstützen? Führt hierfür eine Analyse des entsprechenden Standbilds durch.

3 Erinnert ihr euch an weitere Begebenheiten aus dem bis jetzt gesehenen Film, die die Beziehung zwischen Matthias und Helmut Rahn charakterisieren? Inwiefern spielt die Familiensituation von Matthias eine Rolle für die Freundschaft der beiden?

4 Stellt abschließend die Beziehung folgender Figuren als Personenkonstellation grafisch dar: Matthias, Mutter Christa, Vater Richard, Schwester Ingrid, Bruder Bruno, Helmut Rahn.

5 Welche Bedeutung spielt der Fußball für Matthias? Formuliert die Gedanken des Jungen in Form eines Tagebucheintrags.

Die Bedeutung des Fußballs für die Beziehung zwischen Vater und Sohn – Montage

Bei Filmaufnahmen ist es üblich, dass die einzelnen Einstellungen nicht in der Reihenfolge gedreht werden, in der man sie später sieht. Die filmischen Einheiten müssen in der Regel neu angeordnet werden.

1 Betrachtet die beiden Bilder unten von links nach rechts und stellt Vermutungen darüber an, was in der dargestellten Szene passieren könnte.

2 Dreht nun die Reihenfolge der beiden Bilder um. Ändert sich dadurch etwas an euren Vermutungen über die Handlung der Szene? Begründet.

Die folgenden Standbilder stammen aus einer Sequenz, die einen wichtigen Wendepunkt in der Entwicklung Richard Lubanskis markiert.

1 Worin unterscheiden sich die Standbilder filmsprachlich?

A  B  C
D  E  F 
G  H  I 
J  K  L 

2 Versucht, die für die einzelnen Handlungsschritte stehenden Standbilder in eine sinnvolle Reihenfolge zu bringen. Bild A bildet dabei den Anfangs-, Bild L den Endpunkt der Sequenz.

3 Stellt die Montage euren Mitschülerinnen und Mitschülern vor, indem ihr eure Vorgehensweise genau begründet und die Handlung in eurer Sequenz erläutert.

Hilfen findet ihr hier: WES-127419-066

269

4 Bestimmt und vergleicht die Größen der Einstellungen (z. B. Weit, Totale, Nah, Groß, Detail). Achtet dabei auch auf den Anfang und das Ende der Sequenz. Welche Wirkung will der Regisseur mit den unterschiedlichen Einstellungsgrößen erreichen?

5 Erläutert, warum der Regisseur das Mittel der Montage verwendet, statt die Szene in einem Stück zu drehen. Welche Wirkung wird durch das Verknüpfen unterschiedlicher Einstellungen erreicht?

Montage

Das musst du lernen und wissen.

Die **kleinste Einheit** eines Films nennt man **Einstellung**. Eine Einstellung weist in der Regel eine einheitliche Perspektive, Einstellungsgröße o. Ä. auf.
Einstellungen werden nie in chronologischer Reihenfolge gedreht, sondern müssen nach dem Dreh neu arrangiert werden. Diesen kreativen Vorgang des Verknüpfens von mindestens zwei Einstellungen zu einer inhaltlichen Einheit nennt man **Montage** oder **Filmschnitt** – also die Auswahl, Bearbeitung und Strukturierung des Bild- und Tonmaterials. Die gängigste Methode, unterschiedliche Einstellungen aneinanderzureihen, ist die **„erzählende oder szenische Montage"**. Die Aufmerksamkeit der Zuschauer und Zuschauerinnen soll ausschließlich auf die erzählte Geschichte, die Figuren und ihre Handlungen gerichtet sein. Die Einstellungen sind daher in der Regel inhaltlich so aufeinander bezogen, dass man die Schnitte kaum wahrnimmt. Bei den Zuschauern und Zuschauerinnen bleibt der Eindruck einer fortlaufenden Handlung bestehen. Eine Gruppe aufeinanderfolgender Einstellungen nennt man eine **Sequenz**. Diese Einstellungen kann man in einem **Filmprotokoll**, das alle Faktoren (Figuren, Dialoge, Kameraführung, Perspektive usw.) in Tabellenform genau aufzeichnet, festhalten. Dies erlaubt auch eine genaue Untersuchung der Montagetechnik.

---

1 Seht euch nun die folgenden Szenen gemeinsam an (Sequenz 12, 1:07:33 – Sequenz 13, 1:12:51). Achtet dabei besonders auf die Entwicklung, die Richard im Verlauf der Sequenzen durchmacht.

2 Die Sequenz, in der Richard allein Fußball spielt, wird immer wieder als „Wendepunkt" des Films bezeichnet. Warum?

3 Welche Bedeutung spielt der Fußball für den Vater? Formuliert die Gedanken des Vaters nach dem Torschuss (Standbild L, S. 269) in Form eines inneren Monologs.

4 Seht euch noch einmal die Szene an, in der Richard von seiner Zeit im Gefangenenlager berichtet (Sequenz 13, 1:09:25 – 1:12:51). Versucht, die Anzahl der einzelnen Einstellungen, aus denen sich die Szene zusammensetzt, zu schätzen.

5 Der Regisseur präsentiert uns mithilfe der Montage unterschiedliche Eindrücke während des Gesprächs. Was kann der Zuschauer bzw. die Zuschauerin außer Richard sehen? Warum wendet der Regisseur das Mittel der Montage an?

6 Seht euch nun den Film bis zum Ende an. Achtet darauf, wie der Vater versucht, das Vertrauen seines Sohnes wiederzugewinnen. Wirkt diese Aussöhnung auf euch glaubwürdig? Begründet.

5. „Wir sind wieder wer"?! – Die Bedeutung der Weltmeisterschaft für Deutschland im Spielfilm

General-Anzeiger Bonn (5.7.1954):

Erinnern wir uns an die Zeit vor neun Jahren. Ein großer Teil der deutschen Soldaten, die über fünf Jahre an vielen Fronten gekämpft hatten, brütete in riesigen Gefangenenlagern darüber, welches ihre Zukunft sein würde. Auf Kohlenzügen, Lastwagen und mit anderen abenteuerlichen Mitteln begann die deutsche Bevölkerung, von den Plätzen, an denen sie das Ende des Krieges getroffen hatte, in ihre Heimat zurückzukehren, in eine Heimat, in der die Straßen von Trümmerschutt gefüllt und die Wohnstätten zerstört waren, in der Hunger und Arbeitslosigkeit den Blick in die Zukunft verdüsterten. Neun Jahre später ist dieses geschundene, gedemütigte und in der Welt verachtete deutsche Volk wieder in der Lage, an großen internationalen Sportwettbewerben teilzunehmen und zu siegen.

Schweizer National-Zeitung (5.6.1954):

Nur wer weiß, wie in der NS-Zeit befreiende Begeisterung seit Jahrzehnten abgeschnürt wurde, kann verstehen, was sich in Deutschland seit dem vergangenen Sonntag ereignet hat, als der Schiedsrichter das Fußballfinale im Berner Wankdorfstadion abgepfiffen hat. Es war, als lösten sich Ventile, als strömten urplötzlich längst verdrängte Kräfte nach außen […].

Fortschritt, Essen (5.6.1954):

[…] Da der Sport nun einmal jede andere Institution des öffentlichen Lebens an Volkstümlichkeit überragt, sind Erfolge auf diesem Gebiet auch ein gewaltiger Zuwachs an internationalem Ansehen. Darum haben unsere Fußballer in Bern […] eine Leistung vollbracht, die uns mit der Zuversicht erfüllt, dass wir Deutschen im friedlichen Wettbewerb der Nationen die Schatten der Nachkriegszeit überwunden haben.

Süddeutsche Zeitung (5.6.1954):

Ein großer Sieg, ein großer Tag, aber nur ein Spiel.

Information (Kopenhagen, 5.6.1954):

Überall in Europa überlief es Tausende von Radiohörern und Fernsehern kalt bei der Auswirkung, die der Sieg sofort hatte. Es fehlte offenkundig nur ein „Sieg Heil", um die ganze Stimmung von der Berliner Olympiade wieder erstehen zu lassen. Die Deutschen sangen „Deutschland, Deutschland über alles", dass es dröhnte. Und es sah aus, als ob dieser Sieg den aufwog, der 1940 bis 1945 ausgeblieben war.

1 Welche der folgenden Aussagen treffen auf die Texte auf S. 271 zu, welche nicht?

- Der Sieg der deutschen Fußballnationalmannschaft wurde auf der ganzen Welt positiv aufgenommen.
- Der Gewinn der Fußballweltmeisterschaft wird z. T. als Zeichen der Überwindung der Belastungen der Nachkriegszeit und als Akt der Befreiung in Deutschland gesehen.
- Durch den Sieg 1954 hoffte Deutschland, im Ausland an Ansehen zu gewinnen.
- Durch den Sieg wurden in der deutschen Bevölkerung neue Kräfte und Hoffnungen geweckt.
- Die „Süddeutsche Zeitung" sieht in dem sportlichen Erfolg mehr als nur ein Spiel.
- Im Ausland hatte man keine Angst vor einem Wiedererstarken des Nationalismus in Deutschland, der zum Zweiten Weltkrieg geführt hatte.

2 Erläutert, inwiefern ihr die unterschiedlichen Meinungen aus der damaligen Sicht nachvollziehen könnt oder auch nicht. Achtet dabei auch auf den Erscheinungsort der Zeitungen.

3 Seht euch noch einmal die Darstellung des Endspiels im Kinofilm „Das Wunder von Bern" (Sequenz 16, 1:23:09 – Sequenz 18, 1:40:34) an und untersucht, welche Einschätzung des Siegs der Film vornimmt. Hierfür solltet ihr arbeitsteilig auf folgende Aspekte achten:

- Wie wird die Bedeutung des Endspiels durch die Zuschauer und Zuschauerinnen in der Schweiz und in Deutschland eingeschätzt?
- Wie werden die deutschen Nationalspieler dargestellt?
- Inwiefern unterstützt die Filmmusik zu Beginn und während des Spiels die Darstellung der deutschen Spieler bzw. die Bedeutung des Endspiels für Deutschland?

4 Bei dem Standbild oben handelt es sich um die letzte Einstellung des Films. Welche Atmosphäre vermittelt es? Sammelt spontan eure ersten Eindrücke.

5 Führt eine Standbildanalyse durch (s. S. 258). Wie wird Deutschland nach dem Gewinn der Weltmeisterschaft dargestellt?

6 Erklärt, worin die Unterschiede zu der Darstellung der deutschen Landschaft vor dem Gewinn der Fußballweltmeisterschaft liegen. Vergleicht hierfür eure Analysen mit den entsprechenden Standbildern zu Beginn der Unterrichtseinheit (vgl. S. 258 f.).

7 Warum wählt der Regisseur gerade diese Einstellung für den Abschluss seines Films? Erklärt, welche Einschätzung des Gewinns der Weltmeisterschaft damit den Zuschauerinnen und Zuschauern nahegelegt wird.

6. „Wortmann, ab zum Sondertraining?!" – Die Bewertung des Spielfilms

Trotz seines großen Erfolgs wurde der Spielfilm „Das Wunder von Bern" nicht nur positiv aufgenommen …

peg 66 (Pseudonym)
Im Strafraum der Geschichte („Das Wunder von Bern")

Ob Chancenverwertung eine Stärke des deutschen Films ist? „Ja gut, sicherlich!", möchte man da antworten: „Das kann man so oder so sehen!" Also, schau mer mal, wie der Sönke, also der Wortmann, ein Ex-Fußballer, der sich aufs Toremachen genauso gut wie aufs Filmemachen versteht (immerhin schoss er die SpVgg Erkenschwick einst in die Zweite Liga!) – also, wie der die Sache mit dem 54er-Weltmeister-Titel hingebracht hat.

Zunächst mal: Wortmann agiert aus einer soliden, massiven Deckung heraus und verteilt so die dramaturgischen Bälle an eine möglichst große Zahl von Zuschauern: Das ist Kino für die ganze Familie, für Jung und Alt, quer über den Platz von West nach Ost und über sämtliche Geschlechtergrenzen und politischen Lager hinweg. Und nicht nur der Kanzler, auch der Teamchef ließen verlautbaren, sie seien im Kino gewesen und hätten: geweint. Jawohl.

Im Mittelfeld dagegen ist wirklich was geboten: Da zeigt uns der Sönke, also der Wortmann, was einen modernen Regisseur ausmacht: Das Standwird durch das Spielbein ersetzt, und so persifliert[1] er das Fernsehen der 50er-Jahre auf liebevollste Weise, setzt auf den Charme der Unbeholfenheit von Bildern und Tönen, die gerade erst das Krabbeln lernen: und lässt den Toni, also den Turek, den mitten im Finale von Zimmermann zum Fußballgott Geadelten, einen Ball zugunsten von Kriegsheimkehrern verlosen. Und wie er den Fritz mit dem „Chef" über den „Boss" parlieren[2] lässt, das hat nicht nur Witz, sondern auch Klasse. Trotzdem: Am 16er ist Schluss – die Schönspielerei erweist sich letztlich als laues Lüftchen, denn wirkliche Treffer landet Wortmann dann doch nicht – will sagen: Dokumentarisch Relevantes[3] bleibt außerhalb des Rasens. Die Chance, die im Stoff liegt, wurde vergeben: nämlich eine Geschichte zu erzählen vom Wandel eines Volks […]. [Ein Volk], das seinen Allmachtsfantasien und dem Volksgemeinschaftswahn abgeschworen hat und zur Gesellschaft reift, die den Anschluss an die Völkergemeinschaft sucht – und dessen Wirtschaftswunder seine Entsprechung im „Wunder von Bern" erlebt. Und dass sich dieser Wandel nur vollzog unter heftigen Geburtswehen – nämlich denen der Kontinuität[4]: Denn im Wankdorf-Stadion feierte das anwesende deutsche Publikum sein Team mit der ersten Strophe der Fallersleben-Hymne[5] über alles – und Peco Bauwens, seines Zeichens DFB-Präsident, verschluckte sich nach dem 3:2 beim Auf-

---
1 **persiflieren:** auf komische Weise nachahmen
2 **parlieren:** reden, plaudern
3 **Relevantes:** Wichtiges, Erhebliches
4 **Kontinuität:** ununterbrochener, gleichmäßiger Fortgang von etwas
5 Gemeint ist hier die nach dem Zweiten Weltkrieg wegen eindeutig nationalistischer Tendenzen verbotene erste Strophe der deutschen Nationalhymne.

wallen nationaler Gefühle so heftig, dass er anschließend vom Bundespräsidenten Heuss zurückgepfiffen werden musste.[1]

Von alledem bei Wortmann kein Wort: stattdessen eine gefühlsduselige Heimkehrer-Ballade im Bilderbogenformat, die die Versöhnung von Vater und Sohn (ach ja: neben dem Boss sind die beiden ja die Hauptpersonen!) erst im Augenblick des Sieges gestattet. „Wortmann, ab zum Sondertraining! Tiefe tanken im Strafraum!"

(Jetzt.de, Süddeutsche Zeitung, 24.10.2003)

---

[1] Nach dem Gewinn der Weltmeisterschaft hielt der damalige Präsident des Deutschen Fußball-Bundes, Peco Bauwens, in München eine Rede, die als Lob auf das Führerprinzip verstanden werden konnte. Eine Liveübertragung der Rede im Bayerischen Rundfunk wurde von entsetzten Redakteuren abgebrochen.

1 Was haltet ihr von dieser Zeitungskritik? Formuliert eure ersten Eindrücke.

2 Fasst die Thesen des Autors zusammen, indem ihr den Text gliedert und den einzelnen Abschnitten Überschriften gebt.

3 Untersucht die Sprache der Filmkritik. Was fällt euch dabei auf? Stellt Vermutungen an, für welche Zielgruppe die Rezension verfasst wurde.

4 Bewertet abschließend mithilfe der vorangegangenen Ergebnisse sowie dem unten stehenden Werkzeugkasten die Rezension. Ihr könnt hierfür folgende Tabelle in eurem Heft anlegen:

Das gefällt mir an der Rezension gut	Das könnte verbessert werden
?	?

5 Verfasst abschließend eine eigene Rezension zu dem Film „Das Wunder von Bern" von Sönke Wortmann.

Das brauchst du immer wieder. ◆ So gehst du vor.

Eine Rezension zu einem Film verfassen

Eine gute **Rezension** sollte

- als Empfehlung bzw. Entscheidungshilfe für den Zuschauer und die Zuschauerin dienen,

- den Namen des Regisseurs/der Regisseurin, den Titel des Films, das Erscheinungsland sowie das Erscheinungsjahr nennen,

- durch einen originellen Einstieg zum Weiterlesen der Kritik anregen,

- eine knappe Inhaltsangabe der wichtigsten Handlungsschritte des Films beinhalten, ohne das Ende zu verraten,

- die Besonderheiten des Films anschaulich beschreiben (z. B. Thema oder Handlung des Films, Aufbereitung der Handlung, Schauspieler, Filmmusik und weitere auffällige filmsprachliche Mittel, Stimmung des Films, Zielpublikum, weitere Kritikermeinungen usw.),

- die möglichen Absichten des Regisseurs oder der Regisseurin darstellen,

- eine positive, negative oder ausgeglichene „Beurteilung" bzw. „Bewertung" enthalten.

Tipps und Literatur zum Thema

Wenn ihr euch noch weiter mit der Thematik „Fußball" und dem „Wunder von Bern" beschäftigen möchtet, findet ihr hier noch zusätzliche Tipps.

„Das Wunder von Bern" als Musical:

- „Das Wunder von Bern – Die Originalversion des Hamburger Musicals" (2015), Ausschnitte im Internet

Filme:

- „Kick it like Beckham" von Gurinder Chadha, Großbritannien/Deutschland 2002
- „Ballfieber" von David Evans, Großbritannien 1997
- „Die Mannschaft" von Martin Christ, Jens Gronheid, Ulrich Voigt, Dokumentarfilm über die Fußball-WM 2014, Deutschland 2014
- „Deutschland. Ein Sommermärchen" von Sönke Wortmann, Dokumentarfilm über die Fußball-WM 2006, Deutschland 2006
- „Der ganz große Traum" von Sebastian Grobler. Deutschland 2011
- „FIFA WORLD CUP *54 *74 *90 *14 – Die offiziellen Filme der Turniere", Deutschland 2018
- „Das Wunder von Bern – WM 1954. Deutschland und die Fußballweltmeisterschaft", Dokumentation von Ulrich Lenze, Deutschland 2004
- „Trautmann" von Marcus H. Rosenmüller, Deutschland/Großbritannien 2019
- „Kroos" von Manfred Oldenburg (Regisseur) und Leopold Hoesch (Produzent), Deutschland 2019

Bücher:

- Bernd-M. Beyer (Hg.): Das goldene Buch der Fußball-Weltmeisterschaft, Verlag Die Werkstatt, Göttingen 2018
- Rainer Eisfeld: Als Teenager träumten – Die magischen 50er-Jahre, Nomos Verlagsgesellschaft, Baden-Baden 1999
- Werner Faulstich (Hg.): Die Kultur der 50er-Jahre, Wilhelm Fink Verlag, München 2002
- Gerhard Fischer/Jürgen Roth: Leben voller Fallrückzieher. Fußballer erzählen – von Fritz Walter bis Lothar Matthäus, Reclam Verlag, Leipzig 1998
- Hardy Grüne: Das goldene Buch des deutschen Fußballs, Verlag Die Werkstatt, Göttingen 2016
- Nick Hornby: Fever Pitch. Ballfieber – Die Geschichte eines Fans, Kiepenheuer & Witsch, Köln 2003
- Silke Kruse/Udo Kruse: Und doch war vieles ganz anders, Alltag in den 50er- und 60er-Jahren, Isensee Verlag, Oldenburg 2015
- Rainer Moritz (Hg.): Vorne fallen die Tore. Fußballgeschichte(n) von Sokrates bis Rudi Völler, Kunstmann Verlag, München 2002
- Christof Siemes: Das Wunder von Bern – Roman. Nach einem Drehbuch von Sönke Wortmann und Rochus Hahn, Kiepenheuer & Witsch, Köln 2003
- Josef Stangl: Das Wunder von Bern: Die Fußballweltmeisterschaft 1954 in der Schweiz, Shaker Media, Herzogenrath 2017

7. Das habe ich gelernt, das kann ich

Ein Standbild analysieren ➡ S. 258

1 Analysiere das folgende Standbild. Übertrage die Tabelle in dein Heft und fülle sie aus.

	Beschreibung	Wirkung/Deutung
Blickfang	?	?
Einstellungsgröße	?	?
Kameraperspektive	?	?
Licht und Schatten	?	?
Farbe	?	?
Anordnung der Figuren	?	?

Filmsprachliche Mittel/Filmtechnik ➡ S. 258, 262, 263, 270

2 Wer übernimmt im Film die Funktion eines Erzählers?

- der Regisseur/die Regisseurin
- der Hauptdarsteller/die Hauptdarstellerin
- die Kamera

3 Erkläre in einem kurzen schriftlichen Text die Begriffe „neutrale" bzw. „objektive Kamera" und „subjektive Kamera".

4 Erkläre jeweils im Heft in einem Satz, was man unter dem „On-Ton" und dem „Off-Ton" versteht.

5 Welche der folgenden Aussagen sind zutreffend? Schreibe sie in dein Heft.

- Eine Filmsequenz besteht aus einer Summe von Einstellungen, die nacheinander gedreht werden.
- Die Einstellungen einer Filmsequenz werden oft erst später neu angeordnet.

Die Gestaltung und Funktion einer Rezension ➡ S. 274

6 Welche der folgenden Aussagen sind jeweils zutreffend?

1a Eine Rezension ist ein Werbetext, mit dem Menschen motiviert werden sollen, ein literarisches Werk zu kaufen oder sich ein Bühnenstück oder einen Film anzuschauen.

1b Die Rezension gehört zu den meinungsbildenden Textarten. Der Rezensent oder die Rezensentin bewertet darin ein Buch, ein Bühnenstück oder einen Film.

2a Eine Rezension sollte nur eine knappe Inhaltsangabe enthalten und über den Ausgang der Handlung nach Möglichkeit nicht informieren.

2b Neben vielem anderen sollte eine Rezension auch eine ausführliche Inhaltsangabe enthalten.

3a Die Sprache einer Rezension sollte immer sachlich-informierenden Charakter besitzen.

3b Je nach Zielgruppe und Publikationsmedium darf eine Rezension auch unterhaltende, ironische und satirische sprachliche Elemente enthalten.

Einen Beruf finden

- Diese Einheit will euch zunächst einen Überblick über eure Interessen und Fähigkeiten vermitteln und Hilfen bieten, sich für einen Beruf zu entscheiden.

- Ausgehend von euren Ergebnissen werden Wege zur Beschaffung von Informationen über mögliche Berufe gezeigt.

- Abschließend werden euch Hinweise zur korrekten Abfassung von Bewerbungsschreiben und Lebenslauf gegeben.

Sachtexte auswerten/ eine Bewerbung schreiben

1 Seht euch die Fotos an und begründet, welche Berufe die Personen vermutlich ausüben.

2 Ordnet diese Berufe verschiedenen Berufsfeldern zu (*Gesundheit, Wirtschaft, Dienstleistung* usw.).

3 Überlegt, welcher Beruf zu euch passen könnte, und stellt dies begründet eurer Tischnachbarin/eurem Tischnachbarn vor. Gebt euch gegenseitig Rückmeldung, ob ihr diese Einschätzung teilt.

1. Sich über Berufe informieren

Studien- und Berufsorientierung an der eigenen Schule

Berufswahlpass

An zahlreichen Schulen wird der Berufswahlpass der Bundesarbeitsgemeinschaft Berufswahlpass genutzt, um den Weg der Schülerinnen und Schüler von der Schule zum möglichen Wunschberuf aktiv zu begleiten. Rechts seht ihr das Inhaltsverzeichnis der aktuellen Ausgabe. Der Berufswahlpass steht mit der *berufswahlapp* voraussichtlich ab Schuljahr 2022/23 auch in digitaler Form zur Verfügung.

BERUFSWAHLPASS

Einführung – Mein Berufswahlpass
- Datensicherheit im Umgang mit dem Berufswahlpass
- Meine persönlichen Daten
- Liebe Schülerin, lieber Schüler ...
- Der Weg in meine berufliche Zukunft

1 Angebote zur Berufsorientierung
- 1.1 Wer macht was bei der Berufsorientierung?
- 1.2 Angebote meiner Schule zur Berufsorientierung
- 1.3 Angebote von Unternehmen und Institutionen
- 1.4 Angebote der Agentur für Arbeit
- 1.5 Angebote für Jungen oder Mädchen
- 1.6 Angebote im Internet

2 Mein Weg zur Berufswahl
- 2.1 Mein persönliches Profil
- 2.2 Meine Lernplanung
- 2.3 Meine Berufsfelder und Berufsbilder
- 2.4 Meine Praxiserfahrungen
- 2.5 Meine Übergangsschritte

3 Dokumentation
- 3.1 Mein Pass für den Start in den Beruf
- 3.2 Übersicht über meine Aktivitäten
- 3.3 Meine Dokumente und Bescheinigungen
- 3.4 Dokumentation meiner Sprachkenntnisse
- 3.5 Bescheinigung zum Praxistag / Praktikum
- 3.6 Bescheinigung über besonderes Engagement
- 3.7 Dokumentation meiner interkulturellen Kenntnisse und Fähigkeiten

4 Hilfen zur Lebensplanung
- 4.1 Umgang mit persönlichen Daten und Unterlagen
- 4.2 Meine Unterlagen
- 4.3 Auskommen mit dem Einkommen
- 4.4 Meine Wohnung
- 4.5 Meine Versicherungen
- 4.6 Ämter

Impressum

1 Schaut euch das Inhaltsverzeichnis an. Welche Angaben versteht ihr auf Anhieb? Bei welchen Bereichen benötigt ihr noch Hilfe? Überlegt, von wem ihr diese Hilfe an eurer Schule oder auch außerhalb davon erhalten könntet.

2 Schaut euch die Übersicht genau an und entscheidet, welche Bereiche für euch derzeit besonders wichtig sind. Vergleicht eure Entscheidung mit denen von Mitschülerinnen und Mitschülern.

Interessen und Fähigkeiten erkunden

Esther und Ruth – zwei Schülerinnen der Klasse neun des Städtischen Gymnasiums – unterhalten sich auf dem Pausenhof.

Ruth: „Ich fand das letzte Woche total spannend im Berufsinformationszentrum. Ich glaube, ich gehe nach der Klasse 10 ab und mache eine Berufsausbildung!"

Esther: „Echt – und ich dachte, wir machen zusammen das Abitur!"

Ruth: „Das habe ich auch bislang gedacht, wollte was studieren und dann erst einen Beruf haben, aber jetzt …"

Esther: „Na ja, wenn du keine Lust mehr auf Schule hast. Und was willst du werden? Hebamme oder Altenpflegerin …?"

Ruth: „Ne, ich will nicht so einen typischen Frauenberuf, auch nichts mit Büro. Ich könnte mir vorstellen, mit Holz oder auch Metall zu arbeiten und dabei auch einen Computer zu benutzen."

Esther: „Und was stellst du dir dann vor – vielleicht Kfz-Mechanikerin? Der Beruf muss ja auch zu dir passen."

Ruth: „Ja, vielleicht. Ich habe aber auch einmal gelesen, dass Auszubildende als Zerspanungsmechanikerin gesucht werden. Ich weiß allerdings nicht genau, was man da so macht."

1 Ruth möchte keinen typischen „Frauenberuf". Stellt in einer Tabelle in euren Augen typische Männer- und Frauenberufe gegenüber. Specht darüber, was die Berufe vermeintlich zu typischen Tätigkeitsfeldern für Männer oder Frauen macht. Gilt so etwas überhaupt noch?

Es kommt offenbar mehr darauf an, welcher Beruf zu einem passt, und weniger darauf, was früher einmal galt. Die folgende Übersicht stammt aus einer Broschüre der Agentur für Arbeit:

Fähigkeiten erkennen

Jeder Mensch hat viele Fähigkeiten und jeder beschreibt sie ein wenig anders. Wie soll man sich über Fähigkeiten verständigen, wenn es dafür verschiedene Begriffe gibt? Damit jeder weiß, was man darunter versteht, haben wir elf Fähigkeiten ausgewählt und ihnen Namen gegeben.

1. Körperliche Leistungsfähigkeit
2. Gesundheitliche Leistungsfähigkeit
3. Räumliches Vorstellungsvermögen
4. Rechnerisches Denken
5. Sprachbeherrschung
6. Logisches Denken
7. Kontaktfähigkeit
8. Teamfähigkeit
9. Gewissenhaftigkeit
10. Ideenreichtum
11. Hand- und Fingergeschick

1 Wenn ihr einen Eindruck von euren persönlichen Fähigkeiten erhalten möchtet, könnt ihr die folgende Tabelle anlegen:

Fähigkeiten	Meine persönliche Einschätzung			
	voll zutreffend	zutreffend	weniger zutreffend	nicht zutreffend
körperliche Leistungsfähigkeit	?	?	?	?
?	?	?	?	?

Ergänzt die Tabelle um weitere mögliche Fähigkeiten.
Falls ihr unsicher seid, überlegt Situationen aus dem schulischen oder privaten Bereich, bei denen diese Fähigkeiten sichtbar werden. Ihr könnt auch eure Mitschülerinnen und Mitschüler nach deren Einschätzung eurer Person fragen.

2 Die Bundesagentur für Arbeit bietet unter „Check-U" ein umfangreiches „Erkundungstool" an, mit dem ihr euch ein sehr differenziertes Bild eurer Interessen und Fähigkeiten machen könnt. Und zum Abschluss des Tests erhaltet ihr auch eine Übersicht über die Berufsfelder, die euren Interessen und Fähigkeiten entsprechen könnten. Nehmt euch die Zeit, diesen Test durchzuführen, und besprecht anschließend in Gruppen, ob das Ergebnis euren Erwartungen entspricht.

Eine Internetseite über einen Beruf auswerten

Ruth hat den Test durchgeführt und die Auswertung hat ergeben, dass eine Tätigkeit im Bereich der Metallbearbeitung, darunter auch der Beruf der Zerspanungsmechanikerin, für sie geeignet sein könnte. Allerdings weiß sie noch nicht viel über diesen Beruf und macht sich im Internet auf die Suche.
Zuvor hat sie sich aber eine Liste von Fragen zu dem Beruf zusammengestellt:

- Worin besteht die Tätigkeit eines Zerspanungsmechanikers/einer Zerspanungsmechanikerin?
- Welche schulischen Voraussetzungen braucht man für die Ausbildung?
- Welche besonderen Interessen und Fähigkeiten werden für den Beruf verlangt?
- ...

1 Ergänzt die Liste möglicher Fragen.

Bei dem Internetauftritt der Bundesagentur für Arbeit findet Ruth eine Informationsseite über den Beruf.

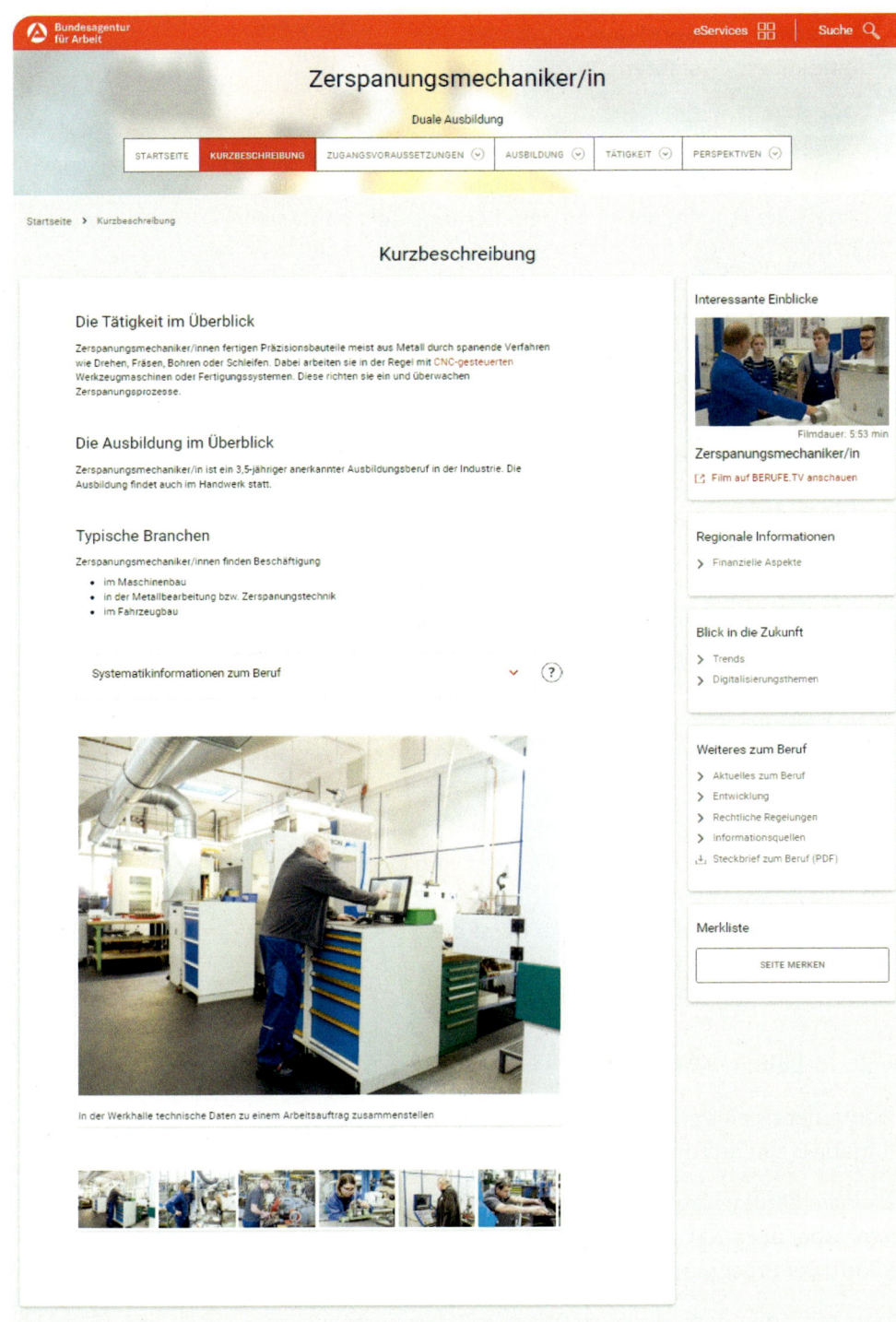

Bundesagentur für Arbeit, BERUFENET – Stand 11/2021. Den (Daten-)Stand finden Sie auf der Startseite von BERUFENET.

(Die Bundesagentur für Arbeit passt in regelmäßigen Abständen die Informationsseiten über die verschiedenen Berufe der aktuellen Situation an. Von daher ist es möglich, dass das Erscheinungsbild der Internetseite, die ihr aufruft, sich von dem Abdruck hier unterscheidet.)

2 Schaut euch die Internetseite an und beschreibt zunächst ihren Aufbau. Erklärt, warum die Informationen auf verschiedene Internetseiten verteilt sind und nicht in einem fortlaufenden Text präsentiert werden.

3 Ruth hat eine Tabelle angelegt, um die Informationen der Internetseiten möglichst übersichtlich zu ordnen.

Ausbildung	Typische Tätigkeiten	Berufsaussichten	?	?
?	?	?	?	?

Übernehmt die Tabelle in euer Heft (am besten legt ihr dazu das Heft quer) und ergänzt sie mittels der Fragen, die ihr zu dem Beruf gestellt habt (siehe Aufgabe 1, S. 282).

4 Wertet nun die Internetseite mit den Links aus und füllt eure Tabelle entsprechend aus. Vielleicht erhaltet ihr zusätzliche Informationen, für die ihr noch keine Frage gestellt habt. Ergänzt dann die Tabelle entsprechend.

5 Die Internetseite beinhaltet auch einen Film über den Beruf des Zerspanungsmechanikers bzw. der Zerspanungsmechanikerin. Schaut euch den Film an und beschreibt seinen Aufbau.

6 Stellt zusammen, welche Vorteile, aber auch welche Nachteile der Film gegenüber den schriftlichen Informationen auf der Internetseite hat.

7 Gebt eure Einschätzung ab, inwiefern es dem Film gelingt, über den Beruf überzeugend zu informieren. Formuliert gegebenenfalls Verbesserungsvorschläge.

8 Erstellt in Gruppen ein übersichtliches Informationsplakat zu dem Beruf des Zerspanungsmechanikers. Hängt die Plakate aus und vergleicht sie.

9 Beurteilt abschließend die Internetseite zu dem Beruf des Zerspanungsmechanikers/der Zerspanungsmechanikerin: Ist sie eurer Meinung nach hinreichend informativ, verständlich, übersichtlich?

10 So könnt ihr weiterarbeiten. Wählt aus:

a Recherchiert im Internet zu einem Beruf eurer Wahl und erstellt auf ähnliche Weise wie in Aufgabe 8 ein Informationsplakat.

b Schaut euch zu einem Beruf eurer Wahl mehrere Filme im Internet an und stellt ihre Vorzüge, aber auch Nachteile zusammen. Überlegt euch dazu eine passende Form der Präsentation.

c Führt ein Interview mit jemandem, der eurer Meinung nach einen interessanten Beruf ausübt, und versucht, in dem Interview möglichst viel über den Beruf zu erfahren. Vielleicht bekommt ihr von einem Gesprächspartner oder einer Gesprächspartnerin die Erlaubnis, das Interview zu filmen und in der Klasse vorzustellen.

2. Sich bewerben

Das Bewerbungsschreiben

Ruth hat sich entschlossen, sich auf einen Ausbildungsplatz für den Beruf einer Zerspanungsmechanikerin zu bewerben.
Über die Seite der Arbeitsagentur findet sie eine Stellenausschreibung:

Wir sind ein führendes Unternehmen in der Sonderfertigung von Metall- und Kunststoffteilen.

NERO *Industrietechnik*

Wir suchen ab Ausbildungsbeginn 2022 Auszubildende (m/w/d) zum

Zerspanungsmechaniker/in.

Zerspanungsmechaniker/innen fertigen Präzisionsbauteile meist aus Metall durch spanende Verfahren wie Drehen, Fräsen, Bohren oder Schleifen.

Dabei arbeiten sie in der Regel mit CNC-Werkzeugmaschinen. Diese richten sie ein und überwachen den Fertigungsprozess.

Dauer der Ausbildung: 3,5 Jahre

Ihr Profil:
- Schulabschluss der Sekundarstufe I mit Noten in Mathematik u. Physik von 3 oder besser
- technisches Verständnis und handwerkliches Geschick
- Teamgeist, Motivation

Unser Angebot an Sie:
- Ausbildung im System
- moderner Betrieb
- familiäres Betriebsklima
- hohe Übernahmechance nach erfolgreicher Ausbildung
- Finanzierung von Führerschein sowie Benzingutschein
- gratis Mittagessen

---

1 Sprecht darüber, welche Aspekte für euch ausschlaggebend sein könnten, sich bei dieser Firma zu bewerben.

Ruth hat – mit der Hilfe ihrer Eltern – folgendes Bewerbungsschreiben verfasst:

Ruth Schöneberg
Marlene-Dietrich-Straße 24
50667 Köln
0176 2222222
ruth-schoeneberg@vgt.de

Köln, 31.08.2022

Nero Industrietechnik
Personalabteilung
Herrn Michael Weidemann
An der Hohensaas 12
20549 Köln

Bewerbung um eine Ausbildungsstelle als Zerspanungsmechanikerin

Sehr geehrter Herr Weidemann,

mit großem Interesse habe ich Ihr Angebot auf der Internetseite der Arbeitsagentur für die Ausbildung einer Zerspanungsmechanikerin gelesen. In einem einwöchigen Praktikum hatte ich bereits die Gelegenheit, das Berufsbild einer Zerspanungsmechanikerin kennenzulernen. Dabei habe ich festgestellt, dass dieser Beruf meinen Interessen und Fähigkeiten entspricht.

Ich bin gerne handwerklich tätig und habe dabei auch schon mit Unterstützung meines Vaters das Bohren, Schleifen und Verbinden von Metall ausprobiert.

Ich beschäftige mich gerne mit Computern, vor allem mit dem Programmieren. In der Schule haben wir die Programmiersprache Java gelernt, und ich habe auch privat schon kleine Programme geschrieben.

Dass ich über räumliches Vorstellungsvermögen und technisches Verständnis verfüge, hat mir das Erkundungstool „Check U" der Arbeitsagentur bestätigt.

Ich bewerbe mich bei der Firma „Nero Industrietechnik", da mir diese offensichtlich eine moderne Ausbildung mit Zukunftsperspektiven bietet. Weiterhin haben mich zusätzliche Angebote wie die Finanzierung eines Führerscheins überzeugt.

Durch mein ehrenamtliches Engagement im Jugendzentrum habe ich gelernt, auf andere Menschen zuzugehen und im Team zu arbeiten.

Meine persönlichen Daten bitte ich dem beigefügten Lebenslauf zu entnehmen.

Über die Möglichkeit, mich in einem persönlichen Gespräch vorzustellen, würde ich mich freuen.

Mit freundlichen Grüßen
Ruth Schöneberg

<u>Anlagen</u>
Lebenslauf
Zeugnis der neunten Klasse

1 Lest das Bewerbungsschreiben und ordnet die Begriffe des Wortspeichers den passenden Abschnitten des Bewerbungsschreibens zu.

> - Name und Adresse, Datum des Schreibens
> - vollständige Adresse der Firma oder Behörde; falls bekannt Ansprechpartnerin/Ansprechpartner
> - Anlass des Schreibens
> - Anrede der Ansprechpartnerin/des Ansprechpartners (höfliche Form: „Sehr geehrte Frau …/Sehr geehrter Herr …"[1])
> - Nennung der Ausbildungsstelle, Angabe des Wissens um die Ausbildungsstelle
> - Motivation: Warum gerade dieser Beruf (Interessen, Vorkenntnisse, Vorerfahrungen)?
> - allgemeine Fähigkeiten mit Nachweis
> - Hinweis auf Lebenslauf
> - Bitte um persönliches Gespräch
> - höfliche Schlussformel
>
> ---
> [1] Ist keine Ansprechpartnerin/kein Ansprechpartner bekannt, schreibt man: „Sehr geehrte Damen und Herren".

2 Zeigt auf, an welchen Stellen sich Ruth in ihrem Bewerbungsschreiben auf die Stellenanzeige bezieht.

3 Verfasst ein Bewerbungsschreiben für einen selbst gewählten Beruf. Recherchiert im Internet nach entsprechenden Ausbildungsstellen. Überprüft gegenseitig eure Bewerbungsschreiben. Achtet auf aussagekräftige Angaben, angemessene Formulierungen, korrekten Satzbau und korrekte Zeichensetzung und Rechtschreibung.

Der Lebenslauf

Lebenslauf

Name	Ruth Schöneberg	Foto
Anschrift	Marlene-Dietrich-Straße 24	
	50667 Köln	
	01762222222	
	ruth-schoeneberg@vgt.de	
Geburtsdatum	24.01.2007	
Geburtsort	Köln	
Staatsangehörigkeit	Deutsch	
Schulbildung	2013 – 2017 Grundschule Ehrenfeld	
	ab 2017 Stadtgymnasium Köln	
Angestrebter Schulabschluss	Fachoberschulreife	
Praktikum	Firma Schlöttger Metallbau, Köln	
	13.02. – 27.02.2021	
Hobbys	Programmieren	
	Basketball	
Freiwilliges Engagement	Ab 2019 Jugendzentrum Köln-Ehrenfeld	
Sprachkenntnisse	Englisch (ab Klasse 5)	
	Spanisch (ab Klasse 7)	
EDV-Kenntnisse	Textverarbeitung, Tabellenkalkulation, Java	
Berufsziel	Zerspanungsmechanikerin	

Köln, den 31.08.2022

Ruth Schöneberg

1 Früher war es üblich, den Lebenslauf in handschriftlicher Form und als Fließtext zu verfassen. Stellt die Vorteile zusammen, die demgegenüber der heute übliche maschinengeschriebene Lebenslauf bietet.

2 Verfasst zu dem Beruf eurer Wahl euren Lebenslauf. Kontrolliert gegenseitig eure Lebensläufe, ob alle Angaben enthalten sind und ob Rechtschreibung und Zeichensetzung stimmen.

Viele Unternehmen bieten an, die Bewerbung digital als Email und nicht über den Postweg zu verschicken.

Wie ihr beim Verfassen einer Bewerbung per Email vorgehen könnt, erfahrt ihr hier:

 WES-127419-075

Das Bewerbungsfoto

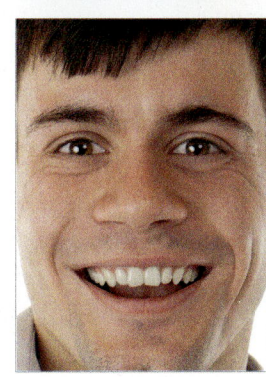

1. Vergleicht die Bilder miteinander. Überlegt dazu Kriterien, die ihr für den Vergleich nutzen wollt, wie z. B. Haltung, Ausdruck, Seriosität usw.

2. Diskutiert, welches der Fotos ihr für eine Bewerbung für besonders geeignet haltet. Begründet eure Meinung.

3. Fertigt z. B. mit der Hilfe eures Handys mehrere Fotos von euch für eine Bewerbung; achtet dabei aber darauf, dass ihr euch nur mit dem jeweils eigenen Handy fotografieren lasst. Entscheidet, welches Foto ihr für die Bewerbung nehmen würdet.

Das Vorstellungsgespräch

Ruth hat es geschafft, sie wird zu einem Vorstellungsgespräch eingeladen. Nun ist sie sehr unsicher, was sie anziehen und wie sie sich in dem Vorstellungsgespräch verhalten soll.

1. Haltet mithilfe der sogenannten „Kopfstandmethode" zunächst einmal fest, was im Zusammenhang mit einem Vorstellungsgespräch ungünstig ist. Übernehmt dazu die folgende Tabelle in euer Heft.

Das ist in einem Vorstellungsgespräch ungünstig	Das ist für ein Vorstellungsgespräch angemessen
unpünktlich sein und abgehetzt zu dem Gespräch erscheinen	?
?	?

Formuliert dann zu den von euch gefundenen Punkten das Gegenteil und tragt dies in die rechte Spalte ein. Daraus resultiert der Begriff „Kopfstandmethode".

2 Ruth überlegt, ob sie zu dem Vorstellungsgespräch für einen Ausbildungsplatz als Zerspanungsmechanikerin ein Kleid oder ihre neuen Jeans anziehen soll. Was würdet ihr Ruth raten? Formuliert eine allgemeine Aussage zur angemessenen Kleidung für Vorstellungsgespräche.

3 Stellt zusammen, wodurch sich die Kommunikationssituation eines Vorstellungsgesprächs von der anderer Gesprächsformen, z. B. einem Gespräch unter Freunden oder einem Gespräch zwischen Lehrer und Schüler, unterscheidet.

Michael Fuchs (geb. 1954)
Dimensionen sprachlicher Kommunikation

Man unterscheidet bei der sprachlichen Kommunikation unter anderem zwischen zwei Dimensionen:
- die mediale Dimension und
- die konzeptionelle Dimension.

Die mediale Dimension der sprachlichen Kommunikation

Sprachliche Äußerungen können entweder mündlich durch Laute erfolgen oder schriftlich durch Schriftzeichen. Eine Zwischenform gibt es nicht.

Die konzeptionelle Dimension der sprachlichen Äußerung

Bei sprachlichen Äußerungen orientieren sich die Kommunikationspartner an Bedingungen der persönlichen Nähe oder der persönlichen Distanz.
Sprachliche Kommunikation unter Freunden, sei sie schriftlich oder mündlich, orientiert sich an der vorhandenen Nähe der Gesprächspartner: Die Sprache ist vertraulicher, Normen der Schriftsprache bzw. Standardsprache spielen oft nur eine untergeordnete Rolle.
An den Bedingungen der persönlichen Distanz orientiert sind z. B. Briefe an eine Behörde oder ein Gesetzestext. Hier spielt eine persönliche Beziehung der Kommunikationspartner keine Rolle.
Bei der konzeptionellen Dimension gibt es keine scharfe Abtrennung zwischen den Bedingungen der persönlichen Nähe und der persönlichen Distanz. Man muss sich das eher als eine Skala vorstellen mit den Polen persönliche Nähe/persönliche Distanz:

Sprache der Nähe — Sprache der Distanz

Man spricht von **konzeptioneller Mündlichkeit**, wenn in einem schriftsprachlichen Medium wie dem Internetmessenger verstärkt Elemente auftauchen, die eher dem mündlichen Sprachgebrauch zuzuordnen sind. Entsprechend spricht man von **konzeptioneller Schriftlichkeit**, wenn in einem Gespräch verstärkt Elemente der Schriftsprache/Standardsprache auftauchen.

4 Lest den Text. Erläutert zunächst einmal euer Verständnis der Fachbegriffe „mediale Dimension", „konzeptionelle Dimension", „konzeptionelle Mündlichkeit", „konzeptionelle Schriftlichkeit".

5 Ordnet, um euer Verständnis zu überprüfen, folgende Äußerungsformen danach, ob sie medial mündlich oder medial schriftlich realisiert werden. Legt dazu eine Tabelle an.

a) Telefongespräch unter Freundinnen
b) Brief an die Schulleitung
c) Hörbuch eines Romans
d) Interview für eine Tageszeitung
e) Bewerbungsgespräch
f) Bewerbungsschreiben
g) Schulhausordnung
h) Messengernachricht an die Sportgruppe

6 Kennzeichnet jede der Ausdrucksformen in Aufgabe 5 danach, ob sie eher mündlich (m) oder eher schriftlich (s) konzipiert ist.

7 Schaut euch das Gespräch zwischen Ruth und ihrer Freundin auf Seite 281 an. Notiert sprachliche Wendungen, die auf konzeptionelle Mündlichkeit schließen lassen.

8 Denkt euch Situationen aus, in denen jemand Elemente der konzeptionellen Mündlichkeit bzw. Schriftlichkeit unangemessen verwendet.

Am Tag des Vorstellungsgesprächs wird Ruth von der Personalleiterin an der Bürotür empfangen.

Personalleiterin: Guten Tag, Frau Schöneberg, prima, dass Sie pünktlich zu unserem Gespräch erscheinen. Kommen Sie bitte herein und setzen Sie sich dorthin. Möchten Sie ein Glas Wasser?

9 Notiert bei diesem Gesprächsanfang, was auf konzeptionelle Schriftlichkeit schließen lässt.

Im Laufe des Gesprächs gibt die Personalleiterin Ruth einige Gesprächsimpulse:

- Erzählen Sie etwas über sich.
- Was waren in der Schule Ihre Lieblingsfächer?
- Was machen Sie in Ihrer Freizeit?
- Nennen Sie mir zwei Ihrer Stärken und zwei Ihrer Schwächen.
- Warum sollten wir uns für Sie entscheiden?

10 Ihr habt Ruth ja durch Ihr Bewerbungsschreiben und Ihren Lebenslauf kennengelernt. Formuliert Antworten auf die Fragen. Achtet dabei darauf, dass ihr

- Elemente der konzeptionellen Mündlichkeit vermeidet und
- keine einsilbigen Antworten gebt, aber auch nicht zu ausschweifend antwortet.

11 Denkt euch weitere mögliche Fragen der Personalleiterin aus, z. B. zu dem Berufswunsch von Ruth und zu Ihrer Bewerbung bei dem Unternehmen.

12 Auch die Bewerberin/der Bewerber darf in einem solchen Vorstellungsgespräch Fragen stellen. Formuliert solche Fragen. Sprecht aber auch darüber, welche Fragen besser nicht gestellt werden.

13 Recherchiert im Internet über die Körpersprache bei einem Vorstellungsgespräch. Notiert euch wichtige Tipps dazu.

14 Ihr habt jetzt genug Material zusammen, um ein solches Vorstellungsgespräch zu spielen. Dabei solltet ihr aber nicht von einem Blatt ablesen, um das Gespräch möglichst echt wirken zu lassen.
Achtet bei der Auswertung des Gesprächs darauf, ob die Formulierungen und die Körpersprache angemessen sind.

Üben, wiederholen und mehr ...

In diesem Kapitel erhältst du vor allem Material, um Wichtiges aus den letzten Schuljahren zu wiederholen und dich auf die folgende Jahrgangsstufe vorzubereiten. Im Einzelnen geht es um

- das Verfassen einer Inhaltsangabe,
- die Analyse eines Erzähltextes,
- die Zusammenfassung eines Sachtextes,
- das Erstellen eines Diagramms mithilfe eines Textverarbeitungsprogramms,
- die sprachliche Überarbeitung von Texten,
- Wortarten,
- Satzglieder,
- Nebensätze/Gliedsätze,
- Rechtschreibung,
- Zeichensetzung,
- das richtige Zitieren.

REGEL

Aktiv und Passiv im sprachlichen Vergleich

Formulierungen im Passiv hören sich manchmal umständlich an. Lebendiger und anschaulicher wirkt dagegen das Aktiv. Oft empfindet man es – z. B. bei Geschäftsbriefen – als persönlicher. Es ist aber sinnvoll, das Passiv zu benutzen, wenn

- der Handelnde unbekannt ist,
- er nicht erwähnt werden soll oder möchte (Dem Verein wurden die Bälle und Trikots gesponsert.),
- der Handelnde unerheblich ist (Das Spiel wurde beendet.),
- der Vorgang, die betroffene Sache oder der betroffene Mensch und nicht der Handelnde hervorgehoben werden soll (Markus Rehm wurde als Sportler geehrt.).

REGEL

Zitierweisen und -regeln

- Zitate können durch einen Begleitsatz eingeleitet werden. Die Kennzeichnung des Zitats erfolgt dann wie bei der wörtlichen Rede durch Anführungszeichen. Auslassungen in dem Zitat werden durch drei Punkte in eckigen Klammern kenntlich gemacht:
Die Kurzgeschichte „Augenblicke" beginnt mit einem unvermittelten Einstieg: „Kaum stand sie vor dem Spiegel [...]." (Z. 1)

Erworbene Fähigkeiten trainieren

Das brauchst du immer wieder. ◆ **So gehst du vor.**

Sich im Wörterbuch orientieren

Wenn du dir bei der Rechtschreibung unsicher bist, solltest du immer mit einem Wörterbuch arbeiten. Dort erfährst du meistens nicht nur etwas über die Schreibweise, sondern auch etwas über

- die Aussprache (Betonung und Länge/Kürze der betonten Vokale),
- die Bildung des Genitivs,
- die Pluralform,
- die Herkunft des Wortes,
- die Wortbedeutung,
- weitere Wörter aus der Wortfamilie,
- unterschiedliche Verbformen (manchmal),
- die Steigerungsformen der Adjektive (manchmal),
- die Worttrennung.

Verben sind im Wörterbuch immer in der Form des Infinitivs eingeordnet (er liest → lesen), Adjektive in der Grundform (am besten → gut).
Dort, wo das Regelwerk zwei verschiedene Schreibweisen erlaubt, sind diese auch aufgeführt. Im Auszug auf S. 349 bedeutet die gelbe Unterlegung, dass diese Schreibweise empfohlen wird.

- Den Kontakt zu anderen Menschen meidet er, ? diese ihm zu laut sind und ihn zu bedrängen scheinen.
- Möglicherweise hat er sich ? des Todes seiner Frau völlig in sich selbst zurückgezogen.
- Noch ? er sich setzen kann, hört er ein irritierendes Geräusch aus dem Beichtstuhl.

1. Den Inhalt eines literarischen Textes wiedergeben

Das brauchst du immer wieder. **So gehst du vor.**

Die Inhaltsangabe eines literarischen Textes verfassen

Mit einer **Inhaltsangabe** will man jemanden über den Inhalt eines literarischen Textes, z. B. einer Kurzgeschichte, einer Ballade, eines gesamten Buches, oder auch eines Films informieren.

In der **Einleitung** der Inhaltsangabe werden zur Information des Lesers/der Leserin der Name des Autors bzw. der Autorin, der Titel, die Art des Textes (Kurzgeschichte, Märchen, Romanauszug ...), das Entstehungsjahr, ein Handlungsüberblick (Ausgangssituation, Situation am Schluss) und gegebenenfalls das Thema bzw. das im Text ausgebreitete Problem wiedergegeben. Über das Thema kannst du auch am Schluss der Inhaltsangabe informieren.

Im **Hauptteil** werden die wichtigsten Geschehnisse (Figuren, Ort, Zeitpunkt, wichtige Handlungsschritte) mit eigenen Worten zusammengefasst. Auf die Darstellung von Einzelheiten wird dabei verzichtet, man beschränkt sich auf das Wesentliche.

Die **Sprache** der Inhaltsangabe ist bestimmt durch ihre **informierende** Absicht, sie ist sachlich und enthält keine Spannung erzeugenden oder besonders textnahen Formulierungen. Mit Adverbialsätzen oder adverbialen Bestimmungen kannst du den zeitlichen (Nachdem er ein Geräusch gehört hat .../Bevor er sich auf den Weg macht ...) oder ursächlichen (Weil sie befürchtet .../Obwohl er eigentlich lieber fliehen möchte ...) Zusammenhang der Handlungsschritte sinnvoll wiedergeben. Die direkte Rede wird durch die **indirekte Rede** oder eine **Umschreibung** ersetzt.
Das **Tempus** der Inhaltsangabe ist das Präsens, bei Vorzeitigkeit das Perfekt.

 WES-127419-067

Stefanie Dominguez (geb. 1996)
Ein ganz gewöhnlicher Sonntag

Er glaubte nicht an das Schicksal.
Er glaubte ja nicht einmal mehr an sich selbst.
Es war ein Sonntag wie jeder andere, als er mit zusammengepressten Lippen über den Markt-
5 platz schlenderte. Sein Kiefer wirkte angespannt, verhärtet, seine Augen waren schlammig wie verblichene Kaffeeflecken, die Falten um seinen Mund eingebrannt, die Lippen schmal.

Erwartet bloß kein Lächeln.
Die Domtür ächzte, als er sich hindurchschob 10
und seinen eigenen Schritten lauschte, begleitet von dem regelmäßigen Klopfen seines Stockes.
Endlich Ruhe.
Das Geplänkel junger Paare und das Hüpfen ihrer Kinder an den Wochentagen waren ihm zuwi- 15
der. Überall Menschen, festgeklebt an ihren Han-

294

dys, verstöpselt und verkabelt. Immer in Eile, immer auf die letzte Minute. Daher war ihm der Sonntag am liebsten.

Nur Jesus blickte still von seinem Kreuz auf ihn herab.

Es war noch früh, die Stadt schlafend. Er liebte diese heimlichen Stunden der Ruhe. Nur er und vielleicht Gott, doch dieser sprach nicht.

Warum erbaten bloß alle Antwort von ihm? Er war froh, dass wenigstens einer noch schweigen konnte.

Er war allein, ein Auge wach, eines in Gedenken an seine Elsa gerichtet, die friedlich schlief. Nun schon seit sechs Jahren. Die Krankheit hatte sich über sie hergemacht, sie von innen heraus zerstört wie ein Parasit.

Sein Herz setzte einen Schlag lang aus, als er ein Wimmern hörte. Der Beichtstuhl schien zu sprechen. Er spähte hinein.

Augen wie Kieselsteine blickten ihn an.
Ein kleines Baby, dessen rundlicher Körper in einem flauschigen Strampler steckte. Es quiekte vergnügt, als er das Klappern von Absätzen vernahm.

Eine blonde Haarpracht, ein schwarzes Kleid, ein bleicher Nacken.

„Halt!", rief er. Seine Stimme krächzte und knarzte wie eine nachlässig geölte Tür. „Sie haben Ihr Kind – vergessen! Sie ..."

Die Gestalt verschwand im Eingang, er bewegte seine schmerzenden Glieder in ihre Richtung, doch es war zu spät.

Mit zusammengezogenen Brauen blickte er auf das zerknautschte Bündel herab. „Und was mache ich jetzt mit dir?"

Das Kind streckte seine speckigen Hände nach ihm aus und quiekte erneut.

„Schon gut, schon gut." Stöhnend ging er auf die Knie und legte das Kleine in seine Arme.

Hätte er sein Handy noch, könnte er die Polizei anrufen, doch das verdammte Ding hatte immerzu gebimmelt und gebrummt, da hatte er es weggeworfen. Jetzt musste er wohl laufen.

„Können die nicht aufpassen, bevor sie Kinder in die Welt setzen und sie anderen überlassen? Verantwortungslose ..."

Eine wahre Schimpftirade strömte von seinen Pappkartonlippen zu Boden, und seine Falten vertieften sich.

Ungeschickt humpelte er die Westernstraße entlang und fluchte, als das Baby zu zappeln begann. „Halt doch endlich still!"

Vor der Kneipe an der Ecke riefen ihm ein paar Kerle zu, grölend, noch betrunken von der vergangenen Nacht.

Karneval lag noch ein paar Tage in der Zukunft, doch sie waren schon jetzt verkleidet. „Hasi Palau!", riefen sie. Er humpelte weiter.

Ein junger Mann mit Narrenmütze folgte ihm, die Glöckchen bimmelten.

„Starkes Kostüm!", lallte er. „Sieht total echt aus!"

Er humpelte weiter.

Dann wieder die junge Frau. Sie verschwand in Richtung Bushaltestelle. „Ihr Kind! Warten Sie doch!" Fest entschlossen warf er den Stock zur Seite und hastete mit nicht geahnter Energie hinter ihr her.

„Halt!"

Doch der Weg wurde ihm für einen entscheidenden Moment versperrt, sein Ziel eilte davon.

Ein Hund mit wirrem Fell bellte zu ihm hoch, die wilden Locken hingen über seinen Augen.

„Weg! Geh zur Seite!" Er machte eine scheuchende Handbewegung, taumelte und wäre fast gestürzt, das Baby unbeholfen auf seinen Armen tragend.

„Wuff!", machte der Hund, und seltsamerweise war dies der Moment, in dem er lachen musste.

Seine schlaffen Wangen färbten sich rosa, die

Falten um seinen Mund schienen sich zu glätten. Es wurde fast ein Lachen, befreiend wie ein lang unterdrücktes Niesen.

Er setzte seinen Weg fort in Richtung Zentralstation; weit konnte die junge Frau nicht gekommen sein. Das Kind in seinem Arm brabbelte.

Die Frau stieg in einen Bus, Linie 7, Kiliansplatz. „Halt!", rief er erneut, doch nur ein paar Schläfer hoben die Köpfe.

Das leise Knattern eines Motorrollers ließ ihn innehalten. Ein Mann saß darauf, vielleicht 25 Jahre alt. „Entschuldigung, nehmen Sie mich mit?" Ungläubig sah er zu dem Baby, dem Hund und wieder zurück zu dem Kind. „Sind Sie sicher?" Er nickte nur, sich unbeholfen auf den Sozius setzend. Mit der einen Hand hielt er sich verkrampft an dem Mann fest, mit der anderen drückte er das Kind an seine Brust. „Folgen Sie dem Bus!" Der Fahrer schüttelte den Kopf. „Sie sind verrückt!"

Er blickte sich zu dem Baby um.

An der Mälzerstraße stieg die junge Frau endlich aus. „Danke, hier ist Endstation für mich", hörte er sie sagen.

Sie drehte sich um. Jung war sie, höchstens 21, und zierlich.

Ein alter Mann stand vor ihr.

„Ich kann ihn nicht behalten. Ich kann ihn nicht behalten. Wer passt auf ihn auf, wer sorgt für ihn?" Ihre Blicke verschränkten sich. *Ich*, sagten seine Augen.

Eine ältere Frau blickte ihn stirnrunzelnd an und schüttelte den Kopf.

Es war ein herrlicher Tag und er hatte sich nie so lebendig gefühlt.

(2014)

1 Lest die Kurzgeschichte sorgfältig und beantwortet stichwortartig anschließend die folgenden Fragen zum Inhalt:

a) Wer sind die Hauptfiguren?
b) Wo spielt sich das Geschehen im Einzelnen ab?
c) Aus welchem Grund betritt der alte Mann den Dom?
d) Wie ist seine Gefühlslage in diesem Moment?
e) Wie ist seine Gefühlslage am Schluss der Handlung?
f) Welches besondere Ereignis aus der Vergangenheit prägt sein Verhalten?
g) Welche Erklärung gibt es möglicherweise für die Veränderung am Schluss?
h) Worin liegt die Verzweiflung der jungen Frau begründet?
i) Welche weiteren Figuren reagieren auf welche Weise auf den alten Mann?

2 Beantwortet ebenfalls stichwortartig die folgenden Fragen für einen Einleitungsteil zu einer Inhaltsangabe:

a) Autorin?
b) Titel?
c) Entstehungsjahr?
d) Textart?
e) Handlungsüberblick? (Wie ist die Ausgangssituation? Wie endet das Geschehen?)

3 Verfasst nun mithilfe der Fragen aus Aufgabe 2 einen Einleitungsteil für eine mögliche Inhaltsangabe.

4 Mit welcher der folgenden Formulierungen wird das Thema bzw. Problem, um das es in diesem Text geht, eurer Meinung nach am treffendsten wiedergegeben? Ergänzt euren Einleitungsteil entsprechend. Ihr könnt natürlich auch eine eigene Aussage zum Thema bzw. Problem formulieren.

- Der Text verweist auf die Probleme, die zwischen Kindern und Erwachsenen auftreten können.
- Der Text macht deutlich, wie Menschen aus einer scheinbar ausweglosen Situation gelangen können.

- Das zentrale Problem, um das es in diesem Text geht, ist der manchmal rücksichtslose Umgang mit Menschen in Notsituationen.
- In diesem Text wird deutlich, wie schwer es Eltern gelegentlich mit ihren Kindern haben.
- Der Text verdeutlicht, dass es aus einer Krisensituation Lösungswege gibt, wenn Menschen sich solidarisch verhalten und einander helfen.

5 Gebt nun stichwortartig den Handlungsverlauf wieder. Die Fragen aus Aufgabe 1 helfen euch dabei. Alternativ könnt ihr den Text auch gliedern und den Abschnitten aussagekräftige Überschriften geben.

6 Ihr wisst bereits, dass es im Hauptteil einer Inhaltsangabe darum geht, den Handlungsverlauf mit eigenen Worten so wiederzugeben, dass der zeitliche und ursächliche Zusammenhang deutlich wird. Konkret geht es um Fragen wie: Was geschieht zunächst, was darauf? Aus welchen Gründen verhalten sich die Figuren so, wie sie es tun? Was folgt daraus? … Übertragt die folgenden Sätze in euer Heft und setzt passende Konjunktionen (weil, als, bevor, obwohl, dass, sodass …), Präpositionen (wegen, trotz, nach, vor, aus …) oder Adverbien (anschließend, sofort …) ein.

- __?__ er die Ruhe sucht, begibt sich ein älterer Mann in einen Dom.
- Den Kontakt zu anderen Menschen meidet er, __?__ diese ihm zu laut sind und ihn zu bedrängen scheinen.
- Möglicherweise hat er sich __?__ des Todes seiner Frau völlig in sich selbst zurückgezogen.
- Noch __?__ er sich setzen kann, hört er ein irritierendes Geräusch aus dem Beichtstuhl.
- __?__ er eine junge Frau wahrnimmt, offensichtlich die Mutter des Babys, verlässt diese sofort das Kirchengebäude, ohne __?__ sie sich weiter um den Säugling kümmert.
- Hilfe per Handy kann er nicht herbeirufen, __?__ er seines bereits einige Zeit zuvor weggeworfen hat.
- __?__ nimmt er mit dem Säugling im Arm die Verfolgung auf.
- Auf seinem Weg begegnet er unterschiedlichen Personen, die ihm jedoch nicht helfen können, __?__ sie betrunken sind.
- __?__ er die Frau einzuholen glaubt, versperrt ihm ein Hund den Weg.
- __?__ trifft er jedoch auf einen Rollerfahrer, der ihn aufsteigen lässt, __?__ er die gesamte Situation offensichtlich für grotesk hält.

7 Wenn ihr wörtliche Aussagen von Personen in einer Inhaltsangabe wiedergeben wollt, verwendet ihr die indirekte Rede oder umschreibt diese. Setzt die folgenden wörtlichen Aussagen in die indirekte Rede.

- „Sie haben Ihr Kind – vergessen!"
  Der alte Mann ruft ihr hinterher, sie …
- „Entschuldigung, nehmen Sie mich mit?"
  Er entschuldigt sich und fragt den Rollerfahrer, ob …
- Der Fahrer schüttelte den Kopf. „Sie sind verrückt!"
  Der Fahrer wirft ihm vor, er …
- „Ich kann ihn nicht behalten."
  Verzweifelt sagt die junge Frau, sie …

8 Schreibt nun eine Inhaltsangabe zu der Kurzgeschichte von Stefanie Dominguez.

9 Im Folgenden findet ihr den Einleitungsteil und den Beginn des Hauptteils einer Inhaltsangabe zu Wolfgang Borcherts Kurzgeschichte „Die Küchenuhr" abgedruckt. Einiges ist sprachlich und inhaltlich nicht gut gelungen. Lest die Kurzgeschichte sorgfältig – ihr findet sie auf S. 234f. –, überarbeitet die abgedruckten Teile und verfasst eine vollständige Inhaltsangabe.

Die Küchenuhr – Inhaltsangabe

Die Geschichte „Die Küchenuhr" wurde von Wolfgang Borchert geschrieben. Sie handelt von einem Mann, der im Zweiten Weltkrieg alles verloren hat. Er ist nun völlig verstört und redet wirres Zeug, als er auf ein paar Menschen trifft, die auf einer Bank sitzen. Die Geschichte macht deutlich, was der Krieg aus den Menschen macht. Er zerstört nicht nur ihre Besitztümer, sondern auch ihre Seele.

Eine Gruppe von Menschen sitzt auf einer Bank. Ein Mann geht auf die Gruppe zu. Er ist erst 20 Jahre alt, sieht aber viel älter aus. Offensichtlich ist er vom Krieg gezeichnet. Der Mann zeigt den Menschen auf der Bank eine kaputte Küchenuhr.

Trümmerfeld in Nürnberg, 1945

Ihre Zeiger zeigen auf halb drei. Er hat sie aus seinem Haus, das von Bomben zerstört worden ist, als einzigen Gegenstand gerettet. Die Küchenuhr bedeutet ihm offensichtlich sehr viel. Sie erinnert ihn nämlich an seine Mutter. Von der erzählt er, dass sie immer in der Nacht um halb drei in der Küche auf ihn gewartet habe, wenn er hungrig nach Hause gekommen sei …

10 In der Aufgabe 7 habt ihr bereits geübt, die direkte Rede in die indirekte Rede umzuformen. Manchmal wirkt so eine Umformung etwas steif, vor allem auch dann, wenn ihr die indirekte Rede sehr häufig verwendet. Deshalb ist es im Einzelfall sinnvoll, mit Umschreibungen und Satzverkürzungen zu arbeiten, z. B.:

Direkte Rede: Der Mann schrie dem Jungen ins Gesicht: „Verlass sofort meinen Hof!"
Indirekte Rede: Der Mann schreit laut, dass der Junge den Hof sofort verlassen solle.
Umschreibung: Energisch fordert der Mann den Jungen auf, den Hof sofort zu verlassen.

Schreibt zu den folgenden Aussagen in der indirekten Rede passende **Umschreibungen** auf.

- Mit ihr werde es niemals mitgehen, antwortet das Kind der fremden Frau.
- Der Ladenbesitzer fordert lautstark, dass der Dieb das gestohlene Fahrrad zurückgeben solle.
- Noch vor dem Dunkelwerden werde er zurück sein, verspricht der alte Mann der Frau.
- Der Hofbesitzer bietet den Wanderern an, dass sie in seiner Scheune übernachten könnten.
- Der Zauberer sagte, dass er den Trick niemals verraten werde.
- Die Frau beruhigt den verwirrten alten Mann und sagt ihm, dass sie ihm helfen werde.

2. Einen Erzähltext analysieren

Das brauchst du immer wieder. So gehst du vor.

Einen Erzähltext analysieren

Bei der **Analyse eines Erzähltextes** geht es darum, einen solchen Text genau zu untersuchen und dabei seine besonderen Merkmale deutlich zu machen.

Bei der Darlegung deiner Untersuchungsergebnisse hast du zwei Möglichkeiten des Vorgehens: Du kannst **linear** vorgehen, dabei werden die inhaltlichen und sprachlichen Besonderheiten und ihre Deutung, ausgehend von einer **Textgliederung**, Sinnabschnitt für Sinnabschnitt erläutert.

Bei einer **aspektorientierten** Vorgehensweise legst du nach genauer Bearbeitung des Textes fest, welche Schwerpunkte deine Analyse haben soll. Solche Aspekte können sein:

- Thema
- Handlungsaufbau
- Charakterisierung der Figuren
- besondere Motive
- Ort und Zeit der Handlung
- sprachliche Gestaltung
- Erzähltechnik
- Textsorte
- Titel

Die **Einleitung** enthält die Angaben zu Titel, Autor bzw. Autorin, Erscheinungsjahr und Textsorte. Anschließend nennst du das Thema, d. h. die zentrale Problematik/Fragestellung des Textes. Möglich ist auch eine kurze Inhaltsangabe.

Im **Hauptteil** beschreibst und deutest du den Text entweder linear (den Sinnabschnitten folgend) oder aspektorientiert (entsprechend den selbst gewählten oder auch durch die Aufgabe vorgegebenen Aspekten).

Im **Schlussteil** fasst du im Sinne einer Gesamtdeutung deine Untersuchungsergebnisse zusammen und formulierst, welche möglichen Aussage- und Wirkungsabsichten der Erzähltext für dich hat. Du kannst abschließend auch eine persönliche Stellungnahme formulieren (Aktualität, Übereinstimmung mit eigenen Erfahrungen ...).

Margret Steenfatt (1935–2021)
Im Spiegel

„Du kannst nichts", sagten sie, „du machst nichts", „aus dir wird nichts". Nichts. Nichts. Nichts.
Was war das für ein NICHTS, von dem sie redeten und vor dem sie offensichtlich Angst hatten, fragte sich Achim, unter Decke und Kissen vergraben. Mit lautem Knall schlug die Tür hinter ihnen zu. Achim schob sich halb aus dem Bett. Fünf nach eins. Wieder mal zu spät. Er starrte gegen die Zimmerdecke. – Weiß. Nichts. Ein unbeschriebenes Blatt Papier, ein ungemaltes Bild, eine tonlose Melodie, ein ungesagtes Wort, ungelebtes Leben.
Eine halbe Körperdrehung nach rechts, ein Fingerdruck auf den Einschaltknopf seiner Anlage. Manchmal brachte Musik ihn hoch.
Er robbte zur Wand, zu dem großen Spiegel, der beim Fenster aufgestellt war, kniete sich davor und betrachtete sich: lang, knochig, graue Augen im blassen Gesicht, hellbraune Haare, glanzlos.
„Dead Kennedys[1]" sangen: „Weil sie dich verplant haben, kannst du nichts anderes tun als aussteigen und nachdenken."
Achim wandte sich ab, erhob sich, ging zum Fenster und schaute hinaus. Straßen, Häuser, Läden, Autos, Passanten, immer dasselbe. Zurück zum Spiegel, näher heran, so nahe, dass er glaubte, das Glas zwischen sich und seinem Spiegelbild durchdringen zu können. Er legte seine Handflächen gegen sein Gesicht im Spiegel, ließ seine Finger sanft über Wangen, Augen, Stirn und Schläfen kreisen, streichelte, fühlte nichts als Glätte und Kälte. Ihm fiel ein, dass in dem Holzkasten, wo er seinen Kram aufbewahrte, noch Schminke herumliegen musste. Er fasste unters Bett, wühlte in den Sachen im Kasten herum und zog die Pappschachtel heraus, in der sich einige zerdrückte Tuben fanden. Von der schwarzen Farbe war noch ein Rest vorhanden. Achim baute sich vor dem Spiegel auf und malte zwei dicke Striche auf das Glas, genau dahin, wo sich seine Augenbrauen im Spiegel zeigten. Weiß besaß er reichlich. Er drückte eine Tube aus, fing die weiche, ölige Masse in seinen Händen auf, verteilte sie auf dem Spiegel über Kinn, Wangen und Nase und begann, sie langsam und sorgfältig zu verstreichen. Dabei durfte er sich nicht bewegen, sonst verschob sich seine Malerei. Schwarz und Weiß sehen gut aus, dachte er, fehlt noch Blau. Achim grinste seinem Bild zu, holte sich das Blau aus dem Kasten und färbte noch die Spiegelstellen über Stirn und Augenlidern.
Eine Weile verharrte er vor dem bunten Gesicht, dann rückte er ein Stück zur Seite, und wie ein Spuk tauchte sein farbloses Gesicht im Spiegel wieder auf, daneben eine aufgemalte Spiegelmaske. Er trat einen Schritt zurück, holte mit dem Arm weit aus und ließ seine Faust in die Spiegelscheibe krachen. Glasteile fielen herunter, Splitter verletzten ihn, seine Hand fing an zu bluten. Warm rann ihm das Blut über den Arm und tröpfelte zu Boden. Achim legte seinen Mund auf die Wunden und leckte das Blut ab. Dabei wurde sein Gesicht rot verschmiert. Der Spiegel war kaputt. Achim suchte sein Zeug zusammen und kleidete sich an.
Er wollte runtergehen und irgendwo seine Leute treffen.

(1984)

---

[1] **„Dead Kennedys":** amerikanische Punk-Gruppe, 1978 in San Francisco gegründet

1. Lest die Kurzgeschichte von Margret Steenfatt und beantwortet folgende Fragen in Stichworten:
   - Was erfährt der Leser/die Leserin über die Hauptfigur?
   - Wie verhält sich die Hauptfigur am Anfang der Kurzgeschichte, wie am Ende? Hat sich am Ende der Kurzgeschichte etwas am Leben der Hauptfigur verändert?
   - Welche Bedeutung haben die Motive „Blick in den Spiegel" und „Schminken des Spiegelbilds"?
   - Warum zerstört die Hauptfigur ihr Spiegelbild?
   - Welche Rolle spielen die Farben und das Gefühl von Wärme und Kälte in der Kurzgeschichte?

2. Tragt die notwendigen Informationen zusammen, um eine Einleitung zu verfassen.

3. Notiert stichwortartig, woran man an dem Text erkennen kann, dass es sich um eine Kurzgeschichte handelt.

 Seht euch dazu auch den Infokasten auf S. 53 an.

4. Notiert ebenfalls stichpunktartig, woran man erkennen kann, dass es sich um ein personales Erzählverhalten handelt. Welche Wirkung hat das Erzählverhalten auf den Leser/die Leserin? Inwiefern passt die Sprache zu diesem Erzählverhalten?

Ein mögliches, unvollständiges Beispiel für eine aspektorientierte Analyse der Kurzgeschichte

Die Kurzgeschichte „Im Spiegel" von Margret Steenfatt, die 1984 erschienen ist, handelt von einem Jungen, der sich gegen den Druck seiner Eltern durchsetzen und seinen eigenen Weg gehen will.

Im Folgenden werde ich die Kurzgeschichte aspektorientiert beschrei-
5 ben und deuten und mich dabei zunächst mit der Hauptfigur Achim beschäftigen. Weitere Aspekte sind: ...

Der Leser bzw. die Leserin erfährt, dass Achim offensichtlich in Konflikt mit seinen Eltern steht, die ihm vorwerfen, untätig zu sein, nichts zu können, und sie drohen ihm damit, dass aus ihm nichts werde. Die
10 Heftigkeit, mit der die Eltern ihre Vorwürfe vortragen, wird durch die häufige Wiederholung des Wortes „nichts" (Z. 1 ff.) betont ...

Einleitung: Textsorte, Titel, Autor/Autorin, Veröffentlichungsjahr, Thema

Ankündigung der aspektorientierten Analyse

Aspekt: die Hauptfigur

Eine besondere Rolle in der Kurzgeschichte spielen die Motive „Blick in den Spiegel" und „Schminken des Spiegelbilds". Bei dem Blick in einen Spiegel wird man mit sich selbst konfrontiert, man kann sich
15 selbst intensiv betrachten und, indem die Augen sich begegnen, in sein Inneres sehen. Achim rückt körperlich ganz nah an sein Spiegelbild heran, streichelt es sogar intensiv (vgl. Z. 28 ff.), verspürt aber nichts als „Glätte und Kälte" (Z. 32). Dies bedeutet, dass er …

…

20 Der Text weist die Merkmale einer Kurzgeschichte auf. Er beginnt mit einem offenen Einstieg. Der Leser bzw. die Leserin weiß nicht, wer die angesprochene Figur ist bzw. wer die sprechenden Figuren sind. Auch das Ende ist offen. Man erfährt nicht, wie z. B. Achims Freunde auf seine Schnittwunden reagieren. Weiterhin wird in der Kurzgeschichte
25 ein kurzer Ausschnitt aus dem Leben Achims gezeigt, der aber typisch zu sein scheint. Durch das personale Erzählverhalten …

Die Kurzgeschichte „Im Spiegel" von Margret Steenfatt zeigt einen Jugendlichen, der sich in einer Krisensituation befindet. …
Ich kann die Handlungsweise von Achim gut nachempfinden/nicht
30 gut nachempfinden …

Aspekt: Motive „Blick in den Spiegel" und „Schminken des Spiegelbilds"

Weitere mögliche Aspekte?

Aspekt: Textart, Erzählverhalten

Schluss

5 Verfasst eine vollständige Analyse der Kurzgeschichte.

3. Texte sprachlich überarbeiten

MARC: Ich weiß nicht, was das Überarbeiten bringen soll. Wenn ich einen Text geschrieben habe, dann habe ich mir doch Mühe gegeben. Mir fällt dann eben keine bessere Formulierung ein.

MARIE: Das ist bei mir anders. Ich schreibe meine Gedanken schnell hin, damit ich sie nicht vergesse. Wenn ich zu lange über die Formulierungen nachdenke, sind die besten Gedanken weg. Ich verbessere die Formulierungen dann später.

PRIYA: Mir geht es eher wie Marc, aber wenn mir jemand hilft, dann sehe ich doch noch, wo ich den Text verbessern kann.

TIM: Ich finde es gut, dass wir in der Klasse Tipps für die Überarbeitung von Texten zusammengestellt haben. Jetzt weiß ich besser, worauf ich überhaupt achten muss.

1 Sprecht über eure Erfahrungen beim Überarbeiten von Texten. Teilt ihr die Aussagen der Schülerinnen und Schüler? Habt ihr noch andere Erfahrungen gemacht?

Die Klasse 9d diskutiert über den Vorschlag, in der Schulmensa demnächst nur noch vegetarisches Essen anzubieten.
Stellt euch vor, ein Schüler habe seine schriftliche Stellungnahme zu diesem Vorschlag folgendermaßen begonnen:

> Ich finde es ziemlich doof, wenn mir jemand verbieten will, Fleisch zu essen. Ich bin der Meinung, dass jeder das essen darf, was ihm schmeckt. Ich finde es aber auch o.k., wenn jemand auf vegetarisches Essen abfährt. Ich muss das aber noch lange nicht.

2 Was haltet ihr von der sprachlichen Gestaltung der Stellungnahme?

Die Klasse hat ein Lernplakat mit Tipps zur Überarbeitung von Texten gestaltet und es im Klassenraum aufgehängt.

Bei der sprachlichen Überarbeitung von Texten können folgende Punkte wichtig sein:

- Sind deine Formulierungen treffend und genau?
- Finden sich Wortwiederholungen in unmittelbarer Nachbarschaft?
- Finden sich Wörter und Formulierungen, die in der Schriftsprache nicht gebräuchlich sind (z.B. Jugendsprache oder Schimpfwörter)?
- Ist der Satzbau abwechslungsreich (z.B. nicht immer mit dem Subjekt beginnen)?
- Sind die Sätze schlüssig miteinander verknüpft (z.B. mit einer passenden Konjunktion)?
- Ist der Satzbau zu einfach (nur kurze Hauptsätze) oder zu kompliziert (unübersichtliche Verschachtelung von Sätzen)?

3 Macht mithilfe der Tipps Vorschläge, wie die Stellungnahme auf S. 303 verbessert werden kann.

4 Im Folgenden findet ihr eine Reihe von Formulierungen, bei denen ihr mindestens jeweils einen Überarbeitungstipp des Lernplakats anwenden könnt. Findet heraus, welchen Tipp ihr anwenden könnt, und macht Verbesserungsvorschläge. Ganz wichtig: Vergleicht eure Verbesserungsvorschläge untereinander!

- Es ist doch irgendwie komisch, dass man in Sport Zensuren bekommt.

- Ich kann mir vorstellen, dass bei Abschaffung der Zensuren im Fach Sport die Schülerinnen und Schüler sich noch weniger bewegen. Die Zensuren im Fach Sport bieten einen Motivationsanreiz. Viele Schülerinnen und Schüler wünschen sich deshalb Zensuren im Fach Sport.

- Zensuren im Fach Sport, das haben mehrere Umfrageergebnisse, die von bekannten Zeitschriften in Auftrag gegeben wurden und die deshalb glaubhaft sind, ergeben, werden von einer Mehrheit der Schülerinnen und Schüler, die befragt wurden, akzeptiert.

- Im Folgenden werde ich meine Meinung zum Verzehr von Fleisch erläutern, ich werde zuerst die Pro-Argumente, dann werde ich die Kontra-Argumente erläutern. Zum Schluss werde ich die Argumente abwägen und meine Meinung begründen.

- Zensuren im Fach Sport sind voll daneben. Ich möchte nur wissen, wer diesen Blödsinn erfunden hat.

- Man sollte den Fleischkonsum einschränken, obwohl viel landwirtschaftliche Nutzfläche für die Ernährung der Tiere verschwendet wird.

- Ich halte Zensuren im Fach Sport für absoluten Quatsch. Es ist doch nicht mein Ding, dass ich unsportlich bin.

- Ich fände es gut, wenn es an einem Tag in unserer Mensa nur vegetarisches Essen gäbe. Ich glaube, dass viele Schülerinnen und Schüler dann nachdächten, ob man wirklich Fleisch braucht. Ich meine, die Verantwortlichen sollten einen solchen Versuch einmal starten.

5 Schaut euch noch einmal die Tipps auf dem Lernplakat an. Begründet, inwiefern sie helfen, Texte sprachlich zu verbessern.

4. Einen Sachtext zusammenfassen

1 Was haltet ihr von der Einschätzung Jugendlicher durch Erwachsene, von der im folgenden Text aus dem Jahr 2007 berichtet wird?

Studie der Bertelsmann Stiftung:
Erwachsene sehen Jugendliche eher skeptisch

Gütersloh – Erwachsene in Deutschland sehen Jugendliche eher skeptisch. Die jungen Leute seien konsumorientiert und tränken zu viel Alkohol, lautet die Einschätzung vieler Erwachsener nach einer am Montag veröffentlichten Studie der Bertelsmann Stiftung.

Für die Studie befragte die Stiftung bundesweit rund 1.000 Personen über 34 Jahre. Rund 92 Prozent der befragten Erwachsenen gaben zwar an, Jugendliche sympathisch zu finden, gleichzeitig wurde ihre Lebensführung jedoch kritisiert. Sie tränken zu viel Alkohol, meinen 70 Prozent der Befragten, 64 Prozent sind der Ansicht, dass Jugendliche vor allem auf den eigenen Vorteil bedacht seien, und 61 Prozent sagen, Jugendliche respektierten fremdes Eigentum nicht.

Die Herabsetzung des Wahlalters auf 16 Jahre lehnen 72 Prozent ab. Auch hinters Steuer wollen die Erwachsenen die jungen Leute nicht lassen, ein niedrigeres Führerscheinalter halten rund 85 Prozent für falsch. Auch meinen rund 68 Prozent der Befragten, die Jugendlichen könnten mit Geld eher nicht umgehen.

Kompetenz besitzen die Jüngeren aus Sicht der Erwachsenen bei technischen Fragestellungen (93 Prozent) und beim Umgang mit Menschen (73 Prozent). Gelobt werden auch Kreativität (75 Prozent), Toleranz (60 Prozent) sowie „Fleiß und Ehrgeiz" (53 Prozent).

Viele Erwachsene kritisieren laut einer Studie der Bertelsmann Stiftung, dass Jugendliche zu viel Alkohol trinken.

Zwei Drittel der Befragten (67 %) halten das gesellschaftliche Engagement von Jugendlichen für zu gering. Rund 40 Prozent trauen der Umfrage zufolge der Jugend nicht zu, die künftigen gesellschaftlichen Herausforderungen bestehen zu können. Den Ergebnissen der Studie zufolge fordern die Erwachsenen, dass sich die Heranwachsenden gesellschaftlich stärker engagieren. 93 Prozent meinen, dies sei wichtig.

Brigitte Mohn, Vorstandsmitglied der Bertelsmann-Stiftung, sagte bei der Vorstellung der Studie: „Erwachsene sollten das gesellschaftliche Engagement junger Menschen stärker anerkennen." Mit ihrer vor einer Woche gestarteten Jugendkampagne „Vorbilder bilden" wolle die Stiftung dazu beitragen, das skeptische Jugendbild der älteren Generation zu korrigieren.

(WGR/© dpa/epd, Juli 2007)

2 Lest den Zeitungsbericht noch einmal sorgfältig und verfahrt, wie im folgenden Werkzeugkasten beschrieben.

Das brauchst du immer wieder. ♦ So gehst du vor.

Einen Sachtext zusammenfassen

Wenn du den Inhalt eines literarischen Textes wiedergeben willst, kannst du dich am Handlungsverlauf orientieren. Bei der **Zusammenfassung eines Sachtextes**, z. B. eines Zeitungsberichts, ist das nicht möglich. Hier gehst du am besten folgendermaßen vor:

- Lies den Text sorgfältig und versuche, das Thema zu kennzeichnen. Manchmal helfen dir dabei die Überschrift oder auch Zwischenüberschriften.

- Gliedere den Text und versieh die Abschnitte mit zusammenfassenden Überschriften.

- Unterstreiche in den einzelnen Abschnitten die wichtigsten Informationen oder schreibe sie stichwortartig heraus und ordne sie den Überschriften zu.

- Überlege dir, auch mithilfe möglicher Zwischenüberschriften, welche Aufgabe der jeweilige Abschnitt hat. Bei einem Zeitungsbericht geht es z. B. oft darum, zu informieren, z. B. über:
    - ein konkretes Ereignis,
    - eine Untersuchung und deren Ergebnisse,
    - die Stellungnahme einer am Geschehen beteiligten Person,
    - …

3 Verfasst für eine schriftliche Zusammenfassung des Berichts einen Einleitungsteil. Verwendet dafür folgende Stichworte:

- Bericht vom Juli 2007
- dpa (Deutsche Presseagentur), epd (Evangelischer Pressedienst)
- Schlagzeile: „Erwachsene sehen Jugendliche eher skeptisch"
- Thema: Einschätzung Jugendlicher durch Erwachsene
- Studie der Bertelsmann Stiftung

Das brauchst du immer wieder. ◆ **So gehst du vor.**

Den Hauptteil einer Sachtext-Zusammenfassung schreiben

Für den **Hauptteil deiner Zusammenfassung** benötigst du passende Formulierungen, um die Aufgabe der Textabschnitte sinnvoll wiedergeben zu können. Bei einem überwiegend informierenden Text helfen dir diese Formulierungen:

- Einleitend (Z. xxx – xxx) wird … zusammengefasst.
- Im weiteren Verlauf (Z. xxx – xxx) erfährt der Leser/die Leserin etwas über …
- Der folgende Abschnitt (Z. xxx – xxx) informiert über …
- Der Autor/Die Autorin berichtet des Weiteren (Z. xxx – xxx) von …
- Außerdem wird im Folgenden (Z. xxx – xxx) von … berichtet.
- Abschließend (Z. xxx – xxx) wird … wiedergegeben.

Achte darauf, dass deine Zusammenfassung nicht zu viele Einzelheiten enthält, sondern den Inhalt nur im Überblick wiedergibt.
Wichtige Aussagen kannst du (korrekt und mit Zeilenangaben!) als Zitat einfügen.

4 Auf welchen Textabschnitt bezieht sich die folgende Zusammenfassung?

Im weiteren Verlauf des Textes (Z. xxx – xxx) erfährt der Leser/die Leserin zunächst etwas darüber, was Erwachsene laut der Studie der Bertelsmann Stiftung am Lebensstil Jugendlicher
5 besonders kritisieren. Das sind im Einzelnen: Alkoholkonsum, Egoismus und fehlender Respekt vor fremdem Eigentum.

5 Schreibt nun eine vollständige Zusammenfassung des Berichts.

6 Stellt euch vor, ihr wolltet z. B. für ein Referat nur die wichtigsten statistischen Ergebnisse der Studie in Form eines Diagramms zusammenfassen. Ein solches Diagramm, z. B. ein Säulendiagramm, könnt ihr mit der Hand zeichnen. Einfacher geht es, wenn ihr mit dem PC arbeitet. Wie ihr dabei vorgehen könnt, erfahrt ihr im Werkzeugkasten auf S. 308.

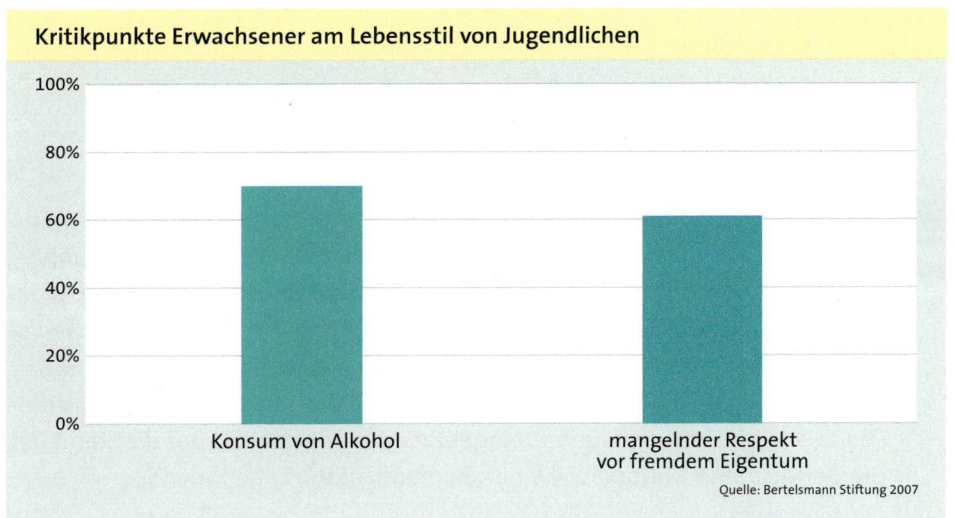

Das brauchst du immer wieder. ◆ So gehst du vor.

Ein Diagramm mithilfe eines Textverarbeitungsprogramms erstellen

Diagramme stellen Daten anschaulich in grafischer Form dar und ermöglichen es, Zusammenhänge zwischen diesen Daten zu visualisieren.

Wenn du ein Diagramm mit einem Textverarbeitungsprogramm erstellen willst, kannst du folgendermaßen vorgehen:

1. Klicke auf „Einfügen" und dann auf die Registerkarte „Diagramm" und wähle einen Diagrammtyp aus (z. B. Säulendiagramm, Kreisdiagramm, Balkendiagramm usw.).

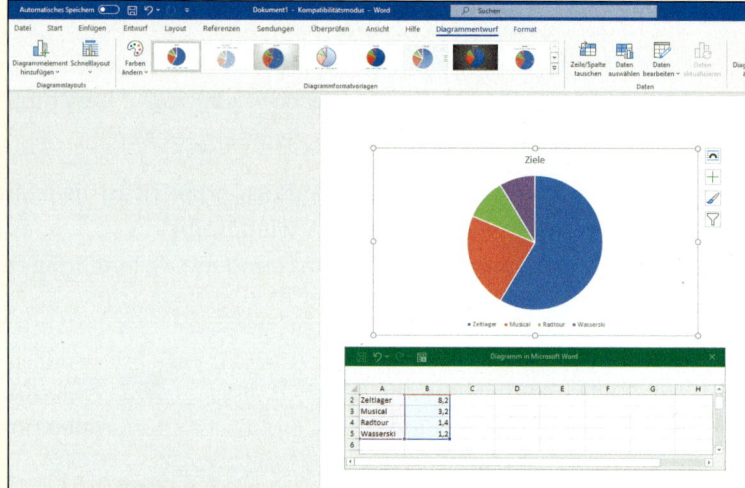

2. Wenn du ein Diagramm ausgewählt hast, öffnet sich automatisch ein zweites Fenster mit einer Tabelle, in welche du die Daten, welche visualisiert werden sollen, eintragen kannst. Außerdem kannst du hier die entsprechenden Kategorien festlegen (z. B. Ziel der Klassenfahrt/Anzahl der abgegebenen Stimmen).

3. Wenn du die Daten fertig bearbeitet hast, wechselst du zurück zu deinem Text-Dokument.

4. Du kannst das Diagramm nun mithilfe der unter der Registerkarte „Diagrammtools" angegebenen Optionen weiter bearbeiten und formatieren. Du kannst z. B.
   - das Layout ändern,
   - die Farbgestaltung anpassen,
   - die Daten erneut bearbeiten.

 7 Die Bertelsmann Stiftung führt immer wieder Untersuchungen zu Themen wie „Jugendengagement", „Jugend und ihre Werte", „Jugend und Zukunft", „Jugend und Arbeit" usw. durch und veröffentlicht deren Ergebnisse z. B. auch auf ihrer Homepage im Internet. Recherchiert und fasst die Ergebnisse neuerer Studien zusammen und tragt sie euren Mitschülerinnen und Mitschülern vor. Dazu könnt ihr entweder in einer Suchmaschine die Begriffe „Bertelsmann Stiftung Jugend" eingeben oder unmittelbar auf die Homepage der Bertelsmann Stiftung www.bertelsmann-stiftung.de (Suchbegriff „Jugend") gehen.

5. Wortarten

Die Lösungen zu den Übungen in diesem Kapitel findet ihr hier:

 WES-127419-069

Wortarten im Überblick – Wiederholung

Thomas Müller über den Champions-League-Sieg im Jahr 2020

<u>Wenn</u> man es auf <u>einen</u> <u>Moment</u> verdichten <u>möchte</u>, war der wichtigste <u>in</u> diesem Jahr sicher, als der Schiedsrichter unser Finale in der Champions League in Lissabon abgepfiffen <u>hat</u>. Es gibt aber ganz viele Momente, die wichtig waren, um überhaupt bis zu <u>diesem</u> Punkt zu kommen. Das hat lange <u>vorher</u> <u>auf</u> <u>dem</u> Trainingsplatz <u>in</u> München angefangen, <u>während</u> der Pause, <u>die</u> uns das Coronavirus beschert hat. <u>Wir</u> konnten nicht <u>sofort</u> als Mannschaft trainieren, <u>sondern</u> nur in Trüppchen, <u>unter</u> <u>speziellen</u> Auflagen. Da haben wir <u>die</u> Grundlagen gelegt, <u>hart</u> an <u>uns</u> gearbeitet, <u>technisch</u> <u>und</u> <u>körperlich</u>. Unseren <u>Fitnesstrainer</u> <u>haben</u> wir des Öfteren verflucht. <u>Beim</u> <u>Turnier</u> in Lissabon hat aber jeder von uns gemerkt, wie sehr <u>wir</u> davon profitierten. Wir waren einfach stärker als unsere Gegner. Wir wussten, <u>dass</u> wir nicht nur in <u>der</u> Bundesliga, sondern auch in der Champions League am Zug sind [...] Und dann <u>kommt</u> das erste <u>Spiel</u> in Lissabon, noch so ein wichtiger Moment. <u>Acht</u> Tore gegen Barcelona. <u>Ich</u> mache nach <u>vier</u> Minuten den <u>ersten</u> Treffer. Da hatte ich gleich das Gefühl: Okay, ich bin <u>im</u> ganzen Turnier angekommen. Ich nehme mir ja <u>immer</u> viel vor. <u>Und</u> so ein Tor gibt Selbstvertrauen.

<u>Als</u> es auf das Finale <u>zuging</u> und wir schon mehr als <u>zwei</u> Wochen in Lissabon waren, hatte <u>man</u> dann gemerkt, <u>dass</u> die Zeit länger wird – aber dass wir auch <u>eine</u> sehr <u>gierige</u> Gruppe sind. Die Entwicklung, die wir als <u>Mannschaft</u> von November 2019 bis Ende August 2020 genommen haben, war phänomenal. Ein <u>wichtiger</u> Teil dieses <u>Teams</u> zu sein hat <u>mir</u> jeden Tag viel Spaß gemacht.

(THOMAS MÜLLER ÜBER DEN CHAMPIONS-LEAGUE-SIEG DES FC BAYERN – „An Nationalspielerzeit erinnert", Christoph Meltzer, F.A.Z. vom 27.12.2020
© Alle Rechte vorbehalten. Frankfurter Allgemeine Zeitung GmbH, Frankfurt. Zur Verfügung gestellt vom Frankfurter Allgemeine Archiv, gekürzt)

1 Übertragt die folgende Tabelle in euer Heft und ordnet die unterstrichenen Wörter des Textes in die richtigen Spalten ein. Die Zahlen verraten euch, wie viele Wörter in jede Spalte eingetragen werden müssen.

Verb	Nomen/ Substantiv	Artikel (bestimmt und unbestimmt)	Adjektiv	Pronomen
5	6	4	6	8
Numerale	Adverb	Präposition	Konjunktion (nebenordnend und unterordnend)	Interjektion (Ausrufewort)
5	3	7	7	0

2 Ihr wisst bereits, dass manche Wortarten sich im Satzzusammenhang verändern, andere nicht. Man spricht in diesem Zusammenhang von flektierbaren und nicht flektierbaren Wortarten. Legt eine weitere Tabelle an und ordnet die folgenden Wortarten in die beiden Spalten ein.

> Nomen/Substantiv • Präposition • Possessivpronomen • Demonstrativpronomen • Adverb • Adjektiv • Interjektion • Verb • nebenordnende Konjunktion • bestimmter Artikel • unterordnende Konjunktion • unbestimmter Artikel

flektierbare Wortarten	nicht flektierbare Wortarten
?	?

3 Arbeitet mit euren Tischnachbarn zusammen, indem ihr euch gegenseitig Fragen zu den Wortarten nach dem hier vorgegebenen Beispiel stellt:

A: Ich denke an eine Wortart, mit der man das Prädikat bildet.
B: Verb!

B: Mit der Wortart, die ich meine, drückt man ... aus.
A: ...

Die Pronomen

Bill Gates

William Henry Gates gilt als eine der größten Unternehmerpersönlichkeiten des letzten Jahrhunderts. <u>Er</u> baute eine Weltfirma auf <u>seinen</u> Software-Entwicklungen auf. Schon in <u>seiner</u> Schulzeit entdeckte er seine Leidenschaft für das Programmieren von Computern und entwickelte gemeinsam mit <u>seinem</u> Freund Paul Allen Computersprachen. 1973 begann er sein Studium an der Harvard University. Als 1974 der erste Mikrocomputer auf den Markt kam, war Bill Gates fasziniert von dem Gedanken, Computer für alle Menschen zugänglich zu machen. Denn bislang waren Computer monströse Geräte, <u>die</u> viel Platz brauchten, teuer waren und nur von Spezialisten bedient werden konnten. 1975 entwickelten Bill Gates und Paul Allen eine Version der Programmiersprache BASIC (Abkürzung für „Beginner's All-purpose Symbolic Instruction Code" = Allzweck-Symbolbefehlsprache für Anfänger). Im gleichen Jahr gründeten die beiden Freunde die Software-Firma Microsoft, denn <u>sie</u> glaubten fest daran, dass der Computer ein hilfreiches Werkzeug in jedem Büro oder Haushalt, in Schulen und Bibliotheken sein könnte. Die Arbeit war so zeitaufwendig, dass Bill Gates 1977 sein Studium aufgab und <u>sich</u> ganz der Entwicklung von Betriebssystemen widmete. Mit MS-DOS (Abkürzung für „Microsoft Disk Operating System" = Microsoft-Plattenbetriebssystem) für den original IBM Personalcomputer wurde ein Produkt geschaffen, <u>das</u> Mitte der 1980er den Computermarkt stürmte und einen Standard für PC-Software festlegte. Seither wuchs Bill Gates' Unternehmen unaufhaltsam. Mittlerweile ist die Microsoft Corporation der größte Software-Hersteller mit vielen Tausend Beschäftigten in der ganzen Welt.

Bill Gates war bis zum Jahr 2000 Präsident des Unternehmens, wechselte aber dann in den Aufsichtsrat <u>dieses</u> Unternehmens. In Büros und an privaten Computern werden die Windows-Programme heute weltweit angewendet, insbesondere seit 1995 der Browser „Internet Explorer" die Windows-Familie um einen komfortablen Internetzugang erweiterte.

(2004)

1 Welche Haltung nimmt der Berichterstatter gegenüber Bill Gates, dem Gründer der Software-Firma, ein? Belegt eure Auffassung mit Zitaten.

2 Übertragt die Tabelle in euer Heft und ordnet die unterstrichenen Pronomen in die richtigen Spalten ein.

Pronomen				
Personalpronomen (persönliches Fürwort)	Possessivpronomen (besitzanzeigendes Fürwort)	Demonstrativpronomen (hinweisendes Fürwort)	Relativpronomen (bezügliches Fürwort)	Reflexivpronomen (rückbezügliches Fürwort)
2	3	1	2	1

Unter die Lupe genommen – Indefinitpronomen

 REGEL

Das Indefinitpronomen

Indefinitpronomen sind **unbestimmte Pronomen**. Sie bezeichnen ganz allgemein und unbestimmt Personen oder Sachen. Häufig ist auch eine nicht weiter bestimmte Anzahl gemeint.

Beispiele:
Irgendjemand hat ihn per Handy über den Termin informiert.
Manche Zuschauer begannen, schon beim ersten Gegentor ihrer Mannschaft zu pfeifen.

Das Indefinitpronomen kann im Satz ein Nomen/Substantiv **begleiten** oder **vertreten**.

Beispiele:
Einige Boxer behalten von ihren Kämpfen bleibende gesundheitliche Schäden zurück.
Selma, **jemand** will dich sprechen!

Die **wichtigsten Indefinitpronomen** sind:
man, jemand, niemand, einer, keiner, jeder, mancher, irgendeiner, irgendwer, irgendwas, einige, ein paar, ein bisschen, ein wenig, etliche, mehrere, viele, alle, sämtliche, etwas, nichts.

Beachtet: Die **Unterscheidung der Indefinitpronomen** von den **unbestimmten Numeralien** (Zahlwörtern, z. B. andere, wenig, zahllos) ist fließend. Aber: Vor die unbestimmten Numeralien kann man den Artikel setzen, während die reinen Indefinitpronomen nicht artikelfähig sind.

Beispiele:
Die wenigen Konter entlasteten die Abwehr kaum.
Die zahllosen Hinweise aus der Bevölkerung führten nicht zur Aufklärung der Umstände der Entführung.

Schnellimbiss im Pompeji des Jahres 79 n. Chr.

Niemand hatte das vermutet, obwohl die Grabungen in Pompeji schon ein paar Einblicke in das antike Alltagsleben geliefert hatten. Aber hätte irgendjemand gedacht, dass es in der antiken Stadt schon Straßenrestaurants gegeben hat? Dabei gab es von ihnen viele, ungefähr 80, denn auch schon damals hatte nicht jeder Lust, sich etwas zu Mittag oder Abend zu kochen.
Einige Besonderheiten bei der letzten Ausgrabung waren für die Archäologen aufschlussreich. So fand man in dem Schnellrestaurant mehrere Überreste von menschlichen Opfern, die von dem Vulkanausbruch des Vesuvs überrascht worden waren. Irgendjemand, vielleicht ein Dieb, hatte offenbar noch versucht, einen Deckel der Töpfe zu heben, bevor ihn die Lava verschlang.
Die Forscher fanden auch Reste von Speisen, die manche bisher unbekannte Informationen über die Essgewohnheiten der Zeit liefern. In den zahlreichen Tontöpfen fanden sie Entenknochen und Reste von Schweinen, Ziegen und Fischen und schließlich Schnecken.
Unter den vielen Gästen befand sich wohl auch ein Witzbold. Irgendeiner von ihnen hat sich am Tresen verewigt und dort eingeritzt: „Nicias! Schamloser Scheißer!" – das natürlich in saloppem Latein. Es gab sicher auch wie heute mehrere, die mit den Preisen nicht einverstanden waren.

Antikes Straßenrestaurant in Pompeji
(Su concessione del Ministro della Cultura – Parco Archeologico di Pompei)

1 Schreibt aus dem Text alle Indefinitpronomen heraus und untersucht ihre Bedeutung für die inhaltlichen Aussagen des Textes. Wie drückt sich der Autor aus, wenn er etwas nicht genau weiß?

2 Kennzeichnet die Indefinitpronomen im Text, die im Satzzusammenhang ihre Form verändern können. Benutzt als Hilfe die folgende Tabelle.

Deklination der Indefinitpronomen „jemand", „niemand", „keiner"

Kasus	Indefinitpronomen		
Nominativ	jemand	niemand	keiner
Genitiv	jemandes	niemandes	keines
Dativ	jemand(em)	niemand(em)	keinem
Akkusativ	jemand(en)	niemand(en)	keinen

Das Verb

Die Verbarten und Verbformen

 REGEL

Infinite Verbformen

Infinit bedeutet „unbestimmt" oder „nicht eingegrenzt".
Zu den **infiniten** Verbformen gehören:
- Der **Infinitiv** (Grundform):
  Beispiele: zögern, schreien, träumen
- Das **Partizip I** (Mittelwort der Gegenwart):
  Beispiele: zögernd, schreiend, träumend
- Das **Partizip II** (Mittelwort der vollendeten Gegenwart):
  Beispiele: gezögert, geschrien, geträumt

Finite Verbformen

Finit hat die Bedeutung von „näher bestimmt" oder „eingegrenzt".
Eine **finite** Verbform gibt Auskunft über folgende Fragen:
- **Wer macht etwas?**
  Beispiel: Ich treffe. Sie treffen.
  Person und Numerus (Anzahl)
- **Geschieht etwas in der Vergangenheit, Gegenwart oder Zukunft?**
  Beispiel: Ich traf. Sie trifft. Er wird treffen.
  Tempus
- **Wird das Geschehen aus der Sicht des Täters oder aus der Sicht des Betroffenen gesehen?**
  Beispiel: Condello trifft. Alan wird getroffen.
  Handlungsart (Genus Verbi)
- **Ist das Geschehen wirklich, möglich oder nicht wirklich?**
  Beispiel: Er trifft. Er treffe. Er träfe.
  Er würde treffen. Triff!
  Modus

Verbarten
- **Vollverben**: Sie können allein das **Prädikat** bilden.
  Beispiel: Über Alan tobte die Menge.
- **Hilfsverben: sein, haben, werden**
  Sie erscheinen im Satz oft zusammen mit einem Vollverb und werden für die Bildung unterschiedlicher Verbformen verwendet.
  Beispiel: Condello schreit: „Bei Dunkelheit **werde** ich das Spiel **abbrechen**!"
- **Modalverben: können, dürfen, mögen, sollen, müssen, wollen**
  Mit ihnen kann der Sprecher seine Aussage verstärken oder abschwächen. **Kann** er etwas tun? **Darf, möchte, soll** er etwas tun? Oder **muss** oder **will** er es tun?
  Beispiel: Weil er heute den Ball nur schlecht **treffen kann**, **will** auch Alan insgeheim das Spiel **abbrechen**.

Myron Levoy (1930–2019)
Der gelbe Vogel

Im Folgenden sind die ersten Seiten des Romans „Der gelbe Vogel" abgedruckt. Nähere Erklärungen zum Text findet ihr auf S. 229.

Alan Silverman ließ den Schlagballschläger ein paarmal scharf hin und her schwingen. Dabei biss er auf seinem Kaugummi herum, als wäre es Kautabak. Es war schon ziemlich dunkel. Alan
5 achtete auf Joe Condellos rechte Hand. Joe hatte so eine Masche, den Ball, ohne lange auszuholen, ganz plötzlich loszuschießen.
Alan brauchte einen Treffer. Den ganzen Nachmittag hatte er keinen Ball sauber getroffen. Er
10 machte noch ein paar Schwünge, so, wie es die berühmten Baseball-Spieler taten. Da kam der Ball, tief und am Mal vorbei.
„Ball zählt."
„Der ging genau übers Mal", brüllte Condello.
15 „Ja, über die Bronx", rief Shaun Kelly, der Kapitän von Alans Mannschaft, „so weit weg, da hätte noch ein Laster Platz gehabt."
[…]
„Autos!", schrie jemand.
20 Wenn Autos kamen, wurde das Spiel sofort unterbrochen. Alan ging mit den anderen zögernd zum Gehsteig und verlor sich in Träumereien. Er war im Yankee-Stadion. Er hatte gerade alle Male umrundet und lief locker zur Mannschaftsbank.
25 Über ihm tobte die Menge. Er hatte es geschafft. Die Schlagzeilen der größten Zeitungen der Welt schrien es heraus: AL SILVERMAN BRICHT ALLE REKORDE […] YANKEE-ANHÄNGER AUSSER SICH! BROADWAYPARADE GEPLANT!
30 […]
Die Autos waren weg. „Weiterspielen!", brüllte Joe Condello. „Es wird dunkel."
Alan ging wieder zum Schlagmal und schlug mit dem Schläger gegen seine Schuhe, als wollte er
35 Dreck abklopfen. Er stand in Kauerstellung, den Schläger weit zurückgeführt. Joe holte aus, schaute zum ersten Standmal und zögerte.
„Fehler!", rief jemand.
„Quatsch. Das Spiel ist aus, Punkt!", schrie Joe.
40 „Und zwar, weil's dunkel ist. Wir haben gewonnen."

„Was heißt denn das?" Shaun Kelly ging zu Joe. „Wir haben unsere Schläge nicht gehabt. Ihr könnt gar nicht gewinnen, wenn wir unsere Schläge nicht bekommen haben."
45
(1977)

1 Woran erkennt man, dass es sich hier um einen erzählenden Text handelt? Benennt typische Merkmale.

2 Welche Bedeutung hat das Baseball-Spiel für Alan? Berichtet darüber, was er beim Sport empfindet.

3 Übernehmt die folgenden Tabellen in euer Heft und tragt alle im Text unterstrichenen Verbformen in die entsprechenden Spalten ein. Wenn ihr dabei Hilfe braucht, dann schaut euch die Übersicht auf S. 314 über die verschiedenen Verbarten und Verbformen an. Ergänzt weitere Verbformen.

Vollverb			
finite Form	infinite Form		
	Infinitiv	Partizip I	Partizip II
9	4	1	6

Hilfsverb			
finite Form	infinite Form		
	Infinitiv	Partizip I	Partizip II
5	–	–	–

Modalverb			
finite Form	infinite Form		
	Infinitiv	Partizip I	Partizip II
2	–	–	–

Die Handlungsart (das Genus Verbi, die Genera Verbi) des Verbs

> **REGEL**
>
> Der Übersicht auf S. 314 könnt ihr entnehmen, dass die finite Verbform auch ausdrückt, ob das Geschehen aus der **Sicht des Täters/Handelnden** oder aus der **Sicht des Betroffenen** gesehen wird. Man unterscheidet demnach zwei Handlungsarten (Genera Verbi): das **Aktiv** und das **Passiv**.
>
> Beim **Aktiv (Tätigkeitsform)** wird die Handlung **vom Täter aus** gesehen. Es ist die am meisten verwendete Handlungsart.
> Beispiel: Pauline **trägt** ihren kleinen Bruder Emil auf dem Arm.
>
> Beim **Passiv („Leideform")** wird die Handlung **vom Betroffenen aus** gesehen. Man unterscheidet dabei zwei Möglichkeiten:
>
> - Das **Vorgangspassiv**: Hier steht das Geschehen im Vordergrund. Der Täter kann, muss aber nicht genannt werden. Wird er nicht genannt, spricht man auch vom **täterlosen Passiv**. Das Vorgangspassiv wird gebildet aus einer Personalform des Verbs **werden** und dem **Partizip II** des Verbs.
>   Beispiel: Emil **wird** von seiner Schwester Pauline **getragen**. – Vorgangspassiv
>   Emil **wird getragen**. – Vorgangspassiv als täterloses Passiv
>
> - Das **Zustandspassiv** bezeichnet den erreichten Zustand oder das Ergebnis einer Handlung. Es wird gebildet aus einer Personalform von **sein** und dem **Partizip II** des Verbs.
>   Beispiel: Das Spiel **ist** wegen der Autos **unterbrochen**. – Zustandspassiv (Gegenwart)
>   Das Spiel **war** wegen der Autos **unterbrochen**. – Zustandspassiv (Vergangenheit)

Totilas – ein Nachruf für ein Wunderpferd

Von kaum einem anderen Pferd wurde die Welt so beeindruckt wie von dem Dressurpferd Totilas. Dass der Dressursport aus seinem vornehmen Getto hervorgeholt ist, verdankt er weitgehend diesem schwarzen Hengst mit den strotzenden Muskeln und seinen starken und zugleich spielerischen Bewegungen. Immer wenn er geritten wurde, war die Dressurarena von begeisterten Zuschauern überfüllt, oft sogar so sehr, dass sie von der Turnierleitung schon lange vor der Eröffnung des Wettkampfs mit Totilas' Auftritt gesperrt wurde. Damals hatte Totilas eine eigene Homepage und wurde ständig von einem

eigenen Leibwächter beschützt. Das Pferd war Kult. Zahllose Tassen mit dem Abbild des beeindruckenden Hengsts wurden von den Fans gekauft. In fast allen Medien wurde die Schönheit von Totilas bewundernd dargestellt: seine Kraft, seine Muskulatur und nicht zuletzt die höchsten Wertungen bei seinen Wettkämpfen. Totilas strahlte Kraft und Sicherheit aus und gewann Titel auf Titel, darunter drei Weltmeisterschaften. Aber dann wurde dieses Wunderpferd von einer langen Krankheitsgeschichte heimgesucht. Im Dezember 2020 starb Totilas an einer Nierenkolik. Aber es tröstet vielleicht die Fans von Totilas, denn es wird berichtet, dass der berühmte Hengst zahlreiche Nachkommen hinterließ.

(2021)

1 Übernehmt die folgende Tabelle in euer Heft und tragt aus dem Text die Passiv-Formen mit ihrer jeweiligen Zeitform in die richtigen Spalten ein. Die entsprechenden Sätze mit den Passiv-Formen könnt ihr beim Eintragen in die Tabelle verkürzen.
Die Zeitformen des Passivs sind in der Tabelle auf S. 318 als Hilfe noch einmal aufgeführt.

Vorgangspassiv mit Nennung des Täters	Vorgangspassiv als täterloses Passiv	Zustandspassiv
?	?	?

2 Übertragt den Text in euer Heft und wandelt an den Stellen, wo ihr es sprachlich für angebracht haltet, das Passiv in das Aktiv um. Welche Version des Textes klingt für euch stilistisch besser? Benutzt dabei als Hilfe die folgende Übersicht.

> **REGEL**
>
> **Aktiv und Passiv im sprachlichen Vergleich**
>
> Formulierungen im Passiv hören sich manchmal umständlich an. Lebendiger und anschaulicher wirkt dagegen das Aktiv. Oft empfindet man es – z. B. bei Geschäftsbriefen – als persönlicher. Es ist aber sinnvoll, das Passiv zu benutzen, wenn
>
> - der bzw. die Handelnde unbekannt ist,
> - er/sie nicht erwähnt werden soll oder möchte (Dem Verein wurden die Bälle und Trikots gesponsert.),
> - der bzw. die Handelnde unerheblich ist (Das Spiel wurde beendet.),
> - der Vorgang, die betroffene Sache oder der betroffene Mensch und nicht der bzw. die Handelnde hervorgehoben werden soll (Markus Rehm wurde als Sportler geehrt.).

Aktiv und Passiv in ihren Zeitformen

1 In der Tabelle findet ihr die sechs Zeitformen des Aktivs und Passivs. Welche Zeitformen sind nach eurem Sprachgefühl wenig gebräuchlich oder selten?

Aktiv und Passiv in ihren Zeitformen		
Tempus	Aktiv 1. Person Singular und Plural	Passiv (Vorgangspassiv) 1. Person Singular und Plural
Präsens	ich trage wir tragen	ich werde getragen wir werden getragen
Präteritum	ich trug wir trugen	ich wurde getragen wir wurden getragen
Perfekt	ich habe getragen wir haben getragen	ich bin getragen worden wir sind getragen worden
Plusquamperfekt	ich hatte getragen wir hatten getragen	ich war getragen worden wir waren getragen worden
Futur I	ich werde tragen wir werden tragen	ich werde getragen werden wir werden getragen werden
Futur II	ich werde getragen haben wir werden getragen haben	ich werde getragen worden sein wir werden getragen worden sein

Der Modus in der indirekten Rede

Wenn für Tiger ein neues Leben beginnt

Etwa 100 Leute hören dem Tierpfleger Beer, Mitarbeiter des Raubtierasyls in Ansbach, zu. Er sagt, der Tiger hinter ihm heiße Tiger –
5 natürlich englisch ausgesprochen. Den Namen habe ihm der Zirkus gegeben. Tiger, die Tigerdame Angie und die gemeinsame Tochter Kiara habe sich der Zirkus nicht
10 mehr leisten können. Als das Raubtier- und Exotenasyl Ansbach die drei Tiere vor acht Jahren aufge-

Tiger und Kiara. Foto: Sabine Liebsch

nommen habe, seien sie stark abgemagert gewesen. Der Aufwand für das Asyl sei groß. <u>Er arbeite von Montag bis Freitag dort.</u> <u>Am Wochenende und im Urlaub würden ehrenamtliche Tierpfle-</u>
15 <u>ger die Schichten übernehmen.</u>

Das Projekt Icarus

Vor allem die Amseln flögen mit ihrem Gepäck willig und weit, sagt der Verhaltensbiologe Martin Wikelski. Es handele sich jedoch um einen besonders kleinen Rucksack von nur 3,8 Gramm Gewicht, daumengroß, bestehe aus der blauschwarzen Oberfläche und zwei dünnen Antennen. Aber der winzige Apparat sei das wichtigste Instrument für eine wissenschaftliche Revolution. Icarus stehe für International Cooperation for Animal Research Using Space, erklärt Wikelsky. Das Ziel sei die Errichtung eines satellitengestützten Systems, mit dessen Hilfe Wanderbewegungen vor allem kleiner Tiere beobachtet werden könnten. Der Nutzen für Biologen liege auf der Hand. Gerade die Amseln täten sich als Icarus-Pioniere hervor. Von ihren „Rucksäcken" würden sie sich bei ihren weiten Zügen nicht beeinflussen lassen und gäben somit wichtige Aufschlüsse darüber, warum in den vergangenen drei Jahrzehnten der Bestand der Singvögel um bis zu 30 % gesunken sei. Etwa 420 Millionen Tiere seien einfach weg. Was sei mit ihnen passiert? Icarus könne darauf Antworten geben, weil man jetzt in der Lage sei, die Vogelzüge mit ihren klimatischen Einflüssen weltweit nachzuvollziehen.

(Anna-Lena Niemann, FAZ. 29. Dezember 2020, S. 11, gekürzt, © Alle Rechte vorbehalten. Frankfurter Allgemeine Zeitung GmbH, Frankfurt. Zur Verfügung gestellt vom Frankfurter Allgemeine Archiv)

1 Die beiden Texte „Wenn für Tiger ein neues Leben beginnt" und „Das Projekt Icarus" sind überwiegend in indirekter Rede verfasst. Beschreibt den Modus, in dem sie stehen, und benennt die Teilsätze, von denen die indirekte Rede jeweils abhängig ist.

2 In welchem Modus stehen die unterstrichenen Teilsätze? Erklärt, warum dieser Modus hier verwendet wird. Hilfen zu dieser Frage findet ihr in dem Regelkasten „Ersatzformen" auf Seite 321.

3 Sucht euch zwei Abschnitte der Texte aus und formt sie in die direkte Rede um.

REGEL

Der Modus

Mit dem **Modus** (Aussageweise, Plural: Modi) drückt der Sprecher aus, ob er das Geschehen als **wirklich, möglich, erwünscht**, als **erdacht** oder **nicht wirklich** einschätzt.

Indikativ (Wirklichkeitsform)	Mit dieser Form drückt man aus, ob man ein Geschehen als **tatsächlich/ wirklich** ansieht. Beispiel: Tiger ist die Attraktion des Tierasyls.
Konjunktiv I (Möglichkeitsform)	Der Konjunktiv I stellt ein Geschehen als **möglich** dar. Aber der Sprecher verbürgt sich nicht dafür und geht eher auf Distanz. Oft wird der Konjunktiv I in **der indirekten Rede** verwendet. In ihr gibt der Sprecher wieder, was er von einem anderen erfahren hat. Der Konjunktiv I wird aus den **Indikativformen des Präsens, Perfekts und Futurs** und dem Infinitiv abgeleitet: Beispiele: • Die Zeitung schrieb, dass der Schauspieler bald heirate. (Ind. Präs.: Er heiratet.) • Die Zeitung schrieb, der Politiker sei zurückgetreten. (Ind. Perf.: Er ist zurückgetreten.) • Die Zeitung schrieb, er habe sein Büro schon verlassen. (Ind. Perf.: Er hat sein Büro schon verlassen.) • Die Zeitung schrieb, er werde einen langen Urlaub machen. (Ind. Fut.: Er wird einen langen Urlaub machen.) Der Konjunktiv I steht häufig auch im **indirekten Fragesatz**. Beispiel: In Leverkusen fragt man sich, ob der Sportler bei seinem Entschluss, sich vom Leistungssport zurückzuziehen, bleiben werde.
Konjunktiv II (Form des Nichtwirklichen)	Mit dem Konjunktiv II stellt man eine Aussage entweder als **nicht möglich**, als **nicht wirklich (irreal)** oder als **Wunsch** dar. Der Konjunktiv II wird aus den **Indikativformen des Präteritums und des Plusquamperfekts** gebildet. Beispiele: • **Hätte** ich doch nicht mehr diese Dauerschmerzen im Rücken! (Ind. Prät.: ich hatte) • **Hätte** ich einen anderen Trainer **gehabt**, **wäre** ich vielleicht nicht so berühmt **geworden**. (Ind. Plusquamperfekt: ich hatte gehabt – ich war geworden) Der **Konjunktiv II** wird oft als **Ersatzform für den Konjunktiv I** benutzt (vgl. dazu S. 321).
Imperativ (Befehlsform)	**Der Imperativ** ist die Verbform, die **eine Aufforderung/einen Wunsch** ausdrückt. Es gibt ihn nur für die **2. Person Singular und Plural**. Beispiele: **Trainiere** intensiver! **Trainiert** intensiver!

REGEL

Ersatzformen für den Konjunktiv I

Wenn die Form des Konjunktivs I genauso lautet wie der Indikativ, verwendet man in der indirekten Rede den Konjunktiv II. Die **Formen des Konjunktivs II** bilden dann die **Ersatzformen für den Konjunktiv I**. Man benötigt sie für die **1. Person Singular** und für die **erste und dritte Person Plural**.

Vor allem in der Alltagssprache wird auch die Umschreibung mit „**würde + Infinitiv**" immer häufiger.

Beispiele:

Indikativ	Konjunktiv I	Ersatzform Konjunktiv II	Umschreibung mit „würde"
ich finde	ich finde ⟶	ich fände	ich würde finden
wir finden	wir finden ⟶	wir fänden	wir würden finden
sie finden	sie finden ⟶	sie fänden	sie würden finden

Hilfe! Sie kommen!

„Beim Fahrradfahren ist es doch wie beim Schwimmen, das verlernt man nie." Der Mann an dem Fahrradverleih lacht freundlich über meine Bemerkung und schüttelt den Kopf.
Das Gegenteil davon könne man doch gerade als Fußgänger hier auf Usedom erfahren. Obwohl die Wege am Strand entlang bis nach Zinnowitz viel breiter (sein) als auf den kleineren Ostseeinseln, (riskieren) man ständig, von Fahrradfahrern angefahren zu werden. Man (müssen) sich das nur einmal ansehen, wie wackelig die auf dem Sattel (sitzen). Da (kommen) Leute, die (sein) schon dreißig und mehr Jahre nicht mehr Fahrrad gefahren. Die (taumeln) in viel zu großen Bögen um die Kurven, sie (wackeln) mit dem Lenkrad und (halten) nicht die Spur. Ganz deutlich (sehen) man auch, wie ihnen die Angst ins Gesicht geschrieben (stehen). Am liebsten, und das (finden) der Fahrradverleiher dreist, (beschweren) sie sich auch noch über die viel standsicheren Fußgänger. Er (fragen) sich, was dann an solcher Freizeitbeschäftigung mit dem Fahrrad noch gemütlicher Urlaub (sein).

Er und auch die Polizei auf der Insel (sehen) es auch gar nicht gern, wie sich Gruppen von Jugendlichen die Körbe der geliehenen Fahrräder mit Bierdosen (füllen), bevor es mit der Tour richtig (losgehen). Da (können) man ganz leicht den Führerschein verlieren. Mit 1,6 Promille (sein) man dabei. Und vor allem, wenn Alkohol im Spiel (sein), (bekommen) man die Räder oft beschädigt zurück. Aber dann (müssen) er sich immer anhören, man (haben) das Fahrrad in diesem Zustand bekommen. Aber sonst (können) er wahrhaftig nicht klagen; an schönen Tagen (sein) immer alle Räder ausgeliehen. Was (geben) es auch Schöneres, als viele Stunden am Meer von einem Seebad zum nächsten zu radeln.

1 Schreibt den Text in euer Heft und setzt statt der Infinitive in den Klammern die passende Personalform der Verben mit dem richtigen Modus für die indirekte Rede ein. Achtet dabei auch auf die Ersatzformen.

Wir zögern die Gletscherschmelze hinaus

Skigebiets-Betriebsleiter Frank Huber über die Planen,
die den Schnee an der Zugspitze zum Schutz vor der Sonne bedecken

„Herr Huber, seit Donnerstag bedecken Sie und etwa 20 Kollegen von der Bayerischen Zugspitzbahn Bergbahn AG Gletscherflächen der Zugspitze mit Planen. Hat das wirklich Sinn?"

„Es dient vorrangig den Skifahrern und dem Tourismus. Wir legen den Winter über Schneedepots an. Das ist Bestandteil unseres Snowfarmings. Wir bestellen die Schneeflächen wie ein Bauer seine Felder. Und mit den Folien können wir den Schnee vor der Sonne schützen und die Depots für die nächste Skisaison erhalten. In diesem Jahr haben wir wegen des heißen Aprils früher als sonst begonnen, die Folien auszulegen. Sie werden etwa 9000 Quadratmeter Gletscherfläche bedecken.

Letztlich wollen wir sicherstellen, dass der Skibetrieb aufrechterhalten werden kann. Aber wir denken nicht nur an die Wirtschaftlichkeit des Skigebiets, sondern auf lange Sicht auch an den Gletscher. Wir leben von dem Gletscher und wollen ihn natürlich so sanft wie möglich behandeln, um das Skigebiet zu erhalten.

Wir können mit unseren Folien die globale Klimaveränderung und die Erderwärmung nicht aufhalten. Den Gletscher können wir nicht retten. Er wird eines Tages verschwunden sein. Aber wir können es zumindest hinauszögern. Wir versuchen, den Gletscher in seiner vorhandenen Form zu erhalten, indem wir den Schnee konservieren.

Ich habe eine sehr emotionale Bindung zum Gletscher. Ich bin nun seit 24 Jahren hier tätig und lebe mit dem Gletscher. Ich sehe den Gletscher dahinschmelzen. Das ist Natur. Mir blutet das Herz, wenn ich daran denke, dass meine Kinder vielleicht keinen Gletscher mehr sehen können.

Natürlich frage auch ich mich, ob sich die Arbeit lohnt. Wenn wir einen Jahrhundertsommer bekommen, dann kann es passieren, dass der ganze Aufwand sich nicht lohnt. Da steckt viel Energie drin. Wenn ich Skifahren für etwas Überflüssiges halte, dann ist es Verschwendung. Aber an unserer Arbeit hängen auch viele Arbeitsplätze, die wir sichern können."

(Philip Eppelsheim, F.A.Z., 04.05.2007, © Alle Rechte vorbehalten. Frankfurter Allgemeine Zeitung GmbH, Frankfurt. Zur Verfügung gestellt vom Frankfurter Allgemeine Archiv, geringfügig verändert)

1 Worin seht ihr die Problematik der Arbeit von Frank Huber?

2 Sucht euch zwei Abschnitte aus dem Text heraus und schreibt sie in die indirekte Rede um. Wenn ihr für den Konjunktiv I Ersatzformen braucht, dann seht in dem Regelkasten „Ersatzformen" (S. 321) nach.

Ihr könnt so beginnen:

Der Skigebiets-Betriebsleiter Frank Huber äußerte sich gegenüber unserem Korrespondenten über die Arbeit des Snowfarmings an der Zugspitze: Es diene vorrangig den Skifahrern und dem Tourismus. Sie würden den Winter über Schneedepots anlegen …

6. Satzglieder

Die Lösungen zu den Übungen in diesem Kapitel findet ihr hier:

 WES-127419-070

Die Satzglieder im Überblick

> **REGEL**
>
> Sätze bestehen nicht aus aneinandergereihten Einzelwörtern, sondern aus **Satzgliedern**. Welche Wörter jeweils zu einem Satzglied zusammengefasst werden, bekommt man häufig mithilfe der **Umstellprobe** heraus.
>
> (Die Handlung der Novelle „Die Judenbuche") (spielt) (überwiegend) (in einem kleinen westfälischen Dorf).
> (In einem kleinen westfälischen Dorf) (spielt) (die Handlung der Novelle „Die Judenbuche") (überwiegend).
> (Überwiegend) (spielt) (die Handlung der Novelle „Die Judenbuche") (in einem kleinen westfälischen Dorf).
>
> Die folgende Übersicht fasst die wichtigsten Satzglieder und die **Fragen**, auf die sie eine Antwort geben, zusammen:
>
> | Satzglied | Satzgliedfrage | Beispiel |
> |---|---|---|
> | Subjekt | Wer oder was? | **Die Schülerin** hält ein Referat über das Leben der Annette von Droste-Hülshoff. |
> | Prädikat | Was tut/ was geschieht? | Wichtige Ereignisse **werden** im Bild **festgehalten**. |
> | Prädikativum | Wer oder was ist das Subjekt? Als was gilt jemand? | Annette von Droste-Hülshoff war **eine ungewöhnliche Frau**. Sie galt **als sehr sensibel**. |
> | Objekt | | |
> | Akkusativobjekt | Wen oder was? | Die Schülerin bereitet **das Referat** sehr sorgfältig vor. |
> | Dativobjekt | Wem? | **Ihren Mitschülerinnen und Mitschülern** legt sie eine schriftliche Ausarbeitung vor. |
> | Präpositionales Objekt | Woran? An was? … | Sie erinnert sie **an das geplante Abschlussquiz**. |

Satzglied	Satzgliedfrage	Beispiel
Adverbiale		
Temporaladverbiale	Wann? Wie oft? Wie lange?	Annette von Droste-Hülshoff wohnte **zeitweise** am Bodensee.
Kausaladverbiale	Warum? Weshalb?	**Aus gesundheitlichen Gründen** konnte sie nicht immer so arbeiten, wie sie es wollte.
Modaladverbiale	Wie? Auf welche Art und Weise?	In der Novelle „Die Judenbuche" beschreibt sie **einfühlsam** den Lebensweg von Friedrich Mergel.
Lokaladverbiale	Wo?	Annette von Droste-Hülshoff wurde 1797 **in Münster** geboren.
Instrumentaladverbiale	Womit? Mit welchem Mittel?	**Mithilfe einer PowerPoint-Präsentation** erzielt die Schülerin ein hohes Maß an Anschaulichkeit.
Konditionaladverbiale	Unter welcher Bedingung?	**Bei Sonnenschein** machte Annette von Droste-Hülshoff lange Spaziergänge am Bodensee.
Konzessivadverbiale	Mit welcher Einschränkung?	**Trotz zahlreicher Erkrankungen** half sie ihrer Schwester Jenny auf der Meersburg.
Finaladverbiale	Wozu? Zu welchem Zweck?	**Zur Durchsicht ihrer Manuskripte** zog sie sich gerne in ihr Häuschen in Meersburg zurück.

1 Bestimme in dem folgenden Auszug aus einer Inhaltsangabe zu Annette von Droste-Hülshoffs Novelle „Die Judenbuche" die unterstrichenen Satzglieder.

Die Judenbuche – Inhaltsangabe

Der Mord an einem Juden, der angeblich von Friedrich Mergel, der Hauptperson der Erzählung, begangen wird, ist Kern der Novelle „Die Judenbuche". Erstmals erschien sie 1842. Der Au-
5 torin geht es jedoch nicht um die Aufklärung des Verbrechens, vielmehr schildert sie detailliert die unglückliche Kindheit und das Aufwachsen des Jungen.

Friedrich Mergel wird 1738 als Sohn eines Klein-
10 bauern im westfälischen Dorf B. geboren. Die Rechtsverhältnisse in dem Ort sind verworren: Holzdiebstahl ist an der Tagesordnung. Der Alkoholismus des Vaters, Hermann Mergel, führt zur Verwahrlosung der häuslichen Verhältnisse.

Friedrich ist neun Jahre alt, als man seinen er- 15
schlagenen Vater nach Hause bringt. Die unheimliche Erinnerung an diese Ereignisse, die stark von Aberglauben geprägten Äußerungen der Dorfbewohner dort und die dem Kind anerzogenen Vorurteile der Mutter lassen den Jungen immer 20
scheuer und bald zum Einzelgänger werden. Den zwölfjährigen Friedrich adoptiert sein On-

kel, Simon Semmler. Dies geschieht jedoch nicht, um seine Schwester, Margret Mergel, zu entlasten, wie er vorgibt, sondern um Friedrich für seine undurchsichtigen Absichten beim Holzdiebstahl zu missbrauchen. Der Einfluss Simon Semmlers verändert Friedrichs Wesen von Grund auf. Bei seinem Onkel begegnet er Johannes Niemand. Er ist ein unehelicher Sohn Semmlers und wird von den Dorfbewohnern verachtet. Friedrich aber verwandelt sich zu einem tatkräftigen, gewandten, angesehenen, aber auch hinterlistigen, eitlen und unberechenbaren Menschen, der nach außen hin jedoch den Schein der Redlichkeit zu wahren versucht.

Der Holzdiebstahl wird mit immer schärferen Maßnahmen überwacht. Dem Förster Brandis, der den Holzfrevlern („Blaukitteln") nachstellt, zeigt Friedrich, der sich im Auftrag von Simon Semmler als Spion betätigt, absichtlich einen falschen Weg. Brandis wird wenig später ermordet [...].

Das Attribut

> **REGEL**
>
> Die Attribute gehören zu den **Satzgliedteilen**, weil sie Satzglieder, die aus einem Nomen/Substantiv (Bezugsnomen/Bezugssubstantiv) gebildet werden, ergänzen. Sie können nur zusammen mit ihrem Bezugsnomen/Bezugssubstantiv umgestellt werden.
>
> | Attribut | Beispiel |
> |---|---|
> | Adjektivattribut | die **westfälische** Heimat der Dichterin |
> | Genitivattribut | die Autorin **der Novelle** |
> | Präpositionales Attribut | die Erinnerung **an diese Ereignisse** |
> | Apposition | Annette von Droste-Hülshoff, **die Autorin der „Judenbuche"**, ... |
> | Attributsatz/Relativsatz | Friedrich, **der von seinem Onkel adoptiert wird**, ... |
> | Pronominales Attribut | **diese** Novelle, **ihr** Lieblingsgedicht |
> | Adverbattribut | Das Leben **dort** war bestimmt von ... |
> | Numerales Attribut | Friedrich ist **neun** Jahre alt. |

 Schreibt aus der Inhaltsangabe zur Novelle „Die Judenbuche" zu jeder Attributart jeweils mindestens ein Beispiel heraus. Bestimmt auch weitere darin enthaltene Attribute.

7. Gliedsätze/Nebensätze

Die Lösungen zu den Übungen in diesem Kapitel findet ihr hier:  WES-127419-071

Das Satzbaumuster der Gliedsätze/Nebensätze

Im Café „Die Pause"

„Habt ihr schon bestellt?" „Nein, noch nicht", sagt Leon, „weil wir haben auf dich gewartet." „Das ist nett von euch", freut sich Paul, „weil ich wirklich etwas spät dran bin. Stellt euch vor! Ich habe nämlich gerade einen Platz in der Antonius-Apotheke für mein Praktikum bekommen. Der Chef dort ist unheimlich nett. Er will mir sogar bei meinem Bericht helfen, wenn ich das Praktikum dann beende im April. Das Dumme ist daran vielleicht nur, dass zwei Häuser weiter auch mein Klassenlehrer wohnt." „Na, der wird dich dann wohl jeden Tag kontrollieren kommen", lacht Mila. „Klar. Möglich ist das. Aber wenn ich jeden Tag pünktlich gehe in die Apotheke, was kann mir dann schon passieren? Ich fände es sogar toll, wenn er möglichst oft vorbeischauen würde bei uns, weil der ist immer so gut drauf."

1 Wenn ihr dieses Gespräch lest, bemerkt ihr bestimmt an manchen Stellen Auffälligkeiten im Satzbau. Übernehmt das Gespräch in euer Heft und formt die entsprechenden Sätze so um, dass sie für euch vertraut klingen bzw. zum schriftlichen Sprachgebrauch passen.

Satzbaumuster der Gliedsätze/Nebensätze im Deutschen

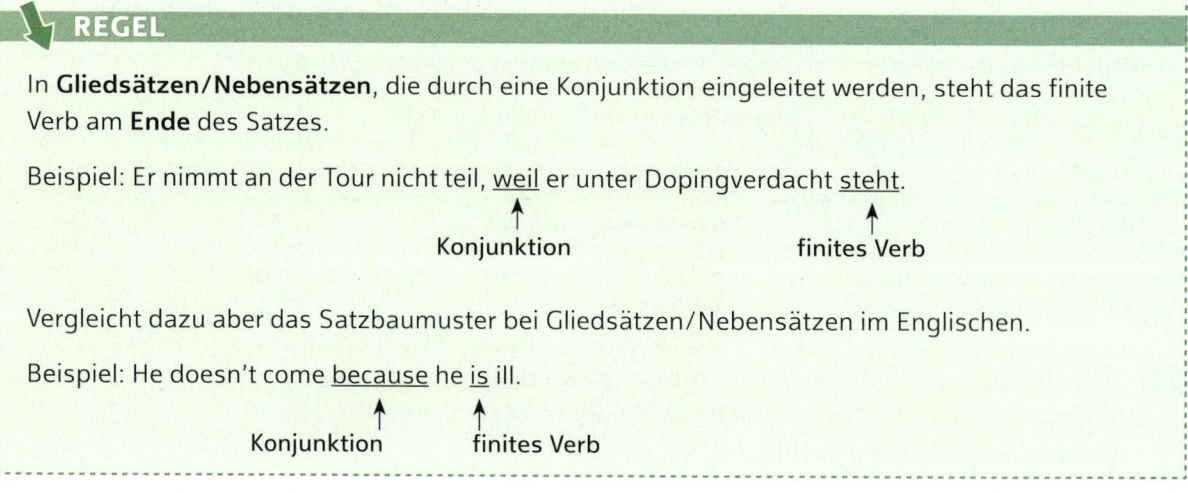

1 Habt ihr eine Erklärung dafür, warum heute viele die Gliedsätze/Nebensätze so bilden, wie es Leon und Paul tun?

2 Überprüft, was ihr noch alles über Gliedsätze/Nebensätze wisst. Übernehmt dazu die folgende Tabelle in euer Heft und füllt die entsprechenden Zeilen aus.

Woran erkennt man einen Gliedsatz/Nebensatz?	?
Welche unterschiedlichen Arten von Gliedsätzen/Nebensätzen gibt es?	?
Wie werden Gliedsätze/Nebensätze eingeleitet?	?
Warum werden Nebensätze auch Gliedsätze genannt?	?
Wie wird die Verbindung aus einem Hauptsatz und einem Gliedsatz/Nebensatz genannt?	?
Was muss man bei den Gliedsätzen/Nebensätzen hinsichtlich der Zeichensetzung beachten?	?

Gliedsätze/Nebensätze bestimmen

Tai Chi – die Philosophie der gesunden Bewegung

Wer vom Leben und Wesen der Chinesen etwas erfahren will, sollte nicht nur ihre Zeitungen lesen und auch nicht nur ihre zahlreichen Bibliotheken besuchen. Obwohl natürlich auch dort unendlich viel vom Leben in China festgehalten ist, bemerkt man auch etwas Besonderes im Freien, etwa in den Parks, auf verkehrsarmen öffentlichen Plätzen, Spazierwegen und den Stränden. Oft gehen dort Frauen und Männer, einzeln oder in Gruppen, einer Bewegungskunst nach, die ihre Wurzeln schon im 13. Jahrhundert n. Chr. hat und in Verbindung mit einer Kampftechnik mit Schwert, Langstock, Speer u. a. steht. Heute wird Tai Chi meistens ohne Waffen ausgeführt, weil es vor allem darauf ankommt, dass man keine Kraft aufwendet, sondern eher runde tänzerische Bewegungen ausführt. Damit beeinflussen die Chinesen bestimmte Zonen der Muskulatur und auch die entsprechenden Bereiche des Gehirns und fördern nach ihrer Auffassung den Energiefluss des Chi im Körper. So kann man etwa beobachten, dass eine Chinesin oder ein Chinese plötzlich rückwärtsgeht oder sich mit jedem Schritt hinten auf die Oberschenkel schlägt. Auch überraschende kurze Sprints sind durchaus üblich. Wichtig ist dabei, dass man immer wieder kurze Pausen einlegt, sich lockert, tief atmet und sich laut räuspert, damit auf diese Weise das verbrauchte Chi wieder aus dem Körper entlassen werden kann. Nach der Lehre des Tai Chi bringt man so den Haushalt von Leib und Seele wieder ins Gleichgewicht, sodass das Wohlbefinden und die Gesundheit gefördert werden. Mit Tai Chi hält man sich in China immer noch

Volkssport: Tai Chi

an die Lehre des großen Philosophen Konfuzius (551 – 479 v. Chr.), nach der Seele und Körper eine Einheit bilden, die auch beide mit dem Tod enden. Das unterscheidet den Konfuzianismus deutlich von der griechisch-christlichen Philosophie, nach welcher die Seele den Körper beim Tode überlebt. Und doch gibt es in der westlichen Welt zahlreiche Tai Chi-Schulen, sodass im Jahre 2020 Tai Chi zum Weltkulturerbe erklärt wurde.

1 Übernehmt die folgende Tabelle in euer Heft und tragt die Subjekt-, Objekt- und Attribut-/Relativsätze, die ihr in dem Text findet, in die richtigen Zeilen ein. Hilfen findet ihr in der Übersicht unten.

Subjektsatz	?
Objektsatz	?
Attributsatz/Relativsatz	?

2 Sucht ebenfalls alle Adverbialsätze aus dem Text heraus und tragt sie in eurem Heft in die entsprechende Zeile der folgenden Tabelle ein (siehe auch die Übersicht „Adverbialsätze im Überblick" auf der nächsten Seite).

Temporalsatz	?
Kausalsatz	?
Konditionalsatz	?
Konsekutivsatz	?
Finalsatz	?
Konzessivsatz	?
Modalsatz	?
Adversativsatz	?
Komparativsatz	?
Lokalsatz	?

Übersicht über die Gliedsätze/Nebensätze

Subjektsatz	Übernimmt die Aufgabe des Satzglieds Subjekt.	Er wird häufig mit der Konjunktion **dass** oder dem Fragepronomen **Wer?/Was?** eingeleitet.	Man erfragt ihn mit den Satzgliedfragen **Wer?** oder **Was?**.	<u>Was Jugendliche in der Freizeit tun</u> scheint Erwachsenen oft schwer begreiflich.
Objektsatz	Übernimmt die Aufgabe des Satzglieds Objekt.	Er wird oft mit einem **W-Fragewort** oder den Konjunktionen **ob** und **dass** eingeleitet.	Man erfragt ihn mit den Satzgliedfragen **Wem?/Wen?** oder **Was?/Über wen?/Über was?**	Man sollte sich vor den Sommerferien informieren, <u>welche Gesetze es für Schülerjobs gibt</u>. Vor Jahren konnte man nicht wissen, <u>dass Nordic-Walking so in Mode kommen würde</u>.
Attribut-/Relativsatz	Übernimmt die Aufgabe des Satzgliedteils Attribut.	Er wird in der Regel durch ein Relativpronomen (**der, die, das, welcher, welche, welches, wer, was**) oder durch ein Relativadverb (**wo, wohin, woher, worüber**) eingeleitet.	Man erfragt ihn meistens mit **Welche?/Welcher?/Welches?**.	Jugendliche, <u>die in den Ferien in Betrieben arbeiten</u>, lernen die Arbeitswelt schon gut kennen. Mehr und mehr wandern die Fische der Nordsee weiter nach Norden, <u>wo das Wasser kühler ist</u>.

Adverbialsätze im Überblick			
Adverbialsatz	Aussage über	Konjunktion	Beispiel
Temporalsatz	Zeitpunkt, Zeitdauer	als; nachdem; bevor; wenn; während; sobald	**Nachdem** <u>man im Lonetal einen 35 000 Jahre alten Löwenkopf aus Elfenbein gefunden hatte</u>, entdeckte man nun auch noch weitere Kunstgegenstände aus der Zeit.
Kausalsatz	Ursache, Begründung	weil; da	**Weil** <u>der Boxer seine erste Niederlage als Schmach empfunden hatte</u>, wollte er unbedingt einen zweiten Kampf.
Konditionalsatz	Bedingung, Voraussetzung	wenn; falls; sofern	**Wenn** <u>die Klimaerwärmung weiter fortschreitet</u>, hat dieses erhebliche Konsequenzen für unsere Erde.
Konsekutivsatz	Folge	sodass; dass; so ..., dass	Die Erderwärmung hat so zugenommen, **dass** <u>man in der Schweiz im Sommer die Gletscher gegen die Sonne mit Planen schützt</u>.
Finalsatz	Absicht, Zweck	damit; dass; auf dass	Man sollte mit dem Fahrrad in Übung bleiben, **damit** <u>man die Fußgänger nicht gefährdet</u>.
Konzessivsatz	Einräumung; ein Grund, der nicht zählt	obgleich; obwohl	**Obwohl** <u>das Mammut aus Elfenbein am Anfang des menschlichen Kunstschaffens steht</u>, sind die Experten von seiner künstlerischen Vollendung überrascht.
Modalsatz	Art und Weise	indem; dadurch, dass	**Indem** <u>Alan mit dem Schläger weit nach hinten ausholte</u>, erhoffte er sich endlich einen Treffer.
Adversativsatz	Gegenteil	während; anstatt dass	**Während** <u>seine Freunde in den großen Ferien ins Zeltlager in die Bretagne fahren</u>, muss Marc sich auf die Nachprüfung in Mathematik vorbereiten.
Komparativsatz	Vergleich	als; wie; als ob; als wenn	Condello warf den Schlagball so weit, **als ob** <u>er gar nicht ausgeholt hätte</u>.
Lokalsatz	Ort, Richtung	wo; wohin; woher[1]	Die Archäologen graben noch in der Höhle, **wo** <u>sie weitere Elfenbeinschnitzereien der Steinzeit vermuten</u>.

---

[1] Achtet darauf, dass der Lokalsatz nicht mit einer Konjunktion, sondern mit einem W-Fragewort eingeleitet wird. Wenn man den Beispielsatz anders formuliert, dann erkennt man auch, dass der Lokalsatz eigentlich ein Attribut-/Relativsatz ist: Die Archäologen graben noch in der Höhle an der Stelle, an der sie weitere Elfenbeinschnitzereien der Steinzeit vermuten.

Freizeitbeschäftigung vor 35 000 Jahren?

In unserer Zeit denkt man sogleich an eine Art von Freizeitbeschäftigung in der Steinzeit, wenn man das Mammut aus Elfenbein betrachtet. Was der Künstler mit primitiven Steinwerkzeugen vor 35 000 Jahren schuf, verdient große Bewunderung. Aus einem etwa 4 cm langen Stück Elfenbein schnitzte er ein Mammut, das in seiner Form geradezu zierlich wirkt. Auch die Ritzungen, welche die Oberfläche verzieren, wirken, als ob dieser Epoche schon eine lange Zeit künstlerischen Schaffens vorangegangen sei. Und doch steht dieses Figürchen, das Archäologen kürzlich aus der Vogelherdhöhle im Lonetal ausgegraben haben, am Anfang der künstlerischen Tätigkeit des Menschen.

Im Lonetal wurden außer dem Mammut vier weitere Elfenbeinartefakte[1] gefunden, die alle der Aurignacien-Kultur entstammen. Die Menschengruppen dieser Kultur gelten als Vorfahren des modernen Menschen und man weiß, dass sie in der Steinzeit zunächst auf dem Balkan lebten und dann an der Donau entlang nach Westen zogen.

Die Wissenschaftler fragen sich, wozu diese Elfenbeingegenstände genutzt wurden. Manches deutet eher auf eine Verwendung im religiösen Bereich hin. Wenn diese Vermutung zutrifft, würde das voraussetzen, dass die Menschen der späten Steinzeit bereits über eine differenzierte Sprache verfügten.

Mammut aus Elfenbein, Universität Tübingen

[1] **Artefakt:** künstlich hergestellter Gegenstand

1. Könnt ihr euch vorstellen, wozu man solche Tierskulpturen wie das Mammut benutzte?

2. Der Text enthält viele Gliedsätze/Nebensätze. Bestimmt sie und tragt sie in Tabellen ein, wie ihr sie schon bei Aufgabe 1 und 2 auf S. 328 benutzt habt.

3. Versucht, möglichst viele Gliedsätze/Nebensätze in einfache Satzglieder umzuformen, und beurteilt dann die stilistische Wirkung des Textes.

Einfache Satzgefüge – komplexe Satzgefüge – Satzreihen

> **REGEL**
>
> Den **zusammengesetzten Satz** aus mindestens einem Hauptsatz und einem Gliedsatz/Nebensatz nennt man **Satzgefüge**.
>
> Beispiel: <u>Die Wissenschaftler fragen sich</u>, <u>wozu diese Elfenbeingegenstände benutzt wurden</u>.
>   Hauptsatz   Nebensatz
>
> Grafische Darstellung: _____,
>   Hauptsatz   ~~~~~~~~~~~~~~~~~~~~~.
>   Nebensatz
>
> Der Gliedsatz/Nebensatz ist dem Hauptsatz untergeordnet; daher spricht man von einer **unterordnenden (subordinierenden) Verbindung**. Der Nebensatz kann vor dem Hauptsatz stehen (Nebensatz als **Vordersatz**), er kann auf ihn folgen (Nebensatz als **Nachsatz**) oder in ihn eingeschoben sein (Nebensatz als **Zwischensatz**).
>
> Wenn ein Satzgefüge aus einem bzw. mehreren Hauptsätzen und mehreren Gliedsätzen/Nebensätzen besteht, spricht man von einem **komplexen oder erweiterten Satzgefüge**.
>
> 1. Beispiel: **Komplexes Satzgefüge mit Nebensätzen auf derselben Ebene**
>
> <u>Wenn diese Vermutung zutrifft</u>, <u>würde das bedeuten</u>, <u>dass die Menschen der späten Steinzeit</u>
>   Nebensatz   Hauptsatz   Nebensatz
>
> <u>bereits über eine differenzierte Sprache verfügten</u>.
>
> Grafische Darstellung: _____,
>   ~~~~~~~~~~~~~~,   Hauptsatz   ~~~~~~~~~~~~~~.
>   Nebensatz   Nebensatz
>
> 2. Beispiel: **Komplexes Satzgefüge mit Gliedsätzen/Nebensätzen auf unterschiedlichen Ebenen: Der zweite Nebensatz ist dem ersten untergeordnet.**
>
> <u>Man ist sich nicht sicher</u>, <u>wie man erklären soll</u>, <u>dass heute in der gesprochenen Sprache</u>
>   Hauptsatz   Nebensatz 1. Ordnung   Nebensatz 2. Ordnung
>
> <u>der finite Verbteil oft nicht mehr am Ende steht</u>.
>
> Grafische Darstellung: _____,
>   Hauptsatz   ~~~~~~~~~~~~~~~,
>   1. Nebensatz   ~~~~~~~~~~~~~~~.
>   2. Nebensatz

1 Stellt die in dem Text „Freizeitbeschäftigung vor 35 000 Jahren?" (S. 330) unterstrichenen Verbindungen aus Haupt- und Gliedsätzen/Nebensätzen grafisch dar, wie es in dem Regelkasten auf S. 331 gezeigt ist. Entscheidet, ob es sich um einfache oder komplexe Satzgefüge handelt.

2 Wie empfindet ihr die stilistische Wirkung von einfachen Satzgefügen und komplexen Satzgefügen? Was leisten diese?

Sponsoring-Lauf

Die Schülerin Julia hat eine Rede entworfen, mit der sie in allen Klassen ihrer Schule für die Durchführung eines Sponsoring-Laufs werben möchte:

Hallo Leute!
<u>Ich heiße Julia, bin in der Klasse 9b und arbeite in der SV mit, weil ich glaube, dass man dort mitmachen muss, wenn man als Schülerin an unserer Schule, die eine lange Tradition hat, etwas bewegen will.</u> Und das ist auch der Grund, warum ich heute hier bei euch bin; denn in der SV haben wir uns ein Projekt überlegt, das ich euch vorstellen möchte. Bestimmt wisst ihr schon, was ein Sponsoring-Lauf ist, da unsere Nachbarschule erst kürzlich einen mit großem Erfolg durchgeführt hat. Jede Schülerin und jeder Schüler wirbt in seiner Bekanntschaft einen Sponsor, der ihm pro Kilometer, den er läuft oder walkt, mindestens 50 Cent spendet. <u>Wir haben eine Strecke von 10,5 km vorgesehen, die hauptsächlich durch Wälder verläuft, die kaum Steigungen hat und die sogar gleich an unserer Schule beginnt.</u> Ihr könnt euch leicht ausrechnen, wie viel Geld dabei reinkommt, da wir ja an unserer Schule mehr als tausend Schülerinnen und Schüler haben. Mit einem Teil des Geldes wollen wir eine soziale Einrichtung unserer Stadt unterstützen, die jeden Tag an Obdachlose eine warme Mahlzeit austeilt. <u>Mit dem Rest wollen wir unseren Schulhof verschönern, da viele Schüler und auch Lehrer meinen, dass der einen ziemlich öden Eindruck macht.</u> Wenn ihr unsere Initiative unterstützt, wird uns unsere Direktorin – das haben wir mit ihr schon abgesprochen – einen Tag im Juni für den Lauf unterrichtsfrei geben und auch das Kollegium auffordern, sich an der Organisation des Sponsoring-Laufs zu beteiligen.

3 Da Julia ihre Rede frei vortragen möchte, lernt sie den Text auswendig. Dabei bemerkt sie, dass sie an manchen Stellen immer wieder ins Stolpern gerät. Woran mag das liegen?

4 Übernehmt die Rede in veränderter Form in euer Heft.

5 Stellt die unterstrichenen Sätze grafisch dar und entscheidet, um welche Art von Satzgefüge es sich jeweils handelt.

Was bedeutet „steinreich sein"?

Im Mittelalter und sogar bis ins 19. Jahrhundert waren die Häuser der einfachen Leute aus Holz gebaut. Nur die Reichen konnten sich Steine aus den Steinbrüchen leisten. Reich war im Mittelalter allein der Adel. Ihm gehörte das Land. Darum konnte nur er in Steinhäusern residieren. Später kamen aber auch durch den Handel die Bürger in den neuen Städten zu Wohlstand und konnten sich ebenfalls prächtige Steinhäuser leisten. Sie waren eben **steinreich**.

---

6 Beschreibt den stilistischen Unterschied zwischen der Rede der Schülerin und diesem Text, indem ihr besonders auf den Satzbau achtet.

> **REGEL**
>
> **Vollständige Hauptsätze**, die durch eine **Konjunktion** (Bindewörter wie *und, oder, auch, sowie, zudem, ferner, sowohl – als auch, weder – noch, nicht nur – sondern auch, aber, dennoch, anderenfalls, also, genauso, insofern, denn, somit, daher, darum, trotzdem* ...) miteinander verbunden sind oder durch einen Punkt, ein Komma oder ein Semikolon getrennt werden, bilden eine **Satzreihe**.

Salvatore Albinati ruft die Polizei

Auf der Polizeidienststelle der Via del Corso in Rom nahm der diensthabende Commissario am ersten Weihnachtstag des Jahres 2020 ein <u>merkwürdiges</u> Telefonat entgegen. Mit brüchiger Stimme meldete sich ein Salvatore Albinati. Nichts Dringendes habe er auf dem Herzen, aber man möge doch einen Polizisten zu ihm schicken, er wohne ganz in der Nähe in der Via dei Pel-
5 legrini. Er sei 95 Jahre alt und habe in der Zeit der <u>sich ausweitenden</u> Corona-Epidemie niemanden, mit dem er auf Weihnachten anstoßen könne.
<u>Bei dem von der Regierung verhängten strengen Lockdown</u> bewegt sich auf den Straßen Roms nicht viel, darum schickt der Commisario <u>ohne große Bedenken</u> die beiden Carabinieri Luca und Giovanni los mit dem Auftrag, den Weg über den Campo di Fiori zu nehmen. Sie sollten noch so
10 nebenbei darauf achten, ob dort alle Fußgänger ihre Mascherini[1] trügen. <u>Angekommen in der Via dei Pellegrini</u>, sehen die Beamten einen <u>trotz seines Alters</u> durchaus rüstigen Mann vor sich. Der eisgekühlte Prosecco und Gläser stehen schon auf dem Tisch. Dienst ist Dienst, aber Weihnachten ist ja nicht irgendein Fest im Jahr, sagen sich die Polizisten, und die drei wünschen sich fröhlich ein „Buon Natale". Der Sekt macht sie rasch gesprächig. <u>Wegen der Epidemie</u> darf Sal-
15 vatore seine Kinder und Enkel nicht empfangen, obwohl die ganz in der Nähe in der Via Giulia wohnen. Unten auf der Via dei Pellegrini sieht man auch keine Pilger mehr zum <u>nahen</u> Petersdom ziehen. Vom Fenster aus schaute er immer gern auf sie hinunter und manch einer von ihnen winkte ihm herauf. Nun aber sei alles menschenleer, folglich herrsche überall <u>quälende</u> Langeweile.
20 Luca und Giovanni erzählen von ihren Familien. Alle seien Gottlob noch gesund. So richtig erwärmen sich aber die drei Männer erst beim Gespräch über Lazio Rom und die bevorstehende Partie gegen Florenz, denn viele Italiener sind Fußballfans.

---

[1] **Mascherini:** Masken

 Formt die unterstrichenen Stellen in Gliedsätze/Nebensätze um und bildet so Satzgefüge. Vergleicht dann die veränderte stilistische Wirkung mit der vorigen. Beispiel: „merkwürdiges Telefonat" → Telefonat, das ihm merkwürdig vorkam ...

2 Bestimmt die Art der Gliedsätze/Nebensätze, die ihr gebildet habt.

3 Schreibt nach euren Umformungen einige Sätze aus dem Text heraus, die eine Satzreihe bilden.

Der indirekte Fragesatz

> **REGEL**
>
> **Indirekte Fragesätze**
>
> - Ein direkter Fragesatz kann auch als Gliedsatz/Nebensatz in indirekter Weise wiedergegeben werden. Aus einer direkten Entscheidungsfrage (Frage, auf die man mit Ja oder Nein antwortet) wird dann ein Nebensatz, der mit der Konjunktion **ob** eingeleitet wird.
>   Beispiel: Sie fragte ihn: „Betreibst du Motocross-Sport?"
>   Sie fragte ihn, **ob** er Motocross-Sport betreibe.
>
> - Aus einer Ergänzungsfrage (W-Frage) wird ein Gliedsatz/Nebensatz, der mit einem W-Fragewort eingeleitet wird, und zwar entweder mit einem **Interrogativpronomen** *(wer, was, welcher, welche, welches, was für ein)* oder mit einem **Interrogativadverb** *(wo, wohin, wann, wie, wieso, weshalb, warum, weswegen)*.
>
>   Die **Interrogativpronomen** können für ein Nomen/Substantiv oder als Begleiter vor einem Nomen/Substantiv stehen.
>   Beispiele: Sie fragte ihn: „**Was** interessiert dich an diesem Sport so?"
>   Sie fragte ihn, **was** ihn an diesem Sport so interessiere.
>
>   Sie fragte ihn: „**Welche** Unfälle hast du schon beim Motocross gehabt?"
>   Sie fragte ihn, **welche** Unfälle er schon beim Motocross gehabt habe.
>
>   Die **Interrogativadverbien** stehen weder vor einem Nomen/Substantiv noch für ein Nomen/Substantiv.
>   Beispiel: Der Arzt fragte ihn: „**Wo** haben Sie sich die Verletzung zugezogen?"
>   Der Arzt fragte ihn, **wo** er sich die Verletzung zugezogen habe.
>
> - Der indirekte Fragesatz stellt eine indirekte Rede dar; daher steht die Verbform in der Regel in der Form des Konjunktivs (s. dazu S. 320).

1 Formt die folgenden Sätze so um, dass Satzgefüge mit indirekten Fragesätzen entstehen.

- Im Streit rief er ihm zu: „Was willst du eigentlich von mir?"
- Sie will nur wissen: „Wohin fahren wir am Wochenende?"
- „Woher kommen nur alle diese Tiefs in diesem Sommer?", stöhnte sie.
- „War das eine Schnapsidee?", fragte Uli.
- Ein Besucher der Ausstellung wagte es, seine Zweifel zu äußern: „Welche von den hier zu sehenden Bildern sind wohl Fälschungen?"
- „Was für ein schöner Tag das heute ist!", rief er aus.
- Die alte Dame fragte den Leiter des Olympiamuseums bissig: „Können Sie mir erklären, wie diese Ausstellung eine Werbung für den Sport sein soll!"
- Kopfschüttelnd fragte sie: „Wohin kommt man nur, wenn man jetzt sogar auch die Kinder für den kommerziellen Leistungssport missbraucht?"
- „Wie komme ich am schnellsten von Bari nach Tarent?", fragte er sie auf Italienisch.

Unter die Lupe genommen – Satzwertige Konstruktionen

 **REGEL**

Infinitiv- und Partizipgruppen

1. Zu den **satzwertigen Konstruktionen** gehören **Infinitiv- und Partizipgruppen**.
   - Die **satzwertige Infinitivgruppe** besteht aus einem **Infinitiv mit *zu*** und meist einem oder mehreren **Satzgliedern**.
     Beispiel: Wegen unseres Hundes wagt niemand(,) unser Grundstück zu betreten.
     Infinitiv mit *zu*
   - Die **satzwertige Partizipgruppe** besteht aus dem **Partizip I** oder dem **Partizip II** und einem oder mehreren **Satzgliedern**.
     Beispiele: Schon von Weitem winkend(,) begrüßte sie ihn.
     Partizip I
     Kaum am See angekommen(,) packten sie ihre Surfbretter aus.
     Partizip II

2. **Infinitiv- und Partizipgruppen** haben die gleiche Funktion wie **Gliedsätze/Nebensätze**. Daher heißen sie **satzwertige Konstruktionen**. Da sie kein Subjekt und auch kein Prädikat haben, kann man auch von **verkürzten Gliedsätzen/Nebensätzen** sprechen.

   - **Infinitivgruppen (s. auch S. 362):**
     Beispiel: **Verkürzter Subjektsatz**
       Es ist ein großer Vorteil, beim Doppel seinen Partner gut zu kennen.
       Wer oder was ist ein großer Vorteil? Dass man beim Doppel seinen Partner gut kennt.

     Beispiel: **Verkürzter Objektsatz**
       Er hofft(,) in Wimbledon wenigstens über die ersten zwei Runden zu kommen.
       Wen oder was hofft er? Dass er in Wimbledon wenigstens über die ersten zwei Runden kommt.

     Beispiel: **Verkürzter Adverbialsatz**
       Beeil dich, um nicht zu spät zu kommen.
       Wozu soll er sich beeilen? Damit er nicht zu spät kommt.

   - **Partizipgruppen (s. auch S. 336):**
     Beispiel: **Verkürzter Adverbialsatz**
       Den Körper weit nach hinten beugend, holte er zum Aufschlag aus. (Partizip I)
       Wie holte er zum Aufschlag aus? Indem er den Körper weit nach hinten beugte.

     Beispiel: **Verkürzter Attribut-/Relativsatz**
       Der Ball, mit viel Spin geschlagen, war unerreichbar. (Partizip II)
       Welcher Ball war unerreichbar? Der Ball, der mit viel Spin geschlagen worden war.

Windsurf-Freestyle – Eine Funsportart

Ein Windsurf-Freestyler muss in der ganzen Welt herumfliegen, damit er bei allen wichtigen Regatten dabei ist. Indem er so sein Geld verdient, bringt er sehr viel Zeit im Flugzeug zu. Damit er nicht zu viel davon für seine schweren Boardbags der Fluggesellschaft abgeben muss, sind manchmal lange Diskussionen mit dem Bodenpersonal fällig. So ein Boardbag, das immer mit einigen Surfbrettern, Masten und Segeln vollgepackt ist, wiegt mindestens 150 Kilo, sodass ein Teil der gewonnenen Preisgelder als Transportkosten verwendet werden muss.

Da sich das Publikum bei Speed- oder Slalomrennen um Bojen herum langweilt, sucht es immer mehr die Events bei den Windsurf-Freestylern auf, damit es sich bei den grandiosen Wellen, den bis zu 20 Metern hohen Sprüngen und an den Loopings begeistern kann. Indem die Surfer so das Spektakuläre wagen, erfinden sie immer neue Sprünge. Einem Brasilianer gelang fast Unglaubliches: Anfahrt in die meterhohe Welle, dann ein Rückwärtssalto, daran anschließend ein Vorwärtssalto, schließlich gestandene Landung. Damit auch sie eine solche fantastische Leistung dem Publikum zeigen können, trainieren jetzt die Profis unter den Freestylern auf den hohen Wellen des Pazifiks. Für artistisches Surfen sind allerdings auch die Wellen am Kap der Guten Hoffnung geeignet, wenn dort nur nicht die dichteste Population von Weißen Haien vorzufinden wäre. Indem sie die aber nicht weiter beachten, haben dort die Surfer ein ideales Trainingsgebiet für ihre gewagten Sprünge. Kaum dass sie dort von weit her angekommen sind, ziehen sie ohne Zögern mit ihren Brettern hinaus auf der Suche nach der hohen Welle.

1 Versucht, mithilfe von satzwertigen Konstruktionen den Text zu verändern, und beurteilt die stilistische Wirkung dieser Veränderungen.

2 Beachtet beim Gebrauch der satzwertigen Konstruktionen die Zeichensetzung. Hilfen findet ihr in dem folgenden Regelkasten.

REGEL

Zeichensetzung bei satzwertigen Konstruktionen

- Partizipgruppen werden immer durch Kommas vom übrigen Satz abgetrennt, wenn sie mit einem **hinweisenden Wort** oder einer **hinweisenden Wortgruppe angekündigt** werden.
  Beispiele: Genau **so**, von hohen Wellen getragen, liebt er das Surfen.
   Kühl und abweisend, **so** wurden sie vom Gegner empfangen.

- Partizipgruppen werden auch vom übrigen Satz abgetrennt, wenn sie als ein **einem Nomen/ Substantiv oder Pronomen nachgestellter Zusatz** anzusehen sind.
  Beispiele: **Der Boxer**, von der Niederlage im Gesicht gezeichnet, verließ wortlos den Ring.
   Sie, tödlich beleidigt, verließ grußlos das Haus.

Zur Zeichensetzung bei den Partizip- und Infinitivgruppen vgl. S. 356 und S. 362.

8. Richtig zu schreiben kann man lernen

Die Lösungen zu den Rechtschreib- und Zeichensetzungsübungen in diesem Kapitel findet ihr hier:

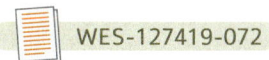 WES-127419-072

Fehlerschwerpunkte selbst erkennen

Einen Praktikumsbericht schreiben

Vielen Schülerinnen und Schülern steht im Laufe des Schuljahrs ein <u>Praktikum</u> bevor. An manchen Schulen werden diese Praktika <u>obligatorisch</u> durchgeführt, an anderen Schulen sind sie hingegen <u>fakultativ</u>. In jedem Falle wird aber davon ausgegangen, dass diese Praktika von den Praktikanten in einem Bericht vor- und nachbereitet werden.

Hierzu werden von den einzelnen Schulen <u>ganz</u> unterschiedliche Ansprüche an einen Praktikumsbericht gestellt, allen sollte aber gemein sein, <u>dass</u> sie die Erwartungen des Praktikanten den tatsächlich gemachten Erfahrungen gegenüberstellen. In welcher Weise dies geschehen kann, ist sicherlich nicht allgemeingültig zu klären. Es dürfte aber <u>unstrittig</u> sein, die Erwartungen sinnvollerweise vor Beginn des Praktikums schriftlich zu <u>fixieren</u>.

Die <u>Erfahrungen</u> im Laufe des Praktikums können zum Beispiel in Form eines jeweiligen Tagesberichts festgehalten werden. <u>Aufgrund</u> (Auf Grund) der häufig vielfältigen Eindrücke im Laufe eines Praktikums sollten diese Tagesberichte möglichst <u>zeitnah</u> abgefasst werden. Nur so ist zu <u>gewährleisten</u>, dass wichtige Details nicht in Vergessenheit geraten und ein zu oberflächlicher Bericht entsteht.

Der geforderte Tagesbericht kann unterschiedlich gestaltet werden. In jedem Fall sollte das Verfassen sorgfältig erfolgen. Eine <u>Variante</u> könnte darin bestehen, in einem solchen Bericht Erfahrungen unterschiedlicher Tage zusammenzufassen. Eine andere Möglichkeit ist, den tatsächlichen Ablauf eines Tages zum <u>Anlass</u> zu nehmen, <u>typische</u> Gegebenheiten oder Merkmale des Berufes bzw. des Betriebes zu verdeutlichen. Hat die erste Variante den Vorzug, interessanter für den Leser oder die Leserin eines solchen Berichts zu sein, bietet die zweite Möglichkeit den Vorteil, den <u>realen</u> Verhältnissen näher zu sein. Die <u>Ecken</u> und Kanten eines Berufes werden in jedem Falle deutlich zutage (zu Tage) treten. Dies hilft, späteren <u>Enttäuschungen</u> vorzubeugen.

1 Erfahrungsgemäß gibt es Bereiche in der Rechtschreibung, die immer wieder Probleme bereiten. Ordnet die unterstrichenen Wörter den folgenden Bereichen zu. Einige könnt ihr mehrfach zuordnen:

- die Schreibweise lang ausgesprochener, betonter Vokale (Dehnung),
- die Schreibung nach kurz ausgesprochenen, betonten Vokalen,
- die Schreibung von z und k nach l, m, n, r,
- die Großschreibung von ursprünglichen Adjektiven und Verben,
- gleich und ähnlich klingende Laute und Silben (p und b, v und f, äu und eu, ent- und end-),
- s-Laute,
- das oder dass,
- Fremdwörter,
- Zusammen- und Getrenntschreibung.

2 Ergänzt die Bereiche um weitere Beispiele.

3 Welche Schreibweisen von Wörtern, die unterstrichen sind, lassen sich nicht oder nur schwer durch Regeln erklären?

Rechtschreibprobleme durch einfache Verfahren lösen

In einer Reihe von Fällen helfen einfache Regeln und Merksätze bei Unsicherheiten in der Rechtschreibung.

1 Schaut euch die folgende Übersicht genau an und prägt sie euch ein.

Zur Vermeidung von Rechtschreibfehlern kann man ...

- ✓ *deutlich sprechen und genau auf die Aussprache achten,*
- ✓ *Wortarten unterscheiden,*
- ✓ *die Wörter nach ihrer Bedeutung unterscheiden,*
- ✓ *die richtige Schreibweise durch Ableiten oder Verlängern des Wortes ermitteln,*
- ✓ *Merksätze anwenden,*
- ✓ *grammatische Kenntnisse einsetzen,*
- ✓ *mit dem Wörterbuch arbeiten.*

Merksätze:
- • *„Wer nämlich mit h schreibt ..."*
- • *„Nach l, m, n, r, das merke ja, ..."*
- • *„Gar nicht und überhaupt nicht werden ..."*
- • *„Wenn man dieses, jenes, welches einsetzen kann, ..."*

2 Die Merksätze sind unvollständig. Übertragt sie in euer Heft und ergänzt sie.

3 Die folgenden Texte sind fehlerhaft. Korrigiert sie in kleinen Gruppen und wendet dabei die Regeln und Merksätze an.

Achtung! Fehlertext

Berufsfindung

„Wer die Wal hat, hat die Qual."
Dieses alte Sprichwort hat garnichts von seiner gültigkeit verloren. Es stimmt nähmlich, das in gantz vielen Fällen die Zahl der Berufe für Berufsanfänger so unüberschaubar groß ist, ₅ dass sie sich nicht endscheiden können. Besonders merken dies Schülerinnen und Schüler, die sich erst kurtz vor Ende ihrer Schulausbildunk um einen Überblick bemüen.
(Fehler: 10)

Tips zum Einstellungstest

Immer häufiger steht am Anfank eines Einstellungsverfahrens ein Test. Nur wer diesen besteht, hat überhaubt eine Chance, das Verfahren weiter zu durchlaufen. Damit man gut auf diesen Test vorbereitet ist, empfiehlt es sich, sich vorher ei- ₅ nen Überblick über mögliche Tests zu verschafen. Einen solchen Test kann man häufich bei einer Bang oder bei Versicherungen bekomen. Neuerdings werden diese Tests auch im Internet angeboten. Man kann sie sich dort gantz einfach ₁₀ anschauen und beliebich oft ausprobieren. Alerdings sollte man sich auch nicht zu sehr davon verückt machen lasen und die anderen Vorbereitungen nicht aus dem Blick verlieren.
(Fehler: 13)

Auf das aussehen kommt es an

Bei einem Vorstellungsgespräch wird immer auch auf äußeres wert gelegt. Das man nicht in den letzten zerrisenen Jeans auftauchen sollte, dürfte jedem Schüler und jeder Schülerin klar sein. Aber auch das andere extrem ist nicht radsam. Schliesslich will die Firma wissen, wen sie einstellt. Und dabei ist es wenig hilfreich, wen man sich verkleidet. Vielmehr wollen die Firmen wissen, welche Persönlichkeit hinter der Bewerbung steckt. Also am Besten gut gekleidet Erscheinen, aber nicht übertreiben. Für die Mädchen gild: Ein bischen Schminke ist absolud in ordnung, aber nicht zu dick auftragen. Lieber natürlig erscheinen, als hinter einer Maske verborgen.
(Fehler: 16)

4 Diktiert euch die Texte gegenseitig oder schreibt sie in der richtigen Form ab. Kontrolliert, ob ihr die Regeln und Merksätze beachtet habt. Schaut in einem Wörterbuch nach, wenn ihr unsicher seid.

5 Arbeitet in gleicher Weise mit den folgenden Auszügen aus einem Praktikumsbericht.

Montag, 27.03.

Arbeitsbeginn war für mich an diesem Tag erst um 9.30 Uhr. Um zunächst einen Einblick in die Tätichkeiten eines Redaktörs zu bekommen und einen Überblick zu erhalten, was in den nächsten Wochen auf mich zukommen würde, habe ich gemeinsam mit den beiden anderen Praktikantinen eine Einführung in die altäglichen Abläufe innerhalb eines Verlags erhalten. Hierbei lernte ich auch bereits meine neuen „Kolegen" kennen. Positiv aufgefallen ist mir, dass ich von anfang an geduzt wurde, und vor allem auch, dass ich es umgekehrt genauso machen durfte.
(Fehler: 7)

Dienstag, 28.03.

Mein Arbeitstag begann um 8.45 Uhr. An diesem Tag lernte ich den Redakteur kennen, in dessen Büro für die Nächsten zwei Wochen mein Arbeitsplatz sein sollte. Meine erste Aufgabe bestandt darin, ein bereits vertiges Arbeitsheft durchzulesen und auf Druckfehler zu überprüfen. Damit ich die Aufgabe erledigen konnte, bekahm ich zuvor noch eine Kurtzübersicht zum Regelwerk der Deutschen Rechtschreibung ausgehendigt.
(Fehler: 7)

Auf die Bedeutung achten

Bei einigen Wörtern mit einem langen, betonten Vokal könnt ihr die korrekte Schreibung nur anhand der Bedeutung feststellen. Diese Wörter müsst ihr euch dann genau einprägen.

---
dehnen – denen, leeren – lehren, Bote – Boote,

mehr – Meer, Sole – Sohle, mahlen – malen,

Wahl – Wal, wahr – war, Uhr – Ur/ur

---

1 Bildet mit den Wörtern aus dem Wortspeicher kleine Sätze, die deren Bedeutung erklären. Schaut gegebenenfalls in einem Wörterbuch die Bedeutung der Wörter nach und prägt euch die richtige Schreibweise ein.

2 Diktiert euch anschließend gegenseitig einzelne Sätze.

3 Übertragt die folgenden Satzpaare in euer Heft und setzt das passende Wort aus dem Wortspeicher ein.

- Mithilfe einer ? kann man jederzeit die exakte Zeit angeben.
  Wenn man von der frühesten Zeit der Menschheitsgeschichte spricht, meint man die ?zeit.

- In den Sommerferien fahren viele Familien mit ihren Kindern gerne ans ? .
  Manche Kinder sind kleine Leseratten und wollen immer ? lesen.

- Trotz intensiver Bemühungen werden ? , diese Riesen der Meere, immer noch gejagt.
  Die ? des Klassensprechers war eine überraschende Entscheidung.

- Jede Woche kommt das städtische Entsorgungsunternehmen und ? die Mülltonnen.
  Der hoch angesehene Professor ? an der Universität in Paderborn Geschichte.

- Niemand ist gerne ? einer schlechten Nachricht.
  Die ? der Fischer werden nach der Fahrt ans Ufer gezogen.

- Bei kochsalzhaltigem Wasser spricht man von einer ? .
  Die Unterseite eines Schuhs wird als ? bezeichnet.

- Das Getreide muss erst ? werden, damit man es weiterverarbeiten kann.
  Zur Verdeutlichung der Situation hat der Schüler noch ein Bild ? .

- Bei der Vernehmung des Zeugen wird überprüft, ob die Angaben des Tatverdächtigen auch ? sind.
  Insbesondere wollte der vernehmende Polizeibeamte wissen, ob der Zeuge auch am Tatort ? .

- Nach einem Nickerchen hat man häufig das Bedürfnis, sich ausführlich zu ? .
  Es gibt Menschen, ? man einfach bedingungslos vertraut.

Auf die Wortart achten

Wortendbausteine

Aus den letzten Schuljahren ist euch sicherlich noch bekannt, dass man Nomen/Substantive und Adjektive zum Teil an ihren Endbausteinen erkennen kann.

1 Ordnet die folgenden Endbausteine den beiden Wortarten Nomen/Substantiv und Adjektiv zu.

> -ig -heit -keit -lich -ung
> -schaft -nis -sam -tum -isch
> -sal -chen -haft

2 Legt eine Tabelle an. Sucht zu den Endbausteinen passende Wörter und tragt sie in die Tabelle ein. Markiert jeweils die Endbausteine farbig. Vergesst bei den Nomen/Substantiven nicht den passenden Artikel.

Nomen/Substantiv	Adjektiv
?	?

3 Mithilfe der typischen Adjektiv-Endbausteine kann man teilweise aus Nomen/Substantiven Adjektive bilden. Nutzt dazu die Nomen/Substantive des folgenden Wortspeichers:

> die Frucht • die List • der Wind • das Haus • der Traum • das Land • der Mann • das Wunder • der Riese • der Winter • das Weib • die Schule • die Masse • das Streben • der Süden • der Sommer • der Osten • das Kind • die Stadt • der Ekel • das Erkennen

4 Findet selbst weitere Beispiele und verwendet die neu gebildeten Adjektive als Attribute.

Beispiele:
das Salz – salz**ig** – der salzige Hering
der Frühling – frühlings**haft** – das frühlingshafte Wetter

> **REGEL**
>
> An den Wortbausteinen **-heit, -keit, -ung, -nis, -tum, -schaft, -sal, -chen** kann man ein **Nomen/Substantiv** erkennen.
>
> An den Wortbausteinen **-ig, -lich, -isch, -bar, -sam, -haft** kann man ein **Adjektiv** erkennen.

Nominalisierungen/Substantivierungen

Vielfach können aus anderen Wortarten Nomen/Substantive gebildet werden. Diese Nominalisierungen/Substantivierungen kann man an verschiedenen Merkmalen erkennen.

1 Schaut euch die folgenden Beispiele genau an und benennt jeweils das entsprechende Merkmal.

- Das <u>Lesen</u> ist seine große Leidenschaft.
- Beim <u>Lesen</u> entdecken wir immer neue Welten.
- Intensives <u>Lesen</u> regt die Fantasie an.
- Wenn man in der modernen Welt „überleben" will, ist <u>Lesen</u> zwingend notwendig.

2 Entscheidet bei den folgenden Sätzen jeweils, ob eine Nominalisierung/Substantivierung vorliegt. Begründet eure Entscheidung und übertragt die Sätze in richtiger Schreibweise in euer Heft.

- Das ❓eichnen der Häuser ist dem Schüler gut gelungen.
Als er die Menschen auf der Straße ❓eichnen wollte, reichten seine Fertigkeiten noch nicht ganz aus.

- Die ❓inzelnen Häuser waren sehr säuberlich und detailliert ausgeführt. Welche Mühe dies dem Schüler im ❓inzelnen gemacht hatte, war dem Ergebnis durchaus anzusehen.

- Die Zeichnungen der Klasse waren im ❓llgemeinen sehr gut geworden. Dabei war die ❓llgemeine Meinung zuvor gewesen, dass die Aufgabe zu schwer sei.

- Der Lehrer hielt ❓chraffieren zur Verdeutlichung der Bildverhältnisse für sehr wichtig.
Also mussten die Schülerinnen und Schüler alle Flächen, die sich dazu anboten, ❓chraffieren.

- Ohne ❓enn und ❓ber folgte die Klasse den Anweisungen des beliebten Kunstlehrers.
Die Ergebnisse wären ❓ber noch besser gewesen, ❓enn sich die Schülerinnen und Schüler ein bisschen mehr konzentriert hätten.

- Schließlich waren die Ergebnisse in der Schule in einer Ausstellung zu ❓ehen. Nur genaues ❓ehen offenbarte die kleinen künstlerischen Unterschiede.

- Das ❓chöne an den Ferien ist die Aussicht auf viel freie Zeit.
Dann können all die ❓chönen Dinge nachgeholt werden, für die während des Unterrichts keine Zeit bleibt.

- Als Erstes wollen viele Schülerinnen und Schüler einmal ❓usschlafen.
Das ❓usschlafen ist aber nicht unbedingt auch bei allen Eltern beliebt.

- Die Schülerinnen und Schüler lassen sich auch gerne einfach treiben und ❓iegen lange in der Sonne.
Langes ❓iegen in der Sonne ist aber gar nicht so gesund.

- Im ❓roßen und ❓anzen gehen die Ferien meistens viel zu schnell vorbei. Von den Schülerinnen und Schülern werden die ❓roßen Ferien ❓anz häufig als gar nicht so „groß" empfunden.

- Die letzten Tage der Ferien sollte man ganz besonders intensiv ❓enießen. Das ❓enießen der letzten Tage wird aber immer mehr vom herannahenden Schulbeginn überschattet.

- Das ❓iedersehen mit der Schule ist dann jedoch häufig gar nicht so schlimm. Schließlich möchte man seine Mitschüler und Mitschülerinnen doch ❓iedersehen.

REGEL

Nomen/Substantive schreibt man **groß**. Alle anderen Wortarten können zu Nomen/Substantiven werden und werden dann ebenfalls großgeschrieben. Oft stehen Begleiter davor, sodass die **nominalisierten/ substantivierten Wörter** erkennbar sind.

das oder dass?

> **REGEL**
>
> Die richtige Schreibweise von **das** oder **dass** erkennt man, indem man auf die Wortart achtet. Handelt es sich um einen **Artikel**, ein **Demonstrativpronomen** oder ein **Relativpronomen**, schreibt man **das**.
>
> Beispiele: **Artikel:** **Das** Kino ist bei Jugendlichen noch immer beliebt.
> **Demonstrativpronomen:** **Das** hätte niemand von ihm erwartet.
> **Relativpronomen:** Das Buch, **das** so beliebt ist, wird nun verfilmt.
>
> Handelt es sich um eine **Konjunktion**, die einen Nebensatz/Gliedsatz einleitet, wird **dass** geschrieben.
>
> Beispiel: Viele haben schon erwartet, **dass** diese Verfilmung endlich gezeigt wird.

1 Übertragt den folgenden Text in euer Heft und setzt *das* oder *dass* ein. Begründet jeweils eure Entscheidung.

Tipps für ein gelungenes Vorstellungsgespräch

Vielfach ist nach der erfolgreichen schriftlichen Bewerbung ___?___ Vorstellungsgespräch die nächste entscheidende Hürde auf dem Weg zum gewünschten Ausbildungsplatz. Damit dieser wichtige Termin gelingt, sollte man einige Regeln bedenken. ___?___ ist aber häufig leichter gesagt als getan.

Zunächst gilt es, sich inhaltlich auf ___?___ Gespräch vorzubereiten. Erfahrungen zeigen, ___?___ es vielfach einen guten Eindruck hinterlässt, wenn man ___?___ Unternehmen gut kennt. Dabei geht es weniger darum, ___?___ man auch letzte Details kennt, sondern mehr darum, ___?___ man über die großen Zusammenhänge Bescheid weiß. ___?___ Wissen ist vielfach dem Internetauftritt des Unternehmens zu entnehmen. Insbesondere ___?___ angestrebte Arbeitsfeld innerhalb der Firma sollte man sich vorher genau anschauen. Besonders hilfreich ist es natürlich, wenn man ___?___ Innenleben eines solchen Betriebs schon durch Mitarbeiter oder Mitarbeiterinnen kennt. Wenn ___?___ nicht möglich ist, sollte man beispielsweise auch Zeitungsberichte über die Firma studieren.

Auch ___?___ Äußere ist an diesem Tag von besonderer Bedeutung. Es stimmt zwar nicht, ___?___ man aufgrund eines Fehlers in der Kleidung sofort aus dem Rennen um den Ausbildungsplatz ist, aber der Gesamteindruck sollte stimmen. ___?___ man sich für ___?___ Gespräch nicht verkleiden sollte, dürfte allen bekannt sein, aber die Kleidung, ___?___ Auftreten und die Gesprächsführung müssen zu einem passen.

Wenn ___?___ anfängliche Lampenfieber überwunden wurde, ___?___ Gespräch gut geklappt hat und man auch ein paar eigene Fragen stellen konnte, hat man gute Chancen, ___?___ man auch die nächste Hürde überwindet.

2 Ihr könnt euch den Text auch abwechselnd abschnittsweise diktieren. Besprecht dabei die jeweilige Wortart.

Tageszeiten und Wochentage

> **REGEL**
>
> Bezeichnungen für **Tageszeiten** und **Wochentage** werden **großgeschrieben**, wenn es sich dabei um Nomen/Substantive handelt. Dies kann man an den üblichen Nomen-/Substantivsignalen erkennen.
>
> Beispiele: *der* Sonntag – *am* Mittag – *der* gestrige Mittwoch – *jeder* Montag
>
> Bezeichnungen für **Tageszeiten** und **Wochentage** werden **kleingeschrieben**, wenn es sich dabei um Adverbien handelt.
>
> Beispiele: gestern – heute – morgen – mittwochs – sonntagabends
>
> Bei allen **zweiteiligen Tageszeitangaben** werden die Adverbien klein- und die Nomen/Substantive großgeschrieben.
>
> Beispiele: heute Morgen – morgen Vormittag – gestern Abend

1 Übertragt den folgenden Text in euer Heft und achtet dabei auf die korrekte Schreibung der Zeitangaben.

Besuch des Berufsinformationszentrums (*BiZ*)

HEUTE MORGEN hat sich die Klasse 9d auf den Weg gemacht, am VORMITTAG das *BiZ* zu besuchen und zu erkunden. Unsere Deutschlehrerin hatte den DIENSTAG so organisiert, dass wir
5 am frühen VORMITTAG zunächst einen Vortrag von einem Mitarbeiter zum Aufbau des *BiZ* erhielten. Anschließend gehörte der Rest des VORMITTAGS den eigenen Recherchen. Am Ende des langen VORMITTAGS waren alle ziemlich dankbar für die kurze Unterbrechung 10 und den Ausflug zur Eisdiele um die Ecke.
Am NACHMITTAG stellten wir uns in einem separaten Raum gegenseitig unsere Ergebnisse vor. Gut bewertet wurden besonders die Beiträge derjenigen, die bereits GESTERN ein wenig 15 im Internet recherchiert hatten. Am kommenden MONTAGMORGEN werden die Kurzvorträge auf Wandplakaten ausgehängt. Am späten NACHMITTAG fuhren wir dann wieder zur Schule und waren damit für den Rest des HEU- 20 TIGEN TAGES entlassen. Aber bereits ÜBERMORGEN wird es wieder ernst, dann wird die seit TAGEN angekündigte Klassenarbeit geschrieben.

2 Fertigt einen Tagebucheintrag eines beliebigen Tages der letzten Woche an. Verwendet dabei möglichst viele Zeitangaben. Tauscht anschließend die Hefte untereinander aus und vergleicht eure Ergebnisse miteinander. Erklärt dabei die Schreibung der Zeitangaben mithilfe der Regeln.

Fremdwörter

In vielen Bereichen des täglichen Lebens begegnen uns heutzutage Fremdwörter. Wie selbstverständlich wird angenommen, dass wir nicht nur deren Bedeutung kennen, sondern sie auch richtig schreiben können.

> Nach einer langen Flugreise leiden viele am Jetlag.

> Bei uns keine Gebühren auf ihr Girokonto

> Die Avantgarde der Modewelt kleidet ihre Mannequins neu ein.

> Der Sound der 80er – mit der Technik der Gegenwart

> Alles muss raus: Wir räumen unser Couch-Depot.

> Einbruch in die Rathaus-Apotheke

> Ganz cool am eigenen Swimmingpool

> Neuer Redakteur gesucht

1 Ordnet die Fremdwörter verschiedenen Oberbegriffen, wie zum Beispiel *Mode*, zu. Sammelt weitere dazu passende Begriffe, die aus anderen Sprachen übernommen wurden.

2 Ermittelt auch mithilfe eines Wörterbuchs die Herkunft der Fremdwörter. Was fällt euch auf?

ph – rh – th

1 In einer Reihe von Fällen kann man die Schreibweise der Fremdwörter von ihrer Herkunft ableiten. Aus welcher Sprache stammen die meisten Fremdwörter mit ph, rh und th?

2 Setzt die passenden Wörter des Wortspeichers in die Sätze ein und übertragt diese ins Heft.

Thermometer • Thermalbad • Apathie • Apotheke • Theorie • Bibliothek • Paragraph (Paragraf) • Hypothese • Phantom • Rhetorik • Rhythmus • Rhabarber • These

- In der kalten Jahreszeit ist ein Besuch im ? eine willkommene und wohltuende Abwechslung für Jung und Alt.
- Wer gerne liest, sollte sich auf jeden Fall einen Ausweis der öffentlichen ? seiner Stadt besorgen.
- Wer süßsauer schmeckendes Gemüse liebt, sollte einmal ? versuchen, der als Kompott gerade im Sommer gut schmeckt.
- In jeder guten ? erhält man nicht nur alle nötigen Medikamente, sondern auch kompetente Beratung.

- Wenn einen Menschen die ? befällt, ist er zu nichts mehr zu motivieren.

- Damit man seine Meinung in Schule und Beruf immer gut ausdrücken und Vorträge stets gekonnt halten kann, sollte man sich mit den Grundzügen der ? vertraut machen.

- Mithilfe eines digitalen ? kann man leicht die genaue Temperatur ermitteln.

- Die Gesetzeswerke sind in aller Regel in einzelne ? aufgeteilt, die jeweils unterschiedliche Aspekte behandeln.

- Damit man ein Gedicht angemessen vortragen kann, muss man neben dem Metrum auch den ? beachten.

- Wenn man etwas nicht recht fassen kann und es immer nur schemenhaft auftaucht, spricht man von einem ? .

- Solange ein neuer Sachverhalt noch nicht bekannt ist und noch nicht hinreichend erforscht wurde, wird ein erstes Verständnis mithilfe einer ? formuliert.

- Grau ist alle ? , bunt die Praxis.

Fremdwörter – Übersicht

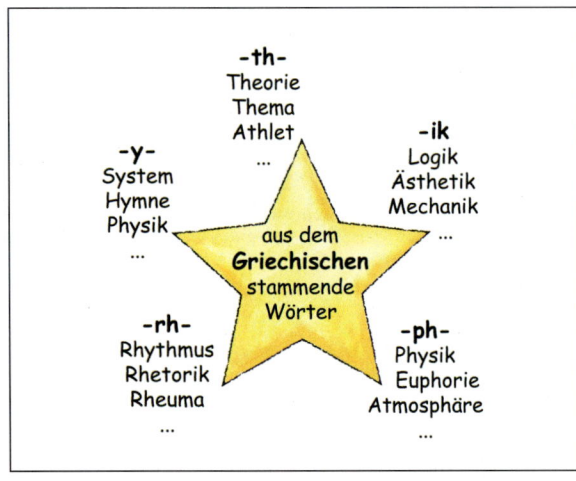

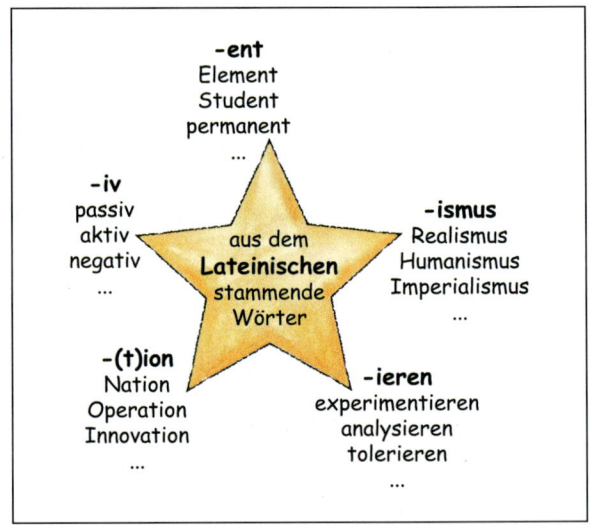

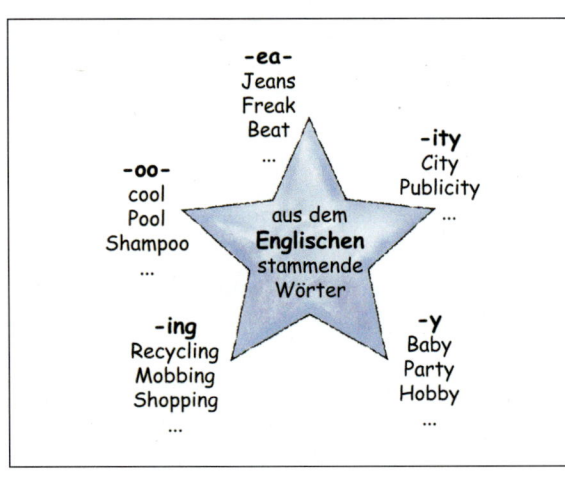

1 Schaut euch die Übersichten an und klärt unbekannte Begriffe im Klassengespräch oder mithilfe eines Wörterbuchs.

2 Übertragt die Übersichten in euer Heft und ergänzt sie um weitere Begriffe. Wenn ihr euch nicht sicher seid, schlagt in einem Wörterbuch nach.

3 Die Analyse von Texten erfordert es häufig, dass ihr mit Fremdwörtern arbeitet. Das ist vor allem dann der Fall, wenn ihr sprachliche Auffälligkeiten mit den entsprechenden Begriffen korrekt beschreiben wollt. Schreibt die folgenden Begriffsbestimmungen mit den entsprechenden Fachausdrücken aus der Liste in euer Heft.

> Metapher • Neologismus • Alliteration • Ellipse • Parallelismus • Antithese • Euphemismus • Rhythmus • Symbol • Chiasmus • Anapher • Klimax

Rhetorische Mittel

- Ein ? ist ein Sinnbild, das über sich hinaus auf etwas Allgemeines verweist, wie z. B. die Taube auf den Frieden oder die Rose auf die Liebe.

- Man spricht von einem ?, wenn ein Wort neu erfunden wurde, das es so zuvor noch nicht gegeben hat.

- Ein beschönigender Ausdruck, wie etwa „freisetzen" statt „entlassen", wird als ? bezeichnet.

- Die Wiederholung von Anfangslauten bei Wörtern wie im Beispiel „Fischers Fritz fischt frische Fische" bezeichnet man als ?.

- Als ? wird die Auslassung von Satzgliedern bezeichnet, die zur vollständigen Satzkonstruktion gehören, für das Verständnis des Satzes aber nicht zwingend notwendig sind.

- Sind bei mehreren aufeinanderfolgenden Sätzen die Satzglieder in gleicher Weise angeordnet, liegt ein ? vor.

- Die symmetrische Überkreuzstellung von Satzgliedern oder Wörtern nennt man ?.

- Werden Gedanken oder Begriffe gegenübergestellt, die Gegensätzliches zum Ausdruck bringen, liegt eine ? vor.

- Es handelt sich um eine ?, wenn ein Begriff aus einem anderen Bedeutungszusammenhang genommen und in einen neuen gesetzt wird und sich so eine neue Bedeutung ergibt.

- Man nennt die Art und Weise, in der zum Beispiel Gedichte vorgetragen werden, ?. Dabei geht man vom Metrum aus, achtet aber auch auf die Betonung der Sätze.

- Die zumeist dreigliedrige Anordnung von Wort- und Satzreihen nach steigerndem Prinzip wird als ? bezeichnet.

- Die Wiederholung von Wörtern oder Wortgruppen am Anfang aufeinanderfolgender Sätze oder Verse nennt man ?.

Mit dem Wörterbuch arbeiten

Das brauchst du immer wieder. ◆ So gehst du vor.

Sich im Wörterbuch orientieren

Wenn du dir bei der Rechtschreibung unsicher bist, solltest du immer mit einem Wörterbuch arbeiten. Dort erfährst du meistens nicht nur etwas über die Schreibweise, sondern auch etwas über

- die Aussprache (Betonung und Länge/Kürze der betonten Vokale),
- die Bildung des Genitivs,
- die Pluralform,
- die Herkunft des Wortes,
- die Wortbedeutung,
- weitere Wörter aus der Wortfamilie,
- unterschiedliche Verbformen (manchmal),
- die Steigerungsformen der Adjektive (manchmal),
- die Worttrennung.

Verben sind im Wörterbuch immer in der Form des Infinitivs eingeordnet (er liest → lesen), Adjektive in der Grundform (am besten → gut).
Dort, wo das Regelwerk zwei verschiedene Schreibweisen erlaubt, sind diese auch aufgeführt. Im Auszug auf S. 349 bedeutet die gelbe Unterlegung, dass diese Schreibweise empfohlen wird.

1 Schaut euch die Seite aus einem Wörterbuch (S. 349) genau an und beantwortet schriftlich die folgenden Fragen:

- Welche zweite Möglichkeit gibt es, das Wort „Mindmap" zu schreiben?
- Welche Möglichkeit wird empfohlen?
- Wie lautet der bestimmte Artikel und damit das grammatische Geschlecht des Nomens/Substantivs „Mimose"?
- Wie lautet die Puralform zu diesem Nomen/Substantiv?
- Welche Bedeutungen kann das Wort „Mine" haben?
- Wie trennt man das Nomen/Substantiv „Mindeststudiendauer"?
- Wie werden die Fremdwörter „Minarett", „Miniatur" und „Mindmap" getrennt?
- Aus welcher Sprache stammt das Wort „Mineral"?
- Welche Bedeutung hat das Adjektiv „mimosenhaft"?
- Wo und wie wird das Wort „Minarett" betont?

2 Welche Schreibweise ist jeweils richtig? Schaut noch einmal auf der Wörterbuchseite nach.

- Minneralogie, Mineralogie, Mineraogie
- Minenarbeiter, Mienenarbeiter, Minnenarbeiter
- Minijob, Minnijob, Minijop

Mi|mi|k|ry [...ri], die; - ⟨engl.⟩ (*Zool.* Nachahmung wehrhafter Tiere durch nicht wehrhafte in Körpergestalt u. Färbung; *übertr. für* Anpassung)
Mi|min (*weibliche Form zu* Mime)
Mi|mir (Gestalt der nord. Mythologie u. der germ. Heldensage)
mi|misch ⟨griech.⟩ (schauspielerisch; mit Gebärden)
Mi|mo|se, die; -, -n ⟨griech.⟩ (Pflanzengattung; Blüte der Silberakazie; *übertr. für* überempfindlicher Mensch); **mi|mo|sen|haft** (zart; [über]empfindlich)
mim|sen (*ugs. für* eine Nachricht über MMS verschicken); du mimst, hast gemimst
Mi|mus, der; -, ...men ⟨griech.⟩ (Possenreißer der Antike; *auch* die Posse selbst)
min, Min. = Minute
Mi|na, Mi|ne (w. Vorn.)
Mi|na|rett, das; -s, *Plur.* -e u. -s ⟨arab.-franz.⟩ (Moscheeturm)
Min|bar, Mim|bar, der; -s, -e ⟨arab.⟩ (Predigtkanzel einer Moschee)
Min|chen (w. Vorn.)
Min|da|nao (eine Philippineninsel)
Min|den (Stadt a. d. Weser); **Min|de|ner; Min|de|ne|rin**
min|der; minder gut, minder wichtig; von mind[e]rer Qualität
min|der|be|gabt
min|der|be|mit|telt; Min|der|be|mit|tel|te, der u. die; -n, -n
Min|der|bru|der (Franziskaner)
Min|der|ein|nah|me
Min|der|heit; Min|der|hei|ten|fra|ge; Min|der|hei|ten|recht *meist Plur.;* **Min|der|hei|ten|schutz**, der; -es; **Min|der|heits|be|tei|li|gung** (*Wirtsch.*); **Min|der|heits|recht** (*Politik, österr.*)
Min|der|heits|re|gie|rung
min|der|jäh|rig; Min|der|jäh|ri|ge, der u. die; -n, -n; **Min|der|jäh|rig|keit**, die; -
Min|der|leis|tung
min|dern; ich mindere
min|der|qua|li|fi|ziert; Min|der|qua|li|fi|zier|te, der u. die; -n, -n
Min|de|rung
Min|der|wert; min|der|wer|tig
Min|der|wer|tig|keit; Min|der|wer|tig|keits|ge|fühl; Min|der|wer|tig|keits|kom|plex (*ugs. Kurzwort* Miko)
Min|der|zahl, die; -
Min|dest|ab|stand; Min|dest|al|ter; Min|dest|an|for|de|rung; Min|dest|aus|bil|dungs|ver|gü|tung [*auch* ...ʔaʊ̯s...]

Min|dest|bei|trag; Min|dest|be|steu|e|rung; Min|dest|be|trag
Min|dest|bie|ten|de, der u. die; -n, -n

min|des|te
– ich habe nicht den mindesten Zweifel

Groß- oder Kleinschreibung bei vorangehendem [mit einer Präposition verschmolzenem] Artikel:
– nicht das Mindeste *od.* mindeste (gar nichts)
– nicht im Mindesten *od.* mindesten (überhaupt nicht)
– zum Mindesten *od.* mindesten (wenigstens)

Min|dest|ein|kom|men
min|des|tens
Min|dest|for|dern|de, der u. die; -n, -n; **Min|dest|for|de|rung; Min|dest|ge|bot; Min|dest|ge|schwin|dig|keit; Min|dest|grö|ße**
Min|dest|lohn; Min|dest|lohn|ge|setz; Min|dest|maß, das; **Min|dest|pen|si|on; Min|dest|preis; Min|dest|ren|te; Min|dest|re|ser|ve** *meist Plur.* (*Bankw.*)
Min|dest|satz; Min|dest|stra|fe
Min|dest|stu|di|en|dau|er (*bes. österr.*); **Min|dest|zahl; Min|dest|zeit**
min|disch (aus Minden)
Mind|map, Mind-Map [ˈmaɪ̯ntmɛp], die; -, -s *od.* das; -s, -s ⟨engl.⟩ (grafische Darstellung gedanklicher Zusammenhänge)
¹**Mi|ne**, die; -, -n ⟨franz.⟩ (unterird. Gang; Bergwerk; Sprengkörper; Kugelschreiber-, Bleistifteinlage); *vgl. aber* Miene
²**Mi|ne**, die; -, -n ⟨griech.⟩ (altgriech. Münze, Gewicht)
³**Mi|ne** *vgl.* Mina
Mine|craft® [ˈmaɪ̯nkraːft] *ohne Artikel* ⟨engl.⟩ (ein Computerspiel)
Mi|nen|ar|bei|ter; Mi|nen|ar|bei|te|rin; Mi|nen|feld; Mi|nen|le|ger; Mi|nen|räum|boot
Mi|nen|stol|len; Mi|nen|such|boot; Mi|nen|such|ge|rät; Mi|nen|wer|fer
Mi|ne|ral, das; -s, *Plur.* -e u. -ien ⟨franz.⟩ (anorganischer, chem. einheitlicher u. natürlich gebildeter Bestandteil der Erdkruste; *österr. u. schweiz. auch kurz für* Mineralwasser)
Mi|ne|ral|bad; Mi|ne|ral|dün|ger

Mi|ne|ra|li|en|bör|se; Mi|ne|ra|li|en|samm|lung
mi|ne|ra|lisch; Mi|ne|ra|lo|ge, der; -n, -n ⟨franz.; griech.⟩; **Mi|ne|ra|lo|gie**, die; - (Wissenschaft von den Mineralen); **Mi|ne|ra|lo|gin; mi|ne|ra|lo|gisch**
Mi|ne|ral|öl; Mi|ne|ral|öl|ge|sell|schaft; Mi|ne|ral|öl|in|dus|t|rie; Mi|ne|ral|öl|steu|er, die
Mi|ne|ral|quel|le; Mi|ne|ral|stoff; Mi|ne|ral|was|ser *Plur.* ...wässer
Mi|n|er|gie® (schweizerischer Energiestandard für Niedrigenergiehäuser)
Mi|ner|va (röm. Göttin des Handwerks, der Weisheit u. der Künste)
Mi|nes|t|ro|ne, die; -, -n ⟨ital.⟩ (ital. Gemüsesuppe)
Mi|net|te, die; -, -n ⟨franz.⟩ (Eisenerz); **Mi|neur** [...ˈnøːɐ̯], der; -s, -e (Tunnelbauer; Berufsbez.); **Mi|neu|rin**
mi|ni (*Mode* sehr kurz); der Rock ist mini
¹**Mi|ni**, das; -s, -s (*ugs. für* Minikleid; *meist ohne Artikel, nur Sing.:* sehr kurze Kleidung); Mini tragen
²**Mi|ni**, der; -s, -s (*ugs. für* Minirock)
Mi|ni... (sehr klein; *Mode* äußerst kurz, z. B. Minirock)
Mi|ni|a|tur, die; -, -en (kleines Bild; [kleine] Illustration); **Mi|ni|a|tur|aus|ga|be** (kleine[re] Ausgabe); **Mi|ni|a|tur|bild**
mi|ni|a|tu|ri|sie|ren (*Elektrot.* verkleinern); **Mi|ni|a|tu|ri|sie|rung**
Mi|ni|a|tur|ma|le|rei; Mi|ni|a|tur|park
Mi|ni|bag|ger
Mi|ni|bar, die (kleiner Kühlschrank im Hotelzimmer; Wagen mit Esswaren u. Getränken in Fernzügen)
Mi|ni|bi|ki|ni (sehr knapper Bikini)
Mi|ni|break (*Tennis*)
Mi|ni|car ⟨engl.⟩ (Kleintaxi); **Mi|ni|com|pu|ter**
mi|nie|ren ⟨franz.⟩ (unterirdische Gänge, Stollen anlegen); *vgl.* ¹Mine
Mi|ni|golf, das; -s (Miniaturgolfanlage; Kleingolfspiel)
Mi|ni|haus
Mi|ni|job (geringfügiges Beschäftigungsverhältnis); **Mi|ni|job|ber** (*ugs.*); **Mi|ni|job|be|rin**
Mi|ni|ka|me|ra
Mi|ni|ki|ni, der; -s, -s (Damenbadebekleidung ohne Oberteil); **Mi|ni|kleid**

Zusammen- und Getrenntschreibung

Auf die Betonung und die Bedeutung achten

wie|der

(nochmals, erneut; zurück)
- um, für nichts und wieder nichts; hin und wieder (zuweilen); wieder einmal

Vgl. aber wider

I. *Zusammenschreibung in Verbindung mit Verben und Adjektiven vor allem dann, wenn »wieder« im Sinne von »zurück« verstanden wird:*
- ich kann dir das Geld erst morgen wiedergeben
- der Restbetrag wurde ihr wiedererstattet
- er hat alle geliehenen Bücher wiedergebracht
- kann ich bitte meinen Stift wiederhaben?
- wenn du jetzt gehst, brauchst du nicht mehr wiederzukommen!

II. *Zusammenschreibung auch in folgenden Fällen:*
- wiederkäuen ([von bestimmten Tieren:] nochmals kauen; *auch übertr. für* ständig wiederholen)
- Festtage, die jährlich wiederkehren (sich wiederholen)
- sie hat den Text wörtlich wiedergegeben (wiederholt)
- er wollte den Vorfall wahrheitsgetreu wiedergeben (schildern, darstellen)
- würden Sie den letzten Satz bitte wiederholen
- der Fernsehfilm wurde schon mehrfach wiederholt
- eine Klasse, den Lehrstoff wiederholen
- das Experiment war nicht wiederholbar
- die Kranke ist noch nicht ganz wiederhergestellt (gesundet)
- das Material ist wiederverwertbar
- wiederverwendbare Verpackungen

III. *Getrenntschreibung vor allem dann, wenn »wieder« im Sinne von »nochmals, erneut« verstanden wird:*
- wieder abdrucken, wieder anfangen, das Spiel wieder anpfeifen
- dieses Modell wird jetzt wieder hergestellt (erneut produziert)
- ich werde das nicht wieder tun
- einen Ort wieder aufsuchen
- es ist mir alles wieder eingefallen

IV. *In vielen Fällen ist Getrennt- oder Zusammenschreibung möglich, vor allem dann, wenn der gemeinsame Hauptakzent entweder nur auf »wieder« [oder nur auf dem Verb] oder sowohl auf »wieder« als auch auf dem Verb [oder Adjektiv] liegen kann:*
- ein Theaterstück wieder aufführen *od.* wiederaufführen
- alte Bräuche, die heute wieder aufleben *od.* wiederaufleben
- die alten Vorschriften wieder einführen *od.* wiedereinführen
- wir haben uns auf dem Kongress wiedergesehen (haben ein Wiedersehen gefeiert) *od.* wieder gesehen (sind uns erneut begegnet); *aber nur* der Blinde konnte nach der Operation wieder sehen

Vgl. auch wieder aufbauen, wiederaufbauen; wieder aufnehmen, wiederaufnehmen usw.

(Aus: Duden. Die deutsche Rechtschreibung. Bibliographisches Institut, Berlin 2020, S. 1252)

1 Schaut euch den Auszug aus einem Rechtschreibwörterbuch an. In welcher Weise beeinflussen die Bedeutungsunterschiede des Wortes „wieder" und die Betonung die Schreibweise?

2 Welcher Zusammenhang besteht zwischen der Betonung und der Zusammen- bzw. Getrenntschreibung? Versucht, eine Regel daraus abzuleiten.

3 Wendet diese Betonungsregel, die euch häufig hilft, bei den folgenden Sätzen an. Schreibt die Sätze in der richtigen Form in euer Heft.

- Würden Sie mir bitte die Ausweispapiere WIEDERGEBEN?
- Nach der komplizierten Operation kann er endlich WIEDERSEHEN.
- Die Arbeit muss leider WIEDERHOLT werden.
- Sollte dir der Straßenname WIEDEREINFALLEN, kannst du mich ja anrufen.

- Zahlreiche Materialien können bei entsprechender Aufbereitung WIEDERVERWENDET werden.
- Trotz der vielen Jahre habe ich meine Urlaubsbekanntschaft sofort WIEDERERKANNT.
- Sie musste WIEDERERKENNEN, dass sie eine falsche Entscheidung getroffen hatte.
- Das Geld hat er von ihr WIEDERGEFORDERT.
- Nach dem verheerenden Brand konnte das Geschäft erst nach Monaten WIEDERGEÖFFNET werden.

4 Formuliert auch für die folgenden Schreibweisen eine Regel. Auch in diesem Fall müsst ihr auf die Bedeutung und die Betonung achten.

- Er hatte nicht das Bedürfnis, mit dem Hund **zu spielen**.
- Du solltest den Ball lieber **zuspielen**, anstatt immer nur zu dribbeln.
- Bei dem Versuch, den Ball **zuzuspielen**, verletzte er sich.

5 Schreibt die folgenden Sätze in der richtigen Form in euer Heft.

- Sollte ihm das Lauftraining sehr ZUSETZEN, wollte er die Strecke reduzieren.
- Sie versuchte, die Zielscheibe mit dem Pfeil genau in der Mitte ZUTREFFEN.
- Sollte es ZUTREFFEN, dass der Radprofi gedopt war, muss er mit einer zweijährigen Sperre rechnen.
- Er hatte nicht damit gerechnet, seine Freundin schon um 14.00 Uhr ANZUTREFFEN.
- Es ist doch nicht ZUFASSEN! Schon wieder hat jemand versucht, in unser Gartenhaus EINZUBRECHEN.
- Ihr habt schon wieder vergessen, das Fenster ZUZUMACHEN.
- Viele finden es praktisch, Lernvideos aus dem Internet HERUNTERZULADEN.
- Hast du die Absicht, heute Abend von der Berghütte HERUNTERZULAUFEN oder mit der Seilbahn HERUNTERZUFAHREN?
- Ihr solltet aufeinander ZUGEHEN, dann kann der Konflikt gelöst werden.
- Jonas hat nicht die Absicht, etwas anderes ZUMACHEN als eine Ausbildung zum Einzelhandelskaufmann.
- Der schlafende Einbrecher erklärte, am Abend zuvor eine Diskothek aufgesucht ZUHABEN und dort größere Mengen Alkohol konsumiert ZUHABEN.
- Zunächst war er nicht bereit, seine Schuld EINZUGESTEHEN, dann tat er es jedoch.

6 Mithilfe der Regeln, die ihr euch zuvor bewusst gemacht habt, könnt ihr bestimmt den folgenden Text in der richtigen Form in euer Heft schreiben. Alternativ könnt ihr euch den Text auch abschnittsweise diktieren. Um welche berühmte literarische Figur geht es in dem Text? Schaut im Lexikon oder im Internet nach, wer der Autor des Buches ist.

Richard Latzin
Wer ist es?

„Ich wurde im Jahre 1632 in der Stadt York geboren, von guter Familie, die aber nicht aus diesem Lande stammte, denn mein Vater war ein Ausländer aus Bremen."

Aufgrund seiner speziellen Situation[1] ist der Held dieses Buches gezwungen, an seiner Umwelt gewisse Veränderungen VORZUNEHMEN. Die Ge-

---
[1] als Schiffbrüchiger

gend, in der er gelandet ist, entspricht in nichts seiner Heimatstadt und aufgrund mangelnder Ausbildung tut er sich anfangs ziemlich schwer ZURECHTZUKOMMEN. Immerhin gilt es, Möbel ANZUFERTIGEN, Ackerbau und Viehzucht ZUBETREIBEN, ein stabiles Haus ZUBAUEN und Bäume ANZUPFLANZEN. ALLDIES schafft er, aber mangels einer Frau kann er keinen Sohn zeugen.

Allerdings muss der Held nicht bei null beginnen, er hat Werkzeug und Munition. Das Führen eines Kalenders wird für ihn zu einer äußerst wichtigen Aufgabe, vor allem die Sonntage müssen gewissenhaft AUFGEZEICHNET werden.

Dass es Füße verschiedener Größe gibt, bringt ihn einmal fast um den Verstand. Der Held hat auch sonst mit allerlei Unbill ZUKÄMPFEN und darf erst nach vielen Jahren in seine Heimat ZURÜCKKEHREN und sein Elternhaus WIEDERSEHEN.

Es stellt sich zu seiner nicht geringen Freude heraus, dass er reich ist. Auf sein Leben ZURÜCKBLICKEND kann er berichten, dass er Abenteurer, Gefangener, Plantagenbesitzer und der einzige Überlebende einer Schiffskatastrophe war. Der Autor, der unter anderem als Händler und Journalist gearbeitet hat, war beim Erscheinen des Buches knapp 60 Jahre alt.

Wichtige Regeln zur Zusammen- und Getrenntschreibung erkennen

1 Im letzten Schuljahr habt ihr bereits einige wichtige Regeln zur Zusammen- und Getrenntschreibung gelernt. Welche Regeln müsst ihr bei den folgenden Satzpaaren anwenden? Formuliert diese Regeln mit eigenen Worten.

- Ein Helm gehört **zum Fahrradfahren** in gleicher Weise wie **zum Motorradfahren**.
- Um 18.00 Uhr treffen wir uns zum Pizzaessen. Solltest du vor mir **da sein**, kannst du schon einmal die Musikanlage aufbauen.
  Gegen 19.00 Uhr sollten wir **fertig sein**, dann beginnt nämlich der Film.
- Heute trägt sie einen **blaugrauen** Jeansrock und ein **hellrotes** T-Shirt.
  In **feuchtwarmer** Umgebung gedeihen Bakterien besonders gut.
- Wenn du morgen länger im Bett **liegen bleiben** willst, musst du heute noch das Referat zu Ende vorbereiten.
  Sollen wir heute **schwimmen gehen** oder möchtest du lieber joggen?
- Wenn junge Erwachsene ihren Führerschein gemacht haben und **Auto fahren**, müssen sie sich zunächst in einer zweijährigen Probezeit bewähren. Früher wurden beim Hausbau Materialien verwendet, die **Krebs erzeugen** können.
- Das war eine **supergute** Entscheidung! **Stockdunkel** war es, als sie die Berghütte erreichten.

2 Die Regeln, die sich aus den Beispielsätzen in Aufgabe 1 ergeben, helfen dir, den folgenden Text in der richtigen Weise aufzuschreiben. Diktiert ihn euch gegenseitig abschnittsweise.

Baggerfahren im Urlaub

Seine Leidenschaft, das BAGGERFAHREN, wurde einem Diskothekenbesucher in der Nacht zum Sonntagmorgen zum Verhängnis. Auf seinem Heimweg sah er einen auf einem Betriebsgelände abgestellten BLAUGELBEN Bagger und brach ihn kurzerhand auf. Anschließend fuhr er etwa 20 Meter mit dem Arbeitsgerät auf dem Betriebsgelände umher.

Der Mann hatte es auf unbekannte Art und Weise geschafft, in STOCKDUNKLER Nacht den Motor LAUFENZULASSEN. Anschließend hatte er das über sechs Tonnen schwere Gefährt wieder ordnungsgemäß abgestellt und war geflüchtet.
Noch in der Nacht wurde die Polizei von Anwohnern zum Tatort gerufen. Als die Beamten DORTWAREN, fanden sie eine HELLGRAUE Jacke mit Handy und Personalausweis, die ordentlich über ein Geländer gehängt war.
Die Beamten suchten den Mann auf, der sich angeblich an nichts erinnern konnte und lieber im Bett LIEGENGEBLIEBEN wäre. Er erklärte, am Abend zuvor in einer Diskothek gefeiert und in ÜBERGROSSEN Mengen Alkohol getrunken zu haben. Gegen 5.00 Uhr habe er dann die Diskothek zu Fuß verlassen. Der Inhaber der Diskothek habe ihm den Schlüssel abgenommen, damit er nicht auf die Idee komme, AUTOZUFAHREN.

Wahrscheinlich sei er an dem Betriebsgelände vorbeigekommen. Mehr wisse er nicht. Offensichtlich hatte den Mann beim Anblick des Baggers der Arbeitseifer gepackt. Denn er ist bei einem Tiefbauunternehmen angestellt, hat jedoch im Moment Urlaub. Gottlob hat er das schwere Gerät auf dem Betriebshof STEHENGELASSEN und ist damit nicht nach Hause gefahren.

Regeln zur Zusammen- und Getrenntschreibung im Überblick

Die folgende Übersicht enthält die wichtigsten Regeln zur Zusammen- und Getrenntschreibung im Überblick. Wenn ihr euch beim Schreiben unsicher seid, könnt ihr dort nachschauen. Ihr solltet im Zweifelsfall jedoch immer auch ein Wörterbuch zurate ziehen.

 REGEL

I. Grundregel
Bei der **Zusammen- und Getrenntschreibung** musst du unterscheiden, ob es sich bei einem Ausdruck um eine **Wortgruppe**, die getrennt geschrieben wird, oder um eine **Zusammensetzung**, die zusammengeschrieben wird, handelt.

Wortgruppe:
Die Bremsspur war **zehn Meter lang**.
Zusammensetzung:
Die Bremsspur war **meterlang**.

Bei einer Zusammensetzung liegt häufig (nicht immer!) die **Betonung** auf dem ersten Wortbestandteil. Bei einer Wortgruppe können alle Bestandteile betont sein.

II. Verbindungen aus einem Nomen/Substantiv und einem Verb

1. Verbindungen aus einem **Nomen/Substantiv** und einem **Verb** werden in der Regel getrennt geschrieben.
   Beispiel: Im Urlaub möchte ich **Ski laufen**.

2. Wenn eine Verbindung aus einem Nomen/Substantiv und einem Verb **wie ein Adjektiv** gebraucht wird und z. B. als Attribut ein Nomen/Substantiv näher bestimmt, kannst du entscheiden, ob du getrennt schreibst oder zusammenschreibst.
   Beispiel: **Bagger fahrende/baggerfahrende** Männer

3. In einigen Fällen bilden ein ursprüngliches Nomen/Substantiv und ein Verb eine Zusammensetzung, weil das Nomen/Substantiv **nicht mehr als eigenständiges Wort** angesehen wird.
   Beispiele: **leidtun, eislaufen, kopfstehen, heimkommen**

III. Verbindungen mit dem Hilfsverb *sein*

4. Verbindungen mit dem **Hilfsverb *sein*** werden immer getrennt geschrieben.
   Beispiele: Gegen 12.00 Uhr wird sie **da sein**. Zuvor ist sie noch nie **da gewesen**.

IV. Verbindungen aus zwei Verben

5. **Verbindungen aus zwei Verben** werden in der Regel getrennt geschrieben.
   Beispiel: Möchtest du mit mir **joggen gehen**?

6. Verbindungen mit den Verben **lassen** und **bleiben** können dann zusammengeschrieben werden, wenn sich eine neue, übertragene Bedeutung ergibt. Auch bei der Verbindung **kennen lernen/kennenlernen** ist die Schreibweise freigestellt.
   Beispiel: Leider ist Paul im letzten Schuljahr **sitzen geblieben/sitzengeblieben**.

V. Verbindungen aus einem vorangestellten Adjektiv und einem Verb

7. Verbindungen aus einem **vorangestellten Adjektiv und einem Verb** werden meistens getrennt geschrieben.
   Beispiele: **langsam gehen, laut rufen, himmlisch schmecken**

8. Zusammenschreiben musst du jedoch dann, wenn Adjektiv und Verb eine **neue, übertragene Bedeutung** ergeben.
   Beispiele: Der Angeklagte wurde im Prozess **freigesprochen** (aber: bei einem Referat frei sprechen).
   Ich hätte mich **kranklachen** können!

VI. Verbindungen mit einem Adjektiv als zweitem Bestandteil

9. Gleichrangige Adjektive, die verbunden werden, werden zusammengeschrieben.
   Beispiele: **feuchtwarm, süßsauer, hellgrau**

10. Verstärkt der erste Bestandteil die Bedeutung des Adjektivs oder schwächt er sie ab, wird ebenfalls zusammengeschrieben.
    Beispiele: **superschlau, erzkonservativ, lauwarm**

Übungen

1 Mit den folgenden Übungen könnt ihr auf unterschiedliche Weise umgehen:

- Schreibt die Texte über mehrere Tage verteilt in der richtigen Weise in euer Heft.
- Lest die Sätze, stellt euch die richtige Schreibweise im Kopf vor und ordnet nach Möglichkeit die passende Regel aus der Übersicht zuvor zu.
- Diktiert euch gegenseitig die Sätze.

Es handelt sich um Meinungsäußerungen zu dem Roman „Die Bücherdiebin" von Markus Zusak.

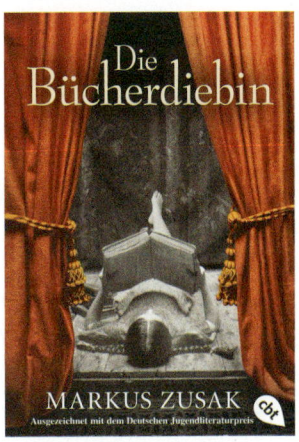

- Der australische Autor mit deutsch-österreichischen Wurzeln verarbeitet in dem Roman Teile seiner eigenen Familiengeschichte – und verliert dabei trotz des ernsten Themas nicht seinen Humor, denn schließlich ist der Ich-Erzähler kein Geringerer als Gevatter Tod selbst. Dass dem die kleine Liesel immer wieder von der Klinge springt, liegt auch daran, dass er eine Schwäche für BÜCHERLESENDE Menschen hat.

- Der Tod in diesem Roman ist kein SENSESCHWINGENDER Knochenmann mit schwarzem Kapuzenmantel, sondern ein interessierter und betroffener Beobachter, der die Menschen nur zum Teil versteht und sich seinen eigenen Reim auf die Geschehnisse macht.

- Zusak gelingt es, diese Geschichte über das „Dritte Reich", die schrecklich und schön zugleich ist, ohne erhobenen Zeigefinger, ohne Anklage, ohne erdrückende Moral ZUERZÄHLEN.

- Er lässt uns staunen und leiden, denn diese Geschichte kann einen nicht KALTLASSEN.

- Aufgrund des faszinierenden Schreibstils war ich von der ersten bis zur letzten Seite von der Geschichte gefesselt. Dieses Buch werde ich AUFJEDENFALL ein zweites Mal lesen!

- Dieses HOCHINTERESSANTE Buch habe ich im Urlaub zufällig im Hotelzimmer gefunden und an den ersten beiden Tage STUNDENLANG darin gelesen. Nachdem ich ZURÜCKWAR, haben es alle meine Kinder verschlungen und waren sehr beeindruckt.

- Es gibt nur sehr wenige Bücher, die eine so menschliche Geschichte aus dieser Zeit erzählen, ohne dabei jedoch den Schrecken AUSZULASSEN.

- Das Buch „Die Bücherdiebin" habe ich erst KENNENGELERNT, nachdem ich die TIEFTRAURIGE Geschichte im Kino gesehen hatte. Beides – Film und Buch – hat mich sehr berührt.

- Man weiß von Anfang an, wie es WEITERGEHEN wird und wie es ausgeht. Und trotzdem, der Weg dahin, bis zum unweigerlichen Ende, ist poetisch, anrührend und von einer sprachlichen Schönheit, dass dieses Buch von jedem geliebt wird, der es gelesen hat. Mein Rat: Unbedingt lesen und immer WIEDERVERSCHENKEN!

Die Kommasetzung

Übersicht

 REGEL

Im Folgenden findest du eine Übersicht zu den wichtigsten Kommaregeln:

Das Komma in Aufzählungen

1. Das Komma steht zwischen gleichrangigen, unverbundenen Wörtern und Wortgruppen.
   Beispiel: Er kaufte sich einen PC, eine Digitalkamera und mehrere Speicherkarten.
2. Das Komma steht zwischen gleichrangigen, unverbundenen Sätzen (auch Gliedsätzen/Nebensätzen).
   Beispiel: Pauline macht Hausaufgaben, Clara spielt Klavier und Jonathan liest.
3. Das Komma steht vor entgegensetzenden Konjunktionen und Konjunktionaladverbien.
   Beispiel: Er hat keinen Hunger, aber (sondern nur) Durst.

Das Komma bei Anreden und Ausrufen

4. Anreden, Ausrufe oder Ausdrücke, die eine Stellungnahme des Schreibers/der Schreiberin verdeutlichen, werden durch Komma abgetrennt.
   Beispiel: Jule, du hast die Arbeit nicht gut geschrieben, leider!

Das Komma bei Einschüben und nachgestellten Erläuterungen

5. Einschübe oder nachgestellte Erläuterungen werden durch Komma vom übrigen Satz abgetrennt.
   Beispiele: Friedrich Schiller, der große deutsche Dichter, starb 1805 in Weimar. Er schrieb mehrere Dramen, u. a. „Wilhelm Tell".

Das Komma bei Infinitivgruppen

6. Das Komma trennt in der Regel Infinitivgruppen vom übergeordneten Satz ab. Es muss gesetzt werden, wenn ein Wort im übergeordneten Satz auf die Infinitivgruppe hinweist. Es muss auch gesetzt werden, wenn die Infinitivgruppe mit *um zu, anstatt zu, ohne zu* … eingeleitet wird.
   Beispiele: Er dachte nicht **daran**, sich zu entschuldigen.
   Hanna äußerte **die Absicht**, nach der Schule ins Ausland zu gehen.
   Chris verließ den Raum, **ohne** das Licht aus**zu**schalten.

Das Komma bei Partizipialsätzen

7. Partizipialsätze werden im Allgemeinen durch Kommasetzung vom Hauptsatz abgetrennt, wenn sie den Lesefluss deutlich unterbrechen. Ist dieses nicht der Fall, ist das Komma freigestellt.
   Beispiele: Sie ging, wieder in der Heimatstadt angekommen, sofort zu ihrer Freundin.
   Ehrlich gesagt(,) ist er ein schlechter Tennisspieler.

Das Komma in Satzgefügen

8. Das Komma steht zwischen Haupt- und Nebensatz/Gliedsatz.
   Beispiel: Wir treffen uns, wenn alles klappt, um 20.00 Uhr vor dem Kino.
9. Das Komma steht zwischen Gliedsätzen/Nebensätzen, die voneinander abhängig sind.
   Beispiel: Er glaubte nicht daran, dass das Jahreslos, welches ihm sein Freund geschenkt hatte, ihm einen großen Gewinn bringen würde.

1 Schreibt die folgenden Sätze in euer Heft und tragt die fehlenden Kommas ein. Schreibt jeweils hinter die Sätze die Ziffer für die entsprechende Kommaregel aus dem Regelkasten (s. S. 356). Jede Regel ist mindestens zweimal vertreten.

- Hausaufgaben dienen der Wiederholung des Gelernten mit ihnen können individuelle Schwächen ausgeglichen werden und sie motivieren manchmal auch zum Weiterlernen.
- Nach dem Erledigen der Hausaufgaben habe ich häufig keine Zeit mehr für ein Treffen mit meinen Freunden leider.
- Damit vermieden wird dass Hausaufgaben als sinnlos erlebt werden ist es meiner Meinung nach gut wenn die Lehrperson einen Pool von Aufgaben zur Verfügung stellt aus dem die Schülerinnen und Schüler entsprechend ihren Bedürfnissen auswählen können.
- Die Kurzgeschichte „Die Küchenuhr" 1945 von Wolfgang Borchert verfasst wurde erst nach dem Tod des Schriftstellers veröffentlicht.
- Am Bahnhof angekommen stellte er fest dass der Zug schon abgefahren war.
- Viele Jugendliche legen Wert auf ihr Äußeres vor allem auf Markenkleidung.
- Im Einleitungsteil einer Inhaltsangabe nennst du Autor/Autorin und Titel des Textes informierst über das Entstehungsjahr gibst einen Handlungsüberblick und verweist auf das zugrunde liegende Problem bzw. Thema.
- Jugendliche treffen sich in der Freizeit gern im Park auf einem Sportplatz im Kino oder zu Hause zum Computerspielen.
- Sie spricht ihn zwar rau an aber auch herzlich.
- Jugendliche haben zahlreiche Möglichkeiten ihre Freizeit sinnvoll zu gestalten.
- Marie hast du das Material für unser Referat schon besorgt?
- Borchert hat nicht nur zahlreiche Kurzgeschichten verfasst sondern auch ein Drama mit dem Titel „Draußen vor der Tür".
- Die Frau begibt sich in die Küche um das merkwürdige Geräusch zu erforschen.
- Sie lief endlich an der Schule angelangt schnell die Treppen hinauf.
- Einheitliche Schulkleidung sollte eingeführt werden wenn alle zustimmen wenn sie nicht zu teuer ist und wenn sie modisch genug ist.
- Besonders wichtig ist dass durch die Einführung einer Schuluniform das Gemeinschaftsgefühl in den Klassen gestärkt wird.
- Laut einer Umfrage würden 15 % der Schülerinnen und Schüler eine Schuluniform tragen wenn sie modisch genug ist.
- Immer wieder wird gefordert dass Fahrradhelme die nachweislich bei einem Unfall schwere Kopfverletzungen verhindern können gesetzlich vorgeschrieben werden.

Das Komma in Aufzählungen

> **REGEL**
>
> 1. Werden einzelne Wörter, Wortgruppen oder Sätze durch eine nebenordnende Konjunktion miteinander verbunden, steht in der Regel kein Komma. Solche nebenordnenden Konjunktionen sind: **und, oder, beziehungsweise, sowie, entweder ... oder, sowohl ... als auch, weder ... noch**.
>   Beispiele: Autofahrer **sowie** alle anderen motorisierten Verkehrsteilnehmer dürfen Einbahnstraßen nur in der vorgeschriebenen Richtung befahren.
>   Sie war trotz der Niederlage **weder** unzufrieden **noch** traurig.
>
> 2. Vor nebenordnenden Konjunktionen und Konjunktionaladverbien, die einen Gegensatz ausdrücken, steht ein Komma.
>   Solche Konjunktionen und Konjunktionaladverbien sind: **aber, doch, jedoch, sondern, nicht nur..., sondern auch**.
>   Beispiele: Er will **nicht nur** Schauspieler werden, **sondern auch** Regisseur.
>   Komm nicht zu spät, **aber** fahre vorsichtig.
>
>   **Nebenordnende Konjunktionen** und **Konjunktionaladverbien** unterscheiden sich darin, dass Konjunktionaladverbien ihre Satzgliedposition verändern können, bei Konjunktionen ist das nicht möglich.
>   Beispiel: Eigentlich wollte er nach Berlin fahren, **doch** er hat sich kurzfristig anders entschieden. (Konjunktionaladverb)
>   Eigentlich wollte er nach Berlin fahren, kurzfristig hat er sich **doch** anders entschieden.
>
> 3. Werden **vollständige Hauptsätze** durch nebenordnende Konjunktionen miteinander verbunden, kannst du ein Komma setzen, um die Gliederung des Gesamtsatzes zu verdeutlichen oder Missverständnisse zu vermeiden.
>   Beispiele: Er wollte zunächst eine Ausbildung machen(,) **und** später wollte er noch ein Studium beginnen.
>   Sie war trotz der Niederlage **weder** unzufrieden(,) **noch** war sie traurig.
>
> 4. Gleichrangige Gliedsätze/Nebensätze, die von *einem* Hauptsatz grammatisch abhängen, dürfen nicht durch Kommas getrennt werden, wenn sie durch eine nebenordnende Konjunktion wie **und** bzw. **oder** verbunden sind.
>   Beispiel: Ich bin in einem sozialen Netzwerk angemeldet, weil ich mit meinen Freundinnen und Freunden kommunizieren will **und** weil alle meine Klassenkameraden angemeldet sind.

 Schreibt die Sätze mit den entsprechenden Kommas in euer Heft. In einigen Fällen könnt ihr euch entscheiden, ein Komma zu setzen.

- Wir sollten nicht so lange zögern sondern uns jetzt entscheiden und dann aktiv werden.
- Er wollte in den Ferien weder einen Job übernehmen noch verreisen aber er wollte sein Zimmer umgestalten.
- Das Turnier musste verschoben werden weil die Mannschaft von einer Virusgrippe geplagt wurde und weil eine Anreise deshalb unmöglich war.
- Bist du zufrieden oder hast du noch einen besonderen Wunsch?

- Ella möchte nicht nur ein eigenes Beet im Garten haben sondern auch eine Hängematte.
- Bei einem großen Fußballturnier sind nicht nur die Stammspieler gefordert sondern auch das gesamte Team mit den Ersatzspielern dem Trainerstab und der medizinischen Abteilung.
- Kalte und warme Luftschichten trafen aufeinander und im Nu entstand ein heftiges Unwetter mit Regen Blitz und Donner.
- Entweder entscheiden wir uns jetzt oder es kommt nie zu einem Ergebnis.
- Paul hat sich nicht nur einen Computer gekauft sondern auch einen Scanner.
- Referate bzw. Präsentationen jeder Art sollten gründlich vorbereitet werden damit sie gelingen.
- Marie wollte selbstverständlich ihren Großvater besuchen aber nicht am gleichen Tag sondern vielleicht drei Tage bzw. eine Woche später.
- Es gibt Situationen in denen du entweder gar nichts sagst oder in denen du nur Kritik äußerst.

Das Komma bei Einschüben und nachgestellten Erläuterungen

> **REGEL**
>
> 1. Einschübe und an das Satzende angehängte Erläuterungen werden durch Komma abgetrennt und dadurch besonders hervorgehoben. Einschübe und Nachträge lassen sich in der Regel aus einem Satz heraushören, weil sie durch Sprechpausen verdeutlicht werden.
> Beispiele: Paul, **mein bester Freund**, hat leider die Party abgesagt.
> Friedrich Schiller, **1759 in Marbach geboren**, hat zahlreiche Dramen verfasst, **u. a.** „Wilhelm Tell".
>
> 2. In einigen Fällen ist es dir überlassen, ob du innerhalb eines Satzes bestimmte Teile durch Komma abtrennen und somit hervorheben möchtest. Häufig ist dieses bei adverbialen Bestimmungen der Fall. Mit dieser Möglichkeit solltest du jedoch sparsam umgehen, weil der Lesefluss auch zu sehr unterbrochen werden kann. Steht der Ausdruck am Satzanfang, wird kein Komma gesetzt.
> Beispiele: Er machte (,) **trotz des heftigen Regens**(,) einen Waldlauf.
> **Trotz des heftigen Regens** machte er einen Waldlauf.

1 Schreibt die Sätze mit den entsprechenden Kommas in euer Heft.

- Die Kurzgeschichte „Die Küchenuhr" geschrieben von Wolfgang Borchert ist in zahlreichen Schulbüchern vertreten u. a. auch in dem vorliegenden.
- Ella Maries jüngere Schwester treibt sehr gern Sport und zwar vor allem Volleyball Handball und Turnen.
- Wir sollten uns nicht ich habe es wiederholt gesagt mit solchen Kleinigkeiten aufhalten.
- Viele Jugendbücher wie z. B. die von Markus Zusak werden immer wieder auch von Erwachsenen gelesen.
- Leonas arbeitet jeden Tag für das Unternehmen außer am Sonntag dem gesetzlich vorgeschriebenen Feiertag.

- Bertolt Brecht einer der bekanntesten deutschen Dichter des letzten Jahrhunderts wurde 1898 in Augsburg geboren und starb 1956 in Berlin der heutigen Bundeshauptstadt.
- Einige Werke Bertolt Brechts u. a. das Gedicht „Der Pflaumenbaum" richten sich auch an Kinder.
- Die Klasse 9 möchte eine Theaterszene aufführen und zwar aus der Komödie „Der Geizige" von Molière.
- Die Vorbereitungen z. B. das Verteilen der Rollen das Auswendiglernen des Textes die Erstellung eines einfachen Bühnenbildes erfordern sehr viel Zeit.
- Dennoch arbeiten alle sehr motiviert vor allem außerhalb des Unterrichts in ihrer Freizeit.
- Die Aufführung sie findet in der Schulaula statt wird wegen dieser intensiven Vorarbeit zu einem großen Erfolg.

Das Komma in Satzgefügen

> **REGEL**
>
> 1. Das Komma trennt **Haupt- und Nebensatz (Gliedsatz)** voneinander. Der Nebensatz kann vor dem Hauptsatz stehen, dahinter oder in ihn eingeschoben sein.
>   Beispiel: Der Junge steht auf, obwohl er hohes Fieber hat.
>   Obwohl er hohes Fieber hat, steht der Junge auf.
>   Der Junge steht, obwohl er hohes Fieber hat, auf.
>
> 2. Das Komma steht zwischen Nebensätzen, die **voneinander abhängig** sind.
>   Beispiel: Als der Junge seinen Vater, der auf dem Boden kniet, sieht, denkt er, dass dieser ihm die Kirschen, die ihm seine Mutter bereitgestellt hat, gestohlen habe.
>
> 3. **Gleichwertige Nebensätze**, die durch **und** bzw. **oder** miteinander verbunden sind, werden nicht durch Komma abgetrennt.
>   Beispiel: Schulkleidung muss modisch sein, damit sie von allen akzeptiert wird und damit die Schülerinnen und Schüler sich darin wohlfühlen.

 In den folgenden Texten, die alle etwas mit der Farbe Rot zu tun haben, fehlen die Kommas in den Satzgefügen. Schreibt die Texte ab und setzt die fehlenden Satzzeichen. Als Hilfe solltet ihr (in eurem Heft) jeweils die Gliedsätze/Nebensätze vorab markieren.

Roter Faden

Das ist der berühmte Ariadnefaden aus der griechischen Mythologie mit dessen Hilfe Theseus den Ausgang aus dem Labyrinth fand. Dieser Wollfaden war rot. Der bildhafte Ausdruck wird
5 verwendet wenn man in unübersichtlichen Verhältnissen eine Orientierung sucht.
(2 Kommas)

Rote Laterne

Das rote Licht als Schlusslicht kam zuerst bei der Eisenbahn auf – als rote Signallaterne die das Ende des Zuges markierte. Im übertragenen Sinne bedeutet der Begriff heute: Hier marschiert jemand am Ende eines Zuges.
(1 Komma)

Rote Zahlen

Wenn in einer Bilanz negative Zahlen bzw. ein negativer Saldo auftauchte wurde dies früher in den handgeschriebenen Bilanzen durch die Verwendung von roter Tinte kenntlich gemacht damit man ihn auf keinen Fall übersah.
(2 Kommas)

Roter Hahn

Hähne kündigen mit ihrem Krähen die Morgendämmerung an die in rotem Licht erscheint. Daraus entwickelte sich die Vorstellung vom roten Hahn als Sinnbild flackernden Feuers. Bereits in der nordischen Göttersage verkündet der rote Hahn Fjalar den Abbruch der Götterdämmerung. Im Mittelalter pflegten Bettler mit Rotstift Hähne an Wände der Häuser zu zeichnen in denen ihnen Almosen verweigert wurden.
(2 Kommas)

Rote Karte

Das Platzverweiszeichen des Fußballschiedsrichters wird heutzutage in vielen außersportlichen Zusammenhängen als Ausdruck für das abrupte Ende einer gemeinsamen Unternehmung oder für eine Vertragskündigung verwendet. Bevor es Farbfernsehen gab trugen die Schiedsrichter die Rote Karte übrigens in der Gesäßtasche („Arschkarte") und die Gelbe in der Brusttasche damit die Fernsehzuschauer sofort unterscheiden konnten welche er gezogen hatte.
(3 Kommas)

Rotes Tuch

Im Stierkampf wird mit der Capa, einem roten Tuch, der Zorn des Stieres gereizt. Allerdings ist der Zornauslöser in Wirklichkeit das Schwenken des Tuches das den Stier nervös macht nicht die Farbe. Dennoch wird der Begriff im Sinne von „Zornauslöser" verwendet weil im Stierkampf alle Capas traditionellerweise rot sind.
(3 Kommas)

2 Im folgenden Auszug aus einer Argumentation zum Thema „Schulkleidung" fehlen die Kommas in den Satzgefügen. Schreibt den Text ab und setzt sie.

Besonders wichtig ist dass durch die Einführung einer Schuluniform das Gemeinschaftsgefühl in den Klassen erhöht wird. Ausschlaggebend ist dafür dass aufgrund der einheitlichen Kleidung der Konkurrenzdruck untereinander und der Neid darauf wer die modischste Kleidung trägt entfallen. In unserer Klasse nehmen zum Beispiel tatsächlich immer wieder einige Schülerinnen und Schüler nicht am Sportunterricht teil weil sie nicht die Markenschuhe besitzen die zurzeit „angesagt" sind und weil sie sich nicht vor den anderen bloßstellen wollen. Die positive Wirkung einer einheitlichen Schulkleidung ist demnach dass sich niemand ausgeschlossen fühlen muss.
Dieses Beispiel lässt sich auf viele andere Bereiche des Schullebens übertragen. Schwerer als das Bedürfnis, sich so zu kleiden wie man möchte wiegt sicher dass sich viele Schülerinnen und Schüler oft ausgegrenzt fühlen wenn sie sich nicht genauso markenbewusst und modisch kleiden können wie ihre Mitschüler. Dieser Ausgrenzung kann durch die Einführung einer einheitlichen Schulkleidung ein Ende gesetzt werden.
(12 Kommas)

Das Komma bei Infinitivgruppen

> **REGEL**
>
> Unter einer **Infinitivgruppe** versteht man einen **Infinitiv mit zu**, zu dem **weitere Wörter bzw. Satzglieder** hinzukommen. Eine Infinitivgruppe hängt von einem übergeordneten Hauptsatz ab. Sie kann vor oder hinter dem Hauptsatz stehen oder darin eingefügt sein.
>
> Beispiel: Das Kind verbirgt sein Gesicht, um seine Enttäuschung nicht **zeigen zu müssen**.
> Um seine Enttäuschung nicht **zeigen zu müssen**, verbirgt das Kind sein Gesicht.
> Das Kind verbirgt, um seine Enttäuschung nicht **zeigen zu müssen**, sein Gesicht.
>
> In folgenden Fällen **muss** eine Infinitivgruppe durch Komma vom Hauptsatz **abgetrennt werden**:
>
> 1. Die Infinitivgruppe bezieht sich auf ein **Nomen/Substantiv** im übergeordneten Satz.
>   Beispiel: Die Frau lässt die **Möglichkeit** ungenutzt, den Täter **anzuklagen**.
>
> 2. Die Infinitivgruppe bezieht sich auf ein Wort wie **daran, darauf, dazu, damit, es** im übergeordneten Satz.
>   Beispiele: So verhindert sie **es**, ihn **bloßzustellen**.
>   Er besteht **darauf**, sich zu **entschuldigen**.
>
> 3. Die Infinitivgruppe wird mit **um (zu), anstatt (zu), statt (zu), ohne (zu), außer (zu), als (zu)** eingeleitet.
>   Beispiel: Er verlässt das Zimmer, **ohne** sich um die Anwesenden **zu kümmern**.
>
> In den anderen Fällen **kann** eine Infinitivgruppe durch Komma **abgetrennt werden**.
> Beispiel: Er bittet seine Frau nicht (,) ihm etwas von dem Brot **abzugeben**.
>
> Ein **einfacher Infinitiv mit zu** kann abgetrennt werden, wenn ein Nomen/Substantiv oder ein anderes Wort im übergeordneten Satz darauf hinweist.
> Beispiele: Sie hat nicht die **Absicht** (,) **zu gehen**.
> Sie vermeidet es (,) **aufzuschauen**.

 Schreibt die folgenden Sätze in euer Heft und tragt die fehlenden Kommas ein. Aus welchem Grund müssen sie gesetzt werden? Schaut euch die Übersicht noch einmal an und schreibt die passende Ziffer (1, 2 oder 3) hinter die Sätze.

- Hausaufgaben dienen dazu den in der Schule gelernten Stoff zu wiederholen und damit den Lernerfolg zu sichern.

- Anstatt untätig zu Hause herumzusitzen engagieren sich viele Jugendliche in Vereinen.

- Daran seinen Irrtum einzugestehen denkt der Junge nicht.

- Der Antrag einheitliche Schulkleidung einzuführen wurde von der Schulkonferenz zunächst einmal vertagt.

- Die Teilnehmenden benötigen noch Zeit um sich intensiv kundig zu machen und alle Argumente in Ruhe abwägen zu können.

- Die Autorin appelliert daran in Krisenzeiten in besonderer Weise Rücksicht aufeinander zu nehmen.

- Vor dem Erstellen eines Referats solltest du die Möglichkeit nutzen intensiv in einer Bibliothek und im Internet zu recherchieren.
- Um sich die Arbeit zu erleichtern greifen einige Schülerinnen und Schüler auf fertige Texte zurück und präsentieren diese als ihre eigenen ohne daran zu denken, dass dies unfair und verboten ist.

2 Schreibt auch die folgenden Sätze in euer Heft. In welchen Fällen ist es euch freigestellt, die Infinitivgruppe durch Kommas abzutrennen? Schaut noch einmal in der Übersicht nach.

- Die Empfehlung keine Markenkleidung zu kaufen macht keinen Sinn.
- Schließlich ist es jedem selbst überlassen sein Taschengeld für teure Kleidung auszugeben.
- Bereits von Beginn an lernen Schülerinnen und Schüler aufeinander Rücksicht zu nehmen.
- Sie scheiterten mit dem Versuch den Verunglückten auf das Dach zu ziehen.
- Sie hatte nicht die Absicht ihn zu verlassen.
- Die Mutter bittet den Jungen ins Bett zu gehen.
- Er kann sich nicht erinnern jemals in derart unfreundlicher Weise angesprochen worden zu sein.
- Er bat sie darum zu kommen.
- Ihren Mann in der Küche anzutreffen damit hat sie nicht gerechnet.

3 Schreibt die folgenden Texte zu dem Film „Das Wunder von Bern" ab und tragt die fehlenden Kommas **bei den Infinitivgruppen** ein.

Das Wunder von Bern – Der Inhalt

Während der Bergarbeiter Richard Lubanski aus Essen in russischer Gefangenschaft war, hat seine Familie es gelernt ohne ihn auszukommen. Bei seiner Rückkehr 1954 muss er feststellen, dass sein ältester Sohn ein Kommunist ist, seine Tochter mit Soldaten flirtet und sein elfjähriger Sohn Matthias (Rufname Mattes), den er noch nie gesehen hat, den Fußballer Helmut Rahn als Idol hat, den Richard gar nicht kennt. Bei aller Mühe schafft er es zunächst nicht sich in seine Familie wieder einzufügen. Währenddessen gelingt es der deutschen Fußballnationalmannschaft bei der Weltmeisterschaft als Außenseiter bis ins Endspiel zu kommen. Helmut Rahn ist jedoch frustriert, weil der Trainer sich zunächst weigert ihn aufzustellen.

Langsam bessert sich das Verhältnis zwischen Richard und Mattes, und auch Helmut Rahn ist im Finale gegen Ungarn aufgestellt, in dem er das entscheidende Tor zum 3:2-Endstand schießt, mit dem Deutschland die Sensation gelingt zum ersten Mal Weltmeister zu werden.
(4 verpflichtende Kommas, 1 mögliches Komma)

Familie Lubanski am Esstisch

Das Wunder von Bern – Die Thematik

Der Film thematisiert u. a. die Konflikte in den deutschen Nachkriegsfamilien, die vor allem daraus resultierten den Vater im fernen Russland zu wissen und auf sich allein gestellt zu sein. Er zeigt zudem die Schwierigkeiten auf sich aus eingefahrenen Rollen zu lösen und auf neue Situationen einzulassen. Darüber hinaus geht es auch darum mit den Mitteln des Films darzustellen, wie es dem Einzelnen gelingen kann seine Vorstellungen und Träume durchzusetzen ohne die Ansprüche des anderen zu vernachlässigen.
(5 verpflichtende Kommas)

Das Wunder von Bern – Meinungen

■ Mich hat der Film deshalb sehr überzeugt, weil es dem Regisseur gelungen ist das Geschehen von Beginn an bis zum Schluss aus der Perspektive des Jungen darzustellen.
(Jonathan)
(1 verpflichtendes Komma)

■ Sönke Wortmann zeigt, dass es auch mit einem eher geringen Budget möglich ist einen hervorragenden Film zu drehen.
(aus der Presse)
(1 verpflichtendes Komma)

■ Die Geschichte der Familie Lubanski mit der Fußballweltmeisterschaft zu verbinden das halte ich für eine besonders gelungene Idee. Außerdem besitzt der Film neben traurigen Episoden auch einige komische Elemente.
(Mareike)
(1 verpflichtendes Komma)

■ Ein großes Verdienst des Regisseurs ist es den Vater nicht einfach als Störenfried und Bösewicht darzustellen. Der Zuschauer sieht in ihm einen durch den Krieg zerstörten Menschen, der verzweifelt versucht wieder Fuß zu fassen.
(Lukas)
(1 verpflichtendes Komma, 1 mögliches Komma)

■ Die beiden Söhne wehren sich gegen die Versuche des Kriegsheimkehrers seine Autorität als Familienoberhaupt wiederherzustellen. Ich finde es beeindruckend, wie dieser Konflikt im Film dargestellt wird.
(Lisa)
(1 verpflichtendes Komma)

■ Das Werk des Regisseurs Sönke Wortmann wird dem Anspruch gerecht Dokumentation und erfundene Geschichte in einem Werk zu vereinen ohne langweilig zu sein.
(aus der Presse)
(2 verpflichtende Kommas)

■ Wortmann fällt es nicht immer leicht das persönliche Drama der Familie Lubanski sinnvoll mit den Ereignissen um das Nationalteam in der Schweiz zu verbinden.
(aus der Presse)
(1 verpflichtendes Komma)

■ Für mich wäre es sehr interessant gewesen zu erfahren, was aus den ungarischen Spielern geworden ist. Soweit ich weiß, haben viele es nicht überwinden können dieses Endspiel zu verlieren.
(Chris)
(1 mögliches, 1 verpflichtendes Komma)

■ Mit der Erwartung einen Sportfilm zu sehen ging ich ins Kino und wurde nicht enttäuscht. Dennoch bietet der Film noch viel mehr. Er nutzt die Möglichkeit einen Einblick in die unmittelbare Nachkriegszeit Deutschlands zu geben.
(Rosalie)
(3 verpflichtende Kommas)

■ Interessant finde ich die Idee Schauspieler für die Fußballer-Rollen auszuwählen die tatsächlich selbst schon einmal in Mannschaften gespielt haben.
(Timur)
(2 verpflichtende Kommas)

Texte zum Üben

1 In den folgenden Texten, in denen es um Farben geht, fehlen alle Kommas. Schreibt einzelne Texte ab und tragt dabei die fehlenden Satzzeichen ein. Ihr könnt euch die Texte auch gegenseitig diktieren.

Die Farbe Weiß

Wortgeschichtlich ist weiß mit anderen indoeuropäischen Wörtern verbunden die „licht" „leuchtend" und „hell" bedeuten. In bildhaften Wortzusammensetzungen ist der Sinn erweitert zu „makellos" „unbefleckt". Ein weißer Fleck auf einer Landkarte bezeichnete früher eine unerforschte Gegend heute ist generell etwas Unbekanntes damit gemeint. Wer eine weiße Weste hat hat sich nichts vorzuwerfen.
(5 Kommas)

Graue Maus

Hier ist nicht von einem Tier die Rede sondern von einer menschlichen Person die klein und unauffällig ist wie eine Maus und diesen Eindruck häufig noch durch unauffällige Kleidung unterstützt.
(2 Kommas)

Blauer Brief

Dahinter verbirgt sich ein Warnschreiben (vor allem von der Schule an die Eltern). Im 19. Jahrhundert wurden in Preußen königliche Kabinettsorders aber auch Mahnschreiben an Beamte und Offiziere die ihre Versetzung in den Ruhestand beantragen sollten in blauen Umschlägen verschickt.
(3 Kommas)

Das Goldene Zeitalter

Es bezeichnet in der mythologischen Vorstellung vieler Völker einen als äußerst harmonisch gedachten Ursprungszustand gesellschaftlichen Zusammenlebens der Menschen der durch Frieden und Glückseligkeit gekennzeichnet war. Man stellte sich vor dass es in dieser Anfangszeit keine Krankheiten Not oder Kriege gab.
(3 Kommas)

Rosa Brille

Seit Beginn des 20. Jahrhunderts wird damit zum Ausdruck gebracht dass man sich über irgendetwas oder über einen Menschen angenehmere Vorstellungen macht als es der Wirklichkeit entspricht.
(2 Kommas)

Schwarzes Schaf

Bei Schafzüchtern sind schwarze oder gefleckte Schafe weniger erwünscht weil ihre Wolle nicht die gewünschte Qualität hat und zur Stoffbearbeitung wozu auch das Färben gehört unbrauchbar ist.
(3 Kommas)

Goldener Schnitt

Proportionsverhältnis das seit der Antike bekannt ist und als besonders ausgewogen und schön gilt. Das Maßverhältnis entspricht ungefähr 8:5 oder dem Wert 1,618. Im Alltag begegnet es uns am häufigsten in den annähernd dem Goldenen Schnitt entsprechenden DIN-Papierformaten. Die Begriffsprägung schließt wohl an Leonardo da Vinci an der als Erster von (lat.) *sectio aurea* (= goldener Schnitt) sprach. Auch die Antike kannte und verwendete dieses Maßverhältnis benutzte aber nicht den Begriff.
(3 Kommas)

2 Die Kommentare von Fußballspielern, -trainern und -moderatoren sind eine Fundgrube, wenn man kuriose Formulierungen sucht. Wenn schon die Aussagen schief klingen, sollten sie wenigstens richtig geschrieben werden. Tragt deshalb in die folgenden Stilblüten die fehlenden Kommas ein.

- „Zu 50 % haben wir es geschafft aber die halbe Miete ist das noch nicht." (Rudi Völler)

- „Mein Problem ist dass ich immer sehr selbstkritisch bin auch mir selbst gegenüber." (Andreas Möller)

- „Beim Football muss man nicht ins Tor schießen sondern oben drüber. Das konnte ich schon immer ganz gut." (Axel Kruse)

- „Schalke war heute eine Nummer zu groß für uns nicht nur von der Größe her." (Bernd Schneider)

- „Wir haben keine Auswärtsschwäche sondern eine Ergebnisschwäche in Auswärtsspielen." (Christian Gentner)

- „Bei den Toren ist es wie beim Ketchup. Wenn etwas kommt kommt gleich alles auf einmal." (Cristiano Ronaldo)

- „Dass mein Gegenspieler mich umgestoßen und am Torschuss gehindert hat hab ich ja noch wegstecken können aber als er mich obendrein noch einen ‚Pardon' geheißen hat habe ich die Nerven verloren und nachgetreten." (Dietmar Hamann).

- „Wunderbar wie er seinen Körper zwischen sich und den Gegner schiebt!" (Udo Lattek)

- „Man darf jetzt nicht alles so schlecht reden wie es war." (Fredi Bobic)

- „Ein Drittel? Nee ich will mindestens ein Viertel mehr!" (Horst Szymaniak)

- „Die Stimmung ist eigentlich wie vor dem Spiel. Mit der kleinen Ausnahme dass wir aus dieser äußerst großen Minimalchance minimaler geht's gar nicht mehr eine etwas kleinere gemacht haben die größer geworden ist."
(Peter Neururer)

- „Man muss versuchen den Gegner durch permanentes Toreschießen zu zermürben!" (Dietmar Demuth)

- „Letztlich zählt das was auf dem Platz ist und das ist es was zählt." (Holger Greilich)

- „Es ist mir völlig egal was es wird. Hauptsache er ist gesund." (Mehmet Scholl)

- „Die Luft die nie drin war ist raus aus dem Spiel." (Gerhard Delling)

- „Zur Schiedsrichterleistung will ich gar nichts sagen aber das war eine Frechheit was da gepfiffen wurde!" (Stefan Reuter)

- „Auch ohne Matthias Sammer hat die deutsche Mannschaft bewiesen dass sie in der Lage ist ihn zu ersetzen." (Marcel Reif)

- „Wir können so etwas nicht trainieren sondern nur üben." (Michael Ballack)
- „Der Grund war nicht die Ursache sondern der Auslöser." (Franz Beckenbauer)
- „Wenn ich heute fünf Talente einbaue und mehrere Spiele hintereinander verliere dann lassen die Leute an den Blumen die sie mir zuwerfen plötzlich die Töpfe dran." (Otto Rehhagel)
- „Jeder der mich kennt und der mich reden gehört hat weiß genau dass ich bald Englisch in sechs oder auch schon in vier Wochen so gut spreche und Interviews geben kann die jeder Deutsche versteht." (Lothar Matthäus)
- „Ich weiß nicht ob Magath die Titanic gerettet hätte aber alle Überlebenden wären sehr fit gewesen." (Jan Åge Fjørtoft)
- „Im Großen und Ganzen war es ein Spiel das wenn es anders läuft auch anders hätte ausgehen können." (Eike Immel)
- „Wir müssen gewinnen alles andere ist primär." (Hans Krankl)
- „Ich glaube fest daran dass wenn der Gegner das erste Tor schießt wir selber zwei schießen müssen um zu gewinnen." (Howard Wilkinson)
- „Ich brauche Spieler die am Ball besser sind als am Mikro." (Otto Rehhagel)
- „Corona ist wie Fußball. Es reicht ein einziger Kontakt um alles auf den Kopf zu stellen." (Leon Goretzka)
- „Die größte Gefahr für den Profifußball geht nicht von den Fans sondern von den Funktionären aus." (Klaas Reese)
- „Ein Spiel ist erst vorbei wenn der Schiedsrichter pfeift und ich nicht mehr brülle." (Steffen Baumgart)
- „Es ist schön mal wieder 82 Millionen Bundestrainer zu haben und nicht 82 Millionen Virologen." (Leon Goretzka)
- Es gab einen Kontakt. Ich dachte immer es müsse ein Foul geben." (Christian Streich)
- „Fußball macht nur dann Spaß wenn du auch Spaß daran hast." (Horst Hrubesch)
- „Ich habe als Kind immer gedacht dass der Lotoma heißt und Thäus mit Nachnamen. Dann habe ich im Fanshop angerufen und gesagt ich hätte gern ein Trikot mit der 10 Lotoma. Und da haben die gesagt, es gibt keinen Lotoma." (Julian Nagelsmann über Lothar Mattäus)
- „Ich wäre auch gerne mal Nationalspieler gewesen aber Ostfriesland war leider nie ein eigenständiger Staat. Von daher gab's da für mich keine Chance." (Timo Schultz)
- „Leider ändern in diesem Verband Argumente nichts sondern nur die Steuerfahndung oder Richter." (Manuel Gräfe)
- „Wenn ich schlecht spiele habe ich nicht so viel Lust auf die Interviews und wenn ich gut spiele habe ich auch nicht so viel Lust auf Interviews." (Niklas Süle)

9. Zitieren

Walter Helmut Fritz (1929–2010)
Augenblicke (Textbeginn)

Kaum stand sie vor dem Spiegel im Badezimmer, um sich herzurichten, als ihre Mutter aus dem Zimmer nebenan zu ihr hereinkam, unter dem Vorwand, sie wolle sich nur die Hände
5 waschen.
Also doch! Wie immer, wie *fast* immer.
Elsas Mund krampfte sich zusammen. Ihre Finger spannten sich. Ihre Augen wurden schmal. Ruhig bleiben!
10 Sie hatte darauf gewartet, dass ihre Mutter auch dieses Mal hereinkommen würde, voller Behutsamkeit, mit jener scheinbaren Zurückhaltung, die durch ihre Aufdringlichkeit die Nerven freilegt. Sie hatte – behext, entsetzt,
15 gepeinigt – darauf gewartet, weil sie sich davor fürchtete.
„Komm, ich mach dir Platz", sagte sie zu ihrer Mutter und lächelte ihr zu. […]

Wenn man einen literarischen Text, z. B. eine Kurzgeschichte, beschreiben und deuten will, ist es sinnvoll, mit dem Wortmaterial der Vorlage zu arbeiten und Zitate zu verwenden, um die Aussage zu belegen. Der Leser bzw. die Leserin kann so die Richtigkeit der Aussage am Text nachprüfen. Für das Zitieren gibt es unterschiedliche Möglichkeiten. In jedem Fall sollte in Klammern hinter dem Zitat die Fundstelle (Seitenangabe und/oder Zeilenangabe) stehen. Im Folgenden sind die wichtigsten Regeln zum Zitieren zusammengestellt.

REGEL

Zitierweisen und -regeln

- Zitate können durch einen Begleitsatz eingeleitet werden. Die Kennzeichnung des Zitats erfolgt dann wie bei der wörtlichen Rede durch Anführungszeichen. Auslassungen in dem Zitat werden durch drei Punkte in eckigen Klammern kenntlich gemacht:
Die Kurzgeschichte „Augenblicke" beginnt mit einem unvermittelten Einstieg: „Kaum stand sie vor dem Spiegel […]." (Z. 1)

- Eleganter kann es oft sein, wenn Zitate in den Satzbau eingefügt werden. Der Doppelpunkt entfällt dann:
Der nach innen gesprochene Ausruf „Also doch!" (Z. 6) zeigt die Verärgerung der Tochter über die Störung durch die Mutter.

- Manchmal erfordert es der eigene Satzbau, die Endung zitierter Wörter oder auch den zitierten Satzbau zu verändern. In diesem Fall werden die Änderungen in Klammern gesetzt:
Elsa fordert sich innerlich auf, „[r]uhig [zu] bleiben" (Z. 9).

- Eine wörtliche Rede, ein Titel oder ein Zitat innerhalb eines Zitats werden durch halbe Anführungszeichen kenntlich gemacht:
Obwohl Elsa sich durch ihre Mutter bedrängt fühlt, spricht sie freundlich mit ihr: „‚Komm, ich mach dir Platz', sagte sie zu ihrer Mutter und lächelte ihr zu." (Z. 17 f.)

- Wenn unmittelbar auf einen Textteil Bezug genommen, aber nicht wörtlich zitiert wird, verwendet man für die Quellenangabe die Abkürzung *vgl.* (vergleiche):
Das Erscheinen der Mutter in dem Badezimmer erzeugt bei Elsa eine innere Panik (vgl. Z. 6 – 9).

1 Lest die Kurzgeschichte „Augenblicke" von Walter Helmut Fritz (S. 50 f.). Durch welche Textstellen können die folgenden Aussagen belegt werden? Gebt jeweils an: vgl. Z. xxx.

- Elsa zeigt ihrer Mutter nicht ihre Verärgerung.
- Die Mutter kann sich nicht in Elsas innere Verfassung hineinversetzen.
- Der Zeitpunkt der Wohnungssuche zeigt, dass Elsa überstürzt gehandelt hat.
- Die vielen aufeinanderfolgenden kurzen Hauptsätze verstärken den Eindruck von Elsas Ziellosigkeit.
- Der Schluss der Kurzgeschichte macht deutlich, dass Elsa ihre Mutter nicht verlassen kann und dass sie darüber sehr verzweifelt ist.

2 Übernehmt die folgenden Sätze in euer Heft und ergänzt dabei die notwendigen Satzzeichen.

- Wie in vielen Kurzgeschichten wird auch hier die Hauptperson nicht mit ihrem Namen, sondern unvermittelt mit dem Personalpronomen sie (Z. 1) eingeführt.
- Die Aussage des Erzählers Die Mutter nahm die Verzweiflung ihrer Tochter nicht einmal als Ungeduld wahr (Z. 31 f.) zeigt, wie wenig die Mutter die innere Verfassung ihrer Tochter erkennt.
- Die Zeitangabe Es war später Nachmittag, Samstag, zweiundzwanzigster Dezember (Z. 49 f.) macht deutlich, wie überstürzt und wenig durchdacht Elsa handelt.
- Als Elsa am späten Abend zurückkommt, ist alles still in der Wohnung (Z. 76 ff.). Der Erzähler betont das, indem er zweimal auf die Stille hinweist. Jetzt, da Elsa nicht mehr befürchten muss, dass ihre Mutter sie belästigt, beginnt sie, über deren Situation nachzudenken: Sie dachte daran, dass ihre Mutter alt und oft krank war. (Z. 78 f.)
- Die Aussage Sie kauerte sich in ihren Sessel (Z. 79) macht Elsas Verzweiflung und Hilflosigkeit deutlich.
- Die letzte Aussage des Erzählers ist schwer zu deuten. Er spricht von der Nacht mit ihrer entsetzlichen Gelassenheit (Z. 81). Ich verstehe die Aussage so, dass Elsa sich sehr einsam fühlt, weil sie in ihrer Situation von niemandem Unterstützung bekommt.

Anhang

Das habe ich gelernt, das kann ich – Lösungen

Im Meer der Stadt – Gedichte beschreiben und deuten (S. 16–47)

Seite 46, Aufgabe 1
Jambus: XX́
Trochäus: X́X
Daktylus: X́XX
Anapäst: XXX́

Seite 46, Aufgabe 2
Dicht wie Löcher eines Siebes stehn — X́XX́XX́XX́XX́XX́X
Fenster beieinander, drängend fassen — X́XX́XX́XX́XX́X
Häuser sich so dicht an, dass die Straßen — X́XX́XX́XX́XX́X
Grau geschwollen wie Gewürgte sehn. — X́XX́XX́XX́XX́

Seite 46, Aufgabe 3
m
w
w
m

Seite 46, Aufgabe 4
c) abba/cddc/efg/gef

Seite 46, Aufgabe 5
a) Vergleich
b) Personifikation
c) Alliteration und Vergleich

Seite 47, Aufgabe 6
c)

Seite 47, Aufgabe 7
In dem Sonett „Städter" von Alfred Wolfenstein aus dem Jahr 1914 geht es um die Einsamkeit des Einzelnen in der Menge trotz der Enge der Stadt.

Seite 47, Aufgabe 8
In der ersten Strophe werden zunächst die dichte Bebauung und die daraus resultierende **Enge** der Stadt sehr bildhaft dargestellt. Der Vergleich „[d]icht wie Löcher eines Siebes" (V. 1) bezieht sich auf die **Fenster**. Gemeint ist, dass die Häuser offensichtlich keinen **Rückzugsraum** für das Individuum bieten, sondern wie durch Löcher in sie hineingesehen werden kann. Dass ein unmittelbarer **Zusammenhang** besteht zwischen den Häusern und den darin lebenden Menschen, wird durch die Personifikation „drängend fassen/Häuser sich so dicht an" (V. 2f.) deutlich. Die daraus resultierende **Folge**, dass die „Straßen/Grau geschwollen wie Gewürgte sehn" (V. 3f.), verstärkt diesen Eindruck, dass es unmittelbar auch um Menschen geht. Hervorgehoben wird dies durch die Alliteration „Grau geschwollen […] Gewürgte" und den Vergleich „wie Gewürgte". Insgesamt entsteht durch den Inhalt und die sprachliche Gestaltung eine **sehr bedrückende** Atmosphäre, die das Leben in der Großstadt zu Beginn des 20. Jahrhunderts als menschenfeindlich und unüberschaubar erscheinen lässt, was schließlich auch durch Zeilensprünge verstärkt wird.

Nicht ganz alltägliche Geschichten – Kurzgeschichten beschreiben und deuten (S. 48 – 73)

Seite 72, Aufgabe 1
Einleitung B ist die bessere Variante. Bei der Einleitung A fehlen formale Angaben (z. B. Autor/Autorin, Jahr der Veröffentlichung u. a.). Es wird hier sprachlich signalisiert, dass das Thema genannt wird („geht es um"). Dann folgt aber eine sehr knappe Zusammenfassung des Inhalts. Bei der Einleitung B werden alle notwendigen formalen Angaben und das Thema zutreffend benannt.

Seite 72, Aufgabe 2
Bei der Erzählform kann der Erzähler bzw. die Erzählerin zwischen der Er-/Sie-Form („Er geht den Weg entlang.") und der Ich-Form („Ich ging den Weg entlang.") wählen. Bei der Ich-Form ist der Erzähler selbst eine Figur der Geschichte, die von sich erzählt. Wenn in der Er-/Sie-Form erzählt wird, erzählt der Erzähler über die Figuren und ist nicht selbst an dem Geschehen beteiligt.
Die Erzählperspektive ist die Sichtweise, aus der heraus der Erzähler das erzählte Geschehen darlegt. Er kann die Sichtweise einer Figur darstellen (= Innensicht) oder als jemand, der das Geschehen von außen betrachtet (= Außensicht), erzählen.
Die drei Arten des Erzählverhaltens sind: personales, auktoriales und neutrales Erzählverhalten.

Seite 72, Aufgabe 3
Elsas Mund krampfte sich zusammen. Ihre Finger spannten sich. Ihre Augen wurden schmal. <u>Ruhig bleiben!</u> Sie hatte darauf <u>gewartet, dass ihre Mutter auch dieses Mal hereinkommen würde, voller Behutsamkeit, mit jener scheinbaren Zurückhaltung, die durch ihre Aufdringlichkeit die Nerven freilegt.</u> Sie hatte – behext, entsetzt, gepeinigt – darauf gewartet, <u>weil sie sich davor fürchtete.</u>

Seite 73, Aufgabe 4
Individuelle Lösungen

Seite 73, Aufgabe 5
Verhalten der Männer: Die beiden Männer liegen zusammen in einem Krankenhauszimmer, wobei der Leser zunächst denkt, dass einer sein Bett am Fenster hat. Der andere Mann möchte unbedingt den Fensterplatz haben, dies belastet den Mann am Fenster. Um dem anderen die Situation zu erleichtern, erzählt er ihm nun jeden Tag stundenlang, was er aus dem Fenster draußen sieht.
Die Gier des anderen Mannes auf den Fensterplatz wird allerdings durch diese Geschichten immer mehr gesteigert. Er wird immer besessener von der Idee, den Fensterplatz bekommen zu müssen. Deshalb ruft er auch nicht die Krankenschwester, als der Mann an dem Fenster einen tödlichen Erstickungsanfall bekommt. Vielmehr nimmt er dessen Tod in Kauf und erhält dann auch, wie erhofft, den Fensterplatz.
Jetzt erkennt er, dass der andere auch nur an einer Wand und nicht an einem Fenster gelegen hat. Das Fenster ist nur eine Mauer gewesen. Der andere wollte durch seine Geschichten dem Mann, der ihm nicht geholfen hat, das Leben verschönern und erleichtern. So stehen die beiden Männer für den Gegensatz von Menschlichkeit einerseits und Egoismus andererseits.

Satzbau/Tempusform: Der Satzbau ist parataktisch/reihend und elliptisch/verkürzt. Die Darstellung der Handlung wird so auf engstem Raum auf einzelne Bilder und Beschreibungen reduziert. Dies entspricht der Situation, dass der Erzähler die Geschichte aus der Erinnerung erzählt und sich nicht genau an sie erinnern könne, da er sie vor langer Zeit in einer Zeitung gelesen habe. Der Satzbau entspricht diesem Vorgang des Erinnerns und bildet ihn ab. Das Tempus ist das Präsens. Dies lässt die Geschichte unmittelbarer wirken, der Leser/die Leserin geht sozusagen mit dem Geschehen mit. Zugleich verdeutlicht auch das Tempus den Vorgang des Erinnerns. Der Erzähler erzählt zwar eine Geschichte, diese ist aber eine Art Inhaltsangabe bzw. Wiedergabe des Plots einer Geschichte, die er einmal gelesen hat und an die er sich erinnert.

Erzählverhalten: Das Erzählverhalten ist fast durchgängig neutral. Der Erzähler gibt größtenteils nur die äußere Handlung wieder. Der Leser/die Leserin erfährt aber, dass der andere den Wunsch hat, das Fensterbett zu bekommen, und dass er nur „an das Bett" (Z. 7) denkt, als er die Schwester nicht zu Hilfe ruft. An diesen wenigen Stellen ist das Erzählverhalten personal. Es wird genutzt, um die Gier und Grausamkeit des Mannes herauszustellen. Auch wird der Gegensatz der Einstellungen der beiden Männer besonders deutlich, indem der Erzähler die Sicht des anderen Mannes offenlegt, dass dieser darunter leidet, dass der andere am Fenster liegen möchte. Am Schluss kann sich der Leser so erschließen, dass der Mann die Geschichten aus Mitleid mit dem anderen erfunden hat und ihm nicht die Wahrheit sagen wollte, dass es gar kein Fenster in dem Zimmer gäbe. Das neutrale Erzählverhalten ist vor allem am Schluss wichtig. Der Leser kann sich selbst seine Gedanken machen, was in dem Mann vorgeht, als er den ersehnten Fensterplatz bekommt und die Wahrheit erkennt.

Bedeutung des Fensters: Das Fenster steht symbolisch für das Schöne im Leben. Die Pointe der Geschichte besteht darin, dass der Mann in dem Fensterbett dies für den anderen erfindet. Er verschönert das Leben des anderen. Als dieser dann das „Fenster" endlich erobert hat, muss er sein eigenes Scheitern erkennen. Er hat mit seiner Unmenschlichkeit alles Schöne, die Geschichten des anderen rund um das Fenster, in der Trostlosigkeit des Krankenhauses vernichtet.

Bedeutung der Überschrift: Die Überschrift lässt zunächst vermuten, dass der Erzähler die Geschichte selbst erlebt oder geschrieben hat. Der Leser/die Leserin erfährt dann, dass es sich um eine Geschichte handelt, die der Erzähler gelesen hat und an die er sich nicht mehr genau erinnert. Die Geschichte hat den Erzähler aber so fasziniert, dass er sich den Kern der Handlung auch noch nach Jahren gemerkt hat. Ähnlich wird es nun dem Leser aufgrund der schockierenden Wirkung des letzten Wortes „Mauer" gehen. Zugleich wird mit dem Titel und dem Hinweis auf die „Zeitung" (Z. 2) in der Schwebe gehalten, ob der Erzähler etwas Erfundenes oder wirklich Geschehenes berichtet.

Mögliche Wirkungs- und Aussageabsichten: Der Text könnte z. B. als Kritik an einer Ellbogengesellschaft gelesen werden oder als Anklage einer Lebenshaltung des „Habenwollens", die zur Unmenschlichkeit führt.

Seite 73, Aufgaben 6 und 7

- **Alltäglichkeit des erzählten Geschehens:** Die Krankenhaussituation hat etwas Alltäglich-Realistisches. Auch die Figuren sind normale Menschen und das erzählte Geschehen ist ein kurzer, in sich abgeschlossener Abschnitt aus dem Leben der beiden Figuren. Das Verhalten der beiden Männer, insbesondere des Mannes, der nicht am Fenster liegt, ist allerdings aufgrund seiner drastischen Grausamkeit nicht typisch für eine Kurzgeschichte.
- **Offenheit/Höhepunkt:** Der Text besitzt im Gegensatz zu vielen Kurzgeschichten eine Einleitung des Erzählers. Das offene Ende mit der Frage des Lesers/der Leserin, was die Wahrheit auf den Mann am Ende bewirkt, und der Höhepunkt, dass das Fenster nicht existiert, sind typisch für eine Kurzgeschichte.
- **Provokation des Nachdenkens des Lesers/der Leserin:** Dieses Merkmal besitzt der Text von Schnurre besonders deutlich. Der Leser wird aufgefordert und angeregt, dass Verhalten der beiden Männer auf vielen Ebenen zu deuten und zu hinterfragen.
- **Konzentration auf die Haupthandlung:** Auch dieses Merkmal besitzt der Text. Es konzentriert sich alles auf das Geschehen in dem Krankenzimmer. Die erzählte Handlung ist einsträngig und es kommen nur wenige Figuren vor.
- **Alltäglichkeit der Sprache:** Die Sprache wirkt alltäglich, der Leser folgt den Erinnerungen des Erzählers. Alltägliche Vorgänge und Dinge, wie das Fenster, erhalten in diesem Text eine symbolische Bedeutung.

Seite 73, Aufgabe 8

Bei einer linearen Analyse wird zunächst der Textaufbau festgelegt. Anschließend werden die einzelnen Sinnabschnitte nacheinander beschrieben und gedeutet. Bei einer aspektorientierten Analyse werden zunächst Erarbeitungsschwerpunkte (Analyseaspekte) festgelegt und anschließend werden diese Schwerpunkte nacheinander bearbeitet. Für jeden Aspekt wird jeweils angegeben, in welchen inhaltlichen Zusammenhängen er steht, wie er sprachlich gestaltet ist und wie er sich deuten lässt.

Seite 73, Aufgabe 9 Individuelle Lösungen

Streitfälle – Argumentieren und Erörtern (S. 94–131)

Seite 130, Aufgabe 1 Bei einer linearen Erörterung wird nur der eigene Standpunkt möglichst ausführlich dargelegt. Bei einer dialektischen Erörterung werden Pro- und Kontra-Argumente gegenübergestellt.

Seite 130, Aufgabe 2 Bei einer linearen Erörterung empfiehlt es sich, die Argumente steigernd darzustellen, d.h. vom schwächsten zum stärksten Argument.

Seite 130, Aufgabe 3 Möglichkeit 1: Nach der Einleitung werden zuerst die Kontra-Argumente vorgestellt, und zwar beginnend mit dem stärksten Argument. Dann erfolgt eine Überleitung zu dem eigenen Standpunkt. Dabei werden die Pro-Argumente mit zunehmender Wichtigkeit angeführt.
Möglichkeit 2: Nach der Einleitung werden die Pro- und Kontra-Argumente gegenübergestellt. Man beginnt dabei mit einem Kontra-Argument und entkräftet es durch ein entsprechendes Pro-Argument.

Seite 130, Aufgabe 4

Art der Verbindung/Gewichtung	Wörter und Wendungen
anreihend, evtl. auch steigernd	außerdem, ferner, schwerer wiegt, besonders wichtig ist
einen Gegensatz herstellen, unterschiedliche Meinungen hervorheben	aber, jedoch, allerdings, einerseits/andererseits
begründen	weil, da, denn, daher
Folgen angeben	also, folglich, demzufolge
Bedingungen angeben	falls, unter der Bedingung, dass …, wenn

Seite 131, Aufgabe 5
a) 4
b) 2
c) 5
d) 1
e) 3

Jung und Alt – Texte miteinander vergleichen (S. 132–151)

Seite 150, Aufgabe 1
a) Übertreibung (Hyperbel) b) rhetorische Frage
c) Aufzählung (Akkumulation) d) Metapher
e) Metapher f) Anapher/Parallelismus

Seite 150, Aufgabe 2
a) Behauptung/Vorwurf b) Berufung auf Autoritäten
c) Zugeständnis d) Verallgemeinerung der eigenen Erfahrung
e) Rechtfertigung der eigenen Position

Seite 151, Aufgabe 3 1. c)   2. c)   3. b)

Social Media – Mithilfe von Materialien einen informierenden Text schreiben (S. 152 – 179)

Seite 178, Aufgabe 1

Das vorliegende Diagramm wurde vom Bundesverband Digitale Wirtschaft in Auftrag gegeben und befasst sich mit der Glaubwürdigkeit von Werbung durch Influencer.
Besonders auffällig ist, dass von den 1 068 befragten Deutschen 67 % auf die Frage, ob Werbung durch Influencer glaubwürdiger sei als durch klassische Kanäle wie z. B. Fernseh- und Radiowerbung, mit Nein antworten. Nur ein geringer Teil, nämlich 7,5 % glaubt, dass Influencer-Werbung viel glaubwürdiger sei. 19 % halten die Werbung durch Influencer für ein bisschen glaubwürdiger.

Seite 178, Aufgabe 2

Ich finde das Ergebnis der Befragung überraschend. Aus eigener Erfahrung weiß ich, dass die Werbung durch Influencerinnen und Influencer stark zugenommen hat. Viele Social-Media-Nutzer sehen in den Influencern Vorbilder und folgen ihnen gerne. Und das auch, wenn sie auf Produkte hinweisen. Offensichtlich versprechen sich die Marketing-Abteilungen vieler Firmen einen großen Nutzen von dieser Form der Werbung, in die sie mittlerweile viel Geld investieren.
Umso erstaunlicher, dass nur ein geringer Teil der Befragten die Werbung durch Influencer für glaubwürdiger halten. Ich persönlich finde gut, dass so viele dieser Form der Werbung durchaus skeptisch gegenüberstehen.

Seite 179, Aufgabe 3

- Leute, die innerhalb einer bestimmten Zielgruppe besonders beliebt sind, werden herausgepickt und mit Markenbotschaften infiziert. So erreichen sie punktgenau die gewünschte Zielgruppe.
- Die Influencer entstammen ihrer eigenen Zielgruppe und wirken deshalb authentischer.
- Influencer ohne soziale Kompetenzen haben auf Dauer keine Chance. Auch im Netz zählen Höflichkeit und Ehrlichkeit.
- Die Zahl der Werbespots hat stark zugenommen. Im Kinder- und Jugendmarketing muss Werbung immer ordentlich gekennzeichnet werden.
- Influencer haben die Markenkommunikation total verändert.

Seite 179, Aufgabe 4

Wedig will damit deutlich machen, dass Werbung durch Influencer immer eine bestimmte Zielgruppe erreicht, so wie eine Spritze den Patienten. Bei der klassischen Werbung hingegen wird eine große Anzahl von Menschen erreicht, die sich für dieses Produkt überhaupt nicht interessieren.

Seite 179, Aufgabe 5

Das vorliegende Interview hat das Magazin für Medienerziehung „Scout" mit Sven Wedig geführt, dem Geschäftsführer der Influenceragentur „Vollpension Medien". Zu Beginn des Interviews erklärt Sven Wedig, wie seine Agentur nach Influencerinnen und Influencern sucht. Dazu schaut sie, welche Personen einer bestimmten Zielgruppe besonders beliebt sind. Diese werden dann herausgepickt, um abgestimmte Botschaften der jeweiligen Marke zu verbreiten. Wedig benutzt hier das Bild von der Injektion. Wie bei einer Spritze erreiche die Werbebotschaft genau die Zielgruppe. Dem gegenüber funktioniere die klassische Werbung wie eine Gießkanne: Irgendwer werde schon nass. Mit diesem Bild will er die Effektivität der Werbung durch Influencer besonders deutlich machen.
Ferner behauptet der Interviewte, dass die Influencer authentischer wirkten, da sie der eigenen Zielgruppe entstammen. Der Vermutung von Kritikern, dass diese Authentizität fast immer gelogen sei, begegnet Wedig mit dem Hinweis, dass Influencer ohne Sozialkompetenz langfristig keine Chance hätten.
Zum Stichwort Schleichwerbung merkt Wedig an, dass die Unternehmen keine Angriffsflächen bieten dürften und Werbung immer sorgfältig kennzeichnen müssten.
Am Ende des Interviews stellt er fest, dass es Influencer geben werde, solange Menschen

anderen Menschen folgten, und dass Influencer die Marken-Kommunikation total verändert hätten.

Im gesamten Interview wird sehr deutlich, dass der Geschäftsführer einer Influenceragentur diese Art der Werbung sehr positiv beurteilt. Er versucht, die Vorteile gegenüber der klassischen Werbung hervorzuheben, und äußert erwartungsgemäß keine Kritik.

Miteinander sprechen – Gelingende und misslingende Kommunikation – Kommunikation analysieren und beurteilen (S. 180–195)

Seite 194, Aufgabe 1

- Wenn die Tochter nur eine Auskunft möchte, da sie nicht weiß, was das Grüne in der Suppe ist, reagiert die Mutter unverhältnismäßig, da sie die Äußerung ihrer Tochter als Kritik am Essen auffasst.
- Folgende Äußerungen der Tochter sind denkbar:
  - Information: Ich weiß gar nicht, was das Grüne in der Suppe ist, ich kenne es nicht. Kannst du mir bitte sagen, was es ist?
  - Appell: Könntest du beim nächsten Mal das Grüne aus der Suppe herauslassen? – Ich glaube, es schmeckt mir besser ohne das Grüne.
  - Selbstoffenbarung: Ich bin mir gar nicht sicher, ob ich das Grüne in der Suppe mag. Meinst du, es schmeckt mir?
  - Beziehung: Mutter, du hast doch die Zutaten zusammengestellt und weißt, was das Grüne in der Suppe ist. Was ist es denn?
- Folgende Äußerungen der Mutter sind denkbar:
  - Meinst du etwa, ich könnte dir kein leckeres Essen zubereiten?
  - Okay, ich verstehe. Ich kann das Grüne beim nächsten Mal einfach weglassen.
  - Es ist Petersilie.
  - Probier doch zuerst einmal, das Grüne schmeckt gut, du wirst es mögen, bestimmt.

Seite 194, Aufgabe 2

Die Zuordnung könnte folgendermaßen aussehen:

Körpersprachliches Signal	Botschaft
Schultern hängen lassen	Traurigkeit, Enttäuschung …
durch den Raum schlurfen	motivations- und energielos, traurig, müde
Augenzwinkern	freundlich Kontakt aufbauen, Gemeinschaft suchen, aufmuntern
ausgestreckte Arme	positive Geste zur Begrüßung, des Empfangens, Versöhnungsgeste
offener Mund	staunen, verblüfft sein, sprachlos sein
Hände in die Hüften stemmen	Wut, Ärger, Entsetzen ausdrücken, sich mit jemandem auseinandersetzen
mit der Faust auf den Tisch schlagen	Wut zeigen, den Ton angeben
Augen weit aufreißen	überrascht sein, Wut zeigen
lächeln	Kontaktaufnahme, versöhnungsbereit, herzlich
Arme vor dem Körper verschränken	verschlossen, trotzig, wütend

Seite 195, Aufgabe 3	Die Aufgabe kann in etwa so beantwortet werden: Der dem Schulleiter untergeordnete Fachlehrer führt das Gespräch. Er zeigt wenig Respekt gegenüber seinem Schulleiter (Ansprache mit „Chef", Z. 1, 11, 16), er spricht in Halbsätzen: „Kein Problem, Chef" (Z. 15f.), er gibt ihm Empfehlungen: „darüber sollten Sie noch einmal nachdenken" (Z. 11), er beginnt das Gespräch auf sehr privater Ebene: „Wie war Ihr Wochenende" (Z. 1), er bewertet das Aussehen des Schulleiters: „Sie sehen ja noch mächtig müde aus" (Z. 1), erklärt seine nicht korrigierten Klassenarbeiten lapidar: „hab ich noch nicht geschafft, sorry" (Z. 3)).
Seite 195, Aufgabe 4	Die Textstellen (Aufgabe 3) zeigen, dass der Fachlehrer seiner Rolle nicht gerecht wird. Auch der Schulleiter wird seiner Rolle nicht gerecht. Er bedankt sich dafür, dass der Fachlehrer sich Zeit für ihn nimmt, ordnet sich unter (vgl. Z. 4ff.). Er klagt dem Fachlehrer sein Leid der Einsamkeit und macht sich so kleiner und verletzlich, nimmt eine fast devote Haltung ein: „Lieber Herr Wand, ich danke Ihnen vielmals für Ihre aufbauenden Worte" (Z. 15), er entschuldigt sich für das Einfordern von Klassenarbeiten, obwohl ihm als Schulleiter das Recht dazu gegeben ist (vgl. Z. 8ff.).

So ein Theater! – Ein Theaterstück verstehen lernen (S. 196 – 217)

Seite 216, Aufgabe 1	Harpagon erkundigt sich bei Maître Simon genau nach den Vermögensverhältnissen des jungen Mannes. Er will sicherstellen, dass er bei dem Geschäft kein Risiko eingeht. Für ihn ist also das Geldverdienen wichtiger, als jemandem zu helfen. Weiterhin bezeichnet er es auch als „gut", dass der Vater des jungen Mannes bald sterben wird, da dieser dann das Erbe antreten und den Kredit zurückzahlen kann.
Seite 217, Aufgabe 2	Aussagen b) und c) treffen zu: „Auf so was" bedeutet: auf solch ein schlechtes Geschäft; und weil Cléanthe auf das schlechte Geschäft eingeht, ist er in den Augen Harpagons ein schlechter Geschäftsmann.
Seite 217, Aufgabe 3	Harpagons einziges Ziel ist es, möglichst viel Geld zu besitzen. Dafür nimmt er auch extrem hohe Kreditzinsen von Menschen, die dringend Geld benötigen. Als nun sein eigener Sohn von dem Kreditwucher betroffen ist, zeigt er keine Reue, sondern beschimpft seinen Sohn, weil dieser sich auf seine unseriösen Geschäfte einlässt.
Seite 217, Aufgabe 4	Zum Gesichtsausdruck: eingefallene Wangen, heruntergezogene Mundwinkel, starke Betonung der beiden Nasenfalten, rot unterlaufene Augen, stark betonte Tränensäcke, von oben nach unten zur Nasenwurzel hinauflaufende Augenbrauen, Betonung der Stirnfalten. Insgesamt entsteht der Eindruck eines Menschen, der verbittert ist und große Sorgen und Kummer hat, der misstrauisch ist.

„Das Wunder von Bern" – Einen Spielfilm untersuchen (S. 254–277)

Seite 276, Aufgabe 1

	Beschreibung	Wirkung/Deutung
Blickfang	nicht eindeutig, alle Hauptfiguren, wechselnder Blick des Zuschauers und der Zuschauerin	keine Dominanz einer Figur, das Beziehungsgefüge steht im Zentrum
Einstellungsgröße	nah	Fokus auf den Figuren, nicht auf der Umgebung, in der sie leben
Kameraperspektive	Normalsicht	objektive Sicht auf das Geschehen
Farbe/Licht und Schatten	grau, grün, schwarz, Figuren mit unterschiedlichen Abstufungen, heller, schwarzer Innenraum des Hauses	Grüntöne verbinden die Figuren, schwarzer Innenraum des Hauses zeigt, dass dem Vater der „Zutritt" (noch) verschlossen ist, insgesamt eher trostlose Atmosphäre
Anordnung der Figuren	Mutter und Sohn in der Mitte, Blick zum Vater, Tochter am rechten Bildrand, ebenfalls mit Blick zum Vater, Vater groß am linken Bildrand mit Blick ins Leere	fehlende Beziehung des Vaters zum Geschehen und zu den Personen, ernste, vom Geschehen geprägte Haltung von Tochter, Mutter und Sohn, körperliche Nähe zwischen Mutter und Sohn, Isolation und Distanz des Vaters

Seite 277, Aufgabe 2

die Kamera

Seite 277, Aufgabe 3

- Die „neutrale" bzw. „objektive" Kamera entspricht dem auktorialen Erzählverhalten. Sie vermittelt dem Zuschauer bzw. der Zuschauerin einen Überblick über das Geschehen und kann ihn oder sie zu unterschiedlichen Orten führen.
- Die „subjektive" Kamera entspricht dem personalen Erzählverhalten. Die Kamera befindet sich gewissermaßen auf der Schulter einer Person und gibt das wieder, was diese Person wahrnimmt.

Seite 277, Aufgabe 4

Ist die Tonquelle für den Zuschauer oder die Zuschauerin sichtbar, also im Bild, spricht man von „O-Ton". Ist die Quelle nicht sichtbar, bezeichnet man dieses als „Off-Ton".

Seite 277, Aufgabe 5

Die Einstellungen einer Filmsequenz werden oft erst später neu angeordnet.

Seite 277, Aufgabe 6

Richtig sind folgende Aussagen: 1b, 2a, 3b.

Mit (neuen) Medien umgehen

- Einen Videoclip erstellen **32, 175**
- Einen Text mit einem Textverarbeitungsprogramm erstellen **43, 215**
- Ein Musikvideo untersuchen **45**
- Ein Storyboard zu einem Film erstellen **63**
- Internetseiten untersuchen und ihre Nützlichkeit einschätzen **80 f., 162, 282 ff.**
- Präsentationsmedien bei einem Vortrag/Referat nutzen **81**
- Internetrecherche durchführen **87, 129, 166, 175, 176, 284, 287, 291, 308, 351**
- Kommentare in einem Internetforum auswerten **106 f., 115 f.**
- Die Kommentarfunktion eines Textverarbeitungsprogramms zur Textüberarbeitung nutzen **125**
- Eine Passage aus einem Jugendbuch verfilmen **139**
- Soziale Medien: Begriffsbestimmung **154 ff.**
- Fake News im Internet untersuchen und bewerten **157 ff.**
- Hatespeech im Internet untersuchen und bewerten **162 ff.**
- Social-Media-Sucht untersuchen **162 ff.**
- Das eigene Medienverhalten reflektieren **169**
- Den Einfluss von Influencern und Influencerinnen untersuchen und bewerten **174 ff., 176 ff.**
- Einen fiktiven Post erstellen **175**
- Einen Werbefilm konzipieren und drehen **175**
- Einen Spielfilm untersuchen **254–277**
- Einen Film über einen Beruf untersuchen und in seiner Nützlichkeit einschätzen **284**
- Bewerbungsfoto auswählen **289**
- Sprachliche Dimension bei Nutzung eines Internetmessengers untersuchen **290**
- Ein Diagramm mithilfe eines Textverarbeitungsprogramms erstellen **308**

Verzeichnis der Textarten

Aphorismus/Sprichwort 100, 196

Ballade
Droste-Hülshoff, Annette von: Der Knabe im Moor 88 f.

Begriffsstern
Hatespeech 161, 165

Bewerbung
Anschreiben 286
Anzeige Ausbildung Zerspanungsmechaniker 285
Bewerbungsfoto 289
Lebenslauf 288

Bild/Gemälde/Foto
Amsterdam (Foto) 41
Arbeiterquartier in Hamburg (Foto) 25
Auschwitz 1945 219
Berufe 278 f.
Buchillustration „Erebos" 104
Burg Meersburg am Bodensee 82
Callot, Jacques: Plünderung eines Dorfes im Dreißigjährigen Krieg (Radierung) 222
Demonstranten 2007 219
Dix Otto: Großstadt 36
Droste-Hülshoff, Annette 75
Fake News 157
Flucht aus Ostpreußen 1944 218
Foto Soldaten in Kriegsgefangenschaft 263
Fotos aus dem unmittelbaren Nachkriegsdeutschland 254
Fotos zur Fußballweltmeisterschaft 1954 255
Frankfurt a. M. (Foto) 19
Grosz, George: Untitled 32
Internet-Post Thomas Müller 173
Körpersprache 188, 189, 191
Kollwitz, Käthe: Nie wieder Krieg 241
Meidner, Ludwig: Ich und die Stadt 18
Menzel, Adolph von: Das Eisenwalzwerk 24
Moorlandschaft mit trockenen Bäumen 88
Paderborn, Dreihasenfenster (Foto) 21
Pavlidis, Vangelis: ohne Titel 243
Picasso, Pablo: Guernica 238
Quaglio, Domenico: Braunschweig, Altstadtmarkt von Osten 18
Rizzi, James: Make Friends with Life and People 19
Rizzi, James: Too Many People in the City 42
Rüschhaus bei Münster (Foto) 74, 76
Sarajewo 1993 219
Soldat mit Kind 219
Steinhardt, Jakob: Die Stadt 30
Tierhaltung 114
Unold, Max: Illustration zur Erzählung „Die Judenbuche" 91
Venedig (Foto) 39
Wolfgang-Borchert-Denkmal in Hamburg 240
Yeter, Hanefi: Wohin gehöre ich? 242
Zug deutscher Soldaten in russische Kriegsgefangenschaft 263

Biografischer Text
Bill Gates 299
Braun, Peter: Das Leben der Annette von Droste-Hülshoff 76 f.
Unsterbliche Legenden 297 f.
Wegbegleiter der Droste – Kurzbiografien 79 ff.

Buchcover
Fontane, Theodor: Grete Minde/Untern Birnbaum 93
Herrndorf, Wolfgang: Tschick 127
Keller, Gottfried: Kleider machen Leute 93
Levoy, Myron: Der gelbe Vogel 203
Storm, Theodor: Der Schimmelreiter 93
Zusak, Markus: Die Bücherdiebin 355

Buchklappentext
Balci, Güner Yasemin: Arabboy 103
Guillou, Jan: Evil – das Böse 102
Kauz, Julia/Werneke, Sascha: Fler – Im Bus ganz hinten 102
Korbmacher, Susanne: Ghettokids 103
Poznanski, Ursula: Erebos 103

Cartoon/Karikatur
Förster, Gerhard: Vorurteile sind wichtig, sie ersparen das Denken! 127
Rauschenbach, Erich: Gespräch Vater – Tochter 192

Debatte
Debatte führen 128 f.

Diagramm/Tabelle
„Darf man Tiere essen?" 119
Glaubwürdigkeit Influencer Marketing 178
Kritikpunkte Erwachsener am Lebensstil von Jugendlichen 307
Nutzungsdauer soziale Medien – werktags 168
Vergleich der Lebensdauer Tier in Natur/„Nutztier" 119

Dialog
Gespräch zwischen Schulleiter und Fachlehrer 195
Kommunikationssituationen 180f., 184, 187, 191
Loriot: Feierabend 182f.
Schnurre, Wolfdietrich: Du bist un-mög-lich 192f.

Dramenszene
(siehe auch Dialog)
Molière: Der Geizige 198f., 203f., 208, 210f., 212ff., 216, 217

Drehbuchauszug
Das Wunder von Bern 267

Erzählung
(siehe auch Kurzgeschichte, Novelle, Romanauszug)
Kunze, Reiner: Fünfzehn 134f.

Filmplakat/DVD-Cover
Das Wunder von Bern 256, 257, 261

Filmrezension
Peg66 (Pseudonym): Im Strafraum der Geschichte („Das Wunder von Bern") 273f.

Filmstandbild/Szenenbild
Das Wunder von Bern 258, 259, 261, 267, 268f., 272, 276
Szenenfoto der Bühnenfassung von Tschick 138
Szenenfoto: Der gelbe Vogel (Myron Levoy) 229
Szenenfoto: Molière, Der Geizige 208, 217

Gedicht/Lied
Biermann, Wolf: Wann ist denn endlich Frieden 239
Borchert, Wolfgang: DANN GIBT ES NUR EINS! 240
Claudius, Matthias: Kriegslied 220
Droste-Hülshoff, Annette von: Am Turme 82
Droste-Hülshoff, Annette von: Der Weiher (Auszug) 90
Greßmann, Uwe: Moderne Landschaft 36
Grönemeyer, Herbert: Bochum 20
Gryphius, Andreas: Tränen des Vaterlandes/anno 1636 223f.
Haderlap, Maja: als mir die sprache abhanden kam 249
Kalkreuth, Wolf Graf von: Amsterdam 40
Karasholi, Adel: Umarmung der Meridiane 248
Kästner, Erich: Die Zeit fährt Auto 33
Kirsch, Sarah: Der Droste würde ich gern Wasser reichen 84
Liliencron, Detlev von: In einer großen Stadt 26
Madison-Band: Paderborn-Lied 20
Nicolai, Emil: Straßenbild 23
Schneider, Peter: Auf der Straße 32
Schnurre, Wolfdietrich: Angriff 35
Schwanke, Olaf n.: Fußgängerzone 38
Steen, Cassandra featuring Adel Tawil: Stadt 44
Strittmatter, Eva: Herbst in Berlin 39
Werfel, Franz. Der rechte Weg (Traum) 27
Wolfensteiner, Alfred. Städter 30, 46
Zucker, Heinz: Abend 42
Zweig, Stefan: Sonnenaufgang in Venedig 39

Gesetzestext
Jugendarbeitsschutzgesetz (Auszug) 177

Grafik/Schaubild
Argumentation 120
Berufswahlpass 280
Fähigkeiten erkennen 281
Figurenkonstellation Molière, Der Geizige 202
Figurenverzeichnis Molière, Der Geizige 202
Jugend debattiert 128
Syrien – Albtraum ohne Ende 226
Verbreiten von falschen/beleidigenden Informationen 2020 164
Vier Schnäbel – vier Ohren 186, 187

Inhaltszusammenfassung/Inhaltsangabe
Das Wunder von Bern – Der Inhalt 363
Der Geizige – Darum geht es (Molière) 206f.
Der gelbe Vogel (Myron Levoy) 199
Die Judenbuche – Inhaltsangabe 324f.
Die Küchenuhr (Wolfgang Borchert) 298
„Tschick" von Wolfgang Herrndorf 136

Internetbeiträge
Argumentation zum Thema „Fleischkonsum" 116, 117f.
Kommentare in einem Internetforum über juristische Fragen 106f.

Internetseite
Berufsbild Zerspanungsmechaniker 283
Recherche zu Hatespeech 162

Interview
Medienforscher über Fake News 158f.
Reden wir über: Influencer 178f.
Viel Geld für wenig Arbeit? – Ein Interview mit einem Influencer 171f.

Kolumne
Weiler, Jan: Im Pubertier-Biotop 140f.

Kurzgeschichte
Aichinger, Ilse: Das Fenstertheater 60f.
Berg, Sibylle: Hauptsache weit 67f.

Bichsel, Peter: San Salvador 71f.
Borchert, Wolfgang: Die Küchenuhr 234f.
Dominguez, Stefanie: Ein ganz gewöhnlicher Sonntag 294ff.
Franck, Julia: Streuselschnecke 58
Fritz, Walter Helmut: Augenblicke 50f., 368
Schnurre, Wolfdietrich: Beste Geschichte meines Lebens 72f.
Seul, Shirley Michaela: Allmorgendlich 65f.
Steenfatt, Margret: Im Spiegel 300

Mindmap
Hauptfigur Harpagon 207
Industrialisierung und soziale Frage 25
Leseweisung 97ff.

Novellenauszug
Droste-Hülshoff, Annette von: Die Judenbuche 85f., 91f.

Rede
Schami, Rafik: Wie ich Frau Sprache verführte 245f.
Julia (Schülerin): Sponsoring-Lauf 332

Reiseführer
Die Stadt Bochum 21
Weidemann, Siggi: Entdecken Sie Amsterdam 40f.

Reportage
Frieden auf 50 dreckigen Quadratmetern 225f.

Romanauszug
Akyün, Hatice: Sie sprechen aber gut Deutsch 244
Grimmelshausen, Hans Jakob Christoffel von: Der abenteuerliche Simplicissimus Teutsch 221f.
Herrndorf, Wolfgang: Tschick 136ff.
Levoy, Myron: Der gelbe Vogel 229ff., 315

Sachtext
Bueb, Bernhard: Lob der Disziplin 146f.
Bundesagentur für Arbeit: Stellungnahme zu einem Fake-News-Beitrag 159
Collange, Christiane: Aufschrei einer Mutter 142f.
Die Stadt Bochum ... (Auszug Reiseführer) 21
Droste-Hülshoff, Annette von: Westfälische Schilderung aus einer westfälischen Feder (Auszug) 87
Eine Äußerung – vier Botschaften 185f.
Erwachsene sehen Jugendliche eher skeptisch 305
Europäische Union: Mehrsprachigkeit aus Sicht der Europäischen Union 251f.
Freizeitbeschäftigung vor 35 000 Jahren? 330
Fuchs, Michael: Dimensionen sprachlicher Kommunikation 290

Haeming, Anne/Lich, Barbara/Obermayer, Bastian: Liebeserklärungen an den Fußball 265f.
Hanna, Simon: Ich bin binational 250f.
Haunfelder, Bernd: Blüten im Verborgenen. Der Lyrikerin erster Gedichtband erschien 1838 im Verlag Aschendorff 77f.
Henke, Ellen: Soziale Arbeit mit traumatisierten Kinderflüchtlingen aus Kriegsgebieten 227f.
Herrmann, Dietrich: Guernica 237f.
Latzin, Richard: Wer ist es? 351f.
Lindenbach, Ariane: Fesselnde Lektüre – Resozialisierung durch Lesen 98
Matínez, Matías: Wozu Literatur? 101
Overmanns, Rüdiger: Soldaten hinter Stacheldraht 263f.
Pohl, Martin: Deutschland 1945–1960. Zwischen „Stunde Null" und „Wirtschaftswunder" 259f.
Rapp, Frank: Was ist denn eigentlich Social Media? 154f.
Rieso, Alexandra: Komik und Komödie – Ein ernstes Geschäft 205f.
Rumpf, Erhard: Industrialisierung und soziale Frage – Lebensverhältnisse und Arbeitsbedingungen ändern sich 24f.
Schnellimbiss im Pompeji des Jahres 79 n. Chr. 313
Schulz von Thun, Friedemann: Eine Äußerung – viele Botschaften 185f.
Schünemann, Luzia: Zur Bedeutung der Körpersprache 190
Seibel, Andrea: Deutsch-Pflicht auf dem Schulhof? Selbstverständlich! 252f.
Strick, Jasna: Wie lebt es sich mit einem Shitstorm? 163f.
Tai Chi – die Philosophie der gesunden Bewegung 327f.
Vier Arten von Fake News 160
Weltgesundheitsorganisation: Definition „Sucht" 169
Wenn Eltern Hindernisse niedermähen 148
Wenn für Tiger ein neues Leben beginnt 318
Wettbewerb „Jugend debattiert" 128f.
Windsurf-Freestyle – Eine Funsportart 336
Wir zögern die Gletscherschmelze hinaus 322
Wölke, Alexandra: Das Jugendstrafrecht – Hintergründe 97
Wölke, Alexandra: Welches Ziel verfolgen Strafen? 99

Schülertexte
Argumentation 108f., 122
Ausführung eines Gliederungspunktes eines informierenden Sachtextes 166
Einleitung Argumentation 112, 121

Einleitung informierender Sachtext   166
Einleitung Sachverhalt klären   149
Gedicht zu „Die Küchenuhr" (Wolfgang Borchert)   237
Gliederung informierender Sachtext   166
Hauptteil Argumentation   122
Kurzgeschichtenanalyse   54, 55, 57, 69
Sachtextzusammenfassung   133
Schlussteil Argumentation   124
Schlussteil informierender Sachtext   167
Zusammenfassung Textabschnitt   145

Sprichwort
siehe Aphorismus

Stellenanzeige   285

Theaterplakat
Der Geizige   197

Wörterbuchauszug
Duden. Die deutsche Rechtschreibung   349, 350

Zeitungstexte
Baggerfahren im Urlaub   352
Bill Gates   311
Das Projekt Icarus   319
Hilfe! Sie kommen!   321
Thomas Müller über den Champions-League-Sieg im Jahr 2020   309
Totilas – ein Nachruf für ein Wunderpferd   316 f.
Wir zögern die Gletscherschmelze hinaus   322

Stichwortverzeichnis

ABC der Theaterbegriffe verfassen 215
Adverbiale: siehe Satzglieder
Aktiv 316 ff.
Alliteration 34
Anapher 34
Antithese 34
Appellative Texte verfassen
- Plakat erstellen 241, 239
Argumentation/Erörterung
- Antithetische Erörterung 119 ff.
- Argumente ausbauen 108 f., **110**
- Argumente belegen 110, 131
- Argumente prüfen 117
- Argumente sammeln 105 ff.
- Argumente verbinden und gewichten 122, **123**, 130
- Aufbau einer dialektischen Erörterung 120 f.
- Debatte durchführen 128 f.
- Dialektische Erörterung verfassen 119 ff.
- Einleitung zu einer Erörterung verfassen 112 f., **113**, 121
- Erörterung überarbeiten 113
- Gliederung einer antithetischen Erörterung 121
- Internetbeiträge untersuchen 115 ff.
- Lineare Erörterung verfassen **111**
- Mündliche Stellungnahme 99, 101, 115, 126 f., 128 f.
- Sachverhalt klären 97 ff.
- Schluss einer dialektischen Erörterung überarbeiten 124
- Standpunkt darlegen 108
- Stegreifreden 126
- Stoffsammlung erstellen **105**
- These und Antithese bestimmen **117**
- Vorurteile entkräften 117
- Wichtigstes Argument bestimmen 108
Argumentativen Text verfassen 22, 145, 239
Attribut: siehe Satzglieder

Balladen untersuchen
- Inhalt mit einem Sachtext vergleichen 89
- Inhalt untersuchen 89
- Sprachliche Gestaltung untersuchen 89
- Vertonung erarbeiten 89
Begriffserläuterung 87, 141, 146, 148, 153, 155, 165, 169
Begriffsstern erstellen 165
Bewerbung
- Berufsorientierung 280

- Bewerbungsanschreiben 286 f.
- Bewerbungsfoto 289
- Fähigkeiten und Interessen erkunden 281 f.
- Internetseite über einen Beruf auswerten 282 f.
- Lebenslauf 288
- Stellenanzeige auswerten 285
- Tipps für ein Vorstellungsgespräch 343
- Vorstellungsgespräch 289 f.
Bildbetrachtung 19, 32, 114, 218 f., 228, 238, 255, 279
Buchvorstellung 139, 233

Charakterisierung 264, 268
Checkliste 43, 113, 157

Debatte 128 f.
Denotation 29, **30**
Diagramm/Statistik auswerten 164 f., 168, 178
Diagramm mithilfe eines Textverarbeitungsprogramms erstellen 308
Dialog untersuchen 183, 187, 193
Dialog verfassen 184
Drama (siehe Komödien untersuchen)

Ellipse 34
Enjambement 31
Erörterung (siehe Argumentation/Erörterung)
Erzähltechnik
- auktoriales (allwissendes) Erzählverhalten **63**
- Er/Sie-Erzählung **63**
- Erzählform **63**
- Erzählperspektive **63**
- Ich-Erzählung **63**
- neutrales Erzählverhalten **63**
- personales Erzählverhalten **63**
Erzähltexte untersuchen **70**
(siehe auch Kurzgeschichte und Novelle)
- aspektorientierte Analyse verfassen 65, 66, 68, 71
- Aufbau ermitteln 141
- Aussageabsicht/Intention untersuchen 73
- äußere Handlung wiedergeben 51 f., 73
- Beziehung der Figuren untersuchen 51 f., 59, 66, 135, 138, 141, 233, 296
- Brief aus Sicht einer Figur verfassen 53
- Charakterisierung 59, 135, 66, 123
- Dialog zwischen Figuren erfinden 135, 141
- Dialog einer Figur mit einer Freundin/einem Freund erfinden 237

- Erzähltechnik untersuchen   52, 62, 61, 66, 68, 73, 223
- Erzähltext mit Bild vergleichen   223, 233
- Erzähltext schriftlich analysieren   54 ff., 59, 65, 66, 68 f., 69, **299 ff.**
- Erzähltexte vergleichen   **139**
- Gattungsmerkmal bestimmen   141
- Gedanken und Gefühle einer Figur erarbeiten   51
- Gedicht zu einer Erzählung schreiben   237
- Gliederung erstellen   233
- Handlungsraum untersuchen   52, 61
- Inhalt untersuchen   47, 50, 54, 59, 60, 223, 297
- inneren Monolog einer Figur verfassen   59
- Interview mit einer Figur verfassen   62
- Konfliktsituationen erkennen   136, 138
- Lineare Analyse verfassen   54, 59
- Polizeiprotokoll zu dem Geschehen verfassen   62
- Schluss untersuchen   52, 66
- Sprachliche Gestaltung untersuchen   52, 60, 73
- Sprachstil kennzeichnen   59
- Standbild bauen   235, **236**
- Symbolik untersuchen   62, 73, 235
- Szenenfoto erstellen   233
- Tempus bestimmen   141
- Thema bestimmen   54, 62, 296 f.
- Titel untersuchen   52, 59, 68, 73, 141, 235
- Titelblatt deuten   223
- umschreiben   53
- verfilmen   139
- Verfilmung planen   63
- Verhalten der Figuren untersuchen   51, 61, 68, 73, 233, 237, 301
- Verhalten von Figuren beurteilen   68
- Wendepunkt untersuchen   66
- Zeit der Handlung untersuchen   52

Exposition   **201**

Fake News   157 ff.

Filmanalyse
- Atmosphäre beschreiben   258
- Beziehung zwischen Figuren beschreiben   261, 264, 268 f., 270
- Drehbuchauszug untersuchen   267 f.
- Erzählperspektive im Film untersuchen   261 f., 277
- Erzählverhalten im Film untersuchen   261 f., **262**
- Filmausschnitt mit einem Sachtext vergleichen   260, 264
- Filmfigur charakterisieren   264
- Filmmontage erstellen   268 ff.
- Filmplakat/DVD-Cover untersuchen   256 f.
- Filmrezension untersuchen   273 f., 277
- Filmrezension verfassen   **274**
- Filmsequenzen untersuchen   258, 261 f., 270, 272
- Filmstandbilder anlysieren   **258**, 259, 272, 276
- Filmton untersuchen   262 f., **263**
- inneren Monolog einer Filmfigur verfassen   261, **270**
- Montage untersuchen   268 ff., **270**

Formen der Kritik   **128**

Gedichte/Lieder untersuchen
(siehe auch Ballade)
- Appell darstellen   241
- Atmosphäre beschreiben   38, 39, 43
- Äußere Form untersuchen   26, **27**, **46**
- Aufbau eines Gedichts untersuchen   82, 220
- Aussage eines Gedichts bestimmen   36
- Checkliste für eine Gedichtanalyse erstellen   43
- Collage zu einem Gedicht gestalten   38
- Gattung Lyrik erläutern   26, 41
- Gedichtanalyse vorbereiten   35
- Gedichtanalyse verfassen   36, 37, 43, 90
- Gedicht mit Gemälde vergleichen   32, 43, 83
- Gedicht mit Plakat vergleichen   211
- Gedicht/Song mit Musikvideo vergleichen   45
- Gedicht mit Sachtexten vergleichen   248
- Gedicht fortsetzen   241
- Gedicht grafisch erschließen   **83**
- Gedicht schriftlich analysieren   43
- Gedicht verfassen   22, 45
- Gedicht verfilmen   26
- Gedicht vertonen   26
- Gedicht vortragen   26, 39, 83, 89, 248
- Gedichte vergleichen   22, 28, 32, 40, 90, 241, 249
- Gedicht weiterschreiben   241
- Einstellung/Haltung des lyrischen Ichs untersuchen   21, 28, 32, 82, 84, 220
- Enjambement untersuchen   31
- Inhalt untersuchen   21, 22, 23, 26, 30, 33, 31, 40, 45, 45, 84, 239, 249
- Leerstelle in einem Gedicht füllen   38
- Parallelgedicht/Gegengedicht verfassen   22, 32
- Randbemerkungen zu einem Gedicht verfassen   35, 36, 43
- Reimschema   **27**, 46, 224
- Reisetagebucheintrag zu einem Gedicht verfassen und mit dem Gedicht vergleichen   39
- Satzbau untersuchen   28
- schriftliche Analyse   36 f., **37**, 43, 90
- Schwirige Stellen erläutern   38
- Sonette untersuchen   31, **224**

- Sprachliche Gestaltung untersuchen 30, 31, 32, 33, **34**, 45, 82, 90, 220, 224, 239, 248, 249
- Stimmung untersuchen 40, 90
- Thema bestimmen 30, 33, 47
- Titel deuten 24, 220, 239, 249
- Versmaß bestimmen und erläutern 26, **27, 46**
- Videoclip zu einem Gedicht erstellen 32
- Wortwiederholung erklären 26
- Zeitungsmeldung zu einem Gedicht verfassen
- Zusammenhang von Inhalt und Form erläutern 224

Gesetzestext auswerten 177
Gesprächsführung untersuchen 192, **193**, 195
Gestik 200
Gliedsätze/Nebensätze 326 ff.
- Adversativsatz 329
- Attributsatz/Relativsatz 328
- Finalsatz 329
- Kausalsatz 329
- Komparativsatz 329
- Konditionalsatz 329
- Konsekutivsatz 329
- Konzessivsatz 329
- Lokalsatz 329
- Modalsatz 329
- Objektsatz 328
- Satzbaumuster 326 f.
- Subjektsatz 328
- Temporalsatz 329
- Übersicht Gliedsätze/Nebensätze 329

Hatespeech 161 ff.
Hörverstehen 20, 22, 23, 26, 28, 30, 32, 33, 35, 38, 39, 43, 51, 61, 82, 220, 223, 235, 239, 241
Hypotaxe 34

Ideenstern 161
Imperativ 320
Indefinitpronomen 312 f.
Indikativ 320
Indirekte Rede 297, 318 ff
Indirekter Fragesatz 322
Influencer 170
informierenden Sachtext verfassen 166, 167, 176, 215
- Einleitung formulieren 166
- Gliederung erstellen 166
- Hauptteil formulieren 167
- Schluss formulieren 167
Inhaltsangabe **294 ff.**, 324
innerer Monolog 59, 184
Internetpost auswerten und beurteilen 170, 173
Internetrecherche 87, 160, 175

Internetrecherche untersuchen und bewerten 162
Internetseite auswerten 283 f.
Interview auswerten 159, 164, 172, 178 f.
Intonation 200
Inversion 248

Jugend debattiert 128 f.

Karikatur deuten 192
Kinder als Influencer 176 ff.
Klappentext zu einem Buch verfassen 83
Komik
- Charakterkomik 205
- Situationskomik 205
- Sprachkomik 205
Kommasetzung: siehe Zeichensetzung
Kommunikation untersuchen 180 ff.
- Gesprächsführung untersuchen 192, **193**, 195
- Kommunikationsmodell untersuchen 186 f.
- Kommunikationssituationen untersuchen 180 f., 183, 184 f., 187, 190, 194
- Konzeptionelle Mündlichkeit/Schriftlichkeit untersuchen 290 f.
- Körpersprache untersuchen 183 ff., 194, **200**
Komödien untersuchen 196–217
- Charakterisierung verfassen 207
- Charaktermerkmale untersuchen 200, 203, 204, 217
- Exposition untersuchen 199 f., **201**
- Figurenkonstellation erstellen 207
- Figurenverzeichnis untersuchen 202
- Handlungsmotive untersuchen 211
- Handlungsverlauf entwerfen 202
- Hauptfigur beurteilen 214, 217
- Komik untersuchen 206, 209
- Komödientitel erfinden 206
- Konfliktzuspitzung untersuchen 208 ff.
- Körpersprache deuten 199 f.
- Mini-Drama verfassen 215
- Plakat einer Aufführung untersuchen 197
- Monolog einer Figur verfassen 209
- Rollenbiografie erstellen 173, 185
- Schluss einer Komödie untersuchen 210 ff.
- Schluss einer Komödie beurteilen 214
- Standbild bauen 211
- Szenenfoto deuten 217
- szenisches Spiel 200, **209**
- Titel der Komödie deuten 206
Konjunktionen 297
Konjunktiv 320 ff.
Konnotation 29, **30**
Konzeptionelle Mündlichkeit 290 f.
Konzeptionelle Schriftlichkeit 290

Körpersprache untersuchen   183, 188 ff., 194
Kurzgeschichte (siehe auch Erzähltexte)
- Merkmale untersuchen   48, 52, **53**, 59, 62, 66, 73
- schriftlich analysieren   54 ff., **56**, 65, 66, 68 f., 69

Lesen/Leseweisung   100 ff.
Lyrisches Ich   **38**

Mehrsprachigkeit untersuchen   243 – 253
- Fragebogen zur Mehrsprachigkeit erstellen und auswerten   253
- Interview mit Menschen führen, die mehrsprachig sind   253
- Plakat als Werbung für Fremdsprachenerwerb erstellen   253

Metapher   34
Mimik   200
Mindmap erstellen   25, 97, 166, 205, 207
Modus   318 ff.

Nebensätze (siehe Gliedsätze)
Novellen
- Anfang einer Novelle untersuchen   86 f.
- Atmosphäre und ihre sprachliche Gestaltung untersuchen   82
- Bild des Ortes und seiner Menschen beschreiben   86
- Erzähltechnik untersuchen   87, 92
- Inhalt eines Auszugs untersuchen   92
- Traum einer Figur erfinden   92
- Vermutungen über den Fortgang der Handlung aufstellen   92

Objekte: siehe Satzglieder
Oxymoron   34

Parallelismus   34
Parataxe   34
Passiv   316 ff.
Personifikation   34
Projektideen
- zu Annette von Droste-Hülshoff   93
Pronomen   299 ff.

Rechtschreibung   337 ff.
- das oder dass   331
- Fehlerschwerpunkte erkennen   337 f.
- Fremdwörter   345 ff.
- Rechtschreibprobleme durch einfache Verfahren lösen   338 ff.
- Wörterbucharbeit   348 f.
- Zusammen- und Getrenntschreibung   350 ff.
Referat halten   78, **80**

Regelkasten
- Aktiv und Passiv im sprachlichen Vergleich   305
- Attribut   313
- das/dass   342
- einfache Satzgefüge – komplexe Satzgefüge – Satzreihen   331
- Ersatzformen für den Konjunktiv I   310
- Getrennt- und Zusammenschreibung   353 f.
- Großschreibung von Nomen/Substantiven   342
- Handlungsart des Verbs   304
- Indefinitpronomen   300
- indirekter Fragesatz   334
- infinite Verbformen   302
- Infinitiv- und Partizipgruppen   335
- Komma bei Anreden und Ausrufen   356
- Komma bei Einschüben und nachgestellten Erläuterungen   356, 358
- Komma bei Infinitivgruppen   356, 358
- Komma bei Partizipialsätzen   356
- Komma in Aufzählungen   356, 358
- Komma in Satzgefügen   356, 358
- Kommaregeln   344
- Modus   308
- Satzbaumuster der Gliedsätze/Nebensätze im Deutschen   326
- Satzglieder im Überblick   311 f.
- Satzreihe   333
- satzwertige Konstruktionen   335
- Schreibung von Tageszeiten und Wochentagen   332
- Wortbausteine für Nomen/Substantive und Adjektive   329
- Zeichensetzung bei satzwertigen Konstruktionen   336
- Zitierweisen und -regeln   368
Reportage untersuchen   226, **227**
Rhetorische Frage   34
Rhetorische Mittel   34, 347
Romanauszug: siehe Erzähltexte

Sachtexte untersuchen
- Anlass und Absicht eines argumentativen Textes untersuchen   143
- Argumentation in einem argumentativen Sachtext untersuchen   **143 f.**
- argumentativen Sachtext zusammenfassen   144, **145**, 147
- Aussagen diskutieren   147, 253, 266
- Begriffe klären   155
- Brief literarischer Figuren an Sachtextautor verfassen   147
- Erwartung an den Text formulieren   146
- Gliederung anfertigen   25, 41, 147, 228
- Hauptaussage formulieren   147

- Informationen entnehmen   25, 78, 87, 97, 98, 101, 143, 149, 155, 190, 205, 228, 237, 244, 246, 251, 252, 260
- Leserbrief an Verfasserin verfassen   253
- Mindmap zu einem Sachtext erstellen   205, 252
- Sachtext mit einem Erzähltext vergleichen   88
- Sachtext mit einem Filmauschnitt vergleichen   260, 264
- Sachtext mit Foto vergleichen   25, 260
- Sachtext mit Gedicht vergleichen   26, 41
- Sachtext mit Reportage vergleichen   229
- Sachtext mit Gemälde vergleichen   251
- Sachtext untersuchen, zusammenfassen und bewerten   155, **156**
- Sachtexte vergleichen   246, **247**
- Sprachliche Mittel erläutern   147, 149, 246
- Stellungnahme aus Sicht des Sachtextautors verfassen   147, 149
- Veröffentlichungsinteresse klären   149
- Vorwissen aktivieren   196
- Überschriften zu Textabschnitten finden   155
- zentrales Bild untersuchen   216
- zusammenfassen   **305 ff.**

Sachverhalt klären und darüber informieren   149
Satzgefüge – Satzreihen   331 ff.
- indirekter Fragesatz   334
- Infinitiv- und Partizipgruppen   335
- Satzgefüge   331
- Satzreihe   33

Satzglieder   323 ff.
- Adjektivattribut   325
- Adverbattribut   325
- Adverbiale   324
- Akkusativobjekt   323
- Apposition   325
- Attribut   325
- Attributsatz/Relativsatz   325
- Dativobjekt   323
- Finaladverbiale   324
- Genitivattribut   325
- Instrumentaladverbiale   324
- Kausaladverbiale   324
- Konditionaladverbiale   324
- Konzessivadverbiale   324
- Lokaladverbiale   324
- Modaladverbiale   324
- Numerales Attribut   325
- Prädikat   323
- Prädikativum   323
- Präpositionales Attribut   325
- Präpositionales Objekt   323
- Pronominales Attribut   325
- Satzglieder im Überblick   323 f.
- Subjekt   323
- Temporaladverbiale   324

Satzwertige Konstruktionen   335 f.
Schleichwerbung erkennen und beurteilen   174
Social-Media-Sucht   **168 ff.**
Sonett untersuchen   26, 194
Soziale Medien untersuchen
- Begriff klären   153, 155
- Fake News klären und bewerten   157 ff.
- Hatespeech untersuchen und bewerten   161 ff.
- Kinder als Influencer   176 ff.
- Social-Media-Sucht untersuchen und bewerten   168 ff.
- unterschiedliche Facetten aufzeigen   153
- Werbung durch Influencer untersuchen und bewerten   170 ff.

sprachliche Gestaltungsmittel (siehe rhetorische Mittel)
Sprichwörter erklären   196
Standbild   211, 235, **236**
Stegreifreden entwerfen   126
Symbol   34
Szenisches Spiel   183, 191, 193, 200, 203

Thema und Inhalt unterscheiden   **54**
Textanalyse   **56**, 52, 70
- aspektorientiert   **56, 64**
- linear   **56**

Texte verfassen
- Analyse Filmstandbild   258 f.
- antithetische Erörterung   119 ff.
- Artikel für Schülerzeitung   119 ff., 129
- Bewerbung   286 ff.
- Bild-/Textcollage   38
- Brief einer literarischen Figur   53
- Dialog   83
- Definition   148
- Filmrezension   274
- Gedichtanalyse   43
- Gedichtstrophen   241
- Gegengedicht   32
- informierenden Sachtext   166, 167, 215
- Inhaltsangabe   294 ff.
- inneren Monolog   59, 184, 209
- Interview mit einer literarischen Figur   62
- Klappentext   83
- Kurzgeschichte   53
- Leserbrief   22, 145, 253
- Lexikonartikel   215
- lineare Erörterung   **111**
- Rezension   274
- Schülerzeitung   124
- Stellungnahme zum Fußballspiel   266
- Stimmungsbild   19

Textvergleich **247**
- Ballade – Sachtext 89
- Drehbuchauszug – Film 265
- Erzähltext – Bild 233
- Erzähltext – Erzähltext **139**, 129
- Erzähltext – Rede 216
- Gedicht – Gedicht 22, 28, 32, 40, 90, 241, 249
- Gedicht – Gemälde 32, 43
- Gedicht – Musikvideo 45
- Gedicht – Plakat 241
- Gedicht – Portrait 83
- Gedicht – Sachtext 248
- Kinoplakat – DVD-Cover 256
- Kurzgeschichte – Sachtext 205
- Lied – Lied 22
- Lied – Musikvideo 45
- Lied – Reiseführer 21
- Lied – Sachtext 21
- Pressemeldungen – Film 271
- Romanausschnitt – Sachtext 203
- Romanausschnitt – Szenenfoto 203
- Romanausschnitt – Titelblatt 193
- Sachtext – Abbildung 21
- Sachtext – Erzähltext 88
- Sachtext – Film 260
- Sachtext – Foto 260
- Sachtext – Gedicht 21, 41
- Sachtext – Gemälde 251
- Sachtext – Sachtext 25, 134, 136, 139, 246

Textüberarbeitung **125, 303ff.**
- Analyse einer Erzählung 65, 69
- Erörterung 113
- Gedichtanalyse 43
- Inhaltsangabe einer Erzählung 298
- Schluss einer Erörterung 124

Verb 314ff.
- Handlungsart 316ff.
- Modus 318ff.
- Verbarten und Verbformen 314f.

Vergleich 34
Versmaß bestimmen **27**
Videoclip erstellen 32
Vier-Ecken-Gespräch führen 133
Vier-Ohren-Schnäbel-Modell 186

Werbung untersuchen 170ff.
Wortarten 309ff.
- Indefinitpronomen 312f.
- Pronomen 311ff.
- Verb 302ff.

Zeichensetzung
- Komma bei Anreden und Ausrufen 356
- Komma bei Einschüben und nachgestellten Erläuterungen 356, 358
- Komma bei Infinitivgruppen 356, 358
- Komma bei Partizipialsätzen 356
- Komma in Aufzählungen 356, 358
- Komma in Satzgefügen 356, 358

Zeitungsberichte untersuchen 272
Zitieren 56, 368ff.
Zusammen- und Getrenntschreibung
- auf die Bedeutung und Betonung achten 350ff.
- Regeln zur Zusammen- und Getrenntschreibung im Überblick 353f.
- wichtige Regeln erkennen 352f.

Textquellenverzeichnis

Aichinger, Ilse: Das Fenstertheater. **60**
Aus: Der Gefesselte. Erzählungen, S. Fischer Verlag, Frankfurt/M. 1953

Akyün, Hatice: Sie sprechen aber gut Deutsch. **244**
Aus: Dies: Einmal Hans mit scharfer Soße, 11. Aufl., Goldmann, München 2007, S. 170 ff.

„Als Schleichwerbung werden ..." **174**
Aus: Urheberrecht.de, 22.10.2021: https://www.urheberrecht.de/schleichwerbung/ [09.11.2021]

„An der Leseweisung hat mir gefallen, dass man ein bereicherndes Buch liest und nicht ..." **106**
3 Zitate aus: KonTEXT Leseprojekt, Hochschule München: https://kontextleseprojekt.com/2016/01/17/stimmen/ [1.9.2021]

„Asylbewerber bekommen den Führerschein zum Nulltarif." **159**
Schlagzeile eines Eintrags auf dem Blog „Votum 24" vom 26.7.2017
[zit. nach: CORRECTIV: https://correctiv.org/faktencheck/migration/2019/10/28/nein-asylbewerber-bekommen-den-fuehrerschein-nicht-generell-zum-nulltarif/, Artikel vom 28.10.2019]

Baggerfahren im Urlaub. **352**
Originalbeitrag von Johannes Diekhans aus: Paul D 9. Hg. von Johannes Diekhans und Michael Fuchs, Schöningh Verlag, Paderborn 2008, S. 111

Berg, Sibylle: Hauptsache weit. **67**
Aus: Dies.: Das Unerfreuliche zuerst: Herrengeschichten, Kiepenheuer und Witsch, Köln 2001

Besuch des Berufsinformationszentrums (BIZ). **344**
Originalbeitrag von Siegfried G. Rojahn aus: Paul D 9. Hg. von Johannes Diekhans und Michael Fuchs, Schöningh Verlag, Paderborn 2008, S. 118

Bichsel, Peter: San Salvador. **71**
Aus: Ders.: Eigentlich möchte Frau Blum den Milchmann kennenlernen, Suhrkamp, 2020

Biermann, Wolf: Wann ist denn endlich Frieden. **239**
Aus: Ders.: Mit Marx- und Engelszungen, Verlag Wagenbach, Berlin 1968, S. 14

Bill Gates. **311**
Aus: Sandra Maischberger (Hg.): Die musst du kennen. Menschen machen Geschichte, cbj Verlag, München 2004, S. 300

Borchert, Wolfgang: DANN GIBT ES NUR EINS! **240**
Aus: Ders.: Draußen vor der Tür, 86. Aufl., Rowohlt, Reinbek bei Hamburg 2004, S. 110 f.

Borchert, Wolfgang: Die Küchenuhr. **234**
Aus: Ders.: Draußen vor der Tür, 86. Aufl., Rowohlt, Reinbek bei Hamburg 2004, S. 103 ff.

Braun, Peter: Das Leben der Annette von Droste-Hülshoff. **76**
Aus: Ders.: Von Taugenichts bis Steppenwolf. Eine etwas andere Literaturgeschichte, Bloomsbury, Berlin 2006, S. 95 ff.

Bueb, Bernhard: Lob der Disziplin. Eine Streitschrift. **146**
Berlin: List, 2006, S. 13 ff.

Claudius, Matthias: Kriegslied. **220**
Aus: Karl Otto Conrady (Hg.): Das große deutsche Gedichtbuch, Frankfurt/M. 1977, S. 198 f.

Collange, Christiane: Ich, Deine Mutter. (Auszüge) **142, 144, 150**
Was Eltern sich nicht zu sagen trauen – was Kinder nicht hören wollen. Übersetzt von Marlies und Ulrich Müller. ECON Verlag, Düsseldorf, Wien 1986, S. 55–61

„[...] Da der Sport nun einmal jede andere Institution des öffentlichen Lebens [...]" **271**
Artikel aus der Zeitung Fortschritt vom 5.6.1954

Das Projekt Icarus. **319**
Aus: Anna-Lena Niemann: Artikel in der FAZ vom 29. Dezember 2020, S. 11, gekürzt, © Alle Rechte vorbehalten. Frankfurter Allgemeine Zeitung GmbH, Frankfurt. Zur Verfügung gestellt vom Frankfurter Allgemeine Archiv

„Demokratie lebt vom Streit ..." Zitat von Richard von Weizsäcker. **94**
Zitiert in: Bitburger Gespräche in München 2: Planen, Erklären, Zuhören, Mohr Siebeck, Tübingen 2012, S. 63

„Der wahre Zweck eines Buches ist es, den Geist hinterrücks zum eigenen Denken zu verleiten." **100**
Aus: Christopher Morley: „A Cross Section", Saturday Review of Literature, 27. Dezember 1924, S. 415

Deutsche Allgemeine Krankenkasse (Hrsg.): Wenn Eltern Hindernisse niedermähen. **148**
Deutsche Allgemeine Krankenkasse, 2021: https://www.dak.de/dak/meine-familie/rasenmaeher-eltern-2328926.html#/ [11.11.2021]

„Die Farbe Weiß" – „Goldener Schnitt". **365**
Aus: Wolfgang Seidel: Woher kommt das schwarze Schaf? Was hinter den Wörtern steckt, Deutscher Taschenbuch Verlag, München 2007

„Die Literatur gibt der Seele Nahrung, sie bessert und tröstet sie." **100**
Aus: Voltaire, Briefe. An Rousseau, am 30. August 1755

„Die Stadt Bochum ..." **21**
Aus: Baedeker Deutschland, 4. Aufl., Mairs Geographischer Verlag, Ostfildern 1998, S. 175

Dominguez, Stefanie: Ein ganz gewöhnlicher Sonntag. **294**
Aus: Johannes Diekhans, Michael Fuchs (Hrsg.): Paul 9, Schöningh, Paderborn 2015, S. 278

Droste-Hülshoff, Annette von: Am Turme. **82**
Aus: Dies.: Werke in einem Band, hg. von Clemens Heselhaus, Deutscher Taschenbuch Verlag, München 1995, S. 109 (orthografisch modernisiert)

Droste-Hülshoff, Annette von: Der Knabe im Moor. **88**
Aus: Dies.: Werke in einem Band, hg. von Clemens Heselhaus, Deutscher Taschenbuch Verlag, München 1995, S. 68 f. (orthografisch modernisiert)

Droste-Hülshoff, Annette von: Der Weiher. (Auszug) **90**
Aus: Dies.: Werke in einem Band, hg. von Clemens Heselhaus, Deutscher Taschenbuch Verlag, München 1995, S. 74 (orthografisch modernisiert)

Droste-Hülshoff, Annette von: Die Judenbuche. Ein Sittengemälde aus dem gebirgigten Westfalen. (Auszüge) **85, 91**
Hg. von Johannes Diekhans und Doris Hönes, Schöningh Verlag, Paderborn 1998, S. 5 ff., 10 ff.

Droste-Hülshoff, Annette von: Meine Lieder werden leben ... (Aus dem Gedichtzyklus „Das geistliche Jahr") **75**
Aus: Dies.: Sämtliche Werke in zwei Bänden, hg. von Bodo Plachta/Winfried Woesler, Deutscher Klassiker Verlag, Frankfurt/M. 1994

Droste-Hülshoff, Annette von: Westfälische Schilderungen aus einer westfälischen Feder. **87**
Aus: Dies.: Sämtliche Werke in zwei Bänden, hg. von Bodo Plachta/Winfried Woesler, Bd. 2, Deutscher Klassiker Verlag, Frankfurt/M. 1994, S. 97 f. (orthografisch modernisiert)

„Ein großer Sieg, ein großer Tag ..." **271**
Artikel aus der Süddeutschen Zeitung vom 5.6.1954

Eine Äußerung – viele Botschaften. Ein Modell der Kommunikation von Friedmann Schulz von Thun. **185**
Aus: Friedmann Schulz von Thun: Miteinander reden 1, Störungen und Klärungen. Allgemeine Psychologie der Kommunikation, Rowohlt, Reinbeck/Hamburg, 1981

„Eine gute Rede soll das Thema erschöpfen, nicht die Zuhörer." **126**
Zitat von Winston Churchill. Zit. nach: Loll, Anna: Plan B in der Brusttasche, FAZ online vom 21.2.2008: http://www.faz.net/aktuell/beruf-chance/arbeitswelt/reden-und-zuhoeren-plan-b-in-der-brusttasche-1512442.html [5.3.2015]

Einen Praktikumsbericht schreiben. 337
Originalbeitrag von Siegfried G. Rojahn aus: Paul D 9. Hg. von Johannes Diekhans und Michael Fuchs, Schöningh Verlag, Paderborn 2008, S. 111

„Erik ist 14, als ihn keine normale Schule mehr aufnehmen will ..." **102**
Aus: Jan Guillou: Evil – das Böse, Gabriele Haefs (Übers.), © dtv Verlagsgesellschaft, München, 2020, Klappentext

„Erinnern wir uns an die Zeit vor neun Jahren. ..." **271**
Deutschland Fußball Weltmeister – Mercedes-Sieg in Reims. Artikel aus dem General-Anzeiger Bonn vom 5.7.1954

Erwachsene sehen Jugendliche eher skeptisch. 305
Artikel auf der Grundlage einer dpa- und epd-Meldung vom Juli 2007

Fähigkeiten erkennen. 281
Aus: Meinen Fähigkeiten auf der Spur, Mach's richtig. Schülerarbeitsheft der Bundesagentur für Arbeit (Hrsg.), Ausgabe 2007/2008, Nürnberg 2007, S. 6

Fake-News. 160
Originalbeitrag von Achim Sigge für diesen Band.

Franck, Julia: Streuselschnecke. **58**
Aus: Dies.: Bauchlandung. Geschichten zum Anfassen, DuMont, Köln 2020

Freizeitbeschäftigung vor 35 000 Jahren? 330
Originalbeitrag von Dietrich Herrmann aus: Paul D 9. Hg. von Johannes Diekhans und Michael Fuchs, Schöningh Verlag, Paderborn 2008, S. 346

Frieden auf 50 dreckigen Quadratmetern. Eine syrische Familie flieht in die deutsche Provinz. 225
Aus: Frankfurter Allgemeine Zeitung, 14.7.2014, S. 3, gekürzt, Mona Jäger, © Alle Rechte vorbehalten. Frankfurter Allgemeine Zeitung GmbH, Frankfurt. Zur Verfügung gestellt vom Frankfurter Allgemeine Archiv

Fritz, Walter Helmut: Augenblicke. **50, 72, 368, 371**
Aus: Ders.: Umwege, Deutsche Verlagsanstalt, Stuttgart 1964, S. 47 ff.

Fuchs, Michael: Dimensionen sprachlicher Kommunikation. **290**
Aus: Johannes Diekhans, Michael Fuchs (Hrsg.): Paul D 8, Ausgabe Bayern, Westermann Bildungsmedien Verlag GmbH, Braunschweig 2021, S. 117

„Für alle Kunden und Kundinnen der Agenturen für Arbeit und der Jobcenter ..." **159**
Aus einer E-Mail der Bundesagentur für Arbeit an das Recherchezentrum CORRECTIV. In: Nein, Asylbewerber bekommen den Führerschein nicht generell „zum Nulltarif", Cristina Helberg, CORRECTIV – Recherchen für die Gesellschaft gemeinnützige GmbH, 28.10.2019: https://correctiv.org/faktencheck/migration/2019/10/28/nein-asylbewerber-bekommen-den-fuehrerschein-nicht-generell-zum-nulltarif/ [11.11.2021]

Greßmann, Uwe: Moderne Landschaft. **36**
Aus: Großstadtlyrik, hg. von Waltraut Wende, Reclam, Stuttgart 1999, S. 307

Grimmelshausen, Hans Jakob Christoffel von: Der abenteuerliche Simplicissimus Teutsch. (Auszug) **221**
Stuttgart 1961, S. 57 ff.

Gryphius, Andreas: Tränen des Vaterlandes/anno 1636. **223**
Aus: Karl Otto Conrady (Hg.): Das große deutsche Gedichtbuch, Frankfurt/M. 1977, S. 109 f.

Haderlap, Maja: als mir die sprache abhanden kam. **249**
Aus: Dies.: langer transit. Gedichte. Wallstein-Verlag, Göttingen 2014, S. 69

Haeming, Anne/Lich, Barbara/Obermayer, Bastian: Liebeserklärungen an den Fußball. **265**
Aus: fluter. Magazin der Bundeszentrale für politische Bildung, Nr. 18, März 2006

Hanna, Simon: „Ich bin binational. ..." **250**
Aus: Karoline Kuhla: Sprachenmix in der Familie. In: Fluter: http://www.fluter.de/de/sprachen/erfahrungen/9446/ [19.01.2015]

Haunfelder, Bernd: Blüten im Verborgenen. Der Lyrikerin erster Gedichtband erschien 1838 im Verlag Aschendorff. **77**
Aus: Westfälische Nachrichten, 11./12. Januar 1997, Verlagsbeilage zum 200. Geburtstag der Dichterin aus dem Münsterland, S. 4 (orthografisch modernisiert)

Henke, Ellen: Soziale Arbeit mit traumatisierten Kinderflüchtlingen aus Kriegsgebieten. **227**
Aus: Dies.: Kinder des Krieges, Tectum, Baden-Baden 2017, S. 98 f.

Herrmann, Dietrich: Guernica. **237**
Originalbeitrag aus: Paul D 9. Hg. von Johannes Diekhans und Michael Fuchs, Schöningh Verlag, Paderborn 2008, S. 227

Herrndorf, Wolfgang: Tschick (Auszug) **136**
Rowohlt Berlin, Berlin 2010, S. 227–231

Hilfe! Sie kommen! 321
Originalbeitrag von Dietrich Herrmann aus: Paul D 9. Hg. von Johannes Diekhans und Michael Fuchs, Schöningh Verlag, Paderborn 2008, S. 339 f.

„**Ich glaube, man sollte überhaupt nur solche Bücher lesen, die …**" **100**
Aus: Franz Kafka: Brief an Oskar Pollak, 27. Januar 1904. In: Franz Kafka: Briefe 1902–1924. S. Fischer Verlag. Lizenzausgabe für Europa von Schocken Books New York 1958, S. 27

„**Ich weiß nicht, ob sich jemand vorstellen kann, wie das ist. …**" **103**
Aus: Susanne Korbmacher: Ghettokids. Immer da sein, wo's weh tut, Piper, München, 2004, Klappentext

„**In diesem Buch erzählt Patrick Losensky …**" **102**
Aus: Julia Kauz und Sascha Werneke: Fler – Im Bus ganz hinten. Eine deutsche Geschichte, riva, München, 2011, Klappentext

„**In einer Londoner Schule wird ein Computerspiel herumgereicht – Erebos. …**" **103**
Aus: Ursula Poznanski: Erebos, Loewe Verlag, Bidlach, 2011, Klappentext

Im Café „Die Pause" 326
Originalbeitrag von Dietrich Herrmann aus: Paul D 9. Hg. von Johannes Diekhans und Michael Fuchs, Schöningh Verlag, Paderborn 2008, S. 342

Kalckreuth, Wolf Graf von: Amsterdam. **40**
Aus: Deutsche Großstadtlyrik vom Naturalismus bis zur Gegenwart, hg. von Wolfgang Rothe, Reclam, Stuttgart 1973

Karasholi, Adel: „Nach einer Lesung in der Nähe von Leipzig …". **242**
Aus der Begrüßungsansprache anlässlich der zweiten Chamisso-Tage in Leipzig 2001. Veröffentlicht auf der Homepage der Robert Bosch Stiftung: http://www.bosch-stiftung.de/content/language1/html/14934.asp [6.3.2015]

Karasholi, Adel: Umarmung der Meridiane. **248**
Aus: Ders.: Wenn Damaskus nicht wäre. Gedichte, 3. Aufl., A 1 Verlag, München 1999, S. 11

Kästner, Erich: Die Zeit fährt Auto. **33**
Aus: Großstadtlyrik, hg. von Waltraut Wende, Reclam, Stuttgart 1999, S. 148

„**Kindern erzählt man Geschichten zum Einschlafen – Erwachsenen, damit sie aufwachen!**" **100**
Aus: Jorge Bucay: Komm, ich erzähl dir eine Geschichte. Frankfurt a. M. 2008

Kirsch, Sarah: Der Droste würde ich gern Wasser reichen. **84**
Aus: Dies: Sämtliche Gedichte, Deutsche Verlags-Anstalt, München 2005, S. 107

Kommentare in einem Internetforum über juristische Fragen. 106
Aus: Lesen als „Strafe", law blog vom 14.8.2017: https://www.lawblog.de/archives/2017/08/14/lesen-als-strafe/ [1.9.2021]

Kundenrezensionen zum Buch „Die Bücherdiebin" von Markus Zusak. 355
Auf der Homepage des Online-Versandhändlers Amazon abgerufen am 9.7.2014: http://www.amazon.de/product-reviews/3764502843/ref=cm_cr_dp_see_all_btm/279-3373262-2288769?ie=UTF8&showViewpoints=1&sortBy=bySubmissionDateDescending
(trotz intensiver Recherche war es uns leider nicht möglich, die einzelnen Rezensenten ausfindig zu machen)

Kunze, Reiner: Fünfzehn. **134, 150**
Aus: Ders.: Die wunderbaren Jahre. Prosa, S. Fischer Verlag, Frankfurt/M. 1981, S. 26 ff.

Latzin, Richard: Wer ist es? **351**
Aus: Ders.: Das Literaturquiz. Von Homer bis Harry Potter, Wilhelm Heyne Verlag, München 2004, S. 183 (geringfügig verändert)

Levoy, Myron: Der gelbe Vogel (Auszüge). **229, 315**
Deutscher Taschenbuch Verlag, München 2006

Liliencron, Detlev von: In einer großen Stadt. **26**
Aus: Großstadtlyrik, hg. von Waltraut Wende, Reclam, Stuttgart 1999, S. 50

Lindenbach, Ariane: Fesselnde Lektüre – Resozialisierung durch Lesen. **98**
Aus: Süddeutsche Zeitung vom 18.08.2012: https://www.sueddeutsche.de/muenchen/fuerstenfeldbruck/fesselnde-lektuere-resozialisierung-durch-lesen-1.1445310 [1.9.2021]

Logau, Friedrich von: Gemäßigte Strafen. **112**
Aus: Ders. Salomons von Golaw Deutscher Sinn-Getichte Drey Tausend, 1654

Loriot: Feierabend. **182**
Aus: Ders.: Dramatische Werke. Copyright © 1981, 2016 Diogenes Verlag AG Zürich, 3 Diogenes Druckseiten

Matínez, Matías: Wozu Literatur? **101**
In: Michaela Heer/Ulrich Heinen (Hg.): Die Stimmen der Fächer hören. Fachprofil und Bildungsanspruch in der Lehrerbildung: https://www.ndlmm.uni-wuppertal.de/fileadmin/germanistik/ndlmm/Ver%C3%B6ffentlichungen/Martinez__Matias_Wozu_Literatur.pdf [27.6.2021]

Matthias und Helmut Rahn – Ein Drehbuchauszug. 267
Sönke Wortmann/Rochus Hahn: Das Wunder von Bern. © Senator Film 2003 (übertragen von Martin Pohl)

Mehrsprachigkeit aus Sicht der EU. 251
European Union, http://europa.eu/pol/mult/index_de.htm [19.01.2015]

Molière: Der Geizige (Auszüge). **198, 203, 208, 210, 212, 216, 217**
   Bearbeitet von Tankred Dorst, Suhrkamp Verlag, Frankfurt/Main 1978

Nicolai, Emil: Straßenbild. **23**
   Aus: Deutsche Großstadtlyrik vom Naturalismus bis zur Gegenwart, hg. von Wolfgang Rothe, Reclam, Stuttgart 1973, S. 66

„Nur wer weiß, wie in der NS-Zeit …". 271
   Artikel aus der Schweizer National-Zeitung vom 5.6.1954

Overmans, Rüdiger: Soldaten hinter Stacheldraht. **263**
   Propyläen Verlag, München 2000

peg 66 (Pseudonym): Im Strafraum der Geschichte („Das Wunder von Bern"). **273**
   Artikel auf jetzt.de, Süddeutsche Zeitung vom 24.10.2003: http://jetzt.sueddeutsche.de/texte/anzeigen/61960/Im-Strafraum-der-Geschichte-Das-Wunder-von-Bern [6.3.2015]

Pohl, Martin: Deutschland 1945 – 1960: Zwischen „Stunde Null" und „Wirtschaftswunder". **259**
   Originalbeitrag aus: Paul D 9. Hg. von Johannes Diekhans und Michael Fuchs, Schöningh Verlag, Paderborn 2008, S. 299

Rapp, Frank: Was ist denn eigentlich Social Media? **154**
   Aus: Frank Rapp Blog, Dossenheim, 28.8.2013, frankrapp.de: https://frankrapp.de/social-media-marketing/was-ist-denn-eigentlich-social-media [11.11.2021]

„Rashid, Sohn einer libanesisch-palästinensischen Familie ist weder …". 103
   Aus: Güner Yasemin Balci: Arabboy: Eine Jugend in Deutschland oder Das kurze Leben des Rashid A, S. Fischer, Frankfurt a. M., 2008, Klappentext

Reden wir über: Influencer. 178
   Interview mit Swen Wedig. Aus: Scout – das Magazin für Medienerziehung; Heft 1/2018: „Folge mir!"

Rieso, Alexandra: Komik und Komödie – Ein ernstes Geschäft. **205**
   Aus: Paul D 9. Schöningh, Paderborn 2008, S. 197 f.

„Roter Faden" – „Rotes Tuch". 360 – 361
   Aus: Wolfgang Seidel: Woher kommt das schwarze Schaf? Was hinter den Wörtern steckt, Deutscher Taschenbuch Verlag, München 2007

Rumpf, Erhard: Industrialisierung und soziale Frage – Lebensverhältnisse und Arbeitsbedingungen ändern sich. **24**
   Aus: Bernlocher, Ludwig/Büchse, F. u.a.: Geschichte und Geschehen A3, Klett, Stuttgart 1996, S. 164 f.

Ruß-Mohl, Stephan/Molter, Niklas: Interview. Medienforscher über Fake News: „Wir brauchen kein Wahrheitsministerium". **158**
   Aus: Augsburger Allgemeine, 24.01.2017: www.augsburger-allgemeine.de/digital/Medienforscher-ueber-Fake-News-Wir-brauchen-kein-Wahrheitsministerium-id40253852.html [11.11.2021]

Salvatore Albinati ruft die Polizei. 333
   Originalbeitrag von Dietrich Herrmann

Schami, Rafik: „1971 siedelte ich in die Bundesrepublik über. …" **243**
   Aus: Ders.: Vom Zauber der Zunge. Reden gegen das Verstummen. 4. Aufl., © dtv Verlagsgesellschaft, München, 2006

Schami, Rafik: Wie ich Frau Sprache verführte. (Auszüge) **245**
   Aus: Ders.: Vom Zauber der Zunge. Reden gegen das Verstummen. 4. Aufl., dtv, München 2006, S. 64

Schneider, Peter: Auf der Straße. **32**
   Aus: Großstadtlyrik, hg. von Waltraut Wende, Reclam, Stuttgart 1999, S. 241

Schnellimbiss im Pompeji des Jahres 79 n. Chr. 313
   Originalbeitrag von Dietrich Herrmann

Schnurre, Wolfdietrich: Angriff. **35**
   Aus: Deutsche Großstadtlyrik vom Naturalismus bis zur Gegenwart, hg. von Wolfgang Rothe, Reclam, Stuttgart 1973, S. 396

Schnurre, Wolfdietrich: Beste Geschichte meines Lebens. **72**
   Aus: Ders.: Der Schattenfotograf, List, München 1978, S. 158

Schnurre, Wolfdietrich: Du bist un-mög-lich. **192**
   Aus: Ders.: Ich frag ja bloß. Großstadtkinder-Dialoge, List Verlag, München, 1973

Schünemann, Luzia: Zur Bedeutung der Körpersprache. **190**
   Originalbeitrag nach Samy Molcho: Körpersprache, Goldmann, München 1998, S. 17f./© 1983 Mosaik Verlag

Schwanke, Olaf n.: Fußgängerzone. **38**
   Aus: Großstadtlyrik, hg. von Waltraut Wende, Reclam, Stuttgart 1999, S. 347

Seibel, Andrea: Deutsch-Pflicht auf dem Schulhof? Selbstverständlich! **252**
   Welt online, 19.10.2016: https://www.welt.de/debatte/kommentare/article158891627/Deutsch-Pflicht-auf-dem-Schulhof-Selbstverstaendlich.html [11.11.2021]

Seul, Shirley Michaela: Allmorgendlich. **65**
   Aus: Kristiane Allert-Wybranietz (Hrsg.): Abseits der Eitelkeiten, Heyne Verlag, München 1987, S. 235

Steenfatt, Margret: Im Spiegel. **300**
   Aus: 7. Jahrbuch der Kinderliteratur, hg. von Hans-Joachim Gelberg, Beltz Verlag, Weinheim/Basel 1984, S. 218 f.

Strick, Jasna/Schramm, Julia: Wie lebt es sich mit einem Shitstorm? **163**
   Aus: „Geh sterben!" Umgang mit Hate Speech und Kommentaren im Internet, Amadeu Antonio Stiftung (Hg.), Berlin: https://www.amadeu-antonio-stiftung.de/wp-content/uploads/2015/04/Geh_sterben_web.pdf [28.10.2021]

„Sucht ist ein Zustand …" 169
   WHO-Definition von Sucht (1957), Zit. nach Caritas Deutschland: Wann spricht man von Sucht? 04.10.2019: https://www.caritas.de/beitraege/wann-spricht-man-von-sucht/166905/ [24.11.2021]

Tai Chi – die Philosophie der gesunden Bewegung. 327
Originalbeitrag von Dietrich Herrmann
Tekinay, Alev: „Du redest, denkst und träumst in zwei Sprachen …" 243
Aus: Dies.: Die Deutschprüfung. Erzählungen, Brandes & Apsel, Frankfurt/M. 1989 (Literarisches Programm 12)
Thomas Müller über den Champions-League-Sieg im Jahr 2020. 309
THOMAS MÜLLER ÜBER DEN CHAMPIONS-LEAGUE-SIEG DES FC BAYERN – „An Nationalspielerzeit erinnert", Christoph Meltzer, F.A.Z. vom 27.12.2020
© Alle Rechte vorbehalten. Frankfurter Allgemeine Zeitung GmbH, Frankfurt. Zur Verfügung gestellt vom Frankfurter Allgemeine Archiv, gekürzt
Tipps für ein gelungenes Vorstellungsgespräch. 343
Originalbeitrag von Siegfried G. Rojahn aus: Paul D 9. Hg. von Johannes Diekhans und Michael Fuchs, Schöningh Verlag, Paderborn 2008, S. 117
Totilas – ein Nachruf für ein Wunderpferd. 316
Originalbeitrag von Dietrich Herrmann

„Überall in Europa überlief es Tausende …" 271
Artikel aus der Zeitung Information, Kopenhagen, vom 5.6.1954

Viel Geld für wenig Arbeit? – Ein Interview mit einem Influencer. 171
Aus: Philina Berati: 8000 Euro bis 30 000 Euro brutto für den Influencer. In: jetzt, Online-Magazin Süddeutsche Zeitung, 25.01.2021: https://www.jetzt.de/job-kolumne/ein-influencer-spricht-ueber-seine-karriere-und-wie-er-als-jugendlicher-schon-selbststaendig-wurde-job-kolumne [28.10.2021]

Was bedeutet „steinreich sein"? 332
Originalbeitrag von Dietrich Herrmann
Weidemann, Siggi: Entdecken Sie Amsterdam. 40
Aus: Dies.: Marco Polo Amsterdam, 5. Aufl., Ostfildern 1997, S. 5ff.
Weiler, Jan: Im Pubertier-Biotop. (Auszug) **140, 151**
Kindler/Rowohlt, Reinbek bei Hamburg 2014, S. 11 – 15

Wenn für Tiger ein neues Leben beginnt. 318
Originalbeitrag von Dietrich Herrmann
Werfel, Franz: Der rechte Weg (Traum). 27
Aus: Deutsche Großstadtlyrik vom Naturalismus bis zur Gegenwart, hg. von Wolfgang Rothe, Reclam, Stuttgart 1973, S. 185
Windsurf Freestyle – Eine Funsportart. 336
Originalbeitrag von Dietrich Herrmann aus: Paul D 9. Hg. von Johannes Diekhans und Michael Fuchs, Schöningh Verlag, Paderborn 2008, S. 352
Wir zögern die Gletscherschmelze hinaus. 322
Philip Eppelsheim, F.A.Z., 04.05.2007, © Alle Rechte vorbehalten. Frankfurter Allgemeine Zeitung GmbH, Frankfurt. Zur Verfügung gestellt vom Frankfurter Allgemeine Archiv, geringfügig verändert
Wolfenstein, Alfred: Städter. 30, 46
Aus: Großstadtlyrik, hg. von Waltraut Wende, Stuttgart 1999, S. 104
Wölke, Alexandra: Das Jugendstrafrecht – Hintergründe. 97
Originalbeitrag für diesen Band.
Wölke, Alexandra: Welches Ziel verfolgen Strafen? 99
Originalbeitrag für diesen Band.

Zitate von Fußballspielern und Trainern. 366, 367
„Zu 50 % haben wir es geschafft … – … besser sind als am Mikro. Aus: Fußballerzitate.de, 2021: http://www.fussballerzitate.de/ [29.10.2021]
„Corona ist wie Fußball … – … nicht so viel Lust auf Interviews." Aus: dpa/wgr, 15.9.2021
Zucker, Heinz: Abend. 42
Aus: Deutsche Großstadtlyrik vom Naturalismus bis zur Gegenwart, hg. von Wolfgang Rothe, Reclam, Stuttgart 1973, S. 287
Zur Bedeutung der Körpersprache. 200
Aus: Samy Molcho: Körpersprache, Goldmann: München 251998, S. 17 f.
Zweig, Stefan: Sonnenaufgang in Venedig. 39
Aus: Deutsche Großstadtlyrik vom Naturalismus bis zur Gegenwart, hg. von Wolfgang Rothe, Reclam, Stuttgart 1973, S. 82

Bildquellenverzeichnis

|akg-images GmbH, Berlin: 75.1, 76.1, 79.1, 80.3, 94.1, 126.1, 132.1, 133.4, 221.1, 223.1, 254.1, 263.1; De Agostini Picture Library 126.2; Jakob Bar-On Steinhardt 30.1; Lessing, Erich 24.1; Lessing, Erich / © Estate of George Grosz, Princeton, N. J. / VG Bild-Kunst, Bonn 2021 (George Grosz: Ohne Titel) 32.1; Liszt Collection 222.1; Vaccaro, Tony 298.1; © Succession Picasso / VG Bild-Kunst, Bonn 2021 (Pablo Picasso: Guernica) 238.1; © VG Bild-Kunst, Bonn 2021 (Otto Dix: Großstadt) 36.1. |Aktion Deutschland Hilft e.V., Bonn: S. Goedecke 226.1. |Alamy Stock Photo (RMB), Abingdon/Oxfordshire: Art Collection 2 79.5. |Art Licensing Int. GmbH, Tübingen: James Rizzi: MAKE FRIENDS WITH LIFE AND PEOPLE, © Art Licensing International GmbH 19.2; James Rizzi: TOO MANY PEOPLE IN THE CITY, © Art Licensing International GmbH 42.1. |Artothek, Fürth: Edelmann, Ursula 133.1. |AzureAgency GmbH, Rheda-Wiedenbrück: Influencer Alex (Foto privat) 171.1. |Baaske Cartoons, Müllheim: Rauschenbach, Erich 192.1. |Berghahn, Matthias, Bielefeld: 12.1, 50.1, 187.1, 197.1, 202.1, 213.1, 304.1, 338.1, 340.1, 342.1, 346.1, 346.2, 346.3, 353.1, 361.1, 366.1. |bpk-Bildagentur, Berlin: 5.1, 75.2, 220.1, 234.1; Deutsches Historisches Museum 218.1; Deutsches Historisches Museum/Psille, Arne 241.1; Hubmann, Hanns 15.1, 255.1, 255.3; Pisarek, Abraham 254.2. |Bundesagentur für Arbeit, BERUFENET / www.berufenet.arbeitsagentur.de, Nürnberg: Stand 10/2021 283.1. |Bundesarbeitsgemeinschaft Berufswahlpass c/o Koordinierungsstelle Berufswahlpass im Bundesinstitut für Berufsbildung, Bonn: 280.1. |Bundesverband Digitale Wirtschaft (BVDW) e.V., Berlin: 178.1. |Busch, Frederik, Hamburg: 265.1. |DAK-Gesundheit, Hamburg: Quelle: Mediensucht 2020 – Gaming und Social Media in Zeiten von Corona. DAK-Längsschnittstudie: Befragung von Kindern, Jugendlichen (12 bis 17 Jahre) und deren Eltern 168.1. |Deschauer, Selina: 104.1. |Domke, Franz-Josef, Wunstorf: 157.1; Quelle: Bertelsmann Stiftung 2007 307.1. |Drescher, Heinrich, Münster: 4.1, 49.4. |Ecole d'Humanité, Hasliberg Goldern: Volker Dembinski 229.1. |Fliegende Volksbühne Frankfurt Rhein-Main e.V., Frankfurt: Barock am Main, Frankfurt / Foto: Maik Reuß 217.1. |Förster, Gerhard, Wien: 127.1. |fotolia.com, New York: alphaspirit 16.2, 292.1; damark 293.1; Dierks, Janina 289.4; Edler von Rabenstein 289.2, 289.5; Ernst, Daniel 289.3; fotodesign-jegg.de 289.6; natashapetrova 116.1, 116.2, 117.1, 118.1, 118.2; NilsZ 19.1; Sanders, Gina 289.1; travelwitness 41.1; Vibe Images 142.1; vserg48 88.1; wahooo 132.3. |Fotostudio Henke, Paderborn: 11.1, 95.1, 180.1, 181.1, 184.1, 184.2, 188.1, 188.2, 188.3, 188.4, 188.5, 188.6, 189.1, 189.2, 189.3, 191.1, 191.2, 199.1, 199.2. |Google Inc., Hamburg: 162.1. |Institut für Ur- und Frühgeschichte und Archäologie des Mittelalters - Universität Tübingen, Tübingen: Foto: Hilde Jensen, Copyright: Universität Tübingen 330.1. |Jüdisches Museum der Stadt Frankfurt am Main, Frankfurt/M.: © Ludwig Meidner-Archiv 18.1. |Kassing, Reinhild, Kassel: 48.1, 48.2, 49.1, 49.2, 49.3, 67.2, 186.1, 187.2, 295.1. |Loewe Verlag GmbH, Bindlach: Ursula Poznanski: Erebos 103.2. |Lookphotos, München: Merz, Brigitte 21.1. |LWL-Denkmalpflege, Landschafts- und Baukultur in Westfalen, Münster: Bildarchiv 79.2, 79.3, 79.4, 80.1, 80.2. |Medienpädagogischer Forschungsverbund Südwest (www.mpfs.de), Stuttgart: JIM-Studie 2020 164.1. |MEWO Kunsthalle, Memmingen: © Stadt Memmingen/Nachlass Max Unold 91.1. |Microsoft Deutschland GmbH, München: 125.1, 308.1. |Münchner Verlagsgruppe GmbH, München: Fler: Im Bus ganz hinten. Eine deutsche Geschichte © 2011 riva Verlag, ein Imprint der Münchner Verlagsgruppe GmbH, München. Umschlaggestaltung © by Fler http://www.riva-verlag.de All rights reserved. Mit freundlicher Genehmigung des Verlages. 102.1. |Parco Archeologico di Pompei, Pompei: su concessione del Ministero della Cultura 313.1. |Pavlidis, Vangelis, Rhodes GR: 243.1. |Penguin Random House Verlagsgruppe GmbH, München: Markus Zusak: Die Bücherdiebin, cbt 355.1. |Picture-Alliance GmbH, Frankfurt a.M.: abaca 309.1; abaca/Nicolas, Messyasz 132.2; akg-images 94.2, 219.2; AP Images/Candia, Roberto 114.5; AP Photo/Malla, Hussein 227.1; AP Photo/Sohn, Michael 311.1; APA/picturedesk.com/Eggenberger, Gert 249.1; APA/picturedesk.com/Lipus, Marko 136.1; Augenklick/Fotoagentur Kunz/Kunz, Bernhard 245.1; dpa/Barth, Lukas 44.1; dpa/dpaweb/Wagner, Ingo 84.1; dpa/Elsner, Erwin 58.1; dpa/epa 13.1, 219.3; dpa/Hoppe, Sven 174.1; dpa/Jensen, Rainer 219.1; dpa/Kleefeldt, Frank 74.1; dpa/Kneffel, Peter 322.1; dpa/Koch 327.1; dpa/Kondratuk, Aleksandr 114.2; dpa/MPI für Ornithologie/MaxCine 319.1; dpa/Piratförlaget/Knutson, Peter 102.2; dpa/Steffen, Peter 239.1; dpa/Zinken, Paul 161.1; dpa/Zucchi, Uwe 190.1; Keystone/Bally, Gaetan 71.1; kpa (DVD: DAS WUNDER VON BERN © Senator Film 2003) 256.1; KPA/Andres 260.1; May, Frank 146.1; REUTERS/Peter, Thomas 8.1, 133.2, 133.3; Sven Simon/Kremser, Elmar 67.1; SZ Photo/Schmidt, Mike 114.3; von der Laage, Gladys Chai 316.1; Westend61/Wirth, Wilfried 77.1; ZB/Grubitzsch, Waltraud 248.1; ZB/Schmidt, Hendrik 344.1. |ProVeg e.V., Berlin: 119.1. |Raubtier- und Exotenasyl e.V., Ansbach: www.Raubkatzenasyl.de, Foto: Sabine Liebsch 318.1. |ROMBI sports consulting, München: Thomas Müller 173.1. |Rowohlt Verlag GmbH, Hamburg: Wolfgang Herrndorf: Tschick, 2012 139.1. |S. Fischer Verlag GmbH, Frankfurt/Main: Güner Yasemin Balci: Arabboy, FISCHER Taschenbuch 2010 103.3; Theodor Fontane, Grete Minde: Unterm Birnbaum. Erzählungen (Fischer Klassik) 2009 93.1. |Schauspielhaus Salzburg, Salzburg: Foto: Tobias Kreft 138.1. |Schlosser, Rita, Herdorf: 208.1. |Schulz von Thun Institut für Kommunikation, Hamburg: www.schulz-von-thun-institut.de 185.1. |SESAMY AGENCY, Frankfurt: Erik Scholz 170.1. |Sperling, Dörte, Hamburg: 240.1. |Städtisches Museum Braunschweig, Braunschweig: Foto: Dirk Scherer 18.2. |Stanojevic, Alen, Stuttgart: 114.6. |Stiftung Historische Museen Hamburg, Museum für Hamburgische Geschichte, Hamburg: Hof Langer Jammer, Brauerknechtsgraben in Hamburg, undatierte Fotografie von Paul Wutcke 25.1. |stock.adobe.com, Dublin: AnnaStills 107.1; AntonioDiaz 278.3; blende11.photo 20.1; curto 114.1; dima266f 336.1; Fiedels 275.1; fottoo 82.1; ikonoklast_hh 16.1, 279.1; JackF 6.1, 96.1, 181.2; Jevtic, Budimir 114.4; Kadmy 278.2; kei907 153.2; Kovarzh, Kateryna 14.1, 251.1; Lund, Jacob 303.1; Mihail 305.1; motorradcbr 279.4; Myst 176.1; Nestor 279.3; Petrus, Anton 152.1; pit24 3.1, 39.1; Racle Fotodesign 339.1; Rawpixel.com 9.1, 152.2; schab 153.1; Studio Barcelona 35.1; tetxu 279.2; VAKSMANV 278.1; WavebreakMediaMicro 97.1; Wellnhofer Designs 278.4. |Stoll, Gerhard, Hürth: 266.1. |Süddeutsche Zeitung - Photo, München: Schellnegger, Alessandra / ghettokids - Soziale Projekte e.V. (www.ghettokids.org) 103.1. |ullstein bild, Berlin: 255.2; ddp 244.1; Fotoagentur imo 94.3; Friedrich, Brigitte 60.1; Ritter, Jürgen 182.1; Schiffer-Fuchs 134.1; Unkel 140.1; Wolff & Tritschler 254.3. |Wild Bunch Germany GmbH, Berlin: DVD: DAS WUNDER VON BERN © Senator Film 2003 257.1, 258.1, 259.1, 261.1, 267.1, 268.1, 268.2, 269.1, 269.2, 269.3, 269.4, 269.5, 269.6, 269.7, 269.8, 269.9, 269.10, 269.11, 269.12, 272.1, 276.1, 363.1. |Yeter, Hanefi, Berlin: 242.1. |© Suhrkamp Verlag, Berlin: Theodor Storm, Der Schimmelreiter. Novelle (insel taschenbuch), 2011 93.2.

Das brauchst du immer wieder. ◆ So gehst du vor. – Ein Überblick

	Seite
Sprachliche Bilder untersuchen	29
Sprachliche Gestaltungsmittel bestimmen	34
Ein Gedicht beschreiben und deuten	37
Zwei Arten, eine Textanalyse zu verfassen	56
Die Erzähltechnik untersuchen	63
Der Aufbau einer aspektorientieren Textanalyse	64
Erzähltexte untersuchen	70
Referate vorbereiten, erstellen und halten	80
Ein Gedicht grafisch erschließen	83
Umgang mit den Materialien – Eine Stoffsammlung anlegen	105
Argumente ausbauen und Formulierungshilfen nutzen	110
Eine lineare Erörterung verfassen	111
Die Einleitung eines argumentativen Textes verfassen	113
These und Antithese bestimmen	117
Argumente verbinden und gewichten	123
Texte überarbeiten	125
Erzähltexte vergleichen	139
Einen argumentativen Sachtext untersuchen	143
Einen argumentativen Sachtext schriftlich analysieren	145
Einen Sachtext klären und darüber informieren	149
Einen Sachtext untersuchen, zusammenfassen und bewerten	156
Einen materialgestützten, informierenden Text verfassen	167
Übungen für den anschaulichen Vortrag einer Dramenszene	209
Mit Standbildern arbeiten	236
Texte kriteriengeleitet vergleichen	247
Ein Standbild analysieren	258
Den Ton als filmsprachliches Mittel analysieren	263
Eine Rezension zu einem Film verfassen	274
Die Inhaltsangabe eines literarischen Textes verfassen	294
Einen Erzähltext analysieren	299
Einen Sachtext zusammenfassen	306
Den Hauptteil eines Sachtext-Zusammenfassung schreiben	307
Ein Diagramm mithilfe eines Textverarbeitungsprogramms erstellen	308
Sich im Wörterbuch orientieren	348